LUCIANA DADALTO
COORDENADORA

BIOÉTICA E COVID-19

A U T O R E S

ALINE **ALBUQUERQUE** • AMANDA **PACHECO** • ANA CAROLINA BROCHADO **TEIXEIRA** • ANDRÉA LEITE **RIBEIRO** • ARTHUR FAGUNDES CUNHA **ALVES** • BÁRBARA NATÁLIA LAGES **LOBO** • BIANCA **REIS** • CAMILA MOTA **CAVALCANTE** • CAMILA **VASCONCELOS** • CARLA **CARVALHO** • CINTIA **TANURE** • CLARA **GUSTIN** • CYNTHIA PEREIRA DE **ARAÚJO** • DIANA GOMES DA SILVA **SIQUEIRA** • DORA **PORTO** • ÉRICA REGINA RIBEIRO **SADY** • FERNANDA VIEIRA DE **OLIVEIRA** • INESSA BERALDO DE ANDRADE **BONOMI** • IRAPUÃ **SANTANA** • ISABELA DE ANDRADE PENA MIRANDA **CORBY** • KALLINE **CARVALHO** • LETÍCE **GALVÃO** • LIVIA ABIGAIL **CALLEGARI** • LUCIANA **DADALTO** • LUIZ FILIPE GOMES CASTRO **SALOMÃO** • MARCELO **SARSUR** • MARCOS PAULO DE OLIVEIRA **CORRÊA** • MARIANNA ASSUNÇÃO FIGUEIREDO **HOLANDA** • MARLENE **BRAZ** • POLLYANA **GONTIJO** • RAFAELLA **NOGAROLI** • RAISA BRÊDA TÔSO **SFALSINI** • SABRINA CORRÊA DA COSTA **RIBEIRO** • SANTUZZA ALVES DE **SOUZA** • SARAH ABDON LACERDA **FERNANDES** • SARAH CARVALHO **SANTOS** • SARAH STEPHANIE SILVA E **SANTOS** • THIAGO ROCHA DA **CUNHA** • WELLINGTON WESLEY **PAIVA** • WILLIAN **PIMENTEL**

2021 © Editora Foco

Coordenadora: Luciana Dadalto

Autores: Aline Albuquerque, Amanda Pacheco, Ana Carolina Brochado Teixeira, Andréa Leite Ribeiro, Arthur Fagundes Cunha Alves, Bárbara Natália Lages Lobo, Bianca Reis, Camila Mota Cavalcante, Camila Vasconcelos, Carla Carvalho, Cintia Tanure, Clara Gustin, Cynthia Pereira de Araújo, Diana Gomes da Silva Siqueira, Dora Porto, Érica Regina Ribeiro Sady, Fernanda Vieira de Oliveira, Inessa Beraldo de Andrade Bonomi, Irapuã Santana, Isabela de Andrade Pena Miranda Corby, Kalline Carvalho, Letice Galvão, Livia Abigail Callegari, Luciana Dadalto, Luiz Filipe Gomes Castro Salomão, Marcelo Sarsur, Marcos Paulo de Oliveira Corrêa, Marianna Assunção Figueiredo Holanda, Marlene Braz, Pollyana Gontijo, Rafaella Nogaroli, Sabrina Corrêa da Costa Ribeiro, Santuzza Alves de Souza, Sarah Abdon Lacerda Fernandes, Sarah Carvalho Santos, Sarah Stephanie Silva e Santos Thiago Rocha da Cunha, Wellington Wesley Paiva e Willian Pimentel

Diretor Acadêmico: Leonardo Pereira

Editor: Roberta Densa

Assistente Editorial: Paula Morishita

Revisora Sênior: Georgia Renata Dias

Capa Criação: Leonardo Hermano

Diagramação: Ladislau Lima

Impressão: GRAFNORTE

Dados Internacionais de Catalogação na Publicação (CIP) de acordo com ISBD

B615

    Bioética e Covid-19 / Aline Albuquerque ... [et al.] ; coordenado por Luciana Dadalto. - 2. ed. - Indaiatuba, SP : Editora Foco, 2021.

    392 p. ; 17cm x 24cm.

    Inclui índice e bibliografia.

    ISBN: 978-65-5515-175-6

    1. Bioética. 2. Covid-19. I. Albuquerque, Aline. II. Pacheco, Amanda. III. Teixeira, Ana Carolina Brochado. IV. Lobo, Bárbara Natália Lages. V. Reis, Bianca. VI. Cavalcante, Camila Mota. VII. Vasconcelos, Camila. VIII. Carvalho, Carla. IX. Tanure, Cintia. X. Gustin, Clara. XI. Araújo, Cynthia Pereira de. XII. Siqueira, Diana Gomes da Silva. XIII. Porto, Dora. XIV. Sady, Érica Regina Ribeiro. XV. Oliveira, Fernanda Vieira de. XVI. Santana, Irapuã. XVII. Corby, Isabela de Andrade Pena Miranda. XVIII. Carvalho, Kalline. XIX. Galvão, Letice. XX. Dadalto, Luciana. XXI. Salomão, Luiz Filipe Gomes Castro. XXII. Sarsur, Marcelo. XXIII. Gontijo, Pollyana. XXIV. Nogaroli, Rafaella. XXV. Ribeiro, Sabrina Corrêa da Costa. XXVI. Souza, Santuzza Alves de. XXVII. Fernandes, Sarah Abdon Lacerda. XXVIII. Santos, Sarah Carvalho. XXIX. Cunha, Thiago Rocha da. XXX. Paiva, Wellington Wesley. XXXI. Pimentel, Willian. XXXII. Título.

2020-2829   CDD 344.04197   CDU 34:57

Elaborado por Vagner Rodolfo da Silva - CRB-8/9410

Índices para Catálogo Sistemático:

1. Bioética 344.04197   2. Bioética 34:57

DIREITOS AUTORAIS: É proibida a reprodução parcial ou total desta publicação, por qualquer forma ou meio, sem a prévia autorização da Editora FOCO, com exceção do teor das questões de concursos públicos que, por serem atos oficiais, não são protegidas como Direitos Autorais, na forma do Artigo 8º, IV, da Lei 9.610/1998. Referida vedação se estende às características gráficas da obra e sua editoração. A punição para a violação dos Direitos Autorais é crime previsto no Artigo 184 do Código Penal e as sanções civis às violações dos Direitos Autorais estão previstas nos Artigos 101 a 110 da Lei 9.610/1998. Os comentários das questões são de responsabilidade dos autores.

NOTAS DA EDITORA:

Atualizações e erratas: A presente obra é vendida como está, atualizada até a data do seu fechamento, informação que consta na página II do livro. Havendo a publicação de legislação de suma relevância, a editora, de forma discricionária, se empenhará em disponibilizar atualização futura.

Erratas: A Editora se compromete a disponibilizar no site www.editorafoco.com.br, na seção Atualizações, eventuais erratas por razões de erros técnicos ou de conteúdo. Solicitamos, outrossim, que o leitor faça a gentileza de colaborar com a perfeição da obra, comunicando eventual erro encontrado por meio de mensagem para contato@editorafoco.com.br. O acesso será disponibilizado durante a vigência da edição da obra.

Impresso no Brasil (11.2020) – Data de Fechamento (11.2020)

2021

Todos os direitos reservados à
Editora Foco Jurídico Ltda.

Rua Nove de Julho, 1779 – Vila Areal
CEP 13333-070 – Indaiatuba – SP

E-mail: contato@editorafoco.com.br
www.editorafoco.com.br

AGRADECIMENTOS

Os meus doze anos de carreira acadêmica me ensinaram que a gratidão deve fazer parte de toda pesquisa. Por isso, quero aqui deixar agradecimentos públicos:

Aos Professores Doutores Dirceu Bartolomeu Greco, Marlene Bráz e Erick Araújo que aceitaram o convite, mas não conseguiram entregar seus artigos pois foram muito generosos com o projeto.

Ao Centro Universitário Newton Paiva, por ter acreditado no GEPBio desde seu início, por arcar com nossos custos essenciais e por sempre apoiar todas as nossas pesquisas. Tenho muito orgulho de pertencer ao corpo docente desta instituição e poder fazer pesquisa com o apoio de vocês, no Brasil.

Preciso ainda agradecer a todos os pesquisadores doutores e mestres que assinam os artigos desse livro, pela generosidade de doarem seu tempo a esse projeto.

Ao Marcelo Sarsur, meu companheiro de caminhada no GEPBio desde a gestação desse projeto: obrigada pelo apoio, nosso grupo não existiria sem você.

E, por fim, preciso agradecer a todos os pesquisadores do GEPBio, nominalmente e por ordem alfabética, Amanda Pacheco, Arthur Fagundes Cunha Alves, Bianca Reis, Camila Mota Cavalcante, Clara Gustin, Erica Sady, Letice Galvão, Luiz Filipe Salomão, Marcos Paulo de Oliveira Corrêa, Sarah Abdon Fernandes, Sarah Carvalho Santos, Sarah Stephanie Silva e Santos e Willian Pimentel, por terem aceitado esse grande desafio. Sei que não foi fácil, mas eu sabia que vocês eram capazes e estou muito orgulhosa de todos vocês.

SUMÁRIO

AGRADECIMENTOS III

APRESENTAÇÃO À SEGUNDA EDIÇÃO
    Luciana Dadalto IX

APRESENTAÇÃO À PRIMEIRA EDIÇÃO
    Luciana Dadalto XI

PROBLEMAS JURÍDICOS E DILEMAS BIOÉTICOS REVISITADOS: DILEMAS BIOÉTICOS EM TEMPOS DE PANDEMIA
    Luciana Dadalto e Marcelo Sarsur 1

BIOÉTICA DE INTERVENÇÃO NOS TEMPOS DA COVID-19
    Dora Porto 13

ESTADO, GOVERNO E COVID-19
    Marlene Braz 21

A ENDEMIA DA EXCLUSÃO E A PANDEMIA DA COVID-19: O ACESSO AO SANEAMENTO BÁSICO SOB A ÓTICA DA BIOÉTICA DE INTERVENÇÃO
    Marcelo Sarsur e Amanda Pacheco 43

COVID-19 E POPULAÇÃO CARCERÁRIA
    Diana Gomes da Silva Siqueira, Fernanda Vieira de Oliveira e Isabela de Andrade Pena Miranda Corby 61

COVID-19 ENTRE OS POVOS INDÍGENAS NO BRASIL: GENOCÍDIO, VULNERABILIDADES E A CURA PELA DIVERSIDADE
    Marianna Assunção Figueiredo Holanda e Arthur Fagundes Cunha Alves 71

QUANDO A CASA É A RUA: ANÁLISE BIOÉTICA SOBRE OS REFLEXOS DA COVID-19 PARA PESSOAS EM SITUAÇÃO DE RUA
    Andréa Leite Ribeiro e Raisa Brêda Tôso Sfalsini 87

PANDEMIA DE COVID-19: UM RECORTE RACIAL NECESSÁRIO

Irapuã Santana e Sarah Abdon Lacerda Fernandes 105

BIOÉTICA E GÊNERO: A VULNERABILIDADE DAS MULHERES NO CONTEXTO DE PANDEMIA

Camila Vasconcelos e Sarah Carvalho Santos 115

IMPACTOS DA PANDEMIA NA VIDA DAS TRABALHADORAS SEXUAIS DE BELO HORIZONTE: TERRITORIALIDADE, PRECARÍEDADE E RECONHECIMENTO

Bárbara Natália Lages Lobo, Letice Galvão e Santuzza Alves de Souza 135

PESSOAS TRANS, VULNERABILIDADE, TRABALHO E COVID-19

Ana Carolina Brochado Teixeira e Luiz Filipe Gomes Castro Salomão 149

MISTANÁSIA EM TEMPOS DE PANDEMIA DE COVID-19: REFLEXÕES INICIAIS A PARTIR DA BIOÉTICA GLOBAL

Wellington Wesley Paiva e Thiago Rocha da Cunha.. 165

ÉTICA EM PESQUISA: BREVES CONSIDERAÇÕES RELACIONADAS À COVID-19

Pollyana Gontijo e Bianca Reis.. 175

DIREITOS DOS PACIENTES E COVID-19

Aline Albuquerque, Kalline Carvalho e Cintia Tanure 193

TODA VIDA CONTA: OS PRINCÍPIOS BIOÉTICOS E A RELAÇÃO MÉDICO-PACIENTE EM TEMPOS DE PANDEMIA

Carla Carvalho e Clara Gustin 215

IDOSOS E COVID-19: O DESCORTINAMENTO DE UMA SOCIEDADE (IN)CIVILIZADA

Lívia Abigail Callegari e Sarah Stephanie Silva e Santos.................................... 237

ALOCAÇÃO DE RECURSOS ESCASSOS EM SITUAÇÕES DE CATÁSTROFE

Sabrina Corrêa da Costa Ribeiro e Érica Regina Ribeiro Sady 265

DUPLA PERSPECTIVA DO CONSENTIMENTO DO PACIENTE NA TELEMEDICINA EM TEMPOS DE COVID-19

Rafaella Nogaroli e Willian Pimentel... 285

JUDICIALIZAÇÃO DA SAÚDE E COVID-19: O QUE PODEMOS APRENDER PARA OS OUTROS TEMPOS

Cynthia Pereira de Araújo e Camila Mota Cavalcante 307

"PRECISO ESTUDAR BIOÉTICA!": MUDANÇAS VIVENCIADAS POR MÉDICOS RESIDENTES NO ENFRENTAMENTO DA COVID-19

Inessa Beraldo de Andrade Bonomi e Marcos Paulo De Oliveira Corrêa 331

A TOMADA DE DECISÃO EM FIM DE VIDA E A COVID-19

Luciana Dadalto e Sarah Carvalho Santos 361

APRESENTAÇÃO À SEGUNDA EDIÇÃO

A primeira edição da obra "Bioética e Covid-19" foi um sucesso absoluto e a rapidez com que as questões bioéticas foram sendo alteradas nos últimos meses tornou imprescindível uma nova edição dessa obra, com novos artigos e atualização dos artigos anteriores.

Hoje, a Bioética não está mais negligenciada na pandemia da Covid-19. Comitê Internacional de Bioética e a Comissão Mundial sobre Ética do Conhecimento e da Tecnologia, ambos da UNESCO já reconheceram o papel de destaque da bioética no contexto da Covid-19.

Institutos bioéticos de renome internacional como o Berman Institute e o Nuffiel Council on Bioethics assumiram um papel central na discussão dos dilemas pandêmicos e, no Brasil, a Sociedade Brasileira de Bioética firmou-se como um ator importante na defesa da dignidade humana.

Assim, reafirmo com orgulho o que eu escrevi na apresentação da primeira edição dessa obra: "ouso dizer que desde seu surgimento a Bioética nunca foi tão essencial para a Humanidade. Os dilemas enfrentados com a pandemia são completamente permeados por questões bioéticas e, ainda que a nós – bioeticistas, não caiba o papel de protagonistas do enfrentamento da SARS-COVID-19, cabe a nós o importante papel de ajudar a Humanidade a encontrar caminhos éticos diante de tantas possibilidades atrativas de buscarmos os caminhos mais curtos, mais fáceis e menos equânimes".

Aos artigos da primeira edição, somam-se artigos sobre questões de Estado e Governo, população de rua, população indígena, população idosa e o impacto da pandemia nos médicos residentes.

O livro não está pronto pois as questões bioéticas são intermináveis. Mas essa nova edição mostra o amadurecimento das questões bioéticas na pandemia da Covid-19 e amplia o debate com temas absolutamente necessários.

Belo Horizonte, 10 de setembro de 2020

Luciana Dadalto

Doutora em Ciências da Saúde pela faculdade de Medicina da UFMG. Mestre em Direito Privado pela PUCMinas. Consultora jurídica e advogada na Luciana Dadalto Sociedade de Advogados. Administradora do portal www.testamentovital.com.br. Coordenadora do Comitê de Bioética da Academia Nacional de Cuidados Paliativos. Membro da Comissão de Biodireito e Bioética do Instituto Brasileiro de Direito de Família (IBDFAM). Coordenadora do Grupo de Estudos e Pesquisa em Bioética do Centro Universitário Newton Paiva.

APRESENTAÇÃO À PRIMEIRA EDIÇÃO

Em uma pandemia, qual é o papel da Bioética? O livro que ora se apresenta nasceu dessa pergunta, a partir da inquietação que eu tive ao ter alguns artigos sobre questões bioéticas na pandemia recusados em grandes revistas, sob a justificativa de que, nesse momento, o tipo de pesquisa que precisamos é "mais prático e mais efetivo".

Nas origens da bioética estão as pesquisas com seres humanos realizadas durante a Segunda Guerra Mundial, a descoberta do DNA, do transplante de órgãos, das máquinas que substituem funções orgânicas, o famigerado caso Tuskegee e a discussão sobre alocação de uma máquina de hemodiálise para centenas de pacientes em um hospital em Seattle.

Desde a segunda metade do século XX, a "ponte para o futuro" de Potter, tem se firmado como um espaço de discussão diante dos desafios que a biotecnologia tem imposto à humanidade. A primeira edição da Enciclopédia de Bioética, em 1978, conceituava a Bioética como "O estudo sistemático da conduta humana na área das ciências da vida e da saúde, enquanto esta conduta é examinada à luz de valores morais e princípios". E, apesar de em 2020 já colecionarmos dezenas de conceitos, a Bioética não perdeu sua essência.

Portanto, ouso dizer que desde seu surgimento a Bioética nunca foi tão essencial para a Humanidade. Os dilemas enfrentados com a pandemia são completamente permeados por questões bioéticas e, ainda que a nós – bioeticistas, não caiba o papel de protagonistas do enfrentamento da SARS-COVID-19, cabe a nós o importante papel de ajudar a Humanidade a encontrar caminhos éticos diante de tantas possibilidades atrativas de buscarmos os caminhos mais curtos, mais fáceis e menos equânimes.

Levei a minha inquietação para os pesquisadores do Grupo de Estudos e Pesquisas em Bioética da Escola de Direito (GEPBio) do Centro Universitário Newton Paiva, instituição na qual sou docente e coordenadora e desse grupo. Primeiramente, produzimos uma cartilha, ainda no mês de março que abordava alguns dos temas tratados nesse livro. Após o lançamento da cartilha, tive a ideia de coordenar esse livro e os pesquisadores – majoritariamente alunos de graduação em Direito do Centro Universitário Newton Paiva –, abraçaram esse grande desafio.

Levei a ideia para a Editora Foco, uma editora jurídica, mas que tem abraçado as discussões bioéticas, com carinho e competência. Só que meus planos eram ainda mais audaciosos: eu queria um livro publicado apenas em ebook, com um valor baixo de venda para atingirmos um público grande e com parte da renda destinada à uma instituição de saúde. A diretora editorial da Foco, Roberta Densa, abraçou a ideia e me deu carta branca para o livro.

E eu sabia que, sozinha com o grupo, não conseguiria entregar para a sociedade um livro com a profundidade que a ideia merecia, portanto, convidei exponentes da Bioética de todo o país para coescreverem os artigos com os pesquisadores do GEPBio e tive a grata surpresa de receber a adesão da totalidade dos convidados, mesmo com o exíguo prazo de quinze dias para a entrega do artigo.

Infelizmente alguns, apesar de terem aceito o convite, foram tragados pelo aumento de trabalho que a pandemia gerou em suas instituições e não conseguiram cumprir o prazo, mas cada um deles foi muito importante para a construção dessa obra e espero que, em uma próxima edição, enriqueçam esse livro com suas contribuições.

Confesso que essa obra poderia ter sido mais abrangente, mas diante do curto prazo em que foi feita muitos dos autores convidados não conseguiram entregar seus artigos no prazo estipulado e, assim, alguns temas pungentes não estão aqui.

Mas entendo que o livro cumpre sua missão, dentro da urgência merecida: mostrar ao Brasil o quanto a Bioética é necessária nesse momento *sui generis* de nossa existência.

Vitória, 19 de abril de 2020.

Luciana Dadalto

Doutora em Ciências da Saúde pela faculdade de Medicina da UFMG. Mestre em Direito Privado pela PUCMinas. Consultora jurídica e advogada na Luciana Dadalto Sociedade de Advogados. Administradora do portal www.testamentovital.com.br. Coordenadora do Comitê de Bioética da Academia Nacional de Cuidados Paliativos. Membro da Comissão de Biodireito e Bioética do Instituto Brasileiro de Direito de Família (IBDFAM). Coordenadora do Grupo de Estudos e Pesquisa em Bioética do Centro Universitário Newton Paiva.

PROBLEMAS JURÍDICOS E DILEMAS BIOÉTICOS REVISITADOS: DILEMAS BIOÉTICOS EM TEMPOS DE PANDEMIA[1]

Luciana Dadalto

Doutora em Ciências da Saúde pela Faculdade de Medicina da UFMG. Mestre em Direito Privado pela PUCMinas. Sócia da Luciana Dadalto Sociedade de Advogados. Professora do curso de Direito do Centro Universitário Newton Paiva. Coordenadora do Grupo de Estudos e Pesquisas em Bioética (GEPBio) do Centro Universitário Newton Paiva. Administradora do portal www.testamentovital.com.br. Email: luciana@lucianadadalto.com.br

Marcelo Sarsur

Doutor em Direito pela Universidade Federal de Minas Gerais. Colaborador do GEPBio – Grupo de Estudos e Pesquisas em Bioética e Direito. Diretor da Sociedade Brasileira de Bioética – Regional Minas Gerais. Integrante da Comissão da Advocacia Criminal da Ordem dos Advogados do Brasil – Seccional Minas Gerais. Coordenador da Setorial Segurança e Justiça do movimento Livres. Advogado criminalista.

Sumário. 1. Introdução. 2. O problema jurídico. 3. O dilema bioético. 4. Conclusão. 5. Referências.

1. INTRODUÇÃO

O campo da Bioética surge, na segunda metade do século XX, como uma resposta do pensamento aos avanços da tecnologia, capazes tanto de produzir assombrosos avanços na forma de vida dos seres humanos, quanto acarretar a própria destruição de toda a vida no planeta. A "Era dos Extremos", nome dado por Eric Hobsbawn, foi marcada pelo inexorável progresso científico, já iniciado no século anterior, mas exacerbado naquela: o domínio da energia atômica, usada tanto para a cura (radioterapia) quanto para a destruição (bombas nucleares); o desenvolvimento da medicina e da farmacologia, à serviço da vida (insulina biossintética, para o tratamento da diabetes; desenvolvimento da vacina contra a poliomielite) ou de modo irresponsável ou violento (a venda indiscriminada da molécula quiral da talidomida, que provocou inúmeras deformidades em bebês, no útero materno; ou as experiências envolvendo seres humanos nos campos de concentração, durante a Segunda Guerra Mundial); a conscientização acerca da capacidade humana

---

1. Uma versão anterior do presente artigo foi publicada, pelos autores, em obra conjunta – DADALTO, Luciana; SARSUR, Marcelo. Problemas jurídicos e dilemas bioéticos: elementos para a sua diferenciação e resolução. *In*: SILVA, Michael César (Org.). *Estado democrático de direito e soluções de conflitos*: diálogos e repercussões na sociedade contemporânea. V. 2. Belo Horizonte: Editora Newton Paiva, 2018. p. 172-191. Esta versão do texto incorpora discussão nova, especialmente à luz da pandemia da Covid-19.

em transformar (grandes projetos de irrigação, em locais áridos do globo; manipulação e seleção genética de espécies de plantas e de animais destinados à alimentação humana) e em destruir (extinção em massa de espécies; acúmulo de resíduos sólidos nos aterros e nos mares; emissão descontrolada de gases de efeito estufa) o ecossistema planetário. A Bioética, embora próxima a ramos do conhecimento já tradicionais, como a Filosofia Moral ou a Ética Médica, com elas não se confunde; é campo de investigação transdisciplinar por excelência, no qual os avanços da tecnologia são confrontados não só pelo prisma de sua utilidade, ou de seu potencial econômico, senão de modo integral, tendo em vista tanto a capacidade para melhorias, quanto os potenciais riscos deles advindos.

A Ciência do Direito, enquanto ramo do conhecimento humano imprescindível para a convivência social, também se ocupa das questões propostas pela Bioética. As aproximações entre tais áreas do conhecimento, contudo, possuem tensões próprias. O Direito, como ciência, busca no ordenamento jurídico as respostas para os conflitos sociais; lado outro, a Bioética, como campo prospectivo, ressalta os conflitos advindos das novidades da técnica e da ciência, destacando a complexidade neles encerrada. O presente trabalho visa a confrontar as diferenças de estrutura e de metodologia por trás dos problemas jurídicos e dos dilemas bioéticos, bem como as formas segundo as quais os dilemas bioéticos podem ser traduzidos para o interior das estruturas normativas do direito. A partir das diferenças entre os problemas jurídicos e os dilemas bioéticos, é possível reconhecer que estes últimos demandam, por parte do direito, uma estrutura especial de regulação normativa, de modo a contemplar, a um só tempo, a pluralidade de pontos de partida e a singularidade de cada caso concreto.

2.   O PROBLEMA JURÍDICO

O ordenamento jurídico é construído por um acervo de normas, todas voltadas à resolução dos conflitos sociais. Trata-se de uma obra complexa, construída paulatinamente a partir de costumes sociais, de regras herdadas de outras sociedades, de leis aprovadas sob o marco da atual ordem constitucional ou recepcionadas de outras eras, e mesmo de regras formuladas coletivamente pelos integrantes dessa ordem social, e não pela autoridade central do Estado. Uma ordem jurídica não surge do nada, nem se elabora da noite para o dia: trata-se de uma construção descentralizada, pluricêntrica, mas, a um só tempo, encarada pelos estudiosos do Direito como um todo coerente e organizado. A pertença de uma norma ao ordenamento jurídico é dada pelo reconhecimento de que a mesma emana de um ente legítimo, ou seja, dotado de poder para a sua propositura e imposição, e que se alinha a valores fundamentais que orientam todo o sistema. Todas as normas de um determinado ordenamento jurídico devem seu fundamento de validade a uma norma pressuposta, a *norma fundamental*, que é condição mínima e indispensável à existência de um sistema jurídico coerente:

> Todas as normas cuja validade pode ser reconduzida a uma e mesma norma fundamental formam um sistema de normas, uma ordem normativa. A norma fundamental é a fonte comum da validade de todas as normas pertencentes a uma e mesma ordem normativa, o seu fundamento de validade comum. O fato de uma norma pertencer a uma determinada ordem normativa baseia-se em que o seu último fundamento de validade é a norma fundamental desta ordem. É a norma fundamental que constitui

a unidade de uma pluralidade de normas enquanto representa o fundamento de validade de todas as normas pertencentes a essa ordem normativa.[2]

Dito de outro modo, o primeiro *dogma* da Dogmática Jurídica – o outro e muito adequado nome conferido à Ciência do Direito – é o da *unidade da ordem jurídica*, que sustenta que todas as normas jurídicas, independentemente de sua hierarquia ou do ente que a elaborou, desde a Constituição até os negócios jurídicos, desde as leis até os contratos, pertencem a *um mesmo todo*. Portanto, deve existir uma orientação interna, uma *coerência* que perpassa todos os comandos normativos de um dado ordenamento jurídico. Esta unidade não decorre apenas do reconhecimento da autoridade de quem formula e impõe as normas, senão, também, de um caráter de *identidade* entre as normas jurídicas, que limita o espaço de construção da norma que lhe é imediatamente inferior. Uma lei não pode contrariar o comando constitucional, a partir do qual é formulada, nem um contrato pode negar validade à norma legislativa cuja observância, entre as partes, é vinculante.

> Por isso fala-se de limites *materiais* e de limites *formais*.
>
> O primeiro tipo de limite refere-se ao conteúdo da norma que o inferior está autorizado a emanar; o segundo refere-se à forma, isto é, ao modo ou ao processo pelo qual a norma do inferior deve ser emanada. Se nos colocarmos do ponto de vista do inferior, observaremos que ele recebe um poder limitado, seja com relação a *quem* pode mandar ou proibir, seja com relação a *como* se pode mandar ou proibir.
>
> (...)
>
> A observação desses limites é importante, porque eles delimitam o âmbito em que a norma inferior emana legitimamente: uma norma inferior que exceda os limites materiais, isto é, que regule uma matéria diversa da que lhe foi atribuída ou de maneira diferente daquela que lhe foi prescrita, ou que exceda os limites formais, isto é, não siga o procedimento estabelecido, está sujeita a ser declarada ilegítima e a ser expulsa do sistema.[3]

A par do dogma da *unidade do ordenamento jurídico*, o que contraria até mesmo o senso comum – como supor que todos os agentes capazes de formular normas, desde o sujeito que firma um contrato até o mais poderoso Ente federativo, encontram-se limitados por um mesmo conjunto de regras, e que lhes impõem não apenas espaços de capacidade nomogenética, mas também uma *pauta coerente de valores*, sem que existam conflitos patentes entre tais atos normativos? –, a Ciência do Direito, por demanda da realidade onde se insere, também acolhe um *segundo dogma*, o da *completude do ordenamento jurídico*.

O direito, enquanto ordem normativa destinada à resolução dos conflitos sociais, deve responder a todas as demandas que lhe são submetidas, desde que formuladas da maneira tida como adequada pela própria ordem jurídica. É dizer: ao julgador, devidamente instado pelas partes de uma ação judicial a apresentar uma resposta jurídica vinculante a um conflito que lhe foi apresentado, só cabe *dizer o direito*, localizar a resposta dentre todas as normas que compõem o acervo do ordenamento jurídico. Veda-se ao julgador a possibilidade de alegar que o direito *não contempla* uma dada resposta, por falta de norma expressa apta a reger a situação que lhe foi adjudicada – o chamado *non liquet*. O

---

2. KELSEN, Hans. *Teoria Pura do Direito*. Trad. João Baptista Machado. 6. ed. São Paulo: Martins Fontes, 1998. p. 217.
3. BOBBIO, Norberto. *Teoria do ordenamento jurídico*. Trad. Maria Celeste C. J. Santos. 6. ed. Brasília: Editora Universidade de Brasília, 1995. p. 54.

artigo 4º do Decreto-Lei nº 4.657/1942, conhecido como "Lei de Introdução às Normas do Direito Brasileiro", traduz este mesmo entendimento: "Quando a lei for omissa, o juiz decidirá o caso de acordo com a analogia, os costumes e os princípios gerais de direito". É de todo inapropriado, de acordo com a Dogmática Jurídica, identificar uma *lacuna* ou uma *omissão* no ordenamento jurídico; se existe um conflito social e o direito é instado a resolvê-lo, a existência de uma norma previamente estabelecida é dispensável. O dever de resolver o conflito dispensa a necessidade de um comando específico:

> Do que fica dito resulta que uma ordem jurídica pode sempre ser aplicada por um tribunal a um caso concreto, mesmo na hipótese de essa mesma ordem jurídica, no entender do tribunal, não conter qualquer norma geral através da qual a conduta do demandado ou acusado seja regulada de um modo positivo, isto é, por forma a impor-lhe o dever de uma conduta que ele, segundo a alegação do demandante privado ou do acusador público, não realizou. Com efeito, neste caso, a sua conduta é regulada pela ordem jurídica negativamente, isto é, regulada pelo fato de tal conduta não lhe ser juridicamente proibida e, neste sentido, lhe ser permitida.[4]

Em resumo, é possível afirmar que, para a Ciência do Direito, o ordenamento jurídico é um conjunto *unitário*, *uniforme*, *coerente* e *completo* de normas, apto a ser empregado na resolução de qualquer problema que for validamente apresentado ao julgador, seja de modo expresso, pela *invocação da norma específica*, formulada previamente pela instância competente, seja pela *formulação de norma nova*, elaborada pelo julgador a partir da matriz do próprio ordenamento, sendo coerente com o mesmo.

O *problema jurídico*, portanto, sempre se apresenta como dotado, *a priori*, de uma *solução*, previamente assentada na ordem jurídica vigente. Esta solução pode ser expressa, mediante a invocação de uma norma previamente fixada em face do caso concreto, ou pode ser implícita, deduzida pelo julgador a partir de normas que regem casos similares (*analogia* ou *costumes*), ou a partir dos preceitos estruturais do ordenamento (*princípios gerais de direito*). Ao julgador cabe expor a regra cabível, mas a todo problema jurídico se aplica uma *resposta*, previamente extraída da ordem jurídica.

Vale destacar que a ordem jurídica, na vasta maioria dos casos, há de oferecer *uma única resposta* ao problema jurídico. A ordem jurídica é dividida entre o binômio *lícito--ilícito*, ou seja, conceitua comportamentos humanos a partir do parâmetro de que os mesmos são autorizados/permitidos, ou de que estes são vedados/proibidos. O direito não toma uma mesma conduta como *lícita* e, a um só tempo, como *ilícita*, porque a *contradição* entre tais comandos inviabilizaria o uso da ordem jurídica como pauta para a resolução de conflitos sociais. O direito tende a classificar comportamentos humanos como *lícitos*, a eles não impondo quaisquer consequências negativas, ou como *ilícitos*, a eles cominando uma consequência negativa caso sejam realizados no convívio social. O problema jurídico comporta uma resposta predefinida, que o situa como conduta lícita ou como conduta ilícita, a ele assinalando uma sanção correspondente. Em algumas situações, a ordem jurídica confere ao sujeito a *faculdade de agir*, de decidir como deseja resolver seu problema. Nesse caso, a resposta é pela *licitude* da ação, mas não se define o que o sujeito deve obrigatoriamente fazer ou deixar de fazer.

---

4. KELSEN, Hans. *Teoria Pura do Direito*. Trad. João Baptista Machado. 6. ed. São Paulo: Martins Fontes, 1998. p. 273.

O problema jurídico, para se adequar aos modelos de comportamento previstos no ordenamento jurídico, é necessariamente despido de suas *particularidades acidentais*. Na maioria dos casos, pouco importam as qualidades próprias dos dois sujeitos que firmam um contrato entre eles, ou as qualidades do ofendido num singular caso de homicídio; importa, para o ordenamento jurídico, o *negócio jurídico*, no primeiro exemplo, e o *fato criminoso*, no segundo exemplo. É apenas por meio da *generalização* e da *abstração* que o ordenamento jurídico é capaz de apresentar respostas universais a toda uma categoria de conflitos sociais. O ordenamento jurídico espera que o problema seja formulado a partir de um *modelo ideal*, de uma descrição de conduta que possa ser percebida não apenas numa única situação-limite, mas de modo repetido no contexto social. O Código Penal brasileiro não prevê uma regra aplicável, tão somente, à morte de Tício, ou de Caio, senão a *todos os homicídios*, desde que praticados nos termos do artigo 121 daquele mesmo estatuto ("Matar alguém. Pena: reclusão, de seis a vinte anos"). Mesmo quando a lei contempla uma exceção, ou uma regra especial, a mesma é formulada não em termos singulares, mas em termos gerais. Se Tício, por exemplo, for pessoa menor de quatorze anos, o mesmo Código Penal estabelece um especial aumento de pena (Artigo 121, § 4º, Código Penal brasileiro, *in fine*: "Sendo doloso o homicídio, a pena é aumentada de 1/3 (um terço) se o crime é praticado contra pessoa menor de 14 (quatorze) anos ou maior de 60 (sessenta) anos"), mas não por se tratar daquele ofendido em particular, e sim de um ofendido que se adequa à *regra específica prevista em lei*.

A resolução do problema jurídico, portanto, é tarefa que compete ao julgador, uma vez instado pelas partes legítimas e interessadas a equacioná-lo. Nesta atividade, o julgador analisará se o problema: a) já foi tratado por alguma norma específica, constante da ordem jurídica vigente; b) se o foi, aplicará a consequência jurídica já assinalada ao caso concreto; c) se não o foi, deduzirá, a partir de casos semelhantes, ou de preceitos jurídicos mais amplos, a regra a ser aplicada, impondo-lhe ao caso. A tarefa do julgador, em todo caso, *não é simplesmente interpretativa*, mas sim *criadora* do direito, mesmo que seja para enunciar uma norma concreta, no caso, a partir de um comando normativo que a vincula. O problema jurídico pode ser resolvido a partir de uma estrutura *silogística*, dedutiva, na qual a ordem jurídica funciona como uma premissa maior, e a consequência jurídica é vislumbrada após o confronto do problema ante o ordenamento normativo.

Por ser deduzida de uma ordem objetiva de preceitos de comportamento, a resposta apresentada a um problema jurídico será sempre *uniforme*, e terá a pretensão de se aplicar a *todos os casos* que apresentem a mesma estrutura. Esta pretensão de *uniformidade* e de *universalidade* é essencial para conferir, ao direito, a segurança que lhe é demandada. A aplicação da lei não pode ser contingente ao aplicador; é necessário que a mesma se revista de um *sentido aproximado*, de um *locus* de compreensão acessível a qualquer intérprete, de modo a prevenir a distorção do comando normativo por parte do aplicador. Em outras palavras, por mais que a polissemia do comando legal indique uma série de *leituras diferentes* do mesmo preceito, o direito pretende ser redigido com vistas a *evitar divergências radicais de leitura*, a fim de emprestar um certo grau de confiabilidade no teor das decisões judiciais. Um preceito jurídico comporta *algumas* leituras, mas também *exclui* algumas, de modo a permitir que um intérprete tenha uma noção geral de como o comando normativo será entendido por terceiros.

Neste momento, é possível identificar, como exemplo de *problema jurídico*, a questão da eutanásia ativa, entendida como a provocação da morte de um paciente, em estado terminal, a pedido do mesmo. O problema jurídico ignora as *particularidades* do caso – a idade do paciente, sua condição psicológica, a intensidade do sofrimento do qual padece o paciente, a qualidade da pessoa que realiza a conduta, a disponibilidade e acessibilidade de tratamentos paliativos, entre outras tantas – e se formula em termos simples: "*é admitida a eutanásia na ordem jurídica brasileira?*".

Por um exame do ordenamento jurídico brasileiro, percebe-se que a *vida humana* é reconhecida como um direito fundamental (artigo 5º, *caput*, Constituição da República Federativa do Brasil de 1988), e que a conduta "matar alguém" é prevista como crime (artigo 121, *caput*, Código Penal brasileiro), mesmo que por "motivo de relevante valor moral" (artigo 121, § 1º, Código Penal brasileiro). O homicídio por misericórdia, portanto, não é conduta lícita, mas sim um *ilícito*, ao qual a lei comina a pena de reclusão, ainda que mitigada pela circunstância da nobreza do motivo – o alívio dos sofrimentos do paciente em estado terminal. A resposta aplicada ao problema jurídico não varia conforme o caso, nem tampouco conforme a opinião do intérprete da lei. Tal conclusão é válida em todos os casos de eutanásia ativa, independentemente das condições particulares do ofendido ou do executor da conduta.

Logo no início da situação de calamidade pública provocada pelo vírus da Covid-19, o Supremo Tribunal Federal foi instado a decidir, após a propositura da Ação Direta de Inconstitucionalidade nº 6.341/DF, pelo Partido Democrático Trabalhista, as margens de decisão de cada ente federativo no enfrentamento à pandemia. Em leitura conforme a Constituição do artigo 3º, § 9º, da Lei Federal nº 13.979/2020, o Plenário do Supremo Tribunal Federal respondeu a uma demanda, que não era óbvia à primeira vista do texto constitucional, ou do teor da lei ordinária, mas que tinha uma *resposta única e determinada*, que foi apontada pela maioria dos Ministros da Suprema Corte.

Quando do enfrentamento de um problema jurídico, não se cogitam de pautas valorativas, ou de diferentes perspectivas individuais. O direito adota, nesse tocante, um único ponto de partida e uma única consequência normativa, reduzindo a complexidade inerente à questão. Entende-se que a norma jurídica positiva o valor prevalente no entendimento daquela sociedade, após os entrechoques e debates ocorridos no âmbito do Poder Legislativo. A norma traduziria, pois, uma resposta aceita *consensualmente* (ou, na pior das hipóteses, *majoritariamente*) no seio da comunidade, não comportando, assim, ressalvas ou exceções. As tensões sociais que demandam a revisão da norma jurídica devem se articular no plano da reforma da legislação, e não no campo da aplicação dos preceitos jurídicos.

3. O DILEMA BIOÉTICO

A Bioética só poderia ter emergido, como de fato emergiu, no breve século XX. Foi apenas naquele momento que o desenvolvimento das ciências e da técnica atingiu tamanha proporção a ponto de oferecer, ao ser humano, a possibilidade de modificar radicalmente suas condições ambientais, seja intencionalmente, seja como consequência indesejada (e não antecipada) de suas ações. O século XX foi cenário de atrocidades indizíveis, como os campos de concentração do nacional-socialismo ou os experimentos sobre a sífilis realizados pelo governo dos Estados Unidos da América em populações vulneráveis, feitas em pretenso nome da "ciência", e com a ativa participação de profissionais da Saúde. O Código de Nuremberg (1947) e o Relatório Belmont (1978), documentos normativos que se sucederam, respectivamente, às apurações desses repugnantes eventos, formam as bases daquilo que veio a ser identificado como a Bioética clínica, ou Microbioética. Ressalta Guy Durant, com lastro na pesquisa de Renée C. Fox, que a primeira etapa do desenvolvimento da Bioética,

> que vai do início dos anos 1960 até meados da década de 1970, foi marcada pelas experiências com seres humanos. A preocupação então era com a importância e a dificuldade de obter o consentimento livre e esclarecido das pessoas que eram objeto de pesquisas e com as dificuldades inerentes ao consentimento das pessoas vulneráveis ou incapazes de dar consentimento, isto é, crianças, pessoas portadoras de deficiência mental ou acometidas por uma doença mental, prisioneiros, pessoas pobres, minorias raciais e outros.[5]

Do mesmo modo, as novas tecnologias relacionadas à vida, como a manipulação de defensivos agrícolas químicos, a manipulação genética de espécies vegetais ou o desenvolvimento da energia atômica, desencadearam fundadas preocupações acerca de seus impactos futuros, e das implicações das mesmas para a sobrevivência da biosfera. O medo da "primavera silenciosa" – o morticínio dos insetos e das aves responsáveis pela polinização das plantas, em razão do uso indiscriminado do DDT – ou da destruição mútua assegurada pelo emprego de armas nucleares pelas duas superpotências ideologicamente opostas levou à formulação do movimento ecológico e também às primeiras preocupações da Bioética global, ou Macrobioética. Perdeu-se, enfim, a crença na capacidade da ciência em proteger a sociedade contra as consequências indesejadas decorrentes de seu desenvolvimento. A ideia de um colapso ambiental produzido não por um desastre natural, mas pela ação do próprio ser humano, ganhou concretude. Na lapidar definição de Ulrich Beck,

> Dito de outro modo, desde a metade do século vinte as instituições sociais da sociedade industrial vêm sendo confrontadas com a possibilidade, historicamente sem precedentes, da destruição de toda a vida neste planeta, por meio da tomada de decisões. Isto distingue nossa época não só da fase inicial da revolução industrial, mas também de todas as outras formas culturais e sociais, não importa quão diversas e contraditórias que estas tenham sido, em seus detalhes.
>
> (...)
>
> Em última análise, não existe qualquer instituição, nem concreta, nem sequer provavelmente imaginável, que estaria preparada para o "PAI", o "pior acidente imaginável", e não existe ordem social que poderia assegurar sua constituição social e política neste pior caso possível.[6]

Não existe, entre a Microbioética e a Macrobioética, qualquer diferença essencial. Tratam-se de dois planos complementares de reflexão, advindos de uma questão comum:

---

5. DURAND, Guy. *Introdução geral à Bioética*. História, conceitos e instrumentos. Trad. Nicolás Nyimi Campanário. 2. ed. São Paulo: Centro Universitário São Camilo: Loyola, 2007. p. 46.
6. BECK, Ulrich. *World Risk Society*. Cambridge: Polity Press, 1999. p. 53. No original em inglês: "Put another way, since the middle of the twentieth century the social institutions of industrial society have been confronted with the historically unprecedented possibility of the destruction through decision-making of all life on this planet. This distinguishes our epoch not only from the early phase of the industrial revolution, but also from all other cultures and social forms, no matter how diverse and contradictory these may have been in detail. (...) Ultimately, there is no institution, neither concrete nor probably even conceivable, that would be prepared for the 'WIA', the 'worst imaginable accident', and there is no social order that could guarantee its social and political constitution in this worst possible case."

como conciliar o desenvolvimento científico e tecnológico com os imperativos da preservação da vida na Terra e da preservação da dignidade humana? Conforme ressalta Marco Segre:

> Menciona-se, atualmente, a Macrobioética, abordando matérias como a Ecologia, visando à preservação da espécie humana no planeta, ou a Medicina Sanitária, dirigida para a saúde de determinadas comunidades ou populações, e a Microbioética, voltada basicamente para o relacionamento entre os profissionais de saúde e os pacientes, e entre as instituições (governamentais ou privadas), os próprios pacientes, e, ainda, no interesse deles, destas com relação aos profissionais de saúde.[7]

Embora represente uma *reação* ao avanço da técnica nas Ciências da Vida, a Bioética não é um movimento *reacionário*. Inexiste, em suas reflexões, qualquer intuito de coibir a Ciência, mas sim de oferecer uma perspectiva para além das paredes dos laboratórios e dos hospitais, ouvindo diretamente os interessados (*stakeholders*). Reconhece-se que, do ponto de vista valorativo, o conhecimento é neutro, e assim carece de balizas morais:

> Quando falamos de conhecimento perigoso, temos de admitir de uma vez que o conhecimento em si não pode ser inerentemente bom ou ruim. O que deu credibilidade à concepção de conhecimento perigoso é que conhecimento é poder e, uma vez disponível, ele será usado pelo poder sempre que possível. O conhecimento conquistado nunca pode ser deixado para recolher poeira em uma biblioteca ou bloqueado com sucesso em um cofre. Ninguém se preocupa com o conhecimento que não é usado. São os usos conferidos a ele que o tornam perigoso ou útil.[8]

Se os avanços da técnica são inexoráveis, há de se oferecer um contraponto humano, ético, a tais inovações. A inovação não é valiosa em si mesma, nem tampouco a conservação; cada transformação científica e tecnológica deve ser avaliada no tocante a seu impacto sobre todos os seres vivos, se o benefício que acarreta é capaz de suplantar as perdas e os riscos que lhe são próprios. A reflexão bioética oferece à sociedade um mecanismo para evitar abusos dos detentores de poder, bem como para conciliar tecnologia e responsabilidade. É forma de pensamento que só poderia surgir naquilo que se convencionou chamar de *Antropoceno*: a Era Geológica em que a ação humana é capaz de produzir, sobre a face do planeta, alterações sensíveis. Pela emissão dos gases de efeito estufa, pelo derretimento das geleiras, pelas técnicas de mineração como a remoção de topos de montanhas, pelo acúmulo de lixo plástico nos oceanos, pelos derramamentos de óleo, pela canalização dos cursos d'água e pela aterragem das margens litorâneas, o ser humano dá provas de que é a singular espécie, sobre a Terra, capaz de modificar as condições de existência de todo o planeta.

Como campo transdisciplinar por excelência, a Bioética é aberta às considerações de profissionais das mais diferentes áreas. Assim,

> Médicos, biólogos, psicólogos, psicanalistas, cientistas sociais, filósofos, religiosos, juristas, enfermeiros, são apenas exemplos de pessoas, de diferentes formações, que têm papel a desempenhar na discussão bioética. Porque a Bioética, discutindo a vida e a saúde humanas, não apenas interessa a todos os homens, bem como requer, para essa discussão, a bagagem do conhecimento de todos esses profissionais.[9]

---

7. SEGRE, Marco. Definição de Bioética e sua relação com a Ética, Deontologia e Diceologia. *In*: SEGRE, Marco; COHEN, Claudio (Orgs.). *Bioética*. 3. ed. São Paulo: Editora da Universidade de São Paulo, 2002. p. 27.
8. POTTER, Van Rensselaer. *Bioética. Ponte para o Futuro*. Trad. Diego Carlos Zanella. São Paulo: Loyola, 2016. p. 90.
9. SEGRE, Marco. Definição de Bioética e sua relação com a Ética, Deontologia e Diceologia. *In*: SEGRE, Marco; COHEN, Claudio (Orgs.). *Bioética*. 3. ed. São Paulo: Editora da Universidade de São Paulo, 2002. p. 30.

Não se pode, propriamente, falar em um problema bioético, senão em um *dilema bioético*. Para todo determinado problema, é possível localizar sempre uma única resposta. Por definição, o *dilema* possui *duas ou mais respostas*, todas *igualmente cabíveis* à luz do caso concreto, cada qual com suas vantagens e desvantagens. Porque o dilema bioético se situa nos limites do conhecimento humano, e muitas vezes representa uma situação única e irrepetível, *não existem respostas predefinidas*, nem casos semelhantes a partir dos quais extrair preceitos para uma eventual solução.

Todo dilema bioético contrapõe *dois valores*, e não apenas duas normas. Trata-se, assim, de um contraponto valorativo, não de mera antinomia. A depender do valor que se tem como preponderante, a solução a ser apontada para o dilema bioético se modifica. Os *valores* que guiam a resolução de um dilema bioético podem variar, mas alguns tendem a ser invocados com mais frequência: a *autonomia* do paciente ou do sujeito de pesquisa; a *beneficência* no tratamento das pessoas incapazes; a *equidade* na dispensação de tratamentos e na consideração a todos os seres humanos; a *responsabilidade* do profissional da saúde, dotado de conhecimentos técnicos; o *empoderamento* de comunidades ou de pessoas em situação de vulnerabilidade. A chamada Bioética principialista, de matriz estadunidense, esposa tais valores e os rotula de *princípios*, sob nítida inspiração do Relatório Belmont. Há de se destacar, entretanto, que a Bioética principialista é apenas "uma corrente particular, uma concepção entre outras"[10], e não a única leitura possível acerca das questões da Bioética.

Vez que o dilema bioético exsurge de um caso concreto, a estrutura de sua resolução há de ser tomada *indutivamente*. Parte-se não do geral para o particular, como na resolução do problema jurídico, mas do particular para o geral, quando possível. Nem sempre as conclusões obtidas na resolução de um dilema bioético podem vir a ser aplicáveis em casos posteriores, porque as peculiaridades da situação podem ditar uma resposta única, própria apenas àquela ocorrência. Não se remove, por evidente, os detalhes de cada situação peculiar, como ocorre no tocante aos problemas jurídicos; cada particularidade auxilia na resolução do conflito.

Os dilemas bioéticos se manifestam conforme a ciência e a técnica trazem novas possibilidades de enfrentamento de problemas de saúde e de questões sociais. O primeiro impulso, diante da novidade, é usualmente o temor: os tabus, as noções preconcebidas sobre determinadas situações, impedem a princípio a adoção de novas tecnologias e de novas práticas. Contudo, o uso reiterado das novas tecnologias – muitas vezes em confronto com a legislação local – acaba por consagrar os novos tratamentos e as novas alternativas de escolha para os sujeitos de direito. Cumpre relembrar a história dos transplantes de órgãos, prática que, a princípio, era proibida em diversos países do mundo – e comparada a práticas mórbidas, como o vilipêndio a cadáver ou as experiências fictícias do doutor Victor Frankenstein –, e que veio a se tornar uma imprescindível ferramenta da Medicina moderna; ou, ainda, as recentíssimas discussões acerca da possibilidade de edição genética de células germinais humanas, a fim de eliminar genes responsáveis por doenças congênitas.

---

10. DURAND, Guy. *Introdução geral à Bioética*. História, conceitos e instrumentos. Trad. Nicolás Nyimi Campanário. 2. ed. São Paulo: Centro Universitário São Camilo: Loyola, 2007. p. 53.

Tome-se, em particular, esta última situação. A primeira resposta da ordem jurídica brasileira, no plano legislativo, foi o de proibir a intervenção modificativa sobre o genoma humano (artigo 6º, inciso III, Lei de Biossegurança: "Fica proibido (...) engenharia genética em célula germinal humana, zigoto humano e embrião humano."). A mensagem do direito é taxativa: em nome da *precaução* (por não se ter ideia das consequências do emprego desta tecnologia) e da *beneficência* (a fim de se evitar a discriminação entre seres humanos por motivo genético), optou-se por proscrever toda uma possibilidade de tratamentos genéticos, hoje já viáveis em razão da tecnologia. Essa proibição, entretanto, deixa de considerar outros valores conflitantes no caso concreto: a *autonomia* do paciente, primeiro responsável pela eleição de seus meios de tratamento, bem como, por outro lado, outra dimensão da *beneficência* – quando a única forma de gestar seres humanos viáveis, para um determinado casal, se dá pela seleção e pela edição do material genético de seus futuros filhos. O dilema bioético, pois, não admite um único ponto de vista, mas acarreta debate muito mais profundo acerca dos valores conflitantes em cada caso, com as peculiaridades que lhe são próprias.

A frenética pesquisa, empreendida em diversos países do mundo e por várias companhias farmacêuticas rivais, em prol da descoberta de uma vacina segura e eficaz para a prevenção da Covid-19 é um exemplo perfeito de *dilema bioético*. O imperativo da produção desse bem, de incalculável valor e de extrema urgência, justifica a supressão de etapas regulares do desenvolvimento da vacina? É possível, diante de uma vacina submetida às pressas para o uso comunitário, exercer o direito individual de se recusar à inoculação, alegando que a técnica precisa ser refinada? Eis um dilema bioético que comporta mais dúvidas do que certezas.

4. CONCLUSÃO

Em breve sinopse, é possível identificar as diferenças entre o problema jurídico e dilema bioético, nos seguintes termos:

Problema jurídico	Dilema bioético
Dotado de solução *a priori*, já conformada no interior do ordenamento jurídico.	Sem resposta predefinida, por se tratar de questão nova ou singular.
Apresenta resposta única, que define a situação como lícita ou ilícita, a partir de uma regra expressa ou implícita.	Apresenta duas ou mais respostas igualmente válidas, a depender do valor utilizado em sua solução, sem amparo em regras prefixadas.
É formulado em termos gerais e abstratos, de modo a ser situado no interior da ordem jurídica já constituída.	É apresentado em sua particularidade, sendo que as peculiaridades de cada caso concreto são capazes de ditar respostas divergentes.
Estrutura dedutiva, que parte da existência de um silogismo entre a premissa maior (ordem jurídica) e a premissa menor (caso concreto).	Estrutura indutiva, que parte da situação conflituosa e busca solucionar o caso em sua conformação própria.
Resposta dotada de pretensão de universalidade, desde que guardada a semelhança com os casos posteriores.	Resposta desprovida de pretensão de universalidade, aplicável propriamente ao caso, e raramente generalizável.

Quando um dilema bioético é submetido à apreciação judiciária, o mesmo se verte num problema jurídico, a ser resolvido dentro dos parâmetros do ordenamento positivo.

Não raro, tais dilemas não encontram anteparo legal que permita seu equacionamento, devendo o julgador construir uma norma particular para o caso. Deste modo, seus valores ditam uma determinada solução para o dilema bioético, que pode coincidir ou não com a pretensão do envolvido.

Tome-se, a título exemplificativo, a decisão do Supremo Tribunal Federal que admitiu a antecipação terapêutica do parto em casos de gravidez de feto anencefálico, tomada na Arguição de Descumprimento de Preceito Fundamental nº 54/DF. Cuida-se de dilema bioético por excelência: o avanço da tecnologia de exames de imagem permite o diagnóstico seguro da anencefalia nos primeiros meses da gestão. Em razão deste desenvolvimento, algumas gestantes de fetos anencefálicos expressaram, dentro do exercício de sua *autonomia*, a faculdade de antecipar o parto, de modo a evitar o prosseguimento de uma gestação inviável *ab initio*. Por outro lado, contrapõe-se o valor *beneficência*, que pretende proteger a vida intrauterina contra qualquer forma de intervenção, entendendo a mesma como dotada de dignidade, mesmo que destinada a inevitável mortalidade quando do termo da gestação.

Ante a ausência de uma *regra legal* que tivesse lidado com tal situação expressamente, o Plenário do Supremo Tribunal Federal usou de *argumento analógico* para acolher a pretensão do arguente, e entender como cabível, nessas circunstâncias, a antecipação terapêutica do parto, como meio de salvaguardar a saúde psíquica e o bem-estar da gestante. Neste caso, a decisão judicial, ao invés de proscrever um comportamento ou de torná-lo obrigatório, respeitou os contornos plurais da solução do dilema bioético e permitiu à gestante, como sujeito de direitos, que *opte* pela decisão que melhor lhe couber:

> Está em jogo o direito da mulher de autodeterminar-se, de escolher, de agir de acordo com a própria vontade num caso de absoluta inviabilidade da vida intrauterina. Estão em jogo, em última análise, a privacidade, a autonomia e a dignidade humana dessas mulheres. Hão de ser respeitadas tanto as que optem por prosseguir com a gravidez – por sentirem-se mais felizes assim ou por qualquer outro motivo que não nos cumpre perquirir – quanto as que prefiram interromper a gravidez, para pôr fim ou, ao menos, minimizar um estado de sofrimento.[11]

Nem sempre os dilemas bioéticos se traduzem em regras abertas, como ocorreu no caso da antecipação terapêutica do parto de fetos anencefálicos. Para alguns destes dilemas, como no caso do homicídio por misericórdia, ou do auxílio a suicídio de pacientes terminais, a legislação proibiu terminantemente qualquer prática dessas condutas, sob pena de sanções criminais – respectivamente, os artigos 121, *caput* e § 1º, e 122, do Código Penal brasileiro. O mesmo vale para a manipulação genética de células germinais ou em embriões humanos, proibida pelos artigos 6º, inciso III, e 25, da Lei de Biossegurança (Lei Federal nº 11.105/2005). O primeiro impulso da ordem jurídica, até mesmo a bem da cautela, é o de proibir a aplicação de novas técnicas de manipulação da vida até que se provem suas vantagens e segurança.

A proibição ou a imposição, entretanto, não se apresentam como as melhores alternativas. A pluralidade de valores envolvidos e as particularidades do caso concreto demandam dos operadores do direito abertura a respostas diversificadas, pensar múltiplas

---

11. BRASIL. Supremo Tribunal Federal. Arguição de Descumprimento de Preceito Fundamental nº 54. Arguente Confederação Nacional dos Trabalhadores na Saúde – CNTS. Relator Min. Marco Aurélio. Brasília, 12 de abril de 2012. Disponível eletronicamente em <http://www.stf.jus.br/portal/jurisprudencia>. Acesso em 16 ago. 2017.

escolhas para múltiplos sujeitos. A abertura à diferença é fundamental para repensar como o direito lida com as questões persistentes da Bioética, e, nessa tarefa, é mais importante ouvir e compreender as demandas dos sujeitos em situações limite do que impor uma resposta única, prefixada, reducionista e fechada.

5. REFERÊNCIAS

BEAUCHAMP, Tom M. CHILDRESS, James F. *Princípios de Ética Biomédica*. Trad. Luciana Pudenzi. 3. ed. São Paulo: Edições Loyola, 2013.

BECK, Ulrich. *World Risk Society*. Cambridge: Polity Press, 1999.

BOBBIO, Norberto. *Teoria do ordenamento jurídico*. Trad. Maria Celeste C. J. Santos. 6. ed. Brasília: Editora Universidade de Brasília, 1995.

BRASIL. Supremo Tribunal Federal. Arguição de Descumprimento de Preceito Fundamental nº 54. Arguente Confederação Nacional dos Trabalhadores na Saúde – CNTS. Relator Min. Marco Aurélio. Brasília, 12 de abril de 2012. Disponível eletronicamente em <http://www.stf.jus.br/portal/jurisprudencia>. Acesso em 16 ago. 2017.

DURAND, Guy. *Introdução geral à Bioética*. História, conceitos e instrumentos. Trad. Nicolás Nyimi Campanário. 2. ed. São Paulo: Centro Universitário São Camilo: Loyola, 2007.

KELSEN, Hans. *Teoria Pura do Direito*. Trad. João Baptista Machado. 6. ed. São Paulo: Martins Fontes, 1998.

POTTER, Van Rensselaer. *Bioética. Ponte para o Futuro*. Trad. Diego Carlos Zanella. São Paulo: Loyola, 2016.

SEGRE, Marco. Definição de Bioética e sua relação com a Ética, Deontologia e Diceologia. *In*: SEGRE, Marco; COHEN, Claudio (Orgs.). *Bioética*. 3. ed. São Paulo: Editora da Universidade de São Paulo, 2002.

BIOÉTICA DE INTERVENÇÃO NOS TEMPOS DA COVID-19

Dora Porto

Bacharel em Antropologia, especialista em Bioética e doutora em Ciências da Saúde pela Universidade de Brasília (UnB), foi assessora da Presidência do Conselho Federal de Medicina de 2007-2019, desempenhando a função de editora científica da Revista Bioética. Entre 2005 e 2008 iniciou e atuou também como primeira editora executiva da Revista Brasileira de Bioética da Sociedade Brasileira de Bioética (SBB), participando atualmente seu Conselho Editorial bem como do board da Revista da Redbioética Unesco. Colabora como *ad hoc* com as revistas História, Ciências, Saúde ? Manguinhos e Saúde em Debate (Cebes). Foi vice-presidente da SBB, gestão 2007/2009. A partir de 2002 desenvolveu a base teórica da Bioética de Intervenção, proposta para uma bioética autóctone voltada à dimensão social. Elaborou e ministrou em 2008 a disciplina Reflexões Bioéticas, nos cursos de Especialização Latu Sensu em Bioética, da FS/UnB e entre 2010-2019 elaborou e ministrou a disciplina Bioética, na Especialização Latu Sensu em Engenharia Clínica, na UnB. Assessora da Rede Latino-americana e do Caribe de Bioética da Unesco (Redbioética) desde 2005, integra atualmente seu Conselho Diretivo. É pesquisadora, consultora e avaliadora de programas na área da saúde, com ênfase em antropologia urbana e gênero, trabalhando principalmente os seguintes temas: direitos humanos, saúde, bioética, desigualdade social e economia de mercado.

Sumário: 1. Introdução. 2. A medida ótima. 3. Coletividade. 4. Emergindo do *"mergulho no esgoto"*. 5. Referências.

> *Mal escapo à fome*
> *Mal escapo aos tiros*
> *Mal escapo aos homens*
> *Mal escapo ao vírus*
> *Passam raspando*
> *Tirando até meu verniz*
> Gilberto Gil[1]

1. INTRODUÇÃO

A Bioética de Intervenção surgiu como uma proposta voltada a aplicar o utilitarismo como parâmetro ético para adoção de políticas públicas, com o objetivo de promover de fato a igualdade de direitos. Baseando-se no utilitarismo clássico previa que as medidas tomadas para as ações sociais e as políticas de saúde atingissem o maior número de pessoas pelo maior tempo possível, produzindo os melhores resultados. Essa definição inicial foi paulatinamente sendo aprimorada depois que se percebeu que sob a ótica distorcida dos regimes totalitários a exterminação de pessoas ou grupos diferentes, como ocorreu

---

1. Gil G. Feliz por um triz. Raça humana (álbum); 1984.

no Nazismo ou no massacre de Ruanda[2], poderia facilmente se encaixar nas máximas utilitaristas, desde que vista sob a ótica da maioria.

Diante disso a proposta utilitarista foi ajustada na Bioética de Intervenção para eliminar ou (no mínimo) reduzir a possibilidade de uso dessa ferramenta como justificativa para proposições dos regimes totalitários. Assim, para essa proposta teórica a intervenção precisa estar voltada para o maior número de pessoas, pelo maior tempo possível, resultando nas melhores consequências para toda coletividade[3]. Ao objetivar o bem comum para todos – a coletividade – procurou-se evidenciar que aqueles que detêm o poder, mesmo que representem a maioria, precisam considerar as perspectivas dos demais grupos e segmentos para estabelecer políticas que suprimam a desigualdade entre todos.

Se, como sugerido, em alguns casos específicos a compreensão da máxima utilitarista pode envolver algum esforço de contextualização, a aplicação da Bioética de Intervenção em condições ainda mais inusitadas, como a atual pandemia da Covid-19, exige ainda mais reflexão para que se possa entender exatamente no que consiste exatamente a ideia de intervenção bioética na dimensão social nessas circunstâncias e qual seria a intervenção ótima, capaz de minimizar a crise sanitária mundial. Estas reflexões pretendem discutir algumas das questões que se tornaram evidentes com o surgimento do surto e sua disseminação global.

2. A MEDIDA ÓTIMA

Não resta dúvida que frente a um surto mundial de uma doença contagiosa grave, a melhor intervenção possível é a busca ativa para identificação dos casos e a rápida adoção de medidas profiláticas para evitar a disseminação e tratar os contaminados. Foi exatamente essa a política de saúde adotada na Coreia do Sul, que conseguiu conter sua curva epidêmica apesar do alto número de casos diagnosticados[4]. Garantir a testagem, isolar os casos e assegurar leitos hospitalares apropriados para o tratamento, parecem ser as melhores medidas para conter a epidemia. Depreende-se que podem garantir a saúde social e econômica e atender plenamente ao preceito utilitarista.

Apesar de ter se revelado escolha exitosa, considerando a diminuição dos casos e das mortes, a estratégia também recebeu sua parcela de críticas. Para muitos daqueles submetidos à testagem, o método foi considerado invasivo[5] por quebrar a privacidade e possibilitar a discriminação dos infectados. Nessa perspectiva a testagem obrigatória

---

2. Sternberg RJ. Uma teoria dúplex do ódio: desenvolvimento e aplicação ao terrorismo, massacres e genocídio. Revista de Psicolog.ia Geral 2003. 7(3) [acesso 5 abr 2020]: 299-328. Disponível: https://doi.org/10.1037/1089-2680.7.3.299

3. . Porto D. Bioética de intervenção. Retrospectiva de uma utopia. p. 111-28. In: Porto D, Garrafa V, Martins GZ, Barbosa SN. Bioéticas, poderes e injustiças. Dez anos depois. Brasília: CFM, Cátedra Unesco de Bioética, Sociedade Brasileira de Bioética; 2012. [acesso 7 abr 2020] Disponível: https://portal.cfm.org.br/images/stories/biblioteca/bioeticaspoderesinjusticas.pdf.

4. Coronavírus: o que está por trás do sucesso da Coreia do Sul para salvar vidas em meio à pandemia. BBC News Brasil. [acesso 5 abr 2020] Disponível: https://www.bbc.com/portuguese/internacional-51877262.

5. . Coronavírus: o que está por trás do sucesso da Coreia do Sul para salvar vidas em meio à pandemia. BBC News Brasil. [acesso 5 abr 2020] Disponível: https://www.bbc.com/portuguese/internacional-51877262.

pode ser vista como medida autoritária, que suprime direitos de cidadania, consagrados em grande parte das legislações nacionais. Tais críticas revelam um aspecto intrínseco a toda discussão: o embate entre direitos individuais e coletivos.

A escalada do Ocidente rumo à consolidação de direitos individuais, particularizando o direito de pessoas, segmentos e grupos, busca nivelar assimetrias históricas e assegurar o surgimento de novas identidades, oriundas tanto da transformação das sensibilidades e da emergência de novos comportamentos em todo o mundo, quanto do enfraquecimento das amarras coloniais nos países em desenvolvimento. Há, entretanto, consenso tácito entre governos e povos, estudiosos das áreas da Saúde e do Direito, no sentido de apoiar medidas voltadas à coletividade em detrimento dos direitos individuais quando se mergulha em uma crise sanitária grave, especialmente nos casos em que a dimensão do problema é global. Nesse sentido, mais uma vez, as objeções individuais perdem força quando contrastadas com os direitos coletivos.

Mas, mesmo que nesta situação específica se desconsidere totalmente as objeções dos indivíduos, a estratégia adotada pela Coreia do Sul revela ainda outras dificuldades relativas ao custo do empreendimento. Para os países que não produzem tecnologia, restringindo sua participação no mercado global à situação de consumidores, nem sempre é possível adquirir equipamentos e implementos necessários à realização dos testes, seja no que concerne à coleta ou o que diz respeito aos resultados. Como a aplicação de testes não é um fim em si mesma, demandando tratamento dos casos detectados, a testagem precisa ser acompanhada de capacidade instalada para o cuidado dos infectados, que permita a internação hospitalar quando necessária, evite a contaminação de pacientes internados para outros tratamentos e, inclusive, resguarde a equipe de saúde que lida diretamente com os doentes.

Como se pode depreender, muitos países não conseguem adotar esse conjunto de estratégias de contenção e controle. A carência recursos materiais para as ações de saúde impede a compra dos insumos necessários à testagem ampla, atingindo principalmente os países cuja dependência do mercado externo é muito acentuada. A falta de recursos humanos capacitados para realização dos testes e para acompanhamento dos pacientes também ameaça aquelas nações que não investem maciçamente na educação de qualidade para todos, restringindo o acesso a grupos privilegiados. Em decorrência não contam nem com a quantidade necessária de profissionais capacitados para o enfrentamento da pandemia nem com o entendimento da população acerca da gravidade dos fatos.

Diante das dificuldades para adotar a intervenção adequada à contenção da pandemia, que abrangem políticas de longo prazo nas dimensões administrativa, econômica, fiscal, educacional e sanitária, resta então o último esforço para a contenção: o isolamento social. Conhecida há séculos como quarentena, a restrição ao contato acaba se revelando a única estratégia viável quando faltam meios de detecção ou de tratamento. Ou seja, a contenção é um paliativo destinado a frear a velocidade da contaminação.

Se a contenção acaba sendo a única saída, especialmente para as pessoas que vivem em locais em que a ameaça mortal se agiganta dia a dia, nem sempre se revela exequível. Em muitos destes lugares a penúria impele as pessoas à busca pela sobrevivência imediata. Isso ocorre tanto nos países pobres quanto para as pessoas que vivem em situação miserável nos países ricos [6]. Mas, de maneira geral, todos que precisam trabalhar fora de casa (profissionais de saúde, de segurança, de limpeza, portuários, caminhoneiros, ferroviários, metroviários, trabalhadores na extração de petróleo, no refino do gás, cuidadores de idosos etc.) também sofrem mais intensamente a pressão do medo do contágio. A morte invadiu o cotidiano de todos em todo mundo e agora não há mais como ignorá-la.

Mas o isolamento social não é apenas uma questão técnica. Para os que vivem na penúria a privação de alimento soma-se a moradia em espaço exíguo, insalubre, sem água corrente e sem sistema de esgotamento sanitário; e a precariedade da situação de trabalho, sem vínculos empregatícios ou garantias previdenciárias. Piora ainda mais o quadro desenhado pela pobreza extrema, o fato de muitos países serem comandados por governantes obscurantistas, cujas deliberações sem base científica ou comprovação empírica negam a pandemia e as recomendações da Organização Mundial de Saúde (OMS)[7], conclamando atos públicos (políticos ou religiosos) e, assim, jogando com o risco à saúde da população por mera irresponsabilidade ou por delírios populistas de poder e prestígio. Desse conjunto de fatos adversos se depreende que esta é também uma questão ética.

Para aqueles que têm oportunidade de guardar o isolamento social manterem-se em casa pode trazer tédio, cansaço e depressão, além do temor de engordar por falta da atividade física. Deixar de encontrar amigos ou familiares pode provocar desânimo e irritação. Porém, para os que estão na penúria ou à beira do colapso econômico a sensação é somatizada de maneira mais intensa, transformando-se em estresse profundo, angústia, medo, pavor. Por fim, há ainda as pessoas em condição de rua, cujo sonho "é morar em uma favela"[8]. Para estes, que estão sempre expostos às intempéries e à violência urbana, a pandemia desenha um quadro ainda mais cruel. Dá para imaginar como deve se sentir vulnerável alguém que não tem casa, frente à recomendação dada ao conjunto da sociedade para *"não sair de casa"*?

As diferenças entre as condições de vida dos estratos populacionais no Brasil (e no mundo) faz com que o medo da morte, que perpassa todos, sempre, atinja mais profundamente aqueles que já estão feridos no corpo ou na mente. Assim, percebemos que mesmo que saibamos quais seriam as medidas ótimas para o enfrentamento dessa crise sanitária, não temos condição de optar por elas. Nem como país, pois nossa história mostra que nunca se priorizou o investimento do Estado em educação, saúde, saneamento, planejamento urbano de qualidade para todos, nem como pessoas, já que muitos de nós não têm meios sequer para subsistir em condições normais.

---

6. Maakaroun B. Brasil é vice-campeão em desigualdade no mundo. Estado de Minas. Economia 8 dez 2019. [acesso 5 abr 2020] Disponível: https://www.em.com.br/app/noticia/economia/2019/12/08/internas_economia,1106657/brasil-e-vice-campeao-em-desigualdade-no-mundo.shtml.

7. Organização Panamericana da Saúde. Opas Brasil. Folha informativa – Covid-19 (doença causada pelo novo coronavírus). [acesso 7 abr 2020] Disponível: https://www.paho.org/bra/index.php?option=com_content&view=article&id=6101:covid19&Itemid=875.

8. Gabriel, o Pensador. O resto do mundo. Gabriel, o pensador (álbum); 1993.

3. COLETIVIDADE

As enormes desigualdades nas condições de vida dos diferentes estratos populacionais levam inevitavelmente ao questionamento sobre a existência real da coletividade. Ainda que todos nós nos reconheçamos como brasileiros podemos dizer que vivemos no mesmo Brasil? Não bastassem as diferenças culturais desse país continental, que amálgama povos de diversas origens, temos ainda discrepâncias sociais tão acentuadas que talvez – de fato – só estejamos partilhando o espaço sem constituir uma coletividade que consiga apontar o que seria o *bem comum*.

Se a sociedade não é a simples soma dos indivíduos[9], como podem ter a mesma visão de mundo pessoas que cotidianamente vivem situações tão distintas? Focando o exemplo nos efeitos observáveis da pandemia, como vê o mundo aquele a quem o tédio torna o isolamento "*chato*" e como sente a situação aquele para quem isolar-se é estar privado da chance de conseguir o pão de cada dia? Para os primeiros, o fim do confinamento é uma probabilidade, variável segundo faixa etária, sexo e comorbidades. Para os últimos, reduzem-se a mera possibilidade, que soma a estas variáveis os condicionantes sociais, econômicos e culturais.

Quando se atenta para isso é impossível não perceber que nem todos vivem no mesmo mundo. O cotidiano não é o mesmo, ao contrário, às vezes é completamente diferente no que diz respeito ao local e tipo de moradia, horários, tipo transporte e tempo gasto para isso, qualidade e quantidade da alimentação, acesso à educação e saúde, aos bens e serviços culturais, lazer, segurança pública etc. Essas diferenças não são só relativas a preferências, questões de "gosto", como seria escolher massa ou salada no cardápio da vida. São diferenças estruturais – marcantes –, que condicionam os modos de perceber e agir, modelando valores e visão de mundo.

Quando se pensa detalhadamente no cotidiano em cada estrato, como podem ver o mundo da mesma forma, pessoas que têm vidas tão diferentes? Embora todas sejam situações insalubres e perigosas, estar na rua é muito diferente de ter um barraco de papelão e madeira de caixotes, com chão de terra batida e esgoto correndo livre à porta, que, por sua vez, é distinto de uma casa de alvenaria construída numa invasão. Nenhuma dessas é similar a um conjunto habitacional com água encanada, esgotamento sanitário e luz elétrica regularizada, o qual, por sua vez, não pode ser comparado às moradias da classe média urbana, localizadas em ruas pavimentadas e dotadas dos mais variados confortos. E, nenhum destes tipos de habitação pode ser equiparado às casas onde vivem os 1% mais rico, que atualmente detêm 23,2 % da renda total do país[10].

A diferença na forma de ver, sentir e valorar o mundo nos diferentes estratos sociais se acentua na medida em que aumentam as desigualdades. Quanto mais desiguais forem as condições de vida das pessoas, mais seus mundos se afastam, mesmo quando habitam espaços contíguos nas cidades. E, como o Brasil está no

---

9. Durkheim E. As regras do método sociológico. São Paulo: Companhia Editora Nacional; 1990. p. 90.
10. Maakaroun B. Brasil é vice-campeão em desigualdade no mundo. Estado de Minas. Economia 8 dez 2019. [acesso 5 abr 2020] Disponível: https://www.em.com.br/app/noticia/economia/2019/12/08/internas_economia,1106657/brasil-e-vice-campeao-em-desigualdade-no-mundo.shtml.

pódio da desigualdade[11] podemos dizer que não vivemos todos em um mesmo país, e que mesmo que a riqueza tenha aumentado na década passada[12], ainda estamos muito perto da "*Belíndia*".

4.   EMERGINDO DO "MERGULHO NO ESGOTO"

A pandemia da Covid-19 evidenciou ainda mais a gritante desigualdade social brasileira. Embora o vírus atinja a todos indiscriminadamente, aqueles que vivem em condições sanitárias insalubres tem mais chance de serem afetados. Em muitas comunidades o isolamento social é impossível, pois várias pessoas coabitam em espaços diminutos, cercados por outras moradias com a mesma característica. A ausência de vínculos empregatícios formais, a precarização e a uberização no âmbito trabalhista, eliminaram o mínimo de segurança econômica, levando as pessoas à penúria e obrigando-as buscar arduamente a própria sobrevivência. Isso as torna bem mais vulneráveis nesse momento em que a única forma de proteção coletiva é adotar o isolamento para não colapsar o sistema de saúde e ter uma chance de tratamento em caso de contágio.

Os cortes orçamentários nas áreas sociais nos últimos anos também contribuíram para fragilizar esses grupos, que – historicamente – já sofriam privações extremas. A restrição de verbas para a educação, também repercutiu na área social, afetando fortemente a pesquisa e aumentando nossa dependência econômica e tecnológica em relação ao primeiro mundo. A diminuição do orçamento da saúde fragilizou ainda mais o país, intensificando o sucateamento dos serviços.

De maneira geral, a economia, que já cambaleava com inexpressivas taxas de crescimento[13], tendeu à estagnação quase total. As condições de vida dos mais pobres ficaram então mais difíceis, levando muitos ao desespero e à prostração. Esse contexto agudizou as desigualdades entre a vida das pessoas dos diferentes estratos, rasgando o tecido social e impedindo que se alcance uma perspectiva comum, calcada no bem de/para toda coletividade.

Muito se tem falado que o medo da morte na dimensão global provocado pela crise sanitária dará à luz um novo mundo. Essa epifania marcaria o despertar de novos valores que subsumiriam as imposições do mercado, as quais, até a pandemia, definiam desejos, necessidades e vontades para populações de diversas sociedades e culturas. A proximidade da morte para todos traria os seres humanos e suas necessidades essenciais para o centro das preocupações, reacendendo a solidariedade.

---

11.   Maakaroun B. Brasil é vice-campeão em desigualdade no mundo. Estado de Minas. Economia 8 dez 2019. [acesso 5 abr 2020] Disponível: https://www.em.com.br/app/noticia/economia/2019/12/08/internas_economia,1106657/brasil-e-vice-campeao-em-desigualdade-no-mundo.shtml.

12.   Caleiro JP. Brasil era Belíndia e virou Italordânia, diz The Economist. Exame, Economia 16 jun 2014. [acesso 7 abr 2020] Disponível: https://exame.abril.com.br/economia/brasil-era-belindia-e-virou-italordania-diz-the-economist/.

13.   Alvarenga D, Silveira D. PIB do Brasil cresce 1,1% em 2019, menor avanço em 3 anos. G1, Economia 4 mar 2020 [acesso 7 abr 2020] Disponível:https://g1.globo.com/economia/noticia/2020/03/04/pib-do-brasil-cresce-11percent-em-2019.ghtml.

Não sei se esse enlevo se concretizará ou se não passa de mera projeção de desejos daqueles que agora precisam encarar a própria mortalidade e temem por suas vidas. É possível que *se* e *quando* a crise sanitária passar os mais favorecidos retomem sem culpa seus hábitos de consumo e suas pretensões de classe, esquecendo esta fugaz percepção da importância de alcançar a igualdade social. Sei, entretanto, que a medida para a intervenção social verdadeira, que responda às necessidades das pessoas e possa contribuir para consolidar uma autêntica sociedade para todos – tanto de fato quanto de direito – passa pela interseção entre as políticas das áreas econômica, de educação e de saúde. Do ponto de encontro das três se pode almejar a equidade social, alcançar a emancipação das pessoas e a real independência econômica e tecnológica do país.

Essa é uma sugestão fundamentada na Bioética de Intervenção para a formulação de políticas públicas. Propõe que a máxima utilitarista se volte decididamente para os anseios da coletividade como um todo, respeitando as particularidades culturais de pessoas e grupos a fim de acolher os anseios de todos e resgatar a noção de unidade na dimensão social. Dessa forma será possível superar o hiato entre os estratos que compõem o tecido social, permitindo que todas as pessoas encontrem na busca pelo bem estar equânime e coletivo, o objetivo em comum. Esse caminho pode construir uma sociedade pautada pelo respeito, cidadania e justiça para todos.

5. REFERÊNCIAS

ALVARENGA D, Silveira D. PIB do Brasil cresce 1,1% em 2019, menor avanço em 3 anos. G1, Economia 4 mar 2020 [acesso 7 abr 2020] Disponível:https://g1.globo.com/economia/noticia/2020/03/04/pib-do-brasil-cresce-11percent-em-2019.ghtml.

CALEIRO JP. Brasil era Belíndia e virou Italordânia, diz The Economist. Exame, Economia 16 jun 2014. [acesso 7 abr 2020] Disponível: https://exame.abril.com.br/economia/brasil-era-belindia-e-virou-italordania-diz-the-economist/com_content&view=article&id=6101:covid19&Itemid=875.

CORONAVÍRUS: o que está por trás do sucesso da Coreia do Sul para salvar vidas em meio à pandemia. BBC News Brasil. [acesso 5 abr 2020] Disponível: https://www.bbc.com/portuguese/internacional-51877262.

DURKHEIM E. As regras do método sociológico. São Paulo: Companhia Editora Nacional; 1990. p. 90.

GABRIEL, o Pensador. O resto do mundo. Gabriel, o pensador (álbum); 1993.

GIL G. Feliz por um triz. Raça humana (álbum); 1984.

MAAKAROUN B. Brasil é vice-campeão em desigualdade no mundo. Estado de Minas. Economia 8 dez 2019. [acesso 5 abr 2020] Disponível: https://www.em.com.br/app/noticia/economia/2019/12/08/internas_economia,1106657/brasil-e-vice-campeao-em-desigualdade-no-mundo.shtml.

ORGANIZAÇÃO PANAMERICANA DA SAÚDE. Opas Brasil. Folha informativa – Covid-19 (doença causada pelo novo coronavírus). [acesso 7 abr 2020] Disponível: https://www.paho.org/bra/index.php?option=.

PORTO D. Bioética de intervenção. Retrospectiva de uma utopia. p. 111-28. In: Porto D, Garrafa V, Martins GZ, Barbosa SN. Bioéticas, poderes e injustiças. Dez anos depois. Brasília: CFM, Cátedra Unesco de Bioética, Sociedade Brasileira de Bioética; 2012. [acesso 7 abr 2020] Disponível: https://portal.cfm.org.br/images/stories/biblioteca/bioeticaspoderesinjusticas.pdf.

STERNBERG RJ. Uma teoria dúplex do ódio: desenvolvimento e aplicação ao terrorismo, massacres e genocídio. Revista de Psicologia Geral 2003. 7(3) [acesso 5 abr 2020]: 299-328. Disponível: https://doi.org/10.1037/1089-2680.7.3.299.

ESTADO, GOVERNO E COVID-19

Marlene Braz

Doutora em Ciências pela FIOCRUZ na área de Bioética. Mestre em Saúde da Criança e da Mulher, na área de psicanálise. Professora convidada na Escola Nacional de Saúde Pública. Presidente da Sociedade Brasileira de Bioética (biênio 2007-2009) e da Sociedade de Bioética do Estado do Rio de Janeiro (de 2006-2012). Atualmente, Membro da Diretoria da Sociedade Brasileira de Bioética. Coordenadora do CEP FIOCRUZ (2001-2003) e do IFF/FIOCRUZ (1995-1997) Palestrante e autora de diversos artigos e capítulos de livro sobre Bioética. Organizadora de duas coletâneas: "Bioética e saúde: novos tempos para mulheres e crianças?' E "Bioética, riscos e proteção. Médica, bioeticista e psicanalista.

Sumário: 1. Introdução. 2. Os fatos. O que sabemos até agora? 3. O que deve ser feito frente a epidemia sob o ponto de vista moral? 3.1 Como os governantes atuaram durante a epidemia? 3.2 Quais princípios morais deveriam seguidos e quais foram os transgredidos? 3.2.1 Análise da questão ética entre concepções divergentes: a problemática da epidemia. 3.2.2 As teorias. 4. O que me é permitido esperar? 5. Considerações finais.

1. INTRODUÇÃO

"Nunca imaginamos isso. Ninguém imaginou. E ainda parece um pesadelo do qual vamos acordar ao amanhecer. É claro que, algum dia, vai acabar. Quanto mais nos ajudarmos entre todos, mais cedo vai acabar. E isso inclui todos aqueles que tiram proveito da tragédia em prol de seus interesses. Deixemos de lado nossas diferenças, já já acertaremos as contas.". Manuel Castells.

A Organização Mundial da Saúde (OMS) no dia 30 de janeiro de 2020, anunciou que havia um surto causado por um novo coronavírus (SARS-CoV-2). A doença causada por esse vírus, denominada Covid-19, tinha uma evolução ainda desconhecida em sua gravidade, mas foi considerada uma Emergência de Saúde Pública de Importância Internacional, que é o nível mais alto de alerta da OMS (OPAS, 2020). [1] No dia 11 de março, a OMS caracterizou a Covid-19 como uma pandemia.

No final de janeiro já havia em torno de 10 mil casos e mais de 200 mortes, sendo que nenhum deles ocorrera fora da China. (OPAS, 2020, IDEM). A partir desse fato, a vida de todos, no planeta, mudou profundamente.

Algumas questões se colocam a partir da evolução da pandemia.

Em primeiro lugar instalou-se, gradativamente, em vários países, uma crise sanitária e econômica sem precedentes. Em segundo lugar, em alguns países, como no Brasil, somou-se uma crise política. As três crises concomitantes, requisitam do Estado, do governo e da população providências em função da epidemia. Neste sentido formulamos

---

1. Folha informativa – Covid-19, de 12.08.2020. Disponível em:https://www.paho.org/bra/index.php?option=com_content&view=article&id=6101:Covid-19&Itemid=875). Acesso em :13.08.2020.

perguntas, a serem respondidas, a partir das famosas questões formuladas por Kant [2], quais sejam: O que posso saber (conhecimento acerca da epidemia)? O que devo fazer (a ética na condução da epidemia)? O que posso esperar (pós pandemia)?

As perguntas relacionadas `as questões kantianas, seriam ao nosso ver, as seguintes:

O que sabemos sobre a pandemia? Como o mundo e os governantes estão enfrentando a epidemia a partir de orientações científicas? Tudo que deve ser feito está sendo feito?

Especificamente, como o Brasil encarou e enfrentou/enfrenta a crise sanitária causada pelo novo coronavírus? O que esperar do futuro a partir das incertezas causada pelo desconhecimento do comportamento do vírus e o impacto econômico causado por ele.

É nesse sentido que nossa reflexão se faz, em forma de ensaio. Ensaio é um "convite a olhar de outra forma" (TOBAR T & YALOUR MR 2001)[3]. Este método também implica em se tomar uma posição frente ao objeto de reflexão e, assim expõe a subjetividade do autor, comprometendo-o. Por este motivo o ensaio é sempre exploratório. Através desse método pretende-se: a) fazer um pequeno percurso histórico da crise sanitária, relatando os fatos mais importantes e o quanto avançamos no conhecimento da doença, assim como, os danos causados pela pandemia do novo coronavírus; b) abordar o modo como o Brasil lidou e tem lidado com a doença, técnica e moralmente, e suas consequências no campo sanitário, político, social e econômico; c) traçar um panorama dos possíveis futuros na pós pandemia, em termos socioeconômicos e políticos.

2. OS FATOS. O QUE SABEMOS ATÉ AGORA?

Assistimos, desde o início da pandemia, num misto de estarrecimento e preocupação, o crescimento exponencial de casos de coronavírus no mundo. A OMS aos poucos foi relatando os fatos e o saber sobre o novo coronavírus. Em função do surto epidêmico pelo SARS1 e MERS, provocados por outros coronavírus, havia cautela em se noticiar para não criar pânico na população mundial. O fato é que, só aos poucos, a OMS trocava diretrizes.

A história destes dois surtos anteriores e da atual pandemia pode ser assim resumida a partir de informações do Portal da FIOCRUZ e da ONU: SARS-CoV foi identificado em 2002 como a causa de um surto de síndrome respiratória aguda grave (SARS). MERS-CoV foi identificado em 2012 como a causa da Síndrome Respiratória do Oriente Médio (MERS)[4]. SARS-CoV2 é um novo coronavírus identificado pela primeira vez em Wuhan, China, em 31 de dezembro de 2019, como a causa da doença por coronavírus de 2019 (Covid-19), causando a pandemia atual. [5] Esses coronavírus que causam infecções

---

2. KANT, Emanuel, *Crítica da razão pura* (p. 833. Trad. Paulo Quintela. São Paulo: Abril Cultural, 1974. (Col. Os Pensadores) v. XXV).

3. TOBAR T & YALOUR MR. *Como fazer teses em Saúde Pública*: conselhos e ideias para formular projetos e redigir teses e informes de pesquisas. Fiocruz, Rio de Janeiro 2001.

4. Portal FIOCRUZ. *O novo coronavírus é o mesmo que os vírus Sars ou Mers?* Disponível em: https://portal.fiocruz.br/pergunta/o-novo-coronavirus-e-o-mesmo-que-os-virus-sars-ou-mers) Acesso em: 20.02.2020.

5. ONU NEWS sobre a Covid-19. Disponível em: https://news.un.org/pt/events/coronavirus?utm_source=O-NU+News+-+Newsletter&utm_campaign=8280a49b67-EMAIL_CAMPAIGN_2020_08_22_05_00&utm_medium=email&utm_term=0_98793f891c-8280a49b67-107093685) Acesso em 14.03.2020.

respiratórias graves são transmitidos por animais para os seres humanos (patógenos zoonóticos).

Voltando as diretrizes, a primeira foi a necessidade de se implementar medidas de isolamento ou distanciamento social ampliado. Quando a China decretou essa medida que ficou conhecida como *lockdown* ou quarentena, ela foi vista com muita suspeita e, mesmo, desnecessário tanto rigor. A partir do ocorrido na Itália onde tal medida só foi posta em ação após o desastre do colapso na saúde, no adoecimento e morte de profissionais de saúde, do dilema de ter que escolher entre pacientes que seriam internados, a falência do serviço funerário, tornou-se uma recomendação para todos os países, Em seguida, recomendou-se testar muito, o que não ocorreu, de forma massiva em quase todos os países, excetuando a Coreia do Sul. Além da disseminação da doença no mundo, não havia testes para todos, nem equipamentos de proteção individual, nem máscaras, enfim colapso mundial de equipamentos e insumos para tratar a doença. A diretriz do uso de máscara só se deu após a comprovação de que se podia utilizar até mesmo feita em casa. Desse o início, reforçaram-se as medidas rígidas de higiene, como lavar as mãos ou usar álcool gel. Ficamos conhecendo um pouco mais do vírus a partir das primeiras publicações, aceitas sem revisão de pares, com submissão veloz aos comitês de éticas em pesquisa. Uma corrida contra o tempo, na tentativa de entender os possíveis danos que poderiam ser causados pelo vírus. Tomamos conhecimento que ele era contagioso em um grau inesperado, que apesar de causar uma doença leve e ser assintomático em 80% da população, 20 % adoecia de modo moderado ou grave,' sendo que 5% destes, necessitaria de internação em UTIs. A mortalidade estimada foi de 1% da população e a letalidade em torno de 3 a 4% conforme Boletim Epidemiológico do Ministério da Saúde.[6]

Vários países como a China, Inglaterra, Alemanha e EUA, entraram na luta para conseguir uma vacina e, até setembro de 2020, já estavam na fase 3 da pesquisa clínica quatro vacinas, com potencial para começar a serem usadas já no início de 2021. Nenhum tratamento específico foi comprovado. Tentou-se a cloroquina e a hidroxicloroquina, a partir de um pequeno estudo francês.[7] Pesquisas posteriores mostraram sua ineficácia e o próprio autor solicitou que a publicação fosse retirada.[8] Tentou-se antirretroviral, ainda sem resultado expressivo. Na realidade, o tratamento para a Covid-19 é para mitigar os sintomas, evitar o agravamento da doença e medidas de prevenção como o isolamento e higiene das mãos.

No Brasil, foi confirmado o primeiro caso no dia 26 de fevereiro, um homem de 61 anos que voltara da Itália, onde a epidemia já chegara.

---

6. Ministério da Saúde. Boletim Epidemiológico 07. 06/04/2020.Disponível em: https://www.saude.gov.br/images/pdf/2020/April/06/2020-04-06---BE7---Boletim-Especial-do-COE---Atualizacao-da-Avaliacao-de-Risco.pdf. Acesso em: 10.04.2020.
7. Hydroxychloroquine plus azithromycin: a potential interest in reducing in-hospital morbidity due to Covid-19 pneumonia (HI-ZY-Covid)? DAVIDO Benjamin et cols, Covid-19 RPC Team medRxiv 2020.05.05.20088757; doi: https://doi.org/10.1101/2020.05.05.20088757.
8. ViverBem São Paulo, 22.05.2020.Disponível em: https://www.uol.com.br/vivabem/noticias/redacao/2020/05/24/controverso-estudo-frances-que-recomendava-hidroxicloroquina-e-tirado-do-ar.htm?cmpid=copiaecola Acesso em 24.07.2020.

Uma questão logo se impôs. Tanto a China como a Itália, decretaram o lockdown, sendo que a primeira logo em seguida aos casos de contaminação comunitária (quando não se consegue descobrir de quem se foi contaminando).

A Itália, não levou a sério esta medida e só fez o isolamento severo, após o seu sistema de saúde entrar em colapso, o que custou milhares de vida.

O Ministério da Saúde, sob o comando de Luiz Henrique Mandetta, observava, atentamente, ao que acontecia na Europa. Começou a traçar diretrizes e adotar medidas para evitar um aumento de casos em breve tempo e, com isso, alcançar um achatamento da curva epidemiológica (representação visual do número de infectados ao longo do tempo) para evitar o colapso no atendimento. Assistimos o avanço da epidemia na Itália, na França, na Espanha e na Inglaterra. A atitude dos dirigentes foi negacionista, o que refletiu na postura da população, em relação à gravidade da epidemia. O sofrimento e as mortes se sucederam aténs governantes se convencerem a adotar o lockdown.

São Paulo e depois o Rio de Janeiro, adotaram, em março, medidas de isolamento e distanciamento social, mas não o lockdown. Foram fechados comércio, indústrias, escolas e serviços não essenciais e a maior parte da população respeitou estas medidas, isto é, entrou em uma espécie de quarentena.

O presidente Jair Bolsonaro, em campanha eterna pela reeleição, adotou uma postura crítica em relação aos dois estados, afirmando que não havia necessidade de atrapalhar a economia. A partir daí, sua atitude negacionista foi ganhando relevos cada vez mais sérios. Também começou a mostrar ressentimento com o Ministro da Saúde, e colaboradores porque queria a todo custo um relaxamento da "quarentena" e, para tal, recomendava a cloroquina e a hidroxicloroquina, como panaceia que, supostamente, curaria a Covid-19. Até aquele momento, as pesquisas em torno do medicamento eram inconclusivas e, posteriormente, comprovaram sua falta de eficácia e risco de efeito colateral grave por provocar arritmia cardíaca. O Presidente insistia na sua propaganda, afirmando que usou quando acometido pela Covid-19 (Murakawa, F.2020).[9]

Bolsonaro também pregava um isolamento "vertical" (apenas idosos e pessoas de risco ficariam em quarentena). Mandetta, além de discordar elegantemente do Presidente, começou a despontar como um líder. Inspirava confiança, detalhava os avanços e os entraves no combate à epidemia, na compra de equipamentos de proteção, na instalação de hospitais de campanha, de respiradores. A popularidade de seu ministro despertou ciúmes e temor de uma possível candidatura. Já eram dois governadores candidatos à presidência em 2022 em evidência, João Doria e Wilson Witzel e agora, Mandetta. O presidente manteve a conduta negacionista, passou, cada vez mais a se mostrar publicamente, sem nenhum tipo de proteção e provocando aglomerações. Estas atitudes culminaram na inauguração de um hospital de campanha, no estado de Goiás, onde, na presença do Ministro, se aproximou das pessoas aglomerados para vê-lo e, sem máscara, tocando as mãos, numa clara indicação de ter planejado a ação. Mandetta reagiu, dando uma entrevista para um programa de grande audiência, onde se posicionou contra a

---

9. Murakawa, F. Valor — Brasília. 19/07/2020 19h29. Disponível em: https://valor.globo.com/brasil/noticia/2020/07/19/bolsonaro-provoca-aglomerao-e-faz-propaganda-da-cloroquina-no-alvorada.ghtml. Acessado em 30.07.2020.

conduta de Bolsonaro. O ministro disse que "brasileiro não sabe se escuta o ministro ou o presidente". (FANTÁSTICO 2020)[10] A queda do Ministro se deu no dia 16 de abril, logo em seguida à entrevista. Bolsonaro seguiu defendendo a flexibilização da quarentena e tentou emitir normas para permitir a volta ao trabalho de outros setores como igrejas, comércio de móveis e materiais de construção, entre outros (NÉRI F, 2020)[11], contra todas as evidências e recomendações de especialistas e da OMS.

Em seguida à demissão de Mandetta, Bolsonaro nomeou Nelson Teich, que ficou no cargo menos de um mês, após desgaste rápido provocado pelo Presidente que o constrangeu a indicar cloroquina como tratamento preventivo (BBC Brasil.2020)[12]. Com a saída de Teich, o general da ativa Eduardo Pazuello, nomeado por Bolsonaro como secretário executivo no curto mandato de Teich, se tornou ministro interino (em setembro a situação era a mesma). Logo no início da interinidade, o Ministério da Saúde, publicou uma Nota Técnica que recomendava o uso precoce da cloroquina e da hidroxicloroquina.[13] Esta recomendação apócrifa vinha com extensa bibliografia no final, supostamente com indícios científicos (com a repercussão negativa, alguns técnicos assinaram a nota) e com um 'Termo de Ciência e Consentimento" para ser assinado pelo paciente.

Além disso, o Ministério quis mudar o cálculo de mortes, passando a mostrar apenas as mortes ocorridas no dia e, não o acumulado, como todos os países fazem, pois é uma orientação epidemiológica. Tiveram que recuar, dada a intensa repercussão negativa desta tentativa. Ao mesmo tempo começaram a retardar o anúncio diário dos casos, sendo que num fim de semana não forneceram dados por 20 horas. (VALENTE, F. 2020).[14] Tal fato provocou duas reações: uma do próprio poder judiciário que entrou com uma ação exigindo que o MS divulgasse os números e outra, a criação de um consórcio de veículos de comunicação que passou a consolidar e publicar o que estava acontecendo.[15]

No dia 13/08/2020, Eduardo Pazuello falou sobre o Placar da Vida, do Ministério da Saúde, em uma videoconferência conduzida pelo diretor-geral da OMS, Tedros Adhanom, da OMS. O ministro interino omitiu as 105 mil mortes e os 3,2 milhões de casos registrados no país, até aquele dia, e exaltou o número de recuperados, dizendo:

---

10. FANTÁSTICO. Entrevista de Luiz Henrique Mandetta. 12.04.2020. Rede Globo. Disponível em: https://g1.globo.com/fantastico/noticia/2020/04/12/maio-e-junho-serao-os-meses-mais-duros-afirma-mandetta-em-entrevista--exclusiva-ao-fantastico.ghtml.
11. NÉRI, F. G1. 26.03.2020_ Bolsonaro inclui atividades religiosas em lista de serviços essenciais em meio ao coronavírus. Disponível em: https://g1.globo.com/politica/noticia/2020/03/26/bolsonaro-inclui-atividades-religiosas-em-lista-de-servicos-essenciais-em-meio-ao-coronavirus.ghtml Acesso em: 01.08.2020.
12. Ministro da Saúde Nelson Teich pede demissão menos de um mês depois de assumir. 12.05.2020. Disponível em: https://www.bbc.com/portuguese/brasil-52683285 Acesso em: 03.08.2020.
13. Orientações do ministério da saúde para manuseio medicamentoso precoce de pacientes com diagnóstico da Covid-19. 20.05.2020. Disponível em: https://www.saude.gov.br/images/pdf/2020/May/20/orientacoes-manuseio-medicamentoso-Covid-19.pdf). Acesso em: 25.05.2020.
14. VALENTE, F. DPU pede que Ministério da Saúde libere dados diários sobre o coronavírus até 19h 07.06.2020. Disponível em: https://www.conjur.com.br/2020-jun-07/dpu-liberacao-dados-diarios-coronavirus-19h Acesso em: 17.08.2020.
15. G1, O Globo, Extra, Estadão, Folha e UOL. Veículos de comunicação formam parceria para dar transparência a dados de Covid-19. 08.06.2020. Disponível em: https://g1.globo.com/politica/noticia/2020/06/08/veiculos-de--comunicacao-formam-parceria-para-dar-transparencia-a-dados-de-Covid-19.ghtml). Acesso em: 17.08.2020.

"Até o final do dia de ontem, o Brasil contabilizava 2.309.477 casos recuperados de Covid-19. Estamos entre os líderes mundiais em pacientes recuperados, o que evidencia o acerto das ações do governo brasileiro em resposta à pandemia. Nosso objetivo é e sempre foi salvar vidas". OMS. (MINISTÉRIO DA SAÚDE, 2020). [16]

A retórica e a manipulação, logicamente, têm o objetivo de amenizar a dura realidade de mais de 1.000 mortes por dia desde junho de 2020 tentando mascarar a ineficiência do governo. Entretanto, a maioria das pessoas bem informadas, sabe que se há muitas infecções terá sempre muitos recuperados. Esse tipo de liderança aponta para o fracasso da falta de diretrizes políticas na saúde e, portanto, nada há para comemorar.

Traçado este pequeno percurso dos fatos, passamos a refletir sobre as ideias e atitudes de governo em relação a economia versus as recomendações e diretrizes traçadas para o combate ao coronavírus pela OMS, governadores e prefeitos e os aspectos éticos envolvidos.

3. O QUE DEVE SER FEITO FRENTE A EPIDEMIA SOB O PONTO DE VISTA MORAL?

"A propagação contínua da epidemia de coronavírus também desencadeou grandes epidemias de vírus ideológicos que estavam latentes em nossas sociedades: notícias falsas, teorias de conspiração paranoicas, explosões de racismo." Slavoj Žižek

Peter Singer define a ciência ou filosofia da moral como um conjunto de princípios morais que comandam os direitos e deveres de cada indivíduo, sendo produtos de uma determinada cultura e época. A ética, por seu turno volta sua atenção para o ser humano e sua perfeição. A sua realização se dá através da reflexão em torno de conflitos, especificamente entre o bem e o mal, que reverbera sobre a ação dos seres humanos e suas finalidades.[17]

Essa definição ilumina nossa reflexão sobre as seguintes questões éticas: Qual foi a conduta dos governantes para minimizar a crise sanitária, econômica e social? Poderiam ter sido evitadas tantas internações e mortes? Quais princípios morais foram seguidos e quais fora, transgredidos.

3.1 Como os governantes atuaram durante a epidemia?

No princípio, como narrado, havia uma coordenação do Ministério da Saúde, em sintonia com os estados, municípios e secretários de saúde. O desmonte deliberado desse comando produziu consequências que se fizeram visíveis pelo forte impacto na saúde, na economia, na política e no social. Cada estado passou a adotar medidas isoladas, o atual ministro interino, Eduardo Pazuello, tentou se adequar aos reclames de Bolsonaro, no sentido de estabelecer regras de flexibilização por etapas, mão realizava as coletivas diárias implementaras por Mandetta. As transgressões do Presidente às normas sanitá-

---

16. Disponível em: https://www.saude.gov.br/noticias/agencia-saude/47343-nosso-objetivo-e-e-sempre-foi-salvar--vidas-afirma-pazuello-em-reuniao-com-a-oms Acesso em: 18.08.2020.
17. SINGER, Peter. *Ética prática*. Trad. de Jefferson Luiz Camargo. 3. ed. São Paulo: M. Fontes, 2012. p 399.

rias, como já citado, se somaram `as da legislação em vigor na epidemia e ao desrespeito `a Constituição, ao apoiar atos antidemocráticos. Essas manifestações só pararam após o ataque com fogos de artifício ao STF que reagiu à altura. Também, fazia parte da estratégia bolsonarista partilhar *fake news*, a partir do denominado "gabinete do ódio", que segundo investigações, seria composto pelos filhos e assessores.[18]

Para esse grupo de disseminadores de mentiras, a epidemia de Covid-19 não existe e não passa de uma "gripezinha". Teorias conspiratórias abundam, o compartilhamento diário de *fake news* acontece nas redes sociais, desinformando a população, num processo de manipulação com o objetivo de induzir as pessoas a abandonarem tanto o isolamento como o distanciamento social e o uso de máscara.

Desde o fim de janeiro, Bolsonaro, quase diariamente provocava a mídia, os governadores e prefeitos, afirmando que havia exageros na maneira como as notícias e dados eram reportados, com o claro intuito de minimizar os impactos da epidemia no Brasil, mostrando uma preocupação única com o problema econômico. Segundo Bolsonaro tudo não passa de "histeria" [19]. Bolsonaro se dá como exemplo à população saudável, desejosa ou com necessidade de sair à rua, voltar a trabalhar, enfim, iludindo-se que haveria uma volta ao normal pré-pandemia, como se fosse possível. Suas falas, de outro modo, objetivam desqualificar a epidemia, sem nem sequer se atentar que elas fazem o mesmo com os pacientes, os mortos, parentes, profissionais de saúde, gestores da crise sanitária, técnicos do Ministério da Saúde e da OMS.

Nas suas frases, que traremos a seguir, o Presidente mostrou uma total falta de sensibilidade, empatia e solidariedade com os milhares de mortos, infectados e sequelados pela epidemia que se abateu sobre nós, de maneira mais intensa e descontrolada por culpa, em grande parte, de seus atos e bravatas (não se podendo esquecer que demitiu dois ministros da Saúde e desmontou o ministério).

O site de notícias da UOL e a Folha de São Paulo fizeram um retrospecto do que foi dito pelo Presidente.[20]–[21]

Ao mesmo tempo em que os números de contágio e mortes aumentavam e o negacionismo se mantinha, os profissionais de saúde se viram sobrecarregados de trabalho, não só pela quantidade de pacientes e o tempo longo de permanência nas UTIs, mas também pela insuficiência de recursos humanos e materiais para fazer frente a epidemia. A ausência do MS deixou os estados e a população à deriva, obrigando governadores e prefeitos a negociarem cada um por si, os equipamentos, testes e insumos. Muitos desses

---

18. GABRIEB, C. O gabinete do ódio existe. Ponto final 09/jul/20. Revista IstoÉ. Acesso em 10.07.2020, disponível em: https://istoe.com.br/o-gabinete-do-odio-existe-ponto-final/.

19. Redação. Bolsonaro fala em "histeria", repreende governadores e critica imprensa. 24/03/2020. *Revista Veja*. Acesso em 05/07/2020. Disponível em: https://veja.abril.com.br/politica/bolsonaro-critica-imprensa-fala-em-histeria-e--reeprende-governadores/.

20. TAJRA, Alex. Todos nós vamos morrer um dia: veja falas de Bolsonaro sobre o coronavírus. Notícias UOL. 1/05/2020. Disponível em: https://noticias.uol.com.br/saude/ultimas-noticias/redacao/2020/05/01/todos-nos-vamos-morrer--um-dia-as-frases-de-bolsonaro-durante-a-pandemia.htm?cmpid=copiaecola) Acesso em: 01.07.2020.

21. *Folha de São Paulo*. Veja o que Bolsonaro já disse sobre coronavírus, de histeria e gripezinha ao 'e daí?'; assista a vídeo. 18.05.2020. Disponível em: https://www1.folha.uol.com.br/poder/2020/03/veja-o-que-bolsonaro-ja-dis-se-sobre-coronavirus-de-certa-histeria-a-fantasia-e-nerouse.shtml. Acesso em: 21.05.2020.

dirigentes aproveitaram a situação de diminuição de exigências de licitação para roubar o escasso recurso destinado à epidemia.[22]

A necessidade de se aplicar as medidas restritivas de isolamento e distanciamento social, se deve a dois fatores, sendo que o primeiro tem a função de diminuir o número de contágios para que o sistema de saúde se organize para receber o impacto da doença e, o segundo, diminuir, de fato, o número de contaminados e de mortos. Dentro dos hospitais, os trabalhadores da saúde têm de lidar com situações nunca antes enfrentadas sem ter protocolos de procedimento, sem remédios comprovadamente eficazes, muitas vezes sem equipamentos de proteção.

Resumindo, as atitudes do Presidente, vão contra a população que adoece e prejudica o trabalho dos profissionais da saúde por focar um lado da questão, o econômico, ignorando ou negando a gravidade da situação sanitária. Do outro lado temos os técnicos do Ministério da Saúde, preocupados e engajados em planejar e implementar medidas de controle da epidemia, emparedados, pela troca de Ministro, que até agora, não se mostrou a altura do cargo, exatamente, no pior momento da epidemia que começou em junho e se arrasta até o início do mês de setembro, sem dar sinais contundentes de arrefecimento. Por último, há que se registrar o pouco empenho do governo em destinar recursos financeiros aos estados e municípios para o combate ao coronavírus. Segundo o Portal G1/Globo: "Relatório do Tribunal de Contas da União (TCU) afirma que o Ministério da Saúde gastou somente 29% do que recebeu para as ações de combate ao coronavírus".[23]

Estes fatos falam por si só e, não há dúvidas de que poderíamos ter menos pessoas contaminadas, menos hospitalizações e menos mortes, se tivéssemos tido um dirigente preocupado, de fato, com a população brasileira e, não com a sua reeleição em 2022.

3.2 Quais princípios morais deveriam seguidos e quais foram os transgredidos?

O panorama descrito apresenta várias problemáticas éticas. Uma se destaca por sua importância e visibilidade no nosso país: seria verdadeira a dicotomia entre economia e saúde?

Duas teorias ou correntes filosóficas, bastante utilizadas pela Bioética se sobressaem. São elas o utilitarismo e a deontologia em relação às divergências entre as ideias, não formuladas em termos de política de governo, representado pelo Presidente Jair Bolsonaro e a política de Estado, que era liderada pelo Ministro da Saúde, Luiz Henrique Mandetta, governadores e prefeitos, em relação à condução do processo de enfrentamento do novo coronavírus e que representa a ciência e as diretrizes da OMS. Enquanto o Presidente seguiu e segue negando a gravidade da epidemia [24] e enfatiza os sérios problemas econô-

---

22. Compras de equipamentos para combate à Covid-19 têm fraudes pelo mundo. 16.05.2020. Folha de São Paulo. Disponível em: https://www1.folha.uol.com.br/cotidiano/2020/05/compras-de-equipamentos-para-combate-a--Covid-19-tem-fraudes-pelo-mundo.shtml. Acesso em: 15.08.2020.

23. Ministério da Saúde gastou menos de um terço do dinheiro disponível para combate à pandemia, diz TCU. G1 e TV Globo. 22.07.2020. Disponível em: https://g1.globo.com/politica/noticia/2020/07/22/ministerio-da-sau-de-gastou-menos-de-um-terco-do-dinheiro-disponivel-para-combate-a-pandemia-diz-tcu.ghtml). Acesso em 17.08.2020.

24. ROMAN, A. El Pais. Disponível em: https://brasil.elpais.com/opiniao/2020-03-31/lento-e-sem-testes-brasil-es-colhe-a-roleta-russa-do-coronavirus.html?ssm=FB_CC&fbclid=IwAR3f5TN6Cay9eofeS39JpVlhjVcKzfvjXGc-

micos que o país atravessa e demorará a superar, apelando para o desemprego, o Ministro Mandetta, os governadores e prefeitos, privilegiavam a crise sanitária e salvamento de vidas, prioridades constitucionais. Há uma terceira perspectiva em questão – a da população e o modo como está atravessando esse processo.

Durante semanas, sempre `as 17 horas, acontecia uma coletiva com o ministro e os técnicos do Ministério da Saúde, onde eram repassadas e, ao mesmo tempo, informava sobre a evolução da doença, dificuldades em comprar equipamentos e insumos. A maior parte da população obedeceu às restrições de mobilidade, afastou-se do trabalho, das pessoas, do lazer, do consumo e se isolou em casa. Não bastasse a preocupação gerada pela contaminação, a população se deparou com um governante errático, com idas e vindas, falando ou praticando ações em desacordo com as recomendações da Organização Mundial da Saúde (OMS) e do seu próprio Ministério da Saúde. Por que essa dissonância? O que está em jogo exatamente?

De um lado, o Presidente Jair Bolsonaro, se preocupava com a economia e minimiza a epidemia. Ele falava que o remédio contra o vírus (o isolamento) iria matar mais que a própria doença por ele provocada. Do outro lado o Ministério da Saúde e os dirigentes dos estados, preconizavam o isolamento e o distanciamento social, assim como o uso de máscaras e higienização com álcool gel, como formas de evitar a disseminação descontrolada do vírus e a consequente falência do sistema de saúde. Mandetta apontava como diretrizes três pilares de combate contra o vírus: defesa do SUS, da vida e da ciência. [25]

Todo esse cenário estava envolto em incertezas já que em relação a Covid-19, a evolução clínica não está descrita completamente, assim como o padrão de letalidade, mortalidade, infectividade e transmissibilidade. Ainda não há vacina ou medicamentos específicos disponíveis e, atualmente, o tratamento é de suporte e inespecífico [26]

Os profissionais de saúde se encontravam às cegas (hoje, com o resultado de várias pesquisas sendo publicados, o panorama já melhorou) e deste modo, não é difícil supor por que a população começou a acreditar em remédios milagrosos, em se cansar do isolamento, em acreditar que é melhor se contaminar logo. É nisso que o Presidente apostou com seus atos e palavras. A epidemia se espalhou e atingiu recordes de casos e de mortes. Somos, agora em setembro, o segundo lugar em mortes, só atrás dos EUA.

O resultado de todo este desastre são os números de morres evitáveis, de sequelas que não se sabe quanto durarão, de lutos e de desemprego, tudo junto.

Neste contexto, ficam evidenciado os conflitos éticos relacionados `as duas concepções de como deveríamos enfrentar a pandemia, ou seja, através de uma política de governo, afinada com a política do estado, quais sejam: a) minimizar o impacto no setor saúde, atender a todos que necessitavam de hospitalização, evitar mortes, diminuição do contágio e atender a demanda dos profissionais de saúde provendo equipamentos, insumos e medicamentos.

-BYKM5tj7L29PTOpACMoVA_I). Acesso em 30.03.2020.

25. MANDETTA, L. H. Coletiva do Ministério da Saúde de 16.04.20020. TV GloboNews das 16 horas.
26. MS. Boletim número 03 de 21 de fevereiro de 2020. Disponível em: https://portalarquivos.saude.gov.br/images/pdf/2020/fevereiro/21/2020-02-21-Boletim-Epidemiologico03.pdf.

b) minimizar os efeitos econômicos e sociais devido ao confinamento e suas consequências em termos de desemprego, desamparo, violência,[27] problemas psicológicos e de saúde (ALMEIDA, 2016). [28]

A política de governo deve conter propriedades sistêmicas ou estruturais, em consonância com a denominada política de Estado. Entretanto, escreve: "[T]ão somente a vontade passageira de um governo ocasional, numa conjuntura precisa, geralmente limitada no tempo, da vida política desse mesmo país, o que a coloca na classe das orientações passageiras ou circunstanciais".[29]

As Políticas de Estado, diz Almeida, "são aquelas que envolvem as burocracias de mais de uma agência do Estado (...) e acabam passando pelo Parlamento ou por instâncias diversas de discussão".

Em relação `a política de governo, elas se referem as "medidas de natureza conjuntural, ou voltadas para uma clientela mais restrita, quando não ações de caráter mais reativo ou operacional do que propriamente sistêmicas ou estruturais."

Podemos dizer que, as decisões tomadas pelos governadores e prefeitos em relação à epidemia do coronavírus são políticas de governo, mas, determinadas decisões do Ministério da Saúde, trouxeram à tona, a necessidade de políticas de Estado que foram respondidas pelo Parlamento, através de Leis e PEC que valerão daqui para a frente em caso de qualquer epidemia ou catástrofe, independente de quaisquer governos eleitos. [30]

Já a intenção das falas do Presidente Jair Bolsonaro, não traduzida por nenhum estudo ou planejamento, não se constitui sequer como política de governo. Ela visa apenas atender uma parcela da sociedade que não concorda com o isolamento social e objetiva tão somente impedir, supostamente, o desastre econômico.

Isto posto, a primeira questão evidenciada foi o conflito de interesses entre os membros do próprio governo. O conflito se deu por haver uma disputa de poder e de ideias sobre como o Estado brasileiro deveria reagir à crise sanitária e econômica do governo. Aqui, não se tratou, tão simplesmente de diretrizes em choque e, sim, de um "embate ideológico" com argumentos utilitaristas por parte do governo e as questões técnicas e de cunho deontológico, como é de se esperar quando a vida das pessoas corre risco, por parte do Ministério da Saúde.

A segunda questão visível é o conflito entre a visão do governante e da minoria dos ministros versus a dos outros componentes deste mesmo governo. Evidencia-se, notadamente, não haver uma política de governo para combater o coronavírus. Os membros

---

27. BRANDALISE, Camila. *Violência contra a mulher*. De Universa. 30/03/2020. Disponível em: https://www.uol.com.br/universa/noticias/redacao/2020/03/30/por-que-bolsonaro-erra-ao-usar-violencia-domestica-para-criticar-isolamento.htm. Acesso em: 02.04.2020.

28. MAUER, S. *Impacto psicológico da quarentena: uma breve revisão das evidências*. Portuguese Medscape. 23 de março de 2020. Disponível em:https://portugues.medscape.com/verartigo/6504589?src=soc_fb_share&fbclid=IwAR3LlUjknpc--k1LSCtieDC0VNzwBVJRG-7e9LiGXldQm9T7nUL9_aUMa. Acesso em: 25.03.2020.

29. ALMEIDA, P.R. 07/04/2016 Sobre políticas de governo e políticas de Estado: distinções necessárias. Instituto Millenium. Disponível em: https://www.institutomillenium.org.br/artigos/sobre-politicas-de-governo-e-politicas-de-estado-distincoes-necessarias/ Acesso em: 08.04.2020.

30. LEAL, R.S. *Emergência, Constituição e pandemia*: o caso da PEC do 'orçamento de guerra'. Site JOTA. 04/04/2020. Disponível em: https://www.jota.info/opiniao-e-analise/artigos/emergencia-constituicao-e-pandemia-o-caso-da-pec-do-orcamento-de-guerra-09042020). Acesso em: 06.04.2020.

do governo Bolsonaro estão divididos entre apoiar o Presidente sem um plano traçado para a epidemia ou para a economia, ou apoiar a política de Estado brasileiro, na figura do Ministro da Saúde e do Parlamento, que com seus técnicos, demonstrou ter um planejamento de combate e estratégias, que dependiam de atos do Executivo, do Legislativo e do Judiciário, no que os pleitos requeridos foram atendidos e amenizaram as várias crises provocadas pelo Presidente.

Resta, agora, a análise ética dos argumentos econômicos e da preservação da vida utilizados pelas duas visões e a moralidade das ações, decorrentes das posições.

3.2.1 Análise da questão ética entre concepções divergentes: a problemática da epidemia

Não se pode deixar de lado a constatação de que o homem apesar da racionalidade e da consciência de si e de haver escolhas entre as diversas formas de agir no mundo pode atuar de modo moralmente errado e prejudicar outras pessoas. No caso de um dirigente, suas ações afetam diretamente milhões de pessoas e, portanto, faz-se necessária a tomada de decisões que traga mais benéficos ao maior número de indivíduos e não prejuízos.

Bolsonaro tem atitudes, no mínimo, controversas, sob o ponto de vista moral, mesmo que sua intenção seja o de salvar a economia. O problema moral está na asserção de que a economia é mais importante que a epidemia e as vidas. No seu raciocínio, alguns milhares morrerem é menos prejudicial do que milhões de desempregados fruto da recessão econômica que adviria com a restrição da mobilidade social, o fechamento do comércio, das fábricas, das escolas. De fato, aconteceu a recessão, não só no Brasil, mas no mundo todo (PURCHIO 2020). [31]

Por outro lado, o isolamento social salva vidas, entretanto, seus custos econômicos são terríveis, principalmente para os mais pobres e vulneráveis da nossa sociedade. Mesmo olhando para a questão puramente em termos de vidas perdidas, lesões sofridas e danos psicológicos ao longo da vida, existem vários problemas que acreditamos não terem sido suficientemente reconhecidos ainda e que irá impactar no futuro pós pandemia.

No dia 24 de março, em cadeia nacional, Bolsonaro fez um apelo pela "volta à normalidade", a reabertura do comércio e das escolas. A doença era só um "resfriadinho" e pediu o fim do "confinamento em massa". Por fim, culpou a imprensa por "espalhar pavor".[32]

A Revista EXAME publicou uma videoconferência do Presidente com empresários.

Jair Bolsonaro, naquela ocasião, teceu críticas contra o isolamento social imposto pelos governadores do Rio e de São Paulo, principalmente, ao fechamento de aeroportos e estradas determinado por Witzel. Pelo imenso impacto econômico. "Não podemos entrar em pânico, temos que tomar as medidas que forem necessárias, mas sem histeria'.

---

31. PURCHIO, L. FMI prevê piora na recessão global causada pela Covid-19-19. *Revista Veja*. *24/06/2020*. Disponível em: https://veja.abril.com.br/economia/fmi-preve-piora-na-recessao-global-causada-pela-Covid-19-19/ Acesso em: 30.07.2020.
32. Por G1, GloboNews e TV Globo. 25.03.2020. Disponível em: https://g1.globo.com/economia/noticia/2020/03/25/economistas-criticam-posicionamento-do-governo-bolsonaro-frente-a-pandemia-do-coronavirus.ghtml. Acesso em: 25.03.2020.

"Este é o exemplo que eu procuro dar em todas as ações que eu tenho falo para frente". Afirmou ainda o Presidente: "Temos quase 12 milhões de desempregados no Brasil. Este número vai crescer, mas se crescer muito, outros problemas colaterais surgirão". [33]

Esta é a posição do Presidente, não chegando a ser uma política de governo, já que nenhum outro gestor de saúde participa oi concorda com seu pensamento. Também fere a política de Estado porque constitucionalmente a preservação da vida é o que mais importa.

Como escreveu FREIRE, acerca de dessa frase do Presidente: "[U]ma economia parada vai matar muito mais pobres durante a epidemia. Comendo mal, sucumbiriam mais facilmente ao coronavírus".

> "No universo de Bolsonaro e de seus economistas, os pobres devem ser largados à própria sorte e assim herdarão a terra. Sete palmos de terra.
>
> Se não houver tanto limite a aglomerações e a movimento de pessoas, a economia ainda vai andar, segue o teorema Bolsonaro-Guedes: "A restrição não é o número de cadáveres, mas um ritmo mínimo da economia (qual?), dado um gasto público fixo". [34]

A política de governo de Bolsonaro, em relação a epidemia, consistiu em destinar auxílio emergencial a quem não tinha como trabalhar e os demitidos; destinar recursos paras as medias e pequenas empresas para manterem seus funcionários, avalizando empréstimos para empreendedores, entre outras. Do lado econômico, a proposta foi realista e atendia as pessoas e as empresas mais necessitadas, mesmo que não tenha alcançado todas as pessoas físicas e jurídicas que demandaram ajuda. Já em relação a saúde e a destinação de recursos financeiros e materiais para estado e municípios, o desastre não foi completo porque os governadores e prefeitos usando seus limitados orçamentos e tentaram, alguns conseguiram, outros não, achatar a curva da epidemia. Mesmo assim, a curva só achatou em nível altíssimo, com número de mortos intolerável, pois, desde junho são mais de 1.000 mortes por dia. Como não há coordenação do governo federal, os recursos públicos, foram gastos desnecessariamente, seja por corrupção, preços elevados, construção de hospitais de campanha jamais usados ou subutilizados, testes não comprados ou de qualidade ruim, falta de insumos e de equipamentos de proteção individual no mercado ou compra de respiradores que não serviam. Acresce-se a isto o colapso que aconteceu em Manaus, no Rio de Janeiro, Maranhão, Ceará, Recife, Natal, entre tantas outras, onde pessoas morreram esperando vaga na UTI. Deste modo, podemos afirmar que muitas pessoas morreram e tantas outras saíram com sequelas desnecessariamente. Mortes e sequelas evitáveis, famílias enlutadas sem poder enterrar e ritualizar seus mortos e, portanto, sofrimento que poderia não ter existido.

Resumindo a questão ética, podemos questionar se é menos ruim, tantas mortes e sofrimentos para evitar a queda na economia. Lembramos, que apesar do isolamento

---

33. Economia não pode parar por coronavírus, diz Bolsonaro a empresários. *Revista Exame*. Disponível em: https://exame.abril.com.br/economia/economia-nao-pode-parar-por-coronavirus-diz-bolsonaro-a-empresarios/).

34. FREIRE, V. T. *Bolsonaro e seus economistas fazem contas erradas de morte na epidemia*. Por interesse político, inépcia e frieza, governo tem plano econômico errado contra o vírus. 18/03/2020, disponível em: https://www1.folha.uol.com.br/colunas/viniciustorres/2020/03/bolsonaro-e-seus-economistas-fazem-contas-erradas-de-morte-na-epidemia.shtml.

ter sido parcial, a economia sofreu bastante. De qualquer modo, se a economia não fosse impactada, esta posição seria eticamente aceitável?

3.2.2 As teorias

A teoria utilitarista, pode ser definida, suscintamente do seguinte modo:

> "Corrente do pensamento ético, político e econômico inglês (....). Reconhecimento do caráter supra individual ou intersubjetivo do prazer como móvel, de tal modo que o fim de qualquer atividade humana é "a maior felicidade possível, compartilhada pelo maior número possível de pessoas": fórmula enunciada primeiramente por Cesare Becaria (...) coincidência entre utilidade individual e utilidade pública, que foi admitida por todo o liberalismo moderno.[35]

Será que se pode atribuir ao nosso governante um pensamento ético utilitarista? Em parte, sim, quando falou com empresários. Entretanto, uma postura ética implica, necessariamente pesar os custos e benefícios de uma determinada ação, postura ou fala. A esse respeito, acreditamos que, fizemos um retrospecto, apesar de não exaustivo o suficiente, para apontarmos que não foram feitos cálculos de custo-benefício. Também podemos afirmar que não havia preocupação e nem atenção as vidas humanas a serem sacrificadas no altar da economia. De outro modo, como muitos economistas falaram, muito bem sintetizado por Henrique Meirelles, ex-Ministro da Fazenda:

> "A causa da crise não é uma questão econômica, financeira. A causa da crise é uma pandemia, é um problema de saúde. A crise econômica vem como consequência. Então nós temos que preservar as empresas, fazer com que as empresas possam se manter em funcionamento etc. Passar por esse período de crise, ajudar as pessoas. Mas a prioridade agora tem que ser conter a razão da crise – que é a pandemia. A razão da crise, que é a doença, preservar a vida das pessoas e depois também preservar a economia".[36]

Portanto, se comportar de modo indevido contra as recomendações dos especialistas, fomentar discórdias, polarizar, induzir pessoas a se comportarem como ele, sair do isolamento, expor a si e aos outros que podem vir a morrer, nos parece não só totalmente injustificado como imoral. Se a crise econômica, pudesse ser evitada sem sacrificar tantas vidas, levada a efeito por medidas pensadas e pesadas conjuntamente com os especialistas da saúde pública e economistas. poderíamos ter sido uma Coreia do Sul. Não foi esse o caso brasileiro. O Presidente não só não conseguiu minimizar a crise econômica, como também, ocasionou um desastre sanitário, sem precedentes em nossa história. O que salvou, em parte, o seu governo de um total desastre econômico, sanitário, social e moral foram as medidas tomadas pelo Executivo a reboque do legislativo, convém sempre lembrar, mesmo com toda a má vontade no cumprimento do acertado. Além de não atender a todos que precisavam, provocou filas e aglomerações em frente aos bancos para pagar o auxílio emergencial. Pequenas e médias empresas não conseguiram empréstimos e nem receberam qualquer tipo de ajuda. Foram fechadas 716.000 empresas até o meio de

---

35. ABBAGNANO, N. Utilitarianismo. p. 986-987. *Dicionário de Filosofia*. São Paulo: Martins Fontes, 2007.
36. G1, GloboNews e TV Globo 25.03.2020. Disponível em: https://g1.globo.com/economia/noticia/2020/03/25/economistas-criticam-posicionamento-do-governo-bolsonaro-frente-a-pandemia-do-coronavirus.ghtml. Acesso em: 24.07.2020.

julho, apesar de um aumento da atividade econômica e, a previsão é que muitas fecharão as portas para nunca mais reabrir (OLIVEIRA 2020).[37]

A segunda posição ética seria a deontológica, no sentido de se assumir que a vida humana é sagrada e deve-se envidar todos os esforços para salvá-la.

Kant formulou princípios e mandamentos a serem seguido, os denominados imperativos categóricos.[38] Segundo o filósofo, o agir moral se faz por dever, em respeito à representação que a lei tem sobre a vontade. Deve-se respeitar essa lei, objetiva e de validade universal, que é a lei moral que provém de uma necessidade que se impõe à vontade. "A representação de um princípio objetivo, enquanto obrigante para uma vontade, chama-se um mandamento (da razão), e a fórmula do mandamento chama-se Imperativo." (Kant. FMC, 218). A vontade autônoma é aquela que se dá a si mesma a lei ou nas palavras de Kant definindo o princípio de autonomia: "Não escolher senão de modo a que as máximas da escolha estejam incluídas simultaneamente, no querer mesmo, como lei universal." (Kant. FMC, 238). O imperativo categórico assim formulado, tem a finalidade de desfazer qualquer relativismo moral e, por isso, Kant o formulou. O dever universal fundamentado em leis morais vale para qualquer situação racional, ou seja, qualquer ser humano racional tem o dever de cumprir o estabelecido pela lei moral. Há dois imperativos principais, sendo que o primeiro já descrito acima e mais simplesmente formulado do seguinte modo: age de tal maneira a tornar a sua ação uma lei universal ou "faça aos outros o que queres que façam a você". O segundo, muito utilizado em ética em pesquisa com seres humanos é: "age de tal modo a utilizar a natureza e as pessoas como fim e nunca como mero meio', significando que é moralmente errado usar as pessoas para se atingir determinados fins.

A razão prática, entretanto, não é prescritiva e estabelece a pergunta pelo "que se deve fazer".

Os gestores públicos, governadores, prefeitos e secretários de saúde, fizeram seu dever planejando e executando ações que, em muitos casos, deveriam ser realizados pelo Presidente. Cristiano Vilela, especialista em Direito Administrativo fala o seguinte:

> "[d]iversos governadores e prefeitos têm tomado medidas emergenciais diante do quadro da pandemia do Covid-19. Essas medidas, em geral, estão dentro das suas atribuições locais (...) A crítica do presidente da república, nos parece, tem um viés mais político, especialmente voltada contra dois desafetos, os governadores do Rio de Janeiro e o de São Paulo".

Ele acrescenta que "[o] que parece inadequado no momento é o uso político de uma crise dessa dimensão, além da falta de ação diante do atual quadro emergencial ". Vilela acrescenta ainda que se "o governo federal age de forma restrita, aos governadores cabe agir com rapidez, respeitando a urgência que a situação requer e os limites constitucionais de suas competências".[39]

---

37. El País de 19.07.2020. Disponível em: https://brasil.elpais.com/brasil/2020-07-19/716000-empresas-fecharam--as-portas-desde-o-inicio-da-pandemia-no-brasil-segundo-o-ibge.html). Acesso em: 01.08.2020.
38. KANT, E. *Fundamentação da metafísica dos costumes*. Trad. Paulo Quintela. São Paulo: Abril Cultural, 1974. (Col. Os Pensadores) v. XXV.
39. LOPES, E. 20.03.2020. Estadão. Disponível em: https://noticias.assessoriaexclusiva.com.br/blog/especialista--classifica-de-inadequada-critica-de-bolsonaro-a-governadores). Acesso em: 08.04.2020.

Essa opinião, demonstra de forma clara e precisa, que o agir do Presidente visa um fim político. Sob o ponto de vista deontológico, Jair Bolsonaro, usa a população como um mero meio para atingir sua finalidade que é tentar, custe o que custar, salvar a economia e, se necessário for, morrer alguns milhares porque, como ele disse – morrer todo mundo vai um dia.

Também podemos afirmar que sua postura e frases não podem ser universalizados sob risco de não respeitarmos a legalidade e a lei moral. Só devemos agir de modo a não fazer aos outros o que não queremos que nos façam. Por isto não podemos mentir e nem matar, porque se assim fizéssemos, não teríamos mais a possibilidade de sobrevivência, pois, num mundo de mentiras, em que acreditar? Num mundo violento, onde a vida da maioria nada vale, como sobreviver? Há que se ler Thomas Hobbes em seu livro Leviatã, onde escreve que o homem é o lobo do homem e que, sem lei, a luta será de todos contra todos. Será o fim da humanidade.

4. O QUE ME É PERMITIDO ESPERAR?

Faltam respostas a muitas questões que rondam nossas cabeças, no momento atual, quais sejam: A imunidade é permanente? A vacina irá funcionar para todos? Quanto tempo falta para a epidemia acabar? A economia tem como se recuperar? A vigilância exercida sobre os cidadãos permanecerá? A solidariedade prevalecerá sobre o individualismo e egoísmo atuais?

As incertezas estão postas nas perguntas ainda sem respostas, pois dependem de um tempo histórico mais longo. O que, então, podemos, apenas, esperar, no sentido de desejar, ter esperança ou vaticinar?

Para muitos, nada vai mudar, tudo voltará ao que era antes, a tal normalidade de rotinas, projetos, liberdade de ir e vir, de amar, de comer, trabalhar, enfim, tudo que, mesmo não sendo satisfatório, era o que conheciam, sem questionar se outro mundo seria possível. Este grupo tem representantes entre cientistas da biomedicina que lutam para encontrar a cura e a vacina para tudo voltar ao "normal" e, também faz parte do imaginário próprio das pessoas comuns. Chamamos aqui de realistas porque, pela evolução da epidemia parece que a busca da ciência, dos economistas, de governantes e das pessoas comuns é voltar ao "normal" de antes. Será realismo ou alienação?

Para outros, esperançosos por mudanças no estilo de vida pré-pandêmico, do qual já se encontravam cansados, muitos esgotados e desesperançados, abre-se a possibilidade de renovação, mais tempo para a casa, filhos, lazer, sustentabilidade pela diminuição do consumo, a redução do efeito estufa, a natureza se misturando na urbes. Enfim, quase o paraíso. Esse, para nós, pertence ao grupo dos otimistas.

Para tantos mais, principalmente entre alguns intelectuais, a pós pandemia será uma oportunidade de implantação de estado de exceção e de vigilância digital extrema, com a diminuição da liberdade individual a pretexto de controlar a pandemia. Este nos denominamos como o grupo pessimista.

De algum modo, todos estes grupos, uns mais, como o primeiro, outros menos como os otimistas e pessimistas, estão preocupados com a questão econômica. Notadamente há um nível alto de apreensão dos governos, economistas, o mercado e os trabalhadores. Há um enfraquecimento econômico que levará a um empobrecimento mundial, depois desse longo intervalo de isolamento, onde em muitos países, inclusive no Brasil, pode-se observar, mesmo após, as medidas de flexibilização gradativa. O neoliberalismo mostrou-se incompetente para dar conta dessa crise. O estado passou a ter um papel de relevo na recuperação econômica. Segundo análise, o Estado será o protagonista na geração de empregos, no auxílio às empresas que ainda sobreviverem.

Além desse fator, acresce-se outro que é a incerteza quanto ao comportamento do vírus. Com isto queremos dizer que o mundo não voltará ao normal. Será como dizem um "novo normal", um abrir e fechar cidades, a convivência permanente com o vírus, um decréscimo econômico, formas novas de trabalhar e estudar, tudo rodeado de incertezas. Segundo Tedros Adhanom Ghebreyesus, diretor da OMS, a pandemia só arrefecerá daqui a dois anos, portanto, em meados de 2022. Já o professor Mark Walpor, do grupo de aconselhamento científico para emergências (SAGE – em inglês) disse que a Covid-19 "vai ficar conosco para sempre, de uma maneira ou de outra". (...) Então, um pouco como a gripe, as pessoas precisarão se revacinar em períodos regulares".[40] Outra questão, nesta incerteza, despontou com a possibilidade de reinfecção seja porque a imunidade pode não ser permanente, seja pela chance de contrair uma cepa mutante do coronavírus como anunciado no dia 24/08/2020 num artigo, aceito para publicação, no *Clinical Infectious Diseases*.[41] Se isto for confirmado, já se pode ver o impacto sobre a tentativa de retomarmos a rotina pré-pandemia e também quão longo será o efeito da vacina.

Uma reportagem do Jornal El País[42] , tenta apontar as razões para acreditar que o mundo ficará diferente. Diz o Atila Iamarino, nesta reportagem: "O mundo mudou, e aquele mundo (de antes do coronavírus) não existe mais. A nossa vida vai mudar muito daqui para a frente, e alguém que tenta manter o status quo de 2019 é alguém que ainda não aceitou essa nova realidade".

Outro ponto levantado é o denominado "acelerador de futuros". A pandemia implicará em mudanças de forma mais rápida e que já vinham acontecendo mais lentamente, tais como: home office, ensino a distância, prioridade da sustentabilidade pela adoção de um de um consumo consciente, de responsabilidade social de empresas em relação aos funcionários. Também se prevê um fortalecimento da solidariedade e da empatia, como, também questionar o lucro acima de qualquer custo

A pandemia também é vista como a marca do fim do século XX – o século da tecnologia. "Nós tivemos um grande desenvolvimento tecnológico, mas agora a pandemia mostra esses limites" (SCHWARCZ, L 2020). Esta visão mistura elementos pessimistas com otimistas.

---

40. Coronavírus: Pandemia "pode terminar em até dois anos", diz esperar diretor da OMS. 22.08.2020. Entrevista à BBC. Disponível em: https://www.bbc.com/portuguese/internacional-53875818. Acesso em: 23.08.2020.
41. First Case of Covid-19 Reinfection Confirmed. Viral sequence disparity indicates Hong Kong case not simply prolonged infection Molly Walker. MedPage Today 24.08.2020. Disponível em: https://www.medpagetoday.com/infectiousdisease/covid19/88234). Acesso em: 25.08.2020.
42. CLAYTON MELO. 13.04.2020. Como o coronavírus vai mudar nossas vidas: dez tendências para o mundo pós-pandemia. Disponível em: https://brasil.elpais.com/opiniao/2020-04-13/como-o-coronavirus-vai-mudar-nossas-vidas-dez-tendencias-para-o-mundo-pos-pandemia.html Acesso em: 18.07.2020.

Judith Butler escreve um artigo: "O capitalismo tem seus limites" no livro intitulado *A sopa de Wuhan: Pensamiento Contemporáneo en Tiempos de Pandemias*[43], uma coletânea dos maiores pensadores atuais, que desde fevereiro vem escrevendo artigos, no calor dos acontecimentos, fruto, nos parece, de uma ansiedade coletiva em função das incertezas geradas pela pandemia, com uma abordagem do futuro. Um político alemão, Karl Lauterbach, comentou: "a venda exclusiva de uma possível vacina aos Estados Unidos deve ser evitada por todos os meios. O capitalismo tem limites".

Butler se preocupa que a vacina seja outra forma de discriminação e desigualdade nesta pandemia, porque o acesso a ela pode ser dos mais ricos e com seguro saúde, deixando a grande massa dos outros pobres e vulneráveis. "condenados a maior precariedade". A autora acrescenta que:

> "[P]rovável que, no próximo ano, testemunhemos um cenário doloroso no qual algumas criaturas humanas afirmem seu direito de viver à custa de outros, reescrevendo a distinção espúria entre vidas dolorosas e ingratas, ou seja, aqueles que a todo custo serão protegido da morte e daquelas vidas que não são consideradas dignas de proteção contra doenças e morte".

A preocupação de Butler é compartilhado por ouros pensadores pessimistas quanto ao futuro, como Giorgio Agamben e Byung-Chul Han. Diz Agamben, em fevereiro, sobre o lockdown que seria decretado no dia 9 de março, na Itália:

> "O medo de se contagiar a partir de outros, como uma outra forma de restringir liberdades. Frente às medidas frenéticas, irracionais e completamente injustificadas de emergência para esta suposta epidemia de coronavírus, é necessário partir das declarações da CNR (Conselho Nacional de Investigação italiano), segundo o qual "não há nenhuma epidemia de SARS-CoV2 na Itália".

Dando a entender que a OMS estava exagerando nas medidas, porque não passava de uma "gripezinha". Partindo dessa declaração, o filósofo questiona as recomendações da OMS de isolamento e distanciamento social. Este texto escrito no calor dos acontecimentos, foi duramente criticado, porque em seguida, a Itália mergulhou numa espécie de terror que o mundo acompanhou: colapso do setor saúde, caixões e pilhados, filas de carros funerários. Haveria para ele uma crescente vontade de governos em decretar o estado de exceção "como paradigma normal de governo". O decreto de lei aprovado pelo governo "por razões de saúde e segurança pública "se traduziu em militarização. Ele observa que os governantes extremistas, implantam o estado de exceção a pretexto de proteção da população contra o vírus deve ser um fato a ser temido e evitado.[44]

Jean-Luc Nancy (Exceção Viral. In: Sopa de Wuhan) dialoga com Agamben, afirmando:

> "[A] exceção se torna, na realidade, a regra em um mundo em que as interconexões técnicas de todas as espécies (movimentos, transferências de todos os tipos, exposição ou difusão de substâncias etc.) atingem uma intensidade até então desconhecida e que cresce com a população".

---

43. Editorial: ASPO – Aislamiento Social Preventivo y Obligatorio. Disponível em: https://www.medionegro.org. 2020.
44. Agamben Giorgio. La invención de una epidemia. Publicado en Quodlibet.it 26 de febrero, 2020. Sopa de Wuhan Editorial: Pensamiento Contemporáneo en Tiempos de Pandemias. ASPO (Aislamiento Social Preventivo y Obligatorio. Disponível em: https://www.medionegro.org. 2020.

Byung-Chul Han (A emergência viral e o mundo de amanhã. In: Sopa de Wuhan) faz uma análise acerca da vigilância digital que aconteceu na China e nos países asiáticos para controlar a disseminação do vírus, como também, do sucesso da Coreia do Sul, em ter detido a epidemia sem restrição de mobilidade, sem decretar isolamento e sem fechar a economia.

Na China, por exemplo, escreve Byung, "a vigilância social é possível porque há uma troca irrestrita de dados entre a Internet e os provedores de telefonia móvel e as autoridades. Praticamente não há proteção de dados". Ele relata que o termo "esfera privada" não existe no vocabulário chinês. Para os países democráticos, é inimaginável ou visto com apreensão, a possibilidade de vigilância digital extensiva como na China, que tem 200 milhões de câmeras de vigilância equipadas com reconhecimento facial. Ele diz ser impossível escapar dessas câmeras. Diz Byung:

"Essas câmeras equipadas com inteligência artificial podem observar e avaliar todos os cidadãos em espaços públicos, lojas, ruas, estações e aeroportos. Toda a infraestrutura de vigilância digital se mostrou extremamente eficaz para conter a epidemia. Quando alguém sai da estação em Pequim, é automaticamente capturado por uma câmera que mede a temperatura do corpo. Se a temperatura for preocupante, todo mundo sentado no mesmo carro recebe uma notificação em seus telefones móveis. Não é de surpreender que o sistema saiba quem estava sentado no trem."

Os drones ajudam no controle da quarentena porque voam atrás de uma pessoa que transgrida a ordem de permanecer em casa. Para este autor o futuro da pandemia está na digitalização e, talvez, tenhamos que redefinir o que é soberania, porque hoje, o soberano, é o que detém dados e não o que fecha fronteiras.

Outra questão abordada pelo autor refere-se a conduta adotada pelos países europeus:

"Qual é a utilidade de fechar lojas e restaurantes se as pessoas ficam aglomeradas no metrô ou ônibus durante o horário de pico? Como manter a distância necessária lá? Mesmo nos supermercados, é quase impossível. Em tal situação, máscaras protetoras realmente salvariam vidas humanas. Uma sociedade de duas classes está emergindo. Quem tem seu próprio carro está exposto a menos riscos".

Byung observa que na Ásia, as pessoas se sentem chocadas com a epidemia e obedecem às normas emanadas de seus dirigentes, já na Europa, quase ninguém usava máscara.

Outra questão abordada é a volta das fronteiras e limites à circulação de pessoas e bens. A globalização derrubou os muros, os "limiares imunológicos", expressão muito usada por Byung e Exposito [45], com a finalidade de espalhar livremente o capital. Prevalece a promiscuidade e a permissividade generalizadas espalhadas "por todas as áreas vitais". Prossegue o autor, a negatividade do desconhecido ou do inimigo é eliminada. Hoje, segundo Byung, "os perigos espreitam não da negatividade do não da negatividade do inimigo, mas do excesso de positividade, que é expresso como excesso de desempenho, excesso de produção e excesso de comunicação". Nessas sociedades imunologicamente enfraquecidas pelo neoliberalismo, diz o autor, "o vírus de repente eclode". Em pânico, governantes levantam muros imunológicos, fechando as fronteiras, sendo o "pânico excessivo em vista do vírus (...) uma reação imune social e até global ao novo inimigo".

---

45. ESPOSITO, Roberto. *Immunitas. Protección y negación de la vida*. Buenos Aires: Amorrortu, 2009.

Outro problema apontado por ele é a digitalização que "remove a realidade". A realidade que oferece resistência e pode ser muito dolorosa. Surge a apatia pela realidade.

Cita Zizek que acredita que o vírus poderia derrubar o regime chinês, mas está errado, pelo contrário, a China tem nas mãos seu sistema de vigilância e poderá vender um "estado policial digital", seu sucesso contra a pandemia. O comunismo não vai vencer e "o capitalismo continuará ainda mais vigorosamente. E os turistas continuarão a atropelar o planeta. O vírus não pode substituir a razão".

Por outro lado, citando Naomi Klein, Byung lembra que a "comoção é um momento propício que permite o estabelecimento de um novo sistema de governo", mas o "vírus não derrotará o capitalismo". O vírus é incapaz de fazer revolução porque ele "nos isola e nos individualiza", não gerando forte sentimento coletivo. E conclui:

"De alguma forma, cada um se importa apenas com sua própria sobrevivência. A solidariedade que consiste em manter distâncias mútuas não é uma solidariedade que nos permite sonhar com uma sociedade diferente, mais pacífica e justa. Não podemos deixar a revolução nas mãos do vírus. Vamos torcer para que após o vírus venha uma revolução humana. Somos NÓS, PESSOAS dotadas de MOTIVO, que temos que repensar radicalmente e restringir o capitalismo destrutivo, e também nossa mobilidade ilimitada e destrutiva, para nos salvar, para salvar o clima e nosso belo planeta."

Outro pensador que escreveu um diário da pandemia, Francisco "Bifo" Berardi [46], postula que o pânico é causado pelo desconhecimento do vírus. Nem a medicina o conhece e nem o sistema imunológico e o "desconhecido de repente para a máquina. Um vírus semiótico na psicosfera bloqueia o funcionamento abstrato da economia, porque tira dela seus corpos".

A recessão econômica, aponta Berardi, "está se preparando pode nos matar, provocar conflitos violentos, desencadear epidemias de racismo e guerra". Para ele, as pessoas não estão preparadas para viver uma estagnação econômica de longo prazo. Completa: "Não estamos preparados para pensar na frugalidade, no compartilhamento. Não estamos preparados para dissociar o prazer do consumo". Citando um artigo de Srecko Horvat, destaca o seguinte trecho;

> "[O] coronavírus não é uma ameaça para a economia neoliberal, mas cria o ambiente perfeito para essa ideologia. Mas, do ponto de vista político, o vírus é um perigo, porque uma crise de saúde poderia favorecer o objetivo etnonacionalista de fortalecer as fronteiras e a exclusividade racial e interromper a livre circulação de pessoas (principalmente se vierem de países em desenvolvimento), mas assegurando um movimento descontrolado de bens e capitais."

Por outro lado, comenta, o medo da pandemia é mais perigoso que o próprio vírus. Isto pode ser observado quando a mídia apresenta imagens apocalípticas para encobrir o vínculo entre a extrema direita e a economia capitalista. Tudo isto leva o autor a observa: "Como um vírus precisa de uma célula viva para se reproduzir, o capitalismo também se adaptará à nova biopolítica do século XXI". Apesar do novo coronavírus já ter afetado a economia global, ele continua de pé e, "em breve surgirá uma forma mais perigosa

---

46. Crônica da Psicodeflaç o. Im: Sopa de Wuhan.

de capitalismo, que dependerá de maior controle e maior purificação das pessoas", ou seja, um estado tecno-totalitário. Citando Timothy Snyder, diz não haver "melhores condições para a formação de regimes totalitários do que em situações de emergência extrema, onde a sobrevivência de todos está em jogo" (BERARDI, F. 2020) [47]. Por outro lado, continua o autor, existe a possibilidade de um estado de isolamento permanente, onde a nova geração teria a possibilidade de introjetar "o terror do corpo dos outros".

No final ele assinala para uma possibilidade até ontem impensável, que seria a "redistribuição de renda, redução do tempo de trabalho. Igualdade, frugalidade, abandono do paradigma de crescimento, investimento de energias sociais em pesquisa, educação, saúde".

Berardi afirma que ninguém sabe como será o futuro depois da pandemia, com o que concordamos. Berardi culpa o neoliberalismo como o processo que criou as condições para a emergência da pandemia, seja por "cortes na saúde pública" e "hiperexploração nervosa". No final conclui tanto com uma visão pessimista quanto otimista. Seria possível sair da epidemia "sozinhos, agressivos, competitivos", ou ao "contrário, poderíamos sair dela com um grande desejo de abraçar: solidariedade social, contato, igualdade".

O vírus, escreve o autor, "é a condição de um salto mental que nenhuma pregação política poderia ter produzido" e a "igualdade voltou ao centro da cena. Vamos imaginá-la como o ponto de partida para o tempo que virá."

Está inferência otimista é compartilhado por Žižek: "mas talvez outro vírus ideológico, e muito mais benéfico, se espalhe e, com sorte, nos infecte: o vírus de pensar em uma sociedade alternativa, uma sociedade além do estado-nação, uma sociedade que se atualiza em formas de solidariedade e cooperação global(...)mas aqui está um paradoxo: o coronavírus também nos obrigará a reinventar o comunismo baseado na confiança nas pessoas e na ciência." [48]

E assim, em compasso de espera, entre esperanças, desassossego e incertezas, continuaremos vivendo por um tempo. Quanto tempo só o futuro dirá.

5. CONSIDERAÇÕES FINAIS

Relatamos de forma breve, um período de 7 meses decorrido desde o início das primeiras medidas tomadas pelo Ministério da Saúde, em relação à epidemia. Vimos o embate ideológico, protagonizado pelo Presidente Jair Bolsonaro, na sua luta insana, mão contra o coronavírus, mas contra as medidas que visavam proteger a população desse agente patológico invisível. Seu argumento econômico, sensibilizou muitos, principalmente empresários e, ao mesmo tempo, deu um motivo para pessoas se sacrificarem e até morrerem seja para não perder o emprego, seja para trabalhar par não morrer de fome. Assistimos a uma rede de solidariedade unir as comunidades pobres, iniciativas de ONGs e coletivos, para salvar vidas e alimentar essa população vulnerável.

---

47. Bifu". Crônica da psicodeflaç o. I'm: sopa de Wuhan. Publicado en Nero editions, con traducción de Emilio Sadier 19 de marzo, 2020.
48. ŽIŽEK, S. Coronavirus es un golpe al capitalismo al estilo de 'Kill Bill' y podría conducir a la reinvención del comunismo –, Russia Today. 27.02.2020. In: Sopa de WuhanEditorial: Pensamiento Contemporáneo en Tiempos de Pandemias. ASPO (Aislamiento Social Preventivo y Obligatorio. Disponível em: https://www.medionegro.org. 2020.

A essa solidariedade que preservou a dignidade, o governo Jair Bolsonaro, relutante no início, mas, depois com muito empenho, pelos ganhos de popularidade, fez uma política econômica para ajudar os mais vulneráveis. Criou um auxílio emergência de seiscentos reais por três meses e acabou por estender esse prazo. A ajuda aos microempresários falhou, mas não faltou recursos para as grandes empresas. A ajuda com o salário dos trabalhadores, aliado a lei que permitiu a diminuição do mesmo, proporcional a diminuição do tempo de trabalho também foi importante. Deixados de fora, os artistas que vivem da bilheteria, como os circenses, os atores e todos que trabalham para o artista se apresentar. No final de agosto, seis meses após decretam isolamento social, o legislativo aprovou a Lei Aldir Blanch que permitirá que esse numeroso grupo de artistas se beneficie de algum ganho. Entretanto, até setembro, nenhum tinha sido pago, mostrando a má vontade com o setor artístico, outro setor desmontado pelo governo.

Refletimos também se era ética ou não, tanto a conduta como as frases do Presidente no seu afã de preservar a economia e ir contra as determinações de isolamento e distanciamento social, o uso de máscaras, enfim, tudo aquilo que podia e pode prevenir o adoecimento pelo novo coronavírus. Discutimos suas ideias sobre o uso não recomendado de cloroquina e hidroxicloroquina como panaceia que cura a Covid-19 permitindo uma suposta segurança ao contrair a doença ou ao se expor. Apontamos para as infrações legais e imoralidade de seus atos e falas ao discutirmos sob o ponto de vista das correntes utilitarista e deontológico. Concluímos que tanto a fala quanto as atitudes do Presidente Bolsonaro, feriram preceitos legais e morais e apontamos que sem ética a humanidade não sobrevive. Neste sentido reproduzimos esse pensamento, segundo Pessini e Barchfontaine:

> "Ao entrar em conflito com o ethos ou tentar abandoná-lo, o homem se sente perdido, fora de casa. O homem está, pois, mergulhado na experiência ética ou moral. Vive-a no meio de ambiguidades, conflitos. Poderá adotar esta ou aquela moral, mas jamais poderá viver sem ela. (...) Assim, o homem do mito, o homem das ciências, o homem da fé; o homem de ontem e o de hoje; o homem das civilizações mais desenvolvidas, não pode se desfazer do ethos sob pena de não ser mais homem". [49]

Finalmente, a partir de pensadores contemporâneos importantes, sinalizamos os possíveis cenários pós pandemia. Entre elas destacamos as visões preponderantes: a realista, no sentido da volta da vida e do ritmo pré-pandemia, sem saber quando porque dependerá das vacinas e sua eficácia; a segunda, pessimista, no sentido de uma aumento dos nacionalismos, endurecimento dos regimes em forma de autoritarismos e extensivo controle populacional dos governos através da digitalização; a terceira, a otimista em que se espera uma mudança econômica global com consumo reduzido, sustentabilidade, preservação da natureza e a, solidariedade entre as pessoas.

Em qualquer desses cenários, mesmo no realista, uma certeza se coloca: a incerteza, daqui por diante, será a marca da humanidade. Nunca estivemos tão perdidos entre possibilidades e desconhecimento. Uma coisa sabemos – vai depender de nós, de nossas atitudes e propósitos, tirarmos algum proveito desse interlúdio epidêmico e perseguirmos um futuro menos apocalíptico para o planeta, consequentemente, a humanidade.

---

49. PESSINI, L., BARCHIFONTAINE, C. P. *Problemas atuais de bioética*. São Paulo: Edições Loyola, 1996. p. 76.

A ENDEMIA DA EXCLUSÃO E A PANDEMIA DA COVID-19: O ACESSO AO SANEAMENTO BÁSICO SOB A ÓTICA DA BIOÉTICA DE INTERVENÇÃO

Marcelo Sarsur

Doutor em Direito pela Universidade Federal de Minas Gerais. Colaborador do GEPBio – Grupo de Estudos e Pesquisas em Bioética e Direito. Diretor da Sociedade Brasileira de Bioética – Regional Minas Gerais. Integrante da Comissão da Advocacia Criminal da Ordem dos Advogados do Brasil – Seccional Minas Gerais. Coordenador da Setorial Justiça e Segurança Pública do movimento Livres. Advogado criminalista.

Amanda Pacheco

Graduanda em Direito. Membro Pesquisadora do Grupo de Estudos e Pesquisa em Bioética (GEPBio) do Centro Universitário Newton Paiva.

Sumário. 1. A pandemia e o encontro marcado com a exclusão brasileira. 2. Bioética da Intervenção: Uma resposta para os dilemas bioéticos das periferias do mundo. 3. A falta de acesso ao saneamento básico como questão persistente da bioética. 4. Profilaxia, enfrentamento à Covid-19 e o imperativo do acesso ao saneamento básico. 5. O marco legal do saneamento básico: rumo ao acesso universal? 6. Conclusão. 7. Referências.

1. A PANDEMIA E O ENCONTRO MARCADO COM A EXCLUSÃO BRASILEIRA

Estima-se que, no mês de abril de 2020, cerca de um terço da população mundial, em todos os continentes, esteve sob alguma forma de restrição de circulação, desde medidas de distanciamento social até as mais restritivas formas de *lockdown*[1]. A pandemia global provocada pelo novo vírus SARS-CoV-2, sem paralelos desde a eclosão da gripe espanhola de 1918, impactou de modo direto, e severo, todas as sociedades e comunidades. Ante a falta de uma vacina eficaz ou de protocolos de tratamento farmacêutico seguros para enfrentar os sintomas da contaminação, aposta-se em estratégia tão antiga quanto eficaz: a prevenção do contágio, pela restrição de circulação de pessoas – não apenas dos pacientes sintomáticos, mas em especial de pessoas que podem ter sido expostas ao vírus e que, apesar de serem capazes de contaminar terceiros, ainda não apresentam manifestações perceptíveis da doença. Até meados de agosto de 2020, não se obteve uma

---

1. KAPLAN, Juliana; FRIAS, Lauren; MC-FALL-JOHNSEN, Morgan. A third of the global population is on coronavirus lockdown – here's our constantly updated list of countries and restrictions. *Business Insider*, 15 abr. 2020. Disponível em <https://www.businessinsider.com/countries-on-lockdown-coronavirus-italy-2020-3>. Acesso em 16 abr. 2020.

vacina eficaz e segura para o enfrentamento da Covid-19, a despeito de diversas pesquisas em andamento, desenvolvidas por laboratórios de países distintos. O ano de 2020 já se apresenta como o ano da pandemia: os impactos sociais, políticos, econômicos e de saúde pública são relevantes e irreversíveis.

Não se pode dizer, propriamente, que a atual pandemia era um acontecimento imprevisível; o risco já era conhecido, seja por governos nacionais[2], por entidades internacionais[3], ou por intelectuais públicos e pensadores[4]. Não se trata, pois, de um *"cisne negro"*[5], mas de um fato natural e social que, conquanto previsível, foi largamente ignorado por quem deveria ter zelado para minimizar seus impactos. Não apenas o planejamento não foi efetuado a contento, com medidas específicas para o combate de uma eventual pandemia, mas mesmo as providências mais elementares para a contenção da disseminação do vírus esbarraram na indiferença ou no ceticismo de algumas autoridades nacionais. Em diversos lugares, a disponibilização de exames para a detecção dos casos de contágio, a contratação emergencial de profissionais de saúde, o suprimento de equipamentos de proteção individual para as equipes de atendimento e a montagem de estruturas de atendimento à saúde, passos mínimos para a atenuação das medidas de restrição à circulação de pessoas, ainda não foram efetivadas ou sequer foram iniciadas. O negacionismo quanto à gravidade da doença, ao invés de favorecer a retomada econômica, a prejudica; tanto é que, na experiência comparativa, países e localidades que adotaram medidas pautadas na ciência, como o isolamento social rígido e o rastreamento de casos, já puderam efetuar reaberturas bem sucedidas, enquanto Brasil e Estados Unidos da América, dois Estados que optaram por não ter uma política centralizada e unívoca no enfrentamento à pandemia, lidam ainda com picos elevados de casos e de fatalidades decorrentes da Covid-19.

---

2. Os auxiliares do Presidente Donald Trump participaram, no início de 2017, de um exercício conjunto com a equipe do então Presidente Obama, no qual se simulou a eclosão de uma pandemia de gripe. Como relata Susan Rice, ex-Conselheira de Segurança Nacional dos EUA, "durante a transição em janeiro de 2017, o time de Obama providenciou relatórios e conduziu um exercício lado-a-lado com líderes do iminente governo Trump, focado em ameaças pandêmicas. Como ocorreu com muitas das ajudas que oferecemos, ele foi descartado pela equipe nova." (RICE, Susan E. The Government Has Failed on Coronavirus, but There Is Still Time. *The New York Times*, Opinion, 13 mar. 2020. Disponível em <https://www.nytimes.com/2020/03/13/opinion/corona-virus-trump-susan-rice.html>. Acesso em 16 abr. 2020. Tradução livre).

3. A Organização Mundial da Saúde, muito criticada por sua postura diante da crise da Covid-19, mantém, desde 2009, um Quadro de Trabalho de Preparação para Gripes Pandêmicas, que se encontra, atualmente, em sua terceira edição, datada de maio de 2017.

4. O fundador da Microsoft, Bill Gates, anteviu, ainda em 2015, que as capacidades globais de enfrentamento de pandemias estavam muito aquém do que era necessário (TED TALKS 2015. The Next Outbreak? We're Not Ready. Bill Gates. Disponível em <https://www.ted.com/talks/bill_gates_the_next_outbreak_we_re_not_ready>. Acesso em 16 abr. 2020.). Antes mesmo dessa previsão, o pensador e analista de riscos Nassim Nicholas Taleb, em 2007, já escrevia: "Enquanto viajamos mais pelo planeta, as epidemias se tornarão mais agudas – teremos uma população de germes dominada por um pequeno número, e o assassino bem sucedido se espalhará vastamente, e mais eficazmente." (TALEB, Nassim Nicholas. *The Black Swan*. The Impact of the Highly Improbable. New York: Random House, 2016. p. 317. Tradução livre.)

5. Nassim Nicholas Taleb define o "cisne negro" como "um *evento marginal*, porque reside foram do reino das expectativas regulares, porque nada no passado pode convincentemente apontar para a sua possibilidade. Em segundo lugar, ele carrega um impacto extremo (ao contrário do pássaro). Em terceiro lugar, apesar de seu status marginal, a natureza humana nos faz criar explicações para a sua ocorrência *após* o fato, tornando-o explicável e previsível" (TALEB, Nassim Nicholas. *The Black Swan*. The Impact of the Highly Improbable. New York: Random House, 2016. p. xxii. Tradução livre.)

É preciso também reconhecer que, ao contrário de alguns discursos falaciosos sobre o mundo durante a crise da pandemia, as restrições de circulação e de trabalho não recaem por igual sobre todas as pessoas. Na sociedade de risco mundial, a distribuição dos males é tão desigual quanto a divisão dos bens[6]. Enquanto sofistas de redes sociais circulam textos sobre a suposta igualdade de todos – todos sujeitos ao mesmo vírus potencialmente letal, todos resignados a estarem em casa, todos privados dos pequenos prazeres da convivência –, a verdade é que o impacto da quarentena é profundamente mais severo sobre as pessoas mais vulneráveis, não apenas do ponto de vista da saúde (como pessoas imunossuprimidas, idosas e diabéticas), mas também da vulnerabilidade social (em situações precárias de moradia ou em situação de rua, pessoas que pertencem a grupos humanos historicamente marginalizados, perseguidos ou discriminados, pessoas encarceradas) e econômica (pessoas desempregadas, em subemprego ou em empregos informais, ou autoempregadas, pessoas que não dispõem de poupança para emergência ou em situação de elevado endividamento). Se uma das recomendações mais simples para a prevenção do contágio é a de lavar as mãos com água corrente e sabão, o que fazer em relação ao enorme contingente de brasileiros, nas cidades e no campo, e em todas as regiões do País, que sequer dispõem de sistema de água tratada e canalizada? Aquilo que, para alguns, é tão rotineiro a ponto de sequer ser percebido como um privilégio é, na verdade e para uma enorme parcela da sociedade brasileira, um autêntico artigo de luxo. A historicamente injusta distribuição de oportunidades e de renda potencializa os efeitos da pandemia, e cobra, enfim, o encontro marcado com a sociedade que a gestou, e que insiste em ignorar sua vergonhosa persistência.

O presente ensaio busca enquadrar uma das mais gritantes e nefastas formas de exclusão social brasileira, a falta de acesso a serviços de saneamento básico – aqui compreendidos como os serviços de água tratada e canalizada, bem como a coleta domiciliar de esgoto, com ou sem remessa a centro de tratamento apropriado –, à luz dos preceitos do campo bioético, em especial da leitura, gestada na América Latina, a propósito de uma Bioética de Intervenção. Ao contrário de outros dilemas bioéticos, nos quais duas respostas contrárias entre elas se afiguram como perfeitamente cabíveis à situação conflituosa[7], não existe um outro lado para a exclusão social representada pela falta de acesso ao saneamento básico: cuida-se de um serviço público essencial que, simplesmente, não é fornecido a enormes contingentes da população brasileira. Deixar de oferecer o acesso ao saneamento básico à população não pode ser encarado como uma opção legítima dos gestores públicos, em todos os níveis da estrutura federativa da República brasileira, mas

---

6. "Na sociedade de risco, conflitos sobre a distribuição dos 'males' produzidos por ela são sobrepostos aos conflitos quanto à distribuição dos 'bens' sociais (renda, empregos, seguridade social), que constituíam o conflito fundamental da sociedade industrial e levaram a tentativas de solução nas instituições apropriadas." (BECK, Ulrich. *World Risk Society*. Cambridge: Polity Press, 1999. p. 73. Tradução livre.)

7. "Por definição, o *dilema* possui *duas ou mais respostas*, todas *igualmente cabíveis* à luz do caso concreto, cada qual com suas vantagens e desvantagens. Porque o dilema bioético se situa nos limites do conhecimento humano, e muitas vezes representa uma situação única e irrepetível, *não existem respostas pré-definidas*, nem casos semelhantes a partir dos quais extrair preceitos para uma eventual solução.". Para uma visão mais abrangente sobre a noção de dilema bioético, cf. DADALTO, Luciana; SARSUR, Marcelo. Problemas jurídicos e dilemas bioéticos: elementos para a sua diferenciação e resolução. *In*: SILVA, Michael César (Org.). *Estado democrático de direito e soluções de conflitos*: diálogos e repercussões na sociedade contemporânea. V. 2. Belo Horizonte: Editora Newton Paiva, 2018. p. 172-191.

como uma gravíssima omissão de política e de ação públicas, a ser remediada o quanto antes.

Cabe à reflexão bioética, em tempos de pandemia, lidar não apenas com os dilemas advindos das pesquisas científicas, no desenvolvimento de vacinas ou de protocolos de tratamento, ou com as dramáticas circunstâncias da prática clínica em condições equiparáveis à guerra, feitas sob o signo da escassez e da escolha preferencial de pacientes com melhor condições de sobrevida, mas também examinar as condições sociais que amplificam a disseminação da doença e apontar caminhos para além da óbvia denúncia da situação de exclusão social. É da essência da Bioética a discussão sobre os impactos da tecnologia sobre a vida, tanto dos seres humanos quanto da biosfera; isso não deixa de ser verdade quando a tecnologia em questão existe há milênios, mas, infelizmente, ainda não é distribuída de modo igualitário a todas as pessoas e a todas as regiões.

Como roteiro de investigação, pretende-se examinar, como marco teórico e de modo sucinto, os pilares da teoria da Bioética de Intervenção, e sua significativa contribuição às discussões bioéticas efetuadas nas periferias – tanto a periferia do mundo globalizado, quanto as periferias dos centros urbanos brasileiros. Em seguida, e com base em dados, pretende-se examinar a questão persistente da ausência dos serviços de saneamento básico, e seus impactos tanto no plano da Microbioética (Bioética Clínica, ou de prevenção a doenças) quanto da Macrobioética (impactos ambientais negativos advindos da disposição do esgoto sem tratamento adequado, coleta predatória de água). Após contrastar a necessidade das medidas de profilaxia da Covid-19 com a situação de manifesta carência de larga parte da população brasileira, passa-se a examinar o estado corrente das medidas institucionais para obter o acesso universal ao saneamento básico, tendo, como ponto focal, o recém aprovado Marco Legal do Saneamento Básico. Ao final, busca-se produzir sugestões de ação, tanto dos entes públicos quanto da sociedade civil, para quitar esse pequeno recorte da dívida social brasileira em face dos mais vulneráveis.

2. BIOÉTICA DA INTERVENÇÃO: UMA RESPOSTA PARA OS DILEMAS BIOÉTICOS DAS PERIFERIAS DO MUNDO

A Bioética, enquanto campo transdisciplinar de reflexão científica, surge num momento próprio da história mundial, no entrecruzar de três fenômenos: o primeiro, o espanto com a assombrosa capacidade tecnológica da humanidade, após o século XIX e a primeira metade do século XX; o segundo, a reflexão sobre o esgotamento das ilusões sobre os efeitos unicamente benéficos do avanço tecnológico e científico, e a descoberta dos riscos não calculados desse progresso; o terceiro, o imperativo do reposicionamento da dignidade humana face às mudanças tecnológicas e às violações de direitos humanos, potenciais ou atuais, acarretadas por elas.

O centenário compreendido entre os anos de 1850 e 1950 representa um dos períodos mais acelerados de desenvolvimento tecnológico na história mundial – começando pela produção e pela expansão da energia elétrica e suas aplicações industriais e domésticas, passando pela expansão da energia fóssil (petróleo e gás natural), para fins de transporte e de calefação, e culminando com a descoberta e a domesticação, em certos limites, da energia da fissão nuclear. O emprego dessas três energias acarretou um massivo aumento na produtividade industrial, uma melhora das condições de vida de quase toda a humanidade, mas também trouxe consequências impensadas – a poluição decorrente das linhas de transmissão e da construção de usinas, bem como da queima de combustíveis fósseis, além dos riscos inerentes à manipulação e ao emprego de materiais radioativos. A mecanização dos processos industriais, a popularização dos veículos de transporte individual e coletivo, o desenvolvimento de vacinas e medicamentos, a ampliação da produção de alimentos – todos esses fatores geraram um período de prosperidade e de otimismo, uma crença de que o progresso contínuo das ciências traria benesses imaginadas apenas nas obras de ficção fantasiosa.

Contudo, a bonança econômica e tecnológica não anulou os instintos violentos do ser humano. No mesmo período, foram lutadas duas Grandes Guerras, com terríveis perdas de vida e atrocidades; viveu-se a grave pandemia da chamada "gripe espanhola", que matou dezenas de milhões mundo afora; odiosamente, os campos de concentração, criados pelo nacional-socialismo alemão no período entre 1933 e 1945, desenvolveram formas industriais de matar seres humanos, muitas vezes com a cumplicidade de profissionais da saúde, como o criminoso de guerra Josef Mengele. Após os relatos do Tribunal de Guerra instaurado na cidade de Nuremberg, tornou-se impossível voltar a crer na imagem de uma ciência asséptica, apta apenas a produzir avanços e prodígios[8].

A par dos horrores das guerras – o uso das armas químicas na Primeira Grande Guerra, os campos de concentração e as bombas nucleares que encerraram a Segunda Grande Guerra –, os efeitos colaterais das tecnologias logo bateram às portas da civilização moderna. A queima dos combustíveis fósseis passou a dispersar, nos países centrais do capitalismo, uma nuvem invisível e insidiosa de chumbo, contaminante que produzia efeitos nocivos à saúde da população – e isso antes mesmo da conscientização acerca dos efeitos deletérios do acúmulo de dióxido de carbono na atmosfera, um dos grandes desafios da Ecologia no início do século XXI. O uso indiscriminado dos defensivos agrícolas, como o DDT, gerou preocupação com a sobrevivência da fauna e com sua concentração na cadeia alimentar, representada pela pioneira obra de Rachel Carson, "*Primavera Silenciosa*"; a poluição atmosférica das fábricas num país, levada pelas correntes atmosféricas, acarretava chuvas ácidas em outra nação, a centenas de quilômetros de distância. A extinção em massa de espécies animais e vegetais, bem como o avanço sobre áreas naturais até então intocadas pela ação antrópica, descerrou o receio do esgotamento da capacidade produtiva dos solos e da consequente falta de alimentos e de matérias-primas, delineando cenários distópicos de fome e de colapso da sociedade do consumo. Para além da preocupação unicamente econômica, passou-se a perceber que a vida na Terra possui unidade, interdependência – a par do que sugeriram

---

8. "O que aconteceu nos campos supera de tal modo o conceito jurídico de crime, que amiúde tem-se deixado simplesmente de considerar a específica estrutura jurídico-política na qual aqueles eventos se produziram." (AGAMBEN, Giorgio. *Homo sacer*. O poder soberano e a vida nua. I. Belo Horizonte, Editora UFMG, 2002. p. 173)

James Lovelock e Lynn Margulis em sua "hipótese de Gaia" – e um valor inerente, cuja preservação é imperativa.

Às flagrantes violações de direitos humanos e à crescente degradação ambiental, responderam os Estados e a sociedade civil com medidas de reconhecimento de direitos novos e universais. Em 1947, o Tribunal de Nuremberg enunciou seu Código, pedra angular da Bioética clínica; em 1948, proclamou-se a Declaração Universal dos Direitos Humanos; em 1972, produziu-se a Declaração de Estocolmo, que reconheceu, ainda que de modo rudimentar, a necessidade de preservação ambiental; em 1979, os princípios da ética em pesquisa biomédica foram enunciados no Relatório Belmont. Todas essas manifestações indicam a rejeição do modo de fazer científico sem atenção à dignidade das pessoas humanas e aos valores que regem o convívio em sociedade, bem como a tentativa de erguer anteparos aos abusos da técnica.

Com a percepção desse novo período da história, ora identificado como a pós-modernidade, filósofos e cientistas, de modo independente, passaram a oferecer respostas para os incômodos da nova sociedade industrial: Hans Jonas e o *"Princípio Responsabilidade"*; Ulrich Beck e a *"Sociedade de Risco Mundial"*; Tom Beauchamp e James Childress, sistematizadores dos *"Princípios de Ética Biomédica"*; e Van Rensselaer Potter, que cunhou o termo "Bioética" em seu livro *"Bioética: ponte para o futuro"*, de 1970. Todos esses estudiosos abordam as perplexidades decorrentes do avanço tecnológico e posicionam a reflexão da Ética Filosófica como anteparo contra os abusos da técnica, em detrimento do ser humano e da biosfera.

Ceticismo em face da tecnologia e da ciência, que não mais são tidas como alheias aos valores morais; preocupações com os efeitos colaterais e inadvertidos das inovações tecnológicas e do uso indiscriminado de recursos naturais; valorização da capacidade de agência dos sujeitos na prática clínica e nas pesquisas científica, protegendo-se os vulneráveis e empoderando os pacientes: eis os três pilares a partir dos quais se soergue a Bioética enquanto campo transdisciplinar de investigação científica.

A reflexão bioética decorre, eminentemente, do contato entre as novas tecnologias e a vida – seja a vida humana, por meio da Microbioética, seja a vida do planeta, por meio da Macrobioética. Deste modo, e por muito tempo, estiveram no centro das discussões bioéticas as novas tecnologias: os transplantes, as técnicas de reprodução humana *in vitro*, o prolongamento da sobrevida por meios artificiais de respiração e de alimentação, a edição genética para a criação de organismos geneticamente modificados, o desenvolvimento de novas terapêuticas, entre outros tantos temas. As teorias e modelos da Bioética eram provenientes dos países centrais do mundo – Estados Unidos da América, países da União Europeia –, onde o emprego destas tecnologias era mais corriqueiro. Em sociedades mais distantes do centro, nas margens do modelo capitalista global, os temas dessa Bioética da tecnologia de ponta pareciam deslocados: a um, porque, nas sociedades economicamente desiguais, o acesso aos serviços de saúde mais intensivos em tecnologia encontra-se limitado àqueles poucos que dispõem de recursos econômicos; a dois, porque, nos países periféricos, outras mazelas se apresentam de forma premente, como o racionamento e a escassez nos serviços de saúde, as desigualdades raciais, sociais e de gênero no acesso ao atendimento de saúde, a falta de condições propícias de moradia e alimentação, a persistência de doenças endêmicas ou preveníveis, entre todos.

Em 2002, quando da realização do VI Congresso Mundial de Bioética, em Brasília, intitulado "Bioética: poder e injustiça", os pesquisadores Volnei Garrafa e Dora Porto sintetizaram, em sua abordagem, os fundamentos de uma nova visão bioética, chamada *Bioética da Intervenção*. Segundo a tese, a Bioética pode ser dividida conforme a situação que aborda:

> A *bioética das situações persistentes* relaciona-se com a historicidade das condições que teimosamente persistem entre as sociedades humanas desde a Antiguidade, como a exclusão social, a discriminação das mulheres, o racismo, a inequidade na alocação e distribuição dos recursos de saúde, o abandono de crianças e idosos, o aborto, a eutanásia, entre outras. Já a *bioética das situações emergentes* diz respeito às questões decorrentes do acelerado desenvolvimento científico e tecnológico que surgiram (emergiram) nos últimos cinquenta anos, entre as quais as novas técnicas de reprodução (incluindo a clonagem reprodutiva e a terapêutica), o Projeto Genoma Humano e os avanços no campo da engenharia genética, os transplantes de órgãos e tecidos humanos etc..[9]

Para as situações persistentes, que implicam reflexões bioéticas, o instrumental da Bioética das situações emergentes não é satisfatório. Deste modo,

> Os estudiosos da bioética que trabalham em diferentes contextos sociais, com privilegiados/incluídos e desprivilegiados/excluídos, acabam por ter que enfrentar conflitos e problemas de origens, dimensões e complexidade completamente diferentes. As interpretações dos fatos e as respostas a eles, portanto, não podem ser iguais. Deve-se ter em mente que, entre outras razões, a bioética surgiu para reforçar o lado mais frágil de qualquer interrelação historicamente determinada. Diante disso, é fundamental que a bioética dos países periféricos, e os da América Latina particularmente, passe a não aceitar mais o crescente processo de despolitização dos conflitos morais. O que está acontecendo, muitas vezes, é a utilização de justificativas bioéticas como 'instrumentos', como 'ferramentas' metodológicas, que acabam servindo de modo neutro apenas para a leitura e interpretação (acríticas) dos conflitos, por mais dramáticos que sejam. Dessa maneira, é atenuada (e até mesmo anulada, apagada...) a gravidade das diferentes situações, principalmente aquelas coletivas e que, portanto, acarretam as mais profundas distorções sociais,[10]

Sustentam Garrafa e Porto algo muito mais relevante do que a simples mudança de mirada: "propomos para os países periféricos um novo enfoque bioético, baseado em práticas intervencionistas, diretas e duras, que instrumentalizem a busca da diminuição das inequidades"[11]. Bioética de Intervenção, propriamente dita, não se contenta com apontar as desigualdades e violações de direitos humanos, mas intenta alterar essa realidade, concretizando os elevados enunciados de respeito aos pacientes, aos sujeitos de pesquisa e aos cidadãos.

Não se trata de politização (no sentido estrito, de política eleitoral ou partidária), mas sim do resgate das *raízes éticas* da Bioética. Não existe neutralidade na Ética, nem

---

9. GARRAFA, Volnei; PORTO, Dora. Bioética, poder e injustiça. Por uma ética de intervenção. *In:* GARRAFA, Volnei; PESSINI, Leo. (Org.). *Bioética: Poder e Injustiça.* São Paulo: Edições Loyola, 2003. p. 36.
10. GARRAFA, Volnei; PORTO, Dora. Bioética, poder e injustiça. Por uma ética de intervenção. *In:* GARRAFA, Volnei; PESSINI, Leo. (Org.). *Bioética: Poder e Injustiça.* São Paulo: Edições Loyola, 2003. p. 37.
11. GARRAFA, Volnei; PORTO, Dora. Bioética, poder e injustiça. Por uma ética de intervenção. *In:* GARRAFA, Volnei; PESSINI, Leo. (Org.). *Bioética: Poder e Injustiça.* São Paulo: Edições Loyola, 2003. p. 38.

tampouco na Bioética: elegem-se valores apriorísticos (mas não absolutos)[12] e se examina a realidade a partir desse prisma. O conjunto de valores, ou mesmo sua fonte, podem variar conforme o paradigma teórico, mas toda reflexão bioética é construída a partir de uma leitura valorativa sobre a vida humana, a vida no planeta e a vida em sociedade[13].

A falta de saneamento básico pode ser claramente identificada como uma *situação persistente* na Bioética brasileira. O nefasto consórcio entre a desigualdade no acesso à moradia, a carência de recursos para os investimentos em infraestrutura, a displicência com a saúde e com a preservação ambiental, e doses cavalares de visões deturpadas sobre os serviços de interesse público conspira para transformar em privilégio de poucos o que deveria ser direito de todos.

3. A FALTA DE ACESSO AO SANEAMENTO BÁSICO COMO QUESTÃO PERSISTENTE DA BIOÉTICA

Apesar de ocupar o prestigioso lugar de nona maior economia mundial pela métrica do Produto Nacional Bruto, conforme informações do Banco Mundial, o Brasil apresenta indicadores de acesso ao saneamento básico inferiores aos de 105 outros países[14], dentre os quais se incluem nações de clima desértico e de Índice de Desenvolvimento Humano (IDH) mais baixo que o brasileiro[15], como Jordânia e Iraque.

Vinte anos atrás, o Brasil possuía cerca de 9,9 milhões de domicílios sem abastecimento de água por rede geral, enquanto cerca de 20 milhões de domicílios não possuíam coleta de esgoto por rede geral. O acesso simultâneo aos serviços de água e esgoto só ocorria em 50% dos domicílios. Estes dados, constantes do Censo Demográfico realizado em 2000, demonstram a realidade brasileira e o horripilante déficit que existe no acesso ao saneamento básico. Embora os dados não sejam favoráveis, frisa-se que, entre

---

12. Modelos bioéticos aptos a retratar corretamente os dilemas individuais e coletivos hão de reconhecer a possibilidade de diferentes soluções, conforme as circunstâncias do caso concreto e os valores individuais do sujeito. "Todo dilema bioético contrapõe *dois valores*, e não apenas duas normas. Trata-se, assim, de um contraponto valorativo, não de mera antinomia normativa. A depender do valor que se tem como preponderante, a solução a ser apontada para o dilema bioético se modifica." DADALTO, Luciana; SARSUR, Marcelo. Problemas jurídicos e dilemas bioéticos: elementos para a sua diferenciação e resolução. *In*: SILVA, Michael César (Org.). *Estado democrático de direito e soluções de conflitos*: diálogos e repercussões na sociedade contemporânea. V. 2. Belo Horizonte: Editora Newton Paiva, 2018. p. 186.
13. Na língua inglesa, é marcante a diferença entre *Politics* (a política eleitoral, partidária) e *Policy* (a política pública, as diretrizes de atuação da sociedade e do Estado). Se é possível lançar mão dessa distinção em língua estrangeira, afirma-se que a Bioética não pode existir sem *Policy*, mas, no limite, pode ser feita sem *Politics*. A ideia de uma Bioética "neutra" é uma contradição em termos, equiparável ao fogo gelado ou à água seca; é da natureza da reflexão ética a valoração de bens e a rejeição de malefícios. Não há neutralidade possível diante do racismo, da discriminação social, da misoginia e da violência de gênero, da exclusão social e da miséria extrema, ou da tortura. Todo modelo bioético se alinha a um quadro de respeito à vida e à liberdade dos seres humanos, podendo ter diferentes compreensões sobre tais valores, mas não apresentando deslealdade a tais preceitos.
14. ABCON (Associação Brasileira das Concessionárias Privadas de Serviços Públicos de Água e Esgoto) e do SINDCON (Sindicato Nacional das Concessionárias Privadas de Serviços Públicos de Água e Esgoto). *Panorama da Participação Privada no Saneamento no Brasil 2019*. Abr. 2019. p. 14. Disponível em <http://abconsindcon.com. br/wp-content/uploads/2019/04/PANORAMA2019low.pdf>. Acesso em 15 abr. 2020.
15. ORGANIZAÇÃO DAS NAÇÕES UNIDAS. Programa das Nações Unidas para o Desenvolvimento (PNUD). *Ranking IDH Global 2014*. Disponível em: <https://www.br.undp.org/content/brazil/pt/home/idh0/rankings/idh-global. html>. Acesso em 10 abr. 2020.

os anos de 1970 a 2000, foi registrado aumento da proporção de acesso ao saneamento básico, sendo prevalente o fornecimento de água tratada sobre o acesso à rede de coleta e tratamento de esgotos, e estando as regiões urbanas melhor atendidas do que as áreas rurais[16] – que, historicamente, continuam marginalizadas no que concerne o acesso ao saneamento básico.

As desigualdades se amplificam. Dados da Pesquisa Nacional de Amostra de Domicílios (PNAD) Contínua de 2018 dão notícia de que a água canalizada alcança 97,5% dos domicílios, sendo que 85,8% destes são abastecidos, primariamente, pela rede geral de distribuição. Dentre as regiões brasileiras, o percentual de domicílios alcançados pelo serviço de rede geral de distribuição de água tratada varia enormemente: apenas 58,9% dos domicílios na região Norte e 80,2% dos domicílios na região Nordeste possuem acesso à rede geral – abaixo, portanto, da média nacional –, enquanto 92,4% dos domicílios na região Sudeste e 88,8% dos domicílios na região Sul dispõem do mesmo serviço. Enquanto isso, o atendimento domiciliar por rede de coleta e tratamento de esgoto continua muito aquém do desejável: a média nacional é de apenas 66,3% dos domicílios atendidos pela rede geral de coleta de esgoto ou com fossas ligadas à rede geral, sendo que, enquanto 88,6% dos domicílios na região Sudeste são atendidos por este serviço, apenas 21,8% dos domicílios na região Norte e 44,6% dos domicílios na região Nordeste possuem a mesma infraestrutura[17].

São três os níveis de análise em que se percebem disparidades gritantes: entre as regiões brasileiras; entre áreas urbanas e rurais; e entre zonas economicamente privilegiadas e zonas economicamente carentes nas áreas urbanas. Estar na área rural, ou nas zonas periféricas urbanas, em quase todas as regiões brasileiras, significa com frequência não ter acesso à água potável canalizada e muito menos à rede de coleta e tratamento de esgoto.

À luz dos dados, pode-se concluir que nunca houve no Brasil acesso universal aos serviços de água e de esgoto em rede geral, e que tal realidade não está próxima de ser alterada. Segundo o Panorama da Participação Privada no Saneamento Básico, em 2017

> o total de água consumida no Brasil foi de 9,9 bilhões de m³, e desse total somente 4,4 bilhões de m³ foram tratados. Um total de 1,2 bilhão de m³ de esgoto foram afastados, mas não tratados antes de seu lançamento nos corpos hídricos e ainda faltam 4,25 bilhões de m³ de esgoto que sequer foram coletados.[18]

O Plano Nacional de Saneamento Básico, lançado em 2013, prevê a meta de universalização do acesso ao saneamento básico no Brasil em vinte anos. Contudo, faltando ainda treze anos para o término do prazo, percebe-se que o país terá que investir, anualmente, cerca de R$ 20.000.000.000,00 (vinte bilhões de reais) para atingir tal previsão

---

16. SAIANI, Carlos César Santejo; TONETO JÚNIOR, Rudinei. Evolução do acesso a serviços de saneamento básico no Brasil (1970 a 2004). *Economia e Sociedade*, Vol. 19, nº.1, Campinas, Abr. 2010. Disponível em <http://www.scielo.br/scielo.php?pid=S0104-06182010000100004&script=sci_arttext>. Acesso em 10 abr. 2020.

17. BRASIL. Instituto Brasileiro de Geografia e Estatística (IBGE). PNAD Contínua: Caraterísticas gerais dos domicílios e dos moradores 2019. Disponível em <https://biblioteca.ibge.gov.br/visualizacao/livros/liv101654_informativo.pdf>. Acesso em 16 abr. 2020.

18. ABCON (Associação Brasileira das Concessionárias Privadas de Serviços Públicos de Água e Esgoto) e do SINDCON (Sindicato Nacional das Concessionárias Privadas de Serviços Públicos de Água e Esgoto). *Panorama da Participação Privada no Saneamento no Brasil 2019*. Abr. 2019. p. 12. Disponível em <http://abconsindcon.com.br/wp-content/uploads/2019/04/PANORAMA2019low.pdf>. Acesso em 15 abr. 2020.

– valores muito além dos atualmente investidos, da ordem de R$ 10.960.000.000,00 (dez bilhões e novecentos e sessenta milhões de reais), no ano de 2017[19]. Diante do quadro de persistentes e elevados déficits públicos anteriores à calamidade pública da pandemia da Covid-19, e dos gastos emergenciais que deverão ser feitos pelo Estado em todos os níveis para o enfrentamento da doença, percebe-se que a margem de recursos para o investimento em infraestrutura de saneamento básico é muito inferior à necessária para se atingir a almejada universalização do acesso aos serviços. Diante do quadro de persistentes e elevados déficits públicos anteriores à calamidade pública da pandemia da Covid-19, e dos gastos emergenciais que foram (e que ainda serão) feitos pelo Estado em todos os níveis para o enfrentamento da doença, percebe-se que a margem de recursos para o investimento em infraestrutura de saneamento básico é muito inferior à necessária para se atingir a almejada universalização do acesso a esses serviços.

As consequências advindas da falta de investimento no setor de saneamento básico, como a má qualidade da água destinada ao consumo, a poluição do solo, dos cursos d'água, dos lençóis freáticos e das faixas litorâneas, além do descarte de dejetos sem tratamento, acabam não só afetando a saúde individual e coletiva e o ambiente, mas a economia como um todo. Segundo a Organização Mundial da Saúde, em relatório publicado em 2014, economizam-se US$ 4,3 (quatro dólares americanos e trinta centavos) em saúde global a cada um dólar americano investido em saneamento básico – uma taxa de retorno que raros investimentos podem gerar[20].

A despeito de episódios de ignorância e de crueldade provenientes de um ocupante de cargo público[21], a falta de saneamento básico é capaz de produzir, de fato, severos danos à saúde das pessoas – "dados do BNDES estimam que 65% das internações em hospitais de crianças com menos de 10 anos sejam provocadas por males oriundos da deficiência ou inexistência de esgoto e água limpa". Segundo dados do mesmo estudo, "crianças que vivem em áreas sem saneamento básico apresentam rendimento escolar 18% menor"[22]. Dentre as diversas doenças que podem advir da ausência de saneamento básico, listam-se a diarreia, a esquistossomose, a dengue e a leptospirose. Com base nos dados oferecidos pelo Instituto Trata Brasil, as dez cidades com os piores índices de acesso ao tratamento de água e esgoto registraram grandes números de internações advindas

---

19. ABCON (Associação Brasileira das Concessionárias Privadas de Serviços Públicos de Água e Esgoto) e do SINDCON (Sindicato Nacional das Concessionárias Privadas de Serviços Públicos de Água e Esgoto). *Panorama da Participação Privada no Saneamento no Brasil 2019*. Abr. 2019. p. 12-14. Disponível em <http://abconsindcon.com.br/wp-content/uploads/2019/04/PANORAMA2019low.pdf>. Acesso em 15 abr. 2020.

20. WORLD HEALTH ORGANIZATION (WHO). *Investing in Water and Sanitation: Increasing Access, Reducing Inequalities*. Disponível em <https://www.who.int/water_sanitation_health/publications/glaas_report_2014/en/>. Acesso em 16 abr. 2020.

21. "Até porque o brasileiro tem que ser estudado. Ele não pega nada. Você vê o cara pulando em esgoto ali. Ele sai, mergulha e não acontece nada com ele". URIBE, Gustavo; CARVALHO, Daniel. Brasileiro mergulha no esgoto e não acontece nada, diz Bolsonaro ao minimizar coronavírus. *Folha de São Paulo*, Caderno Poder, 26 mar. 2020. Disponível em <https://www1.folha.uol.com.br/poder/2020/03/brasileiro-mergulha-no-esgoto-e-nao-acontece-nada-diz-bolsonaro-ao-minimizar-coronavirus.shtml>. Acesso em 16 abr. 2020.

22. FERREIRA, Mateus de Paula; GARCIA, Mariana Silva Duarte. Saneamento básico: meio ambiente e dignidade humana. *Dignidade Re-Vista*, Vol. 2, nº 3, p. 4, julho de 2017. Disponível em: <http://periodicos.puc-rio.br/index.php/dignidaderevista/article/view/393>. Acesso em 15 abr. 2020.

das doenças citadas[23]. Ou seja, o acesso ao saneamento básico está ligado diretamente a qualidade de vida do ser humano, de maneira a previr diversas doenças, em sua maioria as feco-orais. De acordo a dados trazidos pelo Instituto Trata Brasil, no país, as doenças feco-orais foram responsáveis por 87% das internações causadas pelo saneamento ambiental inadequado no período de 2000 a 2013[24].

Pode-se concluir que a expansão dos serviços de saneamento básico não representa apenas um investimento em bem-estar humano e em preservação ambiental, mas uma condição essencial para avanços na produtividade e na escolaridade da população economicamente ativa, e na potencialização dos recursos do sistema de saúde.

4. PROFILAXIA, ENFRENTAMENTO À COVID-19 E O IMPERATIVO DO ACESSO AO SANEAMENTO BÁSICO

A Covid-19, doença causada pelo coronavírus SARS-CoV-2, pode acarretar desde infecções assintomáticas a quadro respiratórios graves. Segundo dados da Organização Mundial da Saúde, a maioria dos pacientes podem ser assintomáticos, e em menor proporção podem apresentar dificuldade respiratória ou necessidade de suporte para tratamento de insuficiência respiratória[25]. Os principais sintomas da Covid-19 são tosse, febre, coriza, dor de garganta e dificuldade respiratória.

A transmissão da Covid-19 ocorre pelo contato com outra pessoa contaminada, podendo o vírus ser transmitido por meio de contatos físicos (abraço, aperto de mão, beijo) ou de partículas de saliva ou de secreções expelidas em espirros, tosses, catarros. O vírus pode sobreviver durante períodos em superfícies contaminadas, e que sejam tocadas por outras pessoas depois do contato pelo portador do vírus[26]. Vale salientar a elevada capacidade de contágio do vírus, apto a contagiar um fator de 2,74, ou seja, uma pessoa doente transmite o vírus para quase três pessoas[27]. Tal contágio se dá de forma exponencial, e por isso se fazem necessárias medidas rígidas de profilaxia, dentre as quais praticas de higiene pessoal (cobrir a boca e o nariz ao tossir e espirrar, ou lavar as mãos com determinada frequência), a manutenção de ambientes limpos e bem ventilados, a observância da distância mínima de cerca de dois metros de outras pessoas, ou o emprego de máscaras (cirúrgicas ou artesanais).

Dentre as práticas de higiene indispensáveis para se prevenir o contágio, encontram-se a lavagem das mãos com água corrente e sabão, ou, na impossibilidade de se

---

23. INSTITUTO TRATA BRASIL. Ranking do Saneamento Instituto Trata Brasil 2017. Fev. 2017. Disponível em <http://www.tratabrasil.org.br/datafiles/estudos/ranking/2017/relatorio-completo.pdf> Acesso em 15 abr. 2020.
24. INSTITUTO TRATA BRASIL. Estudos ITB: Conheça algumas doenças causadas pela falta de saneamento básico. Mai. 2018. Disponível em: <http://www.tratabrasil.org.br/blog/2018/02/27/doencas-falta-de-saneamento-basico/> Acesso em 12 abr. 2020.
25. BRASIL. Ministério da Saúde. Sítio temático Coronavírus (Covid-19). Sobre a doença. Disponível em: <https://coronavirus.saude.gov.br/sobre-a-doenca>. Acesso em 16 abr. 2020.
26. BRASIL. Ministério da Saúde. Sítio temático Coronavírus (Covid-19). Sobre a doença. Disponível em: <https://coronavirus.saude.gov.br/sobre-a-doenca>. Acesso em 16 abr. 2020.
27. SOCIEDADE BRASILEIRA DE INFECTOLOGIA (SBI) Informe da Sociedade Brasileira de Infectologia (SBI) sobre o novo coronavírus. Disponível em: <https://www.infectologia.org.br/admin/zcloud/principal/2020/03/Informativo-CoV-12-03-2020.pdf> Acesso em 12 mar. 2020.

lavar as mãos, fazer uso do álcool gel a 70%; evitar tocar o rosto ou levar as mãos à boca; evitar a entrada de calçados no interior das residências, e conduzir uma higienização dos ambientes.

No momento em que a pandemia já se encontra em período de transmissão comunitária, as recomendações de higiene e afastamento social se fazem ainda mais essenciais. Entretanto, práticas classificadas como simples, ou rotineiras, por muitos, não são de fácil acesso para um imenso contingente da população, como já demonstrado anteriormente neste ensaio. Bilhões de pessoas não têm acesso imediato a um lugar para lavar as mãos, conforme dados trazidos pelo UNICEF em março de 2020[28]. Ou pior: caso se verifique a possibilidade de contato feco-oral da Covid-19, as populações com acesso precário à água tratada ou à coleta de esgoto estarão em risco ainda maior de contágio.

Sobre a possibilidade de contato feco-oral, ainda não existem dados seguros quanto à sua ocorrência. Em ata de reunião, o Instituto Nacional de Ciência e Tecnologia em Estações Sustentáveis de Tratamento de Esgoto registrou:

> Trabalhos recentes, publicados na revista científica *Lancet Gastroenterol Hepatol* (vol. 5 abril/2020), mostraram que pacientes com a Covid-19 apresentaram em suas fezes o RNA viral. Em cerca de 50% dos pacientes investigados no estudo, a detecção do RNA do SARS-CoV-2 nas fezes aconteceu por cerca de 11 dias após as amostras do trato respiratório dos pacientes terem sido negativas, indicando a replicação ativa do vírus no trato gastrointestinal e que a transmissão via feco-oral poderia ocorrer mesmo após o trato respiratório já estar livre do vírus. Em outro estudo, realizado nos Países Baixos, o novo coronavírus foi detectado em amostras de esgoto do aeroporto de Schiphol, em Amsterdã, bem como em amostras das Estações de Tratamento de Esgoto (ETE) das cidades de Kaatsheuvel e de Tilburg (esta última trata o esgoto do aeroporto de Schiphol) após duas semanas da confirmação do primeiro paciente com Covid-19. Até o momento não há estudos sobre a viabilidade do SARS-CoV-2 no ambiente. Entretanto, considerando as evidências da presença de outros coronavírus nas fezes, como o SARS-CoV (causador da síndrome respiratória aguda e severa) e o MERS-CoV (causador da síndrome respiratória do médio oriente), e tendo em vista a capacidade dos mesmos de permanecerem viáveis em condições que facilitariam a transmissão via feco-oral, é possível que o SARS-CoV-2 também possa ser transmitido por esta rota. *Assim, a possibilidade da transmissão via feco-oral do SARS-CoV-2 tem muitas implicações, especialmente em áreas carentes de infraestrutura de saneamento básico.*[29]

A ausência de serviços de saneamento básico já expõe as pessoas excluídas, em situação de vulnerabilidade social e econômica, a riscos diuturnos à saúde e à vida. Contudo, a presente pandemia desnudou, de forma irreversível, a inadmissibilidade da persistência desse quadro, em pleno século XXI, e numa nação que pretende estar inserida entre as principais potências econômicas globais. Deste modo, cumpre indagar a quem compete e como se pode prover, durante a calamidade pública causada pela pandemia da Covid-19 e após seu término, os instrumentos para que o Brasil alcance o acesso universal aos serviços de saneamento básico.

---

28. FUNDO DAS NAÇÕES UNIDAS PARA A INFÂNCIA (UNICEF). Lavar as mãos com sabão – fundamental na luta contra o coronavírus – está "fora de alcance" para bilhões. Mar. 2020. Disponível em: <https://www.unicef.org/brazil/comunicados-de-imprensa/lavar-maos-com-sabao-fundamental-contra-coronavirus-fora-de-alcance-de-bilhoes> Acesso em 12 abr. 2020.

29. INSTITUTO NACIONAL DE CIÊNCIA E TECNOLOGIA EM ETES SUSTENTÁVEIS. Covid-19 e o Saneamento no Brasil. Disponível em <http://etes-sustentaveis.org/wp-content/uploads/2020/03/Covid-19-e-o-Saneamento-no-Brasil.pdf>. Acesso em 16 abr. 2020.

5. O MARCO LEGAL DO SANEAMENTO BÁSICO: RUMO AO ACESSO UNIVERSAL?

No final de 2019, a Câmara dos Deputados aprovou, após intensa e prolongada discussão, o Projeto de Lei nº 4.162/2019, de autoria do Poder Executivo, que recebeu o nome de "Marco Legal do Saneamento Básico". Em brevíssimo resumo, o Projeto de Lei em questão modifica diversas Leis Federais, como a Lei nº 9.984/2000, conferindo à Agência Nacional de Águas a competência para editar normas sobre os serviços de saneamento; a Lei nº 11.445/2007, atualizando as diretrizes nacionais para a prestação dos serviços de saneamento básico; e a Lei nº 13.069/2015, estendendo a aplicação das normas às unidades regionais. Seu objetivo, conforme a Exposição de Motivos, é o de oferecer um quadro normativo mais estável, que favoreça os investimentos privados em saneamento básico e conduza à expansão da rede de atendimento. Como consta da Exposição de Motivos do Projeto de Lei,

> Não se pode conviver com mais de 40 milhões de brasileiros sem acesso à água de qualidade, e quase 104 milhões sem esgoto tratado adequadamente, num país considerado a 9ª economia do mundo e subjugada a 123º no ranking mundial de serviços públicos de saneamento ambiental. O Brasil necessita investir mais de R$ 20 bilhões por ano até 2033, para universalizar a cobertura de água e esgoto em todo o seu território e evitar a morte prematura de 15 mil pessoas por ano por doenças de veiculação hídrica ou causadas pela ausência de saneamento.
>
> Também não se pode mais conviver com uma realidade em que foram cancelados de 2007 até hoje 160 contrato, no valor equivalente a R$ 3,5 bilhões do Orçamento Geral da União, somente no extinto Ministério das Cidades, porque os Estados e as concessionárias públicas não conseguiram executar os empreendimentos previstos, basicamente obras de saneamento ou elaboração de projetos executivos de engenharia.[30]

O Projeto de Lei nº 4.162/2019 enfrentou grande resistência na Câmara dos Deputados. Vale recordar que uma Medida Provisória, de número 868/2018, chegou a ser editada pelo Presidente Michel Temer no final de seu mandato, e reeditada no início de 2019, mas acabou por perder a validade em agosto de 2019, sem ser discutida em caráter conclusivo pelo Congresso Nacional.

Após impulso promovido por entidades da sociedade civil, movimentos políticos e lideranças na Câmara dos Deputados e no Senado Federal – com destaque ao Senador Tasso Jereissati, relator do Projeto na Câmara Alta do Parlamento Federal –, o Novo Marco do Saneamento Básico foi aprovado pelo Senado em 24 de junho de 2020, em sessão remota, e sancionado, com vetos, pelo atual ocupante do Poder Executivo Federal, tornando-se a Lei Federal nº 14.026, de 15 de julho de 2020.

No cerne do debate, reside uma polêmica de fundo ideológico: alguns se colocam contra a reforma, temendo que ela estabeleça um cenário mais favorável à concessão dos serviços de saneamento básico a sociedades empresárias privadas. Tal receio se funda na equiparação entre a concessão (privatização) com a busca predatória por resultados

---

30. BRASIL. Câmara dos Deputados. Projeto de Lei nº 4.162/2019. Disponível em <https://www.camara.leg.br/proposicoesWeb/prop_mostrarintegra?codteor=1787462&filename=PL+4162/2019>. Acesso em 17 abr. 2020.

econômicos; segundo tais opositores, se a concessão for feita aos agentes privados, o mercado excluirá os mais carentes do acesso aos serviços de saneamento básico.

Por outro lado, alguns defensores da Lei Federal não disfarçam a crença de que, uma vez assentado um marco jurídico mais sólido, a iniciativa privada – dotada de capitais para investimento, o que o Poder Público não possui – venha a se interessar pelos serviços de saneamento básico, expandindo a rede geral e incluindo, pelo incentivo da rentabilidade, os brasileiros que ora se encontram sem acesso aos serviços de saneamento básico.

No Brasil, apenas 6% dos Municípios são atendidos por empresas privadas de saneamento básico. Contudo, tais empresas privadas são responsáveis por 20% de todo o investimento feito em saneamento básico no País, cerca de R$ 11.000.000.000,00 (onze bilhões de reais) em 2016[31]. É fato inquestionável que a manutenção do marco regulatório atual, que privilegia a oferta de saneamento básico por empresas públicas municipais ou estaduais, legou, como resultado palpável, a exclusão de 50% da população brasileira dos serviços de água e esgoto – cerca de 100 milhões de pessoas, a maioria delas em situação de vulnerabilidade. Existem bons exemplos de empresas concessionárias de saneamento básico privadas, como o de Niterói – quando do início da concessão, em 1999, o Município tratava apenas 20% do esgoto produzido, e, atualmente, trata 94,81% de todo o esgoto da cidade[32] –, e maus exemplos de empresas concessionárias, como o de Penha – onde a população suportou, no início de 2020, uma semana sem fornecimento de água, em meio ao calor do verão[33].

Nessa era de radicalização e de extrema polarização política, não custa recordar que um serviço público deve ser mensurado não por quem o oferece, se o Estado, diretamente ou por intermédio de empresas públicas, ou se o concessionário privado, mas sim por dois critérios: se é *bem oferecido*, atendendo a critérios de acessibilidade e de qualidade, e se é *eficiente*, ou seja, se produz resultado compatível com seu custo. Existem empresas públicas de saneamento básico que se destacam por sua eficiência e por sua capacidade em produzir cobertura universal, ou quase universal, aos cidadãos por ela servidos; e existem concessionárias privadas que cobram tarifas proporcionais por um serviço de saneamento básico bem realizado. O Estado, em relação ao saneamento básico, não atua apenas como provedor, mas primeiramente como agente regulador, no sentido previsto nos artigos 174 e 175 da Constituição da República de 1988.

Até pouco tempo atrás, os serviços de telefonia fixa e móvel e de conexão à Internet eram prestados por monopólios, explorados por empresas públicas. Em meados da década de 1980, uma linha telefônica fixa era um bem tão escasso e valioso a ponto de ser listada em Declarações de Ajuste Anual do Imposto de Renda Pessoa Física, e de figurar, com

---

31. ABCON (Associação Brasileira das Concessionárias Privadas de Serviços Públicos de Água e Esgoto) e do SINDCON (Sindicato Nacional das Concessionárias Privadas de Serviços Públicos de Água e Esgoto). *Panorama da Participação Privada no Saneamento no Brasil 2019*. Abr. 2019. p. 22. Disponível em <http://abconsindcon.com.br/wp-content/uploads/2019/04/PANORAMA2019low.pdf>. Acesso em 15 abr. 2020.

32. INSTITUTO TRATA BRASIL. Saneamento. Casos de Sucesso. Niterói. Disponível em <http://www.tratabrasil.org.br/tratamento-dos-esgotos-em-niteroi-avancam-e-municipio-esta-perto-da-universalizacao>. Acesso em 17 abr. 2020.

33. NSC TV. Após falta d'água, prefeitura de Penha diz que vai romper contrato com concessionária. *G1 Santa Catarina*. 14 jan. 2020. Disponível em <https://g1.globo.com/sc/santa-catarina/noticia/2020/01/14/apos-falta-dagua-prefeitura-de-penha-diz-que-vai-romper-contrato-com-concessionaria.ghtml>. Acesso em 18 abr. 2020.

destaque, em inventários e sucessões – uma situação tão absurda que não tinha paralelos em outros países. Por mais que a privatização dos serviços de comunicação não tenha, em absoluto, solucionado todos os problemas relativos à infraestrutura e, especialmente, à acessibilidade, pode-se afirmar que o estabelecimento de um marco regulatório sólido, regido pela Agência Nacional de Telecomunicações (ANATEL), deu lugar a duas décadas de expansão do acesso aos serviços de telecomunicação, sem produzir a exclusão dos consumidores de menor poder aquisitivo. Pelo contrário: hoje, qualquer pessoa pode ter uma linha telefônica móvel, com planos de pagamento que vão dos mais extravagantes aos mais módicos. Se bem conduzido, o Marco Regulatório do Saneamento Básico pode produzir, nesse setor, efeitos comparáveis aos das demais atividades econômicas que passaram pelo processo de abertura à livre concorrência.

Um serviço público bem prestado é aquele que atende, a um só tempo, a três parâmetros: a *universalidade* (acesso indiscriminado a todo e qualquer consumidor), a *confiabilidade* (certeza de que o serviço será prestado dentro de padrões de qualidade e de constância) e a *modicidade* (preços adequados para as tarifas, de modo a não excluir pessoas de necessidades essenciais). Hoje, em boa parte do Brasil, os serviços de saneamento básico – fornecimento de água canalizada e tratada e de coleta de esgoto e tratamento de rejeitos – não são nem universais, nem confiáveis (abundam as situações de falta de oferta de água, até mesmo em regiões economicamente privilegiadas), nem tampouco módicos, em relação aos serviços prestados. A reforma das Leis Federais vigentes, e em especial a conversão da Agência Nacional de Águas (ANA) em Agência Nacional de Águas e Saneamento Básico, acumulando a competência regulatória nesse âmbito, representa um passo importante no sentido de estabelecer segurança jurídica e parâmetros confiáveis para que as Prefeituras Municipais e Estados conduzam seus investimentos em infraestrutura de saneamento, ou então busquem parcerias com o setor privado para oferecer tais serviços. Já se tem nítido o que não mais se quer – a exclusão de centenas de milhões de brasileiros do acesso aos serviços essenciais de água e esgoto. Como se chegará, o quanto antes, ao acesso universal é matéria que deve ser debatida, amplamente, nas cidades, pelas partes interessadas – poder público, atores privados e, especialmente, os cidadãos e consumidores. Que a Lei Federal nº 14.026/2020 não se torne mais um diploma ineficaz, cheio de boas intenções, em meio à ausência de condições mínimas de saneamento para a maioria avassaladora dos brasileiros.

6. CONCLUSÃO

A pandemia da Covid-19 atinge de modo mais severo aqueles que padecem de condições preexistentes – não apenas de problemas de saúde, mas das condições preexistentes do desemprego e do subemprego, da falta de serviços de saneamento básico, da exclusão social e da discriminação de raça ou de gênero. Nesse momento crítico, é extremo egoísmo encarar a situação apenas pelo viés do que momentaneamente se perdeu – o contato social, os prazeres do convívio ao ar livre, a liberdade de circulação –, sem ter em mente tantos outros que não podem sequer zelar por seu próprio bem estar, porque não dispõem dos meios para produzir a profilaxia mínima contra o vírus.

Esse é o caso de quem não possui água canalizada, entregue em sua casa, nem coleta de esgoto.

A injustiça no acesso aos serviços públicos essenciais é uma questão que impulsiona a reflexão bioética. Não é menos revoltante a mistanásia que ocorre pela falta de água limpa na torneira, em contraponto àquela que decorre da falta de leitos de hospital, ou de cirurgias eletivas que, de tanto serem postergadas, acabam chegando tarde demais. Não há dignidade que subsista sem o acesso ao saneamento básico, até porque ele é o meio para a preservação da saúde.

A falsa controvérsia acerca dos provedores dos serviços de saneamento básico – devem ser oferecidos pelas empresas públicas ou pelos concessionários privados? – não faz qualquer sentido diante da patente falta de oferta. Ao Estado não pode ser dado o privilégio do monopólio da falta de saneamento básico. Desde que os serviços sejam oferecidos de modo universal, consistente e com tarifas módicas, pouco importa quem os oferta. O que não mais se pode permitir é que o monopólio, combinado com a falta de interesse dos agentes públicos – muito se diz que as obras de saneamento básico, por ficarem embaixo do solo e não expostas à vista pública, são impopulares e não rendem votos –, acabe preservando o Brasil do século XXI em situação pior do que a da Europa, em meados do século XIX – momento em que a universalização dos serviços de saneamento básico se tornou uma realidade para a população[34].

Enquanto o saneamento básico não estiver ao alcance de todos, nenhum brasileiro pode permanecer tranquilo. Não basta confiar na aprovação de uma Lei Federal; é preciso sonhar mais alto e cobrar mais ações. Como escreveu Oscar Wilde em 1891, "estamos todos na sarjeta, mas alguns de nós estão olhando para as estrelas"[35].

7. REFERÊNCIAS

ABCON (Associação Brasileira das Concessionárias Privadas de Serviços Públicos de Água e Esgoto) e do SINDCON (Sindicato Nacional das Concessionárias Privadas de Serviços Públicos de Água e Esgoto). *Panorama da Participação Privada no Saneamento no Brasil 2019*. Abr. 2019. Disponível em <http://abconsindcon.com.br/wp-content/uploads/2019/04/PANORAMA2019low.pdf>. Acesso em 15 abr. 2020.

AGAMBEN, Giorgio. *Homo sacer*. O poder soberano e a vida nua. I. Belo Horizonte, Editora UFMG, 2002.

BECK, Ulrich. *World Risk Society*. Cambridge: Polity Press, 1999.

BRASIL. Instituto Brasileiro de Geografia e Estatística (IBGE). PNAD Contínua: Caraterísticas gerais dos domicílios e dos moradores 2019. Disponível em <https://biblioteca.ibge.gov.br/visualizacao/livros/liv101654_informativo.pdf>. Acesso em 16 abr. 2020.

DADALTO, Luciana; SARSUR, Marcelo. Problemas jurídicos e dilemas bioéticos: elementos para a sua diferenciação e resolução. *In*: SILVA, Michael César (Org.). *Estado democrático de direito e soluções*

---

34. VIGARELLO, Georges. Higiene do corpo e trabalho das aparências. *In*: CORBIN, Alain; COURTINE, Jean-Jacques; VIGARELLO, Georges. *História do Corpo*. Vol. 2. Da Revolução à Grande Guerra. 2. ed. Petrópolis: Vozes, 2008. p. 387.
35. WILDE, Oscar. *Lady Windermere's Fan*. Disponível em <https://www.gutenberg.org/files/790/790-h/790-h.htm>. Acesso em 17 abr. 2020.

de conflitos: diálogos e repercussões na sociedade contemporânea. V. 2. Belo Horizonte: Editora Newton Paiva, 2018. p. 172-191.

FERREIRA, Mateus de Paula; GARCIA, Mariana Silva Duarte. Saneamento básico: meio ambiente e dignidade humana. *Dignidade Re-Vista*, Vol. 2, nº 3, p. 4, julho de 2017. Disponível em: <http://periodicos.puc-rio.br/index.php/dignidaderevista/article/view/393>. Acesso em 15 abr. 2020.

FUNDO DAS NAÇÕES UNIDAS PARA A INFÂNCIA (UNICEF). Lavar as mãos com sabão – fundamental na luta contra o coronavírus – está "fora de alcance" para bilhões. Mar. 2020. Disponível em: <https://www.unicef.org/brazil/comunicados-de-imprensa/lavar-maos-com-sabao-fundamental-contra-coronavirus-fora-de-alcance-de-bilhoes> Acesso em 12 abr. 2020.

GARRAFA, Volnei; PORTO, Dora. Bioética, poder e injustiça. Por uma ética de intervenção. *In*: GARRAFA, Volnei; PESSINI, Leo. (Org.). *Bioética: Poder e Injustiça*. São Paulo: Edições Loyola, 2003.

INSTITUTO NACIONAL DE CIÊNCIA E TECNOLOGIA EM ETES SUSTENTÁVEIS. Covid-19 e o Saneamento no Brasil. Disponível em <http://etes-sustentaveis.org/wp-content/uploads/2020/03/Covid-19-e-o-Saneamento-no-Brasil.pdf>. Acesso em 16 abr. 2020.

INSTITUTO TRATA BRASIL. Ranking do Saneamento Instituto Trata Brasil 2017. Fev. 2017. Disponível em <http://www.tratabrasil.org.br/datafiles/estudos/ranking/2017/relatorio-completo.pdf> Acesso em 15 abr. 2020.

INSTITUTO TRATA BRASIL. Saneamento. Casos de Sucesso. Niterói. Disponível em <http://www.tratabrasil.org.br/tratamento-dos-esgotos-em-niteroi-avancam-e-municipio-esta-perto-da-universalizacao>. Acesso em 17 abr. 2020.

INSTITUTO TRATA BRASIL. Estudos ITB: Conheça algumas doenças causadas pela falta de saneamento básico. Mai. 2018. Disponível em: <http://www.tratabrasil.org.br/blog/2018/02/27/doencas-falta--de-saneamento-basico/> Acesso em 12 abr. 2020.

KAPLAN, Juliana; FRIAS, Lauren; MC-FALL-JOHNSEN, Morgan. A third of the global population is on coronavirus lockdown – here's our constantly updated list of countries and restrictions. *Business Insider*, 15 abr. 2020. Disponível em <https://www.businessinsider.com/countries-on-lockdown--coronavirus-italy-2020-3>. Acesso em 16 abr. 2020.

NSC TV. Após falta d'água, prefeitura de Penha diz que vai romper contrato com concessionária. *G1 Santa Catarina*. 14 jan. 2020. Disponível em <https://g1.globo.com/sc/santa-catarina/noticia/2020/01/14/apos-falta-dagua-prefeitura-de-penha-diz-que-vai-romper-contrato-com-concessionaria.ghtml>. Acesso em 18 abr. 2020.

ORGANIZAÇÃO DAS NAÇÕES UNIDAS. Programa das Nações Unidas para o Desenvolvimento (PNUD). *Ranking IDH Global 2014*. Disponível em: <https://www.br.undp.org/content/brazil/pt/home/idh0/rankings/idh-global.html>. Acesso em 10 abr. 2020.

ORGANIZAÇÃO DAS NAÇÕES UNIDAS. Lavar as mãos com sabão não está entre as possibilidades de bilhões de pessoas no mundo. Mar. 2020. Disponível em: <https://nacoesunidas.org/lavar-as-maos-com-sabao-nao-esta-entre-as-possibilidades-de-bilhoes-de-pessoas-no-mundo/> Acesso em 12 abr. 2020.

RICE, Susan E. The Government Has Failed on Coronavirus, but There Is Still Time. *The New York Times*, Opinion, 13 mar. 2020. Disponível em <https://www.nytimes.com/2020/03/13/opinion/corona-virus-trump-susan-rice.html>. Acesso em 16 abr. 2020.

SAIANI, Carlos César Santejo; TONETO JÚNIOR, Rudinei. Evolução do acesso a serviços de saneamento básico no Brasil (1970 a 2004). *Economia e Sociedade*, Vol. 19, nº.1, Campinas, Abr. 2010. Disponível em <http://www.scielo.br/scielo.php?pid=S0104-06182010000100004&script=sci_arttext>. Acesso em 10 abr. 2020.

TALEB, Nassim Nicholas. *The Black Swan*. The Impact of the Highly Improbable. New York: Random House, 2016.

TED TALKS 2015. The Next Outbreak? We're Not Ready. Bill Gates. Disponível em <https://www.ted.com/talks/bill_gates_the_next_outbreak_we_re_not_ready>. Acesso em 16 abr. 2020.

URIBE, Gustavo; CARVALHO, Daniel. Brasileiro mergulha no esgoto e não acontece nada, diz Bolsonaro ao minimizar coronavírus. *Folha de São Paulo*, Caderno Poder, 26 mar. 2020. Disponível em <https://www1.folha.uol.com.br/poder/2020/03/brasileiro-mergulha-no-esgoto-e-nao-acontece-nada-diz--bolsonaro-ao-minimizar-coronavirus.shtml>. Acesso em 16 abr. 2020.

VIGARELLO, Georges. Higiene do corpo e trabalho das aparências. *In*: CORBIN, Alain; COURTINE, Jean-Jacques; VIGARELLO, Georges. *História do Corpo*. Vol. 2. Da Revolução à Grande Guerra. 2. ed. Petrópolis: Vozes, 2008. p. 375-392.

WILDE, Oscar. *Lady Windermere's Fan*. Disponível em <https://www.gutenberg.org/files/790/790-h/790-h.htm>. Acesso em 17 abr. 2020.

WORLD HEALTH ORGANIZATION (WHO). *Investing in Water and Sanitation: Increasing Access, Reducing Inequalities*. Disponível em <https://www.who.int/water_sanitation_health/publications/glaas_report_2014/en/>. Acesso em 16 abr. 2020.

COVID-19 E POPULAÇÃO CARCERÁRIA

Diana Gomes da Silva Siqueira

Discente da Escola de Direito do Centro Universitário Newton Paiva. Pesquisadora convidada do Grupo de Estudos e Pesquisa em Bioética (GEPBio).

Fernanda Vieira de Oliveira

Mestranda em Direito pela UFOP. Advogada Criminalista da Assessoria Popular Maria Felipa.

Isabela de Andrade Pena Miranda Corby

Doutoranda e Mestre em Direito pela UFMG. Advogada na Assessoria Popular Maria Felipa.

Sumário: 1. Introdução. 2. Direito à saúde e população carcerária. 3. Covid-19 e sistema prisional. 4. Referências.

1. INTRODUÇÃO

A pandemia mundial causada pelo novo coronavírus, resultou em alguma visibilidade para as condições degradantes em que a população carcerária vem sendo submetida pelo Estado e para as possíveis consequências da omissão estatal em fornecer tratamento adequado aos presos neste período crítico. Enquanto a OMS (Organização Mundial da Saúde) e o governo tem reiterado a necessidade do isolamento social para o restante da população, pretendendo a diminuição da expansão do vírus, escassamente tem se mencionado sobre estes indivíduos invisibilizados, que cumprem suas penas em presídios superlotados, o que viola frontalmente o direito a dignidade e integridade física, com péssimas condições de higiene e saúde, fatores extremamente favoráveis a proliferação desta doença.

A população prisional no Brasil tinha pouco mais de 90 mil pessoas em 1990, alcançando atualmente mais de 812 mil pessoas, de acordo com o CNJ[1] (Conselho Nacional de Justiça), o nosso país possui a terceira maior população carcerária do mundo, ficando atrás apenas dos Estados Unidos e da China. De acordo com o estudo "Sistema Prisional em Números"[2] do Conselho Nacional do Ministério Público de 2019, o país tem uma

---

1. BARBIÉRI, Luiz Felipe. *CNJ registra pelo menos 812 mil presos no país; 41,5% não têm condenação.* G1, Brasília, 17 jul. 2019. Disponível em: https://g1.globo.com/politica/noticia/2019/07/17/cnj-registra-pelo-menos-812-mil-presos-no-pais-415percent-nao-tem-condenacao.ghtml. Acesso em: 18.04.2020.
2. CNMP, Conselho Nacional do Ministério Público. *Sistema prisional em números: cumprimento da Resolução CNMP 56/2010.* Relatório. Brasília/DF: CNMP. Disponível em: https://www.cnmp.mp.br/portal/relatoriosbi/sistema-prisional-em-numeros. Acesso em: 18.04.2020.

taxa de superlotação carcerária de 166,57%, são 729.949 presos, sendo que existem vagas em presídios para apenas 437.912 pessoas. Nesse sentido, cabe ressaltar que cerca de 41,5% dos presos sequer foram julgados, estando cumprindo pena provisoriamente, em que pese o Sistema Processual Penal, perceber essa hipótese como exceção, e não a regra, visto o princípio da presunção de inocência.

Enquanto países como os citados acima tem investido em políticas de desencarceramento visando a diminuição da população carcerária, o Brasil tem seguido o caminho oposto, encarcerando cada vez mais pessoas, recorrendo a políticas de segurança pública ineficazes e leis penais mais rígidas para satisfazer o anseio da população conferindo a sociedade uma falsa sensação de segurança, como consequência observa-se a superlotação dos presídios, bem como a crescente precariedade dessas instalações que oferecem aos presos condições subumanas, estando estes mais propensos a doenças e infecções, evidentemente se enquadrando nos grupos de risco, apesar de não serem tratados como tais pelo Estado.

É necessário discorrer sobre o papel da bioética no enfrentamento das violações dos direitos fundamentais dos presos não somente neste período, mas também de forma contínua. De acordo com a bioética intervencionista[3] é imprescindível tratar de quaisquer conflitos humanos que sempre estão em constante transformação, ressaltando, por exemplo o atual cenário de pandemia mundial, nessa perspectiva, é necessário uma abordagem mais ampla que contemple debates não apenas de práticas clínicas, mas também de questões sociais e políticas que interferem diretamente na saúde e qualidade de vida da população carcerária, visto que uma das principais preocupações da bioética é exatamente a justiça social, ou seja tratamento equânime entre os indivíduos independente de sua situação.

A omissão estatal em adotar medidas eficazes para conter a propagação do coronavírus nos presídios amplificam a vulnerabilidade da população prisional. A ausência de medidas efetivas que visem a proteção dos presos, como assistência material (acesso a água, máscaras, álcool em gel), produtos de higiene pessoal, manutenção de equipes de saúde dentro dos presídios somado a superlotação já existente, potencializam a contaminação e a proliferação da Covid-19.

Vários Estados da República brasileira, têm estabelecido medidas "preventivas" como a suspensão de visitas e a adoção de critérios e regras especiais para o contato entre presos e seus advogados, entretanto diante da complexidade da situação, questiona-se se estas medidas são suficientes e adequadas para impedir a proliferação da doença. Enfatiza-se que em vários lugares os presidiários somente têm acesso a itens de higiene pessoal e produtos de limpeza por meio de seus familiares, os quais semanalmente ou quinzenalmente entregam nas unidades prisionais.

Para compreender, a invisibilidade para população carcerária é importante abordar também o conceito de racismo institucional que está diretamente ligado ao encarceramento em massa da população negra, visto a seletividade do sistema prisional, salientamos

---

3. GARRAFA, V. *Da bioética de princípios a uma bioética interventiva*. Bioética. 2005;13(1):125-34. Disponível: https://bit.ly/2fRTUPF. Acesso em: 18.04.2020.

que 64% da população prisional é composta por pessoas negras, segundo o Infopen[4] – Levantamento Nacional de Informações Penitenciárias, existindo, portanto, uma sobrerrepresentação da população negra nos presídios já que pardos e pretos compõem 54% da população brasileira.

Destarte, o conceito de necropolítica desenvolvido pelo filósofo camaronês Achille Mbembe[5], na sua tradução literal política da morte, questiona os limites da soberania quando o Estado determina quem vive e quem morre. Na teoria, o Estado dentro da concepção do contrato social deve zelar pela integridade dos indivíduos e bem-estar comum, entretanto, na conjuntura atual, negar a adotar providências necessárias para evitar a proliferação da Covid-19 nos presídios o Estado brasileiro é literalmente brincar com a vida daqueles que se encontram sobre sua tutela.

O Estado brasileiro tem o dever constitucional de implementar medidas de prevenção à Covid-19 nos presídios e penitenciárias imediatamente, caso contrário estaremos na iminência de mortes em ampla escala, um verdadeiro genocídio contra a população carcerária, sendo pertinente acentuar que a defesa de condições mínimas de higiene e saúde nesse caso, nada mais é do que corolário dos princípios basilares da Constituição da República de 1988, sobretudo do princípio da dignidade da pessoa humana e do Estado de Direito Democrático.

O presente artigo visa debater essas questões, analisando a realidade das prisões brasileiras no cenário atual, bem como a garantia dos direitos fundamentais dos presidiários, tal como o direito à saúde e integridade física, investigando a invisibilidade dos indivíduos privados de liberdade e as suas consequências, além de examinar as políticas de desencarceramento para contenção do coronavírus, assim como a possibilidade de prisão domiciliar.

Diante de todo o exposto, frisa-se que no momento atual, o Estado brasileiro não pode ser omisso frente às necessidades dessa população, a atuação estatal é urgente e estritamente necessária à sobrevivência de milhares de vidas que se encontram sobre sua tutela, caso o Estado reste omisso, deverá ser responsabilizado por essas possíveis mortes, pois não serão meras fatalidades, mas uma tragédia anunciada, e infelizmente talvez até almejada pelos nossos próprios representantes.

2. DIREITO À SAÚDE E POPULAÇÃO CARCERÁRIA

Falar de direitos em nosso país é um debate complicado, especialmente quando esse direito envolve populações historicamente excluídas da condição de seres humanos. Então, quando falamos de sistema prisional estamos falando de pessoas que carregam a marca da característica da divisão social existente em nosso país: a raça negra.

---

4. DEPEN, Departamento Penitenciário Nacional - Ministério da Justiça e Segurança Pública. *Levantamento nacional de informações penitenciárias:* INFOPEN. Departamento Penitenciário Nacional, 2017. 65 p. Disponível em: http://depen.gov.br/DEPEN/noticias-1/noticias/infopen-levantamento-nacional-de-informacoes-penitenciarias-2016/relatorio_2016_22111.pdf. Acesso em: 18.04.2020.

5. MBEMBE, Achille. *Necropolítica: biopoder, soberania, estado de exceção, política da morte.* Tradução de Renata Santini. São Paulo: N-1 edições, 2018. 80 p. Disponível em: https://revistas.ufrj.br/index.php/ae/article/view/8993. Acesso em: 18.04.2020.

Revisando, inicialmente o relatado, os dados publicados pelo Levantamento Nacional de Informações Penitenciárias em junho de 2016[6], o Brasil contava com uma população prisional de 726.712 pessoas presas, sendo 64% dessa população era negra, em junho de 2017 a população prisional era de 726.354 sendo 63,64% de pessoas negras e anteriormente em 2014 era de 61,67%. O último Levantamento Nacional de Informações Penitenciárias decidiu desconsiderar a cor/raça como um dado a ser analisado, aderindo ao discurso "de que não existe racismo no Brasil".

No entanto, ser negro no Brasil garante três marcas características: cor de pele, território de vivência e renda, essas marcas podem andar juntas ou separadas, pode-se não ter a marca da cor em alguns casos, no entanto o território de vivência e a renda, ainda que não te retirem a cor da pele clara ou branca, lhe mantém no grupo daqueles e daquelas, no qual o direito é equivalente a privilégio ou benesse da elite econômica e social que para ser alcançado precisa ser acompanhado de um esforço imenso.

Por outro lado, os brancos, com vivência em determinados territórios e determinada renda não sofreram essas exigências para acessar os mesmos direitos. Ser negro, e a marca central da exclusão ou da possibilidade de tratamento do direito como privilégio ou como mais do que essas pessoas merecem. Então, ainda que tenhamos a vivência dos territórios tradicionalmente destinados a branquitude, ainda que conquistemos renda historicamente atribuída a branquitude, o cidadão negro jamais mudará de cor. Então em algum momento será lembrado que "aquilo" que para os brancos é direito, para o negro é benesse, ou seja, generosidade da estrutura racista que vivemos, a qual permite à alguns ascenderem socialmente, mas não o suficiente para produzir fissuras ou romper com a estrutura social fundante.[7]

Essa demarcação se faz necessária, tendo em vista que foi preciso uma Portaria Interministerial 1777 em 2003 para instituir o Plano Nacional de Saúde no Sistema Penitenciário, prevendo a inclusão da população penitenciária no SUS (Sistema Único de Saúde), ainda que o acesso a saúde das pessoas em privação de liberdade já estivesse "legalmente definido pela Constituição da República de 1988, pela Lei 8.080, de 1990, que regulamenta o Sistema Único de Saúde, pela Lei 8.142, de 1990, que dispõe sobre a participação da comunidade na gestão do Sistema Único de Saúde, e pela Lei de Execução Penal 7.210, de 1984."[8]

Após a edição da referida Portaria Interministerial e ao início da produção dos relatórios de Informações Penitenciárias em 2014, consideramos importante verificar o que temos disponível de fato dados sobre a efetivação do direito à saúde das pessoas em privação de liberdade. No entanto, ponderamos que é recomendável não perdermos de vista a percepção que à essa população o direito à saúde é mais que uma benesse, tratado socialmente como um "luxo", obviamente não merecido.

Iniciando pelo Levantamento Nacional de Informações Penitenciárias de 2014, nesse relatório que não ostenta detalhes sobre a situação de assistência à saúde no sistema

---

6. Dados Disponíveis em: http://depen.gov.br/DEPEN/depen/sisdepen/infopen/relatorios-sinteticos/infopen-dez--2016-rev-12072019-0802.pdf p. 7. Acesso em: 19.04.2020.
7. ALMEIDA, Silvio. *O que é racismo estrutural*? São Paulo: Letramento, 2018.
8. Informações disponíveis em: http://bvsms.saude.gov.br/bvs/publicacoes/cartilha_pnssp.pdf. Acesso em: 19.04.2020.

prisional brasileiro, se restringindo a informar a relação de número de servidores da área da saúde entre o pior e o melhor cenário, vejamos:

> Em Roraima e Distrito Federal há um profissional de saúde (excluindo-se saúde mental e dentistas), para cada 320 pessoas no sistema prisional, aproximadamente. No outro extremo encontra-se Maranhão e Rondônia, com um profissional para cada grupo de 50 pessoas custodiadas.[9]

Continuando, no Levantamento seguinte[10], o número de servidores da saúde (médicos, enfermeiros e auxiliares de enfermagem) eram de 4512, em um país com 1456[11] unidades prisionais, o que equivale a 3 profissionais de saúde por unidade. No Levantamento seguinte em 2017, a metodologia foi modificada e passou a levantar o número de unidades que possuem módulo de saúde que atenderam 469.953 pessoas em privação de liberdade, contudo sem detalhar os profissionais de saúde disponíveis, como no levantamento anterior e sem a discriminação do que consistiria esses módulos de saúde.

Segundo a Portaria Interministerial 1777/2003 cada módulo de saúde deveria contar com os seguintes profissionais, em unidades prisionais com mais de 100 presos e menos de 500: Medico, Enfermeiro, Odontólogo, Psicólogo, Assistente social, Auxiliar de enfermagem e Auxiliar de consultório dentário (ACD).

Ribeirão das Neves é uma cidade da região metropolitana de Belo Horizonte que possui 4 unidades prisionais públicas e uma em Parceria Público Privada, e conta, segundo informações do Ministério da Saúde com duas equipes de saúde[12], portanto em um universo de uma população prisional de 9935 pessoas presas[13], cada equipe responderia por 4967 pessoas. Por óbvio, podemos assumir que os dados entre os ministérios não estão coordenados, no entanto ainda assim, a discrepância e extrema para ser desconsiderada.

Destaca-se, que a metodologia utilizada para produção dos dados do Levantamento Penitenciário Nacional e a declaração da unidades prisionais e Secretarias responsáveis pelo setor penitenciário, carecendo de uma ação realizada por entidade autônoma, acompanhada de checagem rigorosa desses dados, porque isso implica em efetivamente saber onde estão indo os recursos públicos do SUS, porque a população prisional da cidade e contabilizada para fins de repasse de recursos.

Diante dessa discrepância de dados, de fato se torna bastante complexo afirmar que existe assistência médica adequada no sistema prisional, e ainda, em caso da necessidade de acessar um serviço de saúde de alta complexidade, não sabemos se haverá estrutura de deslocamento célere da pessoa presa a esse local em caso de uma crise respiratória.

---

9. Dados disponíveis em http://depen.gov.br/DEPEN/depen/sisdepen/infopen/infopen_dez14.pdf p. 70. Acesso em: 19.04.2020.
10. Dados Disponíveis em: http://depen.gov.br/DEPEN/depen/sisdepen/infopen/relatorios-sinteticos/infopen-jun--2017-rev-12072019-0721.pdf p. 53. Acesso em: 19.04.2020.
11. Dados Disponíveis em: http://www.justificando.com/2018/07/02/realidade-carceraria-do-brasil-em-numeros/. Acesso em: 19.04.2020.
12. Dados disponíveis em: http://tabnet.datasus.gov.br/cgi/tabcgi.exe?cnes/cnv/equipemg.def. Acesso em: 19.04.2020.
13. Dados disponíveis em: https://app.powerbi.com/view?r=eyJrIjoiZTlkZGJjODQtNmJlMi00OTJhLWFlMDktN-zRlNmFkNTM0MWI3IiwidCI6ImViMDkwNDIwLTQ0NGMtNDNmNy05MWYyLTRiOGRhNmJmZThlMSJ9 Acesso em: 19.04.2020.

Ainda temos a Política Nacional de Atenção Integral à Saúde das Pessoas Privadas de Liberdade no Sistema Prisional[14], lançada em 2014, o plano estabelece três níveis de equipe de saúde e a depender da quantidade de pessoas em privação de liberdade quantas equipes e de quais tipos devem ser[15].

Portanto se consideramos que o Presídio José Martinho Drumond possui 2643 pessoas em privação de liberdade, esta unidade precisaria ter 3 equipes de saúde, sendo uma do tipo II e duas do tipo III. Se consideramos a Presídio Antônio Dutra Ladeira, que conta com 2401[16] pessoas presas, teríamos que ter 3 equipes de saúde, sendo uma do tipo I e duas do tipo II. Outra unidade prisional e a Penitenciária José Maria Alckmin, com 2449[17] pessoas presas, então também teria que ter 3 equipes de saúde, sendo uma do tipo I e duas do tipo II. Por fim, temos o Presídio Feminino José Abranches Gonçalves com 187 pessoas presas, dados absolutamente desatualizados, considerando que mesmo quando ainda era unidade feminina já abrigava mais de 400 mulheres, o período que o levantamento aponta terem sido apurados os dados, ainda assim, com 187 pessoas presas precisaria ter uma equipe de saúde nível II. No caso já teríamos uma necessidade de 10 equipes de saúde completas, sendo os dados do Ministério da Saúde dão conta de 8.

3. COVID-19 E SISTEMA PRISIONAL

Em face dos dados apresentados e analisados, se escolhermos apenas uma das unidades, a José Martinho Drumond construída para 853 presos[18], a média é de 3 presos em um espaço que deveria haver apenas 1, sendo que essa unidade é uma unidade de celas coletivas, construída para 4 presos por cela o que equivale no mundo real a pelo menos 12 presos por cela. Assim, praticar o necessário isolamento social, em caso de qualquer pessoa que comece a manifestar sintomas, como seria? Colocar junto toda população carcerária que apresenta sintomas? E os que carregam comorbidades, como hipertensão, muito comum, já separa? Coloca-se onde, se já está faltando espaço?

Também é preciso considerar, como tem sido fartamente afirmado nos Levantamentos Nacionais do Sistema Penitenciário, que o desenvolvimento de agravos de saúde no sistema prisional, como a tuberculose, é superior comparado a população que está em liberdade. Logo, considerando as características específicas da Covid-19, em relação ao sistema respiratório, não é exagero afirmar que muitos podem ser os casos não diagnosticados como tuberculose e que possuem a doença ou outros em tratamento, que com

---

14. Dados disponíveis em: http://www.as.saude.ms.gov.br/wp-content/uploads/2016/06/Cartilha-PNAISP.pdf. Acesso em: 19.04.2020.
15. Dados disponíveis em: http://www.as.saude.ms.gov.br/wp-content/uploads/2016/06/Cartilha-PNAISP.pdf p. 22. Acesso em: 19.04.2020.
16. Dados disponíveis em: https://app.powerbi.com/view?r=eyJrIjoiZTlkZGJjODQtNmJlMi00OTJhLWFlMDktN-zRlNmFkNTM0MWI3IiwidCI6ImViMDkwNDIwLTQ0NGMtNDNmNy05MWYyLTRiOGRhNmJmZThlMSJ9. Acesso em: 19.04.2020.
17. Dados disponíveis em: https://app.powerbi.com/view?r=eyJrIjoiZTlkZGJjODQtNmJlMi00OTJhLWFlMDktN-zRlNmFkNTM0MWI3IiwidCI6ImViMDkwNDIwLTQ0NGMtNDNmNy05MWYyLTRiOGRhNmJmZThlMSJ9. Acesso em: 19.04.2020.
18. Dados disponíveis em: https://app.powerbi.com/view?r=eyJrIjoiZTlkZGJjODQtNmJlMi00OTJhLWFlMDktNzRlNm-FkNTM0MWI3IiwidCI6ImViMDkwNDIwLTQ0NGMtNDNmNy05MWYyLTRiOGRhNmJmZThlMSJ9. Acesso em: 19.04.2020.

o contato com a Covid-19 podem ter uma evolução grave, fatal. Sem contar a falta de alimentação adequada e exposição ao sol, que compromete também a imunidade, assim como a depressão, pois, o uso de remédios para tratar esse tipo de enfermidade é farto no sistema prisional. Visto que a depressão é um quadro comum no sistema prisional.

Uma das medidas óbvias para reduzir a velocidade de contágio e reduzir a população prisional venho por meio da Recomendação do Conselho Nacional de Justiça 62/2020[19], no entanto a mentalidade encarceradora prevalente no Poder Judiciário e no Ministério Público tem superado qualquer compromisso com a preservação da vida, ou de forma ainda mais rasa, o direito de lutar pela própria vida.

Por sua vez, o Poder Executivo responsável pela gestão das unidades prisionais tem se restringido a suspensão ou restrição da visitação nas unidades prisionais, inclusive advogados, como forma de enfrentar o perigo de contágio, contudo desconsidera o risco dos servidores do sistema prisional e como o temor de contágio pode impactar nos mesmos no momento de prestar auxílio a algum preso com sintomas da Covid-19.

O aumento exponencial do encarceramento no Brasil é algo que preocupa do Sistema de Justiça, com a instituição do Conselho Nacional de Justiça e os relatórios consolidados do Departamento Penitenciário Nacional desde 2014, os debates ganharam fôlego tanto nos três poderes como na sociedade civil organizada. Assim, se iniciou o desenvolvimento de ações com o objetivo de reduzir o encarceramento de pessoas. Uma ação que merece destaque é a aprovação da Lei 12403/2011 que teve como objetivo central a ampliação do rol de medidas alternativas à prisão, bem como, busca dar novo fôlego ao instituto da fiança, e logo foi seguida pela implantação das audiências de custódia[20]. No entanto, ambas as medidas não tiveram o êxito esperado, tendo em vista o que é denominada como mentalidade encarceradora ou punitivista.

Em 2011, a população de presos provisórios era de 173.818 em um universo total de 514.600 pessoas presas, em 2015, ano da implantação das audiências de custódia , sendo que 4 anos após a nova legislação que tinha a intenção de reduzir o número de prisões provisórias, possuíamos uma população de presos provisórios de 261.786 em um total de 698.600, ou seja, tínhamos 34% de presos provisórios, subimos em 2015 para 37,47% e em 2019 a porcentagem de presos provisórios reduz para 30,42%, ou seja foram necessários 8 anos para uma redução de 7% em relação a 2015. Essa constatação merece nossa atenção e reflexão, sobretudo no momento de uma pandemia mundial.

A questão é que como estamos falando de uma pandemia, de uma doença viral, não podemos esperar 7 anos para que judiciário e Ministério Público compreendam que o preceito fundamental é a liberdade e não a prisão, como vem ocorrendo historicamente. Assim, nesse caso a prisão provisória tem significado de uma sentença de morte, considerando que a taxa de mortalidade no sistema prisional, fora da pandemia de Covid-19

---

19. Recomendação disponível em: https://www.cnj.jus.br/wp-content/uploads/2020/03/62-Recomenda%C3%A7%-C3%A3o.pdf. Acesso em: 19.04.2020.
20. Audiência de custódia: "A audiência de custódia é o instrumento processual que determina que todo preso em flagrante deve ser levado à presença da autoridade judicial, no prazo de 24 horas, para que esta avalie a legalidade e necessidade de manutenção da prisão." Disponível em: https://www.migalhas.com.br/depeso/239559/audiencia-de-custodia-o-que-e-e-como-funciona. Acesso em: 19.04.2020.

já era 13,6% no Levantamento de 2017[21], destacando que o primeiro Levantamento consolidado de 2014, já destacava que a prisão é uma fator "que aumenta consideravelmente a vulnerabilidade das pessoas a certos tipos de agravo de saúde especialmente HIV/Aids e Tuberculose".[22]

A solução proposta pelo Conselho Nacional de Justiça com a Recomendação 62 e a incapacidade do poder judiciário compreender a referida recomendação enquanto medida desencarceradora em face do imaginário social encarcerador e racista, que ao contrário a qualquer análise crítica de dados, preconiza historicamente o discurso que encarcerar pessoas reduz a criminalidade, fazendo parte dessa imaginário social juízes e promotores para estarrecimento de qualquer pesquisador crítico comprometido com a transformação social, trata-se de um o desafio explícito. Transformando essa narrativa em números, saímos de uma população prisional em 2000 de 232.755 para uma de 755.274[23] ou de 800.000 (a depender da fonte institucional), se encarcerar pessoas reduzisse a criminalidade um prazo 19 anos teria que ter mostrado algum resultado, pois as medidas desencarceradoras em 7 anos mostraram, ainda que de forma tímida resultados na redução do encarceramento de presos provisórios.

O desafio não explícito é exatamente o que sustenta esse imaginário e é sistematicamente negado pelo judiciário e Ministério Público impossibilitam a produção de qualquer solução: o racismo estrutural[24], estruturante e institucional.

Portanto, considerando que 64% da população prisional é negra, se a média de morte no sistema prisional é de 13.6%, se essa porcentagem se manter entre a população majoritariamente negra, somando-se a compreensão do perigo abstrato que representa uma população que em grande parte poderia estar em liberdade, simplesmente por ser negra, estamos diante de uma nova tática do racismo para manter em marcha o projeto histórico do mito fundacional do Brasil que é a eliminação da população negra, essa ação, qual seja, a permanência de presos que constitucionalmente devem estar em liberdade, só pode receber um nome: genocídio.

4. REFERÊNCIAS

ALMEIDA, Silvio. *O que é racismo estrutural*? São Paulo: Letramento, 2018.

BARBIÉRI, Luiz Felipe. *CNJ registra pelo menos 812 mil presos no país;* 41,5% não têm condenação. G1, Brasília, 17 jul. 2019. Disponível em: https://g1.globo.com/politica/noticia/2019/07/17/cnj-registra-pelo-menos-812-mil-presos-no-pais-415percent-nao-tem-condenacao.ghtml. Acesso em: 18.04.2020.

BRASIL, *PORTARIA INTERMINISTERIAL 1777, DE 09 DE SETEMBRO DE 2003*. Disponível em: http://www.crpsp.org.br/sistemaprisional/leis/2003Portaria1777.pdf. Acesso em: 19.04.2019.

---

21. Dados disponíveis em: Infopen 2018, p. 52.
22. Dados disponíveis em: http://depen.gov.br/DEPEN/depen/sisdepen/infopen/infopen_dez14.pdf. Acesso em: 19.04.2019.
23. Dados disponíveis em: https://app.powerbi.com/view?r=eyJrIjoiZTlkZGJjODQtNmJlMi00OTJhLWFlMDktN-zRlNmFkNTM0MWI3IiwidCI6ImViMDkwNDIwLTQ0NGMtNDNmNy05MWYyLTRiOGRhNmJmZThlMSJ9 p. 8. Acesso em: 19.04.2019.
24. ALMEIDA, Silvio. *O que é racismo estrutural*? São Paulo: Letramento, 2018.

CONSELHO NACIONAL DE JUSTIÇA. Recomendação n. 62 de 17 de março de 2020. Disponível em:https://www.cnj.jus.br/wp-content/uploads/2020/03/62-Recomenda%C3%A7%C3%A3o.pdf. Acesso em: 19.04.2020.

CONSELHO NACIONAL DO MINISTÉRIO PÚBLICO. Sistema prisional em números: cumprimento da Resolução CNMP 56/2010. Relatório. Brasília/DF: CNMP. Disponível em: https://www.cnmp.mp.br/portal/relatoriosbi/sistema-prisional-em-numeros. Acesso em: 18.04.2020.

Departamento Penitenciário Nacional. *Levantamento nacional de informações penitenciárias*: INFOPEN. Departamento Penitenciário Nacional, 2017. 65 p. Disponível em: http://depen.gov.br/DEPEN/noticias-1/noticias/infopen-levantamento-nacional-de-informacoes-penitenciarias-2016/relatorio_2016_22111.pdf. Acesso em: 18.04.2020.

DEPARTAMENTO PENITENCIÁRIO NACIONAL. Levantamento Nacional de Informações penitenciárias. 2019. Disponível em: https://app.powerbi.com/view?r=eyJrIjoiZTlkZGJjODQtNmJlMi00OT-JhLWFlMDktNzRlNmFkNTM0MWI3IiwidCI6ImViMDkwNDIwLTQ0NGMtNDNmNy05MWYyL-TRiOGRhNmJmZThlMSJ9. Acesso em: 19.04.2020.

GARRAFA, Volnei. *Da bioética de princípios a uma bioética interventiva.* Bioética. 2005;13(1):125-34. Disponível: https://bit.ly/2fRTUPF. Acesso em: 18.04.2020.

INSTITUTO BRASILEIRO DE GEOGRAFIA E ESTATÍSTICA. *Pesquisa nacional por amostra de domicílios: síntese de indicadores 2015 / IBGE*, Coordenação de Trabalho e Rendimento. - Rio de Janeiro: IBGE, 2016. Disponível em: https://biblioteca.ibge.gov.br/visualizacao/livros/liv98887.pdf. Acesso em: 17.04.2020.

MBEMBE, Achille. *Necropolítica: biopoder, soberania, estado de exceção, política da morte.* Tradução de Renata Santini. São Paulo: N-1 edições, 2018. 80 p. Disponível em: https://revistas.ufrj.br/index.php/ae/article/view/8993. Acesso em: 18.04.2020.

MELLO, Kátia. *O sistema prisional brasileiro no contexto da pandemia de Covid-19.* Disponível em: https://ufrj.br/noticia/2020/04/01/o-sistema-prisional-brasileiro-no-contexto-da-pandemia-de-covid-19. Acesso em: 18.04.2020.

MINISTÉRIO DA SAÚDE. Política nacional de atenção integral à saúde das pessoas privadas de liberdade no sistema prisional. Disponível em: http://www.as.saude.ms.gov.br/wp-content/uploads/2016/06/Cartilha-PNAISP.pdf. Acesso em: 19.04.2020.

MONGE, Yolanda. *Senado dos EUA aprova reforma do sistema de Justiça para reduzir número de presos.* EL PAÍS, Washington, 19 dez. 2018. Disponível em: https://brasil.elpais.com/brasil/2018/12/19/internacional/1545175543_159466.html. Acesso em: 18.04.2020.

MOREIRA, Rômulo de Andrade. A realidade carcerária do Brasil em números. Disponível em: http://www.justificando.com/2018/07/02/realidade-carceraria-do-brasil-em-numeros/. Acesso em: 19.04.2020.

PIMENTA, Luciana. Audiência de custódia: o que é e como funciona. Disponível em: https://www.migalhas.com.br/depeso/239559/audiencia-de-custodia-o-que-e-e-como-funciona. Acesso em: 19.04.2020.

UNIVERSIDADE FEDERAL DE JUIZ DE FORA. Covid-19: *Modelo De Segurança Pública E Situação Dos Presídios Brasileiros.* Disponível em: https://www2.ufjf.br/noticias/2020/03/31/covid-19-modelo--de-seguranca-publica-e-situacao-dos-presidios-brasileiros/. Acesso em: 18.04.2020.

DEPARTAMENTO PENITENCIÁRIO NACIONAL. Levantamento Nacional de Informações penitenciárias. Disponível em: https://app.powerbi.com/view?r=eyJrIjoiZTlkZGJjODQtNmJlMi00OTJhLWFl-MDktNzRlNmFkNTM0MWI3IiwidCI6ImViMDkwNDIwLTQ0NGMtNDNmNy05MWYyLTRiO-GRhNmJmZThlMSJ9. Acesso em: 19.04.2020.

COVID-19 ENTRE OS POVOS INDÍGENAS NO BRASIL: GENOCÍDIO, VULNERABILIDADES E A CURA PELA DIVERSIDADE

Marianna Assunção Figueiredo Holanda

Doutora em Bioética. Professora do curso de Saúde Coletiva FCE/UnB e do Programa de Pós-Graduação em Bioética (PPG-Bioética/UnB). Antropóloga.

Arthur Fagundes Cunha Alves

Graduando em Direito. Membro pesquisador do Grupo de Estudos e Pesquisa em Bioética (GEPBio) do Centro Universitário Newton Paiva.

Sumário: 1. Introdução. 2. O estado brasileiro e a Covid-19 em terras indígenas. 2.1 Vetos históricos aos direitos indígenas: PL 1142/2020 e ADPF 709. 3. Determinantes sociais de saúde e vulnerabilidades. 4. Genocídio indígenas no Brasil e responsabilidade estatal. 5. Políticas de prevenção, isolamento social e particularidades socioculturais. 6. Autonomia e autogestão indígenas. 7. A cura pela diversidade. 8. Referências.

1. INTRODUÇÃO

A crise sanitária ocasionada pelo SARS-Cov-2 (Covid-19) impactou a economia global, descortinando e acentuando desigualdades de acesso à informação, à prevenção e a saúde que traçam diferenças estruturais marcadas por raça, classe e gênero, sobretudo em países da periferia do capitalismo. Em particular, os povos indígenas e autóctones tem sido profundamente afetados devido a determinantes sociais de saúde como insegurança alimentar e nutricional, ausência do direito à água potável e limpa e ao saneamento básico, vulnerabilidade territorial que condicionam altas incidência de doenças crônicas e parasitárias evitáveis (OPAS, 2020)[1]. No Brasil, diversas instâncias de representação do movimento indígena têm alertado para uma "emergência indígena" e chamando à solidariedade nacional e internacional (APIB, 2020) [2].

De acordo com Fundação Nacional do Índio – órgão indigenista oficial do governo brasileiro – em consonância com o último censo do IBGE (2010), no Brasil há 305 povos indígenas somando 896.917 pessoas, além de 28 povos isolados confirmados. Destes, 158 povos já foram afetados pela Covid-19, 30.218 casos confirmados e 787 indígenas foram

---

1. OPAS. Alerta Epidemiológica: *Covid-19 en pueblos indígenas en las Américas* - 15 de julio de 2020. Disponível em: https://www.paho.org/es/documentos/alerta-epidemiologica-covid-19-pueblos-indigenas-americas-15-julio-2020. Acesso em: 24.08.2020.
2. APIB. *Panorama Geral da Covid-19* (atualizado em 07.09.2020 às 12h:10m). Disponível em: http://emergenciaindigena.apib.info/. Acesso em: 07.09.2020.

mortos em consequência do coronavírus[3]. A taxa de mortalidade entre os povos indígenas (o número de morte por 100 mil habitantes) é 150% maior do que a média brasileira e a taxa de letalidade (a quantidade de pessoas infectadas pela doença que vieram a óbito) é de 6,8% entre indígenas enquanto na população brasileira em geral é de 5%. Por fim, a taxa de contaminação é 84% mais alta entre indígenas em relação à média do Brasil[4].

Em um período de pandemia como esse em que estamos vivendo todas as populações são atingidas, mas com gradações, gravidade e efeitos distintos. Questões que envolvem iniquidades em saúde e obstrução de direitos – resultado de um ciclo histórico de invasão e expropriação de terras, conflitos socioambientais, vulnerabilidades sociais, políticas e sanitárias – tornaram-se estruturais.

Neste cenário, assimetrias se desnudam em índices de contaminação, acesso a tratamentos, cuidados médicos e equipamentos desiguais fazendo com que alguns grupos sociais arquem de forma díspar com os danos, resultando em taxas desproporcionais de letalidade e mortalidade assim como de possível acesso aos benefícios resultantes do conhecimento científico e tecnológico, em descompasso com os artigos 8, 14 e 15 da Declaração Universal sobre Bioética e Direitos Humanos (2005), a saber: Respeito pela Vulnerabilidade Humana e pela Integridade Individual, Responsabilidade Social e Saúde e Compartilhamento de Benefícios[5].

Este texto soma-se aos estudos, análises e ecos das vozes indígenas denunciando as iniquidades desta crise sanitária que assola o mundo e apontando que há uma questão racial estrutural que tem configurado no Brasil um genocídio – considerado aqui como a "submissão intencional de grupos humanos a condições de existência que lhe ocasionem a destruição física total ou parcial" muitas vezes relacionadas à questões étnicas e religiosas (ONU, 1948) [6].

2. O ESTADO BRASILEIRO E A COVID-19 EM TERRAS INDÍGENAS

Desde o Nordeste até o leste de Minas Gerais, onde fica o rio doce e a reserva indígena das famílias Krenak, e também na Amazônia, na fronteira do Brasil com o Peru e a Bolívia, no Alto Rio Negro, em todos estes lugares as nossas famílias estão passando por um momento de tensão nas relações políticas entre o Estado brasileiro e as sociedades indígenas. Essa tensão não é de agora, mas se agravou com as recentes mudanças políticas introduzidas na vida do povo brasileiro, que estão atingindo de forma intensa, dezenas de comunidades indígenas. [7]

---

3. APIB. *Panorama Geral da Covid-19* (atualizado em 07.09.2020 às 12h:10m). Disponível em: http://emergenciaindigena.apib.info/. Acesso em: 07.092020.

4. FELLOWS, Martha et al. *Não são números: são vidas! A ameaça da Covid-19 aos povos indígenas da Amazônia brasileira.* COIAB | IPAM, 19 de junho de 2020. Disponível em: https://ipam.org.br/wp- content/uploads/2020/07/NT-covid-indi%CC%81genas-amazo%CC%82nia.pdf. Acesso em: 24.08.2020.

5. UNESCO. *Declaração Universal sobre Bioética e Direitos Humanos.* Outubro de 2005. Disponível em: https://fs.unb.br/images/Pdfs/Bioetica/DUBDH.pdf. Acesso em: 07.09.2020.

6. ONU. *Convenção para a Prevenção e a Repressão do Crime de Genocídio.* Assembleia Geral das Nações Unidas, de 9 de dezembro de 1948.

7. KRENAK, Ailton. Do sonho da Terra *Ideias para adiar o fim do mundo.* São Paulo: Companhia das Letras, 2019, p. 37-38.

Entre as mudanças mais significativas, destaca-se o desmantelamento das políticas públicas de saúde, sociais e de regularização territorial sob responsabilidade da Secretaria Especial de Saúde Indígena (Sesai) – vinculada ao Ministério da Saúde – e da Fundação Nacional do índio – vinculada ao Ministério da Justiça, respectivamente.

Até a redemocratização do país, as políticas nacionais de saúde para a população indígena foram conduzidas desconsiderando suas organizações socioculturais, modos de vida e práticas de bem viver, em um contexto no qual predominava a premissa de "integração do índio à comunhão nacional" pautada pela Lei 6.001 de 1973, conhecida como "Estatuto do Índio" – uma legislação cunhada pela ditadura militar. Com o advento da Constituição Federal de 1988, os povos indígenas tiveram reconhecidos os direitos originários sobre as terras que ocupam tradicionalmente, cabendo à União demarcá-las e protegê-las. Sob a fundamentação da dignidade da pessoa humana, os povos indígenas passaram a ser entendidos como sujeitos de direitos – inclusive coletivos. São estas premissas que alicerçaram a criação da Política Nacional de Atenção à Saúde dos Povos Indígenas (PNASPI), em 2002 e, posteriormente, da Secretaria Especial de Saúde Indígena (Sesai), em 2010. Ambas contemplam os "usos, costumes e tradições" indígenas, como pauta também o art. 231 da Constituição Federal.

Atualmente há 568 Terras Indígenas no Brasil (sendo 441 regularizadas, 119 em estudo e 6 com portarias de interdição[8]) além de dezenas de demandas por regularização aguardando o início de estudos de identificação e delimitação territorial.

Enquanto a Funai é responsável pela regularização territorial e pela elaboração e implementação de políticas sociais, ambientais e de etnodesenvolvimento em Terras Indígenas, à Sesai cabe a execução das políticas de saúde específicas aos povos indígenas, oferecendo tratamento diferenciado de atenção básica que deve se adequar aos seus modos de vida e às suas mais diversas necessidades epidemiológicas. Por meio de 34 Distritos Sanitários Especiais Indígenas (DSEIs), 67 Casas de Apoio à Saúde Indígena (CASAIs) e 1.199 Unidades Básicas de Saúde Indígena espalhadas por todo o país, a Sesai atende 800 mil pessoas habitantes de 5.852 aldeias[9].

Contudo, as comunidades e organizações indígenas têm denunciado falhas nos levantamentos e dados produzidos pelos DSEIs, sobretudo pelo fato da Sesai não coletar e tampouco sistematizar informações sobre indígenas desaldeados bem como dos habitantes de áreas urbanas. Portanto, o método de contagem do governo federal desconsidera cerca de 38% da população indígena no país – considerando que apenas 62% desta população vive em Terras Indígenas demarcadas[10].

Negligência que tem gerado uma lacuna de atendimento em saúde e de coleta de informações sobre a incidência do coronavírus entre os povos indígenas no Brasil. Uma parcela significativa de indígenas vem sendo cadastrada nos atendimentos do SUS como "parda" o que sinaliza uma subnotificação das taxas de contaminação e mortalidade entre indígenas bem como caracteriza uma negação institucional das suas identidades étnicas.

---

8. FUNAI. *Terras Indígenas*. Disponível em: http://www.funai.gov.br/index.php/indios-no-brasil/terras-indigenas. Acesso em: 07.09.2020.
9. SESAI. *DSEI*. Disponível em: https://saudeindigena.saude.gov.br/corona. Acesso em: 07.09.2020.
10. IBGE. Censo 2010: população indígena. Disponível em: https://censo2010.ibge.gov.br/. Acesso em: 10.08.2020.

A Articulação dos Povos Indígenas do Brasil (APIB) tem chamado a atenção para a consequência direta desta subnotificação: a dificuldade de elaboração e de implementação de políticas públicas efetivas cuja causa atribuem ao racismo estrutural do governo.

É preciso ter em mente que o sentido de território para os povos indígenas extrapola os limites cartográficos e a noção jurídica de propriedade privada: terra é vida em sua mais ampla acepção pois envolve relações entre humanos e não humanos, conexões de história, memória, ancestralidade e luta. Há um vínculo de natureza sociocultural, espiritual e afetivo que liga um povo ao seu território tradicional compondo uma noção de saúde abundante e relacional. Vínculos imateriais permanecem mesmo em territórios expropriados, que mantêm-se vivos na oralidade, nos ritos e na esperança das retomadas e do reconhecimento de seus direitos.

Em boletim atualizado no dia 07 de setembro de 2020, a APIB aproveitou a data nacional comemorativa para afirmar: "o Brasil não conquistou sua liberdade em 7 de setembro, mas a perdeu em 22 de abril de 1500"[11]. Epidemiologistas apontam que estamos em fase de "platô" da pandemia – caracterizada por um pico de contaminação contínuo com manutenção dos indicadores – sem que o país tenha implementado de forma articulada entre governos federal, estadual e municipal políticas de controle sanitário para se impedir que o vírus se propague nas Terras Indígenas. A tendência apontada é que o número de casos siga aumentando, às custas de um genocídio anunciado e racializado.

De maneira geral, o quadro atual de toda a população brasileira é de pouca testagem, ausência de políticas de controle da disseminação eficazes e subnotificação, com populações em situação de vulnerabilidade social e econômica marcadas ainda pela dificuldade de acesso aos polos de saúde, ausência de medicações essenciais e, em casos extremos, de equipamentos, respiradores e de profissionais. Para compreender como esse cenário se agrava em relação às populações tradicionais e aos povos indígenas devemos enfatizar que a pandemia de coronavírus está acontecendo em um momento de acentuado desmonte das políticas públicas da Funai e da Sesai, somadas ao descaso com os direitos indígenas que tem agravado vulnerabilidades e potencializado determinantes sociais de adoecimento.

Diante deste quadro, as comunidades indígenas têm criado seus próprios métodos para contagem e registro de informações – sem deixar de exigir do poder público que cumpra com as suas obrigações. Esses dados são encaminhados para as organizações indígenas regionais que os sistematizam e encaminham pra a APIB, que tem mantido em seu site um informativo diário atualizado com os números dos indígenas infectados e dos indígenas mortos apontando quantitativo maior que a estatística oficial. Enquanto a Sesai tem registrado apenas os dados de indígenas aldeados e que são registrados no SUS em respeito à sua identidade étnica, a APIB tem considerado os dados recebidos por todas as organizações indígenas do país – contemplando, além dos dados da Sesai, as informações recolhidas por secretarias de Saúde de estados e municípios, o que inclui os indígenas de áreas urbanas.

---

11. APIB. *Emergência Indígena | Panorama Geral da Covid-19*. Disponível em: http://apib.info/. Acesso em: 07.09.2020

Essa divergência entre as estatísticas oficiais e as registradas pela articulação do movimento indígena no Brasil tem mostrado taxas que oscilam: a letalidade indígena diante do novo coronavírus ora mostra-se aproximada da taxa da população brasileira em geral – em torno de 5% – ora apresenta diferenças maiores que 3%, chegando a taxas de mortalidade de 8,4%. De acordo com a primeira fase da pesquisa de caráter nacional "Covid-19 no Brasil: várias epidemias num só país" elaborada pela Universidade Federal de Pelotas, a população indígena apresentou um número de contaminação sete vezes maior do que os números oficiais "apontando para uma grande subestimativa do número de infectados pelo coronavírus: de cada 7 pessoas com o coronavírus, apenas uma sabe que está ou esteve infectada." [12]

Há uma diferença por regiões do país marcante, indicando maior prevalências na região Norte, que tem o cenário epidemiológico mais preocupante do Brasil no momento. A pesquisa apontou ainda que, da amostra da população de 25 mil pessoas, a presença de Covid-19 entre indígenas que vivem em centros urbanos é 5 vezes maior que a da população branca. 3,7% dos indígenas pesquisados foram infectados, enquanto a média nacional entre não indígenas é de 1,4%. Ao fim, a pesquisa alertou: "o mais importante é saber que a contagem de casos de infecção por coronavírus no Brasil agora deve ser feita em milhões, e não mais em milhares".

2.1   Vetos históricos aos Direitos Indígenas: PL 1142/2020 e ADPF 709

No último dia 28 de julho, o Governo Bolsonaro vetou 16 artigos do Projeto de Lei 1142/2020 que dispõe sobre medidas emergenciais de apoio aos povos indígenas em razão da pandemia do novo coronavírus. Organizações indígenas, indigenistas e de direitos ambientais e humanos denunciaram na ONU estes vetos do governo federal: trata-se do PL com mais vetos presidenciais desde a redemocratização do Brasil, em 1988[13].

> Os vetos são alarmantes, sobretudo em tempos de pandemia, pois negam direitos e garantias fundamentais à vida dos povos tradicionais, como por exemplo o acesso a água potável, bem universal da humanidade. Além do acesso à água, foram vetados artigos fundamentais que garantiriam à população indígena o acesso a leitos de UTI, produtos de higiene, distribuição de alimentos, entre outros [...] A justificativa do presidente para tais vetos baseia-se exclusivamente na falta de orçamento, o que é desmentido pela recente aprovação da Proposta de Emenda à Constituição (PEC) 10/2020 pelo Congresso Nacional. Conhecida como "Orçamento de Guerra", a Emenda autoriza os gastos necessários para combater a crise gerada pela pandemia do novo coronavírus[14].

Diante desta ação estatal, a APIB propôs, conjuntamente com seis partidos políticos, a Arguição de Descumprimento de Preceito Fundamental (ADPF) n.709, reivindicando

---

12. EPICOVID19-BR. *Covid-19 no Brasil: várias epidemias num só país*. UFPEL, 25 de maio de 2020. Disponível em: http://ccs2.ufpel.edu.br/wp/2020/05/25/covid-19-no-brasil-varias-epidemias-num-so-pais/. Acesso em:

13. CIMI. Nota pública sobre os vetos do presidente às medidas emergenciais de apoio aos povos indígenas na pandemia. 08 de julho de 2020. Disponível em: https://cimi.org.br/2020/07/nota-publica-vetos-presidente- medidas-emergenciais-povos-indigenas-pandemia/. Acesso em: 07.09.2020.

14. CIMI. *Covid-19*: Congresso derruba vetos de Bolsonaro e garante acesso a água potável e materiais de higiene a indígenas e quilombolas. 20 de agosto de 2020. Disponível em: https://cimi.org.br/2020/08/covid-19- congresso-derruba-vetos-bolsonaro-garante-acesso-agua-potavel-materiais-higiene-indigenas- quilombolas/#:~:text=Para%20 o%20Conselho%20Indigenista%20Mission%C3%A1rio,%2C%20quilombolas% 20e%20popula%C3%A7%-C3%B5es%20tradicionais%E2%80%9D. Acesso em: 07.09.2020.

"o direito de existir" [15]. A ação propôs medidas emergenciais a serem tomadas com o objetivo de conter a disseminação do vírus em terras indígenas buscando garantias de direitos essenciais como: a instalação de barreiras sanitárias em 31 terras indígenas com presença de indígenas isolados e de recente contato; a extrusão dos invasores presentes nas TI's Yanomami, Karipuna, Uru- EuWau-Wau, Kayapó, Arariboia, Munduruku e Trincheira Bacajá; a determinação de que os serviços do Subsistema de Saúde Indígena do SUS devem ser prestados a todos os indígenas no Brasil, inclusive os não aldeados (urbanos) ou que habitem áreas que ainda não foram definitivamente demarcadas[16].

Após os vetos presidenciais ao PL 1142/2020 e a dura repercussão internacional resultante, o Supremo Tribunal Federal respondeu à ADPF nº 709, determinando que o governo federal tome medidas de garantia dos direitos dos povos indígenas, incluindo a orientação de que o subsistema de Saúde Indígena deva atender a toda a população indígena, independente da condição de aldeamento ou de reconhecimento territorial.

Estes fatos, mostram não apenas uma aparente ineficiência estatal para resguardar os direitos dos povos indígenas, mas apontam para uma política ativa de extermínio[17]. Sobre este aspecto Ceiça Pitaguary, coordenadora geral da Federação dos Povos e Organizações Indígenas do Ceará, foi taxativa: "Para além da grilagem, da mineração e dos empreendimentos invadindo nossos territórios, está claro que esta também é uma epidemia do discurso e exercício do ódio contra nós" [18].

3. DETERMINANTES SOCIAIS DE SAÚDE E VULNERABILIDADES

Ao analisarmos historicamente epidemias entre povos indígenas nas Américas, o fator biológico sempre se mostrou relacionado a perfis imunológicos mais frágeis. Entretanto, diante de um vírus novo para toda a humanidade, nenhum grupo populacional tem imunização prévia capaz de evitar o contágio. A diferença de dados de contaminação, mortalidade e letalidade que se apresenta está diretamente relacionada às vulnerabilidades geradas pelo processo colonizador, primeiramente pela expropriação de terras e, consequentemente, pela obstrução de direitos essenciais cujo resultado presente se consolida na falta de acesso à saúde, a campanhas de vacinação e a direitos sociais básicos: como água potável e habitação – somando-se ainda a ausência políticas públicas estruturantes e emergenciais que busquem garantir a dignidade e integridade dos povos indígenas em contexto de pandemia.

Um aspecto a ser destacado dentro da política de saúde indígena é que os Distritos Sanitários Especiais Indígenas (DSEIs) têm o objetivo de prover serviços de atenção básica à saúde, voltando-se aos casos de baixa complexidade. Se um indígena tem

---

15. APIB. *ADPF 709 no Supremo*: Povos Indígenas e o direito de existir! 01 de agosto 2020. Disponível em: http://apib.info/2020/08/01/adpf-709-no-supremo-povos-indigenas-e-o-direito-de-existir/. Acesso em:
16. APIB. *ADPF 709 no Supremo*: Povos Indígenas e o direito de existir! 01 de agosto 2020. Disponível em: http://apib.info/2020/08/01/adpf-709-no-supremo-povos-indigenas-e-o-direito-de-existir/. Acesso em: 07.09.2020.
17. MILANEZ, Vinícius; VIDA, Samuel. *Pandemia, racismo e genocídio indígena no Brasil: Coronavírus e a política da morte*. N-1 edições Pandemia Crítica.
18. CIMI. *Povos indígenas do Nordeste, Minas Gerais e Espírito Santo se unem no combate à pandemia*. Disponível em: https://cimi.org.br/2020/07/povos-indigena-nordeste-leste-pandemia/. Acesso em: 07.09.2020.

complicações decorrentes, seja da Covid-19 ou de qualquer outro agravante de saúde, ele provavelmente será encaminhado para polos de saúde regionais e terá que disputar vagas de atendimento em hospitais que já sofrem com a superlotação, com a ausência de profissionais de saúde e de equipamentos, entre outros.

Outro determinante social de saúde significativo resulta do fato de que uma parcela significativa das comunidades indígenas habita terras que outrora foram invadidas, desmatadas, poluídas, impedindo atividades produtivas tradicionais de subsistência como caça, pesca, coleta e agricultura. Sabe-se que somente na região da Amazônia, de agosto de 2019 a julho de 2020, houve aumento de 28% no desmatamento[19], aonde concentra-se a presença de 50% da população indígena no Brasil. Cenário que criou uma dependência da população indígena de diversos recursos oferecidos pelos centros urbanos levando a uma mobilidade significativa entre aldeias e a cidade. Contudo, as Terras Indígenas mais próximas dos centros urbanos têm experimentado taxas de contaminação maiores, mais rápida e mais intensas que se soma à presença de invasores como madeireiros, garimpeiros e grileiros.

Estas relações históricas entre comunidade indígena e população não indígena ocupantes do entorno e do interior de suas terras tradicionais vem produzindo relações interétnicas discriminatórias e violentas, com respaldo ao racismo como prática social generalizada e vulneradora dos povos tradicionais. Os profissionais de saúde imersos nestes contextos não estão isentos de reproduzir preconceitos: um fator consolidado que vulnera as populações indígenas é a ignorância e o despreparo de profissionais para lidar com outros sistemas de pensamento e de saúde, desconsiderando-os. O que resulta em atendimentos médicos discriminatórios e pouco exitosos. É preciso reconhecer a enorme desvantagem que um indígena tem ao concorrer a uma vaga com uma pessoa não-indígena em um hospital regional, por exemplo, considerando as relações interétnicas locais resultantes de conflitos históricos locais entre indígenas e não indígenas.

Percebe-se assim que a vulnerabilidade indígena existe em razão das lacunas de acesso e capilaridade do subsistema de saúde – tanto devido a obstáculos geográficos e dificuldades logísticas, mas também devido à limitação desse sistema em abarcar demandas de saúde mais complexas bem como de produzir respostas à crise socioambiental e sanitária presente.

4. GENOCÍDIO INDÍGENAS NO BRASIL E RESPONSABILIDADE ESTATAL

No dia 09 de abril de 2020, o povo Yanomami registrou a primeira vítima da Covid-19 entre os povos indígenas no Brasil, um adolescente de 15 anos habitante de uma da aldeia da bacia do rio Uraricoera (RR), região que sofre com a intensa invasão de garimpeiros há mais de três décadas. "Apresentando sintomas respiratórios característicos, o jovem, desnutrido e anêmico em razão de crises sucessivas de malária, foi, ao longo de 21 dias de sofrimento, encaminhado em vão de uma instituição sanitária a outra, sem nunca ser

---

19. Carta aberta dos servidores do IBAMA – 27.07.2020. Disponível em: https://g1.globo.com/politica/noticia/2020/07/27/em-carta-servidores-do-ibama-estimam-que-desmatamento-na- amazonia-pode-crescer-28percent.ghtml. Acesso em: 02.09.2020.

submetido a um teste de Covid-19[20]. Nesse período, teve contato intenso com diversos familiares, parentes e habitantes de sua aldeia.

Logo a mortalidade chegou aos anciãos: Lusia dos Santos Borari, Bernaldina José Pedro, Juca Kamayurá, Jamiko Nafukuá, Mamy Kalapalo, Aritana Yawalapiti, entre tantos guardiões das línguas, das histórias, dos mitos, dos rituais de reza e de cura. A reportagem "Covid-19: pandemia expõe vulnerabilidades dos povos indígenas do Brasil" do jornal Correio Brasiliense trouxe uma fala significativa de Angela Kaxuyana, representante da Coordenação das Organizações Indígenas da Amazônia Brasileira (Coiab):

> São duas perdas. Primeiro, é uma parte de você que se vai quando se perde o avô, o pai, o idoso. A dor é imensurável. Além de perder pessoas importantes, estamos perdendo nossas bibliotecas, nossas memórias, nosso ser enquanto povo indígena. É como o incêndio no Museu Nacional, em que tudo que estava registrado está pegando fogo, virando cinza. É isso que nos preocupa[21].

Anciões são bibliotecas vivas da vivência de um povo. Assim como ocorre nas estatísticas nacionais, a maioria das vítimas entre a população indígena também é idosa. Mas, diferente da sociedade em geral, os anciãos para os povos indígenas representam as pontes e os alicerces da vida cultural, conectando os conhecimentos ancestrais com as novas gerações. Sua existência é pilar da vida comunal. Ao afirmar que os avôs são como livros que estão virando cinzas, relacionamos a fala de Angela Kaxuyana a um dos objetivos da Declaração Universal sobre Bioética e Direitos Humanos é justamente "salvaguardar e promover os interesses das gerações presentes e futuras" aliado ao artigo 12 que aborda o "respeito pela diversidade cultural e pelo pluralismo" [22].

Em São Gabriel da Cachoeira, município à 852km de Manaus que apresenta a maior população indígena do Brasil, os dados de contaminação são alarmantes. Segundo o secretário de saúde do município, o índice de mortalidade pela Covid-19 está em torno de 10%, taxa muito superior à da cidade de Manaus, que corresponde à 8%. O único hospital do município não possui leitos de UTI e, em situações mais complexas, se faz necessária a remoção dos usuários do subsistema de saúde para a capital do estado[23]. Sabe-se que as taxas de mortalidade e letalidade estão intrinsecamente relacionadas com a estrutura de saúde das cidades e dos municípios. Se em um município não há recurso que atenda diretamente às necessidades de um usuário do SUS, ele será transferido para outra unidade de saúde que possua aparato humano e técnico para seu atendimento adequado.

Observamos, em consonância com a Convenção para a Prevenção e a Repressão do Crime de Genocídio (1948) e com a Declaração Universal sobre Bioética e Direitos

---

20. ALBERT, Bruce. *Agora somos todos índios*. N-1 edições Série Pandemia Crítica. Disponível em: https://n-1edicoes.org/044.
21. CARDIM, Mª Eduarda; LEITE, Hellen e CALCAGNO, Luiz. Covid-19: pandemia expõe vulnerabilidades dos povos indígenas do Brasil. *Correio Brasiliense*. 22 de junho de 2020. Disponível em: https://www.correiobraziliense.com.br/app/noticia/brasil/2020/06/22/interna-brasil,865729/covid-19-pandemia- expoe-vulnerabilidade-dos-povos-indigenas-do- brasil.shtml#:~:text=Crise%20sanit%C3%A1ria%20provocada%20pelo%20coronav%C3%ADrus,at%C3%A9%20agora%2C%20segundo%20dados%20oficiais. Acesso em: 07.09.2020.
22. UNESCO. *Declaração Universal sobre Bioética e Direitos Humanos*. Outubro de 2005. Disponível em: https://fs.unb.br/images/Pdfs/Bioetica/DUBDH.pdf. Acesso em: 07.09.2020.
23. Povos indígenas buscam se isolar com aumento de casos de coronavírus na Amazônia. *Carta capital*, [S. l.], p. 1, 13 maio 2020. Disponível em: https://www.cartacapital.com.br/sociedade/povos-indigenas-buscam-se- isolar--com-aumento-de-casos-de-coronavirus-na-amazonia/. Acesso em: 05.08.2020.

Humanos (2005) que o genocídio não se relaciona apenas à elevada mortalidade de determinado grupo populacional; a morte das tradições socioculturais também configura um genocídio.

> Não bastasse a dor de perder o filho de 15 anos, os pais do jovem Yanomami morto no dia 9 deste mês [abril] em decorrência do novo coronavírus não puderam dizer adeus. Horas após o óbito, o corpo foi enterrado em Boa Vista (RR), onde ele estava internado, sem que a família fosse comunicada. A Secretaria Especial de Saúde Indígena (Sesai), vinculada ao Ministério da Saúde, alega ter seguido o protocolo do Conselho Nacional de Justiça (CNJ), que estabeleceu, em 30 de março, procedimentos excepcionais para sepultamento e cremação de corpos durante a pandemia do novo coronavírus[24].

O Direito ao luto e à realização de rituais fúnebres de acordo com cada tradição espiritual é fundamental a todos os humanos. Para os povos indígenas, os ritos de luto são momento importantes de transição corpórea e espiritual que envolvem a produção coletiva de caminhos e passagens para a pessoa falecida seguir no bem viver, garantindo também a harmonia para toda a coletividade. São os rituais que garantem a devida separação entre o mundo dos vivos e o mundo dos mortos em contextos onde o parente morto torna-se um ente perigoso quando não tem respeitado a sua transição corporal.

Dessa maneira, o descumprimento dos ritos e o impedimento estatal de que sejam executados – sob a premissa de prática de prevenção sanitária emergencial – também se configura como violação e desrespeito sociocultural e exige soluções que respeitem o direito à consulta e ao consentimento livre, prévio e informado a respeito de quaisquer ações que incidam diretamente ou indiretamente em sua organização sociocultural. Estes direitos são garantidos pela Convenção nº 169 da Organização Internacional do Trabalho sobre Povos Indígenas e Tribais (1989) [25] e a Declaração das Nações Unidas sobre os Direitos dos Povos Indígenas (2007) [26].

> A Convenção [n. 169 da OIT] busca superar práticas discriminatórias que afetam os povos indígenas e assegurar que participem da tomada de decisões que impactam suas vidas. A Convenção baseia-se no respeito às culturas e aos modos de vida dos povos indígenas e reconhece os direitos deles à terra e aos recursos naturais, e a definir suas próprias prioridades para o desenvolvimento. A Convenção nº 169 é o único tratado no sistema multilateral aberto à ratificação que trata de forma específica e abrangente dos direitos dos povos indígenas e tribais. No caso do Brasil, a Convenção passou a ter vigência em 25 de julho de 2002[27].

É com base nesse reconhecimento que a OIT reforça a importância da convenção sobre os povos indígenas e tribais em tempos da Covid-19 recomendando que os Estados-membros encontrem caminhos para aprimorar a aplicação da norma. De acordo com a Convenção para a Prevenção e Repressão do crime de Genocídio, este configura-

---

24. DEUTSCHE WELLE. *O impacto cultural da pandemia de coronavírus sobre povos indígenas*. 20.04.2020. Disponível em: https://www.dw.com/pt-br/o-impacto-cultural-da-pandemia-de-coronav%C3%ADrus-sobre- povos-ind%-C3%ADgenas/a-53191533. Acesso em: 05.09.2020.

25. OIT. Convenção 169 sobre Povos Indígenas e Tribais, 1989. Disponível em: https://www.ilo.org/brasilia/convencoes/WCMS_236247/lang--pt/index.htm.

26. UNESCO. Declaração das Nações Unidas sobre os Direitos dos Povos Indígenas, 2007. Disponível em: https://unesdoc.unesco.org/ark:/48223/pf0000162708.

27. ONU. OIT reforça a importância da convenção sobre os povos indígenas e tribais em tempos da Covid-19. Disponível em: https://nacoesunidas.org/entenda-a-importancia-da-convencao-da-oit-sobre-os-povos-indigenas- e-tribais/. Acesso em: 07.09.2020.

-se não apenas como a morte de membros de um grupo mas também como a intenção de "causar lesão grave à integridade física ou mental de membros do grupo" [28]. Nesse sentido, o subsistema de saúde indígena deveria ir além da oferta de cuidados técnicos e biomédicos, o respeito à integralidade do atendimento – premissa do SUS – requer sensibilidade cultural por parte dos agentes de saúde e das políticas sanitárias impostas pelos governos federal e estadual.

5. POLÍTICAS DE PREVENÇÃO, ISOLAMENTO SOCIAL E PARTICULARIDADES SOCIOCULTURAIS

A vida em aldeias indígenas, nas mais diversas organizações socioculturais, em geral está associada a padrões de habitação coletiva em casas comunais, bem como ao compartilhamento de alimentos e utensílios. Um cenário no qual a principal política estatal de isolamento social tem atuado como uma prática preventiva inadequada para as realidades indígenas ao passo que a contaminação de um único habitante de uma aldeia representa sério risco de contágio para toda a comunidade. O direito à consulta abrange a participação dos povos indígenas na construção de todas as medidas legislativas ou administrativas que os afetem interpelando o Estado a conciliar protocolos sanitários restritivos com as particularidades culturais de diferentes povos.

> As políticas de combate à pandemia adotadas estão centradas num eixo supostamente geral e universal que, no fundo, toma como medida as circunstâncias de vida e os recursos acessados pelos segmentos brancos da sociedade brasileira. Assim, as principais orientações e medidas, a exemplo da intensifica-ção da higienização mediante o uso de álcool em gel, água e sabão, a adesão ao isolamento social, o desenvolvimento de atividades laborais em home office, a suspensão de atividades escolares e de parte dos serviços públicos e atividades econômicas não essenciais, além de outras práticas de distancia-mento social, só se mostram efetivamente possíveis para as parcelas brancas da sociedade brasileira. [29]

Na história do violento encontro colonial entre invasores e os povos indígenas, as epidemias ocasionadas por vírus tiveram ampla relação com o sucesso da expropriação de suas terras e recursos, sendo também utilizadas como armas biológicas. São significativos os registros históricos – que constam em documentos oficiais do Estado brasileiro – de comunidades indígenas serem presenteadas por agentes estatais e pelo exército com roupas e utensílios de soldados que haviam falecido de sampo e rubéola.

Nesse sentido, o isolamento social diz muito mais respeito ao bloqueio de contato com o mundo não indígena do que entre os indígenas em suas próprias comunidades – ainda que o risco de um foco de contaminação seja intenso nestes contextos de vida comunal e compartilhada. Enquanto parceiros cotidianos dos povos indígenas – como pesquisadores, profissionais indigenistas estatais e de organizações não governamen-

---

28. DECRETO 30.822 de 1952 | Promulga a convenção para a prevenção e a repressão do crime de Genocídio, concluída em Paris, a 11 de dezembro de 1948, por ocasião da III Sessão da Assembleia Geral das Nações Unidas. Disponível em: http://www.planalto.gov.br/ccivil_03/Atos/decretos/1952/D30822.html.

29. MILANEZ, Felipe e VIDAL, Samuel. Pandemia, racismo e genocídio indígena e negro no Brasil: coronavírus e a política de extermínio. Pensar la pandemia – *Observatorio social del coronavirus. 2020*. Disponível em: https://www. clacso.org/pandemia-racismo-e-genocidio-indigena-e-negro-no-brasil-coronavirus-e-a-politica-de- exterminio/. Acesso em 07.09.2020.

tais – se retiraram do convívio nas aldeias em respeito e medida de prevenção à esta vulnerabilidade, a entrada e permanência de garimpeiros, madeireiros e missionários ficou sem controle.

Em entrevista para o periódico Philosophe Magazine, o antropólogo Eduardo Viveiros de Castro indica um ponto nodal fundamental como registro de nossa história presente: as medidas de isolamento e distanciamento social ocorreram em dissonância da agenda do governo federal, que de maneira irresponsável vem minimizando a pandemia, se insensibilizando publicamente com as vítimas e alardeando medicamentos milagrosos sem respaldo científico e recomendando que a população volte à normalidade pré-pandêmica "uma tempestade perfeita" [30]. É diante da ausência de políticas coordenadas de prevenção e cuidado à saúde que o isolamento social emergiu como única alternativa a um país que tem se tornado o epicentro da pandemia. Viveiros de Castro denuncia um Estado "cuja única política sanitária é ela própria ameaça sanitária" colocando em perigo real a sobrevivência de todas e todos.

É desde esse espaço de esmagamento orquestrado do bem viver que as comunidades indígenas reagiram, tanto na busca por apoios externos ao governo, quanto fortalecendo suas próprias comunidades. Entre estas ações está a organização de festivais com o intuito de enfatizar as ameaças concretas sobre os povos indígenas e arrecadar recursos – como o Festival Salve Indígena, organizado em parceria entre a UNICEF e o Instituto Mpumalanga, ou o SOS Rainforest Live, organizado pela Rainforest Foundation – dando visibilidade para manifestos promovidos pelas organizações indígenas como a campanha "Mineração não é essencial, vida sim" [31] ou o documento "Manifesto do Piaraçu das lideranças indígenas e caciques do Brasil" lançado pelo cacique Raoni Metukire[32].

6. AUTONOMIA E AUTOGESTÃO INDÍGENAS

Diante deste contexto de negligências e dissensos entre governo federal, estadual e municipal para lidar com a crise sanitária – por exemplo, a dificuldade de levarem a cabo o *lockdown* de algumas cidades e municípios e do apoio dos governos na proteção dos territórios indígenas, inclusive os já demarcados – tem-se registrado diversas iniciativas locais de comunidades indígenas na construção de alternativas.

Uma destas estratégias tem sido justamente a criação e gestão comunitária de barreiras sanitárias nos acessos às Terras Indígenas. Se o isolamento social dentro do contexto comunitário tem se mostrado como medida de prevenção ineficaz diante das organizações socioculturais, evitar a entrada de pessoas e potenciais agentes de infecção nas aldeias tem sido uma ação que conta com apoio das comunidades[33].

---

30. VIVEIROS DE CASTRO, Eduardo. *O que está acontecendo no Brasil é um genocídio.* N-1 edições Pandemia crítica.
31. Disponível em: https://docs.google.com/forms/d/e/1FAIpQLSc9U6jDmOR7HoI1k0P3J_M8iv5nnjgFOSGp5J-79QuMnGpOvlg/v iewform.
32. Disponível em: https://drive.google.com/file/d/1HSsR0JnJcw3MYlKRzrinzgWsjVicw43s/view.
33. Povos indígenas buscam se isolar com aumento de casos de coronavírus na Amazônia. *Carta capital*, [*S. l.*], p. 1, 13 maio 2020. Disponível em: https://www.cartacapital.com.br/sociedade/povos-indigenas-buscam-se-isolar--com-aumento-de-casos-de-coronavirus-na-amazonia/. Acesso em: 05.08.2020.

Ainda que a Funai tenha restringido, logo no início da pandemia, a emissão de autorizações para ingresso em Terras Indígenas de comunidades isoladas ou de recém--contato, as medidas não foram estendidas às demais Terras Indígenas no país. Dessa maneira, as próprias comunidades – às vezes com apoio de parceiros – têm elencado algumas lideranças para compor as barreiras sanitárias, por meio do revezamento de grupos que fazem a vigília dos locais de acesso às terras indígenas – sejam estradas, seja tráfego fluvial. Muitas comunidades fecharam as suas fronteiras e têm proibido a entrada de não indígenas, reduzindo e controlando a perambulação até às cidades. Alguns povos migraram para aldeias mais distantes dos centros urbanos, reduzindo significativamente a população de aldeias que oferecem maiores riscos de contágio.

A memória de outras experiências de epidemia, sobretudo narrada pelos mais velhos, permitem o amadurecimento de ações no presente. Os Agentes Indígenas de Saúde (AIS) têm tido um papel crucial na orientação de lideranças e da população indígena em geral, sendo mediadores de acesso a informações e atuando como mobilizadores comunitários[34] e dialogando com os conhecimentos tradicionais.

As mulheres indígenas também têm protagonizado ações estratégicas de fortalecimento comunitário. Em agosto de 2019, mulheres indígenas de 113 povos distintos realizaram uma marcha histórica e potente em Brasília com o tema "Território: nosso corpo, nosso espírito". Um ano depois, com o agravamento das violências aos povos indígenas durante a pandemia da Covid-19 foi realizada uma grande assembleia online com o tema "O sagrado da existência e a cura da terra" [35] cujo chamado transcrevo aqui:

A Mãe Terra está doente, nossos povos também. Estes são tempos de pandemia e emergência climática, ecocídio e genocídio. Hoje, vivemos as consequências de um modelo econômico, social e espiritual que infectou nossos territórios e corpos. Um vírus que coloca o dinheiro acima da vida.

Em meio ao extermínio, as mulheres indígenas fazem da luta melodia, recuperamos a terra roubada, fazemos questão de celebrar a nossa existência, semeamos esperança, porque sabemos que somos a cura.

As mulheres indígenas insistem na importância de curar nossos corpos e territórios individual e coletivamente. Somos nós que semeamos o milho e semeamos a revolução, que levantamos a nossa voz na nossa língua e defendemos as florestas, lagos, montanhas, planícies, desertos e mares. Somos nós que decidimos sobre o nosso corpo e reproduzimos a vida. Somos nós que contamos histórias diante do incêndio e transformamos narrativas. Somos nós que defendemos a comunidade e habitamos as cidades porque a nossa existência é resistência. Somos nós que sonhamos e construímos um mundo onde nossas vidas importam.

Convidamos vocês a se unir aos nossos pensamentos, nossas palavras e nossas ações. Convocamos vocês para honrar a memória das nossas antepassadas e defender o futuro daqueles que ainda estão por nascer. É um chamado para curar o medo e sermos as parteiras do futuro[36].

---

34. FIOCRUZ. O papel do Agente Indígena de Saúde (AIS) no combate e prevenção ao coronavírus. Disponível em: http://www.epsjv.fiocruz.br/podcast/o-papel-do-agente-indigena-de-saude-no-combate-e-prevencao-ao- coronavirus. Acesso em: 06.08.2020.

35. APIB. Mulheres indígenas: o sagrado da existência e a cura da terra. 01 de agosto de 2020. Disponível em: http://apib.info/2020/08/01/mulheres-indigenas-o-sagrado-da-existencia-e-a-cura-da-terra/ Acesso em: 07.08.2020.

36. CURA DA TERRA – Encontro global de mujeres indígenas. Disponível em: https://curadaterra.org/pt/?fbclid=IwA-R199W3xy_a134zjhctRIbIK5c7Xyj2AoHosSAJjlfTWr5oF8ylkTZpkGs8.

7. A CURA PELA DIVERSIDADE

Ser terra significa que a terra se faz pela própria presença indígena neste planeta; pela força dos cantos e das avós ancestrais, mantendo o céu acima de nossas cabeças. Falam as mulheres indígenas: "A terra é irmã, é filha, é tia, é mãe, é avó, é útero, é alimento é a cura do mundo"[37]. Diante do adoecimento da terra e de suas gentes, as mulheres indígenas se perguntam: "Como se calar diante de um ataque? Diante de um Genocídio que a terra grita mesmo quando estamos em silêncio? Porque a terra tem muitos filhos e uma mãe chora quando vê, quando sente que a própria mãe que gerou a vida, hoje é ameaçada. Mas ainda existe a chance de mudar isso, porque nós somos a cura da Terra!"

Com esta mensagem lembramos que uma Bioética que se organiza desde o sul do planeta e em consonância com a diversidade de povos e culturas que nos compõe precisa pautar a possibilidade da existência de concepções de saúde que sejam também coletivas, auxiliando na construção de políticas públicas e de novos tempos, de respeito, coexistência e cura da terra. No artigo "agora somos todos índios" Bruce Albert nos lembra que por séculos os povos indígenas tem sobrevivido a epidemias promovidas por agentes da colonização e invasores de suas terras. Mas agora, nesse contexto de pandemia, "de repente, nós, Brancos, estamos tão desamparados frente à Covid-19 quanto os Yanomami frente às epidemias letais e enigmáticas que nosso mundo lhes infringe há décadas. Pouco sabemos dessa doença; não temos imunidade, remédios ou vacina para enfrentá-la"[38] nos colocando em vulnerabilidade semelhante – mas sabemos que racialmente, epidemiologicamente e historicamente desigual – aos povos indígenas que se esconderam e isolaram na floresta na busca por proteção. Mas não só isso eles fizeram: com suas medicinas, rezas, relações e acessos junto a espíritos não humanos eles sobreviveram. E aqui estão, a nos ensinar persistentemente.

> A humanidade é rica de possibilidades imprevistas, que, ao aparecerem, sempre deixarão os homens estupefados. A humanidade está constantemente às voltas com dois processos contraditórios, dos quais um tende a instaurar a unificação ao passo que o outro visa manter ou reestabelecer a diversificação. [...] É o fato da diversidade que deve ser salvo, não o conteúdo histórico que cada época lhe deu [...] A diversidade das culturas humanas está à nossa volta e à nossa frente. A única reivindicação que podemos fazer a este respeito é que ela se realize de modo que cada forma seja uma contribuição para a maior generosidade das outras[39].

É possível que o desmatamento, a comercialização de animais selvagens e todo tipo de troca transcontinental tenho produzido o epicentro dessa pandemia, levando diversas nações a se posicionarem resguardando a sua soberania, pautada na premissa da saúde das populações. Contudo, não é possível pensar soberania nacional em contexto latino-americano sem o protagonismo dos povos indígenas que têm nos ensinado neste momento como sobreviver com sabedoria e dignidade à negligências, violências e a mais

---

37. APIB. Mulheres indígenas: o sagrado da existência e a cura da terra. 01 de agosto de 2020. Disponível em: http://apib.info/2020/08/01/mulheres-indigenas-o-sagrado-da-existencia-e-a-cura-da-terra/. Acesso em: 07.08.2020.
38. ALBERT, Bruce. *Agora somos todos índios*. N-1 edições Série Pandemia Crítica. Disponível em: https://n-1edicoes.org/044.
39. LEVI-STRAUSS, Claude. Raça e história. *Antropologia estrutural dois*. Rio de Janeiro: Edições Tempo Brasileiro, 1993, p. 365-366.

uma epidemia. Se a Bioética eurocentrada compreendeu o princípio de autonomia como independência – desde uma premissa kantiana que supervaloriza o "eu" – ela incorreu em uma "utilização maximalista" que leva "ao extremo do individualismo, que pode sufocar qualquer direcionamento no sentido da visão inversa, coletiva, indispensável para o enfrentamento das injustiças sociais relacionadas com a exclusão social" [40]-[41] o pluralismo bioético latino-americano compreende autonomia como autodeterminação e interdependência, não apenas entre humanos mas entre estes e os demais seres com os quais convivemos[42]; "Em tempos de pandemia a luta e a solidariedade coletiva que reacendeu no mundo só será completa com os povos indígenas, pois a cura estará não apenas no princípio ativo, mas no ativar de nossos princípios humanos" (Trecho da Carta Final da Assembleia Nacional de Resistência Indígena).

8. REFERÊNCIAS

ALBERT, Bruce. *Agora somos todos índios*. N-1 edições Série Pandemia Crítica. Disponível em: https://n--1edicoes.org/044.

APIB. Disponível em: http://emergenciaindigena.apib.info/. Acesso em: 24.08.2020. APIB. *Panorama Geral da Covid-19*. Disponível em: http://emergenciaindigena.apib.info/.

APIB. *Emergência Indígena | Panorama Geral da Covid-19*. Disponível em: http://apib.info/. Acesso em: 07.09.2020.

APIB. *ADPF 709 no Supremo: Povos Indígenas e o direito de existir!* 01 de agosto 2020. Disponível em: http://apib.info/2020/08/01/adpf-709-no-supremo-povos-indigenas-e-o- direito-de-existir/. Acesso em: 07.09.2020.

APIB. *Mulheres indígenas: o sagrado da existência e a cura da terra*. 01 de agosto de 2020. Disponível em: http://apib.info/2020/08/01/mulheres-indigenas-o-sagrado-da-existencia-e-a- cura-da-terra/. Acesso em: 07.08.2020.

CARDIM, Mª Eduarda; LEITE, Hellen e CALCAGNO, Luiz. Covid-19: pandemia expõe vulnerabilidades dos povos indígenas do Brasil. Correio Brasiliense. 22 de junho de 2020. Disponível em: https://www.correiobraziliense.com.br/app/noticia/brasil/2020/06/22/interna- brasil,865729/covid-19-pandemia-expoe-vulnerabilidade-dos-povos-indigenas-do- brasil.shtml#:~:text=Crise%20sanit%C3%A1ria%20provocada%20pelo%20coronav%C3%A Drus,at%C3%A9%20agora%2C%20segundo%20dados%20oficiais. Acesso em: 07.09.2020.

CIMI. *Nota pública sobre os vetos do presidente às medidas emergenciais de apoio aos povos indígenas na pandemia*. 08 de julho de 2020. Disponível em: https://cimi.org.br/2020/07/nota- publica-vetos-presidente-medidas-emergenciais-povos-indigenas-pandemia/. Acesso em: 07.09.2020.

CIMI. *Covid-19: Congresso derruba vetos de Bolsonaro e garante acesso a água potável e materiais de higiene a indígenas e quilombolas*. 20 de agosto de 2020. Disponível em:

---

40. GARRAFA, Volnei. Introdução à Bioética – An Introduction to bioethics. *Revista do Hospital Universitário UFMA*, São Luís – MA. V.6, n.2, p. 9-13, 2005a.
41. GARRAFA, Volnei. Inclusão social no contexto político da Bioética. *Revista Brasileira de Bioética*, 1(2): 122-132, 2005b.
42. HOLANDA, Marianna. *Por uma ética da (In)Dignação*: repensando o Humano, a Dignidade e o pluralismo nos movimentos de lutas por direitos. Tese de Doutorado (PPG-Bioética/UnB). Brasília, 2015. 205f.

https://cimi.org.br/2020/08/covid-19-congresso-derruba-vetos-bolsonaro-garante-acesso- agua-potavel-
-materiais-higiene-indigenas- quilombolas/#:~:text=Para%20o%20Conselho%20Indigenista%20
Mission%C3%A1rio,%2C

%20quilombolas%20e%20popula%C3%A7%C3%B5es%20tradicionais%E2%80%9D. Acesso em:
07.09.2020.

CIMI. *Povos indígenas do Nordeste, Minas Gerais e Espírito Santo se unem no combate à pandemia*. Disponível
em: https://cimi.org.br/2020/07/povos-indigena-nordeste-leste- pandemia/. Acesso em: 07.09.2020.

DECRETO 30.822 de 1952 | Promulga a convenção para a prevenção e a repressão do crime de Genocídio,
concluída em Paris, a 11 de dezembro de 1948, por ocasião da III Sessão da Assembleia Geral das Nações Unidas. Disponível em: http://www.planalto.gov.br/ccivil_03/Atos/decretos/1952/D30822.html.

DEUTSCHE WELLE. *O impacto cultural da pandemia de coronavírus sobre povos indígenas*. 20.04.2020.
Disponível em: https://www.dw.com/pt-br/o-impacto-cultural-da-pandemia-de- coronav%C3%A-
Drus-sobre-povos-ind%C3%ADgenas/a-53191533. Acesso em: 05.09.2020.

EPICOVID19-BR. *Covid-19 no Brasil: várias epidemias num só país*. UFPEL, 25 de maio de 2020. Disponível
em: http://ccs2.ufpel.edu.br/wp/2020/05/25/covid-19-no-brasil-varias- epidemias-num-so-pais/.
Acesso em: 07.09.2020.

FELLOWS, Martha et al. *Não são números: são vidas! A ameaça da Covid-19 aos povos indígenas da Ama-
zônia brasileira*. COIAB | IPAM, 19 de junho de 2020. Disponível em:

https://ipam.org.br/wp-content/uploads/2020/07/NT-covid-indi%CC%81genas- amazo%CC%82nia.
pdf. Acesso em: 24.08.2020.

FIOCRUZ. *O papel do Agente Indígena de Saúde (AIS) no combate e prevenção ao coronavírus*. Disponível
em: http://www.epsjv.fiocruz.br/podcast/o-papel-do-agente- indigena-de-saude-no-combate-e-pre-
vencao-ao-coronavirus. Acesso em: 06.08.2020.

FUNAI. *Terras Indígenas*. Disponível em: http://www.funai.gov.br/index.php/indios-no- brasil/terras-
-indigenas. Acesso em: 07.09.2020.

GARRAFA, Volnei. Introdução à Bioética – An Introduction to bioethics. *Revista do Hospital Universitário
UFMA*, São Luís – MA. V.6, n.2, p. 9-13, 2005a.

GARRAFA, Volnei. Inclusão social no contexto político da Bioética. *Revista Brasileira de Bioética*, 1(2):
122-132, 2005b.

HOLANDA, Marianna. *Por uma ética da (In)Dignação*: repensando o Humano, a Dignidade e o pluralismo
nos movimentos de lutas por direitos. Tese de Doutorado (PPG-Bioética/UnB). Brasília, 2015. 205f.

IBGE. Censo 2010: população indígena. Disponível em: https://censo2010.ibge.gov.br/noti-
cias-censo?busca=1&id=3&idnoticia=2194&t=censo-2010- poblacao-indigena-896-9-mil-tem-
-305-etnias-fala- 274&view=noticia#:~:text=(COVID%2D19)-,Censo%202010%3A%20popula%-
C3%A7%C3%A3o%20ind%C3%ADgena%20%C3%A9

%20de%20896%2C9%20mil%2C,etnias%20e%20fala%20274%20idiomas. Acesso em: 10.08.2020.

KRENAK, Ailton. Do sonho da Terra. *Ideias para adiar o fim do mundo*. São Paulo: Companhia das Letras,
2019.

LEVI-STRAUSS, Claude. Raça e História. *Antropologia estrutural dois*. Rio de Janeiro: Edições Tempo
Brasileiro, 1993.

MBEMBE, Achille. *Necropolítica*: biopoder, soberania, estado de exceção, política de morte. N-1 edições,
São Paulo: 2018.

MILANEZ, Felipe e VIDAL, Samuel. *Pandemia, racismo e genocídio indígena e negro no Brasil*: coronavírus e a política de extermínio. Pensar la pandemia – Observatorio social del coronavirus. 2020. Disponível em: https://www.clacso.org/pandemia-racismo-e-genocidio-indigena-e-negro-no-brasil-coronavirus-e-a-politica-de-exterminio/. Acesso em: 07.09.2020.

OIT. *Convenção 169 sobre Povos Indígenas e Tribais*, 1989. Disponível em: https://www.ilo.org/brasilia/convencoes/WCMS_236247/lang--pt/index.htm.

OPAS. *Alerta Epidemiológico: Covid-19 en pueblos indígenas en las Américas* – 15 de julio de 2020. Disponível em: https://www.paho.org/es/documentos/alerta-epidemiologica-covid- 19-pueblos-indigenas-americas-15-julio-2020. Acesso em: 24.08.2020.

ONU. *OIT reforça a importância da convenção sobre os povos indígenas e tribais em tempos da Covid-19.* Disponível em: https://nacoesunidas.org/entenda-a-importancia-da- convencao-da-oit-sobre-os--povos-indigenas-e-tribais/. Acesso em: 07.09.2020.

ONU. *Convenção para a prevenção e a repressão do crime de genocídio*. Assembleia Geral das Nações Unidas, de 9 de dezembro de 1948.

SESAI. *DSEI*. Disponível em: https://saudeindigena.saude.gov.br/corona. Acesso em: 07.09.2020.

UNESCO. *Declaração Universal sobre Bioética e Direitos Humanos*. Outubro de 2005. Disponível em: https://fs.unb.br/images/Pdfs/Bioetica/DUBDH.pdf. Acesso em: 07.09.2020.

UNESCO. Declaração das Nações Unidas sobre os Direitos dos Povos Indígenas, 2007. Disponível em: https://unesdoc.unesco.org/ark:/48223/pf0000162708.

VIVEIROS DE CASTRO, Eduardo. O que está acontecendo no Brasil é um genocídio.

Pandemia crítica. N-1 edições, 19 de maio de 2020. Disponível: https://n-1edicoes.org/070–.

QUANDO A CASA É A RUA: ANÁLISE BIOÉTICA SOBRE OS REFLEXOS DA COVID-19 PARA PESSOAS EM SITUAÇÃO DE RUA

Andréa Leite Ribeiro

Doutora em Bioética pelo Programa de Pós-Graduação da Universidade de Brasília (UnB). Mestre em Políticas Sociais e Cidadania pela Universidade Católica da Bahia (UCSAL). Especialista em Saúde Mental Universidade do Estado da Bahia (UNEB). Graduada em Serviço Social. Professora temporária da UnB. Pesquisadora do Observatório da População Negra (Nesp/Ceam-UnB). Foi Coordenadora Geral de Política de Prevenção, Tratamento e Reinserção Social da SENAD/ MJ. Assessora da Comissão Nacional de Ética em Pesquisa. E-mail: aleite1104@gmail.com.

Raisa Brêda Tôso Sfalsini

Mestre em Regulação e Avaliação do Medicamento e Produtos de Saúde pela Faculdade de Farmácia (FF) da Universidade de Lisboa (UL). Especialista em Vigilância Sanitária pela Pontifícia Universidade Católica de Goiás. Graduada em Farmácia. Assessora da Comissão Nacional de Ética em Pesquisa. E-mail: raisabs@gmail.com.

Sumário: 1. Introdução. 2. O que é a Covid-19. 3. Importância da ética em pesquisa: Conep e a regulação ética. 4. Bioética latino-americana e população em situação de rua em tempos de pandemia: uma reflexão emergente. 5. Considerações finais. 6. Referências.

1. INTRODUÇÃO

O mundo vem vivenciando um momento sanitário histórico causado pela pandemia do Coronavírus (referência ao vírus SARS-CoV-2 – Covid-19). A frase fique em casa, tem sido reiterada em diversos espaços públicos, mídia e entre a população. As medidas sanitárias indicadas pelas autoridades de todos os países e repetidas de forma exaustiva e colocada em prática de forma questionável são: Isole-se, distancie-se, lave as mãos, use álcool gel. Como aplicar essas orientações de proteção quando a rua é a casa?

Enquanto vírus desconhecido, essas orientações que mitigam a forma de contaminação pelo vírus, tornam-se de difícil prática para determinados grupos sociais, que vivem situação de vulneração, como as pessoas que estão em situação de rua, demandando uma atuação ainda mais efetiva e intervenção das políticas públicas para evitar a contaminação e morte dessas pessoas e daquelas que têm contato com eles.

Diante do cenário obscuro, de incerteza quanto a propagação e infectividade do vírus em grupos populacionais distintos é possível afirmar, no entanto, que pessoas serão atingidas de formas diferentes devido a sua condição socioeconômica. Tal constatação se dá quer seja pela dificuldade em manter o isolamento social, de manter o emprego e uma renda mínima, quer seja pelas limitações em seguir as recomendações sanitárias de higienização das mãos e uso de máscaras por exemplo.

Ressalta-se que o presente texto não abordará os reflexos da pandemia para todos os grupos vulneráveis como os quilombolas, população indígena, mulheres que vivem em ambiente de violência doméstica, pessoas que vivem em abrigamentos, pessoas que precisam utilizar o transporte público, pessoas que não podem parar de trabalhar fora de seus domicílios, pessoas que estão em privação de liberdade, pessoas que dividem o domicílio com muitas pessoas e população negra por exemplo. Quanto a esse último grupo vale um comentário. O Observatório Covid-19[1] BR, realizou levantamento e identificou que no quesito racial/ cor, as pessoas pretas e pardas indicaram risco de morte entre 69% e 44% maior que as pessoas brancas, respectivamente.

No quesito raça/ cor o Observatório apresenta dados significativos especialmente se considerado o perfil da população em situação de rua apresentado pelo CENSO POP RUA. O referido Censo identificou 31.922 adultos em situação de rua, maioria homens (89% das pessoas), com idade entre 25 e 44 anos (53%) e com declaração de 67% de pardas ou negras – proporção bem maior do que na população do Brasil em 2008 (45%), equivalente a 0,06% da população dos municípios que foram pesquisados no referido Censo (Cortizo, 2019).

No entanto, aqui abordaremos aspectos bioéticos relacionados à Covid-19 e as pessoas que tomam a rua como seus domicílios de forma global, sem focar na questão específica raça/cor e sim com todas as características que as compõe.

As pessoas em situação de rua vivem com acesso precário a saneamento básico, escassez de recursos financeiros e sociais, com acesso a alimentação advinda em grande parte pela doação que recebem de diversos grupos, dentre eles os restaurantes e bares dos locais onde vivem e que em decorrência da pandemia passaram meses sem funcionamento ou com funcionamento restrito, dentre outros contingenciamentos.

Numa perspectiva Bioética identifica-se que a desigualdade no Brasil permanece sendo um abismo para a efetivação dos direitos humanos com ampliação da iniquidade em saúde e para o grupo populacional em questão o que só reforça as iniquidades em saúde. É fato que as pessoas que estão em situação de rua, por motivos diversos, já viviam em condições de desvantagem social e mais expostos a diversas doenças causadas por vírus e pela condição de rua e com a Covid-19 as repercussões para a saúde deles não é diferente.

O presente texto está estruturado em três partes em que na primeira serão abordadas questões relacionadas à Covid-19, na sequência as pesquisas relacionadas e por fim serão trazidas questões relacionadas a Bioéticas sobre a população em situação de rua em tempos de pandemia provocada pela Covid-19. Espera-se que o leitor tenha a experiência de ampliar a reflexão sobre o momento vivenciado, auxiliando na compreensão do fenômeno e apontando possibilidades para um debate Bioético centrado nos direitos humanos.

---

1. Disponível em: https://covid19br.github.io/analises.html?aba=aba6#.

2. O QUE É A COVID-19

A designação Covid-19 refere-se ao vírus SARS-CoV-2, da família dos Coronavírus. A doença causada por este vírus apresenta um amplo espectro clínico, desde a infecções assintomáticas quanto a quadros graves. Entre os pacientes infectados pelo coronavírus, estima-se que em torno de 80% sejam assintomáticos ou apresentem poucos sintomas (geralmente de menor gravidade), 20% desenvolvem sintomas respiratórios necessitando de hospitalização e apenas 5% evoluem para casos mais graves necessitando de suporte ventilatório (Ministério da Saúde, 2020a; Organização Pan-Americana da Saúde, 2020).

O vírus SARS-CoV-2 foi identificado inicialmente em pacientes da cidade de Wuhan na China, no final do ano de 2019. Em 30 de janeiro a Organização Mundial da Saúde (OMS), devido aos desfechos clínicos, amplo acometimento da população e disseminação da doença entre os países, declarou a epidemia como uma emergência internacional (Lana et al, 2020).

A lacuna de conhecimento sobre a Covid-19, principalmente quanto ao tratamento, ainda é significativa. Projeta-se que os impactos do coronavírus, ainda não elucidados completamente, continuarão significativos na população ao longo dos próximos meses ou anos, não sendo possível compará-lo aos modelos epidemiológicos já conhecidos. Antes da Covid-19 as epidemias, como por exemplo as causadas pelo vírus influenza, em geral estavam mais restritas em termos geográficos e populacionais, tendo uma escala de disseminação bem menor ao verificado com o coronavírus (Negri et al, 2020).

Devido a rápida propagação, o SARS-CoV-2 foi considerado altamente contagioso. Em geral, para se identificar o impacto da propagação de uma doença busca-se identificar o número médio de casos secundários gerados pelo caso primário. Estima-se para o coronavírus uma média de 1,6 a 4,1 casos secundários gerados a partir do caso primário. Em outros vírus, como o vírus Influenza A H1N1 2009 (Gripe suína), observou-se uma propagação média de 1,3 a 1,8 casos secundários, isto pode sugerir que o novo vírus possua uma velocidade de propagação mais acentuada entre os vírus circulantes (Cascella et al, 2020; Lana et al, 2020).

Cabe ainda investigar e detalhar melhor as formas de transmissão do SARS-CoV-2. O que se sabe até o momento é que a transmissão pode ser por contato direto e indireto. A transmissão direta acontece de uma pessoa doente para outra ou por contato próximo, podendo ser por meio de: contato direto, como por exemplo aperto de mão; gotículas de saliva; espirro; tosse; catarro; a transmissão indireta pode ocorrer por contato com objetos ou superfícies contaminadas. A taxa de transmissão deste patógeno ainda deve levar em consideração as condições de saúde (como a imunidade e comorbidades) dos infectados, a densidade populacional, o grau de vulnerabilidade de indivíduos/grupos populacionais e as medidas de controle da disseminação adotadas (Ministério da Saúde, 2020a; Organização Pan-Americana da Saúde, 2020).

Considerando a densidade populacional como um elemento para mensurar a taxa de transmissão do vírus, considera-se aqui que, conforme a Política Nacional para Inclusão da População em Situação de Rua, as cidades com maior densidade populacional têm a sua disposição maiores recursos financeiros e estruturais (Brasil, 2008; Silva, Procopio,

2020). Tais recursos podem favorecer que a população tenha mais acesso a serviços e oportunidades e nesse sentido também concentra um número maior de pessoas vulneradas que buscam sobrevivência (Brasil, 2008).

Do pouco que ainda se sabe sobre a transmissão direta, a propagação do vírus em geral se dá principalmente entre familiares de um indivíduo contaminado, profissionais de saúde e outros contatos próximos até uma distância de 1,8 metros. Ainda segundo Cascella (2020), observou-se que o vírus pode ficar suspenso no ar por até 4 metros da pessoa contaminada aumentando seu raio de contaminação. Em relação a transmissão indireta, pode-se observar a partir de estudos que o SARS-CoV-2 pode sobreviver em superfícies de plástico e aço inoxidável pelo período de 2 a 3 dias, em papelão por até 1 dia.

A Política Nacional para Inclusão Social de População em situação de rua, apresenta que 70% desse grupo populacional desenvolve alguma atividade remunerada. (Brasil, 2008) A maioria desses, perfazendo 27,5% são catadores de materiais recicláveis em que para exercer tal atividade, precisa muitas vezes acessar lixos e ter contato com papelão, por exemplo, em que o vírus pode permanecer por 1 dia como já foi mencionado. As demais atividades exercidas são flanelinha, construção civil, limpeza, carregador/estivador e pedinte (perfazendo 15,7%) (Brasil, 2008).

Também se observou uma taxa maior de contaminação em locais onde a carga viral está mais concentrada, como por exemplo ambiente hospitalar (unidades de terapia intensiva -UTI) e locais de grande circulação. Porém, é de extrema relevância salientar que não é possível chegar a conclusões precisas sobre o SARS-CoV-2 nesse momento, uma vez que as informações geradas ainda estão sendo avaliadas e necessitam de um período temporal mais robusto para chegar a conclusões assertivas (Cascella et al, 2020). Logo, mensurar, com base em evidências científicas a repercussão do vírus para pessoas em situação de rua ainda é um desafio, sendo possível realizar análises sociológicas sobre o fenômeno.

Segundo o Ministério da Saúde (2020b), ao longo dos meses do primeiro semestre de 2020, foi possível identificar as notificações de casos de coronavírus em todo o território nacional, em especial as regiões com maior densidade populacional. As pessoas que vivem o cotidiano da rua como suas casas pertencem a uma diversidade de grupos como pessoas que fazem uso prejudicial de drogas, imigrantes, pessoas sem emprego (formal em especial), egressos dos sistemas penitenciário, egressos de psiquiátricos, dentre outros (Brasil, 2006; Brasil, 2009; Bastos e Bertoni, 2014; Cortizo, 2019). A partir de dados preliminares pode-se observar no Brasil que há fatores que podem interferir na transmissibilidade de doenças infectocontagiosas, como é o caso do SARS-CoV-2, a partir do seu contexto socioeconômico (Santos, 2020).

As autoridades alertam para a necessidade de maior atenção para a proteção de grupos em situação de vulnerabilidade. Entende-se que as medidas preventivas para evitar a disseminação do vírus em populações com acentuada desigualdade social e econômica exigem maior atenção e articulação estratégica dos entes públicos (Damásio, 2020; Silva, Procópio, 2020; Rocha, 2020; Sotero, 2011; Carvalho, Nassif, Lima, 2020). Tal percepção se dá pela identificação de que tais pessoas, apesar de conhecerem as medidas de prevenção da doença, atualmente amplamente divulgadas, convivem com limitação de acesso que não se restringem a água tratada, material de higiene e direitos básicos como saúde e moradia mesmo antes da pandemia pela Covid e que se agrava pela necessidade de adoção de medidas sanitárias (Silva, Procópio, 2020).

Os efeitos da Covid-19 para a PSR são ainda mais danosos quando se trata do isolamento social, uma vez que a rua é a própria casa. Nesse sentido, o máximo que conseguem é buscar as casas de acolhimento, que por sua natureza podem não ter recursos para manter o distanciamento e assim podem promover aglomeração (Stevanim, 2020).

Conforme dados da Política Nacional para Inclusão Social da População em Situação de Rua, os problemas de saúde mais frequentes entre as pessoas que estão em situação de rua perfazem hipertensão, problema psiquiátrico/mental, HIV/Aids e problemas de visão/cegueira (Brasil, 2008). Ressalta-se ainda com base no mesmo documento que 35,5% que estão na rua, tem o consumo de álcool e outras drogas como principal motivação para a condição de rua.

Nesse sentido, cabe ressaltar que existe uma prevalência mais acentuada de fatores de risco para o agravamento do SARS-CoV-2, em pessoas que possuem problemas de saúde como pneumonia, HIV/Aids, consumo de álcool e drogas, doenças crônicas e tuberculose. Um dos impactos sentidos pela população de rua nesse sentido, se dá pela dificuldade de ter acesso e qualidade nos serviços de saúde, por motivos diversos, dentre eles o preconceito e o racismo institucional, bem como a sobrecarga de atendimento que o Sistema Único de Saúde vem apresentando em função da pandemia. Esses podem ser alguns dos fatores cruciais para aumentar o risco de complicações e óbitos pela Covid-19 nessa população (Santos, 2020).

A desigualdade social existente no Brasil é um fator decisivo quando se avalia a exposição de certas subpopulações às doenças, como é o caso de populações em situações de vulnerabilidade. É necessário levar em consideração, quando se avalia um dado evento como uma doença, os fatores intrínsecos e extrínsecos ligados a população estudada, como por exemplo dados de mortalidade, morbidade, incapacidade, acesso a serviços, qualidade da atenção, condições de vida e fatores ambientais, que se traduzem em informação relevante para a quantificação e a avaliação em saúde (Santos et al, 2020).

Desse modo, torna imperioso identificar os fatores incrementais ao risco de exposição ao contágio pelo SARS-CoV-2 (população, tipologias climáticas, distribuição espacial, aglomerações, condição social, grau de acesso à saúde, entre outros). Compreende-se que a produção de conhecimento sobre as formas de proteção e propagação do vírus não consiste apenas em um fator de disseminação, que explicaria o grau e velocidade de acometimento de toda a população.

Outro ponto importante a ser observado nesse contexto refere-se ao grau de imunidade que pode ser gerado em pessoas que já foram contaminadas por outros vírus da família do coronavírus, tanto pessoal quanto comunitária (imunidade de rebanho). Vale ressaltar que muito pouco se sabe ainda sobre o tema, não sendo possível chegar a uma conclusão sobre se de fato há a imunização após o contágio, seu tempo de duração e se pode impactar positivamente na comunidade.

Muitos estudos seguem buscando respostas sobre o assunto, e quando se trata de Covid-19 é importante atentar com base em estudos, para as novas hipóteses que são levantadas e colocadas a prova na medida que avançam os resultados das pesquisas e se amplia o conhecimento sobre os efeitos desse vírus. Uma hipótese recém lançada de um grupo de pesquisadores ingleses refere-se à possibilidade de indivíduos não expostos ao vírus SARS-CoV-2 apresentarem certo grau de resposta imunitária cruzada (imunidade adquirida – anticorpos IgG e células T), devido a contaminações anteriores com vírus da família Coronaviridae. Isto pode sugerir que tais indivíduos possam reagir melhor a infecção viral e estar menos suscetíveis a desenvolver a doença, desde sintomas brandos até os mais graves (Grifoni et al, 2020).

Nesse contexto pode-se também levantar a hipótese que um indivíduo mais exposto a patógenos, como por exemplo integrantes da população em situação de rua devido aos fatores já citados anteriormente, poderiam estar menos suscetíveis a evoluir para os sintomas mais graves do SARS-CoV-2 ou até mesmo não apresentar sintomas devido a uma proteção imunológica adquirida (cruzada).

3. IMPORTÂNCIA DA ÉTICA EM PESQUISA: CONEP E A REGULAÇÃO ÉTICA

Conforme já foi mencionado, Covid-19 é um novo vírus (de uma família já conhecida) e com proporções de disseminação não comparáveis aos demais vírus da família Coronaviridae. Por ser novo existe uma enorme lacuna quanto disponibilidade de informação baseadas em evidências, tais como: a correta taxa de letalidade, transmissibilidade, tratamento, sequelas, grau de imunidade, entre outros (Negri et al, 2020; Santos, 2020).

Tem-se muitas dúvidas e poucas respostas até o momento sobre esse tema, evidenciando a necessidade urgente de se investir em produção científica. Para tal, é crucial cooptar a maior quantidade possível de informação sobre o vírus e a doença, e principalmente identificar formas de prevenção da propagação do vírus e soluções efetiva de tratamento das pessoas infectadas.

Devido a pandemia pelo SARS-CoV-2 observou-se um aumento exponencial da mobilização da comunidade científica em prol de se conseguir mais informações sobre o tema, incluindo os efeitos da doença a curto, médio e longo prazo, propagação e impactos econômicos e sociais na população e em subpopulações (conforme fatores de riscos que possam aumentar ou diminuir sua prevalência) (Negri et al, 2020).

No atual contexto as discussões acerca da ética em pesquisa e Bioética assumem um papel crucial frente ao desenvolvimento de novos achados científicos. É imperioso o desenvolvimento de pesquisas em um momento em que existe o desconhecimento de diversos aspectos relacionados ao vírus que assola o mundo. Do mesmo modo, é imperioso que a ciência seja desenvolvida de maneira ética e com metodologias que efetivamente possam ser capazes de responder às diversas questões relacionadas à Covid-19, num cenário de tantas incertezas (Amorim, 2019).

Frente a esse cenário muito tem-se cobrado da entidade de regulação ética nacional, com vistas a viabilizar as propostas de estudos sobre o coronavírus. No Brasil, o Sistema CEP/Conep, composto pela Comissão Nacional de Ética em Pesquisa (Conep) e os Comitês de Ética em Pesquisa (CEP), é o ente responsável por realizar a análise ética das pesquisas desenvolvidas com seres humanos. O Sistema possui atuação independente e sua missão principal é a proteção dos participantes de pesquisa (Conselho Nacional de Saúde, 2020).

A Conep é a instância que regula, dá a diretriz para o sistema e também analisa protocolos de pesquisa específicos. Tendo como base a importância do tema, a Conep estabeleceu maior celeridade na análise ética no país, passando a partir de março de 2020 a analisar todos os protocolos de coronavírus submetidos para avaliação ética. Vale ressaltar que a análise desses protocolos foi estabelecida em prazo abaixo do estipulado em normativa ética. Para isso foi instituído método de trabalho específico durante este período: câmaras técnicas virtuais, compostas pelos membros relatores[2] e pela assessoria[3] da Conep. Além disso, todas as audiências solicitadas estão sendo atendidas em curto prazo.

Além de intensificar seu trabalho de avaliação ética dos protocolos de pesquisa, a Conep também destacou assessores e membros relatores para trabalharem diariamente na realização de câmaras técnicas e emissões de pareceres consubstanciados. Segundo o Relatório Semanal nº 37 (2020b), emitido pela Conep, até o dia 15 de agosto de 2020 a Comissão já havia aprovado 699 estudos ligados ao coronavírus, sendo em torno de 432 (61,8%) estudos da área biomédica e 267 (38,2%) da área de Ciências Humanas e Sociais (CHS), conforme pode ser visto no gráfico abaixo:

Gráfico 1 – Estudos aprovados sobre Covid-19 na Comissão Nacional de Ética em Pesquisa em 2020 – Biomédica x CHS.

Fonte: Comissão Nacional de Ética em Pesquisa, 2020b

Ao analisar os estudos da área de CHS no Relatório Semanal nº 37 emitido pela Conep (2020b) verificou-se que dos 267 estudos dessa área nenhum estava direcionada a População em Situação de Rua. Os assuntos preponderantemente abordados nesses estudos se feriram a saúde mental principalmente de profissionais da saúde e impacto da pandemia na população em geral.

---

2. Os membros relatores da Conep são pessoas eleitas pela Comissão e realizam a análise ética e emitem parecer relacionado a análise dos protocolos de pesquisa emitidos pela Plataforma Brasil (Conselho Nacional de Saúde, 2020).
3. A assessoria técnica são profissionais contratados pela Secretaria Executiva da Conep para, dentre outras atividades, fazer a checagem documental dos protocolos de pesquisas e elabora a nota técnica sobre os estudos.

Conforme descrito acima, a partir do I Informe aos Comitês de ética em Pesquisa a Conep passou a ser a responsável por analisar todos os estudos sobre SARS-CoV-2 submetidos para análise ética a partir de 31 de janeiro de 2020. Entretanto devido ao grande volume de protocolos de pesquisa submetidos ao Sistema CEP/Conep e com foco em manter a celeridade das análises, em 14 de abril de 2020 a Conep emitiu outro informe, II Informe aos Comitês de Ética em Pesquisa (2020c), restringindo os tipos de protocolos de pesquisa que deveriam continuar a ser analisados pela Comissão, dentre eles: Protocolos de áreas temáticas especiais; Protocolos indicados pelo Ministério da Saúde, pelos secretários de saúde dos Estados, dos Municípios e do Distrito Federal; Ensaios clínicos; Protocolos de Pesquisa cuja temática seja Saúde Mental; a critério dos CEP. Os demais protocolos de pesquisa não enquadrados em área temática de responsabilidade da Conep, deveriam permanecer tramitando apenas no âmbito do CEP.

Tendo como panorama geral a decisão da Conep em delegar as análises éticas de parte dos protocolos de pesquisa sobre coronavírus aos CEP, decidiu-se então por realizar também uma busca na Plataforma Brasil para identificar protocolos de pesquisa submetido ao Sistema CEP/Conep sobre População em Situação de Rua em tempos de pandemia (SARS-CoV-2). Para tanto, na opção "Buscar Pesquisa Aprovadas" da Plataforma pesquisou-se no campo "Título da Pesquisa" as palavras chaves "Rua" e "População de rua", no período de 01 de fevereiro a 24 de agosto de 2020 (campos "Data Início" e "Data Fim"). Nesse período foram identificados 14 estudos submetidos com PSR, e apenas 2 destes abordavam o coronavírus nessa população (Ministério da Saúde, 2020c).

Gráfico 2 – Submissão de estudos com PSR x estudos com PSR e coronavírus.

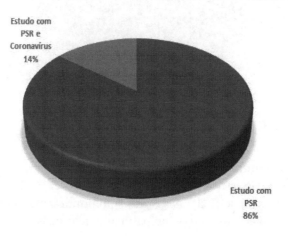

Fonte: Ministério da Saúde, 2020c.

Ampliando as pesquisas sobre a temática, foi realizada busca no sítio eletrônico da Associação Nacional de Pós-Graduação e Pesquisa em Ciências Sociais (Anpocs). A Anpocs criou o Boletim Cientistas Sociais e o Coronavírus, com primeira publicação em março de 2020. Até o último boletim, de número 86 publicado em julho de 2020, apenas uma publicação tratava dos invisíveis sociais e silenciados dos quais, é possível identificar os moradores de rua dentre o público apresentado no boletim[4].

Em pesquisa realizada[5]no sítio eletrônico da Biblioteca Virtual em Saúde (BVS), foram identificados 12 trabalhos com os descritores Bioética e Covid. Desses, apenas um abordava a questão da vulnerabilidade e ao realizar a análise do artigo[6], ele não apresentou reflexões bioéticas.

Em busca realizada na Revista Brasileira de Bioética, com os descritores Covid ou Corona, não houve nenhum achado, ocorrendo o mesmo nas buscas realizadas na Revista Bioética, do Conselho Federal de Medicina, v.28, n. 2 (2020) e v. 28, n. 1.

A conclusão de estudos realizados por Silvia e Procópio (2020) é de que no cenário da pandemia causada pelo Coronavírus, é necessário ter maior atenção com aqueles que estão em condição de vulnerabilidade social no Brasil. O mesmo artigo mostra ainda que os trabalhos publicados na literatura nacional e internacional, em sua maioria, não passou por uma revisão por pares, existindo poucas publicações de revisão e artigos relacionados à Covid-19 (Silvia e Procópio, 2020).

Nesse cenário de obscuridade científica quanto à repercussão e métodos para a efetiva proteção dos que estão em situação de rua, os estudos Bioéticos podem favorecer a elaboração de intervenções que efetivamente promovam a prevenção e o cuidado para esse grupo populacional. Do mesmo modo estudos em Bioética, podem permitir que pesquisadores recordem os crimes em pesquisa realizados em um passado não tão distante para então não os repetir e desenvolver estudos baseados na ética e nos direitos humanos.

4. BIOÉTICA LATINO-AMERICANA E POPULAÇÃO EM SITUAÇÃO DE RUA EM TEMPOS DE PANDEMIA: UMA REFLEXÃO EMERGENTE

Os dilemas impetrados para governantes e sociedade como um todo a partir da pandemia da Covid-19 é concernente ao campo da Bioética. Trata-se de dilemas Bioéticos que guardam relação com a necessidade de se ter rigor ético no desenvolvimento de pesquisas científicas para o desenvolvimento de novos tratamentos, como é o caso de vacinas, que poderão possibilitar que as pessoas não sejam contaminadas, relacionados a forma de cuidado das pessoas vulneráveis e vulneradas, dentre outras, tendo como ponto de partida a análise criteriosa da relação benefício x risco.

A definição de regras éticas que orientem a elaboração e realização de estudos científicos envolvendo seres humanos, se deu mediante a revelação de pesquisas desenvolvidas tomando os seres humanos como cobaias/ objetos, que foram usados de forma desumanizada e atroz para atender aos objetivos dos estudos. As referidas regras estão dispostas em documentos como o Informe Belmont, Código de Nuremberg, Declaração de Helsinque, Diretrizes Internacionais para a Pesquisa Biomédica em Seres Humanos,

---

4. Disponível em: http://www.anpocs.com/index.php/ciencias-sociais/destaques/2325-boletim-semanal
5. Pesquisa realizada no dia 24 de agosto de 2020. Link - https://pesquisa.bvsalud.org/brasil/?lang=pt&home_url=http%3A%2F%2Fbrasil.bvs.br&home_text=BVS+Brasil&q=bio%C3%A9tica+e+Covid&submit=Pesquisa.
6. Silva, Marcello Henrique Araújo da; Procópio, Isabella Mendes. A fragilidade do sistema de saúde brasileiro e a vulnerabilidade social diante da Covid-19.

Declaração Universal de Bioética e Direitos Humanos, Propostas de Diretrizes Éticas Internacionais para Investigações Biomédicas, dentre outros.

A história deixou marcas a partir da revelação dos crimes contra a humanidade e das atrocidades realizadas com os participantes de pesquisa em nome do avanço da ciência e desenvolvimento de novos métodos terapêuticos como as vacinas que estão em estudo para a prevenção da Covid-19 e precisam ser revisitadas para não serem repetidas. A Bioética não admite o esquecimento dos experimentos realizados com violação dos direitos humanos e permite reflexões para o momento vivenciado no Brasil e no mundo a partir da Covid-19.

Não obstante, o presente texto não aborda os aspectos éticos no desenvolvimento das pesquisas clínicas, mas sim, a partir de uma reflexão Bioética desde o Sul, analisa as questões relacionadas ao vírus Covid-19 e pessoas em situação de rua.

A análise aqui proposta, parte da perspectiva que distingue vulnerável de vulnerado. A partir dos estudos sobre a Bioética de Proteção, cunhado por Fermin Roland Schramm é possível compreender que as pessoas que estão em situação de rua nas circunstâncias em que vivem, com exposição a condições que os colocam em situação de fragilidade ou de necessidade, são vulneradas (Gaudenzi, Schramm, 2010; Schramm, 2006; Schramm, 2011). Nesse sentido, os vulnerados são aqueles que não possuem meios que os habilite para desempenhar de forma autônoma diversos aspectos da sua vida, enquanto pessoas que apresentam limitações que os fragilizam para cuidar da sua própria saúde, por exemplo (Schramm, 2008). Diferentemente, os vulneráveis apresentam os riscos que são próprios da condição de ser humano e por esse motivo, estar vivo por si só já o coloca em condição vulnerável a alguma coisa, ou seja, com suscetibilidade de vivenciar algo, de sofrer algum dano ou sofrimento (Gaudenzi, Schramm, 2010; Schramm, 2006; Schramm, 2011; Schramm, 2008).

No caso da Covid-19, todas as pessoas estão vulneráveis a se infectar e muitas possuem meios e requisitos que permitem que estas adotem medidas para uma prevenção mais eficaz. Isso os diferencia dos que estão em condições de rua e que estão vulnerados a exposição ao vírus pelo volume de pessoas que passam por eles ao longo do dia, locais em que circulam, não dispor de espaço adequado para a higiene pessoal e uso devido de máscaras de proteção individual, por exemplo. Nesse sentido vulnerados e os vulneráveis requerem formas distintas de atenção dos entes públicos.

A teoria Bioética utilizada no texto e que mais se adéqua aos problemas vivenciados pelas pessoas em situação de rua é aquela pensada desde o Sul. Desse modo, trata-se de uma Bioética com forte posicionamento político e ancorada nos dilemas morais emergentes (advindos dos avanços tecnológicos e novas patologias como a Covid-19 que requerem novas técnicas) e persistentes (como aqueles que permanecem ao longo de décadas como o crescente número de pessoas em situação de indigência e de rua permanecem) (Cruz, Trindade, 2006; Garrafa, Porto, 2008; Garrafa, Porto, 2003). Trata-se de perspectivas Bioéticas comprometidas com os problemas sócio, econômicos e sociais vivenciados por países como o Brasil, sem desconsiderar as contribuições da Bioética Principialista. Nesse sentido a Bioética de Proteção de Fermin Roland Schramm e a Bioética de Intervenção criada por Volnei Garrafa são os referenciais teóricos importantes para se analisar os reflexos da pandemia gerada pela Covid-19 em populações vulneradas como as que estão em situação de rua.

Compreende-se que pessoas em situação de rua estão mais suscetíveis ao preconceito, discriminação e violação de direitos e consequentemente sofrem com iniquidades na atenção à saúde, em que a violência social é o princípio dos problemas relacionados com a população de rua. (Brasil, 2005)

Conforme Ribeiro (2019) quando se trata de atenção à população em situação de rua, a intersetorialidade e transversalidade das políticas já existentes devem atuar na perspectiva do desenvolvimento de ações que priorizem a moradia, na concepção do *housing first*.

Conforme estudos realizados por Ribeiro (2019), *housing first*, é um conceito já testado em diversos países e traz como princípio que para qualquer intervenção com populações vulneradas, a moradia deve ser a preocupação primeira e que favorece que outras intervenções focadas na saúde e violência por exemplo seja efetiva (Ribeiro, 2019).

Assim, numa perspectiva Bioética da dignidade humana, conforme descrito no Artigo 3 da Declaração Universal de Bioética e Direitos Humanos (DUBDH), *housing first* apresentou resultado positivo enquanto intervenção para pessoas em situação de rua e usuárias de drogas. Vale ressaltar que a Política Nacional para a População em Situação de Rua apresenta entre os três primeiros motivos para as pessoas estarem em condição de rua o alcoolismo/drogas 35,5%, desemprego 29,8% e problemas com familiares 29,1%, sendo possível encontrar correlação entre essas razões (Brasil, 2008).

A Política Nacional para a População em Situação de Rua (PNPSR) apresenta princípios que fazem relação com os artigos Artigo 3 – Dignidade humana e direitos humanos, Artigo 8 – Respeito pela vulnerabilidade humana e pela integridade individual, Artigo 10 – Igualdade, Justiça e equidade, Artigo 11 – Não discriminação e não estigmatização e o Artigo 14 – Responsabilidade Social e Saúde da DUBDH (GARRAFA, 2006a) e devem ser relembrados para a elaboração de estratégias de prevenção à Covid-19. Trata-se do respeito à dignidade da pessoa humana independente da sua condição socioeconômica, da valorização e respeito à vida de todas as pessoas e à cidadania em qualquer condição de vida, por meio de atendimento dos profissionais de saúde e assistência social humanizada e universalizada, respeitando às condições sociais e a existência de diferenças relacionadas a origem cultural, raça/ cor, idade, local de nascimento, ser ou não usuária de drogas, gênero, orientação religiosa, dentre outros aspectos.

Tal perspectiva deve ser identificada como potente em qualquer situação. No entanto, em contexto de pandemia, o *housing first* pode ser ainda mais eficaz, podendo ser implementado através da ocupação legal de prédios abandonados, disponibilização de vagas em abrigos que favoreçam a não circulação e aglomeração dessas pessoas nas ruas para a não disseminação do vírus e agravamento de problemas de saúde.

As estratégias de prevenção à Covid-19 propalada pelos gestores de saúde no Brasil, consideram as pessoas que vivem condições de moradia digna e acesso a mínimos sociais sem orientações devidas para populações que vivem condições distintas, em extrema pobreza e em situação de rua e que requerem medidas distintas.

Nesse ponto, vale convocar a experiência das equipes dos Consultórios de/na rua (Damásio, 2020). O projeto Consultório de rua nasceu em 1997 na Bahia, em que é possível identificar princípios e diretrizes elementos da Bioética de Intervenção, da Bioética de Proteção e da Declaração Universal de Bioética e Direitos Humanos (Garrafa, 2006a; Ribeiro Valério, Flor, 2017; Nery Filho, Ribeiro, Vasconcelos, 2019).

O Projeto Consultório de Rua foi transformado em Consultório na Rua em 2011 enquanto política pública pelo Ministério da Saúde (MS), no departamento de atenção básica (Nery Filho, Valério, 2010; Nery Filho, Lorenzo, 2014; Ribeiro Valério, Flor, 2017; Nery Filho, Ribeiro, Vasconcelos, 2019). Trata-se de estratégia que conta com equipes que desenvolvem suas atividades diárias nas ruas, dialogando e desenvolvendo estratégias para melhorar a condição de vida de forma digna a pessoas que estão em situação de rua e nesse sentido, é a equipe mais qualificada para prestar atendimento integral a população de rua especialmente no momento em que o Brasil (assim como o resto do mundo) está em processo de descoberta dos elementos relacionados à Covid-19.

Em consonância com Ribeiro (2017), o desenvolvimento de intervenções sanitárias para prevenção à Covid-19 deve estar centrado na pessoa compreendendo e considerando o seu contexto e condição biopsicossocial, com respeito especialmente ao que está descrito na Declaração Universal de Bioética e Direitos Humanos, no que tange especialmente ao Artigo 3º Dignidade humana e direitos humanos, Artigo 5º Autonomia e responsabilidade individual, Artigo 8º Respeito pela vulnerabilidade humana, Artigo 10º Igualdade, justiça e equidade, e Artigo 11º Não discriminação e não estigmatização (GARRAFA, 2006a).

Considera-se que a Declaração Universal de Bioética e Direitos Humanos pode ser um importante balizador dos gestores na elaboração de estratégia contra a infecção pela Covid-19 entre a população em situação de rua diante da existência de recursos escassos na saúde e possível necessidade de seletividade no atendimento, especialmente considerando a insuficiência de leitos em unidades hospitalares para tratamento intensivo.

O compromisso incessante da Bioética desde o Sul é com o respeito pelos direitos humanos, acesso à saúde enquanto direito reconhecido universalmente buscando eliminar as diversas condições de pobreza e indigências que assolam as populações. A Bioética de Intervenção, comprometida com as reflexões sociais críticas a ser aplicada em países periféricos como o Brasil (Garrafa, 2006; Garrafa, Porto, 2003).

Existe uma escassez de estudos que apresentem dados relacionados a População em Situação de Rua nas mais distintas áreas. Em tempos de pandemia, tal ausência fragiliza a criação e o fortalecimento de políticas públicas com estratégias para a prevenção à Covid-19 para este grupo populacional.

Os estudos da Bioética permitem analisar que a exposição desigual ao vírus e consequente variação a suscetibilidade em decorrência da condição de vida e políticas centradas nos direitos humanos, podem incidir entre o deixa viver e o deixar morrer como apontado por Agamben no estudo de biopolítica. No caso da população em situação de rua, a maior aposta contra a disseminação do vírus que é a orientação #fiqueemcasa, tem efeito nulo.

É imperativo concretizar estratégias de prevenção que favoreça o acesso a banheiros com instalação de torneiras em regiões de maior concentração de pessoas em situação de rua, alimentação e local para descanso, respeitando os direitos humanos. Nesse sentido é importante atentar para formas de atuação históricas de retirada das pessoas das ruas centrado na estratégia da segurança pública de hierarquizar, segregar e vigiar, acentuando a repressão e exclusão social, não mudando o status quo.

A pandemia também tem causado o fechamento de empresas e estabelecimentos comerciais, ampliando o desemprego o que poderá favorecer o crescimento de populações desabrigadas. Nesse sentido, a condição de exceção causada pela pandemia pode ser uma oportunidade para rever a questão persistente na qual os menos favorecidos são tratados e favorecer que as políticas possam ser desenvolvidas de forma a oportunizar melhores condições de vida para todos os cidadãos. Atender a prescrição dos órgãos de saúde de ficar isolado em casa, ter acesso à serviços de saúde, alimentação mínima, água potável e higiene é um diferencial significativo para a prevenção da Covid-19. Desse modo, as desigualdades vivenciadas pelas pessoas em situação de rua as tornam mais suscetíveis ao vírus.

A experiência de Porto Alegre apresentada no Plano de Contingenciamento da Pandemia do Coronavírus (Covid-19) para a População em Situação de Rua de Porto Alegre[7] apresenta caminhos possíveis para o cuidado numa perspectiva Bioética para as pessoas em situação de rua com ampliação de locais e formas de abrigamento, instalação de pias em locais públicos e disponibilização de alimentação adequada, podem servir de inspiração implantação e aprimoramentos das estratégias. Outro documento que pode auxiliar na elaboração de estratégias foi elaborado pela equipe da Fiocruz e conta com recomendações[8] para a atenção à população em situação de rua, no contexto da pandemia global causada pela Covid-19. (Damásio, 2020)

É necessário considerar que a pobreza, desigualdade social, uso e abuso de álcool e outras drogas, relação familiar frágil e desemprego por exemplo, demonstra elementos complexos relacionados as pessoas que estão em situação de rua, demandando do mesmo modo, soluções complexas, que envolva os diversos níveis de cuidado e de intervenção pelo poder público e comunitário.

O rastreamento daqueles que estão em condições mais vulneradas dentre os que estão nas ruas como as grávidas, os imunodeprimidos, os idosos, assim como favorecer o acesso a informações de locais para abrigo e meios que favoreçam mudança da condição social de forma intersetorial são elementos que podem ser observados por quem elabora e aplica as políticas públicas para esse segmento. (Damásio, 2020) Faz-se mister produzir conhecimento sobre população em situação de rua e efeitos da Covid-19, assumindo a existência da dimensão social na relação entre a saúde e as doenças na elaboração e aplicação de políticas públicas no campo da saúde e prevenção à Covid-19.

---

7. Disponível em: http://lproweb.procempa.com.br/pmpa/prefpoa/cms/usu_doc/planoparapsr_190320.pdf_(1).pdf.
8. Disponível em: https://www.fiocruzbrasilia.fiocruz.br/wp-content/uploads/2020/04/Sa%c3%bade-Mental-e--Aten%c3%a7%c3%a3o-Psicossocial-na-Pandemia-Covid-19-recomenda%c3%a7%c3%a3o-para-os-consul-t%c3%b3rios-na-rua-e-a-rede-de-servi%c3%a7os-que-atuam-junto-com-a-popula%c3%a7%c3%a3o-em-situa%c3%a7%c3%a3o-de-rua.pdf.

5. CONSIDERAÇÕES FINAIS

A pandemia do novo Coronavírus de forma desigual, tem ocasionado mudanças no cotidiano da população, modificando não apenas a organização da vida política e econômica, mas na interação social.

Muito pouco ainda se sabe sobre a Covid-19, e o que se sabe até o momento não nos permite tirar conclusões. Por mais que tenhamos muitas pesquisas em andamento o tempo necessário (meses ainda) para produzir respostas ainda é diminuto. Ainda será necessário aguardar anos para entender o que de fato está acontecendo no momento atual e modificou a forma de ser e estar do mundo em 2020.

No caso da população em situação de rua, que já vivia em condições de extrema pobreza e desvantagem social, infere-se que os efeitos do vírus podem ser ainda mais deletérios e as ações dos governantes podem ser fundamentais para se deixar viver ou deixar morrer. Nesse momento é prudente fazer análise da situação o que permite apenas inferir o quanto o vírus atinge de forma desigual as pessoas, especialmente considerando a sua condição socioeconômica. Como esse novo vírus não se compara aos modelos epidemiológicos já conhecidos, ainda não é possível ser taxativo quanto a qualquer conclusão.

O último censo da população em situação de rua foi realizado no ano de 2008, o que não permite conhecer melhor esse público e induzir na elaboração de estratégias que permitam uma efetividade das ações, especialmente considerando a escassez de recursos em saúde. Há uma grande dificuldade também em se identificar o quantitativo de pessoas em situação de rua que foram infectadas pelo vírus e seu desfecho clínico, pois os governantes disponibilizam números totais da doença e não de forma estratificada por subpopulação. Diante da invisibilidade da população, o uso fútil de recursos escassos deve ser evitado em detrimento da maximização das possibilidades de mudança na condição de vida dessas pessoas de forma perene.

Garantir acesso às políticas sociais por meio de serviços, benefícios, programas e projetos, de modo intersetorial, transversal e interdisciplinar, com o envolvimento das três esferas de governo pode ser fundamental no enfrentamento da pandemia gerada pelo vírus Covid-19.

Os princípios éticos que devem nortear o desenvolvimento de protocolos de pesquisa clínica para a elaboração de uma vacina contra a Covid-19 devem ser os mesmos que devem instrumentalizar a atuação dos profissionais de saúde para o tratamento e para o cuidado a pessoas em situação de rua durante a pandemia quais sejam: equidade, autonomia, beneficência, não maleficência, justiça, precaução e solidariedade.

Identifica-se que a discussão sobre população em situação de rua ainda é precária no campo da Bioética, carecendo ampliações, sendo essa percepção ampliada quando se trata de análise sobre Bioética, população em situação de rua e Covid-19.

Medidas como a disposição de materiais de higiene em ambientes públicos, a ampliação de espaços de acolhimento com reorganização da estrutura para não haver aglomeração, moradia social especialmente para grupo familiar na rua, a atenção à saúde para pessoas com comorbidades, testagem para a Covid-19 com criação de locais para permanência dos que testam positivo e necessitam ficar em quarentena e alimentação são algumas possibilidades centradas nos direitos humanos, de forma digna e que vão além da orientação fútil de #fiqueemcasa.

Devido aos limites para a elaboração das reflexões contidas neste texto, não foi possível abordar a questão relacionada a necropolítica, biopolítica, biopoder e interseccionalidade, as quais são também fundamentais para a reflexão analítica sobre população em situação de rua, Bioética e Covid-19, sendo incentivada a produção de conhecimento nesses termos.

Por fim, as possibilidades de intervenção listadas podem significar uma mudança no paradigma do cuidado em saúde desse grupo populacional para além do período pandêmico e que pode favorecer uma diminuição das iniquidades e injustiças sociais como reivindica a Bioética de intervenção. Faz-se mister reforçar que, as reflexões impetradas para o período em que o Brasil vivencia a pandemia da Covid-19 não se difere de outros momentos.

Numa perspectiva Bioética o que se reivindica é que os gestores públicos nas mais diferentes esferas de governo busquem atuar de modo que haja integração entre as políticas públicas, com a geração de dados conclusivos possibilitando conhecer as necessidades das diferentes subpopulações do país, com maximização dos benefícios, possibilitando um direcionamento afetivo dos recursos escassos em saúde. Desse modo, espera-se eliminar o abismo existente entre as pessoas em situação de rua e o acesso com qualidade aos serviços de saúde. Tal integração poderá favorecer os direitos humanos e a equidade para um grupo socialmente vulnerado e estigmatizado, num caminho de igualdade de direitos.

6. REFERÊNCIAS

AMORIM, Karla Patrícia Cardoso. Ética em pesquisa no sistema CEP-CONEP brasileiro: reflexões necessárias. *Ciênc. saude coletiva*, Rio de Janeiro, v. 24, n. 3, p. 1033-1040, Mar. 2019. Disponível em: http://www.scielo.br/scielo.php?script=sci_arttext&pid=S1413-81232019000301033&lng=en&nrm=iso. Acesso em: 11.08.2020. https://doi.org/10.1590/1413-81232018243.35292016.

BASTOS F, Bertoni N. (Org.). *Pesquisa nacional sobre o uso de crack*. Quem são os usuários de crack e/ou similares do Brasil? Quantos são nas capitais brasileiras? Rio de Janeiro: Editora ICICT/Fiocruz; 2014.

BRASIL. Ministério da Saúde. Secretaria de Vigilância em Saúde. Departamento de Análise de Situação de Saúde. Política nacional de redução da morbimortalidade por acidentes e violências: Portaria MS/GM 737 de 16/5/01, publicada no DOU n. 96, seção 1E de 18/5/01 [Internet]. 2. ed. Brasília: Editora do Ministério da Saúde; 2005. [citado em 2019 jan. 23]. Disponível em: http://bvsms.saude.gov.br/bvs/publicacoes/politica_reducao_morbimortalidade_acide ntes_2ed.pdf Acesso em: 30.08.2020.

BRASIL. Ministério do Desenvolvimento Social e Combate à Fome. Secretaria de Avaliação e Gestão da Informação, Secretaria Nacional de Assistência Social Relatório do I Encontro Nacional sobre População em Situação de Rua [Internet]. Brasília; 2006. [citado em 2019 jan. 23]. Disponível em: https://fpabramo.org.br/acervosocial/wp-content/uploads/sites/7/2017/08/017-1.pdf Acesso em: 30.08.2020.

BRASIL. Política Nacional para Inclusão Social da População em Situação de Rua [Internet]. Brasília; 2008. [citado em 2017 jun. 15]. Disponível em: http://www.mpsp.mp.br/portal/page/portal/cao_civel/acoes_afirmativas/Pol.Nacional-Morad.Rua.pdf. Acesso em: 30.08.2020.

BRASIL. Decreto Presidencial nº 7.053, de 23 de dezembro de 2009. Institui a Política Nacional para a População em Situação de Rua e seu Comitê Intersetorial de Acompanhamento e Monitoramento, e dá outras providências. Diário Oficial da União: Seção 1, Brasília, DF, Página 16 (Publicação Original), 24 dez. 2009.

BUCCHIANERI GW. Is SARS a Poor Mans Disease? Socioeconomic Status and Risk Factors for SARS Transmission [Internet]. v. 13, *Forum for Health Economics Policy*. 2010.

CARVALHO, Laura & NASSIF PIRES, Luiza & DE LIMA XAVIER, Laura. (2020). Covid-19 e Desigualdade no Brasil. *Cebes*, 06.04.2020. 10.13140/RG.2.2.27014.73282. Disponível em: http://cebes.org. br/2020/04/covid-19-e-desigualdade-no-brasil/. Acesso em:30.08.2020.

CASCELLA, M et al. *Features, Evaluation and Treatment Coronavirus* (Covid-19). [Updated 2020 Jul 4]. StatPearls [Internet]. Treasure Island (FL): StatPearls Publishing; 2020 Jan-. Disponível em: https:// www.ncbi.nlm.nih.gov/books/NBK554776/. Acesso em: 11.08.2020.

COMISSÃO NACIONAL DE ÉTICA EM PESQUISAa. I Informe aos Comitês de Ética em Pesquisa. Disponível em http://conselho.saude.gov.br/images/comissoes/conep/documentos/CARTAS/Informe_Conep_sobre_2019-nCoV.pdf. Acesso em 18.08.2020.

COMISSÃO NACIONAL DE ÉTICA EM PESQUISAb. Boletim Ética em Pesquisa – Relatório Semanal 37. Disponível em http://conselho.saude.gov.br/publicacoes-conep?view=default. Acesso em: 24.08.2020.

CONSELHO NACIONAL DE SAÚDE. Comissão Nacional de Ética em Pesquisa. Disponível em: http:// conselho.saude.gov.br/comissoes-cns/conep/. Acessado em: 11.08.2020.

CORTIZO, Roberta Mélega. *População em situação de rua no Brasil*: o que os dados revelam? Ministério de Cidadania. Brasília/DF. Junho/2019.

CRUZ, MR; TRINDADE, ES. Bioética de Intervenção: uma proposta epistemológica e uma necessidade para sociedades com grupos sociais vulneráveis. *Revista Brasileira de Bioética*. 2006;2(4):483-99.

DAMÁSIO, Débora da Silva Noal e Fabiana. *Recomendações saúde mental e atenção psicossocial Covid-19*: população em situação de rua. Brasília: FIOCRUZ. 2020.

FILHO, A. N.; VALÉRIO, A. L. R. y MONTEIRO, L. F. (Org.) (2011). *Guia do projeto consultório de rua*. Brasília, Salvador: Secretaria Nacional de Políticas sobre Drogas [SENAD], Centro de Estudos e Terapia do Abuso de Drogas [CETAD].

GARRAFA, V; PORTO, D. Bioética de intervención. In: TEALDI JC (Dir.). *Diccionario latinoamericano de bioética*. Bogotá: Unesco, Red Latinoamericana y del Caribe de Bioética, Universidad Nacional de Colombia; 2008.

GARRAFA, V; PORTO, D. Bioética poder e injustiça: por uma ética de intervenção. In: Garrafa V, Pessini L. (Org.). *Bioética: poder e injustiça*. São Paulo: Edições Loyola, Centro Universitário São Camilo, Sociedade Brasileira de Bioética, 2003.

GARRAFA, V. (2006a). Declaração universal de Bioética e direitos humanos da Unesco uma vitória dos países do terceiro mundo. *Boletim SBB*, Londrina, PR, Brasil março, 6.

GAUDENZI, Paula; SCHRAMM, Fermin Roland. A transição paradigmática da saúde como um dever do cidadão: um olhar da bioética em Saúde Pública. *Interface (Botucatu)*, Botucatu, v. 14, n. 33, p. 243-255, June 2010. Disponível em: http://www.scielo.br/scielo.php?script=sci_arttext&pid=S1414-32832010000200002&lng=en&nrm=iso. Acesso em: 31.08.020. https://doi.org/10.1590/S1414-32832010000200002.

GRIFONI, Alba et al. *Targets of T Cell Responses to SARS-CoV-2*. Coronavirus in Humans with Covid-19.

Disease and Unexposed Individuals. Cell. 181, 1489–1501, June 25, 2020. Disponível em: https://pubmed.ncbi.nlm.nih.gov/32473127/. Acesso em: 18 Ago. 2020. https://doi.org/10.1016/j.cell.2020.05.015

MINISTÉRIO DA SAÚDEa. *Sobre a doença*. Disponível em: https://coronavirus.saude.gov.br/sobre-a-doenca#o-que-e-covid. Acesso em: 11.08.2020.

MINISTÉRIO DA SAÚDEb. *Coronavírus Brasil*. Disponível em: https://covid.saude.gov.br/. Acessado em: 11.08.2020.

MINISTÉRIO DA SAÚDEc. *Plataforma Brasil*. Disponível em: http://plataformabrasil.saude.gov.br/login.jsf. Acesso em: 24.08.2020.

LANA, Raquel Martins et al. Emergência do novo coronavírus (SARS-CoV-2) e o papel de uma vigilância nacional em saúde oportuna e efetiva. *Cadernos de Saúde Pública* [online]. v. 36, n. 3. Disponível em: https://doi.org/10.1590/0102-311X00019620. ISSN 1678-4464. https://doi.org/10.1590/0102-311X00019620. Acesso em: 11.08.2020.

NATALINO, M. A. C. *Estimativa da população em situação de rua no Brasil*. Brasília: Instituto de Pesquisa Econômica Aplicada; 2016. 36p. Disponível em: https://www.ipea.gov.br/portal/index.php?option=com_content&view=article&id=28819. Acesso em: 11.08.2020.

NEGRI, Fernanda De; ZUCOLOTO, Graziela; MIRANDA, Pedro; KOELLER, Priscila. *Ciência e Tecnologia frente à pandemia*: como a pesquisa científica e a inovação estão ajudando a combater o novo coronavírus no Brasil e no mundo. Centro de Pesquisa em Ciência, Tecnologia e Sociedade. Disponível em: https://www.ipea.gov.br/cts/pt/central-de-conteudo/artigos/artigos/182-corona. Acesso em: 17.08.2020.

NERY FILHO, A; LORENZO, C; DIZ, F. Usos e usuários de substâncias psicoativas: considerações Bioéticas. Brasil. *Secretaria Nacional de Políticas sobre Drogas. Prevenção dos problemas relacionados ao uso de drogas*: capacitação para conselheiros e lideranças comunitárias [Internet]. 6. ed. Brasília, DF: SENADMJ/NUTE-UFSC; 2014. [citado em 2017.06.2014]. Disponível em: http://conselheiros6.nute.ufsc.br/wp-content/uploads/2014/10/livro-texto.pdf.

NERY FILHO, A; VALÉRIO, ALR (Org.). *Módulo para capacitação dos profissionais do projeto consultório de rua* [Internet]. Brasília/Salvador: SENAD/CETAD, 2010. [citado em 2017 set 25]. Disponível em: http://www.campinas.sp.gov.br/governo/assistencia-social-seguranca-alimentar/prevencao-as-drogas/modulo_profissionais.pdf.

NERY FILHO, Antonio; RIBEIRO, Andréa Leite; VASCONCELOS, Camila. Consultórios de e na rua: agir e transformar. *SaúdeLoucura* 10: Tessituras da clínica, Itinerários da reforma psiquiátrica Ribeiro, Andréa Leite. Usuário de drogas em situação de rua numa perspectiva interseccional de raça, classe e gênero: análise bioética da (não) responsividade do sistema de saúde / Andréa Leite Ribeiro; orientador Wanderson Flor do Nascimento. Brasília, 2019.

ORGANIZAÇÃO PAN-AMERICANA DA SAÚDE. Folha informativa Covid-19. Escritório da OPAS e da OMS no Brasil. 24 de agosto de 2020. Disponível em: https://www.paho.org/pt/covid19. Acesso em: 25.08.2020.

RIBEIRO VALÉRIO, A. L. y Flor do Nascimento, W. (2017). Drogas, direitos humanos e bioética: dupla vulnerabilidade do usuário de drogas em situação de rua. R*evista Latinoamericana de Bioética*, 17(2), 63-75. DOI: http://dx.doi.org/10.18359/rlbi.2677.

ROCHA, Rogério Lannes. Ficar em que casa? *Revista Radis*. ENSP, n. 212, Maio de 2020. Disponível em: https://radis.ensp.fiocruz.br/index.php/home/opiniao/editorial/ficar-em-que-casa. Acesso em: 20.08.2020.

SANTOS, Márcia Pereira Alves dos et al. *População negra e Covid-19*: reflexões sobre racismo e saúde. Estud. av., São Paulo, v. 34, n. 99, p. 225-244, Aug. 2020. Disponível em: http://www.scielo.br/

scielo.php?script=sci_arttext&pid=S0103-40142020000200225&lng=en&nrm=iso. Acesso em: 11.08.2020. Epub July 10, 2020. http://dx.doi.org/10.1590/s0103-4014.2020.3499.014.

SANTOS, José Gomes dos. The *first SARS-CoV-2 outbreak strike in Brazil*: notes from an integrated analysis of territorial inequalities associated with patterns of spatial dissemination and ritms of the disease and its impact on the brazilian population. Preprints. University of Coimbra. Disponível em: https://preprints.scielo.org/index.php/scielo/preprint/view/916/1281. Acesso em: 11.08.2020. https://doi.org/10.1590/SciELOPreprints.916.

SCHRAMM, FR. Bioética de Proteção: ferramenta válida para enfrentar problemas morais na era da globalização. *Rev. bioét.* 2008;16(1):11-23.

SCHRAMM, FR. Bioética sem universalidade? justificação de uma ação bioética latino-americana e caribenha de proteção. In: GARRAFA V, Kottow M, Saada A (Org.). *Bases conceituais da Bioética*: enfoque latino-americano. São Paulo: Gaia; 2006. p. 143-157.

SCHRAMM, Fermin Roland. A Bioética de Proteção é pertinente e legítima? *Revista Bioética*, v. 19, núm. 3, 2011, pp. 713-724 Conselho Federal de Medicina Brasília, Brasil.

SCHRAMM, FR. *Bioética de proteção*: ferramenta válida para enfrentar problemas morais na era de globalização. Bioética 2008; 16(1): 11-23.

SILVA, Marcello Henrique Araújo da; PROCÓPIO, Isabella Mendes. A fragilidade do sistema de saúde brasileiro e a vulnerabilidade social diante da Covid-19. *Rev. bras. promoç. saúde (Impr.)*; 33: 1-12, 03/01/2020.

SILVA, Dejeane de Oliveira et al. Homeless people's social representations about self-care. *Rev. Bras. Enferm.* Brasília, v. 73, n. 2, e20180956, 2020. Acesso em: 06.04.2020. Disponível em: http://www.scielo.br/scielo.php?script=sci_arttext&pid=S0034-71672020000200178&lng=en&nrm=iso. Acesso em: 29.08.2020.

SOTERO M. Vulnerabilidade e vulneração: população de rua, uma questão ética. *Revista Bioética.* 2011;19(3):799-817.

STEVANIM, Luiz Felipe. *Vulnerabilidades que aproximam*: das aldeias às ruas, medidas contra a Covid-19 esbarram em realidades marcadas pela desigualdade e na ausência de direitos básicos, como saúde, emprego e moradia. RADIS, n. 212, Maio, 2020. Disponível em: https://radis.ensp.fiocruz.br/index.php/todas-as-edicoes/212. Acesso em: 18.08.2020.

ORGANIZAÇÃO DAS NAÇÕES UNIDAS PARA A EDUCAÇÃO, A CIÊNCIA E A CULTURA. (2005). Declaração universal sobre bioética e direitos humanos. Brasília: Cátedra Unesco de Bioética, Sociedade Brasileira de Bioética [SBB].

PANDEMIA DE COVID-19: UM RECORTE RACIAL NECESSÁRIO

Irapuã Santana

Doutorando e Mestre em Direito Processual pela UERJ. Procurador do Município de Mauá.

Sarah Abdon Lacerda Fernandes

Graduanda em Direito no Centro Universitário Newton Paiva. Integrante do GEPBio – Grupo de Estudo e Pesquisa em Bioética.

Sumário: 1. Introdução. 2. Desigualdades Raciais e a População Negra no Brasil. 3. Reflexos da Covid-19 na População Negra nos EUA. 4. Possíveis Reflexos da Pandemia de Covid-19 na população Negra Brasileira. 5. Conclusão. 6. Referências.

1. INTRODUÇÃO

Estamos vivendo tempos sombrios com a pandemia de coronavírus. Mas é forçoso reconhecer que uns sofrem mais que outros. Quando se fala que uma das medidas de precaução é lavar bem as mãos com água e sabão, o que parece ser simples, num primeiro momento, torna-se um verdadeiro desafio para 35 milhões de pessoas no Brasil, que não têm acesso à água tratada. Além disso, metade dos brasileiros não tem acesso a esgoto, o que demonstra uma barreira quase intransponível de meios para se precaver contra essa terrível doença.

Em uma simples reflexão, fica fácil saber onde reside e quem forma essa parcela tão significativa da população: são os mais pobres das zonas periféricas de todo país.

E quem são os mais pobres em nosso país?

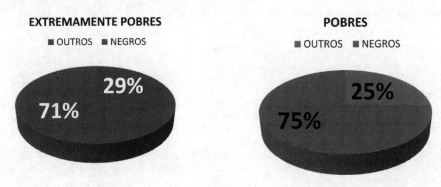

Na faixa social classificada como extremamente pobre[1], mostra-se que 71% é composta por negros, traduzidos em 5.651.071 de pessoas. Ainda na base, mas subindo uma faixa, considerada pobre[2], o correspondente é de 75% negros, ou 7.357.054 pessoas.

A importância de se discutir o racismo, no contexto da pandemia de Covid-19, contra pessoas negras no Brasil, é plenamente justificável ao analisar que, embora a isonomia seja um princípio Constitucional, a sociedade permanece marcada pelas desigualdades raciais, o que pode afetar ainda mais a população negra.

O acesso das pessoas negras, se confrontados com o dos indivíduos brancos, não é isonômico, principalmente ao referir-se à saúde e ao mercado de trabalho.

Nos últimos meses, o Brasil tem enfrentado a Covid-19, doença que, pela fácil propagação do seu vírus, resultou em pandemia. Como ocorre em diversos países, para conter a doença, muitas cidades brasileiras adotaram período de isolamento e de quarentema, separando as pessoas já infectadas e criando restrições de funcionamento de diversas atividades. Sendo que, por isso, foi resguardado o funcionamento das atividades essenciais, "aquelas indispensáveis ao atendimento das necessidades inadiáveis da comunidade, assim considerados aqueles que, se não atendidos, colocam em perigo a sobrevivência, a saúde ou a segurança da população" (BRASIL, 2020)[3].

Nesse contexto, cotejando os dados do Ministério do Trabalho (2017)[4] e do IBGE (2019)[5], constata-se que as pessoas negras são maioria nas profissões que prestam as atividades essenciais.

Dessa forma, além de já vivenciarem as desigualdades raciais, nesse momento de pandemia, em razão da exposição no exercício da profissão, a população negra encontra-se em condição de maior de risco de contágio da doença e também de transmissão para os seus familiares.

Destaca-se que, atualmente, as pessoas negras já representam a parcela da população mais afetada. No Brasil, os indivíduos negros correspondem a 43.130, cerca de 41,4%, dos 104.065 óbitos por Síndrome Respiratória Aguda Grave (SRAG) decorrente da Covid-19, conforme os registros atualizados até o dia 16 de agosto de 2020 (MINISTÉRIO DA SAÚDE, 2020)[6].

Vale ressaltar, ainda, que entre o total de óbitos supracitados existem pessoas sem registros de informações sobre raça/cor ou que tiveram essas informações ignoradas, correspondendo a aproximadamente 27,6% dos óbitos registrados, totalizando 28.804

---

1. Definida pelo programa Brasil sem Miséria. Renda referente a renda domiciliar per capita de até R$79,12.
2. Definida pelo programa Brasil sem Miséria. Renda referente a renda domiciliar per capita entre R$79,12 e R$ 158,24.
3. BRASIL. *Decreto nº 10.282, de 20 de março de 2020*.
4. MINISTÉRIO DO TRABALHO, *RAIS - Relatório Anual de Indicativos Sociais*, 2017.
5. IBGE - Instituto Brasileiro de Geografia e Estatística, *Síntese de indicadores sociais: uma análise das condições de vida da população brasileira*, 2019.
6. MINISTÉRIO DA SAÚDE. *Boletim Epidemiológico Especial nº 27 - Doença pelo Coronavírus Covid-19 (Semana Epidemiológica 33)*, 2020.

mortos (MINISTÉRIO DA SAÚDE, 2020)[7]. Esses dados revelam que a proporção de indivíduos negros afetados pode ser ainda maior.

Como se isso não fosse o bastante, as pessoas negras têm condições pré-existentes a desenvolver doenças, que naturalmente já necessitam de cuidados mais específicos que veremos mais adiante.

2. DESIGUALDADES RACIAIS E A POPULAÇÃO NEGRA NO BRASIL

Embora o IBGE (2019)[8] tenha constatado que os negros representam a maioria da população brasileira, cerca de 55,8% da população do país, outros dados da mesma pesquisa demonstram que pessoas brancas são maioria entre os ocupantes de cargos gerenciais no país, aproximadamente 68,6%, enquanto os indivíduos pretos e pardos correspondem a 29,9%.

A mesma pesquisa constatou que, enquanto o rendimento médio das pessoas ocupadas brancas era de R$ 17,00 por hora, o rendimento médio das pessoas pretas ou pardas era de R$ 10,10.

No mesmo sentido, os dados apontaram que a disparidade salarial é ainda maior quando o nível de instrução é o mais elevado, sendo que indivíduos pretos e pardos com ensino superior ou mais ganhavam cerca de R$ 22,70 por hora e os brancos, com a mesma escolaridade, recebiam R$ 32,80. Isto é, mesmo correspondendo a maior parte da sociedade brasileira, as pessoas negras não estão ocupando os mesmos espaços que as brancas.

Historicamente, o Estado não olha da mesma forma para esses indivíduos, que precisam se virar para sobreviver e, portanto, formam a maior parcela de empreendedores e de trabalhadores informais. Depender apenas de si para custear o seu sustento, sem uma rede de apoio por trás, faz com que essas pessoas se exponham mais.

As pessoas mais pobres precisam utilizar o transporte público, assim como ocupam os postos de trabalho ditos essenciais, quando empregados.

Sem dinheiro, não há possibilidade de manutenção de uma alimentação balanceada, que fortaleça a imunidade. Se já existe uma dificuldade de testagem para pessoas com recursos, imagine, caro leitor, como está a situação de quem está nas camadas mais baixas de renda da sociedade.

Daí a preocupação extremamente legítima com as consequências do coronavírus para a população das comunidades periféricas de todo o país, onde famílias grandes dividem pequenos cômodos, em casas amontoadas umas nas outras.

No Brasil, aproximadamente 13,6 milhões de pessoas moram em favelas, e destas, 97% mudaram sua rotina por causa do novo coronavírus.[9]

---

7. MINISTÉRIO DA SAÚDE. *Boletim Epidemiológico Especial nº 27 - Doença pelo Coronavírus Covid-19 (Semana Epidemiológica 33)*, 2020.
8. IBGE - Instituto Brasileiro de Geografia e Estatística, *Desigualdades Sociais por Cor ou Raça no Brasil*, 2019.
9. É o que mostra a pesquisa feita pelo Data Favela em parceria com a Central Única das Favelas (CUFA) e o Instituto Locomotiva em 20 e 23 de março. Foram entrevistados mais de 1.200 moradores em 262 favelas de todo o Brasil.

A pesquisa mostra que sete em cada dez famílias tiveram a renda reduzida no início da pandemia. Isso porque 47% dos moradores vivem como autônomos, e apenas 19% têm carteira assinada. Desse total, dois em três já tiveram o pagamento das contas comprometido por terem ficado em casa sem renda.

Ainda de acordo com o levantamento, 53% dos moradores têm filhos – média é de 2,7. Segundo os dados, 86% deixaram de ir para a escola. Por isso, os gastos aumentaram 84% entre as famílias entrevistadas.

Do mesmo modo, pesquisas sobre o acesso à saúde e racismo revelam a discriminação racial por parte dos profissionais da saúde.

No artigo "Racismo Institucional: um desafio para a equidade no SUS?", publicado em 2007, foram expostos relatos de profissionais da saúde e de pacientes do SUS sobre o racismo no âmbito da saúde. Conforme afirmaram os pesquisadores Batista et.al (2007)[10], as situações discriminatórias *"parecem estar ligadas à ideologia do dominador que perpassa o cotidiano estando introjetada nos profissionais"*.

Assim, a discriminação racial praticada por profissionais da saúde não se trata apenas de atos isolados, são atos que compõem toda uma estrutura racista. Seguem dois dos diversos relatos colhidos:

(...) "No Hospital X o médico me destratou e disse que preto tem que morrer em casa" (54 anos, cabeleireira, cor preta)[11]

(...) "Vi uma senhora, ao não concordar ou entender a prescrição, ouvir do médico: a senhora é uma velha negra e sem diploma, eu que estudei, sei o que estou fazendo" (52 anos, presidente de ONG, cor preta).[12]

Embora as informações da pesquisa anterior tenham sido coletadas há mais de 10 anos, em 2013, pesquisadores coletaram relatos de psicólogos sobre discriminação racial no atendimento à saúde (TAVARES et al., 2013)[13], confira-se uma das narrativas sobre pacientes negros que chegam feridos, por arma de fogo, no hospital:

o discurso vai ser assim: você sabe o que que fulano fez? Você já descobriu? Você já conversou a família? Que que fulano faz? Agora... se é uma pessoa branca, se é um branco a pergunta já tem um discurso diferente: "Nossa, coitado, que que será que aconteceu". (...) e eu estou falando de uma dessas situações que a gente está acostumado no pronto socorro, aí você já quer saber o que fez. Se é um branco, você quer saber o que sofreu. (A.).

Por outra perspectiva, pesquisa mais recente colheu desabafos de mulheres negras sobre como se sentiam em relação a oferta de serviços e atendimento na linha de cuidado materno-infantil, (SILVA e BIDU, 2019)[14], melhor explicitou uma das vítimas entrevistadas:

---

10. BATISTA, Luís Eduardo; CRUZ, Vanessa Martins da; KALCKMANN, Suzana; SANTOS, Claudete Gomes dos. *Racismo Institucional: um desafio para a equidade no SUS?*, p. 151, 2007.
11. BATISTA, Luís Eduardo; CRUZ, Vanessa Martins da; KALCKMANN, Suzana; SANTOS, Claudete Gomes dos. *Racismo Institucional: um desafio para a equidade no SUS?*, p. 151, 2007.
12. BATISTA, Luís Eduardo; CRUZ, Vanessa Martins da; KALCKMANN, Suzana; SANTOS, Claudete Gomes dos. *Racismo Institucional: um desafio para a equidade no SUS?*, p. 151, 2007.
13. TAVARES, Natália Oliveira; OLIVEIRA, Lorena Vianna; LAGES, Sônia Regina Corrêa. *A percepção dos psicólogos sobre o racismo institucional na saúde pública*, p. 580, 2013.
14. SILVA, Monique França da; BIDU, Hania Silva. *Percepção de mulheres negras do racismo institucional na linha de cuidado materno-infantil*. Saúde em Foco, p. 29, 2019.

"É como eu falei, aqui está sem a vacina. Não só aqui, as redondezas também. Estão sem a vacina da meningite e eu só fui encontrar a vacina lá na zona sul. E a gente fica pensando: Por que na zona sul tem sobrando e na zona norte não tem?"

Nota-se pelas pesquisas uma estrutura racista já consolidada na sociedade, em que a discriminação contra pessoas negras se concretiza de diversas formas e âmbitos da sociedade.

Certo é que as pessoas negras já são cotidianamente afetadas pelas desigualdades raciais. Isto é, além de serem vítimas de atos discriminatórios isolados, ao buscar atendimento médico ou vagas de emprego, não recebem um tratamento isonômico.

Diante disso, no presente período de pandemia, momento em que toda a sociedade se vê mais vulnerável pelos riscos de propagação da Covid-19, é essencial compreender que a desigualdade racial pode deixar a população negra em situação de maior instabilidade.

Vale destacar que os dados publicados pelo Ministério do Trabalho[15], em 2017, demonstraram que, independente de qual seja a escolaridade, a média da remuneração de pessoas negras, quando comparadas ao recebido pelas brancas com o mesmo nível de instrução, era inferior. Além dos danos históricos causados durante o período da escravatura, passados mais de 130 anos da abolição, a população negra permanece em condições desvantajosas.

Ainda, cotejando os dados do Ministério do Trabalho (2017)[16] e do IBGE (2019)[17], foi possível constatar que pessoas negras são maioria nas profissões que exercem as atividades compreendidas como essenciais, descritas no Decreto nº 10.282/2020, sobretudo aquelas relacionadas à agropecuária, indústria, comércio e reparação.

Ou seja, as pessoas negras representam a maior parte do grupo de pessoas que estão garantindo que as demandas essenciais da sociedade sejam atendidas, bem como se expõem diariamente ao risco de contágio da Covid-19 e ao risco de transmissão do vírus para os seus familiares.

3. REFLEXOS DA COVID-19 NA POPULAÇÃO NEGRA NOS EUA

O exemplo dos Estados Unidos tem mostrado que, apesar de ser uma parcela pequena da sociedade, os afro-americanos têm sofrido uma incidência completamente desproporcional de diagnósticos e de mortes pela doença.

Em Louisiana, cerca de 70% das pessoas que morreram são afro-americanas, embora apenas 1/3 da população do estado seja negra. Em torno de Milwaukee, onde 27% dos residentes são negros, os afro-americanos que testam em número positivo superam os brancos dois para um.

Por sua vez, Chicago tem pouco menos de um terço do afro-americano, mas os negros correspondem a 72% das mortes relacionadas ao vírus.

---

15. MINISTÉRIO DO TRABALHO, *RAIS - Relatório Anual de Indicativos Sociais*, 2017.
16. MINISTÉRIO DO TRABALHO, *RAIS - Relatório Anual de Indicativos Sociais*, 2017.
17. IBGE - Instituto Brasileiro de Geografia e Estatística, *Síntese de indicadores sociais: uma análise das condições de vida da população brasileira*, 2019.

Com a doença avançada nesse nos Estados Unidos, podemos assumir que ventos parecidos soprem aqui pelo Brasil, considerando-se a similitude de estrutura sócio-racial entre os dois países.

4. POSSÍVEIS REFLEXOS DA PANDEMIA DE COVID-19 NA POPULAÇÃO NEGRA BRASILEIRA

Então, em um panorama de crise mundial, onde fica dificílimo se prevenir e adquirir seu sustento, é possível ficar pior? Infelizmente, sim.

Todo panorama relatado demonstra como as questões socioeconômicas influenciam diretamente na exposição ao coronavírus. Mas como dito anteriormente, o quadro é muito mais complicado do que esse.

Voltando ao Brasil, segundo o Ministério da Saúde, conforme os dados atualizados até o dia 16 de agosto de 2020, das 110.499 pessoas negras que foram hospitalizadas por Síndrome Respiratória Aguda Grave (SRAG) decorrente da Covid-19, 43.130 morreram, cerca de cerca de 39% desses indivíduos e 41,4% do total de óbitos (MINISTÉRIO DA SAÚDE, 2020)[18].

A mesma pesquisa revela, contudo, que, além de serem menos afetadas pela SRAG decorrente da Covid-19, com 93.686 hospitalizações, a proporção de pessoas brancas que morreram foi menor, aproximadamente 32,5% (30.537) desses indivíduos e 29,3% do total de óbitos, evidenciando a vulnerabilidade das pessoas negras nesse contexto de pandemia.

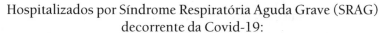

Hospitalizados por Síndrome Respiratória Aguda Grave (SRAG) decorrente da Covid-19:

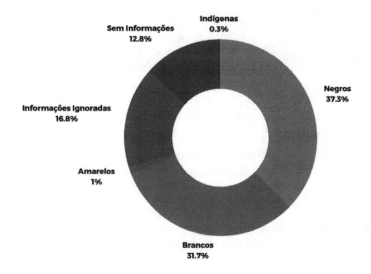

---

18. MINISTÉRIO DA SAÚDE. *Boletim Epidemiológico Especial nº 27 - Doença pelo Coronavírus Covid-19 (Semana Epidemiológica 33)*, 2020.

Óbitos por Síndrome Respiratória Aguda Grave (SRAG) decorrente da Covid-19:

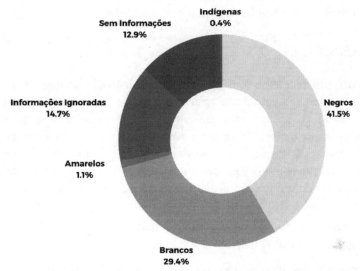

Além disso, a literatura médica aponta que pessoas negras têm predisposições a desenvolver ou serem portadores de doenças como diabetes, hipertensão, doenças do coração, que, por consequência, são condições para se classificar como grupo de risco.

Daí a necessidade de ir além para poder compreender o que pode vir em nossa realidade.

O IBGE aponta que, enquanto 15,4% dos indivíduos brancos do país estão na faixa da pobreza, 32,9% dos negros compõem a parcela de brasileiros que vivem com até US$ 5,50 por dia. Já na linha da extrema pobreza, com rendimento de até US$ 1,90 por dia, estão 3,6% das pessoas brancas e 8,8% das pretas e pardas. Ser deixado à margem da sociedade faz com que não se consiga atingir níveis de nutrição ideais, o que gera alto índice de diabetes entre negros, além das doenças do coração e hipertensão, que, por sinal, é potencializado pelo fato de lidar diariamente com o racismo.

Assim, temos que o racismo estrutural,[19] construído em mais de cinco séculos de história, gera consequências nefastas na ordem de saúde, encontrando o aumento exponencial de risco de óbito de grande parcela da população negra.

O Dr. Drauzio Varella revela que as longas viagens de navio no período escravocrata, com infraestrutura precária, água e alimentação restritas e expostos a doenças que provocam diarreia, muitos negros escravizados morrem de desidratação. Assim, somente sobreviviam aqueles que tinham maior capacidade de reter sal e, consequentemente, água. O problema é que exatamente a característica que lhes salvou a vida à época, agora aumenta o risco de pressão alta.

---

19. Podemos dizer que o racismo é uma forma sistemática de discriminação que tem a raça como fundamento, e que se manifesta por meio de práticas conscientes ou inconscientes que culminam em desvantagens ou privilégios para indivíduos, a depender do grupo racial ao qual pertençam. ALMEIDA, Silvio Luiz de. O QUE É RACISMO ESTRUTURAL?. Belo Horizonte: Letramento, 2018. p. 25.

É preciso, portanto, ter um olhar mais atento para a situação que se desenha no Brasil, enquanto país de maioria negra, por tudo que foi dito. O futuro que se aproxima não parece acolhedor para o pobre e para o negro.

5. CONCLUSÃO

O Brasil deu um excelente passo ao conceder um auxílio emergencial para os mais necessitados, mas é preciso ir além, é necessário um esforço a mais para abarcar as peculiaridades da saúde do povo negro, que compõe 55,8% da população nacional[20].Todas as medidas de combate à questão socioeconômica podem ser consideradas de médio e longo prazo, com exceção do auxílio emergencial. No entanto, é possível expedir normas de tratamento específicas para as pessoas negras, gerando uma discriminação positiva na saúde, considerando um potencial grupo de risco, com a adequação dos tratamentos condizentes com o que a situação de risco exige.

Isso fica demonstrado no Estatuto da Igualdade Racial,[21] quando trata da saúde da população negra, a partir de seu artigo 6°.

Art. 6° O direito à saúde da população negra será garantido pelo poder público mediante políticas universais, sociais e econômicas destinadas à redução do risco de doenças e de outros agravos.

Art. 7° O conjunto de ações de saúde voltadas à população negra constitui a Política Nacional de Saúde Integral da População Negra, organizada de acordo com as diretrizes abaixo especificadas:

I - ampliação e fortalecimento da participação de lideranças dos movimentos sociais em defesa da saúde da população negra nas instâncias de participação e controle social do SUS;

II - produção de conhecimento científico e tecnológico em saúde da população negra;

III - desenvolvimento de processos de informação, comunicação e educação para contribuir com a redução das vulnerabilidades da população negra.

Art. 8° Constituem objetivos da Política Nacional de Saúde Integral da População Negra:

I - a promoção da saúde integral da população negra, priorizando a redução das desigualdades étnicas e o combate à discriminação nas instituições e serviços do SUS;

II - a melhoria da qualidade dos sistemas de informação do SUS no que tange à coleta, ao processamento e à análise dos dados desagregados por cor, etnia e gênero;

III - o fomento à realização de estudos e pesquisas sobre racismo e saúde da população negra;

IV - a inclusão do conteúdo da saúde da população negra nos processos de formação e educação permanente dos trabalhadores da saúde;

V - a inclusão da temática saúde da população negra nos processos de formação política das lideranças de movimentos sociais para o exercício da participação e controle social no SUS.

---

20. IBGE - Instituto Brasileiro de Geografia e Estatística. *Desigualdades Sociais por Cor ou Raça no Brasil*, 2019.

21. Vale ressaltar a proposição realizada por Irapuã Santana acerca do referido diploma legal, no que concerne ao seu sentido e alcance: *"Destarte, é importante notar que uma das principais saídas para erradicação do racismo no país é reinterpretar o Estatuto da Igualdade Racial, que deve ser entendido como uma norma dotada de autoexecutoriedade a fim de incidir seu caráter impositivo a todos os Poderes da República em todas as unidades da Federação, diante de sua natureza de Lei Nacional. [...] Diante da observância obrigatória atribuída ao Estatuto da Igualdade Racial, enquanto reflexo direto do princípio da igualdade, proponho classificar a combinação do Estatuto, da Resolução do CNJ e da lei 12.990/14 como um verdadeiro microssistema de Direito à Igualdade Racial, para a sua efetiva materialização da realidade da sociedade como um todo"*. SILVA, Irapuã Santana do Nascimento da. Perspectivas das cotas no Brasil. Debate Acadêmico. Universidade Estadual Paulista. Disponível em: https://www2.unesp.br/portal#!/debate-academico/perspectivas-das-cotas-no-brasil

Parágrafo único. Os moradores das comunidades de remanescentes de quilombos serão beneficiários de incentivos específicos para a garantia do direito à saúde, incluindo melhorias nas condições ambientais, no saneamento básico, na segurança alimentar e nutricional e na atenção integral à saúde.

Por fim, cabe asseverar que não adianta dizer que todos são iguais, se a vida, em virtude de uma história racista, desnivelou grande parte da sociedade e não podemos fechar os olhos para essa situação que se apresenta.

Toda exposição ao vírus deve ser evitada, mas é preciso identificar quais são os grupos mais sensíveis. É necessário reconhecer que a população negra está historicamente largada à própria sorte e que isso a torna mais vulnerável em tempos de pandemia.

Não podemos esperar pelo pior. É preciso agir já.

6. REFERÊNCIAS

ALMEIDA, Silvio Luiz de. *O QUE É RACISMO ESTRUTURAL?*. Belo Horizonte: Letramento, 2018. 204 p. v. 1. ISBN 9788595300972.

BATISTA, Luís Eduardo; CRUZ, Vanessa Martins da; KALCKMANN, Suzana; SANTOS, Claudete Gomes dos. *RACISMO INSTITUCIONAL: UM DESAFIO PARA A EQUIDADE NO SUS?*. Saúde e Sociedade, São Paulo, v. 16, n. 2, p. 146-155, mai./ago. 2007. DOI https://doi.org/10.1590/S0104-12902007000200014. Disponível em: http://www.scielo.br/pdf/sausoc/v16n2/14.pdf. Acesso em: 10 abr. 2020.

BRASIL. *Decreto nº 10.282, de 20 de março de 2020*. Regulamenta a Lei nº 13.979, de 6 de fevereiro de 2020, para definir os serviços públicos e as atividades essenciais. [S. l.], 20 mar. 2020. Disponível em: http://www.planalto.gov.br/ccivil_03/_Ato2019-2022/2020/Decreto/D10282.htm. Acesso em: 10 abr. 2020.

IBGE - INSTITUTO BRASILEIRO DE GEOGRAFIA E ESTATÍSTICA. *Desigualdades Sociais por Cor ou Raça no Brasil*. Brasil, 2019. Disponível em: https://www.ibge.gov.br/estatisticas/sociais/populacao/25844-desigualdades-sociais-por-cor-ou-raca.html?=&t=resultados. Acesso em: 10 abr. 2020.

IBGE - INSTITUTO BRASILEIRO DE GEOGRAFIA E ESTATÍSTICA. *Síntese de indicadores sociais: uma análise das condições de vida da população brasileira*. Brasil, 2019. Disponível em: https://www.ibge.gov.br/estatisticas/sociais/populacao/9221-sintese-de-indicadores-sociais.html?=&t=o-que-e. Acesso em: 10 abr. 2020

OLIVEIRA, Esp. Maria Christina Barreiros D. *Artigo 03: BREVE ANÁLISE DO PRINCÍPIO DA ISONOMIA*. Revista Processus de Estudos de Gestão, Jurídicos e Financeiros, [S.l.], v. 1, n. 01, p. 22-32, mar. 2010. ISSN 2178-2008. Disponível em: http://periodicos.processus.com.br/index.php/egjf/article/view/13. Acesso em: 10 abr. 2020.

MINISTÉRIO DA SAÚDE. *Boletim Epidemiológico Especial nº 27 - Doença pelo Coronavírus Covid-19 (Semana Epidemiológica 33)*. Secretaria de Vigilância em Saúde, Brasil, 2020. Disponível em: https://saude.gov.br/images/pdf/2020/August/19/Boletim-epidemiologico-Covid.pdf. Acesso em: 24 ago. 2020.

MINISTÉRIO DO TRABALHO. *RAIS - RELAÇÃO ANUAL DE INFORMAÇÕES SOCIAIS 2017*. Brasil, 2018. Disponível em: http://pdet.mte.gov.br/rais/rais-2017. Acesso em: 10 abr. 2020.

SILVA, Irapuã Santana do Nascimento da. *Perspectivas das cotas no Brasil*. Debate Acadêmico. Universidade Estadual Paulista. Disponível em: https://www2.unesp.br/portal#!/debate-academico/perspectivas-das-cotas-no-brasil

SILVA, Monique França da; BIDU, Hania Silva. *PERCEPÇÃO DE MULHERES NEGRAS DO RACISMO INSTITUCIONAL NA LINHA DE CUIDADO MATERNO-INFANTIL*. Saúde em Foco, Rio de Janeiro, v. 5, n. 1, p. 24-36, jan./jun. 2020. DOI http://dx.doi.org/10.24118/revsf2525.4383.5.1.2020.684. Disponível em: http://smsrio.org/revista/index.php/revsf/article/view/684/621. Acesso em: 10 abr. 2020.

TAVARES, Natália Oliveira; OLIVEIRA, Lorena Vianna; LAGES, Sônia Regina Corrêa. *A PERCEPÇÃO DOS PSICÓLOGOS SOBRE O RACISMO INSTITUCIONAL NA SAÚDE PÚBLICA*. Saúde em Debate, Rio de Janeiro, v. 37, n. 99, p. 580-587, out/dez 2013. Disponível em: https://www.scielosp.org/pdf/sdeb/2013.v37n99/580-587/pt. Acesso em: 10 abr. 2020.

BIOÉTICA E GÊNERO: A VULNERABILIDADE DAS MULHERES NO CONTEXTO DE PANDEMIA

Camila Vasconcelos

Advogada em Direito Médico, Pós Doutoranda em Direito pela FDV, Doutora em Bioética pela UNB, Mestre em Bioética pela UAÇ/UCP, segunda Vice Presidente da Sociedade Brasileira de Bioética (2019-2021), Professora Adjunto III da Faculdade de Medicina da Universidade Federal da Bahia. E-mail: camila.vasconcelos@ufba.br

Sarah Carvalho Santos

Membro Pesquisadora do Grupo de Estudo e Pesquisa em Bioética (GEPBio) do Centro Universitário Newton Paiva. Advogada.

Sumário: 1. Introdução. 2. Bioética e gênero: a construção de uma bioética feminista. 3. Interseccionalidade: uma análise dos marcadores das desigualdades sociais. 4. O impacto dos papéis de gênero e a Covid-19. 4.1. Masculinidades. 4.2. Aumento exponencial da violência doméstica. 5. Combate à violência doméstica. 6. Conclusão. 7. Referências.

1. INTRODUÇÃO

Em um contexto de desigualdades sociais, crises vivenciadas pela humanidade ferem desproporcionalmente as mulheres. O surto do ebola em 2014-2016 e a epidemia de zika em 2015-2016 apresentaram, às reflexões sobre saúde pública, o necessário enfrentamento de questões socioeconômicas ligadas ao gênero. Isto porque, a exemplo desses períodos, pôde-se observar que as mulheres, já vulnerabilizadas socialmente, foram maiormente expostas aos riscos de saúde, que somaram-se à pobreza e riscos domésticos, situação semelhante à vivida no decurso da pandemia que ora o Brasil enfrenta, relativa à Covid-19.

As mulheres compõem a maioria na linha de frente contra a pandemia de Covid-19, o que implica estarem em busca do salvaguardo de inúmeras vidas enquanto se expõem ao risco de contaminação. Somada a esta conjuntura e, tendo em vista o perfil de patriarcado no Brasil, esta mulher traz, cotidianamente, os cuidados às famílias, às pessoas adoecidas que as circundam, bem como crianças e idosos, assim como o trabalho doméstico não remunerado, aumentando a sua sobrecarga.

As políticas de enfrentamento ao avanço da Covid-19 evidenciaram que as mulheres estão sujeitas a outro tipo de problema: a violência doméstica. Tal como disposto a seguir, ao se aplicar as medidas de isolamento social – necessárias à contenção do vírus –, passou-se ao contato prolongado entre mulheres e seus agressores, aumentando os números já expressivos de violências, num momento em que os serviços de apoio estão interrompidos ou inacessíveis.

Diante das vulnerabilidades prementes à pandemia, agora potencializadas, faz-se necessário compreender que eventuais respostas às questões de saúde precisarão considerar o impacto assimétrico às vidas das mulheres. Nessa perspectiva, o presente artigo nasce do esforço de discutir, por meio de um olhar jurídico e bioético, a influência do contexto de pandemia nas problemáticas de gênero já consideradas no Brasil.

2. BIOÉTICA E GÊNERO: A CONSTRUÇÃO DE UMA BIOÉTICA FEMINISTA

A bioética, na perspectiva acadêmica, surgiu no início da década de 1970, nos Estados Unidos, em razão dos dilemas éticos fomentados pelos impactos do desenvolvimento tecnológico na perspectiva ecológica e biotecnológico no exercício da medicina. Nesse sentido, o pesquisador americano Van Rensselaer Potter propôs esta abordagem com o intuito de introduzir uma reflexão ética sobre os saberes biológicos e os impactos da tecnociência à vida.[1]

Para ele seria necessário pensar sobre a sobrevivência da espécie humana sem esquecer a manutenção de uma reflexão ética, para que fosse possível o desenvolvimento da civilização de modo sustentável. Assim, a bioética não só seria uma ponte entre a ciência biológica e a ética, mas também exigia "uma disciplina que guiasse a humanidade como uma ponte para o futuro."[2]

No decurso da sua proposição, o obstetra holandês André Hellegers, também pesquisador no âmbito biomédico na universidade de Georgetown, apresentou uma discussão sobre o progresso biotecnológico na reprodução humana e sua implicação ética, pelo que, em seu ver, a bioética seria uma ponte entre a ética e a medicina.[3] Esta proposta, adotada pelo Instituto Kenedy, conquistou hegemonia e, sobretudo, em razão da redução principialista da bioética proposta por Beauchamp e Childress em 1979, terminou por ser universalizada.[4] A teoria principialista consolidou a bioética como uma disciplina maiormente voltada para a ética médica, se pautando em orientar os conflitos morais por quatro princípios básicos universais, a saber, o respeito à autonomia, a beneficência, a não maleficência e a justiça.

Essa abordagem da Bioética se expandiu dos Estados Unidos da América aos demais países, todavia a partir de 1990 começaram a surgir críticas à universalidade destes quatro princípios e à sua aplicabilidade limitada diante de problemas bioéticos majorados por contextos socioeconômicos diversos daqueles estadunidenses.

Surgiu, assim, na América Latina, a bioética de intervenção como uma proposta que recomendava a priorização de tomadas de decisão e políticas que beneficiassem o máximo

---

1. POTTER, Van Rensselaer. *Bioética: ponte para o futuro*. São Paulo: Edições Loyola; 2016.
2. PESSINI, Leo. *Script do vídeo (42 minutos) elaborado e apresentado especialmente para o IV Congresso Mundial de Bioética (04 a 07 de novembro/1998) em Tóquio. (Transcrição e tradução por Leo Pessini.)*. O Mundo da Saúde. 1998, v. 22, n. 6, p. 370-374.
3. REICH, Warren Thomas. *The word 'bioethics': its birth and the legacies of those who shaped it*. Kennedy Inst Ethics Journal, v. 5, n. 01, p. 19-34, 1995. Disponível em <https://www.ncbi.nlm.nih.gov/pubmed/10184226> Acesso em 07 de abril em 2020.
4. CUNHA, Thiago; LORENZO, Cláudio. *Bioética global na perspectiva da bioética crítica*. Revista Bioética, v. 22, n. 1, p. 116-125, 2014. Disponível em: <http://www.scielo.br/scielo.php?script=sci_arttext&pid=S1983-80422014000100013>. Acesso em 07 de abril de 2020.

de pessoas, analisando, de forma profunda, antigos dilemas como "autonomia versus justiça/equidade; benefícios individuais versus benefícios coletivos; individualismo versus solidariedade; omissão versus participação; mudanças superficiais e temporárias versus transformações concretas e permanentes."[5] Esta teoria propôs, ainda, a devida atenção às vulnerabilidades sociais e às relações assimétricas de poder, focando, em especial, na busca pelo empoderamento, emancipação e libertação, consubstanciando-se, sobretudo, em abordagens de Paulo Freire e Amartya Sen.

Nesse cenário, a bioética ainda fortaleceu a sua perspectiva global a partir da publicação da Declaração Universal sobre Bioética e Direitos Humanos (DUBDH), publicada no âmbito da Organização das Nações Unidas para a Educação, a Ciência e a Cultura (UNESCO), em 2005. O documento trouxe, em seu bojo, a valorização de princípios universais, que demonstraram a necessidade de se pensar em uma bioética a nível macro, que passasse a enriquecer o diálogo multicultural na busca por uma vida digna, como o respeito pela vulnerabilidade humana e pela integridade individual, a autonomia e a não discriminação, entre outros.[6]

Interessante notar que o envolvimento dos estudos feministas é contemporâneo ao surgimento da Bioética, contudo, as suas construções como campos de conhecimento interseccionados foram motivadas por acontecimentos históricos subsequentes. Segundo Débora Diniz:

> A aproximação da bioética e dos estudos de gênero se deu por dois caminhos. O primeiro, pelo reconhecimento de que gênero é uma variável de pesquisa para a compreensão e análise dos conflitos morais em saúde. O segundo caminho se deu pelo diálogo com as teorias de gênero sobre desigualdade, vulnerabilidade, sexualidade, corpo e reprodução.[7]

Nessa perspectiva, a bioética de intervenção, acrescida aos princípios da DUBDH possuem afinidades com os estudos feministas, na medida em que tornaram-se abordagens críticas aproximadas e unidas perante o enfrentamento de questões relacionadas a poderes hegemônicos desconexos aos problemas e vulnerabilidades sociais. Dessa forma, a bioética de inspiração feminista se configura como a "análise de todas as questões bioéticas da humanidade sob a perspectiva feminista".[8] Portanto, é engano pensar que essa abordagem se limita a assuntos atinentes à reprodução feminina, como aborto ou técnicas de reprodução assistida, assim como não se refere estritamente às questões das mulheres na bioética ou de mulheres que falam de bioética. Busca, então, sobretudo reivindicar a importância do papel bioético na luta pela equidade de gênero, na luta antirracista e na discussão de antigos tabus da sociedade.

---

5. GARRAFA, Volnei, PORTO, Dora. *Intervention bioethics: a proposal for peripheral countries in a context of power and injustice.* Bioethics, v. 17, ed. 5-6, p. 399, 2003. Disponível em <https://www.ncbi.nlm.nih.gov/pubmed/14870763> Acesso em 06 de abril de 2020.
6. UNITED NATIONS EDUCATIONAL, SCIENTIFIC AND CULTURAL ORGANIZATIONS. *Universal Declaration on Bioethics and Human Rights.* Paris: Unesco; 2005. Disponível em: <http://unesdoc.unesco.org/images/0014/001461/146180E.pdf> Acesso em 06 de abril de 2020.
7. DINIZ, Débora. *Bioética e gênero.* Revista Bioética, v. 16, n. 2, p. 208, 2009. Disponível em<http://revistabioetica.cfm.org.br/index.php/revista_bioetica/article/view/68> Acesso em 07 de abril de 2020.
8. BANDEIRA, Lourdes; ALMEIDA, Tânia Mara Campos de. *Bioética e feminismo: um diálogo em construção.* Revista Bioética, v. 16, n. 2, p. 176, 2008. Disponível em <http://revistabioetica.cfm.org.br/index.php/revista_bioetica/article/view/66> Acesso em 06 de abril de 2020.

Apresenta, ainda, resistência à teoria principialista de 1979, visto que, apesar de serem princípios éticos importantes, não refletem a autenticidade de decisões consubstanciadas na vulnerabilidade social. Exemplo disso é a controversa pesquisa de tratamento para a AIDS com mulheres africanas pobres no final dos anos 90. Após uma violação aos protocolos internacionais de proteção aos países mais pobres em um contexto de pesquisa internacional, os pesquisadores responsáveis alegaram, em sua defesa, apenas a autonomia das mulheres em dispor de seus corpos e o cumprimento do dever de informação a todas elas sobre as implicações das pesquisas. [9]

Contudo, há de se ressaltar que diversas optaram por participar das pesquisas em razão das desigualdades econômicas e de gênero em que se encontravam. Destarte, "reconhecer plena autonomia para pessoas em situação de extrema vulnerabilidade social ou econômica tende a reforçar mecanismos de opressão".[10] Diante desse cenário não há que se falar em princípios sobrepostos à resolução de conflitos morais em situações de desigualdades sociais, razão pela qual a bioética de inspiração feminista se empenha em buscar alternativas compensatórias da vulnerabilidade social.

Importa ressaltar que o reconhecimento pela bioética de que a compreensão de gênero é um fator a ser considerado nos conflitos morais de saúde fez com que os estudos feministas, nesse sentido, sensibilizassem os profissionais das áreas de saúde a perceberem sutilezas relacionadas às mulheres, como a sexualidade, a reprodução e o corpo feminino.

A epidemia do HIV, citada acima, assolou inúmeros países e demonstrou que à medicina não era necessário apenas o domínio da técnica, mas também conhecimento antropológico a fim de notar que a epidemia atingia homens e mulheres de formas diferentes, e que um discurso único de prevenção não contemplava as particularidades das mulheres.[11]

Sobre isso, a partir dos anos 2000 houve uma queda dos números de casos de HIV na população brasileira como um todo, fato que não foi verificado na população feminina. A maioria das portadoras se encontrava em idade reprodutiva fértil e em relacionamentos fixos, pautados em valores como monogamia, amor romântico e cumplicidade, valores que, socialmente, indicariam que essas mulheres estariam protegidas do risco de se infectarem. Entretanto, foi demonstrada a falibilidade desse raciocínio, que, inclusive, impede que as mulheres reflitam sobre o exercício da sexualidade e sobre os lugares que ocupam nas relações afetivas em que se encontram.[12]

Segundo Guilhem e Azevedo, esse fenômeno, observado entre as portadoras, decorre do processo de socialização, que é o responsável por definir as identidades sociais,

---

9. GRECO, Dirceu. *As modificações do parágrafo 30 da Declaração de Helsinque*. Revista Brasileira de Epidemiologia, vol. 6, n. 4, 2004. Disponível em: <http://www.scielo.br/scielo.php?script=sci_arttext&pid=S1415-790X2003000400002> Acesso em 07 de abril de 2020.

10. DINIZ, Débora. *Bioética e gênero*. Revista Bioética, v. 16, n. 2, p. 212, 2009. Disponível em<http://revistabioetica. cfm.org.br/index.php/revista_bioetica/article/view/68> Acesso em 07 de abril de 2020.

11. GUILHEM, Dirce; AZEVEDO, Anamaria Ferreira. *Bioética e gênero: moralidades e vulnerabilidade feminina no contexto da Aids*. Revista Bioética, v. 16, n. 2, 2008. Disponível em <http://revistabioetica.cfm.org.br/index.php/ revista_bioetica/article/view/70/73> Acesso em 07 de abril de 2020.

12. KNAUTH, DR. Maternidade sob o signo da aids: um estudo sobre mulheres infectadas. In: COSTA, AO, (coord). *Direitos tardios: saúde, sexualidade e reprodução na América Latina*. São Paulo: PRODIR/FCC; 1997. p.39-64.

estabelecendo padrões de comportamento considerados aceitáveis para cada sexo, faixa etária e classe social, pelo que perpetua-se a crença de que a mulher está em posição subalterna ao homem.[13]

Assim, quando os estudos feministas se debruçaram sobre a categoria de gênero perceberam que a desigualdade existente entre os sexos é proveniente de relações de poder. Esse termo rejeita justificativas biológicas para aquilo que é resultado da naturalização de construções sociais atribuídas aos homens e às mulheres.

Sobre os papeis de gênero, Osterne e Silveira enunciam:

> Apesar de cada indivíduo já nascer com um sexo definido, entendemos que a desigualdade estabelecida nas relações de gênero é construída através da elaboração cultural dos papéis sociais impostos a homens e mulheres. Tais papéis são transmitidos por meio do processo de socialização dos indivíduos. A sociedade atribui às mulheres, desde crianças, comportamentos dóceis, delicados e passivos. Em contrapartida, os homens são educados para tomar iniciativa, extravasando sua agressividade no cotidiano. À mulher cabe os sentimentos, as emoções, e a sensibilidade, enquanto ao homem compete a razão, a altivez e a superioridade.[14]

Dessa forma, entende-se que o gênero é um elemento constitutivo de relações socialmente construídas baseadas nas diferenças existentes entre o sexo feminino e o masculino, estabelecendo uma falsa noção de estabilidade na forma com que esses sexos se comportam. Isto é, a repetição de gestos, atos e maneiras de se comportar reforçam a construção do que é próprio dos corpos femininos e masculinos, e estabelecem, assim, uma norma.[15]

Similarmente à epidemia de HIV/AIDS, no contexto atual de pandemia de Covid-19 foram veiculadas medidas consideradas básicas para prevenção ao contágio e noticiou-se quais seriam os grupos de pessoas vulneráveis. Todavia, o cenário de pandemia potencializa as vulnerabilidades sociais e mostra que está em pauta, não apenas a vulnerabilidade ao contágio, mas também aqueles que são atingidos indiretamente, como é o caso das vulnerabilidades que acometem às mulheres instituídas pelos papeis de gênero.

3. INTERSECCIONALIDADE: UMA ANÁLISE DOS MARCADORES DAS DESIGUALDADES SOCIAIS

A Covid-19 não é uma doença democrática. Apesar de não discriminar classe social, raça, etnia ou gênero, diversos segmentos da sociedade estão mais expostos e se caracterizam como grupos de risco, ainda que não por especificidades de saúde, mas por majoração de suas vulnerabilidades sociais.

---

13. GUILHEM, Dirce; AZEVEDO, Anamaria Ferreira. *Bioética e gênero: moralidades e vulnerabilidade feminina no contexto da Aids*. Revista Bioética, v. 16, n. 2, 2008. Disponível em <http://revistabioetica.cfm.org.br/index.php/revista_bioetica/article/view/70/73> Acesso em 07 de abril de 2020.

14. OSTERNE, Maria do Socorro Ferreira; SILVEIRA Clara Maria Holanda. *Relações de gênero: uma construção cultural que persiste ao longo da história*. Revista do Programa de Pós Graduação em Sociologia da Universidade Estadual do Ceará: O público e o privado, n; 19, jan./jun, 2012. Disponível em: <http://www.seer.uece.br/?journal=opublicoeoprivado&page=article&op=view&path%5B%5D=345&path%5B%5D=503>. Acesso em 05 de abril de 2020.

15. BUTLER, Judith. Corpos que pesam: sobre os limites discursivos do 'sexo'. In: LOURO, Guacira Lopes (Org.). *O corpo educado: pedagogias da sexualidade*. Belo Horizonte: Autêntica, 2007, p. 151-172.

Para as mulheres, sua fragilização é decorrente de questões de gênero, e pode ser acentuada pelo contexto social em que se encontram. Esse fenômeno pode ser explicado pelo conceito de interseccionalidade, forma pela qual o racismo, a opressão de classe, as relações patriarcais, a sexualidade, a idade, a etnia, o status de cidadania e outros marcadores de desigualdades criam e reforçam opressões. [16] Esse conceito demonstra as vulnerabilidades, as desvantagens e as opressões sofridas pelas mulheres que estão posicionadas em dois ou mais pontos de encontro das vertentes de poder. Dessa forma, apesar de a violência de gênero contra as mulheres ser um fenômeno mundial, é preciso considerar a complexidade de suas vulnerabilidades para realizar medidas de enfrentamento mais efetivas.

Nesse sentido, Kimberlé Crenshaw elucida que "As mulheres racializadas frequentemente estão posicionadas em um espaço onde o racismo ou a xenofobia, a classe e o gênero se encontram. Por consequência, estão sujeitas a serem atingidas pelo intenso fluxo de tráfego em todas estas vias."[17] A população negra não ocupa todos os espaços de forma proporcional. Apesar de se constituírem como a maioria na sociedade brasileira, os corpos pretos estão em zonas periféricas, nas favelas, nos cortiços, entre a população de rua, nos presídios e em empregos precários.[18] E se deslocam aos centros das cidades diariamente, por longos períodos, para fazerem a sustentação da economia e a ocupação de postos essenciais à coletividade, mesmo nesse período de pandemia.[19]

No mesmo passo, o racismo estrutural é o responsável direto por tornar o isolamento social tão difícil em ambientes familiares que possuem mais de três moradores por cômodo, paredes e coberturas frágeis, pouca ventilação, ausência de saneamento básico e de alimentação adequada.[20] Apesar de o conceito de raça ter se desconstruído do viés biológico, no Brasil ainda se mostra um importante conceito descritivo das relações sociais entre a população branca e a população negra, já que trata de relações de exploração e de privilégios das pessoas brancas sobre as pessoas pretas.[21]

Além disso, no contexto atual desta pandemia da Covid-19, os papeis de gênero são evidenciados. A força de trabalho em saúde, que está na linha de frente no combate ao coronavírus, é majoritariamente feminina, com exceção das carreiras

---

16. COSTA, Joaze Bernardino. *Decolonialidade e interseccionalidade emancipadora: a organização política das trabalhadoras domésticas no Brasil.* Revista Sociedade e Estado, v. 30, n. 1, p. 151, 2015. Disponível em <http://www.scielo.br/pdf/se/v30n1/0102-6992-se-30-01-00147.pdf> Acesso em 12 de abril de 2020.

17. CRENSHAW, Kimberlé. *Documento para o Encontro de Especialistas em Aspectos da Discriminação Racial Relativos ao Gênero.* Estudos Feministas, n. 10, p. 171-188, 2002.

18. MARTINS, Pedro. *População negra e Covid-19: desigualdades sociais e raciais ainda mais expostas.* Geledés: Instituto da mulher negra. Disponível em <https://www.geledes.org.br/populacao-negra-e-covid-19-desigualdades-sociais--e-raciais-ainda-mais-expostas/> Acesso em 12 de abril de 2020.

19. TEODORO, Ilka. *População negra, coronavírus e racismo ambiental.* Correio Braziliense. Disponível em <https://www.correiobraziliense.com.br/app/noticia/opiniao/2020/04/12/internas_opiniao,843954/populacao-negra-coronavirus-e-racismo-ambiental.shtml> Acesso em 12 de abril de 2020.

20. OLIVEIRA, Flávia. *Crise tem cor e gênero.* Geledés: Instituto da mulher negra. Disponível em <https://www.geledes.org.br/crise-tem-cor-e-genero/> Acesso em 12 de abril de 2020.

21. SILVEIRA, Raquel da Silva; NARDI, Henrique Caetano. *Interseccionalidade gênero, raça e etnia e a lei Maria da Penha.* Revista Psicologia e Sociedade, vol. 26, 2014. Disponível em <http://www.scielo.br/scielo.php?script=sci_arttext&pid=S0102-71822014000500003&lang=es> Acesso em 12 de abril de 2020.

médicas, o que demonstra que as mulheres são essenciais na luta contra a pandemia, continuam abaixo nas hierarquias profissionais e expõem-se substancialmente ao risco de contaminação.[22]

Confinadas, há ainda aquelas que além de realizarem trabalho remoto, enfrentam jornadas duplas ou triplas ainda mais intensas, haja vista que sem o auxílio das creches e das escolas e devido à saturação dos sistemas de saúde, o cuidado com as crianças, com os idosos e os familiares doentes terminam por ser de suas incumbências. Dessa forma, as mulheres continuam sendo as mais afetadas pelo trabalho não remunerado.[23]

Similarmente, acrescenta-se que "O trabalho doméstico concentra uma das maiores forças de trabalho de mulheres no Brasil: cerca de 90% de 6 milhões de profissionais. Do total de trabalhadoras domésticas, 60% são mulheres negras e menos de 40% das profissionais têm carteira assinada".[24] Sendo assim, a capacidade das mulheres em manterem seus meios de subsistência foi diretamente abalada em tempos de Covid-19, haja vista que ao menos dois problemas se apresentam para as domésticas nesse período: maior carga de trabalho não remunerado em seu próprio lar conjuntamente com o serviço prestado em outras residências ou a possibilidade de perda de renda ao se verem dispensadas de seus serviços para que elas adiram às recomendações de isolamento social, necessário às suas saúdes.

Há que se falar ainda, das mulheres indígenas e das mulheres ciganas, que além de sofrerem com discriminações de gênero, são atingidas pelo apagamento histórico de suas etnias, visto que, ao preservarem as especificidades de suas culturas, acabam encontrando dificuldades de integração.[25] Nem todas as medidas veiculadas nas mídias sociais como tangíveis em áreas urbanas ao enfrentamento do coronavírus são possíveis em aldeias e comunidades ciganas, tendo em vista a vulnerabilidade econômica que muitas se encontram. Todavia, as alternativas pensadas, até o momento, contaram com a união desses grupos e com a solidariedade de movimentos sociais para ajudar de forma coletiva, bem como pressionando os poderes públicos.[26]

A situação de apagamento histórico em que se encontram os povos ciganos faz com que surja a necessidade de se implementarem políticas públicas de inclusão social para

---

22. WERMELINGER, M. et al. *Feminilização do Mercado de Trabalho em Saúde no Brasil: focalizando a feminização.* Divulgação em Saúde para Debate, Rio de Janeiro, n. 45, p. 54-70, maio 2010.

23. ORGANIZAÇÃO DAS NAÇÕES UNIDAS. ONU MULHERES. *Gênero e Covid-19 na América Latina e no Caribe: Dimensões de gênero na resposta.* Disponível em <http://www.onumulheres.org.br/wp-content/uploads/2020/03/ONU-MULHERES-COVID19_LAC.pdf> Acesso em 12 de abril de 2020.

24. ORGANIZAÇÃO DAS NAÇÕES UNIDAS. ONU MULHERES. *Trabalhadoras domésticas fazem campanha por direitos durante a pandemia Covid-19 e articulam apoio da cooperação internacional.* Disponível em <http://www.onumulheres.org.br/noticias/trabalhadoras-domesticas-fazem-campanha-por-direitos-durante-a-pandemia-covid-19-e-articulam-apoio-da-cooperacao-internacional/> Acesso em 12 de abril de 2020.

25. SILVEIRA, Raquel da Silva; NARDI, Henrique Caetano. *Interseccionalidade gênero, raça e etnia e a lei Maria da Penha.* Revista Psicologia e Sociedade, vol. 26, 2014. Disponível em <http://www.scielo.br/scielo.php?script=sci_arttext&pid=S0102-71822014000500003&lang=es> Acesso em 12 de abril de 2020.

26. CORDEIRO, Hilza. *Povo cigano da Bahia denuncia fome e dificuldades em meio à pandemia de Covid-19.* Correio 24 horas. Disponível em <https://www.google.com/amp/s/www.correio24horas.com.br/amp/nid/povo-cigano-da-bahia-denuncia-fome-e-dificuldades-em-meio-a-pandemia-de-covid-19/> Acesso em 17 de abril de 2020 ; FELLET, João. *Coronavirus pode dizimar povos indígenas, diz pesquisadora.* BBC News. Disponível em <https://www.google.com/amp/s/www.bbc.com/portuguese/amp/brasil-52030530> Acesso em 18 de abril de 2020.

essas comunidades, e que contemplem, sobretudo, a perspectiva de gênero, a fim de garantir que as medidas de igualdade alcancem também as mulheres ciganas, uma vez que suas comunidades se caracterizam por serem altamente patriarcais.[27]

No que tange aos povos indígenas é preciso ressaltar que a saúde sempre foi uma temática complexa, vez que doenças infecciosas já dizimaram um número expressivo de indígenas no país e ainda hoje o sistema de saúde, por vezes, não está preparado para atendê-los, situação que se agravou no cenário atual.[28]

As mulheres e meninas imigrantes irregulares também tiveram suas vulnerabilidades acentuadas, em razão das restrições de viagens externas ou internas, da falta de documentação e até mesmo pelas dificuldades de acesso aos serviços de saúde.[29]

Similarmente, as mulheres trans e travestis, excluídas do mercado de trabalho formal e da maior parte das políticas públicas sociais, possuem inúmeras dificuldades no acesso aos serviços de saúde, em razão do preconceito que sofrem.[30] Com a pandemia foram e continuam sendo extremamente impactadas, também, pela denominada recessão social, causada pelo distanciamento necessário ao enfrentamento da Covid-19.

Esse fenômeno diz respeito a um problema anterior à pandemia e que foi evidenciado por ela: a solidão. Stephenson elucida-se que, enquanto o isolamento se trata de uma escassez objetiva de conexões sociais, a solidão é conceituada por uma percepção subjetiva, por um sentimento de se estar sozinho.[31] E a solidão das mulheres trans e travestis decorre do distanciamento compelido pela sociedade, que as excluem de seu meio, principalmente, ao dirigir a elas a sua violência.

Nesse sentido, ainda que a pretensão do presente tópico não tenha sido esgotar todos os marcadores de desigualdades sociais que atingem as mulheres, o que se observa é a importância da realização de direcionamentos específicos, nas políticas de saúde, às mulheres, contudo, não universalizando as políticas de promoção à igualdade das mulheres, visto que ao se fazer uma análise apenas das violências de gênero, invisibiliza-se ou secundariza-se, de modo perigoso, as individualidades constitutivas de suas vulnerabilidades.

---

27. SANTOS, Ana Paula Cavalcante dos; SILVA, Áurea Marcela de Moura. *A invisibilidade cigana no Brasil: que ações podem ser desenvolvidas pelo profissional de serviço social?* Revista Digital de Ciencias Sociales, vol. III, n.5, p. 2019, 2016. Disponível em <https://dialnet.unirioja.es/servlet/articulo?codigo=5665458> Acesso em 12 de abril de 2020

28. ALVES, Ana Paula Barbosa, et. al. *Doenças e agravos mais prevalentes em uma comunidade indígena em Boa Vista-RR: relato de experiência.* Revista Eletrônica Acervo Saúde, vol. 26, 2019. Disponível em <https://www.acervomais.com.br/index.php/saude/article/view/673/552> Acesso em 12 de abril de 2020.

29. ORGANIZAÇÃO DAS NAÇÕES UNIDAS. ONU MULHERES. *Gênero e Covid-19 na América Latina e no Caribe: Dimensões de gênero na resposta.* Disponível em <http://www.onumulheres.org.br/wp-content/uploads/2020/03/ONU-MULHERES-COVID19_LAC.pdf> Acesso em 12 de abril de 2020.

30. ROCON et. al. *Dificuldades vividas por pessoas trans no acesso ao Sistema Único de Saúde.* Revista Ciência e Saúde Coletiva, v. 21, n. 8, p. 2517- 2525. Disponível em <http://www.scielo.br/pdf/csc/v21n8/1413-8123-csc-21-08-2517.pdf> Acesso em 16 de abril de 2020.

31. STEPHENSON, Joan. *In Time of Social Distancing, Report's Call for Health Care System to Address Isolation and Loneliness Among Seniors Resonates.* JAMA Network, 2020. Disponível em <https://jamanetwork.com/channels/health-forum/fullarticle/2763354?resultClick=1>> Acesso em 12 de abril de 2020.

4. O IMPACTO DOS PAPÉIS DE GÊNERO E A COVID-19

4.1 Masculinidades

Atualmente, neste contexto de pandemia, compreender as noções de gênero se mostra essencial para analisar os impactos sociais que a pandemia causou às mulheres. Entretanto, sua importância também está sendo verificada para estudar os números de contágio e mortalidade ao coronavírus entre homens e mulheres, apesar de ainda ser muito cedo para afirmar categoricamente sobre a influência dos papeis de gênero e do sexo biológico nos resultados de saúde das pessoas contaminadas pelo coronavírus.

Destarte, a fim de entender qual é o papel do gênero no surto de Covid-19, a *Global Health 50/50,* em parceria com a CNN, passou a compilar os dados disponíveis ao público e as informações veiculadas pelos governos até o momento, analisando como os estereótipos de gênero podem estar diretamente ligados a maior proporção de mortes de homens entre os casos confirmados. Para tanto, a iniciativa destaca a necessidade de os países começarem a coletar e a relatar dados desagregados por sexo.[32]

Apesar de os homens não estarem inseridos no grupo de risco à contaminação de Covid-19, uma pergunta vem intrigando os pesquisadores: por que homens estão morrendo mais que as mulheres? Tal ocorrência foi verificada, primeiramente, na China, país em que o surto teve origem, se refletindo, posteriormente, em países como França, Alemanha, Irã, Itália, Coreia do Sul, Espanha e até mesmo no Brasil, até o momento. [33]

Os cientistas ainda não possuem uma resposta precisa que explique esse fenômeno, mas apontam alguns fatores que podem ser determinantes. Um dos fatores pode ser o biológico, isto é, ligado estritamente ao sexo. Sem desconsiderar outros estudos que possam demonstrar a possibilidade de influência de questões biológicas à vulnerabilidade de homens à Covid-19, cita-se um estudo publicado no *The Journal Of Immunology* em 2017. A referida pesquisa se reportava ao surto de SARS (Síndrome respiratória aguda grave), causado por outro tipo de coronavírus no ano de 2003 e verificou que o estrogênio, hormônio sexual prevalente nas mulheres, protegeu fêmeas de camundongos infectadas pelo vírus. Mas, ao se bloquear o funcionamento de estrogênio, as fêmeas adoeciam em proporções mais altas, assim como os machos que apresentaram mais vulnerabilidade ao vírus.[34]

Outro fator provável seria o estilo de vida dos homens. De acordo com o que se extrai do banco de dados do *Global Health 5050,* que contém notícias do mundo todo acerca de sexo biológico e Covid-19, os homens ao redor do mundo tendem a fumar

---

32. GLOBAL HEALTH 5050. *Covid-19 sex-disaggregared data tracker.* Disponível em <https://globalhealth5050.org/covid19/>Acesso em 14 de abril de 2020.

33. Op. Cit; BBC News. *Por que o coronavírus está matando mais homens que mulheres?* Disponível em <https://www.bbc.com/portuguese/internacional-52209630. Acesso em 15 de abril de 2020.

34. CHANNAPPANAVAR, Rudragouda et. al. *Sex-based differences in susceptibility to SARS-CoV infection.* J. Immunol., v. 198, n. 10, p. 4046-4053, 2017.Disponível em <https://www.ncbi.nlm.nih.gov/pmc/articles/PMC5450662/> Acesso em 16 de abril de 2020.

mais do que as mulheres, se tornando mais suscetíveis a desenvolver doenças pulmonares e cardiopatias, fatores que vulnerabilizam as pessoas em relação ao contágio com o coronavírus.

Por fim, aponta-se como possível resposta uma questão de gênero associada à masculinidade. Em tese, observa-se que os homens possuem uma tendência maior a acreditarem que o medo de ser acometidos pela Covid-19 é exagerado e são mais propensos do que as mulheres a ignorarem as advertências de saúde relativas à pandemia, conforme demonstram pesquisas no Canadá e nos Estados Unidos. Aliado a isso está o fato de que as mulheres são a maioria na linha de frente ao enfrentamento desse vírus e são estimuladas a exercerem papeis de cuidados em seu cotidiano, enquanto os homens tendem a ser displicentes com questões de saúde.[35]

Em acréscimo a esta reflexão, Bordieu elucida que o processo de socialização que ensina as mulheres a serem resignadas e passivas, também afeta negativamente os homens, vez que papeis de gênero não são uma condição natural.[36] Assim, as masculinidades são culturalmente relacionadas à violência, sendo considerada como algo intrínseco ao homem e expressão de sua virilidade, assim como a sua capacidade física, sua firmeza moral e sua potência sexual.[37] Neste sentido, é sabido que todo padrão comportamental baseado em gênero contribui para a construção da superioridade de um gênero em relação ao outro. Dessa forma, a masculinidade se configura como conjunto de práticas que constroem o homem dentro de uma estrutura que atribui significados e valores diferentes ao que se entende por feminino.

4.2 Aumento exponencial da violência doméstica

Tão logo se deu início às medidas de enfrentamento ao coronavírus passaram a ser veiculadas notícias sobre o aumento exponencial de violência doméstica no Brasil. Segundo dados do governo federal, com o isolamento social houve um aumento de 9% de ligações denunciando violências contra a mulher.[38]

Não obstante, o plantão Judiciário do Rio de Janeiro registrou que 70%, aproximadamente, de sua demanda nos primeiros dias de quarentena correspondeu às mulheres vítimas de agressões em casa, enquanto em São Paulo, de acordo com o Núcleo de Gênero e o Centro de Apoio Operacional Criminal (CAOCrim) do Ministério Público, em um

---

35. ANGUS REID INSTITUTE. *Covid-19 Carelessness: Which Canadians say pandemic threat is 'overblown'? And how are they behaving in turn?* Disponível em <http://angusreid.org/covid-19-serious-vs-overblown/> Acesso em 15 de abril de 2020; NATIONAL POST. *Covid-19: Covid-19: Canadian women far more worried about pandemic than men are, poll shows.* Disponível em <https://nationalpost.com/news/politics/canadian-women-are-far-more-worried-about-covid-19-than-men-poll> Acesso em 15 de abril de 2020; KAHN, Chris. *U.S. men less likely to heed health warnings as coronavirus death toll mounts: Reuters Poll.* REUTERS. Disponível em <https://www.reuters.com/article/us-health-coronavirus-gender-poll/u-s-men-less-likely-to-heed-health-warnings-as-coronavirus-death-toll-mounts-reuters-poll-idUSKBN21E1C9> Acesso em 15 de abril de 2020.
36. BOURDIEU, Pierre. *A dominação masculina.* 2. ed. Rio de Janeiro: Bertrand Brasil, 2002.
37. COURTINE, Jean-Jacques. Introdução Impossível virilidade. In: COURTINE, Jean-Jacques (ed.). *História da Virilidade: A virilidade em crise? Séculos XX e XXI*, pp.7–12, 2013.
38. AGÊNCIA BRASIL. *Denúncias de violência contra a mulher cresceram 9%, diz ministra.* Disponível em <https://agenciabrasil.ebc.com.br/direitos-humanos/noticia/2020-04/denuncias-de-violencia-contra-mulher-cresceram-9-diz-ministra> Acesso em 16 de abril de 2020.

mês, houve o aumento de 30% dos casos.[39] O fenômeno não só foi observado em muitos outros estados brasileiros, como em outros países também.[40]

Mesmo antes da pandemia de Covid-19, os dados de violência doméstica já eram elevados por todo o mundo, se configurando como uma das mais graves violações aos direitos humanos. Cerca de 243 milhões de meninas e mulheres, de 15 a 49 anos, considerando todos os países, foram vítimas de violência sexual ou física por um companheiro íntimo nos últimos 12 meses. Assim, a casa não se apresenta como um lugar seguro para significativa parte das mulheres.[41]

A realidade é que, ao contrário do imaginário coletivo, os abusadores, em sua maioria, fazem parte do convívio da vítima, sendo eles companheiros, ex-companheiros ou namorados, razão pela qual os índices de violência doméstica provavelmente continuarão crescendo durante o isolamento social. Esse fenômeno é verificado em todos os segmentos sociais, e, ainda assim, as subnotificações são significativas. Dentre as causas possíveis lista-se a falta de percepção da vítima sobre a gravidade da violência, a relação afetiva existente, a vergonha de admitir a outrem a agressão, os sentimentos de culpa, o medo do agressor e os entraves públicos, que dizem respeito à ausência de instâncias confiáveis para relatar a violência e a percepção de impunidade nos casos de violência doméstica.[42]

No atual cenário, soma-se a essas causas as dificuldades de acesso às delegacias e aos serviços de atendimento social, em virtude da quarentena; a piora no atendimento de saúde decorrente da sobrecarga vivenciada nos hospitais e a diminuição do atendimento na rede de serviços, como delegacias, Ministério Público e serviços assistenciais.[43]

Em um contexto de crise humanitária, períodos de estresse e perturbação prolongados tendem a impactar os números de violência doméstica[44]. No que tange às medidas de isolamento social, tão essenciais no combate ao coronavírus, as vítimas passaram a ser expostas ao convívio com o agressor durante mais tempo, o que dificultou o acesso da mulher ao sistema de proteção e à sua rede de apoio, que também está isolada, evidenciando assim, a sua vulnerabilidade social.

---

39. BASSAN, Pedro. *Casos de violência doméstica no RJ crescem 50% durante confinamento.* G1: Rio de Janeiro. Disponível em <https://g1.globo.com/rj/rio-de-janeiro/noticia/2020/03/23/casos-de-violencia-domestica-no-rj-crescem-50percent-durante-confinamento.ghtml> Acesso em 15 de abril de 2020; BORGES, Beatriz; LARA, Walace. *Casos de violência contra mulher aumentam 30% durante a quarentena em SP, diz MP.* G1: São Paulo. Disponível em <https://g1.globo.com/sp/sao-paulo/noticia/2020/04/13/casos-de-violencia-contra-mulher-aumentam-30percent-durante-a-quarentena-em-sp-diz-mp.ghtml> Acesso em 16 de abril de 2020.

40. GLOBAL HEALTH 5050. *Covid-19 sex-disaggregated data tracker.* Disponível em <https://globalhealth5050.org/covid19/>Acesso em 14 de abril de 2020.

41. ORGANIZAÇÃO DAS NAÇÕES UNIDAS. ONU MULHERES. *Violência contra as mulheres e meninas é pandemia das sombras, afirma diretora executiva da ONU Mulheres.* Disponível em <http://www.onumulheres.org.br/noticias/violencia-contra-as-mulheres-e-meninas-e-pandemia-das-sombras-afirma-diretora-executiva-da-onu-mulheres/> Acesso em 13 de abril de 2020.

42. SCHRAIBER, Lilia Blima; D' OLIVEIRA, Ana Flávia Pires Lucas; COUTO, Márcia Thereza. *Violência e saúde: contribuições teóricas, metodológicas e éticas de estudos da violência contra a mulher.* Cadernos de Saúde Pública, v. 25, n. 2, p. 205-2016. Disponível em <http://www.scielo.br/scielo.php?pid=S0102-311X2009001400003&script=sci_abstract&tlng=pt> Acesso em 16 de abril de 2020.

43. ORGANIZAÇÃO DAS NAÇÕES UNIDAS. ONU MULHERES. *Gênero e Covid-19 na América Latina e no Caribe: Dimensões de gênero na resposta.* Disponível em <http://www.onumulheres.org.br/wp-content/uploads/2020/03/ONU-MULHERES-COVID19_LAC.pdf> Acesso em 12 de abril de 2020.

44. WORLD HEALTH ORGANIZATION. WHO. *Violence and disasters.* Disponível em <https://www.who.int/violence_injury_prevention/publications/violence/violence_disasters.pdf> Acesso em 16 de abril de 2020.

Nessa perspectiva, a instabilidade nas relações de trabalho, o desemprego, a vulnerabilidade econômica vivenciada pelas mulheres e a insegurança social, quando associados a homens culturalmente incentivados ao domínio sobre o feminino, são propulsores dos números de violência.

5. COMBATE À VIOLÊNCIA DOMÉSTICA

O amparo jurídico às mulheres em situação de violência é recente, advém do reconhecimento dos direitos humanos e da necessidade de se garantir constitucionalmente a inviolabilidade dos direitos da mulher. A primeira Conferência Mundial a tratar especificamente da mulher ocorreu no México, em 1975, e resultou na elaboração da Convenção sobre a eliminação de todas as formas de discriminação contra as mulheres, aprovada pela Assembleia Geral das Nações Unidas, por meio da Resolução nº 34/180, em 1979. O Brasil assinou a Convenção em 1981, com algumas ressalvas em questões relacionadas à família. [45]

Porém, com o advento da Constituição Federal de 1988 e, por conseguinte, com a determinação do dever do Estado em assegurar a assistência familiar e criar mecanismos para coibir a violência no âmbito de suas relações (art. 226, §8º), além de declarar a igualdade entre homens e mulheres, conferindo a ambos os mesmos direitos e deveres (art. 5º, I), fez com que o Brasil retirasse suas reservas, ratificando plenamente a Convenção em 1994.[46]

No mesmo ano, a Organização dos Estados Americanos (OEA) editou a Convenção para prevenir, punir e erradicar a violência contra a mulher: a Convenção de Belém do Pará. A partir dela, surgiram estratégias importantes à proteção internacional dos direitos das mulheres, como o primeiro tratado internacional a reconhecer que todas a mulheres estão sujeitas a esse fenômeno, independentemente de raça, cor, etnia, idade e qualquer outra condição. Declara, então, que a violência contra a mulher se constitui como violação dos direitos humanos.[47]

Em 1995 ocorreu a Conferência Mundial sobre a Mulher em Beijing, a qual aprovou uma declaração e uma plataforma de ação com a finalidade de fazer avançar os objetivos de igualdade para todas as mulheres. Já a declaração tratou acerca do combate à violência doméstica, elucidando que além das medidas punitivas, se faz necessário o estabelecimento de ações voltadas à prevenção e à assistência social, psicológica e jurídica da mulher em situação de violência.[48]

Entretanto, até então, as demandas de violência em âmbito doméstico e familiar brasileiras eram tratadas, pelos Juizados Especiais Criminais, como crimes de menor

---

45. DIAS, Maria Berenice. *A Lei Maria da Penha na justiça*. São Paulo: Revista dos Tribunais, 2007.
46. Op. Cit.
47. COMISSÃO INTERAMERICANA DE DIREITOS HUMANOS. *Convenção interamericana para prevenir, Punir e erradicar a violência contra a mulher, "Convenção de Belém do Pará"*. Disponível em <http://www.cidh.org/Basicos/Portugues/m.Belem.do.Para.htm> Acesso em 16 de abril de 2020.
48. ORGANIZAÇÃO DAS NAÇÕES UNIDAS. *Declaração e Plataforma de Ação da IV Conferência Mundial Sobre a Mulher – Pequim, 1995*. Disponível em <http://www.onumulheres.org.br/wp-content/uploads/2015/03/declaracao_pequim1.pdf> Acesso em 16 de abril de 2020.

potencial ofensivo, o que por si só já era uma violação às mulheres, gerando sentimento de impunidade. Algumas medidas tímidas foram acionadas nesse ínterim. No ano de 2003 foi sancionada a lei 10.714 autorizando o Poder Executivo a disponibilizar um telefone específico para atendimento de denúncias de violência contra a mulher em âmbito nacional, assim como estabeleceu a notificação compulsória de casos de violência contra a mulher que foi atendida por serviços de saúde públicos e privados por meio da lei 10.778/03. No ano seguinte, o termo violência doméstica foi alçado como tipo especial pela lei 10.886/04, sendo acrescido no artigo 129 do Código Penal. [49]

Destarte, em 2006, em virtude da pressão sofrida pela Organização dos Estados Americanos, o Brasil sancionou a lei 11.430, denominada de Lei Maria da Penha, a fim de criar mecanismos para coibir a violência doméstica e familiar contra a mulher, de acordo com o que dispõe o artigo 226, §8º da CF/88 e para efetivar as determinações da Convenção da ONU sobre a eliminação de todas as formas de discriminação contra as mulheres.

A medida sofreu diversas críticas ao tratar especificamente sobre violência contra a mulher no âmbito doméstico, sob o argumento de que o seu foco seria na família e não na figura da mulher. Contudo, há coerência no uso dessa terminologia, tendo em vista que 72% das agressões sofridas por mulheres se dão em suas casas,[50] fato também evidenciado na pandemia de Covid-19.

Convém destacar que os termos "violência contra a mulher", "violência de gênero" e "violência doméstica" não são sinônimos. Sendo assim, violência contra a mulher caracteriza-se como toda espécie de violação contra as mulheres e violência de gênero diz respeito às violências sofridas pelas mulheres em razão de serem mulheres[51]. Em contrapartida, de acordo com o artigo 5º da Lei nº 11.340/2006 (Lei Maria da Penha), violência doméstica e familiar contra a mulher é "qualquer ação ou omissão baseada no gênero que lhe cause morte, lesão, sofrimento físico, sexual ou psicológico e dano moral ou patrimonial."[52]

Nesse sentido, a referida lei especifica as formas de violência doméstica e familiar em seu artigo 7º, listando a violência física, psicológica, sexual, patrimonial e moral. Como

---

49. "Violência Doméstica: § 9º Se a lesão for praticada contra ascendente, descendente, irmão, cônjuge ou companheiro, ou com quem conviva ou tenha convivido, ou, ainda, prevalecendo-se o agente das relações domésticas, de coabitação ou de hospitalidade: Pena – detenção, de 6 (seis) meses a 1 (um) ano." BRASIL. *Lei 10.886, de 17 de junho de 2004*. Acrescenta parágrafos ao art. 129 do Decreto-Lei nº 2.848, de 7 de dezembro de 1940 – Código Penal, criando o tipo especial denominado "Violência Doméstica". Disponível em <http://www.planalto.gov.br/ ccivil_03/_Ato2004-2006/2004/Lei/L10.886.htm> Acesso em 17 de abril de 2020.

50. CONSELHO NACIONAL DE JUSTIÇA. *O Poder Judiciário na aplicação da Lei Maria da Penha*. Brasília, 2013. Disponível em <https://dossies.agenciapatriciagalvao.org.br/dados-e-fontes/pesquisa/o-poder-judiciario- -na-aplicacao-da-lei-maria-da-penha-cnj-2018/> Acesso em 16 de abril de 2020.

51. COUTO, Maria Cláudia Girotto. *Lei Maria da Penha e princípio da subsidiariedade: Diálogo entre um direito penal mínimo e as demandas de proteção contra a violência de gênero no Brasil*. Dissertação de Mestrado apresentada na Faculdade de Direito da USP, São Paulo, 2016. Disponível em <https://teses.usp.br/teses/disponiveis/2/2136/ tde-18112016-163414/publico/MariaClaudiaGirottodoCouto_LeiMariadaPenhaePrincipiodaSubsidiariedade. pdf> Acesso em 15 de abril de 2020.

52. BRASIL. *Lei nº 11.340, de 7 de agosto de 2006*. Coíbe a violência doméstica e familiar contra a mulher. Presidência da República, 2006. Disponível em <http://www.planalto.gov.br/ccivil_03/_ato2004-2006/2006/lei/l11340.htm> Acesso em 15 de abril de 2020.

o rol do artigo não é taxativo, fala-se, também, atualmente, em violência cibernética, que consistiria em práticas abusivas como o controle velado das redes sociais, *hackeamento* do celular, insultos em mídias sociais e disseminação de fotos, vídeos e mensagens íntimas sem o consentimento. Tal discussão foi incluída na Lei Maria da Penha através da Lei 13.772/18, que reconhece a violação à intimidade da mulher como forma de opressão.[53]

A lei Maria da Penha delimita ainda os âmbitos em que a violência ocorre, definindo que o algoz não precisa morar com a ofendida e que as relações interpessoais entre os envolvidos independem de orientação sexual. Sobre isso, acrescenta-se que tramita do Congresso o PLS 191/17, cujo objetivo é ampliar o alcance dessa proteção à transexuais e transgêneros que se identifiquem como mulheres, alterando assim, a redação do artigo 2º para assegurar à mulher dignidade independentemente de sua identidade de gênero. O projeto de lei se mostra essencial a fim de uniformizar os entendimentos acerca do assunto.[54]

Visando amparar ainda mais as mulheres contra as diversas formas de violência, foi aprovada, em 2015, a Lei Federal 13.104, introduzindo no Código Penal a figura do feminicídio, como qualificadora do crime de homicídio doloso descrito no artigo 121, §2º e incluindo-o no rol de crimes hediondos. De acordo com a Lei, o feminicídio se dará quando o homicídio ocorrer "contra a mulher por razões da condição de sexo feminino", isto é, quando envolver violência doméstica e familiar e menosprezo ou discriminação à condição de mulher.[55]

Entretanto, mesmo com essa iniciativa, nos últimos anos cresceram os números de violência doméstica e feminicídios no país. De acordo com os dados fornecidos pelo Atlas da Violência de 2019, 28,5% dos homicídios de mulheres ocorreram em casa, decorrentes de violência doméstica. O Instituto de Pesquisa Econômica Aplicada (IPEA) aponta que entre 2012 e 2017 a taxa de homicídios de mulheres fora de suas casas caiu cerca de 3,3%, enquanto em ambientes domésticos subiu cerca de 17,1%. Os dados relatam que a taxa de homicídios de mulheres por arma de fogo aumentou 29,8 % dentro dos lares, assim como a taxa de homicídios de mulheres negras em detrimento de mulheres não negras.[56]

Segundo números do CNJ, em 2018, mais de 1 milhão de processos relacionados à Lei Maria da Penha constam na Justiça brasileira, sendo que 400 mil medidas protetivas foram aplicadas. Em se tratando de processos específicos de feminicídio houve um aumento de 34% em relação a 2016.[57] O programa Justiça Pela Paz em Casa, do CNJ,

---

53. BRASIL. *Lei 13.772, de 19 de dezembro de 2018*. Altera a Lei nº 11.340, de 7 de agosto de 2006 (Lei Maria da Penha), e o Decreto-Lei nº 2.848, de 7 de dezembro de 1940 (Código Penal). Disponível em <http://www.planalto.gov.br/ccivil_03/_Ato2015-2018/2018/Lei/L13772.htm> Acesso em 16 de abril de 2020.

54. SENADO FEDERAL. *Projeto de Lei do Senado 191, de 2017*. Disponível em <https://www25.senado.leg.br/web/atividade/materias/-/materia/129598> Acesso em 14 de abril de 2020.

55. BRASIL. *Lei 13.104, de 9 de março de 2015*. Altera o art. 121 do Decreto-Lei 2.848, de 7 de dezembro de 1940 – Código Penal, para prever o feminicídio como circunstância qualificadora do crime de homicídio, e o art. 1º da Lei nº 8.072, de 25 de julho de 1990, para incluir o feminicídio no rol dos crimes hediondos. Disponível em <http://www.planalto.gov.br/ccivil_03/_ato2015-2018/2015/lei/l13104.htm> Acesso em 16 de abril de 2020.

56. BRASIL. *Atlas da violência 2019*. Instituto de Pesquisa Econômica Aplicada. Disponível em <http://www.ipea.gov.br/atlasviolencia/download/19/atlas-da-violencia-2019> Acesso em 16 de abril de 2020.

57. CONSELHO NACIONAL DE JUSTIÇA. *O poder Judiciário na aplicação da lei Maria da Penha*. 2018. Disponível em <https://www.cnj.jus.br/wp-content/uploads/2018/06/5514b0debfb866190c20610890849e10_1c3f3d621da-010274f3d69e6a6d6b7e6.pdf> Acesso em 16 de abril de 2020.

movimentou um total de 30.043 mil processos de violência doméstica, número equivalente a 3,41% do total de processos em andamento no país.[58]

Os números não mentem: as referidas leis não foram suficientes para conter a violência doméstica e de gênero no país e as políticas de enfrentamento necessárias ao seu combate não são prioridades do Estado. A luta contra essas violências depende de amplas medidas sociais e profundas mudanças estruturais da sociedade. Apesar dos grandes avanços proporcionados pela Lei Maria da Penha e pela Lei de Feminicídio, a falibilidade de seus objetivos perdurará enquanto não se considerar as demais vulnerabilidades que compõem as vivências femininas e todos os marcadores de desigualdades sociais que afetam as mulheres.

Nessa perspectiva, pensar em uma proteção efetiva no cenário atual se torna extremamente desafiador. As sobreviventes das agressões podem sofrer com os obstáculos adicionais para fugir do ambiente violento, para encontrar abrigo e recorrer aos serviços essenciais devido às restrições ao movimento na pandemia.[59] O isolamento social como medida de combate ao coronavírus é uma prática conhecida do agressor no ciclo da violência. Assim, agora é possível que aumente o sentimento de solidão das mulheres em situação de violência ao terem seus acessos às redes de apoio e assistência psicológicas limitados[60].

Não obstante, a dificuldade de acesso às autoridades e meios de proteção poderá ocasionar a redução dos índices de denúncia, mesmo que certos estados tenham proporcionado a possibilidade de registrar boletim de ocorrência *online* através da Delegacia Virtual, em casos de ameaça, lesão corporal, vias de fato e descumprimento de medidas protetivas, tenha sido estabelecida nos estados brasileiros. Isso porque, há que se lembrar que o acesso à internet é extremamente desigual no país e o registro *online* dificilmente é capaz de levar acolhimento e sensação de segurança à vítima.

Além disso, as mulheres enfrentam outras barreiras ao decidirem pedir ajuda, tais como dependência financeira, enfraquecimento emocional e a preocupação constante de tomar tal decisão enquanto se tem filhos. Todas essas questões podem levar a subnotificação dos casos de violência doméstica, causando a falsa impressão de que o problema foi reduzido e as mulheres estão a salvo. Portanto, considera-se que este seja um dos maiores desafios à proteção da mulher em tempos de pandemia, haja vista que é preciso mensurar os fatos sociais para demonstrar ao Estado a necessidade de se investir em ações públicas.

---

58. CONSELHO NACIONAL DE JUSTIÇA. CNJ. *Justiça pela Paz em Casa movimentou mais de 120 mil processos.* Disponível em <https://www.cnj.jus.br/justica-pela-paz-em-casa-movimentou-mais-de-120-mil-processos/> Acesso em 16 de abril de 2020.
59. MLAMBO-NGCUKA, Phumzile. *ARTIGO: Violência contra mulheres e meninas é pandemia das sombras.* Nações Unidas Brasil, 2020. Disponível em <https://nacoesunidas.org/artigo-violencia-contra-mulheres-e-meninas-e--pandemia-das-sombras/> Acesso em 16 de abril de 2020.
60. Op. Cit.

6. CONCLUSÃO

O ano de 2020 marca o 25º aniversário da Plataforma de Ação de Pequim sobre a igualdade de gênero e combate às violências contra a mulher. Todavia, o momento atual não é para comemorações. Não obstante as dificuldades de implementação das medidas de enfrentamento à violência doméstica, calcadas nas Conferências internacionais, na proteção constitucional à mulher e na Lei Maria da Penha, o cenário de pandemia trouxe novos obstáculos ao empoderamento da mulher.

Diante disso, entende-se que as meninas e mulheres precisam estar no centro dos esforços de recuperação da Covid-19 e para tanto, se faz necessário que as políticas públicas apliquem a perspectiva de gênero a fim de reduzir as desigualdades já existentes, ao mesmo tempo em que se implementam a médio e longo prazo medidas que irão combater o impacto econômico e social provocado pela pandemia.

Urge a necessidade de criar um plano de combate à violência doméstica e à violência de gênero em tempos de pandemia, para que as mulheres não estejam desprotegidas nesses períodos. Sobretudo, que inclua a garantia de disponibilização de dados desagregados por sexo e análise de gênero, informando-se as taxas diferenciadas de infecção, as barreiras de acesso das mulheres e a incidência de violência doméstica e sexual.

Sugere-se, ainda, pesquisas e apurações voltadas às mulheres invisibilizadas na sociedade, tais como as mulheres trans, travestis, indígenas, negras, rurais, ciganas, mulheres com deficiência, entre uma infinidade de mulheres que compõem a sociedade. É preciso individualizar o "ser mulher". Garantir a atenção à dimensão de gênero em tempos de pandemia consiste em olhar às vulnerabilidades sociais que alcançam as mulheres, investir esforços para minimizá-las e, assim, tornar a igualdade entre homem e mulher uma possível realidade.

7. REFERÊNCIAS

AGÊNCIA BRASIL. *Denúncias de violência contra a mulher cresceram 9%, diz ministra.* Disponível em <https://agenciabrasil.ebc.com.br/direitos-humanos/noticia/2020-04/denuncias-de-violencia-contra-mulher-cresceram-9-diz-ministra> Acesso em 16 de abril de 2020.

ALVES, Ana Paula Barbosa, et. al. *Doenças e agravos mais prevalentes em uma comunidade indígena em Boa Vista-RR: relato de experiência.* Revista Eletrônica Acervo Saúde, vol. 26, 2019. Disponível em <https://www.acervomais.com.br/index.php/saude/article/view/673/552> Acesso em 12 de abril de 2020.

ANGUS REID INSTITUTE. *Covid-19 Carelessness: Which Canadians say pandemic threat is 'overblown'? And how are they behaving in turn?* Disponível em <http://angusreid.org/covid-19-serious-vs-overblown/> Acesso em 15 de abril de 2020.

BANDEIRA, Lourdes; ALMEIDA, Tânia Mara Campos de. *Bioética e feminismo: um diálogo em construção.* Revista Bioética, v. 16, n. 2, p. 176, 2008. Disponível em <http://revistabioetica.cfm.org.br/index.php/revista_bioetica/article/view/66> Acesso em 06 de abril de 2020.

BASSAN, Pedro. *Casos de violência doméstica no RJ crescem 50% durante confinamento.* G1: Rio de Janeiro. Disponível em <https://g1.globo.com/rj/rio-de-janeiro/noticia/2020/03/23/casos-de-violencia-domestica-no-rj-crescem-50percent-durante-confinamento.ghtml> Acesso em 15 de abril de 2020.

BBC News. Por que o coronavírus está matando mais homens que mulheres? Disponível em <https://www.bbc.com/portuguese/internacional-52209630. Acesso em 15 de abril de 2020.

BORGES, Beatriz; LARA, Walace. *Casos de violência contra mulher aumentam 30% durante a quarentena em SP, diz MP*. G1: São Paulo. Disponível em <https://g1.globo.com/sp/sao-paulo/noticia/2020/04/13/casos-de-violencia-contra-mulher-aumentam-30percent-durante-a-quarentena-em-sp-diz-mp.ghtml> Acesso em 16 de abril de 2020.

BOURDIEU, Pierre. A dominação masculina. 2. ed. Rio de Janeiro: Bertrand Brasil, 2002.

BRASIL. *Atlas da violência 2019*. Instituto de Pesquisa Econômica Aplicada. Disponível em <http://www.ipea.gov.br/atlasviolencia/download/19/atlas-da-violencia-2019> Acesso em 16 de abril de 2020.

BRASIL. *Lei 13.772, de 19 de dezembro de 2018*. Altera a Lei nº 11.340, de 7 de agosto de 2006 (Lei Maria da Penha), e o Decreto-Lei nº 2.848, de 7 de dezembro de 1940 (Código Penal). Disponível em <http://www.planalto.gov.br/ccivil_03/_Ato2015-2018/2018/Lei/L13772.htm> Acesso em 16 de abril de 2020.

BRASIL. *Lei 10.886, de 17 de junho de 2004*. Acrescenta parágrafos ao art. 129 do Decreto-Lei 2.848, de 7 de dezembro de 1940 – Código Penal, criando o tipo especial denominado "Violência Doméstica". Disponível em <http://www.planalto.gov.br/ccivil_03/_Ato2004-2006/2004/Lei/L10.886.htm> Acesso em 17 de abril de 2020.

BRASIL. *Lei nº 11.340, de 7 de agosto de 2006*. Coíbe a violência doméstica e familiar contra a mulher. Presidência da República, 2006. Disponível em <http://www.planalto.gov.br/ccivil_03/_ato2004-2006/2006/lei/l11340.htm> Acesso em 15 de abril de 2020.

BRASIL. *Lei 13.104, de 9 de março de 2015*. Altera o art. 121 do Decreto-Lei 2.848, de 7 de dezembro de 1940 – Código Penal, para prever o feminicídio como circunstância qualificadora do crime de homicídio, e o art. 1º da Lei 8.072, de 25 de julho de 1990, para incluir o feminicídio no rol dos crimes hediondos. Disponível em <http://www.planalto.gov.br/ccivil_03/_ato2015-2018/2015/lei/l13104.htm> Acesso em 16 de abril de 2020.

BUTLER, Judith. *Corpos que pesam: sobre os limites discursivos do 'sexo'*. In: LOURO, Guacira Lopes (Org.). O corpo educado: pedagogias da sexualidade. Belo Horizonte: Autêntica, 2007, p. 151-172.

CHANNAPPANAVAR, Rudragouda et. al. *Sex-based differences in susceptibility to SARS-CoV infection*. J. Immunol., v. 198, n. 10, p. 4046-4053, 2017.Disponível em <https://www.ncbi.nlm.nih.gov/pmc/articles/PMC5450662/> Acesso em 16 de abril de 2020.

COMISSÃO INTERAMERICANA DE DIREITOS HUMANOS. *Convenção interamericana para prevenir, punir e erradicar a violência contra a mulher, "Convenção de Belém do Pará"*. Disponível em <http://www.cidh.org/Basicos/Portugues/m.Belem.do.Para.htm> Acesso em 16 de abril de 2020.

CONSELHO NACIONAL DE JUSTIÇA. CNJ. *Justiça pela Paz em Casa movimentou mais de 120 mil processos*. Disponível em <https://www.cnj.jus.br/justica-pela-paz-em-casa-movimentou-mais-de--120-mil-processos/> Acesso em 16 de abril de 2020.

CONSELHO NACIONAL DE JUSTIÇA. O poder Judiciário na aplicação da lei Maria da Penha. 2018. Disponível em <https://www.cnj.jus.br/wp-content/uploads/2018/06/5514b0debfb866190c20610890849e10_1c3f3d621da010274f3d69e6a6d6b7e6.pdf> Acesso em 16 de abril de 2020.

CONSELHO NACIONAL DE JUSTIÇA. *O Poder Judiciário na aplicação da Lei Maria da Penha*. Brasília, 2013. Disponível em <https://dossies.agenciapatriciagalvao.org.br/dados-e-fontes/pesquisa/o-poder-judiciario-na-aplicacao-da-lei-maria-da-penha-cnj-2018/> Acesso em 16 de abril de 2020.

COSTA, Joaze Bernardino. *Decolonialidade e interseccionalidade emancipadora: a organização política das trabalhadoras domésticas no Brasil*. Revista Sociedade e Estado, v. 30, n. 1, p. 151, 2015. Disponível em <http://www.scielo.br/pdf/se/v30n1/0102-6992-se-30-01-00147.pdf> Acesso em 12 de abril de 2020.

COURTINE, Jean-Jacques. (2013). Introdução Impossível virilidade. In: COURTINE,Jean-Jacques (ed.) *História da Virilidade 3: A virilidade em crise? Séculos XX e XXI*, pp.7–12.

COUTO, Maria Cláudia Girotto. *Lei Maria da Penha e princípio da subsidiariedade: Diálogo entre um direito penal mínimo e as demandas de proteção contra a violência de gênero no Brasil*. Dissertação de Mestrado apresentada na Faculdade de Direito da USP, São Paulo, 2016. Disponível em <https://teses.usp.br/teses/disponiveis/2/2136/tde-18112016-163414/publico/MariaClaudiaGirottodoCouto_LeiMaria-daPenhaePrincipiodaSubsidiariedade.pdf> Acesso em 15 de abril de 2020.

CRENSHAW, Kimberlé. *Documento para o Encontro de Especialistas em Aspectos da Discriminação Racial Relativos ao Gênero*. Estudos Feministas, n. 10, p. 171-188, 2002

CUNHA, Thiago; LORENZO, Cláudio. *Bioética global na perspectiva da bioétia crítica*. Revista Bioética, v. 22, n. 1, p. 116-125, 2014. Disponível em: <http://www.scielo.br/scielo.php?script=sci_arttext&pid=S1983-80422014000100013>. Acesso em 07 de abril de 2020.

DIAS, Maria Berenice. *A Lei Maria da Penha na justiça*. São Paulo: Revista dos Tribunais, 2007.

DINIZ, Débora. *Bioética e gênero*. Revista Bioética, v. 16, n. 2, 2009. Disponível em <http://revistabioetica.cfm.org.br/index.php/revista_bioetica/article/view/68> Acesso em 07 de abril de 2020.

GARRAFA, Volnei, PORTO, Dora. *Intervention bioethics: a proposal for peripheral countries in a context of power and injustice*. Bioethics, v. 17, ed. 5-6, 2003. Disponível em <https://www.ncbi.nlm.nih.gov/pubmed/14870763> Acesso em 06 de abril de 2020.

GLOBAL HEALTH 5050. *Covid-19 sex-disaggregated data tracker.* Disponível em <https://globalhealth5050.org/covid19/>Acesso em 14 de abril de 2020.

GRECO, Dirceu. *As modificações do parágrafo 30 da Declaração de Helsinque.* Revista Brasileira de Epidemiologia, vol. 6, n. 4, 2004. Disponível em: <http://www.scielo.br/scielo.php?script=sci_arttext&pid=S1415-790X2003000400002> Acesso em 07 de abril de 2020.

GUILHEM, Dirce; AZEVEDO, Anamaria Ferreira. *Bioética e gênero: moralidades e vulnerabilidade feminina no contexto da Aids*. Revista Bioética, v. 16, n. 2, 2008. Disponível em <http://revistabioetica.cfm.org.br/index.php/revista_bioetica/article/view/70/73> Acesso em 07 de abril de 2020.

KAHN, Chris. *U.S. men less likely to heed health warnings as coronavirus death toll mounts: Reuters Poll.* REUTERS. Disponível em <https://www.reuters.com/article/us-health-coronavirus-gender-poll/u-s--men-less-likely-to-heed-health-warnings-as-coronavirus-death-toll-mounts-reuters-poll-idUSKB-N21E1C9> Acesso em 15 de abril de 2020.

KAHN, Chris. *U.S. men less likely to heed health warnings as coronavirus death toll mounts: Reuters Poll.* REUTERS. Disponível em <https://www.reuters.com/article/us-health-coronavirus-gender-poll/u-s--men-less-likely-to-heed-health-warnings-as-coronavirus-death-toll-mounts-reuters-poll-idUSKB-N21E1C9> Acesso em 15 de abril de 2020.

KNAUTH, DR. *Maternidade sob o signo da aids: um estudo sobre mulheres infectadas*. In: COSTA, AO, (coord). Direitos tardios: saúde, sexualidade e reprodução na América Latina. São Paulo: PRODIR/FCC, p.39-64, 1997.

MARTINS, Pedro. *População negra e Covid-19: desigualdades sociais e raciais ainda mais expostas*. Geledés: Instituto da mulher negra. Disponível em <https://www.geledes.org.br/populacao-negra-e-covid--19-desigualdades-sociais-e-raciais-ainda-mais-expostas/> Acesso em 12 de abril de 2020.

MLAMBO-NGCUKA, Phumzile. ARTIGO: *Violência contra mulheres e meninas é pandemia das sombras*. Nações Unidas Brasil, 2020. Disponível em <https://nacoesunidas.org/artigo-violencia-contra-mulheres-e-meninas-e-pandemia-das-sombras/> Acesso em 16 de abril de 2020.

NATIONAL POST. *Covid-19: Covid-19: Canadian women far more worried about pandemic than men are, poll shows*. Disponível em <https://nationalpost.com/news/politics/canadian-women-are-far-more--worried-about-covid-19-than-men-poll> Acesso em 15 de abril de 2020.

OLIVEIRA, Flávia. *Crise tem cor e gênero*. Geledés: Instituto da mulher negra. Disponível em <https://www.geledes.org.br/crise-tem-cor-e-genero/> Acesso em 12 de abril de 2020.

ORGANIZAÇÃO DAS NAÇÕES UNIDAS. *Declaração e Plataforma de Ação da IV Conferência Mundial Sobre a Mulher – Pequim, 1995*. Disponível em <http://www.onumulheres.org.br/wp-content/uploads/2015/03/declaracao_pequim1.pdf> Acesso em 16 de abril de 2020.

ORGANIZAÇÃO DAS NAÇÕES UNIDAS. ONU MULHERES. *Gênero e Covid-19 na América Latina e no Caribe: Dimensões de gênero na resposta*. Disponível em <http://www.onumulheres.org.br/wp-content/uploads/2020/03/ONU-MULHERES-COVID19_LAC.pdf> Acesso em 12 de abril de 2020.

ORGANIZAÇÃO DAS NAÇÕES UNIDAS. ONU MULHERES. *Trabalhadoras domésticas fazem campanha por direitos durante a pandemia Covid-19 e articulam apoio da cooperação internacional*. Disponível em <http://www.onumulheres.org.br/noticias/trabalhadoras-domesticas-fazem-campanha-por-direitos-durante-a-pandemia-covid-19-e-articulam-apoio-da-cooperacao-internacional/> Acesso em 12 de abril de 2020.

ORGANIZAÇÃO DAS NAÇÕES UNIDAS. ONU MULHERES. *Violência contra as mulheres e meninas é pandemia das sombras, afirma diretora executiva da ONU Mulheres*. Disponível em <http://www.onumulheres.org.br/noticias/violencia-contra-as-mulheres-e-meninas-e-pandemia-das-sombras--afirma-diretora-executiva-da-onu-mulheres/> Acesso em 13 de abril de 2020.

OSTERNE, Maria do Socorro Ferreira; SILVEIRA Clara Maria Holanda. *Relações de gênero: uma construção cultural que persiste ao longo da história*. Revista do Programa de Pós Graduação em Sociologia da Universidade Estadual do Ceará: O público e o privado, n; 19, jan./jun, 2012. Disponível em: <http://www.seer.uece.br/?journal=opublicoeoprivado&page=article&op=view&path%5B%5D=345&path%5B%5D=503>. Acesso em 05 de abril de 2020.

POTTER, Van Rensselaer. *Bioética: ponte para o futuro*. São Paulo: Edições Loyola; 2016.

REICH, Warren Thomas. *The word 'bioethics': its birth and the legacies of those who shaped it*. Kennedy Inst Ethics Journal, v. 5, n. 01, p. 19 34, 1995. Disponível em <https://www.ncbi.nlm.nih.gov/pubmed/10184226> Acesso em 07 de abril em 2020.

ROCON et. al. *Dificuldades vividas por pessoas trans no acesso ao Sistema Único de Saúde*. Revista Ciência e Saúde Coletiva, v. 21, n. 8, p. 2517- 2525. Disponível em <http://www.scielo.br/pdf/csc/v21n8/1413-8123-csc-21-08-2517.pdf> Acesso em 16 de abril de 2020.

SANTOS, Ana Paula Cavalcante dos; SILVA, Áurea Marcela de Moura. *A invisibilidade cigana no Brasil: que ações podem ser desenvolvidas pelo profissional de serviço social?* Revista Digital de Ciencias Sociales, vol. III, n.5, p. 2019, 2016. Disponível em <https://dialnet.unirioja.es/servlet/articulo?codigo=5665458> Acesso em 12 de abril de 2020

SCHRAIBER, Lilia Blima; D' OLIVEIRA, Ana Flávia Pires Lucas; COUTO, Márcia Thereza. *Violência e saúde: contribuições teóricas, metodológicas e éticas de estudos da violência contra a mulher*. Cadernos de Saúde Pública, v. 25, n. 2, p. 205-2016. Disponível em <http://www.scielo.br/scielo.php?pid=S0102-311X2009001400003&script=sci_abstract&tlng=pt> Acesso em 16 de abril de 2020.

SENADO FEDERAL. *Projeto de Lei do Senado n° 191, de 2017*. Disponível em <https://www25.senado.leg.br/web/atividade/materias/-/materia/129598> Acesso em 14 de abril de 2020.

SILVEIRA, Raquel da Silva; NARDI, Henrique Caetano. *Interseccionalidade gênero, raça e etnia e a lei Maria da Penha*. Revista Psicologia e Sociedade, vol. 26, 2014. Disponível em <http://www.scielo.br/scielo.php?script=sci_arttext&pid=S0102-71822014000500003&lang=es> Acesso em 12 de abril de 2020.

STEPHENSON, Joan. *In Time of Social Distancing, Report's Call for Health Care System to Address Isolation and Loneliness Among Seniors Resonates*. JAMA Network, 2020. Disponível em <https://jamanetwork. com/channels/health-forum/fullarticle/2763354?resultClick=1>> Acesso em 12 de abril de 2020.

TEODORO, Ilka. *População negra, coronavírus e racismo ambiental*. Correio Braziliense. Disponível em <https://www.correiobraziliense.com.br/app/noticia/opiniao/2020/04/12/internas_opiniao,843954/ populacao-negra-coronavirus-e-racismo-ambiental.shtml> Acesso em 12 de abril de 2020.

UNITED NATIONS EDUCATIONAL, SCIENTIFIC AND CULTURAL ORGANIZATIONS. *Universal Declaration on Bioethics and Human Rights*. Paris: Unesco; 2005. Disponível: <http://unesdoc.unesco. org/images/0014/001461/146180E.pdf> Acesso em 06 de abril de 2020.

WERMELINGER, M. et al. *Feminilização do Mercado de Trabalho em Saúde no Brasil: focalizando a feminização*. Divulgação em Saúde para Debate, Rio de Janeiro, n. 45, p. 54-70, maio 2010.

WORLD HEALTH ORGANIZATION. WHO. *Violence and disasters*. Disponível em <https://www.who. int/violence_injury_prevention/publications/violence/violence_disasters.pdf> Acesso em 16 de abril de 2020.

IMPACTOS DA PANDEMIA NA VIDA DAS TRABALHADORAS SEXUAIS DE BELO HORIZONTE: TERRITORIALIDADE, PRECARIEDADE E RECONHECIMENTO

Bárbara Natália Lages Lobo

Escritora, Jurista, Professora, Doutora e Mestra em Direito (Pontifícia Universidade Católica de Minas Gerais), Pós-doutorado em Ciências Sociais (Centro de Estudos Sociais – Universidade de Coimbra). E-mail: barbaralobo@hotmail.com.

Letice Galvão

Graduanda em Direito. Membro Pesquisadora do Grupo de Estudos e Pesquisa em Bioética (GEPBio) do Centro Universitário Newton Paiva.

Santuzza Alves de Souza

Trabalhadora Sexual, Coordenadora do Coletivo Rebu, representante da Central Única de Trabalhadoras Sexuais em Minas Gerais, representante da Central Única de Trabalhadoras Sexuais na Red de Mujeres Trabajadoras Sexuales de Latinoamérica y El Caribe – RedTraSex.

Sumário: 1. Introdução. 2. Invisibilidade das trabalhadoras sexuais: territorialidade e os impactos da Covid-19 em Belo Horizonte. 3. Vulnerabilidade: invisibilidade social programada e a Covid-19. 4. Reconhecimento do trabalho sexual: um convite a repensar. 5. Conclusões. 6. Referências.

1. INTRODUÇÃO

A pandemia desencadeada pela proliferação global do vírus Covid-19 expôs as vulnerabilidades inerentes a todos os seres humanos à doença e morte, diante de um inimigo microscópico e silencioso. Para além disso, traz à tona questões importantes bioéticas, geopolíticas, econômicas, sociais e relacionais.

Encontramo-nos, nesta senda, diante de frutíferas análises críticas que refletem sobre as formas de viver e conviver uns com os outros e com a própria natureza, que nos permitem um repensar sobre as (in)sustentabilidades humana e planetária impostas, absorvidas e introjetadas pelo sistema moderno colonial-capitalístico[1].

---

1. ROLNIK, Suely. Esferas da insurreição: notas para uma vida não cafetinada. São Paulo: n-1 edições, 2018.

O extrativismo de recursos naturais, força de trabalho, produções criativas, corpos e a própria captação das subjetividades, diante de catástrofes, são expostas, sob a forma de uma avalanche que atinge de forma mais impiedosa as pessoas que se excluem da fruição integral de direitos, pessoas cuja existência é cotidianamente denegada, ensurdecida, calada, invisibilizada, violentada e exterminada.

Diante de um Estado de Exceção institucional e mundial, permite-se a compreensão dos impactos biopolíticos de suas manifestações diárias, desigualdades existenciais[2] normalizadas pelo *status quo*, em pessoas que convivem com as decorrências de suas perversidades em suas vidas, sob a forma de controle e desigualdade, fazendo e deixando morrer[3].

Dentre essas vidas, inserem-se trabalhadoras e trabalhadores sexuais, que ainda possuem sua existência e seu trabalho denegados pelo não reconhecimento, como reflexo do estigma, moralmente transmitido, geração após geração. O entrecruzamento micro e macropolítico se dá por um panoptismo estatal e paraestatal, pela condenação moral, manifesta em conservadorismo, hipocrisia, discriminações e prática de violências institucionais.

Por outro lado, tamanha crise permite reinvenções, releituras, criações, formas de se redescobrir vivências e convivências, individuais e coletivas, estas últimas a mirar emancipação e solidariedade, descortinando, em meio à distopia, possibilidades utópicas, como o "bem estar social", considerada a falibilidade inequívoca dos modelos políticos neoliberais e seus desinvestimentos antirrepublicanos e antidemocráticos. Revela alternativas múltiplas também na esfera privada pela articulação individual e/ou coletiva de pessoas e entidades que se dedicam à realização da justiça social.

A partir da análise dos impactos territoriais e pessoais da Covid-19 sobre o trabalho sexual e trabalhadoras/trabalhadores sexuais de Belo Horizonte, pretende-se com este artigo, portanto, apresentar um convite para se repensar o reconhecimento.

2. INVISIBILIDADE DAS TRABALHADORAS SEXUAIS: TERRITORIALIDADE E OS IMPACTOS DA COVID-19 EM BELO HORIZONTE

Em 11 de Março de 2020, a Organização Mundial da Saúde (OMS) declarou a infecção Covid-19 uma pandemia mundial, devido a sua rápida propagação. Sabe-se que a transmissão ocorre por inalação ou contato direto com gotículas infectadas e que pode se passar até 14 dias para o surgimento dos primeiros sintomas[4]. Tais especificidades fazem da Covid-19 um vírus de grande alcance, indiferente a classes sociais e a muitos territórios.

A principal forma de conter as transmissões é por meio do isolamento social, que diminui o número de infectados, e principalmente, não causa uma sobrecarga aos sis-

---

2. THERBORN, Göran. Os campos de extermínio da desigualdade. Novos Estudos, Ed. 87, Vol. 29, n. 2, jul. 2010, p. 145-156. São Paulo: CEBRAP, 2010.
3. PELBART, Peter Pál. O avesso do niilismo: cartografias do esgotamento. 2. ed. São Paulo: n-1 edições, 2016.
4. ESTEVÃO, Amélia.Covid-19. ACTA Radiológica Portuguesa, Edição 1, vol. 32, janeiro – abril, p. 5-6, 2020.

temas de saúde[5]. Nesse sentido, governos nacionais e internacionais, emitiram diversas ordens que impuseram restrições à circulação e suspenderam atividades não essenciais durante o período da epidemia.

Nesse contexto, por publicação do Decreto nº 17.328, de 8 de abril de 2020, o prefeito do município de Belo Horizonte suspendeu todas as atividades consideradas não essenciais, como boates, bares, clubes, hotéis, entre outras, o que impactou a vida das trabalhadoras sexuais do município, sobretudo quanto à renda e à moradia, como apresentado pelo Jornal Estado de Minas, no dia 20 de março de 2020:

> (...) a prostituta Gabriela*, de 40 anos, não manda mais dinheiro para a família desde a semana passada. Sua renda foi reduzida a praticamente zero desde o estouro da pandemia de coronavírus em Belo Horizonte, onde ela vive há cinco anos.

> Nesta sexta-feira (18), Gabriela perdeu também a moradia, já que o hotel em que ela residia e trabalhava, situado na rua Guaicurus, Centro de BH, fechou as portas por tempo indeterminado[6].

Os impactos da Covid-19 sobre o trabalho sexual e as trabalhadoras/trabalhadores sexuais ao redor do mundo são semanalmente noticiados na grande mídia, que se vale de situações extremas para lembrar da existência dessas pessoas e da atividade econômica que exercem, a maior parte demonstrando que a vulnerabilidade se apresenta como miserabilidade. Exemplos da ruína dos indesejáveis, se prestam a metáforas didáticas sobre as implicações das escolhas morais insurgentes. Falsa preocupação reprodutora da demonização e criminalização da pobreza[7]. Ainda que sob viés assistencial, camuflagem caridosa do estigma, as reportagens denotam a ausência de agência e o não reconhecimento da potência política de movimentos sociais com milhares de integrantes em todo o planeta.

Assim, em uma pesquisa simples pela Internet, encontram-se os efeitos da pandemia sobre trabalhadoras sexuais da Cidade do México, Bangladesh, Berlim, Amsterdam e tantas cidades brasileiras, latino-americanas, europeias, asiáticas, africanas etc. As cenas e frases de efeito se repetem, desacompanhadas, entretanto, de reflexões sobre a necessidade de visibilidade e pertencimento de uma categoria de trabalhadoras/trabalhadores que constituem todos os sistemas integrantes da sociedade, para além da visão míope restrita à saúde sexual, sanitarista, redencionista, mantenedora da ordem e dos bons costumes.

Entretanto, as vicissitudes da temática se apresentam amplas perpassando questões de gênero, pelo exercício majoritário por mulheres, transsexuais e travestis, o direito à cidade[8], relações de trabalho, saúde integral, luta social, agir estatal e a prática de violências institucionais.

Diante de tal amplitude, a territorialidade do exercício do trabalho sexual e das trabalhadoras sexuais são um dos tópicos que contemplam todos os pontos mencionados

---

5. ESTEVÃO, Amélia.Covid-19. ACTA Radiológica Portuguesa, Edição 1, vol. 32, janeiro – abril, p. 5-6, 2020.
6. EMILIANA, Cecília. *Coronavírus*: pandemia deixa prostitutas de BH sem renda e moradia. Estado de Minas, Belo Horizonte, 20 mar. 2020. Disponível em <https://www.em.com.br/app/noticia/gerais/2020/03/20/interna_gerais,1130945/coronavirus-pandemia-deixa-prostitutas-de-bh-sem-renda-e-moradia.shtml>. Acesso em: 10 abr. 2020.
7. FEDERICI, Silvia. Calibã e a bruxa: mulheres, corpo e acumulação primitiva. São Paulo: Editora Elefante, 2017.
8. HARVEY, D. "The right to the city". 2008. New Left Review, v.53, pp.23-40.

acima, acrescido da vigência permanente de um Estado de Exceção[9] manifesto na adoção de um sistema penal abolicionista relativamente à prostituição. Segundo esse sistema, o qual é adotado no Brasil e em grande parte dos países do mundo, a prestação de serviços sexuais não é proibida, contudo, todas as atividades exercidas em seu entorno o são. Apesar disso, prevalece a *práxis* no mundo fático, expondo a abertura de normas que desencadeiam arbítrios estatais, não reconhecimento e o reforço do estigma.

Com as medidas emergenciais recomendadas pela Organização Mundial de Saúde para se evitar a transmissão do vírus e o colapso dos sistemas de saúde, o primeiro impacto físico atingiu a livre circulação de pessoas nos territórios, a despeito de orientações governamentais contrárias e negacionistas da gravidade pandêmica. Além do fechamento de fronteiras, impôs medidas de isolamento social, sob o mote "Fique em casa!", e fechamento comercial em zonas rurais e urbanas. A liberdade foi o primeiro direito afetado pela Covid-19, transmissível pelo contato com pessoas infectadas.

Nesta senda, a prestação de serviços sexuais se viu duramente impactada pelas medidas de controle adotadas durante a pandemia, dentre elas, a restrição da atuação nos locais de exercício, notadamente, ruas, hotéis, boates, clínicas, casas de massagem etc. A prestação dos serviços de forma virtual, não garante o movimento e a clientela de neófitas no mundo digital ou dele excluídas, pois, a adaptação e conquista de clientes leva tempo que ultrapassa as necessidades urgentes da sobrevivência, pilar central da estrutura do trabalho sexual, a despeito de digressões morais reveladoras de cercamentos, colonialidades e domínios, ainda que sob roupagens feministas.

Durante a história, o trabalho sexual possuiu diferentes perspectivas que se contrapuseram entre o divino, uma atividade prestigiada, e o profano, um labor marginalizado, óptica predominante, ora tratado como "problema social", ora como reflexo heteropatriarcal, e/ou, simplesmente, criminalizado, demonizado ou patologizado. Nessa perspectiva, é necessário a compreensão de que aquilo que é considerado marginal deve ser controlado de forma a não ser visível perante a comunidade/sociedade, especificamente em relação a atividade do meretrício, tratando-se de um controle dos corpos a partir da sexualidade, se utilizando do espaço geográfico para a realização desse comando biopolítico[10].

A territorialidade do trabalho sexual no Brasil se delineou embrionariamente, a partir dos séculos XVIII e XIX, com as reformas urbanísticas que tinham como um dos seus objetivos realizar uma limpeza social, isto é, aquilo que não era agradável perante a sociedade deveria ficar oculto. Portanto, a datar desse período a prostituição passa a se localizar em territórios urbanos, invisibilizados pela sociedade ou o Estado, se consolidando a territorialidade do trabalho sexual que ainda se faz permanente. Nesse sentido:

> O exercício do trabalho sexual, sobretudo quando não regulamentado ou quando exercido ilegalmente, nos locais em que é proibido, é realizado em pontos específicos dos espaços urbanos e, a

---

9. LOBO, Bárbara Natália Lages. Sexo, trabalho, direito e reconhecimento: a igualdade de existência das mulheres trabalhadoras sexuais. Tese (Doutorado). Pontifícia Universidade Católica de Minas Gerais, Programa de Pós Graduação em Direito. Belo Horizonte, 2017. 366 f.

10. LOBO, Bárbara Natália Lages. Sexo, trabalho, direito e reconhecimento: a igualdade de existência das mulheres trabalhadoras sexuais. Tese (Doutorado). Pontifícia Universidade Católica de Minas Gerais, Programa de Pós Graduação em Direito. Belo Horizonte, 2017. 366 f.

depender de onde se situam esses locais, somente em horários específicos, revelando a geografia do permanente estado de exceção em que vivem essas pessoas, aplicando-se a concepção de *homo sacer* de Giorgio Agamben (2002) e encerrando o não pertencimento e a desproteção, a partir da vivência em "terras sem lei", nas quais a mortandade foge do raio de visão da "boa sociedade", sujeitas aos "tribunais informais"[11].

Com base no exposto, é importante a compreensão de que a prostituição não constitui crime, contravenção ou infração administrativa no ordenamento jurídico brasileiro, o que se tipifica são atividades relacionadas com o trabalho sexual, por exemplo, a manutenção de casas de prostituição, disposta no artigo 229 do Código Penal (BRASIL, 1940). No entanto, a ausência de regulação, excepcionada pela inclusão da atividade profissional na Classificação Brasileira de Ocupações, em 2002, não somente afirma, como potencializa a exclusão dessa classe, que se ativa, ocupa e habita zonas, ruas e praças, noite e dia, bem como hotéis negligenciados no baixo centro das metrópoles, "mediante pagamento de diárias abusivas a locadores, sem a devida contraprestação protetiva"[12].

Em que pese o estigma que segrega, é notório que o trabalho sexual decorre de grande e inextinguível procura, que advém de todas as classes, o que também influencia a monetização dos atendimentos e a distinção dos locais onde o serviço é prestado. Isto é, conquanto determinadas agências/agentes, boates e trabalhadoras individuais operem com intuito de lucro, a maioria das trabalhadoras sexuais atendem em ruas e hotéis de centros comerciais ou regiões periféricas, exercendo atividade econômica que lhes permite a sobrevivência.

Relativamente ao local de seu exercício, tomar-se-á como exemplo os hotéis da Rua Guaicurus localizados na região central da cidade de Belo Horizonte/MG, quando para realizar suas atividades é necessário o aluguel de quartos, que variam entre R$100,00 e R$200,00 por dia, impondo a realização de programas que assegurem, pelo menos, o pagamento das diárias[13].

As ruas são importantes territórios de atuação, com maior autonomia e sem despesas prévias, mas sob maior risco à segurança. Em contraponto, o trabalho sexual também é realizado em boates e casas de massagem, da Zona Sul, diferenciando-se pelo "glamour" apresentado e por uma experiência social de status[14]. Nessa acepção, a delimitação da

---

11. SANTOS, 1988, p. 156, *Onde Impera a Violência e a Violação* (LOBO, 2017, p. 95).
12. LOBO, Bárbara Natália Lages. Sexo, trabalho, direito e reconhecimento: a igualdade de existência das mulheres trabalhadoras sexuais. Tese (Doutorado). Pontifícia Universidade Católica de Minas Gerais, Programa de Pós Graduação em Direito. Belo Horizonte, 2017. 366 f, p.96.
13. Sobre as circunstâncias, descreve Letícia Cardoso Barreto: "Os valores e quantidades de programas podem ser bem variáveis. Os típicos custam entre 10 e 30 reais, de acordo com o hotel em que estão sendo realizados (o Brilhante, por exemplo, é famoso por ter prostitutas que são mais jovens e "adequadas" aos padrões de beleza vigentes, sendo mais caro), embora nem todos estabeleçam um valor a ser cobrado e haja aqueles que afixam cartazes na parede que indicam o mesmo. Incluem, em geral, "três posições [sexuais] e uma chupadinha". O tempo para a realização é curto, cerca de 5 a dez minutos, embora não seja explicitado, visando sua redução (Freitas, 1985). Fazem entre 1 e 60 programas por dia, normalmente variando entre 10 e 20. (BARRETO, 2015, p. 80).
14. CAPELLE, Mônica Carvalho Alves; SILVA, Kátia Aparecida Teixeira. O trabalho na prostituição de luxo: análise dos sentidos produzidos por prostitutas em Belo Horizonte – MG. Revista de Gestão Social e Ambiental – RGSA, São Paulo, Edição Especial, p. 23-39, dez. 2017.

atuação das "profissionais de luxo" é feita pela territorialidade, que assegura a invisibilidade destituída da marginalização[15].

Por fim, destaque-se o advento tecnológico de plataformas múltiplas para prestação de serviços sexuais, desde as redes sociais, às aplicações/aplicativos para encontros, e sua prática à distância, por *"cam girls"*, que permitem a prestação do trabalho sexual por *chats* ao vivo (*"live chats"* e/ou *"webcam sex"*), bem como a apresentação de shows via web (*"sex shows"*).

As distinções apresentadas revelam diferentes formatos e peculiaridades interseccionais[16] que se manifestam pela territorialidade. De uma ou outra forma, assegura-se o afastamento do trabalho sexual da "boa sociedade", ao passo que se mantém a "ordem", marcadores micro e macropolíticos da invisibilidade do trabalho sexual[17]. A cegueira social impõe a sujeição das trabalhadoras/trabalhadores sexuais a violências cotidianas, discriminações e precarização do trabalho, o que, durante a pandemia e o recrudescimento do Estado de Exceção, é acentuado.

3. VULNERABILIDADE: INVISIBILIDADE SOCIAL PROGRAMADA E A COVID-19

Como apontado, independentemente do tipo de trabalho sexual que se exerça, marginalizado ou "de luxo", presencial ou virtual, o julgamento moral que pressupõe a inferioridade de quem exerce o trabalho sexual se fará presente. Isto é, para compreender a construção desse estigma se faz necessário revisitar historicamente, tendo como ponto central a dominação masculina e colonial-capitalística[18], sendo a partir dela que se estabeleceu os padrões de moral.

O cerne da questão é que a moralidade ocidental e moderna foi construída por homens e para homens, ficando relegada a figura da mulher o status de filha ou mulher, aparecendo como um apetrecho ou no máximo como companheiras que deveriam ser ensinadas e vigiadas para o convívio social[19]. Assim, a elaboração do padrão feminino foi pensado para atender à moralidade masculina, solidificando a instituição da família heteronormativa como modelar, recaindo sobre a mulher toda objetificação e estigma. Desse modo, se aduz:

---

15. Portanto, há diferenças na forma como as trabalhadoras sexuais exercem suas atividades, enquanto as periféricas fazem seus programas em ruas, carros, motéis e hotéis, as prostitutas de luxo "não apenas são contratadas para o ato sexual, mas também para acompanhar os clientes em festas, jantares e viagens. (...) a categoria das prostitutas chamadas "prostitutas de luxo" é composta também por mulheres que captam seus clientes em boates, nas ruas da zona sul da cidade, em casas de massagem, por meio de anúncios em jornais, sites, por telefone ou ainda por outras formas." (CAPELLE; SILVA, 2017, p. 23-29).
16. CRENSHAW, Kimberlé. On Intersectionality: Essential Writings. The New Press, 2019.
17. "A prostituição nas ruas, em lugares determinados da cidade, até setorizados, a depender do tipo de serviço sexual buscado (mulheres, homens e travestis), subsiste através dos séculos. No Brasil, destaca-se a Região de Jardim Itatinga, em Campinas, no Estado de São Paulo, uma das maiores áreas de prostituição da América Latina. O bairro foi planejado em meados dos anos 60 para abrigar ("confinar" ou "segregar") a prostituição, em uma ação governamental denominada "Operação Limpeza" com o objetivo de manutenção da "ordem pública" (MAZZARIOL, 1976, p. 12), assim mantendo-a sob controle policial e afastada da "boa sociedade". (LOBO, 2017, p. 100).
18. ROLNIK, Suely. Esferas da insurreição: notas para uma vida não cafetinada. São Paulo: n-1 edições, 2018.
19. FOUCAULT, Michel. História da sexualidade 2: o uso dos prazeres. 8. ed. Rio de Janeiro: Edições Graal, 1984, p.24.

A austeridade sexual objetificou a mulher, decorrendo daí a sua estigmatização dentro ou fora dos padrões masculinos impostos. Nesse sentido, as mulheres que se adequam aos padrões de conduta impostos, como boa esposa, mãe ou mulher honesta, recebem visibilidade social, ainda que objetificadas. Entretanto, as mulheres que não se adequam a esses padrões sentem sobre si o peso da discriminação, seja pela invisibilidade, seja pela criminalização, a partir da reprovação moral de sua conduta[20].

Para a universalização e a consolidação da moral masculina, foram criadas formas de controle dos corpos femininos, como exemplo, sobre a fertilidade, pela proibição do aborto e sobrelevação do sexo com fins procriativos, esse domínio sobre a sexualidade foi um fator crucial para a opressão e a invisibilidade das trabalhadoras sexuais. A consolidação desse domínio se deu com a imposição do casamento monogâmico, que estabelece o papel doméstico como algo exclusivamente feminino e, principalmente, define o sexo como elemento reprodutivo, dissociado do prazer[21] de forma que se passa a ter a existência de duas classes de mulher, a familiar e a amoral, aquela que deve ser excluída da comunidade, nesse sentido:

> Na medida em que o casamento se institucionaliza, regido pelo Estado, de forma monogâmica, a prostituição é invisibilizada (não no sentido de sua erradicação, mas de se manter as relações com prostitutas afastadas dos olhos da sociedade): assim, quanto mais forte é a cultura "matrimonial" (e patrimonial) em uma sociedade (consequentemente, mais severas as previsões normativas), maior é a segregação das prostitutas[22].

Como visto no tópico anterior, a segregação faz com que a maioria das trabalhadoras sexuais habite lugares destituídos de proteção estatal, marginalizados, sendo-lhes negado o acesso a serviços básicos e sujeitas a violências institucionais ou de particulares, situação que se intensifica com o não reconhecimento do sexo como força de trabalho. Tais circunstâncias decorrem não somente do moralismo do patriarcado, como também do pensamento religioso, se expondo:

> O olhar negativo que se tem sobre a prostituição decorre da associação de dois pecados capitais, quais sejam, a luxúria e a preguiça. A ideia de que as prostitutas não gostam de trabalhar é transmitida na linguagem coloquial que as alcunha de "mulher de vida fácil". Em razão desta associação, negam-se a elas e aos demais profissionais do sexo (homens e homossexuais) vários direitos fundamentais, dentre os quais os direitos trabalhistas, pois não são vistos como trabalhadores, mas como vagabundos/preguiçosos[23].

Para além do estigma religioso e da divisão social entre "boas" ou "más" mulheres imposta pelo heterocispatriarcado, somado ao inconsciente colonial capitalístico[24], viceja vasta argumentação autodenominada feminista, mas tão somente reprodutora do viés

---

20. LOBO, Bárbara Natália Lages. Sexo, trabalho, direito e reconhecimento: a igualdade de existência das mulheres trabalhadoras sexuais. Tese (Doutorado). Pontifícia Universidade Católica de Minas Gerais, Programa de Pós Graduação em Direito. Belo Horizonte, 2017. 366 f.
21. COELHO, Sonia. MORENO, Tica. FARIA, Nalu. Prostituição: Uma abordagem feminista. Sempreviva Organização Feminista. Pigma, São Paulo, 2013.
22. LOBO, Bárbara Natália Lages Lobo. *Sexo, trabalho, direito e reconhecimento: a igualdade de existência das mulheres trabalhadoras sexuais*. Tese (Doutorado). Pontifícia Universidade Católica de Minas Gerais, Programa de Pós Graduação em Direito. Belo Horizonte, 2017. 366 f.
23. LOBO, Bárbara Natália Lages; SAMPAIO, Adércio Leite. *Debate jurídico sobre a prostituição, a dignidade da pessoa humana e o direito fundamental ao trabalho*. Debate Feminista 55 (2018), p. 59-60.
24. ROLNIK, Suely. Esferas da insurreição: notas para uma vida não cafetinada. São Paulo: n-1 edições, 2018, p.107.

conservador, religioso e "antropo-falo-ego-logocêntrico"[25], que rechaça o direito à voz das trabalhadoras sexuais.

Tantas discriminações construídas em cima do exercício da sexualidade de mulheres que prestam serviços sexuais, impedem o reconhecimento das suas atividades. Essa perspectiva evidencia que o preconceito é o único fator que distingue o trabalho sexual de outras atividades, isto é, "a diferença entre o exercício de outros trabalhos para a prostituição é a estigmatização decorrente da imposição moral sobre a forma como as pessoas deveriam conduzir sexualmente suas vidas".

Essa perspectiva de não reconhecimento e negação de qualquer direito se destaca em períodos de crises, de forma que nenhuma medida é assegurada para a garantia do direito básico da vida. Isto é, estamos passando por uma pandemia, Covid-19, e medidas de garantia destinadas as trabalhadoras sexuais não estão sendo tomadas. Como se demonstra:

> Questionado pelo Estado de Minas, o município informou que ainda não tem um plano traçado para assistir as prostitutas em situação de vulnerabilidade por conta do surto global. Por meio de nota, a Secretaria Municipal de Assistência Social, Segurança Alimentar e Cidadania de Belo Horizonte relata que iniciou "um processo de escuta das lideranças da categoria a fim de compreender suas necessidades[26].

Na cidade de Belo Horizonte, diversas trabalhadoras, além de prestarem serviços nos hotéis, neles estabelecem sua própria moradia, também afetada juntamente com a queda da demanda e o fechamento dos estabelecimentos. Diversas trabalhadoras se viram desabrigadas durante a pandemia, sendo necessária a atuação de coletivos para alocação e procura de habitação para essas pessoas.

A evolução constitucional institucionalizou a obrigação do Estado Democrático de Direito de promover os direitos que garantem a satisfação do mínimo existencial, de forma igualitária a todos os cidadãos, porém, a igualdade formal, material e existencial[27] ainda são realidades distantes das trabalhadoras sexuais.

Como evidenciado, se trata de uma pandemia que afeta diretamente a locomoção e o contato físico, situação que expõe as trabalhadoras sexuais marginalizadas a precariedade. Diversas trabalhadoras sexuais que se ativam nas ruas, incorrem em riscos diários à espera de clientes, parcos, submetendo-se ao risco de contágio pelo vírus, pela necessidade diária de sobrevivência sua e de seus dependentes.

Outra alternativa encontrada pelas trabalhadoras sexuais é a adequação da prestação de serviços à tecnologia, normalmente limitada àquelas que exercem a denominada prestação "de luxo". Trabalhadoras que possuem meios e capacidade de realizarem seus atendimentos por outros meios, garantindo renda, mesmo em um período de crise. Nesse sentido:

---

25. ROLNIK, Suely. Esferas da insurreição: notas para uma vida não cafetinada. São Paulo: n-1 edições, 2018, p.92

26. EMILIANA, Cecília. *Coronavírus: pandemia deixa prostitutas de BH sem renda e moradia*. Estado de Minas, Belo Horizonte, 20 mar. 2020. Disponível em <https://www.em.com.br/app/noticia/gerais/2020/03/20/interna_gerais,1130945/coronavirus-pandemia-deixa-prostitutas-de-bh-sem-renda-e-moradia.shtml>. Acesso em: 10 abr. 2020.

27. THERBORN, Göran. Os campos de extermínio da desigualdade. Novos Estudos, Ed. 87, Vol. 29, n. 2, jul. 2010, p. 145-156. São Paulo: CEBRAP, 2010.

> Profissionais do sexo estão recorrendo à internet para "compensar" a queda no movimento durante a quarentena para conter o avanço do novo coronavírus. Shows ao vivo, vídeos ou pacotes de fotos eróticas ajudam a manter a renda e, claro, saciar a luxúria de um público isolado por medo da Covid-19.
>
> (...) ela conta que cobra R$ 300 a hora por seus serviços – "um valor convencional em Campinas", diz -, e que consegue arrecadar o mesmo com três vídeos por aplicativo de mensagens[28].

Assim como as *lives*, formato que se popularizou na "quarentena", em diversos setores, permitindo a interação de confinados. O trabalho sexual exigiu adequação virtual durante a pandemia. Como diversos profissionais de diferentes categorias, as trabalhadoras sexuais que não o exerciam veem-se desafiadas pelo *home office* ou trabalho à distância.

Quanto ao exercício do trabalho pela Internet, diversas dificuldades se impõem: a demanda presencial e a, consequente queda do número de clientes, em virtude das imposições e necessidades de isolamento social; a exclusão digital, como resultado de desigualdades sociais e déficits educacionais; a impossibilidade do exercício do trabalho à distância pelo anonimato, a partir da ocultação do exercício profissional das pessoas com quem convive, em virtude do estigma.

Nesse aspecto, diante de situações extremas, como a pandemia, as vulnerabilidades da categoria se intensificam, pelo desamparo, pelo desconhecimento, pelas negativas de acesso. Autorizado o pagamento de renda básica emergencial, os desafios diários de identificação profissional nos cadastros governamentais, revelam-se também presentes, no temor da denegação do benefício pela natureza da atividade exercida.

Para garantir a sobrevivência, pessoas e movimentos sociais engajados na luta pelo reconhecimento do trabalho sexual recorrem a insumos emergenciais oferecidos por organizações não governamentais com foco na proteção de Direitos Humanos. Entretanto, as exigências cadastrais, sobretudo no que tange à formalidade da constituição dos coletivos, e atendimentos a questões burocráticas são empecilhos para o recebimento de benefícios.

Portanto, os fatos supracitados demonstram que, apesar da Covid-19 ter um alcance imensurável, as suas consequências são distintas, a depender dos atravessamentos interseccionais, isto é, por um recorte de territorialidade, consideradas suas vicissitudes biopolíticas (gênero, raça e classe), o impacto a quem exerce o trabalho sexual nas ruas e em recintos para a prestação de serviços sexuais, sobretudo os mais simples, são as mais afetadas.

4. RECONHECIMENTO DO TRABALHO SEXUAL: UM CONVITE A REPENSAR

A pandemia da Covid-19 é um fato extremo às gerações nascidas nos séculos XX e XXI e oportuniza a reflexão crítica sobre as bases estruturais em que se sedimentaram as sociedades modernas, sobretudo de viés ocidental, fulcradas no sistema colonial-ca-

---

28. EVANS, Fernando. *Coronavírus: profissionais do sexo recorrem à web com queda de até 80% na clientela por quarentena*. *Campinas e região*, 04/04/2020. Disponível em <https://g1.globo.com/sp/campinas-regiao/noticia/2020/04/04/coronavirus-profissionais-do-sexo-recorrem-a-web-com-queda-de-ate-80percent-na-clientela-por-quarentena.ghtml>. Acesso em: 11/04/2020.

pitalístico[29]. Diversas questões vêm à tona de âmbito macropolítico, como a destruição ambiental, a prevalência de ideologias, políticas e práticas neoliberais, em detrimento do Estado de Bem Estar Social, que prioriza serviços públicos de qualidade, pesquisa, educação, saúde.

Em todo o planeta, milhões de pessoas correm mais risco do que outras. Seria temerário falar de forma simples da indistinção de classe, cor ou gênero na propagação do vírus, uma vez que as pessoas que se encontram vulnerabilizadas pelas imposições sistêmicas correm mais riscos. E não somente pela Covid-19, mas pelas profundas desigualdades sociais, materiais e de existência, que às expõem a maiores fragilidades para garantir sua sobrevivência. Se não se morre pela doença, corre-se o risco de morrer de fome. Talvez esta seja a evidência maior dessa possível "guerra invisível", cujos mortos se multiplicam à indulgência.

Entretanto, as questões micropolíticas emergem, demonstrando a equivalência das esferas de atuação humana, sua interdependência e panoptismo biopolítico. Juntamente com a precariedade e miserabilidade de tantas pessoas noticiadas diariamente pelos *media*, assistimos ao incremento da violência doméstica durante o isolamento social, tanto no Brasil como em outros países.

Tal fato evidencia as imposições do casamento e as consequências nefastas de se continuar a pensar que a distinção das mulheres em "boas" ou "más" ainda se faz por um contrato de gratuidade sexual, que assegura descendência, mas não assegura integridade. Esta imposição secular é violenta, sempre foi e sempre será. E não se pense em uma relação idealizada, romântica, ideal como contraponto. Sim, existem. Mas, em verdade, o que se oculta é o cercamento do corpo das mulheres[30] e a acumulação da sobrecarga do seu trabalho, em jornadas múltiplas e com responsabilidades ainda desiguais, sobretudo com o trabalho de cuidado[31].

O casamento ainda se apresenta como grande opositor ao trabalho e às trabalhadoras sexuais. Entretanto, somam-se argumentações ditas feministas, reveladoras de um inconsciente colonial e conservador, que negam agência e voz às trabalhadoras sexuais, impondo a estas visões vitimistas ou redencionistas, cegas e surdas às suas demandas, visões de mundo e vozes.

Impõem, a partir de um modelo idealizado de sobrevivência, alternativas precárias ao exercício do trabalho sexual, demarcadoras de interseccionalidades. Sob um discurso assegurador dos direitos humanos e da preservação do corpo da mulher esconde-se um manto autoritário e contraditório. Ao passo que defendem autonomia e autodeterminação, por exemplo, a regulamentação do aborto, impõem seus "lugares de fala"[32] a quem silenciam.

---

29. ROLNIK, Suely. Esferas da insurreição: notas para uma vida não cafetinada. São Paulo: n-1 edições, 2018.
30. FEDERICI, Silvia. Calibã e a bruxa: mulheres, corpo e acumulação primitiva. São Paulo: Editora Elefante, 2017.
31. HIRATA, Helena. Gênero, classe e raça: Interseccionalidade e consubstancialidade das relações sociais. Tempo Social, revista de sociologia da USP, v. 26, n. 1, jun. 2014. São Paulo: Universidade de São Paulo, 2014.
32. RIBEIRO, Djamila. O que é: lugar de fala? Belo Horizonte: Letramento: Justificando, 2017.

A exclusão das trabalhadoras sexuais dos discursos das esquerdas e de movimentos sociais não relacionados à causa também merecem evidência, sobre as distintas formas como a "tirania da maioria" se manifesta também na contramajoritariedade.

O reconhecimento perpassa a identificação da ausência de liberdades diárias, aprendizagem que se extrai da imposição de isolamento social, limites à circulação e fruição de bens serviços. Estes são efeitos cotidiana do estigma da prostituição. A ausência de liberdade temporária nos permite considerar as situações em que a ausência de liberdade é permanente. Muitas vezes, o isolamento social se apresenta mudo, cego, surdo. Pela negativa do direito de ter ouvida a própria voz.

Ouvir as demandas das trabalhadoras sexuais, suas vivências manifestas individualmente ou pela luta social organizada em movimentos, coletivos, associações, sindicatos e cooperativas ao redor do planeta não se trata de escolha. É dever que se impõe pela democracia. Dever de oitiva às insurgentes sobre as opressões que sofrem, considerando sua maturidade e a desnecessidade de tutela por aqueles/aquelas que, falaciosamente, se valem do discurso de proteção. Nesse sentido, Monique Prada:

> As vozes que a sociedade considera dignas de ouvir: ou se dá espaço a uma ideia festiva, glamorosa e fantasiosa da prostituição, ou a uma visão dramática da prostituta, como mulher sofrida e vitimizada. Não é possível ou desejável fugir do clichê, abrir mão do estereótipo e ouvir as prostitutas como se fôssemos pessoas. Em geral, as pessoas não conseguem perceber que a prostituta pode ser a vizinha que cria os filhos sozinha, a universitária que mora ao lado, a moça independente e discreta da casa da frente.
>
> Almoçamos, jantamos, consumimos. Existimos, por mais que existirmos também for a do gueto seja inconveniente em uma sociedade profundamente hipócrita e conservadora – uma sociedade que nos alimenta, mas não quer que sentemos à mesa.
>
> Essa invisibilidade forçada pelo estigma, que afeta não só as trabalhadoras sexuais mas também suas famílias, amigos, filhas e filhos, me fala da urgência de abrirmos espaço para tratar dos temas relativos ao trabalho sexual, a partir de uma ótica feminista, não moralista, não punitiva e não vitimista.
>
> Precisamos poder pensar sobre nossas vidas, nossas questões, nossa comunidade – para além dos espaços que a sociedade tem nos reservado. Se há entre nós muita gente interessada em desenvolver outra atividade e abandonar o meio, que possamos encontrar juntas caminhos realmente melhores e formação adequada. Almejemos mais do que apenas exercer trabalhos precários for a da prostituição. Ocupemos as universidades; nós somos capazes. E que possamos, ainda assim, se quisermos, seguir exercendo o trabalho sexual, pois não há nada de verdadeiramente errado nisso"[33].

Facear a morte de forma tão premente, como nos oportuniza a pandemia do "corona vírus", nos leva a repensar sobre a nossa própria existência e seu desejo, permitindo refletir sobre o pleito existencial das trabalhadoras sexuais por reconhecimento. O convite ao repensar perpassa a sobrevivência, pilar central da estrutura do trabalho sexual, a despeito de digressões morais reveladoras de cercamentos, colonialidades e domínios, ainda que sob roupagens feministas.

Na cidade de Belo Horizonte, para enfrentamento do vírus, destacam-se as atuações dos coletivos Rebu e Clã das Lobas, o primeiro coordenado por Santuzza Alves de Souza, o segundo por Jade. Ambos os coletivos, que se ativam na defesa do reconhecimento do trabalho sexual e na proteção das trabalhadoras sexuais contra a prática de violências,

---

33. PRADA, Monique. *Putafeminista*. São Paulo: Veneta, 2018.

embora constituídos distintamente, uniram-se para enfrentamento dos efeitos da Covid-19 na prestação de serviços sexuais, arrecadando insumos e providenciando moradias para as trabalhadoras e trabalhadores que afetadas(os) pela pandemia.

As trabalhadoras seguem sobrevivendo, organizando-se, insurgindo-se, bastando ver e escutar atentamente. Em tempos de pandemia, recorrem aos coletivos a que se filiam e a organizações governamentais, cuja atuação foi paulatinamente descredibilizada por discursos de competitividade, que pretendem minar a sua importância. Reativar a importância do terceiro setor é outra mensagem de indelével importância da Covid-19. Priorizar e visibilizar a luta coletiva na construção da justiça social é caminho afirmativo frutífero para mudanças estruturais micro e macropolíticas.

5. CONCLUSÕES

O trabalho sexual é setor econômico profundamente impactado pela pandemia da Covid-19. Diversas esferas de reflexão, análise e discussão são possíveis. A abordagem da territorialidade permite, portanto, refletir sobre a sobrevivência de corpos matáveis, demonizados ou criminalizados, nos espaços urbanos e rurais, onde se desvelam a atuação excepcional do Estado, suscitando possibilidades outras de vivência e convivência, a partir do reconhecimento.

O afastamento do trabalho sexual da "boa sociedade", fundamentado pela manutenção da "ordem", denota micro e macropoliticamente a invisibilização do trabalho sexual e das pessoas que o exercem, sujeitando-as a violências cotidianas, discriminações e precarização do trabalho. A invisibilidade imposta pelo sistema de dominação masculina, endossada por movimentos "feministas" de viés conservador, colonial e proibicionista, impõem à potência política e agência das trabalhadoras sexuais o silenciamento, vitimismo e redencionismo.

Situações extremas, como a pandemia, acentuam o Estado de Exceção já normalizado pela surdez e cegueira sociais ao reconhecimento de uma categoria de trabalhadoras e trabalhadores. Os/As "salvadores"/"salvadoras" das prostitutas não salvam nem a si mesmos/mesmas diante de uma possível catástrofe.

Como alternativas à queda da demanda, trabalhadoras se arriscam aos contágios para assegurar a sobrevivência ou recorrem ao trabalho pela Internet. A prestação de serviços sexuais por teletrabalho apresenta novas possibilidades e impõem várias reflexões, sendo a principal delas a acessibilidade.

Para suprir as necessidades de sobrevivência adimplidas pelo trabalho, destacam-se atuações solidárias individuais e coletivas, bem como o acesso à renda mínima estatal, que ainda refletem as vicissitudes do estigma. No Município de Belo Horizonte, a atuação dos coletivos ganha destaque na busca por alternativas de sobrevivência e moradia.

Todos sentimos medo da morte. Talvez, a sua premência, desencadeada pela Covid-19, nos ensine verdadeiramente que todas as vidas têm a mesma importância e que a existência de um está relacionada à existência de todo o conjunto. Desnaturalizar a matabilidade de determinadas vidas e da própria natureza é imperioso para garantirmos a sobrevivência no planeta. Em meio a tantas incertezas, algumas evidências não devem ser descartadas: a importância da fruição integral à saúde e educação, com instituição e acesso à renda básica estatal, bem como a prestação de serviços públicos de qualidade, indistintamente, devem ser carros-chefes na condução de um Estado de bem estar; o investimento em pesquisa, nos profissionais do ensino e na estrutura educacional são imperiosos no enfrentamento a situações extremas; e a continuidade do sistema neoliberal "colonial-capitalístico" conduz a humanidade à ruína e autodestruição natural e/ou humana.

Por fim, a indistinção do temor da morte nos leva à conclusão que a igualdade de existência deve ser considerada nas atuações individuais, coletivas, particulares e institucionais. Existir é enxergar, ver, ouvir e pertencer. Nenhuma vida é mais importante do que outra.

6. REFERÊNCIAS

AGAMBEN, Giorgio. *Homo sacer*: o poder soberano e a vida nua I. Belo Horizonte: Editora UFMG, 2002.

BARRETO, Letícia Cardoso. *"Somos sujeitas políticas de nossa própria história"*: prostituição e feminismos em Belo Horizonte". Tese (doutorado); Universidade Federal de Santa Catarina, Centro de Filosofia e Ciências Humanas, Programa de Pós-Graduação Interdisciplinar em Ciências Humanas, Florianópolis, 2015.

CAPELLE, Mônica Carvalho Alves; SILVA, Kátia Aparecida Teixeira. *O trabalho na prostituição de luxo*: análise dos sentidos produzidos por prostitutas em Belo Horizonte – MG. Revista de Gestão Social e Ambiental – RGSA, São Paulo, Edição Especial, p. 23-39, dez. 2017.

COELHO, Sonia. MORENO, Tica. FARIA, Nalu. Prostituição: *Uma abordagem feminista*. Sempreviva Organização Feminista. Pigma, São Paulo, 2013.

CRENSHAW, Kimberlé. *On Intersectionality*: Essential Writings. The New Press, 2019.

EMILIANA, Cecília. *Coronavírus*: pandemia deixa prostitutas de BH sem renda e moradia. Estado de Minas, Belo Horizonte, 20 mar. 2020. Disponível em <https://www.em.com.br/app/noticia/gerais/2020/03/20/interna_gerais,1130945/coronavirus-pandemia-deixa-prostitutas-de-bh-sem--renda-e-moradia.shtml>. Acesso em: 10 abr. 2020.

ESTEVÃO, Amélia. *Covid-19*. ACTA Radiológica Portuguesa, Edição 1, vol. 32, janeiro – abril, p. 5-6, 2020.

EVANS, Fernando. *Coronavírus: profissionais do sexo recorrem à web com queda de até 80% na clientela por quarentena. Campinas e região*, 04/04/2020. Disponível em <https://g1.globo.com/sp/campinas-regiao/noticia/2020/04/04/coronavirus-profissionais-do-sexo-recorrem-a-web-com-queda-de-ate-80per-cent-na-clientela-por-quarentena.ghtml>. Acesso em: 11/04/2020.

FEDERICI, Silvia. *Calibã e a bruxa*: mulheres, corpo e acumulação primitiva. São Paulo: Editora Elefante, 2017.

FOUCAULT, Michel. *História da sexualidade 2*: o uso dos prazeres. 8. ed. Rio de Janeiro: Edições Graal, 1984.

GERVASONI, Tássia Aparecida. *Direito, democracia e tecnologias*. Erecjim: Deviant, 2019.

HARVEY, D. 2008. *"The right to the city"*. New Left Review, v.53, pp.23-40.

HIRATA, Helena. *Gênero, classe e raça*: Interseccionalidade e consubstancialidade das relações sociais. Tempo Social, revista de sociologia da USP, v. 26, n. 1, jun. 2014. São Paulo: Universidade de São Paulo, 2014.

LOBO, Bárbara Natália Lages. *Sexo, trabalho, direito e reconhecimento*: a igualdade de existência das mulheres trabalhadoras sexuais. Tese (Doutorado). Pontifícia Universidade Católica de Minas Gerais, Programa de Pós Graduação em Direito. Belo Horizonte, 2017. 366 f.

LOBO, Bárbara Natália Lages; SAMPAIO, Adércio Leite. *Debate jurídico sobre a prostituição, a dignidade da pessoa humana e o direito fundamental ao trabalho*. Debate Feminista 55 (2018), p. 59-60.

PELBART, Peter Pál. *O avesso do niilismo*: cartografias do esgotamento. 2. ed. São Paulo: n-1 edições, 2016.

PRADA, Monique. *Putafeminista*. São Paulo: Veneta, 2018.

RIBEIRO, Djamila. *O que é*: lugar de fala? Belo Horizonte: Letramento: Justificando, 2017.

ROLNIK, Suely. *Esferas da insurreição*: notas para uma vida não cafetinada. São Paulo: n-1 edições, 2018.

THERBORN, Göran. *Os campos de extermínio da desigualdade*. Novos Estudos, Ed. 87, Vol. 29, n. 2, jul. 2010, p. 145-156. São Paulo: CEBRAP, 2010.

PESSOAS TRANS, VULNERABILIDADE, TRABALHO E COVID-19

Ana Carolina Brochado Teixeira

Doutora em Direito Civil pela UERJ. Mestre em Direito Privado pela PUC Minas. Especialista em Direito Civil pela Escuola di Diritto Civile – Camerino, Itália. Professora do Centro Universitário UNA. Coordenadora editorial da Revista Brasileira de Direito Civil – RBDCivil. Advogada. E-mail: anacarolina@tmg.adv.br.

Luiz Filipe Gomes Castro Salomão

Graduando em Direito. Membro Pesquisador do Grupo de Estudos e Pesquisa em Bioética (GEPBio) do Centro Universitário Newton Paiva.

Sumário: 1. Quem são as pessoas trans? 2. Vulnerabilidade e gênero. 3. Pessoas trans e trabalho. 4. Impacto da Covid-19 no trabalho das pessoas trans. 5. Conclusão. 6. Referências.

A Covid-19 mostra a todos nós que a vida é precária e somos vulneráveis. Mas a quem a precariedade da vida vai deixar risco maior? Àquelas do regime da desigualdade, populações negras e indígenas, mulheres nordestinas e nortistas que são empregadas domésticas, pessoas que não tiveram acesso à educação.[1]

1. QUEM SÃO AS PESSOAS TRANS?

Na mitologia grega-romana a figura de um indivíduo com características femininas ou masculinas, tanto na forma física como na postura, remetia a complementação do prazer daquele deus – seja na utilização de roupas pertencentes ao sexo oposto ou também nas características nitidamente percebidas, ou então, era advinda de uma punição divina.[2] Usa-se essa imagem para demonstrar que a pessoa trans, há muito, já estava presente na sociedade de alguma maneira. Trata-se de alguém cuja identidade de gênero não corresponde ao seu sexo biológico, o que motiva um comportamento segundo o sexo ao qual se sente pertencer, por meio do uso de roupas do gênero com o qual se identifica, terapia hormonal e, por vezes, até cirurgia.

A imagem de um transgênero surge no Brasil na década de 60, mas não com esse termo, pois naquele período estavam inseridos na homossexualidade, e já eram vistos de forma pejorativa, com várias denominações preconceituosas.[3] Ganhavam espaço apenas

---

1. DINIZ, Debora. Disponível em https://www1.folha.uol.com.br/equilibrioesaude/2020/04/mundo-pos-pandemia-tera-valores-feministas-no-vocabulario-comum-diz-antropologa-debora-diniz.shtml. Entrevista publicada em 6.4.2020.
2. BRANDÃO, Junito de Souza. *Mitologia Grega*: Volume III. 1. ed. Petrópolis: Vozes, 1987.
3. "O emprego difundido da palavra bicha como um rótulo depreciativo parece ter ocorrido apenas no início dos anos 60, quando começou a competir com viado, como uma forma de insulto comum por parte das pessoas estranha ao meio. Embora talvez, jamais se possa descobrir a origem exata da expressão, há possibilidade de que a

no período de carnaval, onde podiam sair às ruas com adornos do sexo oposto ou em ambientes fechados, expressando sua personalidade mesmo que por um curto tempo.

Nos anos 70, o termo travesti estava intimamente associado à prostituição, além de despontar a caracterização do homossexual feminino que surgia somente num período específico (carnaval), para um indivíduo que se vestia como mulher e fazia das ruas seu local de trabalho. Nesse sentido, "as travestis eram associadas a práticas imorais à época".[4]

No final dos anos 70 e início dos anos 80, surgem os pequenos movimentos que defendiam esse grupo minoritário, no qual estavam incluídos os homossexuais, travestis, transgêneros, gays, lésbicas e afins. Os movimentos foram crescendo, tomando proporções e difundindo o ideal de buscar respeito, espaço e voz na sociedade. Nesse período, há o rompimento dos indivíduos trans com esses grupos, criando suas próprias associações para atender às suas necessidades específicas.[5] Nos anos 80, eclodiu a epidemia da AIDS, na qual "os mais afetados foram justamente os travestis, que eram marginalizados pela sociedade e praticavam a prostituição, o que estavam condicionados a uma maior exposição ao vírus do HIV".[6]

A doutrina destaca que "a nomenclatura transexualismo ganhou destaque com a imagem de Roberta Close, que não se encaixava nos padrões de uma travesti",[7] pois, à época, ligavam a mulher trans à figura de mulher grosseira nos seus traços, à violência, às drogas e, principalmente, à prostituição, – sua única fonte de renda de um modo geral. Porém, Roberta Close não se enquadrava nessas características, pois era uma mulher burguesa, admirada por muitos, tinha classe, boa aparência e estava sempre aparecendo nos noticiários de forma positiva, diferente das travestis.[8]

---

palavra bicha tenha se desenvolvido dentro do próprio mundo de homens efeminados e prostitutos..." (GREEN, James Naylor, Além do carnaval. *A homossexualidade masculina no Brasil do século XX*. Trad. Cristina Fino e Cássio Arantes. – São Paulo: UNESP, 2000, p. 146).

4. LÉLIS, Ana Lídia Dias; PEREIRA, Luciano Meneguetti. *A despatologização da transexualidade e os direitos do indivíduo trans*. Unitoledo, Araçatuba, 2019. Disponível em: <https://servicos.unitoledo.br/repositorio/handle/7574/2228>. Acesso em: 6 abr. 2020.

5. "Historicamente, parecem ser hegemônicos dois modelos na construção de organizações de travestis no Brasil. Algumas surgem da sua auto-organização, geralmente em resposta à violência policial nos locais de prostituição; outras, a partir da ação de ONGs vinculadas ao movimento homossexual ou ao movimento de luta contra a AIDS, através de projetos de prevenção junto à população de travestis profissionais do sexo". (CARVALHO, Mario; CARRARA, Ségio. Em direção a um futuro trans? Contribuição para a história do movimento de travestis e transexuais no Brasil. *Sexualidad, Salud y Sociedad*. Rio de Janeiro, dossier n. 2, n. 14, p. 319-351, ago. 2013).

6. LÉLIS, Ana Lídia Dias; PEREIRA, Luciano Meneguetti. *A despatologização da transexualidade e os direitos do indivíduo trans*. Unitoledo, Araçatuba, 2019. Disponível em: <https://servicos.unitoledo.br/repositorio/handle/7574/2228>. Acesso em: 6 abr. 2020.

7. SOUSA, Tuanny Soeiro. *O nome que eu (não) sou*: Retificação de nome e sexo de pessoas transexuais e travestis no registro civil. Rio de Janeiro: Lumes Juris, 2016. p. 88.

8. Outras pessoas tiveram papeis fundamentais na evolução e importância de ser trans, uma delas e considerada a primeira pessoa a passar pela cirurgia de mudança de sexo é Lili Elbe, antes da transição se chamava Einar Mogens. "Gerda Wegener foi uma pintora que viveu entre 1889-1940 na Dinamarca. Casada com Einar Mogens, ganhava a vida pintando modelos. Na ausência de uma das modelos, Gerda pede para Einar colocar um vestido para que pudesse pintá-lo como uma figura feminina. A partir disso, Einar veste-se frequentemente como Lili Elbe, nome escolhido por ele para designar seu alter-ego, para que Gerda pudesse pintá-la. Anos depois, Einar com identidade de gênero trans, passa a vestir-se como Lili Elbe com cada vez mais frequência. Em 1933 passou por uma cirurgia de redesignação sexual, sendo uma das pioneiras no mundo. Lili não resistiu, e acabou falecendo, dias antes de completar 50 anos. A história de Gerda e Einar, inspirou o filme 'A Garota dinamarquesa', de 2015, indicado ao Oscar® em 2016". (KURPEL, Denise de Fátima. *A identidade de gênero no espaço escolar*: aportes psicanalíticos à prática pedagógica. 2019. p. 27).

Todos esses fatos evolutivos contribuíram para o crescimento notório dos movimentos Pós Trans – aqui utilizando *trans* como nomenclatura que abraça transgêneros, transexuais e travestis.[9]

Os movimentos nasceram com a ideia de agregar corpos trans, em resposta à violência praticada pela polícia e ao vírus HIV que atingiu muitos transexuais que só tinham a prostituição como forma de aferição de renda e o uso de entorpecentes. Os primeiros passos dos movimentos aconteceram exatamente nos espaços de trabalho – as ruas. "A falta de aceitação traz consigo a vulnerabilidade, vez que não havia inserção social e, portanto, não havia trabalho digno, segurança e nem humanidade para com transexuais".[10]

Um dos famosos grupos em defesa dos direitos das pessoas trans, o ANTRA tem como objetivo uma vertente adotada por muitos outros grupos, associações e movimentos que é a de "identificar, mobilizar, organizar, aproximar, empoderar e formar travestis e transexuais das cinco regiões do país para construção de um quadro político nacional a fim de representar nossa população na busca da cidadania plena e isonomia de direitos"[11]. Os movimentos sociais que se desenvolveram ao longo dos anos foram essenciais para que a sociedade compreendesse quem são as pessoas trans e a partir de então, esses indivíduos começaram sua jornada em busca de seus direitos básicos.

2. VULNERABILIDADE E GÊNERO

A tutela das vulnerabilidades foi levada a sério no direito brasileiro a partir do momento em que o ordenamento jurídico colocou a pessoa humana em seu centro de proteção e promoção. O sujeito de direitos abstrato que desempenhava papéis deixou de ser o protagonista (principalmente do Direito Civil) para que esse papel fosse assumido pela pessoa de carne e osso, com a sua história de vida, peculiaridades, valores existenciais que está inserida em determinado contexto sócio-histórico-cultural.

A partir dessa premissa, o Texto Constitucional estabeleceu uma carta de princípios com aplicação direta às relações jurídicas, que têm como escopo a tutela integral da pessoa humana, tais como os princípios da dignidade da pessoa humana, da solidariedade e da igualdade (formal e substancial). O reconhecimento da vulnerabilidade de alguns grupos é a forma de se concretizar uma tutela positiva, já que a simples proibição da discriminação se demonstrou insuficiente para a promoção da igualdade substancial de certas pessoas, sendo necessário ações afirmativas no sentido de editar leis especiais

---

9. Após encontros anuais, reuniões, conferências, passeatas e protestos, houve a criação de diversas organizações, tais como: ASTRAL – Associação das travestis e liberados, GGB – Grupo Gay Bahia, ENTLAIDS – Encontros Nacionais de travestis e transexuais na luta contra a AIDS, RENATA – Rede Nacional de travestis, ANTRA – Associação Nacional de travestis e transexual, Casa de apoio Brenda Lee, ABGLT – Associação Brasileira de gays, lésbicas e travestis, CNT – Coletivo Nacional de transexuais dentre outras que surgiram ao longo dos anos 80, 90 e 2000.

10. LÉLIS, Ana Lídia Dias; PEREIRA, Luciano Meneguetti. *A despatologização da transexualidade e os direitos do indivíduo trans.* Unitoledo, Araçatuba, 2019. Disponível em: <https://servicos.unitoledo.br/repositorio/handle/7574/2228>. Acesso em: 6 abr. 2020.

11. ANTRA BRASIL. *Sobre – Associação Nacional de Travestis e Transexuais.* Disponível em: https://antrabrasil.org/sobre/. Acesso em: 8 abr. 2020.

para proteção a esses grupos.[12] Para tanto, reconheceu (exemplificativamente) algumas categorias vulneradas que demandam uma intervenção estatal reequilibradora com a finalidade de suprir necessidades específicas, tais como crianças, adolescentes, mulheres, pessoas com deficiência, idosos e consumidores.[13]

O gênero recebeu tratamento constitucional ao (i) afirmar que todos são iguais perante a lei (art. 5º), de modo que homens e mulheres são iguais em direitos e obrigações nos termos da Constituição (art. 5º, I), instituindo o princípio da igualdade formal; (ii) assegurar a licença à gestante após o nascimento do bebê, a licença paternidade e a proteção do mercado de trabalho à mulher, por meio de incentivos específicos (art. 7º, XVIII, XIX, XX); (iii) determinar a igualdade de direitos e deveres referentes à sociedade conjugal entre homem e mulher (art. 226, §5º); (iv) estabelecer a assistência à família na pessoa de cada um dos que a integram, por meio da criação de mecanismos para coibir violência em suas relações (art. 226, §8º).[14]

Embora o que se vise, num primeiro momento, seja garantir direitos à mulher pela histórica assimetria deixada pelo patriarcado – e cuja desigualdade ainda produz[15] – nota-se que as discussões de gênero podem e devem ser ampliadas para além da pauta feminista,[16] o que é desejado pela própria Constituição, por exemplo, ao tutelar cada

---

12. TEPEDINO, Gustavo; SCHREIBER, Anderson. Minorias no direito civil brasileiro. *RTDC,* vol. 10, p. 134, abr./jun. 2002.

13. Por força do princípio da solidariedade, em outra oportunidade tivemos a oportunidade de afirmar que este emana um outro princípio, o do melhor interesse dos vulneráveis, que deve ser aplicado de forma diferente para cada grupo de pessoas vulneradas, de acordo com suas necessidades e peculiaridades. (TEIXEIRA, Ana Carolina Brochado; TEPEDINO, Gustavo. *Fundamentos de Direito Civil*: Direito de Família. Rio de Janeiro: Gen, 2020, p. 18).

14. "A Constituição de 1988 coroou a igualdade de gênero, fulminando, de uma vez por todas, a odiosa disparidade de direitos assegurados às mulheres e aos homens, que a submetia aos poderes do homem provedor, seja o pai ou o marido. Contudo, no plano fático-social, a mulher continua sendo vítima de discriminação e preconceito, e tem agravada sua situação de vulnerabilidade, tornando-se vítima, tanto em sua integridade física quanto em tudo que respeita à igualdade de oportunidades e condições no ambiente profissional. Configura-se, assim, um quadro de afronta à dignidade e à autonomia da mulher, que alcança seu corpo, especialmente no campo da sexualidade e reprodução, como acima demonstrado." (BARBOSA, Heloisa Helena; ALMEIDA JÚNIOR, Vitor de Azevedo. (Des)Igualdade de gênero: restrições à autonomia da mulher. Pensar, Fortaleza, v. 22, n. 1, p. 267, jan./abr. 2017)

15. "Trata-se, portanto, de um conjunto teórico que advoga por *igualdade material* entre homens e mulheres, de modo que o gênero deve importar ao *status* jurídico do sujeito apenas na medida em que significar alguma vulnerabilidade ou vicissitude que necessite ser compensada ou protegida diante de determinados contextos; efetivando, conforme salientamos, aquilo que deve ser a função social do Direito enquanto instrumento de garantia de iguais liberdades individuais e realizador de justiça em um contexto republicano personalista e plural, no qual o Estado de Direito deve sempre interferir nas liberdades individuais em nome de iguais liberdades individuais." (RODRIGUES, Renata de Lima; TEIXEIRA, Ana Carolina Brochado. A travessia da autonomia da mulher na pós-modernidade: da superação de vulnerabilidades à afirmação de uma pauta positiva de emancipação. Pensar, Fortaleza, v. 23, n. 3, p. 5, jul./set. 2018).

16. Debora Diniz fez importantes reflexões sobre os impactos que a pandemia da Covid-19 tem gerado na vida das mulheres: "O mundo pós-pandemia vai ser um mundo em que os valores feministas vão fazer parte do nosso vocabulário comum. Porque a melancolia que estamos vivendo, da casa, da espera, do medo, da perda, da morte, colocou o desamparo no centro dos debates sobre política e economia. Nunca a economia falou tanto sobre o desamparo quanto agora. E não há salvação se não criarmos mecanismos coletivos de amparo. (...) Essa pandemia colocou como tópico prioritário da agenda a compreensão do mundo – e é aí que está a minha esperança no pós-pandemia, para aqueles que sobreviverem. Deve ser um mundo no qual vamos ter de falar da nossa sobrevivência e da nossa interdependência. Teremos falar de cuidado, proteção social e saúde. Nós acreditávamos na uberização do mundo, que poderíamos ser autossuficientes. Mas as mulheres sempre souberam que não podemos ser autossuficientes, porque todos são filhos de uma mãe, todos precisamos ser cuidados para existir e persistir. Essa pandemia mostrou isso com toda crueldade." (DINIZ, Debora. Disponível em https://www1.folha.uol.com.br/equilibrioesaude/2020/04/mundo-pos-pandemia-tera-valores-feministas-no-vocabulario-comum-diz-antropologa-debora-diniz.shtml . Entrevista publicada em 6.4.2020)

membro da família contra qualquer ato de violência. A tutela protetiva e prospectiva da pessoa humana é a palavra de ordem, de modo que a doutrina deve oferecer "caminhos hermenêuticos" para sua efetivação. É o que se busca neste artigo.

As discussões sobre gênero levam, quase sempre, a grupos vulnerados: mulheres em razão da violência doméstica, da desigualdades no mercado de trabalho, da assunção das várias jornadas de trabalho; homossexuais e pessoas trans, em virtude da violência e da discriminação; sem contar outros exemplos de diversidade, tais como travestis, *drag queens*, *drag kings*, transexuais, que também estão sujeitos à violências demonstram a necessidade de se refletir sobre formas de superação dos obstáculos que geram as disparidades. Por isso a relevância de se pensar as tutelas sob o viés das vulnerabilidades pois, uma vez identificadas de forma específica, é possível se propor meios concretos para superá-las.

Heloisa Helena Barbosa denomina esses grupos como minorias, que não são vistas sob o viés quantitativo, independente da sua expressão numérica, mas se trata de pessoas que "encontram-se qualitativamente em situação de desigualdade por razões sociais, econômicas ou técnicas, sujeitos à dominação de outros grupos prevalentes".[17] Ou seja, a vulnerabilidade jurídica implica em se considerar a situação concreta da pessoa inserida nas suas condições de vida sob os mais diversos aspectos e suas reais condições de vulnerabilidade.[18]

Por isso, ao se pensar na vulnerabilidade das pessoas trans, é necessário se refletir sobre o contexto em que elas estão inseridas na sociedade. As que mais receberam atenção do direito foram os transexuais que, segundo o Conselho Federal de Medicina, são aquelas portadoras de um "desvio psicológico permanente de identidade sexual, com rejeição do fenótipo e tendência à automutilação e/ou autoextermínio".[19]

---

17. BARBOZA, Heloisa Helena. O princípio do melhor interesse do idoso. In: PEREIRA, Tânia da Silva; OLIVEIRA, Guilherme de (coords.). *O cuidado como valor jurídico*. Rio de Janeiro: Forense, 2008, p. 60.

18. Por isso, muito adequada a crítica de Débora Diniz e Dirce Guilhem: "Na verdade, o nó da discussão imposto pelas teorias críticas na bioética foi o pressuposto de que não é possível falar de princípios absolutos mediadores dos conflitos morais, como a autonomia ou a liberdade, em contextos de profunda desigualdade social, onde os oprimidos mesclam-se aos vulneráveis. Ou seja, antes de concordar com os princípios éticos sublimes e, muito provavelmente com forte grau de adesão entre bioeticistas de todo o mundo — como o princípio da liberdade ou da dignidade humana —, a tarefa da bioética deveria ser a de analisar, discutir e desenvolver mecanismos éticos de intervenção frente a todos os tipos de desigualdade social." (DINIZ, Debora; GUILHEM, Dirce. Feminismo, bioética e vulnerabilidade. *Revista Estudos Feministas*, v. 8, n. 1 (2000), Florianópolis, Brasil, p. 238).

19. Resolução 1.955/2010 do Conselho Federal de Medicina. Essa visão patologizante da pessoa trans ainda é defendida por muitos: "a Organização Mundial de Saúde já se pronunciou a respeito do total banimento da transexualidade de suas Classificações, dizendo que a exclusão do termo traria mais prejuízos que benefícios, uma vez que há cuidados relacionados à saúde das pessoas transexuais que poderiam ser melhor tratados se a condição delas estiver classificada na CID. A desclassificação da transexualidade como transtorno mental já é capaz de dirimir a estigmatização sofrida pelo indivíduo transexual, segundo a OMS (2018b), este processo é chamado de despatologização sem desmedicalização." (LÉLIS, Ana Lídia Dias; PEREIRA, Luciano Meneguetti. *A despatologização da transexualidade e os direitos do indivíduo trans*. Unitoledo, Araçatuba, p. 29, 2019. Disponível em: <https://servicos.unitoledo.br/repositorio/handle/7574/2228>. Acesso em: 6 abr. 2020). Para uma interpretação emancipatória do assunto, recomenda-se vivamente LIMA, Francielle Elisabet Nogueira. *Perspectivas sobre a tutela jurídica das pessoas trans:* Diálogos de estudos (trans)feministas e Direito. Dissertação. UFPR, 2018, 220f. Disponível em: <https://acervodigital.ufpr.br/bitstream/handle/1884/56604/R%20%20D%20%20FRANCIELLE%20ELISABET%20 NOGUEIRA%20LIMA.pdf?sequence=1&isAllowed=y>. Acesso em: 14 abr. 2020.

De um cenário de total invisibilidade, eles apareceram na cena jurídica a partir do desenvolvimento da doutrina sobre direitos da personalidade, que defendem a possibilidade de que seu sexo biológico possa coincidir com o psíquico[20]. A primeira dificuldade foi a possibilidade de se fazer a cirurgia de redesignação sexual, inclusive pelo SUS,[21] pois em algumas vezes, submetiam-se a procedimentos clandestinos que geravam inúmeros riscos à sua saúde. A segunda etapa foi a busca para que o registro civil refletisse verdadeiramente o sexo em que a pessoa se sentia pertencer, pois, uma vez feita a cirurgia, os documentos não espelhavam o nome e o sexo que a pessoa aparentava. O sofrimento que a impossibilidade de adequação sexual gerava nas pessoas trans foi reconhecido pelo STJ:

> Deve, pois, ser facilitada a alteração do estado sexual, de quem já enfrentou tantas dificuldades ao longo da vida, vencendo-se a barreira do preconceito e da intolerância. O Direito não pode fechar os olhos para a realidade social estabelecida, notadamente no que concerne à identidade sexual, cuja realização afeta o mais íntimo aspecto da vida privada da pessoa. E a alteração do designativo de sexo, no registro civil, bem como do prenome do operado, é tão importante quanto a adequação cirúrgica, porquanto é desta um desdobramento, uma decorrência lógica que o Direito deve assegurar. – Assegurar ao transexual o exercício pleno de sua verdadeira identidade sexual consolida, sobretudo, o princípio constitucional da dignidade da pessoa humana, cuja tutela consiste em promover o desenvolvimento do ser humano sob todos os aspectos, garantindo que ele não seja desrespeitado tampouco violentado em sua integridade psicofísica. Poderá, dessa forma, o redesignado exercer, em amplitude, seus direitos civis, sem restrições de cunho discriminatório ou de intolerância, alçando sua autonomia privada em patamar de igualdade para com os demais integrantes da vida civil. A liberdade se refletirá na seara doméstica, profissional e social do recorrente, que terá, após longos anos de sofrimentos, constrangimentos, frustrações e dissabores, enfim, uma vida plena e digna. – De posicionamentos herméticos, no sentido de não se tolerar "imperfeições" como a esterilidade ou uma genitália que não se conforma exatamente com os referenciais científicos, e, consequentemente, negar a pretensão do transexual de ter alterado o designativo de sexo e nome, subjaz o perigo de estímulo a uma nova prática de eugenia social, objeto de combate da Bioética, que deve ser igualmente combatida pelo Direito, não se olvidando os horrores provocados pelo holocausto no século passado. Recurso especial provido.[22]

---

20. "É preciso legitimar os direitos dos transgêneros, pois, por mais que tais direitos teoricamente já existam (como os da personalidade, incluindo a integridade psicofísica, e à identidade de gênero), são negligenciados por grande parte dos operadores do Direito. Esta parcela justifica seu posicionamento sob os pilares dos chamados 'bons costumes', termo visto no artigo 13, Código Civil de 2002, em que salvo por exigência médica, é defeso o ato de disposição do próprio corpo, quando importar a diminuição permanente da integridade física, ou contrariar os bons costumes, agindo assim de maneira conservadora e parcial." (SEPÚLVEDA, Gabriela; SEPÚLVEDA, Vida. O Direito da identidade civil e o reconhecimento de gênero do grupo transgênero não operado: subtítulo do artigo. *Revista Direito UNIFACS*: Debate Virtual, Salvador, n. 225, p. 1-15, mar./2019. Disponível em: https://revistas.unifacs.br/index.php/redu/article/view/5949. Acesso em: 16 abr. 2020).

21. No ano de 2008, o Ministério da Saúde inaugurou o Processo Transexualizador do SUS advindo da Portaria 1707/2008. Nessa portaria apenas as mulheres transexuais foram contempladas com o acesso aos serviços de terapia hormonal, de acompanhamento clínico, psicológico e social, e de cirurgias de transgenitalização. Os homens transexuais e travestis só foram contemplados com a reformulação do processo, através da entrada da portaria 2803/2013. "As dificuldades para obter um efetivo amparo pelo Sistema Único de Saúde às variadas motivações e necessidades de transformação do corpo, atravessadas por diversos determinantes sociais, levaram muitas entrevistadas a correrem risco de adoecimento e morte por recorrerem ao uso de hormônios sem acompanhamento de profissionais de saúde e às aplicações de silicone industrial. Pode-se assim perceber as dificuldades que as travestis, os homens e as mulheres trans enfrentam para alcançarem os recursos para modificações de seus corpos – dificuldades que extrapolam as de homens e mulheres cisgêneros." (ROCON, Pablo Cardozo. *et al*. Dificuldades vividas por pessoas trans no acesso ao Sistema Único de Saúde. Ciência e saúde coletiva, Vitória, v. 21, n. 8, p. 2521, nov./2015).

22. STJ, REsp 1.008.398/SP, 3ª T., Rel. Min. Nancy Andrighi, DJe 18/11/2009.

Nesse sentido, ações foram propostas perante os tribunais, com o objetivo de se buscar autorização judicial para fazer cirurgias de adequação sexual, o que culminou com o reconhecimento do STF de que as pessoas trans podem modificar o sexo no registro de nascimento independentemente de cirurgia, por ser uma questão de identidade, sem que haja referência sobre sua condição no registro civil.[23]

> "Conservar o sexo assento de nascimento do recorrente, em favor da realidade biológica e em detrimento das realidades psicológica e social, bem como morfológica, pois aparência do transexual redesignado, em tudo se assemelha ao sexo feminino, equivaleria a manter o recorrente em estado de anomalia, deixando de reconhecer seu direito de viver dignamente. – Assim, tendo o recorrente se submetido à cirurgia de redesignação sexual, nos termos do acórdão recorrido, existindo, portanto, motivo apto a ensejar a alteração para a mudança de sexo no registro civil, de que os assentos sejam capazes de cumprir sua verdadeira função, qual seja, a de dar publicidade aos fatos relevantes da vida social do indivíduo, forçosa se mostra a admissibilidade da pretensão do recorrente, devendo ser alterado seu assento de nascimento a fim de que nele conste o sexo feminino, pelo qual é socialmente reconhecido. – Vetar a alteração do prenome do transexual redesignado corresponderia a mantê-lo em uma insustentável posição de angústia, incerteza e conflitos, que inegavelmente atinge a dignidade da pessoa humana assegurada pela Constituição Federal. No caso, a possibilidade de uma vida digna para o recorrente depende da alteração solicitada."

A inadequação do nome civil à identidade de gênero, coloca a pessoa numa situação de exposição ao vexame, posto que seu nome não condiz com a sua identidade.

O não reconhecimento da mudança de nome e sexo da pessoa trans em registro público, independentemente da realização de cirurgia de troca de sexo, fere diretamente os princípios da dignidade humana[24] e da liberdade, além do seu direito fundamental à privacidade.

As dificuldades enfrentadas pelas pessoas trans não param por aí. Chegou ao Supremo Tribunal Federal processo no qual se discute a possibilidade ou não do uso de banheiro feminino para pessoa trans em shopping center ao qual foi reconhecida repercussão geral, em razão da necessidade de tutelar a pessoa e sua identidade:

> TRANSEXUAL. PROIBIÇÃO DE USO DE BANHEIRO FEMININO EM SHOPPING CENTER. ALEGADA VIOLAÇÃO À DIGNIDADE DA PESSOA HUMANA E A DIREITOS DA PERSONALIDADE. PRESENÇA DE REPERCUSSÃO GERAL. 1. O recurso busca discutir o enquadramento jurídico de fatos incontroversos: afastamento da Súmula 279/STF. Precedentes. 2. Constitui questão constitucional saber se uma pessoa pode ou não ser tratada socialmente como se pertencesse a sexo diverso do qual se identifica e se apresenta publicamente, pois a identidade sexual está diretamente ligada à dignidade da pessoa humana e a direitos da personalidade 3. Repercussão geral configurada, por envolver discussão sobre o

---

23. STF, ADI 4275, No STJ, veja-se: REsp 1.626.739/RS, 4ª T., Rel. Min. Luis Felipe Salomão, DJe 01/08/2017.

24. "É fato que o ordenamento jurídico não dispõe de norma explícita que permita a readequação civil do transexual como o faz no sentido biológico. Todavia, a jurisprudência do Superior Tribunal de Justiça vem reafirmando o entendimento de que a ausência de norma expressa não constitui óbice à proteção da dignidade e ao exercício da cidadania das pessoas submetidas ao procedimento redesignação sexual. Nesse particular, a retificação para a alteração do sexo e do prenome do transexual no registro civil tem sido considerada por essa Corte como condição *sine qua non* para a concretização do princípio da dignidade humana." (LIMA, Suzana Borges Veiga de. A readequação civil como condição essencial para a realização da dignidade do transexual: alteração do prenome e do sexo no registro civil. In: FRAZÃO, Ana; TEPEDINO, Gustavo (Org.). O Superior Tribunal de Justiça e a reconstrução do direito privado: perspectivas e desafios. São Paulo: Annablume, 2011).

alcance de direitos fundamentais de minorias – uma das missões precípuas das Cortes Constitucionais contemporâneas –, bem como por não se tratar de caso isolado.[25]

Trata-se do Tema 778, que aborda a "possibilidade de uma pessoa, considerados os direitos da personalidade e a dignidade da pessoa humana, ser tratada socialmente como se pertencesse a sexo diverso do qual se identifica e se apresenta publicamente." Até o momento da elaboração desse estudo, votaram os Ministros Luis Roberto Barroso e Luiz Edson Fachin, tendo o Min. Luiz Fux pedido vista, razão pela qual o julgamento ainda não acabou.

Já se verificou o caminho jurídico que as pessoas trans percorreram para um maior reconhecimento dos seus direitos. No entanto, suas necessidades vão muito além desses obstáculos, pois eles também enfrentam óbices na própria aceitação pela sociedade. Para melhor entendimento das razões pelas quais esse recorte da população é vulnerável, faz-se necessário conhecer melhor as suas dificuldades no âmbito do mercado de trabalho, o que será feito a seguir.

3. PESSOAS TRANS E TRABALHO

Entendida a necessidade de tutela diferenciada das pessoas trans, faz-se indispensável maior compreensão concreta das razões pelas quais se trata de grupo vulnerável. Já se notava no Brasil, nos anos 70/80, a exclusão da mulher trans. Os ambientes de trabalho tidos pela sociedade como normais não estavam acessíveis a esse grupo. Então os indivíduos trans esperavam o cair da noite para ir para ruas com o intuito de trabalharem com o corpo, para que conseguissem sobreviver, uma vez que a sociedade as via como anomalias que praticavam atos imorais.[26] A sociedade, estruturada pelo machismo patriarcal, considera o indivíduo trans um ser fora dos padrões. As mulheres trans sofrem discriminação diariamente, por meio de violências físicas e verbais, desprezo, exclusão do mercado de trabalho, falta de políticas públicas e rejeição da família.

Pesquisa realizada pela ANTRA (Associação Nacional de Travestis e Transexuais) revela que 90% das pessoas trans recorreram à prostituição ao menos em algum momento da vida como fonte de renda e viabilidade de subsistência.[27] O principal fator que as leva a se prostituir é a marginalização advinda da exclusão do mercado de trabalho por falta de qualificação profissional, que é desencadeada pelo preconceito sofrido no ambiente escolar que, por seu turno, conduz ao abandono dos estudos e, por conseguinte, torna-as

---

25. STF, Repercussão Geral no Recurso Extraordinário de n° 845.779/SC, Trib. Pleno, Rel. Min. Roberto Barroso, julg. 13/11/2014, DJe 10/03/2015.

26. LÉLIS, Ana Lídia Dias; PEREIRA, Luciano Meneguett. *A despatologização da transexualidade e os direitos do indivíduo trans.* Unitoledo, Araçatuba, 2019. Disponível em: <https://servicos.unitoledo.br/repositorio/handle/7574/2228>. Acesso em: 6 abr. 2020.

27. O cenário de vida e morte, palco de atuação da prostituição é a forma que 90% do grupo Trans, se submente em algum momento da vida para dali gerar proventos para sua subsistência. As travestis e mulheres transexuais relatam que o território da prostituição é o único espaço em que sua feminilidade é reconhecida e desejada. (ANTRA BRASIL. Mapa dos assassinatos de travestis e transexuais no Brasil em 2017. Disponível em: https://antrabrasil. files.wordpress.com/2018/02/relatc3b3rio-mapa-dos-assassinatos-2017-antra.pdf. Acesso em: 8 abr. 2020).

desqualificadas para inserção profissional.[28] Nota-se aqui um lamentável efeito cascata. Sobre o prisma da empregabilidade trans, afirma-se:

"Basta uma rápida olhada nos anúncios de emprego para deixar claro que o mercado de trabalho possui uma estrutura segmentada pelo gênero-definido pela dicotomia convencional homem/ mulher. Muitos valores subjetivos e avaliações estão embutidos nesta divisão- sobre aquilo que um homem ou uma mulher pode ou deve fazer. Pessoas com uma ambiguidade de gênero poderiam causar confusão e sentir rejeição, por não se encaixarem facilmente nos nichos que existem no mercado de trabalho. A mesma ambiguidade pode ser vista como algo capaz de perturbar o desempenho da função, principalmente num mundo onde muitas ocupações se exercem vinculadas à apresentação e conservação da imagem."[29]

Nesse mesmo sentido, Ewerton Nascimento ratifica que "é difícil para a mulher entrar no mercado de trabalho, e ter as mesmas condições trabalhistas e salariais do homem, o desafio aumenta para a travesti",[30] validando a desigualdade de gênero. Verifica-se que o problema vem da base, ou seja, do exercício do direito à educação. Quando se analisa sua efetividade tendo como titulares as pessoas trans, nota-se um problema, pois nem sempre os profissionais da educação estão preparados para lidar com a presença de um indivíduo trans nas salas de aula, acarretando um involuntário afastamento dessa pessoa do ambiente escolar, sem contar os riscos de bullying, que acaba por contribuir ainda mais para essa exclusão.

"Conduzida pelo defensor público João Paulo Carvalho Dias, presidente da Comissão de Diversidade Sexual da Ordem dos Advogados do Brasil (OAB), estima que o país concentre 82% de evasão escolar de travestis e transexuais, uma situação que aumenta a vulnerabilidade dessa população e favorece os altos índices de violência que ela sofre."[31]

No mesmo sentido:

"Tanto no cenário nacional quanto estadual, as políticas públicas educacionais vêm apontando para a inclusão dos sujeitos ditos 'diferentes' com igualdade de direitos na escola. Dessa forma, diversas táticas foram empregadas nos últimos anos com intuito de garantir a todos(as) o acesso e a permanência na escola. Os sujeitos que, por muito tempo, foram negligenciados nos discursos educacionais granjearam seus espaços. Em decorrência disso, múltiplas ações têm sido desenvolvidas e implementadas pensando na inclusão educacional e em uma escola que respeite as diferenças dos distintos sujeitos, seja no que

---

28. Dados da ANTRA estimaram que 90% da população Trans trabalha na prostituição. Esses números foram coletados em encontros nacionais que realizam anualmente. Essa média ainda é atual, com uma leve oscilação para menos, pois se por um lado algumas dessas pessoas ingressam num trabalho formal outras nascem e experimentam a prostituição como a forma inicial, as vezes muito precocemente pela exclusão da família e da sociedade, para ter o seu próprio sustento já que o poder público não desenvolve ações específicas para incluir essa população no mundo laboral e as instituições que trabalham com elas também não dispõem de recursos e iniciativas que versem nesse caminho mais efetivamente. É muito cômodo para uma sociedade excludente relegar esses seres "abjetos" a sua própria sorte e naturalizar as violências físicas e letais sofridas por elas. (ANTRA BRASIL. *Mapa dos assassinatos de travestis e transexuais no Brasil em 2017*. Disponível em: https://antrabrasil.files.wordpress.com/2018/02/relatc3b3rio-mapa-dos-assassinatos-2017-antra.pdf. Acesso em: 8 abr. 2020).
29. ADELMAN, Miriam. Travestis e Transexuais e os Outros: Identidade e Experiências de Vida. In: *Gênero*. Niterói: EdUFF, v. 4, n. 1, 2003, p.83-84.
30. NASCIMENTO, Ewerton S. *Alternativas de mercado de trabalho para as travestis de Aracaju*. Aracaju: Ministério da Justiça, 2003, p. 37.
31. CUNHA, Thaís; HANNA, Wellington. *Expulsos da Escola*: Discriminação rouba de transexuais o direito ao estudo. Disponíveis em: http://especiais.correiobraziliense.com.br/violencia-e-discriminacao-roubam-de-transexuais-o--direito-ao-estudo. Acesso em 12 abr. 2020.

tange à orientação sexual, religião, etnia ou raça, com a finalidade de afiançar as diretrizes nacionais da educação básica, no que diz respeito à democratização do ensino no Brasil."[32]

Diante da evasão escolar, a qualificação também fica ameaçada. O mercado de trabalho é competitivo e busca pessoas capacitadas, acabando por sufocar as mínimas expectativas das pessoas trans em concorrer a uma vaga de trabalho. A ANTRA ainda informa que "é exatamente dentro desse cenário que se encontra a maioria esmagadora das vítimas", que acabou por ser levada à prostituição, razão pela qual estão em alta vulnerabilidade social e sendo expostas aos maiores índices de violência. O Brasil lidera o ranking de países onde ocorrem assassinatos de pessoas trans no mundo, de acordo com a ONG Transgender Europe (TGEu) que coletou dados de violência contra indivíduos trans no mundo inteiro. Os dados de 2016 mostram que foram mortas 868 travestis e transexuais no Brasil nos últimos 8 (oito) anos.[33]

Ademais, a pesquisa do TGEu aponta que toda essa situação surge dos níveis de violência no contexto histórico do país, da vulnerabilidade das trans na prostituição e da falta de intervenção do Estado para oferecer a esses grupos condições necessárias para viver adequadamente na sociedade em que está inserida.

O Instituto Brasileiro de Geografia e Estatística (IBGE), no censo de 2016, aponta que a expectativa de vida da população brasileira em geral é de 75,8 anos. Em contrapartida, a Comissão Interamericana de Direitos Humanos (CIDH) afirma que "as mulheres trans são mortas majoritariamente antes dos 35 anos de idade", ou seja, o tempo de vida de uma mulher trans corresponde a menos da metade da população num todo.

Verifica-se que as barreiras encontradas pelas pessoas trans para se inserir no mercado de trabalho formal é originaria da deficiência de qualificação profissional desencadeada pela exclusão pela família, escola e sociedade.

"A rede de apoio social é um importante fator de proteção durante toda a vida humana e pode ser composta pela família, colegas de trabalho/escola/universidade, pares e comunidade, proporcionando o apoio necessário para gerenciar situações consideradas adversas e proporcionar ambientes adequados ao desenvolvimento."[34]

Todas essas situações exigem uma busca pela luta em prol da cidadania dos trans amparada na equidade e promoção dos direitos humanos e no respeito as diversidades sexuais.

4. IMPACTO DA COVID-19 NO TRABALHO DAS PESSOAS TRANS

O coronavírus revelou-se um enorme perigo para a humanidade. Ele gera uma doença grave e violenta, chamada Covid-19, cujo grande problema deve-se à rápida disseminação e, em razão de se tratar de um vírus novo, não há vacinas ou alternativas que

---

32. JUNIOR, Jonas Alves da Silva. *Direitos à meia luz*: Regulamentação do uso do nome social de estudantes travestis e transexuais nas instituições escolares. *Revista da FAEEBA*, Salvador, v. 25, n. 45, p. 173-189, jan./2016.

33. Dados disponíveis em https://transrespect.org/wp-content/uploads/2016/11/TvT-PS-Vol14-2016.pdf. Acesso em 15.04.2020.

34. SILVA, Bruno de Brito; CERQUEIRA-SANTOS, Elder. Apoio e suporte social na identidade social de travestis, transexuais e transgêneros. *Revista da SPAGESP*, Ribeirão Preto, v. 15, n. 2, p. 27-44, dez. 2014.

oferecam cura segura àqueles que estão infectados. Ainda não se conhecem remédios,[35] mas já se sabe dos efeitos perversos desse vírus, além das fragilidades do sistema de saúde brasileiro, que não consegue suportar um grande número de casos para tratamento de forma eficaz. As vulnerabilidades já existentes em razão de saúde, das desigualdades sociais e de trabalho acabam por acentuar os riscos à Covid-19, agravando a vulnerabilidade inerente à própria pandemia.

O que já se sabe é que a pandemia causada pela Covid-19 além dos graves riscos à saúde, gerou inúmeros "efeitos colaterais" na economia e no trabalho. A Organização Mundial de Saúde tem recomendado fortemente o isolamento social como principal fator de prevenção à rápida contaminação.[36] Isso significa uma redução radical de deslocamento e contato social, ou seja, é necessário que cada um fique na sua casa e interaja o mínimo possível com outros. Com isso, alguns prefeitos e governadores determinaram o fechamento de estabelecimentos comerciais,[37] educacionais etc., devendo funcionar apenas os serviços essenciais, tais como hospitais, farmácias, supermercados e congêneres.

Houve um enorme impacto na economia, gerado por uma substancial diminuição da circulação de dinheiro, o que acarretou, inclusive, dificuldades na empregabilidade. Nesse sentido, foi editada a Medida Provisória 927/2020, com o escopo de flexibilizar alguns ônus do empregador no período da pandemia; por outro lado, também foram estabelecidas algumas medidas – como o benefício emergencial – com o escopo de propiciar um mínimo suporte financeiro ao cidadão que não tem condições de ter renda nesse período.

A empregabilidade das pessoas trans que já não era bem estabelecida ficou ainda pior. Entendida como medida mais viável em tempos de coronavírus[38], o isolamento

---

35. Algumas pesquisas têm sido realizadas com hidroxicloroquina, mas que, até o momento da redação desse artigo, ainda é altamente controversa: "Com base em resultados de estudos preliminares, autoridades de saúde chinesas e sul-coreanas, têm recomendado o uso de hidroxicloroquina e cloroquina para o tratamento de infecção por Covid-19 com o objetivo de prevenir ou tratar a infecção respiratória aguda [China law translate 2020; Sung-sun 2020; Yao 2020]. O uso off-label da hidroxicloroquina para esta finalidade já está sendo disseminado globalmente. A falta deste medicamento para pacientes portadores de doenças para as quais a hidroxicloroquina está formalmente indicada – incluindo doenças crônicas autoimunes como lúpus eritematoso sistêmico e artrite reumatoide – já é uma realidade." (Pacheco RL, Pachito DV, Bagattini AM, Riera R. *Hidroxicloroquina e cloroquina para infecção por Covid-19*. Revisão sistemática rápida. p. 4. Disponível em: https://oxfordbrazilebm.com/index.php/2020/04/10/rapid-review-hidroxicloroquina-covid19/. Acessado em: 14, abr. 2020). Diante do surgimento do coronavírus, muitas pessoas acreditaram que um medicamento chamada de cloroquina, poderia combater o vírus, posto informações vinculadas na sociedade de que as pesquisas indicavam que o produto trataria a Covid-19. Contudo, a Anvisa, não pactua dessa afirmação e continua destinando o referido remédio a tratar pessoas com outras doenças, nesse patamar o Ministério da saúde informa: "A cloroquina e o seu análogo hidroxicloroquina são fármacos derivados da 4-aminoquinolonas, que clinicamente são indicados para o tratamento das doenças artrite reumatoide e artrite reumatoide juvenil (inflamação crônica das articulações), lúpus eritematoso sistêmico e discoide, condições dermatológicas provocadas ou agravadas pela luz solar e malária." MINISTÉRIO DA SAÚDE. *NOTA INFORMATIVA Nº 5/2020-DAF/SCTIE/MS*. Disponível em: https://www.saude.gov.br/images/pdf/2020/marco/30/MS---0014167392---Nota-Informativa.pdf. Acesso em: 17 abr. 2020.

36. WORLD HEALTH ORGANIZATION. *Strategic preparedness and response plan for the new coronavirus*. Disponível em: https://www.who.int/publications-detail/strategic-preparedness-and-response-plan-for-the-new-coronavirus. Acesso em: 17 abr. 2020.

37. Cite-se como exemplos as medidas tomadas pela prefeitura de Belo Horizonte: https://prefeitura.pbh.gov.br/noticias/prefeito-suspende-temporariamente-funcionamento-de-estabelecimentos-comerciais. Acesso em 18.04.2020.

38. "A estratégia de isolamento social, adotada como medida de redução da vulnerabilidade da população, esbarra em um quadro social complexo agravado pela crise econômica que atinge países em desenvolvimento, como o Brasil." (FARIAS, Heitor Soares de. O avanço da Covid-19 e o isolamento social como estratégia para redução da vulnerabilidade. Espaço e Economia [Online], Acesso em 15.04.2020. p. 11. Disponível em http://journals.openedition.org/espacoeconomia/11357; DOI: https://doi.org/ 10.4000/espacoeconomia.11357.

social faz-se necessário para reduzir a propagação da doença, mesmo que acarrete um desequilíbrio e crise da economia. Essa é uma das recomendações da Organização Mundial de Saúde em conjunto com a higienização das mãos, visto que não há nenhum remédio capaz de combater o vírus. Em decorrência dessa realidade, as mulheres trans que trabalham com prostituição acabaram por ficar impedidas de atuar e ter renda para sua subsistência.

A pandemia impactou todas as áreas da sociedade, e as pessoas trans não ficaram isentas, muitas viram reduzir substancialmente seu trabalho, desencadeando um grande sofrimento, agravado por viverem na marginalidade. Contudo, essas profissionais autônomas acabam se expondo aos riscos do coronavírus, pois sem outra ferramenta para trabalho, são forçadas a ocuparem as zonas de prostituição, descumprindo as orientações sobre o isolamento.

A Associação Nacional de Travestis e Transexuais, pensando de acordo com as orientações da Organização Mundial de Saúde e em formas de viabilizar as profissionais do sexo continuarem atuando, elaborou uma cartilha[39] com recomendações para as mulheres trans trabalharem mesmo na época da pandemia causada pela Covid-19, com uma série de cuidados que deverão ser tomados para evitar – ou ao menos, reduzir os riscos – a contaminação.

Diante dessa situação, emerge com ainda mais força a necessidade do papel ativo do estado, com uma intervenção reequilibradora, que possa tutelar esse grupo mais vulnerável, principalmente em tempos de pandemia. Assim, se a atuação estatal já era medida de urgência e relevância para, estruturalmente, dar condições de escolaridade e formação profissional, no momento atual essa intervenção é ainda mais importante, principalmente para mulheres trans que trabalham com prostituição.

Nesse sentido, a edição de políticas públicas com o escopo de dar às mulheres trans condições mínimas de sobrevivência é medida de urgência, com a finalidade de reduzir, mesmo que minimamente, sua vulnerabilidade.

5. CONCLUSÃO

Essa pesquisa levou às seguintes conclusões:

1) Pessoas Trans são aquelas cujo sexo psíquico não coincide com o sexo biológico sendo, em algumas oportunidades, a depender da vontade de cada um deles, necessário uma cirurgia de redesignação sexual;

2) Há uma relação entre vulnerabilidade e gênero, pois verifica-se que sempre que se destoa da binariedade homem mulher heterossexual, há dificuldades de efetivação do princípio da igualdade material que são substantivas, razão pela qual torna-se ainda mais relevante uma intervenção estatal reequilibradora;

3) Uma das vulnerabilidades mais evidentes é que as pessoas Trans têm graves dificuldades de inserção no mercado de trabalho, geradas, entre outros fatores, pela

---

39. ANTRA BRASIL. *Dicas para travestis e mulheres trans profissionais do sexo em tempos de Covid-19*. Disponível em: https://antrabrasil.files.wordpress.com/2020/03/dicas-profissionais-do-sexo-antra.pdf. Acesso em: 17 abr. 2020.

baixa escolaridade e pelo preconceito no momento da empregabilidade, o que acaba por impulsioná-los para a prostituição;

4) Em razão da pandemia gerada pela Covid-19, a vulnerabilidade das pessoas Trans acentuou-se mais, pois o isolamento social acabou por restringir ainda mais suas possibilidades de trabalho. Por esse motivo, faz-se mais relevante e urgente que haja políticas públicas que as ampare, (i) conjunturalmente, a fim de que possam ter meios de sobreviver dignamente nesse período e (ii) estruturalmente, que haja formas de corrigir essa desigualdade que começa na escola, seja capacitando os profissionais da educação para lidar com a diversidade, com políticas de prevenção e combate ao bullying, de modo a garantir uma formação para todo e qualquer cidadão, independentemente das questões de gênero que ele traga consigo.

5) A solução desejada para que as vulnerabilidades se atenuem é estejamos todos comprometidos com uma nova lei: a da interdependência, para que todos possam cumprir o seu papel: o Estado, com políticas públicas eficazes, e a sociedade, com maior acolhida daquele que, embora diferente, é igualmente humano.

6. REFERÊNCIAS

ADELMAN, Miriam. *Travestis e Transexuais e os Outros: Identidade e Experiências de Vida*. in: Gênero. Niterói: EdUFF, v. 4, n. 1, 2003, p.83-84.

ANTRA BRASIL. *Dicas para travestis e mulheres trans profissionais do sexo em tempos de Covid-19*. Disponível em: https://antrabrasil.files.wordpress.com/2020/03/dicas-profissionais-do-sexo-antra.pdf. Acesso em: 17 abr. 2020.

ANTRA BRASIL. *Mapa dos assassinatos de travestis e transexuais no Brasil em 2017*. Disponível em: https://antrabrasil.files.wordpress.com/2018/02/relatc3b3rio-mapa-dos-assassinatos-2017-antra. pdf. Acesso em: 8 abr. 2020.

ANTRA BRASIL. *Sobre – Associação Nacional de Travestis e Transexuais*. Disponível em: https://antrabrasil. org/sobre/. Acesso em: 8 abr. 2020.

ANVISA – AGÊNCIA NACIONAL DE VIGILÂNCIA SANITÁRIA. *Hidroxicloroquina e cloroquina viram produtos controlados*. Disponível em: http://portal.anvisa.gov.br/noticias//asset_publisher/FXrpx-9qY7FbU/content/hidroxicloroquina-vira-produto-controlado/219201. Acesso em: 17 abr. 2020.

BARBOZA, Heloisa Helena. O princípio do melhor interesse do idoso. In: PEREIRA, Tânia da Silva; OLI-VEIRA, Guilherme de (coords.). *O cuidado como valor jurídico*. Rio de Janeiro: Forense, 2008, p. 57-71.

BARBOSA, Heloisa Helena; ALMEIDA JÚNIOR, Vitor de Azevedo. (Des)Igualdade de gênero: restrições à autonomia da mulher. Pensar, Fortaleza, v. 22, n. 1, p. 240-271, jan./abr. 2017.

BITTENCOURT, Renato Nunes. Pandemia, isolamento social e colapso global. *Revista Espaço Acadêmico*, Rio de Janeiro, v. 19, n. 221, p. 168-178, mar./2020. Disponível em: <http://periodicos.uem.br/ojs/index.php/EspacoAcademico/article/view/52827>. Acesso em: 17 abr. 2020.

BDTD BIBLIOTECA DIGITAL DE TESES E DISSERTAÇÕES. *A identidade de gênero no espaço escolar: aportes psicanalíticos à prática pedagógica*. Disponível em: http://tede.unioeste.br/handle/tede/4508. Acesso em: 15 abr. 2020.

BRANDÃO, J. D. S. *Mitologia Grega*: Volume III. 1. ed. Petrópolis: Vozes, 1987. p. 1-450.

BRASIL. DIÁRIO OFICIAL DA UNIÃO. *RESOLUÇÃO Nº 2.265, DE 20 DE SETEMBRO DE 2019.* Disponível em: http://www.in.gov.br/en/web/dou/-/resolucao-n-2.265-de-20-de-setembro-de-2019-237203294. Acesso em: 10 abr. 2020.

BRASIL. IBGE INSTITUTO BRASILEIRO DE GEOGRAFIA E ESTATÍSTICA. *Tábuas Completas de Mortalidade.* Disponível em: https://www.ibge.gov.br/estatisticas/sociais/populacao/9126-tabuas-completas-de-mortalidade.html?edicao=18460&t=resultados. Acesso em: 11 abr. 2020.

BRASIL. Ministério da Saúde. *Carta dos direitos dos usuários da saúde* / Ministério da Saúde. – 3. ed. – Brasília: Ministério da Saúde, 2011. Disponível em: https://bvsms.saude.gov.br/bvs/publicacoes/cartas_direitos_usuarios_saude_3ed.pdf. Acesso em: 27 mar. 2020.

CARVALHO, Mario; CARRARA, Sérgio. Em direção a um futuro trans? Contribuição para a história do movimento de travestis e transexuais no Brasil. *Sexualidad, Salud y Sociedad.* Rio de Janeiro, dossier n. 2, n. 14, p. 319-351, ago. 2013. Disponível em: https://www.epublicacoes.uerj.br/index.php/SexualidadSaludySociedad/article/view/6862. Acesso em: 11 abr. 2020.

CONSELHO FEDERAL DE MEDICINA. *RESOLUÇÃO CFM nº 1.955/2010.* Disponível em: https://sistemas.cfm.org.br/normas/visualizar/resolucoes/BR/2010/1955. Acesso em: 15 abr. 2020.

DINIZ, Debora. Disponível em https://www1.folha.uol.com.br/equilibrioesaude/2020/04/mundo-pos-pandemia-tera-valores-feministas-no-vocabulario-comum-diz-antropologa-debora-diniz.shtml. Entrevista publicada em 6.4.2020.

DINIZ, Debora; GUILHEM, Dirce. Feminismo, bioética e vulnerabilidade. *Revista Estudos Feministas,* v. 8, n. 1 (2000), Florianópolis, Brasil, p. 237-244.

GREEN, James Naylor. *Além do Carnaval:* A homossexualidade masculina no Brasil do século XX / James N. Green; tradução Cristina Fino e Cássio Arantes Leite. 1. ed. São Paulo: UNESP, 2000. p. 1-111.

HOFLING, Heloisa de Mattos. Estado e políticas (públicas) sociais. *Cadernos Cedes,* São Paulo, v. 21, n. 55, p. 30-41, nov./2001. Disponível em: <http://www.scielo.br/pdf/ccedes/v21n55/5539.pdf>. Acesso em: 16 abr. 2020.

IMED. *A alteração do prenome e sexo nos casos de cirurgia de adequação de sexo e de identidade civil.* Disponível em: https://www.imed.edu.br/Uploads/AlumniReunions/GISELE%20PADILHA%20RODIGHERI.pdf. Acesso em: 16 abr. 2020.

JUNIOR, Jonas Alves da Silva. Direitos à meia luz: Regulamentação do uso do nome social de estudantes travestis e transexuais nas instituições escolares. *Revista da FAEEBA,* Salvador, v. 25, n. 45, p. 173-189, jan./2016. Disponível em: <http://www.revistas.uneb.br/index.php/faeeba/article/view/2293>. Acesso em: 15 abr. 2020.

LIMA, Francielle Elisabet Nogueira. *Perspectivas sobre a tutela jurídica das pessoas trans:* Diálogos de estudos (trans)feministas e Direito. Dissertação. UFPR, 2018, 220f. Disponível em: <https://acervodigital.ufpr.br/bitstream/handle/1884/56604/R%20-%20D%20%20FRANCIELLE%20ELISABET%20NOGUEIRA%20LIMA.pdf?sequence=1&isAllowed=y>. Acesso em: 14 abr. 2020.

LIMA, Suzana Borges Veiga de. A readequação civil como condição essencial para a realização da dignidade do transexual: alteração do prenome e do sexo no registro civil. In: FRAZÃO, Ana; TEPEDINO, Gustavo (Org.). *O Superior Tribunal de Justiça e a reconstrução do direito privado:* perspectivas e desafios. São Paulo: Annablume, 2011.

LONGARAY, Deise Azevedo; RIBEIRO, P. R. C. Travestis e transexuais: corpos (trans)formados e produção da feminilidade. *Estudos Feministas,* Florianópolis, v. 3, n. 24, p. 761-784, dez./2016. Disponível em: <http://www.scielo.br/pdf/ref/v24n3/1806-9584-ref-24-03-00761.pdf>. Acesso em: 13 abr. 2020.

LÉLIS, Ana Lídia Dias; PEREIRA, Luciano Meneguett. *A despatologização da transexualidade e os direitos do indivíduo trans.* Unitoledo, Araçatuba, v. 1, n. 1, p. 1-57, out./2019. Disponível em: <https://servicos.unitoledo.br/repositorio/handle/7574/2228>. Acesso em: 6 abr. 2020.

MINISTÉRIO DA SAÚDE. *NOTA INFORMATIVA Nº 5/2020-DAF/SCTIE/MS*. Disponível em: https://www.saude.gov.br/images/pdf/2020/marco/30/MS---0014167392---Nota-Informativa.pdf. Acesso em: 17 abr. 2020.

MINISTÉRIO DA SAÚDE. *PORTARIA Nº 2.803, DE 19 DE NOVEMBRO DE 2013*. Disponível em: https://bvsms.saude.gov.br/bvs/saudelegis/gm/2008/prt1707_18_08_2008.html. Acesso em: 15 abr. 2020.

MINISTÉRIO DA SAÚDE. *Sistema Único de Saúde (SUS): estrutura, princípios e como funciona*. Disponível em: http://www.saude.gov.br/sistema-unico-de-saude. Acesso em: 02 abr. 2020.

PACHECO RL, Pachito DV, Bagattini AM, Riera R. *Hidroxicloroquina e cloroquina para infecção por Covid-19*. Revisão sistemática rápida. p. 4. Disponível em: https://oxfordbrazilebm.com/index.php/2020/04/10/rapid-review-hidroxicloroquina-covid19/. Acessado em: 14, abr. 2020.

PLANALTO. *CONSTITUIÇÃO DA REPÚBLICA FEDERATIVA DO BRASIL DE 1988*. Disponível em: http://www.planalto.gov.br/ccivil_03/constituicao/constituicao.htm. Acesso em: 15 abr. 2020.

ROCON, P. C. *et al*. Dificuldades vividas por pessoas trans no acesso ao Sistema Único de Saúde. *Ciência e saúde coletiva*, Vitória, v. 21, n. 8, p. 2517-2525, nov./2015.

RODRIGUES, Renata de Lima; TEIXEIRA, Ana Carolina Brochado. A travessia da autonomia da mulher na pós-modernidade: da superação de vulnerabilidades à afirmação de uma pauta positiva de emancipação. *Pensar*, Fortaleza, v. 23, n. 3, p. 1-20, jul./set. 2018.

SEPÚLVEDA, Gabriela; SEPÚLVEDA, Vida. O Direito da identidade civil e o reconhecimento de gênero do grupo transgênero não operado: subtítulo do artigo. *Revista Direito UNIFACS*: Debate Virtual, Salvador, n. 225, p. 1-15, mar./2019. Disponível em: https://revistas.unifacs.br/index.php/redu/article/view/5949. Acesso em: 16 abr. 2020.

Sexualidad, ciudadanía y derechos humanos em América Latina: um quinquenio de aportes regionales al debate y la reflexión/ CÁCERES, CARLOS F.... et al. – LIMA: IESSDEH, UPCH 2011. 330 p.: ILUS

SF.GOV. *Trans care during covid 19*. Disponível em: https://sf.gov/news/trans-care-during-covid-19. Acesso em: 27 mar. 2020.

SOUSA, Tuanny Soeiro. *O nome que eu (não) sou*: Retificação de nome e sexo de pessoas transexuais e travestis no registro civil. 1. ed. Rio de Janeiro: Lumes Juris, 2016. p. 1-211.

TEIXEIRA, Ana Carolina Brochado; TEPEDINO, Gustavo. *Fundamentos de Direito Civil*: Direito de Família. Rio de Janeiro: Gen, 2020.

TEPEDINO, Gustavo; SCHREIBER, Anderson. Minorias no direito civil brasileiro. *RTDC*, vol. 10, p. 134, abr./jun. 2002.

UNIVERSIDADE FEDERAL FLUMINENSE. *Um olhar crítico ás questões de sexo, gênero e transexualidade*. Disponível em: https://app.uff.br/riuff/bitstream/1/6557/2/TCC%20Carolina%20Brito.pdf. Acesso em: 12 abr. 2020.

WORLD HEALTH ORGANIZATION. *Strategic preparedness and response plan for the new coronavirus*. Disponível em: https://www.who.int/publications-detail/strategic-preparedness-and-response-plan-for-the-new-coronavirus. Acesso em: 17 abr. 2020.

MISTANÁSIA EM TEMPOS DE PANDEMIA DE COVID-19: REFLEXÕES INICIAIS A PARTIR DA BIOÉTICA GLOBAL

Wellington Wesley Paiva

Licenciado em Filosofia e Teologia. Especialista em Filosofia e Sociologia da Região. Especialista em Reabilitação do Dependente Químico. Mestrando em Bioética pela PUCPR.

Thiago Rocha da Cunha

Bacharel em Biomedicina. Mestre e Doutor em Bioética. Professor do Programa de Pós-graduação em Bioética da PUCPR.

Sumário: 1. Introdução. 2. Saúde global e a Pandemia de Covid-19. 3. Mistanásia e morte social no contexto da bioética global. 4. Necropolítica: ampliando a compreensão sobre Mistanásia em tempos de Pandemia. 5. Desafios bioéticos que despertam globalmente da pandemia Covid-19. 6. Referências.

1. INTRODUÇÃO

O cenário global em tempos da pandemia de Covid-19 nos interroga e nos faz refletir de diversos pontos de vista sobre o sentido da vida. Coloca-nos diante um emaranhado complexo de discussões que no decorrer da história foi se lapidando e que ainda hoje não se tem respostas concretas, pois o sentido da vida depende da construção de cada ser em uma dimensão subjetiva da realidade que é inerente ao ser humano, pois este, podendo fazer juízos de valores em situações concretas, pode definir o que é o bem ou o que é o mal para si.

O teólogo Clodovis Boff, em uma trilogia intitulada "O sentido da vida", apresenta diversos acertos sobre o tema e logo no primeiro livro nos aponta algo interessante para pensarmos sobre o sentido da vida frente a pandemia da Covid-19 que assola o mundo:

> Colocar a questão do sentido em termos de "fim" é o modo como procedeu a grande tradição filosófica. Essa não fala, como nós, em "sentido da vida", mas em "fim último" ou "fim supremo" do homem. No fundo, é a mesma coisa, apenas os contextos são diferentes e, por isso, também as condições. De fato, perguntar sobre o sentido da vida é o mesmo que perguntar se ela tem um final bom e feliz[1].

---

1. BOFF, Clodovis. O livro do sentido: crise e busca de sentido hoje (parte crítico-analítica), vol. 1. São Paulo: Paulus, 2014. p.13.

As interrogações vão sempre nos acompanhar, ela é entranhada no sentido da existência, já nos apresentou isto o filósofo moderno Descartes quando afirmou: *"cogito ergo sum"*, ou seja, penso, logo existo. Clodovis apresenta algo que orientará nossa reflexão acerca da morte ao fim de sua explanação no referido parágrafo citado: *"perguntar sobre o sentido da vida é o mesmo que perguntar se ela tem um final bom e feliz"*. Para compreendermos sobre o fim último como bom e feliz e se de fato em tempos dessa cruel pandemia podemos pensar sobre bondade e felicidade, fazemos uso da bioética como chave de leitura para analisarmos a realidade na qual vivemos no cenário global, que adentra todas as estruturas da sociedade e interroga de modo crucial se em tempo de pandemia Covid-19 a mistanásia é um processo insuperável, ou, ao contrário, se permite vislumbrar um sentido transformador, ainda que não tão evidente ou imediato.

2. SAÚDE GLOBAL E A PANDEMIA DE COVID-19

A saúde global nos interpela diante dos muitos processos planetários dos quais vemos e vivemos, na medida em que ela "vem se desenvolvendo paralelamente à globalização, que vincula a vida cotidiana das pessoas a fatos que ocorrem em outras partes do planeta" (FORTES, 2014, p. 116). Neste contexto, a pandemia Covid-19 colocou todas as concepções, organizações, sistemas e programas de saúde nacionais e internacionais em cheque, refletindo um abalo mais abrangente de todas as estruturas econômicas, sociais, culturais. O mundo não estava preparado para o colapso da pandemia neste inicio do ano de 2020. Taxado por certos governantes que preferiram sobrepor a economia sobre a vida como uma "simples gripinha", mostrou sua força avassaladora atingindo – ainda que de modo injusto e desigual – todos os continentes e todas camadas sociais, afetando ricos e pobres, países desenvolvidos e em desenvolvimento, além de complexo de saúde, tanto pública quanto privada.

Estamos vivenciando ao fim da segunda década do século XXI uma das maiores crises globais. A pandemia da Covid-19 desestruturou todas as forças de contenção e planejamentos de catástrofes do mundo. Ficou evidente que todas as grandes potências econômicas mundiais não estavam prontas para a guerra silenciosa que o vírus iria causar, em poucos meses o colapso abarcou todos os continentes, atingindo inicialmente justamente àqueles países que se achavam mais preparados, uma vez que estes sendo expoentes econômicos recebem fluxos enormes de trocas comerciais e turísticas.

Ainda no ano de 2007, os ministros de diversos países reuniram-se em Oslo na Noruega e expressando sobre o caminhar da saúde global afirmaram a fundamental importância que deve ser dada às ações que tangem os agravos à saúde contemporânea, sendo elas influenzas, síndromes respiratórias agudas graves (SARS), tuberculose resistente à drogas, malária, poliomielite e dengue, estas não respeitam as fronteiras nacionais e para sua contenção há a necessidade de um trabalho de conjunto das nações[2]. Porém, passados mais de 10 anos, não estamos vendo estas atuações de trabalho em conjuntos,

---

2. FORTES, Paulo Antonio de Carvalho. Valores éticos da saúde global: responsabilizando-se pela saúde do outro? In: Bioética: saúde, pesquisa, educação. Porto, Dora. Schlemper, Bruno Jr. Martins, Gerson Zafalon. Cunha, Thiago. Hellmann, Fernando. (Org.). Brasília: CFM/ SBB. 2014. p. 116.

cada governo, e principalmente as principais potências econômicas têm-se preocupado mais com questões econômicas do que propriamente com a saúde da população.

Neste âmbito, a partir de uma problematização do campo da bioética, preocupa a investigação acerca das implicações que estão sendo tomadas para que o avanço seja contido, os atendimentos à população que podem ser eficazes e os direitos daqueles que estão a serviço do bem estar da população, incluindo médicos, enfermeiros, e as equipes de saúde como um todo. A *Declaração Política do Rio sobre Determinantes Sociais da Saúde* assinada em 2011 afirmava que "as desigualdades em cada país e entre os países são política, econômica e socialmente inaceitáveis — além de injustas e, em grande parte, evitáveis — e que a promoção da equidade em saúde é fundamental ao desenvolvimento sustentável e a uma melhor qualidade de vida e bem-estar para todos, o que, por sua vez, contribui para a paz e a segurança". No entanto, o que podemos ver diante a pandemia Covid-19 é a irresponsabilidade de muitos governantes frente ao que estamos vivendo. O desrespeito com a saúde da população, sustentada em uma falsa dicotomia coma preservação da economia, tem gerado fortes impactos na saúde levando a números crescentes de morte em todo o globo.

Diante deste fato, devemos refletir criticamente sobre a atitude de alguns governantes frente a pandemia Covid-19. No caso brasileiro, por exemplo, no dia 16 de abril de 2020, o presidente Jair Messias Bolsonaro, em rede nacional, apresentou uma ilustrativa justificativa para a demissão do então Ministro da Saúde, que seguindo (ainda que de modo insuficiente) as orientações consensuadas internacionalmente acerca do isolamento social. No entanto, essas recomendações contrariavam a autoridade executiva do país, cuja prioridade sempre fora defendida não em favor da vida ou da proteção da saúde da população, mas, dos interesses econômicos e comerciais.

> Desde o início da crise do coronavírus, Mandetta e presidente vinham se desentendendo sobre a melhor estratégia de combate à doença. Enquanto Bolsonaro defende flexibilizar medidas como fechamento de escolas e do comércio para mitigar os efeitos na economia do País, permitindo que jovens voltem ao trabalho, o agora ex-ministro manteve a orientação da pasta para as pessoas ficarem em casa. A recomendação do titular da Saúde segue o que dizem especialistas e a Organização Mundial de Saúde (OMS), que consideram o isolamento social a forma mais eficaz de se evitar a propagação do vírus[3].

Outro exemplo trágico de liderança comprometida com interesses econômicos e políticos em desfavor da vida é encontrado nos Estados Unidos da América, onde o atual presidente Donald Trump cortou a repasse feito para a Organização Mundial da Saúde. A OMS foi atacada com a decisão tomada por uma das maiores contribuintes em um dos momentos em que a articulação da saúde global mais se fazia necessária, decisão que, sem dúvidas, deixando o cenário presente ainda mais trágico, com consequências às populações mais vulneráveis do planeta que ainda não podem ser mensuradas.

---

3. LINDNER, Julia. SOARES, Jussara. VARGAS, Mateus. Bolsonaro demite Mandetta e escolhe Nelson Teich para a Saúde. O Estado de S. Paulo. São Paulo. 16 de abril de 2020. Disponível em: https://politica.estadao.com.br/noticias/geral,bolsonaro-escolhe-nelson-teich-para-substituir-mandetta-na-saude,70003273454?utm_source=twitter:newsfeed&utm_medium=social-organic&utm_campaign=redes-sociais:042020:e&utm_content=:::&utm_term=. Acesso em: 16 de abril de 2020.

3. MISTANÁSIA E MORTE SOCIAL NO CONTEXTO DA BIOÉTICA GLOBAL

O bioeticista H. Tristram Engelhardt afirmava que "existe uma verdadeira diversidade bioética. Os desacordos vão desde temas como aborto e eutanásia até realocação de recursos privados para financiar a assistência à saúde"[4]. De fato, o que percebemos em nossos tempos é a total desunião e interesse com a humanidade, cada Estado pensa apenas em seu próprio território e em suas subsidiariedades, esquecendo, porém, que estamos dentro de uma mesma cadeia de relações, interdependemos hoje uns dos outros e temos responsabilidades uns com os outros e não só, valores pendem sentido quando o os direitos individualistas valem mais do que o comunitário, passamos da categoria de direito de todos para o direito da maioria, a interrogação que surge é: quem é essa maioria?. Continua o referido bioeticista, explanando que

> essa diversidade é geralmente negada ou estrategicamente ignorada com o objetivo de tornar plausível a adoção de uma moralidade comum e de uma bioética comum para direcionar a política de saúde ao redor do globo. Para alguns, pode ter sido necessário o 11 de setembro de 2001 para lembrá-los do que deveria ser óbvio: o mundo não está unido em torno de uma noção comum do bem, do correto e do florescimento humano. As pessoas não compartilham um conjunto comum de morais estáveis (*idem*).

Ainda no ano de 1989, o teólogo e bioeticista Márcio Fabri dos Anjos frente a discussões pertinentes sobre a morte e o morrer, cunhou um novo termo, a mistanásia, que vai na contramão do que ainda hoje é muito discutido sobre eutanásia, ou seja, uma "boa morte, uma morte suavizada". No que tange os direitos dos cidadãos de poder ter uma escolha por uma "morte suave, uma morte feliz". Fabri dos Anjos aponta-nos o contrário e nos indaga:

> Parece importante falar, então, da morte infeliz, dolorosa, que chamaríamos de "mistanásia". Isto nos remete, dentro da área da biomedicina, aos pacientes terminais sofredores, seja pela convicta recusa em não se interferir no processo de morte, seja pelo mau atendimento médico-hospitalar. Mas nos remete também muito além da área hospitalar. E nos faz pensar na morte provocada de formas lentas e sutis por sistemas e estruturas[5].

A mistanásia nos coloca diante do chão da existência dos mais empobrecidos e abandonados, que tem seu direito de uma morte digna e justa interrompida por estruturas que os ignoram. "A mistanásia nos faz lembrar os que morrem de fome, cujo número apontado por estatísticas é de estarrecer. Faz lembrar de modo geral, a morte do empobrecido, amargado pelo abandono e pela falta de recursos os mais primários"[6]. São mortes que nos interrogam a buscar a causa e sua invisibilidade, muitas vezes acobertadas pelas mídias dominadoras da informação que vêm estas notícias como a contradição do avanço econômico sugador e opressor.

---

4. EINGELHARDT, H. Tristram Jr. A busca de uma moralidade global: bioética, guerras culturais e diversidade moral. In: Bioética global: o colapso do consenso. Engelhardt HT Jr, organizador. São Paulo: Paulinas: 2012. p. 41-80.

5. ANJOS, Márcio Fabri dos. Eutanásia em chave de libertação. Boletim do Instituto Camiliano de Pastoral da Saúde. São ANJOS, Márcio Fabri dos. Eutanásia em chave de libertação. Boletim do Instituto Camiliano de Pastoral da Saúde. São Paulo – n. 57. Junho de 1989. Paulo – n. 57. Junho de 1989.

6. ANJOS, Márcio Fabri dos. Eutanásia em chave de libertação. Boletim do Instituto Camiliano de Pastoral da Saúde. São ANJOS, Márcio Fabri dos. Eutanásia em chave de libertação. Boletim do Instituto Camiliano de Pastoral da Saúde. São Paulo – n. 57. Junho de 1989. Paulo – n. 57. Junho de 1989.

A perda da sensibilidade para com o próximo é um dos alertas que o mundo apresenta cotidianamente, valores como compaixão, responsabilidade, empatia, altruísmo, equidade não passam de especulações filosóficas quando o interesse da maioria pode ser comprometido, reflexos estes encontrados em uma sociedade mistanásica, o outro vale o quanto produz e não pelo que é em sua natureza ontológica. À vista disso, estamos convivendo com o estranho sem nos darmos conta de que este sistema está afetando uma camada da população, seres vulneráveis: pobres, negros, idosos, entre outros, que são deixados de lado para morrer sem que a devidas precauções sejam tomadas.

> De acordo com a Sociedade Brasileira de Medicina de Família e Comunidade, negros são maioria entre pacientes com diabetes, tuberculose, hipertensão e doenças renais crônicas, que tornam a ação do coronavírus mais letal, e estes também representam 67% dos que dependem exclusivamente do SUS. Tratam-se de doenças que surgem ligadas a desigualdades sociais e raciais, como condições precárias de moradia, falta de saneamento básico, emprego e subsistência deficitária e má alimentação[7].

O banal tomou conta de nossas consciências e tornou-se corriqueiras. Acostumamos a ouvir notícias de mortes entre pobres nas favelas em lugares de baixa renda entre idosos esquecidos, crianças desnutridas, com fome e sem saneamento básico e nos conformamos com meras desculpas que a grande mídia global nos apresenta, esta fonte de recurso e muitas vezes fantoches nas mãos de políticos que buscam apenas a autopromoção e não o bem comum da população.

Pensar em uma mistanásia é dar voz às vozes dos *pathos* que não são ouvidas. Leva-nos a refletir que tanto o viver quanto o morrer são modos que dever ser respeitados a dignidade. "Não se trata de matar, ajudar ou deixar morrer, mas de morte antecipada e totalmente precoce ("anacrotanásia") por causa previsíveis, mortes escondidas e não valorizadas"[8].

Mistanásia vem substituir o termo eutanásia social ou morte social, utilizado até então, uma vez que o termo eutanásia refere-se a uma morte que implica a ação (ou inação) do sujeito, já mistanásia é um deixar morrer, uma morte que poderia ser evitada, sendo esta miserável e infeliz. Mistanásia parte de uma bioética que se mostrou profética, que busca denunciar a desigualdade que leva a morte e anunciar a vida invisível, sendo esta uma bioética crítica frente a politização nos ambientes da saúde onde os vulneráveis socias tem seus direitos negados, busca em sua reflexão salvaguardar o bem estar. Mistanásia é uma abordagem de bioética afirmativa que aponta os erros do sistema político e econômico, principalmente da saúde para garantir as necessidades básicas para os mais pobres não deixando assim a mercê da morte injusta, com isso, a mistanásia torna-se uma bioética preventiva onde a vida é preservada e a dignidade é garantida para os vulnerabilizados.

Investigar, ainda que modo inicial como propomos aqui, os processos mistanásicos decorrentes da má governamentabilidade, em uma perspectiva da bioética, é apresentar a característica global que a mistanásia realmente se insere, tendo como base a própria *Declaração Universal sobre Bioética e Direitos Humano* (DUBH) de 2005, onde no artigo

---

7. RIBEIRO, Ricardo. Negros morrem mais de coronavírus no Brasil. Revista Forum. 10 de abril de 2020. Disponível em: https://revistaforum.com.br/noticias/negros-morrem-mais-de-coronavirus-no-brasil/. Acesso em: 11 de abril de 2020.
8. RICCI, Luiz Antonio Lopes. A morte social: mistanásia e bioética. São Paulo: Paulus, 2017. p. 47.

14 – Responsabilidade Social e Saúde – que sustenta que o acesso a promoção à saúde e o desenvolvimento humano é objeto fundamento de todos os governos, e ainda mais, que o acesso a melhor saúde é um direito fundamental de todos independente de credo, cor, raça, etnia ou classe social. Uma vez não defendendo estes valores e princípios básicos para a sobrevivência humano estaríamos inseridos em um contexto de mistanásia onde só teriam acesso os que por ela poderem pagar.

4. NECROPOLÍTICA: AMPLIANDO A COMPREENSÃO SOBRE MISTANÁSIA EM TEMPOS DE PANDEMIA

Mesmo diante esforços para haver uma contenção da transmissão do vírus Covid-19 feitos pelas comunidades científicas, onde pedem ao menos o isolamento social enquanto não se tem um medicamento para o controle do vírus, muitas pessoas estão sofrendo e dentre muitas delas a morte é eminente frente ao despreparo e responsabilidade do sistema econômico e político que não acreditam na força avassaladora que a pandemia Covid-19 pode causar, principalmente para com os mais vulneráveis.

A necropolítica, tal como conceituada por Achille Mbembe[9] está evidentemente instaurada no cenário global, quando há conflitos dos critérios de governo frente às necessidades de saúde e preocupação verte para o fator econômico e não dos direitos de bem estar da população de uma vida saudável. Deste modo, não temos uma biopolítica, ou seja, uma política para a vida, "a exclusão social denota uma violência através de atitudes e gestos responsáveis pela não participação de indivíduos ou grupos de sujeitos humanos nas atuais formas de vida em sociedade"[10]. Podemos comparar a biopolítica *versus* necropolítica nas frases do presidente do Brasil, Jair Bolsonaro, disse em cadeia nacional: "mais vale um doente trabalhando do que um doente passando necessidade", e mais, "algumas mortes vão acontecer mesmo".

Formas estas de governamentabilidade causam espanto, para a grande maioria, é um fato, a economia tem que girar, porém mais do que isso, são vidas que estão em jogo, destas em sua grande maioria são vidas pobres, insalubres em condições desfavoráveis como vemos nos grandes epicentros da pandemia Covid-19.

No dia 17 de abril de 2020, a prefeita Cynthia Viteri de Guayachil, sudoeste do Equador, em entrevista à Carta Capital afirmou que: "esta advogada de 54 anos, que superou a infecção pelo vírus, está à frente da pior emergência já enfrentada pela cidade, de 2,7 milhões de habitantes. Foi como se uma bomba tivesse explodido". De fato, o desastre que o vírus Covid-19, segundo estimativa é só o começo, na cidade de Guayachil está concentrado 71% dos casos confirmados no país, deste 369 mortes constatadas, no entanto, estima-se que mais mortes estão ocorrendo, uma vez que o país não tem testes para a população nem controle para que a pandemia não se alastre, estimativa de

---

9. MBEMBE, Achille. Necropolítica: biopoder, soberania, estado de exceção, política da morte. Trad: Renata Santini. São Paulo: n-1 edições, 2018.

10. ANJOS, Márcio Fabri dos. Bioética clínica, biopolítica e exclusão social. In: Bioética Clínica: memórias do XI Congresso Brasileiro de Bioética, III Congresso Brasileiro de Bioética Clínica e III Conferência Internacional sobre o Ensino da Ética. SIQUEIRA, J. E. ZABOLI, E. SANCHES, M. PESSINI, L. (Org.). Brasília: CFM/SBB. 2016. p. 38.

estudiosos afirmam que 3.500 mortes são esperadas na referida cidade para as próximas semanas. Hospitais já não comportam doentes e mortos, estas estão morrendo em casa.

Os perigos e riscos de desastres e catástrofes em termos de saúde pública, por exemplo, que antes podiam ser circunscritos a uma determinada comunidade, e aí controlados, agora também são globalizados (H1N1, Ebola etc.) e colocam a humanidade inteira em estado de alerta. No risco do perigo de morte, nos sentimos como uma humanidade unida. Através das Organizações e agências e ONG's governamentais, intergovernamentais e civis, tais como a ONU, UNICEF, UNAIDS, Médicos sem fronteiras, Cruz vermelha Internacional, entre outras ativas, tomam medidas de segurança e proteção para proteger a vida e a saúde da população mundial, vulnerabilizada por estas ameaças[11].

Um *Tsunami* da desgovernamentabilidade, imprudência política e desrespeito mundial para com as pessoas em vulnerabilidade social são as respostas que encontramos em meio ao cenário da pandemia Covid-19. A responsabilidade é um conceito ético não assumido por governantes quando o assunto econômico urge frente aos cuidados para com o próximo. "A morte é uma realidade inevitável, o ser humano é temporal, a vida é finita. Contudo, o viver sofrido quase sempre leva a morrer fora do tempo ou antes da hora"[12]. É sem dúvida uma injustiça social o desrespeito com a dignidade da vida, no entanto, "a morte mistanásica pode ser removida" (*idem*), quando assumida dentro de um plano onde se governa para a vida e dela deriva suas prerrogativas.

5. DESAFIOS BIOÉTICOS QUE DESPERTAM GLOBALMENTE DA PANDEMIA COVID-19

A crise move o mundo e suas discussões frente a melhorias buscam por soluções viáveis onde as necessidades são suprimidas e o bem estar possa ser algo usufruído por muitos é um dos objetivos da bioética global.

Os desafios são postos a todos os instantes frente a crise pandêmica da qual vivemos, o advento de necessidades surgem a todo instante, e a saúde, enquanto um direito universal, clama por efetivação a partir de bases éticas realmente globais.

> Sob a justificativa de uma postura realista da aplicação do "direito mínimo à saúde", Beauchamp e Childress propõem o reconhecimento dos direitos globais a um mínimo decente de cuidados de saúde dentro de um quadro de alocação que incorpora tanto as normas utilitaristas quanto igualitárias 30. Isto significa que para garantir a "eficiência e a utilidade" de um sistema universal para viabilização do direito mínimo à saúde, seriam necessários cortes de gastos na alocação de recursos que, por sua vez, poderiam ser compensados com a promoção de incentivos a hábitos saudáveis e com a responsabilização por comportamentos de riscos não saudáveis dos beneficiários do direito[13].

---

11. PESSINI, Leo. Um olhar bioético frente a situação de catástrofes e tragédias humanitárias. In: Fundamentos da bioética. SGARZELA, Anor. SCHRAMM, Fermin Roland (Org.). Curitiba: CRV. 2016. p. 216.
12. PESSINI, Leo. RICCI, Luiz Antonio Lopes. Mistanásia: um novo conceito bioético que entra na agenda da bioética. In: Bioética Clínica: memórias do XI Congresso Brasileiro de Bioética, III Congresso Brasileiro de Bioética Clínica e III Conferência Internacional sobre o Ensino da Ética. SIQUEIRA, J. E. ZABOLI, E. SANCHES, M. PESSINI, L. (Org.). Brasília: CFM/ SBB. 2016. p. 98.
13. CUNHA, Thiago. LORENZO, Cláudio. Bioética Global na perspectiva da bioética clínica. In. Revista Bioética. Vol. 22, nº1 – 2014. Brasília/DF, Brasil, CFM. 2014. p. 116-125.

Uma reestruturação de valores são traços que permeiam o cotidiano nestes tempos. Formas de ver o mundo e o próximo são questionamentos que a ética dos valores enfrentam neste momento histórico. Há uma revolução no que tange o pensar bioética na segunda década do século XXI. Diante dos desastres que a pandemia do corona vírus vem causando, emerge buscar respostas frente aos danos e sofrimentos humanos.

"Um dos desafios nestas áreas é que existem bioeticistas que não tem conhecimento de saúde pública, em bioestatística e epidemiologia... Apesar disto podem aprender a espeito destas realidades. Sem dúvida, a bioética ainda não tem uma linguagem adequada para abordar as necessidades da comunidade e da população"[14]. Conquanto, por ser uma bioética que visa ser *ponte para o futuro* como cunhou Potter, nesta consiste sua tarefa e desafio frente às pessoas do mundo.

Nesse momento agudo da pandemia, as respostas estão longe de ser dadas, mas as perguntas corretas devem ser feitas. Acreditamos que a abordagem da mistanásia deve auxiliar nesse processo.

6. REFERÊNCIAS

ANJOS, Márcio Fabri dos. *Eutanásia em chave de libertação*. Boletim do Instituto Camiliano de Pastoral da Saúde. São Paulo – n. 57. Junho de 1989.

ANJOS, Márcio Fabri dos. Bioética clínica, biopolítica e exclusão social. In: *Bioética Clínica*: memórias do XI Congresso Brasileiro de Bioética, III Congresso Brasileiro de Bioética Clínica e III Conferência Internacional sobre o Ensino da Ética. SIQUEIRA, J. E. ZABOLI, E. SANCHES, M. PESSINI, L. (Org.). Brasília: CFM/ SBB. 2016. p. 37-52.

BOFF. Clodovis. O livro do sentido: crise e busca de sentido hoje (parte crítico-analítica), vol. 1. São Paulo: Paulus, 2014.

CARTA CAPITAL. *Epicentro da Covid-19 no Equador, Guayachil luta para alojar doentes e mortos*. 17 de abril de 2020. Disponível em: https://www.cartacapital.com.br/saude/epicentro-da-covid-19-no-equador-guayaquil-luta-para-alojar-doentes-e-mortos/ . acesso em: 17 de abril de 2020.

CUNHA, Thiago. LORENZO, Cláudio. Bioética Global na perspectiva da bioética clínica. In. *Revista Bioética*. Vol. 22, n°1 – 2014. Brasília/DF, Brasil, CFM. 2014. p. 116-125.

Declaração Política do Rio sobre Determinantes Sociais da Saúde. Rio de Janeiro, Brasil. 21 de outubro de 2011. Disponível em: https://www.who.int/sdhconference/declaration/Rio_political_declaration_portuguese.pdf . Acesso em 14 de abril de 2020.

Declaração Universal sobre Bioética e Direitos Humano. Trad. Cátedra UNESCO de Bioética da UnB; SBB. Paris: Unesco; 2005. Disponível em: http://bvsms.saude.gov.br/bvs/publicacoes/declaracao_univ_bioetica_dir_hum.pdf . Acesso em: abril de 2020.

EINGELHARDT, H. Tristram Jr. A busca de uma moralidade global: bioética, guerras culturais e diversidade moral. In: *Bioética global: o colapso do consenso*. Engelhardt HT Jr, organizador. São Paulo: Paulinas: 2012. p. 41-80.

---

14. PESSINI, Leo. Um olhar bioético frente a situação de catástrofes e tragédias humanitárias. In: Fundamentos da bioética. SGARZELA, Anor. SCHRAMM, Fermin Roland (Org.). Curitiba: CRV. 2016. p. 217.

FORTES, Paulo Antonio de Carvalho. Valores éticos da saúde *global: responsabilizando-se pela saúde do outro? In: Bioética*: saúde, pesquisa, educação. Porto, Dora. Schlemper, Bruno Jr. Martins, Gerson Zafalon. Cunha, Thiago. Hellmann, Fernando. (Org.). Brasília: CFM/ SBB. 2014. p. 115 – 131.

LINDNER, Julia. SOARES, Jussara. VARGAS, Mateus. Bolsonaro demite Mandetta e escolhe Nelson Teich para a Saúde. *O Estado de S. Paulo*. São Paulo. 16 de abril de 2020. Disponível em: https:// politica.estadao.com.br/noticias/geral,bolsonaro-escolhe-nelson-teich-para-substituir-mandetta-na saude,70003273454?utm_source=twitter:newsfeed&utm_medium=social-organic&utm_campaign=redes-sociais:042020:e&utm_content=:::&utm_term=. Acesso em: 16 de abril de 2020.

MBEMBE, Achille. *Necropolítica:* biopoder, soberania, estado de exceção, política da morte. Trad: Renata Santini. São Paulo: n-1 edições, 2018.

PESSINI, Leo. Um olhar bioético frente a situação de catástrofes e tragédias humanitárias. In: *Fundamentos da bioética*. SGARZELA, Anor. SCHRAMM, Fermin Roland (Org.). Curitiba: CRV. 2016. p. 211-231.

PESSINI, Leo. RICCI, Luiz Antonio Lopes. Mistanásia: um novo conceito bioético que entra na agenda da bioética. In: *Bioética Clínica*: memórias do XI Congresso Brasileiro de Bioética, III Congresso Brasileiro de Bioética Clínica e III Conferência Internacional sobre o Ensino da Ética. SIQUEIRA, J. E. ZABOLI, E. SANCHES, M. PESSINI, L. (Org.). Brasília: CFM/ SBB. 2016. p. 95-120.

RIBEIRO, Ricardo. Negros morrem mais de coronavírus no Brasil. *Revista Forum*. 10 de abril de 2020. Disponível em: https://revistaforum.com.br/noticias/negros-morrem-mais-de-coronavirus-no-brasil/ . Acesso em: 11 de abril de 2020.

RICCI, Luiz Antonio Lopes. *A morte social*: mistanásia e bioética. São Paulo: Paulus, 2017.

ÉTICA EM PESQUISA: BREVES CONSIDERAÇÕES RELACIONADAS À COVID-19

Pollyana Gontijo

Pollyana Gontijo: Enfermeira. Doutora em Ciências da Saúde: Infectologia e Medicina Tropical (UFMG, 2017)

Bianca Reis

Graduanda em Direito pela Escola Superior Dom Helder Câmara. Pesquisadora do Grupo de Estudos e Pesquisa em Bioética (GepBio), pelo Centro Universitário Newton Paiva, e também pesquisadora pela ESDHC.

Sumário: 1. Introdução. 2. Ética e pesquisa: Um breve contexto da Bioética até aos CEP'S. 2.1 A importância da ética em pesquisas humanas: Casos emblemáticos. 3. Ética em Pesquisa no Brasil: Como a pandemia alterou a tramitação dos protocolos de pesquisas com seres humanos? 3.1 Mas em situações de pandemia, em que há extrema necessidade de pesquisas científicas para o desenvolvimento de vacinas e tratamentos, a tramitação continua a mesma? 3.2 Cloroquina e hidroxicloroquina: Breves ponderações. 4. Em situações de pandemias, deve haver a flexibilização do Sistema de Avaliação Ética dos projetos de pesquisas? 5. Considerações finais. 6. Referências.

1. INTRODUÇÃO

A História nos remete a fatos que atestam a veridicidade dos acontecimentos. Sabe-se assim, que uma das maiores tragédias, se não a maior até então, que já aconteceu na história da humanidade foi à epidemia de Peste Negra, que assolou a Europa nos anos de 1347 a 1351, no que muitos consideram na verdade se tratar de uma pandemia, pois foi trazida de Constantinopla através dos navios mercantes que serviram de "transporte" para ratos vetores da pulga contaminada com a bactéria "*yersinia pestis*". Porém, a Peste Negra não foi um fato isolado, visto as demais epidemias e pandemias que dizimaram e dizimam centenas de vida, tais como AIDS, Ebola, Gripe Suína e mais recentemente, na atualidade, o Coronavirus (Covid-19).

Mas, há também fatos nos quais o ser humano tem participação primordial, onde barbáries ocorreram não em virtude de doenças, vírus, entre outros, mas sim da própria conduta humana, a se lembrar da Segunda Guerra Mundial, mais especificadamente nas pesquisas realizadas naquela época, conhecidas pela forma cruel e desumana que foram realizadas, violando todos e quaisquer direitos que o homem possuía até então.

Tendo em vista esses fatos, ao fim da guerra foi necessária a criação de um tribunal específico para o julgamento dos crimes cometidos pelos nazistas naquela ocasião, no que culminou na criação do Código de Nuremberg, um dos primeiros marcos históricos para o que posteriormente seria a criação da Bioética, dos Direitos Humanos, e demais normas protetoras a integridade da dignidade humana, com destaque para as pesquisas com seres humanos.

Este artigo tem por objetivo, portanto, verificar a relação da Bioética atrelada às pesquisas com seres humanos, perpassando pela ótica dos principais documentos que regulam a ética nas pesquisas sob a luz da pandemia causada pela Covid-19, cabendo analisar brevemente o contexto ético-científico no qual estão sendo realizados tais estudos.

Espera-se que a presente pesquisa contribuir para uma breve análise da Bioética face ao Coronavírus, de forma a verificar a necessidade da observação dos procedimentos éticos na produção das pesquisas com seres humanos.

2. ÉTICA E PESQUISA: UM BREVE CONTEXTO DA BIOÉTICA ATÉ AOS CEP'S

A palavra "Ética" tem sua origem na Grécia Antiga, da derivação da palavra *ethos* que quer dizer "modo de ser", "caráter", ou até mesmo na premissa de "doutrina dos costumes", sendo vista como a ideia de comportamentos e leis de convivência entre os homens. Na lição de Episteme, "a ética se ocupa do que é correto ou incorreto no agir humano, estuda os atos ou atitudes"[1]. Porém, nunca fora fácil a distinção dos padrões corretos ou errados das condutas humanas, até mesmo ao que se remete a antiguidade perpassando os tempos atuais. Assim, entende-se que a Ética possui diversos significados a serem aplicados de acordo com o seguimento em questão, mas enquanto ramo do conhecimento versa sobre o comportamento humano do interior de cada sociedade, pois, vez inserido em sociedade, suas ações devem estar de acordo com a vida social, o que implica em atitudes "justas" uns com os outros. Mas, acima de tudo, visando o respeito ao ser humano enquanto ser social. No que ensina sobre tema, salientam Ferrari e Rocha:

> Em geral, ética é a ciência da conduta humana, e existem algumas concepções fundamentais do que seja essa ciência. Inicialmente temos a ética como uma ciência que visa o fim das condutas do homem, prevendo os meios para se atingir os objetivos últimos[2].

Refere-se ao ideal pelo qual o homem deve dirigir sua vida e natureza, sem que estes interfiram na vivência do outro. (FABRIZ, 2003, apud FERRARI E ROCHA, 2010). Hordiamente, a ética é entendida como um comportamento interdisciplinar, pois, as condutas humanas inferem diretamente no meio social. Mas, em especial, tem-se a ética como elo nas pesquisas com seres humanos, como forma de reflexão nas atividades que tenham por objeto o estudo e participação humana.

Sabe-se que o avanço da ética como elemento essencial nas pesquisas com seres humanos ocorre vez que surgem preocupações nas condutas humanas ao lidarem com o tema, seja ele, os efeitos que o projeto criado pelo pesquisador terá sobre os participantes. Desta forma, a evolução na ciência levou a profunda necessidade de alinhamento entre

---

1. EPISTEME. Universidade do Sul de Santa Catarina. Tubarão: UNISUL, v. 1, n. 1, 1993. Quadrimestral.
2. FERRARI, Rosane de Fátima; ROCHA, Janimara. *Da ética a ética em pesquisa envolvendo seres humano*. Capa > v. 11, n. 16 (2010) >. Disponível em: http://revistas.fw.uri.br/index.php/revistadech/article/view/330. Acesso em: 10 mar. 2020.

a ética e a pesquisa, mostrando ser preciso a criação de um conceito específico a fim de abarcar o assunto. Foi quando em 1970 nos Estados Unidos, o oncologista Van Rensslaer Potter utilizou pela primeira vez o termo Bioética em seu trabalho; *Bioethics: bridge to the future*, no contexto de atrelar uma participação racional, mas cautelosa no processo da evolução biológica. Em dado momento, Pessini e Barchifontaine[3] definiram bioética como sendo o "estudo sistemático da conduta humana no âmbito das ciências da vida e da saúde, enquanto essa conduta é examinada à luz de valores e princípios morais [...]". Contudo, a conceituação do que seria a Bioética mudou por diversas vezes ao decorrer dos anos, mas sua ideia central persiste a mesma, seja ela, o vinculado da Ética com valores fundamentais que devem reger as ciências biológicas.

Os fatores que têm influenciado o aprofundamento, e consequentemente o avanço no campo da Bioética são diversos. Ao passar dos anos surgiram novas problemáticas a serem discutidas, novas teorias foram criadas com o intuito de prevenir as barbáries cometidas contra a vida do ser humano com objetivos científicos. A principal causa disso se dá então devido aos avanços das ciências, principalmente na seara medica, analisando as circunstâncias relacionadas à intervenção médica, questionando assim o que é moralmente justo fazer. É neste sentido que a Bioética é considerada um movimento cultural com base nas exigências concretas da prática clínica e também uma nova reflexão sobre os problemas relacionados às intervenções médicas de modo transdisciplinar, que como discorre Segre, "não é à toa que foram modelados os conceitos de "macrobioética" e "microbioética"[4].

Percebe-se que a Bioética é o meio para questionar os problemas morais que efundam no contexto médico-biológico, segundo Paulo Henrique, ao diferenciar a "micro" e "macro", tem-se que:

> A primeira permite extensões que podem vir a ser desmedidas e inadequadas, ao incluir na esfera dos estudos bioéticos matérias, por exemplo, como a Ecologia, que objetiva a preservação da espécie humana e do planeta terra, e a Medicina Sanitária. Ocorre que toda e qualquer interrogação, se levada aos extremos, indubitavelmente em algum aspecto alcançará a vida humana e a interdisciplinaridade, mas apenas isto não transformará em uma questão Bioética. Já a segunda, base para estudo, preocupa-se com a relação entre os profissionais da área de saúde e os pacientes, ou entre instituições públicas ou privadas, pacientes e profissionais de saúde. Entretanto, a Bioética transborda o interesse das pessoas ligadas diretamente às questões de saúde, para atingir todos os Homens, já que interfere no convívio social[5].

Ainda neste contexto, mais especificamente na abordagem microbioética ao que se remete as questões éticas em pesquisas com seres humanos, somente após a Segunda Guerra Mundial que o tema ganha notoriedade, a partir do Tribunal de Nuremberg (1945-1946), quando 23 médicos e administradores alemães foram julgados pela morte e realização de pesquisas com milhares de prisioneiros de guerra sem o seu consentimento.

---

3. PESSINI, Léo; BARCHIFONTAINE, Christian de Paul de. *Problemas atuais de bioética*. São Paulo: Loyola, 1996, p. 16.
4. SEGRE, Marco. *Definição de Bioética e sua relação com a ética, deontologia e diceologia*. In: SEGRE, Marco, COHEN, Cláudio (Orgs.). Bioética. São Paulo: Editora da Universidade de São Paulo, 1999. p. 27-33.
5. OLIVEIRA, P. H. de, & Anjos Filho, R. N. dos. (2006). *Bioética e pesquisas em seres humanos*. Revista Da Faculdade De Direito, Universidade De São Paulo, 101, 1187-1227. Recuperado de https://www.revistas.usp.br/rfdusp/article/view/67739

Um dos fatos que mais chama a atenção deste episódio não é apenas a causa relacionada à realização de pesquisas sem o consentimento dos participantes, mas sim a forma cruel e desumana que eram realizadas, que em sua decorrência quase sempre levava à morte ou na incapacidade permanente dos participantes envolvidos nas pesquisas. Afirma-se que, em decorrência disso percebeu-se a necessidade da criação de um código que pudesse dispor sobre os limites nas pesquisas com seres humanos.

Enfim instituído o Código de Nuremberg, reconhecido mundialmente, este teve como objetivo central a proteção de direitos aos seres humanos que participam em experiências médicas, a fim de evitar que novas atrocidades fossem cometidas aparentemente em prol da ciência. Uma forma de evitar que novas tragédias ocorressem novamente. Mas, em que pese à relevância de tal documento, era necessário um esboço com pontos mais detalhados e minimalistas.

Após 16 anos, já em 1964, a Associação Médica Mundial (AMM) visando atender os anseios da comunidade científica desenvolveu a Declaração de Helsinque, que, em seu esboço há um conjunto de princípios de teor ético que regem a pesquisa com seres humanos, visando orientar médicos e participantes em pesquisas que tenham como foco o ser humano em matéria e estudo, tendo inclusive como um dos pontos principais a garantia de proteção especial às pessoas com autonomia reduzida, no sentido de serem asseguradas a integridade e dignidade as pessoas. Desde sua criação, até as décadas atuais, tem-se atualizado a declaração, visto sua notoriedade em acompanhar o desenvolvimento na pesquisa humana.

Sobre o tema em âmbito nacional, tem-se a Resolução 466/12, do Conselho Nacional de Saúde, que em linhas gerais define a pesquisa como uma classe de atividade, cujo seu objetivo central é desenvolver e/ou contribuir para conhecimentos universalizáveis, que por vez, representa teorias, relações ou princípios de informação que possam ser revalidados por meios científicos, e aceitos por observações ou indução. Além disso, no Manual Operacional para Comitês de Ética em Pesquisa brasileiro, é atribuído a noção de ética em pesquisa como: "pesquisa que, individual ou coletivamente, envolva o ser humano, de forma direta ou indireta, em sua totalidade ou partes dele, incluindo manejo de informações ou materiais"[6].

No que tange ao contexto histórico, GUILHEM e GRECO dissertam que:

> A história das regulamentações da ética em pesquisa no Brasil iniciou-se em 1988 com a Resolução no 01 do CNS. Criada com 101 artigos, divididos em 15 capítulos, a primeira resolução brasileira abordava as normas de pesquisa em saúde. Foi à inauguração das discussões no Brasil sobre a criação de CEPs institucionais e a submissão dos projetos de pesquisa a esses comitês. Entretanto, essa diretriz não encontrou boa aceitação na comunidade científica, que questionava algumas falhas em seu conteúdo[7].

Posteriormente, revoga tal resolução, as pesquisas científicas passaram a ser regida pela a já também revogada Resolução 196/96, onde contou com o auxílio de 13 profis-

---

6. BRASIL. *Manual operacional para comitês de ética em pesquisa.* Conselho Nacional de Saúde. Brasília: Ministério da Saúde, 2002. p. 84
7. GUILHEM, D.; GRECO, D.B. *Ética em pesquisa no Brasil*: marco regulamentar e legal e o sistema brasileiro de revisão ética das pesquisas. Brasília Méd, Brasília, n. 46, supl. 1, p. 6-18, 2009.

sionais de diversos segmentos para sua criação. O trabalho foi discutido em diversas audiências públicas, bem como no 1° Congresso Brasileiro de Bioética, ocorrido em 1995, sendo então apresentado ao Conselho Nacional de Saúde e aprovado em 1996[8]. Tendo em consideração a relevância da Resolução, salienta Freitas, no que segue:

> Acredita-se que estas normas realmente são resultado do que pensa a sociedade brasileira, construídas a partir de requisitos dos órgãos de governo, da comunidade científica, dos sujeitos de pesquisa e da sociedade em geral, constituindo efetivo instrumento de concretização da cidadania e de defesa dos direitos[9].

Em premissa a antiga Resolução 196/96, foi instituída a criação da Comissão Nacional de Ética em Pesquisa (CONEP), que possuí a função de programar normas e diretrizes regulamentadoras acerca das pesquisas envolvendo seres humanos, quando devidamente aprovadas pelo Conselho. Sendo que, via de regra, essa comissão deve ser composta por treze membros capacitados de diversos segmentos, de modo que haja um olhar interdisciplinar aos temas ali propostos. Ademais, os denominados Comitês de Ética em Pesquisa (CEP), são integrados ao próprio CONEP. Mas, o que seria o CEP? Hossne, explica que:

> O Comitê de Ética em Pesquisa (CEP) é um colegiado interdisciplinar e independente, com "munus público", de caráter consultivo, deliberativo e educativo, criado para defender os interesses dos sujeitos de pesquisas em sua integridade e dignidade e para contribuir no desenvolvimento da pesquisa dentro dos padrões éticos (HOSSNE, 2003, p.283)[10].

Na mesma vertente sobre os CEP, o Manual de Normas e Diretrizes Regulamentadoras da Pesquisa envolvendo seres humanos aduzem que:

> O mesmo deve existir nas instituições em que são realizadas pesquisas que envolvam direta ou indiretamente seres humanos ou animais. O mesmo foi criado com o objetivo de defender os direitos dos sujeitos da pesquisa em sua integridade e dignidade, a fim de contribuir para o desenvolvimento da pesquisa dentro de padrões éticos[11].

Por fim, ainda dispunha a resolução 196/96 que toda e quaisquer pesquisa com seres humanas deveria ser submetida para a apreciação do CEP, e este projeto se aprovado torna-se corresponsável pelos aspectos éticos envoltos, tendo essa mesma noção mantida pela atual resolução 466/12. Contudo, sem a possibilidade de excluir a responsabilidade do pesquisador, sejam eles instituição, patrocinador (quando houve) ou aluno.

2.1   A importância da ética em pesquisas humanas: Casos emblemáticos

Para compreender a importância dos comitês de ética em pesquisa, se faz necessário observar a própria história, seja no contexto de pandemias e epidemias, onde pesquisas são

---

8. HOSSNE, Willian Saad. *Poder e Injustiça na Pesquisa com Seres Humanos*. In: GARRAFA, Volnei; PESSINI, Leo. Bioética: Poder e Injustiça. São Paulo: Loyola, 2003, p. 271 a 286

9. FREITAS, Corina Bontempo Duca de. *Ética na Pesquisa com Seres Humanos*: a experiência brasileira. In: GARRAFA, Volnei; PESSINI, Leo. *Bioética: Poder e Injustiça*. São Paulo: Loyola, 2003, p.307 a 314.

10.   Cf. HOSSNE, Willian Saad. In: GARRAFA, Volnei, op. cit p. 271 a 286.

11. BRASIL.*Normas e Diretrizes Regulamentadoras da Pesquisa envolvendo seres humanos* – Res. CNS 196/96, II. 4).disponível em: https://doi.org/10.1590/S1517-74912003000500006. Acesso em 13 de abr. de 2020.

essenciais para interromper o crescimento e disseminação destas. Mas, que nem sempre são realizadas de modo ético, seguindo os devidos procedimentos, como orientado por exemplo na declaração de Helsing.

Um dos maiores exemplos a se citar ocorreu em Tuskegee, Alabama, onde os Estados Unidos da América (EUA) ordenou que o Serviço de Saúde Pública do país estudasse a história natural da Sífilis, sendo os participantes de origem pobre ou vivendo em miséria. Acerca deste estudo, ensina Greco:

> Este estudo, conhecido como a experiência de Tuskegee, revelou-se estarrecedor. Foram recrutados 399 homens, infectados pelo Treponema pallidum. Ainda que na primeira década de realização do estudo não houvesse tratamento adequado para a sífilis, a penicilina foi disponibilizada no início da década de 40, tornando-se o tratamento padrão em torno de 1947. Entretanto, nenhum dos "voluntários" obteve permissão para receber este medicamento. Como consequências, dos 399 participantes 28 morreram em decorrência da doença e 100, de complicações relacionadas; 40 esposas foram infectadas e houve pelo menos 19 casos de sífilis congênita. É inaceitável que a pesquisa tenha prosseguido mesmo após outras atrocidades cometidas durante a 2ª Guerra Mundial terem sido condenadas pelo Tribunal de Nuremberg (1947). E que tenha continuado mesmo após a aprovação, em 1964, da primeira DH[12].

Tempos depois, a pesquisa de Tuskegee foi publicada com destaque em diversos jornais, que relatavam as descobertas do estudo. Porém, sem a menor menção dos fatos realmente ocorridos. Foi quando Peter Buxton, assistente social do Departamento de Saúde Pública dos EUA (PHS), teve ciência da real situação que havia se passado para a obtenção dos inéditos resultados, e resolveu expor a situação à mídia em 1972.

Após sua atitude ter gerado profunda comoção, os estudos foram encerrados definitivamente. Ademais, o poder legislativo norte-americano instaurou alguns procedimentos para lidar com a desonestidade em ética em pesquisas, e posteriormente se desculpou publicamente pelo ocorrido. Mas, em que pese à relevância da denúncia de Buxton, ainda existe na história demais exemplos de violações em normas básicas para a proteção de seres humanos em pesquisas.

Por volta da década de 1940, o Departamento de Saúde Pública da Guatemala deliberadamente inseriu seus em prisioneiros e profissionais do sexo a substância *T. pallidum,* uma espécie de bactéria que causa doenças sexualmente transmissíveis, sem que os envolvidos soubessem, e assim, boa parte das "cobaias" não tiveram acesso ao devido tratamento. Se faz imperioso destacar que este estarrecedor estudo esteve em segredo por décadas, vindo à tona somente em 2010 quando Susan Reverby (Faculdade de Wesllesley), revelou ao mundo tal prática, e novamente os Estados Unidos da América veio a público, novamente se desculpar, após 60 anos do ocorrido.

Acerca do modo como ocorriam os procedimentos na pesquisa, Greco explica que:

> No início, prostitutas infectadas por sífilis foram recrutadas para ter relações sexuais com prisioneiros. Como a taxa de transmissão foi baixa, os pesquisadores prepararam amostras infectadas para inocular os participantes, mediante muitos métodos. As espiroquetas vivas no inóculo, preparado a partir de raspagens de cancros dos prisioneiros ou de militares infectados, sobreviviam por períodos muito curtos

---

12. GRECO, Dirceu. B *Emancipação na luta pela equidade em pesquisas com seres humanos.* Rev. bioética (Impr.) 2013; pág. 22

fora do corpo, levando à utilização de material com espiroquetas mortas pelo calor. Este material era transferido para os sujeitos por abrasão da pele, injeção ou inoculação pela uretra[13].

Ainda comenta o ilustre professor, que, "centenas de homens e mulheres foram envolvidos, muitos fotografados e suas fotos encontradas nos arquivos. Alguns participaram em múltiplas experiências"[14]. O professor ainda inclui dados referentes ao caso, no que cita: "os números totais apurados pela Comissão Presidencial foram 696 pessoas expostas à sífilis, 722 à gonorreia e 142 ao cancroide"[15].

Desta maneira, percebe-se claramente que em nenhum momento houve o mínimo respeito a integridade física, psíquica e moral dos participantes. Visto que não foram lhe dados à garantia ao bem estar e saúde, sendo utilizados apenas como meras cobaias, em afronta não somente a dignidade, mas também aos princípios basilares da bioética, como; a autonomia, na premissa de auto-escolha no que lhe convém; da beneficência, no sentido de não causar danos aos envolvidos, e sempre que possível maximizar os benefícios e minimizar eventuais prejuízos; da não maleficência, não buscando praticar males; e por último a justiça, na busca da imparcialidade.

Tal fato desencadeou diversas críticas e revoltas entre especialistas em ética de todo o mundo, fazendo com que, o então governo estadunidense criasse no ano de 2011 o Painel Internacional Presidencial dos EUA, visando o Estudo de Questões Bioéticas.

Por fim, se faz necessário citar o "Caso Trovan", ocorrido no ano de 1996, época em que Nigéria era assolada por um surto de meningite, afetando principalmente crianças. A situação pela qual a saúde pública do país passava naquele momento, aliado à alta vulnerabilidade da população, transformou-se no cenário ideal para a Pfizer, uma das maiores indústrias farmacêuticas do mundo realizar a experimentação de um novo medicamento contra a meningite; o Trovan[16], sob o pretexto de uma ação humanitária para imunizar a população contra a meningite bacteriana, sarampo e cólera. Contudo, tal medicamento não era autorizado pelo órgão norte-americano responsável por regular e fiscalizar o setor de medicamentos, o Food and Drugs Administration (FDA).

Porém, a Pfizer ignorando a autorização selecionou um total de duzentas crianças portadoras de meningite, e posteriormente as separou em dois grupos. O primeiro grupo recebeu doses de Trovan, e o segundo grupo recebeu algumas doses de Ceftriaxone, um medicamento já utilizado para o combate à meningite, considerado o mais adequado no combate à doença. No entanto, o medicamento prescrito no segundo grupo (com uso de Ceftriaxone) teria sido administrado em doses inferiores as recomendadas para o tratamento da doença.

Na obra *The body hunters*, de Sonia Shah, fica demonstrado as supostas intenções da Pfizer que a levaram aos testes:

---

13. Cf. GRECO, Dirceu. Op. cit. p 22
14. Cf .GRECO, Dirceu .Op. cit. P 22
15. U.S.A. Presidential Commission for the Study of Bioethical Issues. *"Ethically impossible"* STD research in Guatemala from 1946 to 1948. [internet]. Washington; 2011 [acesso mai. 2020]
16. WIKILEAKS. *Revela manobras da Pfizer para evitar indenização*. Revista Exame, São Paulo, dez. 2010.Disponível em: <http://exame.abril.com.br/negocios/empresas/noticias/wikileaks-revela-manobras-da-pfizerpara-evitar-in-denizacao>. Acesso em: 10 ago. 2020

[...] A empresa foi acumulando provas de que antibiótico experimental de amplo espectro, o Trovan, funcionou diversas doenças, de gonorreia a bronquite e pneumonia, um potencial sucesso de US$ 1 bilhão. Parecia uma oportunidade de ouro para testar o Trovan havia caído no colo da empresa. Apenas nos Estados Unidos, cerca de três mil pessoas contraiam meningite meningococia a cada ano. Na Nigéria, a Pfizer poderia testar o Trovan em centenas de pacientes não tratados em poucas semanas. Se a FDA estivesse convencida de que o remédio era eficaz para o tratamento de meningite nas crianças nigerianas, eles poderiam abrir todo o mercado pediátrico. O medico da Pfizer, Scott Hopikins, rapidamente elaboraram um protocolo para um experimento rápido.[17]

O resultado de tamanha irresponsabilidade foi que das duzentas crianças submetidas as pesquisas, onze prontamente vieram a óbito (cinco decorrente ao tratamento com o Ceftriaxone, e as outras seis em decorrência ao tratamento com Trovan). Já as demais crianças ficaram em sua grande maioria com graves sequelas, como cegueira, paralisia, problemas de fala, lesões cerebrais e surdez. Contudo, a Pfizer nunca assumiu responsabilidade sobre todo o ocorrido, alegando que sua intervenção salvou mais vidas do que resultou em mortes, observado a taxa de sobrevivência das crianças tratadas com seu medicamento, e que assim, o Trovan teria se mostrado tão eficaz quanto demais tratamentos do mesmo segmento.

Mas, o Governo do estado do Kano repudiou tais afirmações, e no ano de 2007 instaurou um procedimento nos Estados Unidos contra a farmacêutica, pedindo o arbitramento de uma indenização no valor de US$ 7 bilhões. Em seguida, o governo do Kano ingressou uma nova ação de natureza criminal contra a Pfizer, pelas supostas práticas de ilícitos com as crianças de seu país. No ano de 2009 a empresa negociou conjuntamente com a Nigéria o arquivamento das ações e, por assim, evitar o julgamento.

Ao que tange as famílias das crianças, estas alegaram que não possuíam ciência sobre os testes, e muito menos consentiram sobre os procedimentos realizados, não tendo sido informadas, ficando nítido que, novamente tem-se uma pesquisa em que a premissa de consentimento informado é violado, e o estado de vulnerabilidade dos participantes é um fator decisivo para testes que não seguem os padrões éticos necessários.

3. ÉTICA EM PESQUISA NO BRASIL: COMO A PANDEMIA ALTEROU A TRAMITAÇÃO DOS PROTOCOLOS DE PESQUISAS COM SERES HUMANOS?

Como já mencionado, o Sistema CEP-CONEP iniciou suas atividades no ano de 1996, com a Resolução 196. Baseando-se em uma série de resoluções e normativas deliberada pelo Conselho Nacional de Saúde (CNS), vinculado ao Ministério da Saúde (MS). A partir deste marco, ficou instituído que toda pesquisa realizada no Brasil com o envolvimento de seres humanos deve ser apreciada inicialmente pelo CEP local e, se for de área temática especial, também deve ser avaliada pelo CONEP. A recepção dos documentos pelo CEP e pelo CONEP, apreciação ética e o recebimento do parecer pelo pesquisador demoravam dias e até mesmo meses. Pois, tudo era realizado em papel, de modo manuscrito, utilizando-se os correios para envio e recebimentos dos documentos de pesquisa. Este formato foi criticado pelos pesquisadores e patrocinadores, visto que as pesquisas demoravam a começar pela necessidade de aguardando a aprovação dos projetos.

---

17. SHAH, Sonia. *The body hunters* – testing news drugs on the world´s poorest patients. (tradução livre) New York: The New Press, 2006, p. 145.

Em 2012, houve a aprovação da Resolução 466, gerando a revogação da Resolução 196/96, iniciando-se o uso da Plataforma Brasil, um sistema de tramitação dos protocolos de pesquisa em formato digital. Neste formato, em teoria, um projeto pode ser recebido, apreciado e aprovado no mesmo dia, a depender da organização e funcionamento do comitê. Entretanto, no cotidiano não é bem assim que acontece. E, determinados CEPs brasileiros, esta aprovação pode durar dias ou meses, como era na época da submissão em papel. Se houver necessidade de aprovação também da CONEP (área temática especial), este tempo pode triplicar, conforme indicado logo abaixo:

FIGURA 1

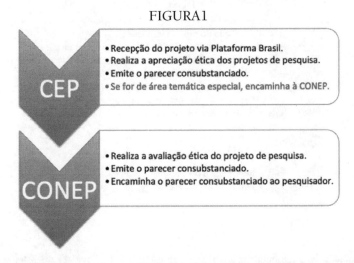

Figura 1: Tramitação regular de projetos de pesquisa no Sistema CEP-CONEP

3.1 Mas em situações de pandemia, em que há extrema necessidade de pesquisas científicas para o desenvolvimento de vacinas e tratamentos, a tramitação continua a mesma?

Com certeza não! O Brasil respondeu rapidamente à demanda urgente de apreciação ética dos projetos de pesquisas relacionados à Covid-19. Em 30 de janeiro de 2020 a Organização Mundial da Saúde (OMS) declarou a 2019-nCoV como emergência de saúde pública global (WHO, 2020), um dia depois, houve uma plenária da CONEP que deliberou novas condutas para avaliação de projetos de pesquisa, em caráter excepcional e enquanto perdurar as questões urgentes de saúde, baseados na Resolução CNS 466/12:

> "IX.10 – analisar, em caráter de urgência e com tramitação especial, protocolos de pesquisa que sejam de relevante interesse público, tais como os protocolos que contribuam para a saúde pública, a justiça e a redução das desigualdades sociais e das dependências tecnológicas, mediante solicitação do Ministério da Saúde, ou de outro órgão da Administração Pública, ou ainda a critério da Plenária da CONEP/CNS." [18]

---

18. BRASIL. Ministério da Saúde. Conselho Nacional de Saúde. *Resolução nº 466*, de 12 de dezembro de 2012. Aprova normas regulamentadoras de pesquisas envolvendo seres humanos. Brasília: Diário Oficial da União, 2013.

Em situações de projetos em que há "centros participantes ou coparticipantes", também não deve ser apreciado a nível local, devido a excepcionalidade da situação, os CEPs deverão referendar o parecer da CONEP. Na devolutiva do projeto pela CONEP, cabe ao CEP encaminhar ao pesquisador o parecer através da Plataforma Brasil referendando o parecer da CONEP (conforme figura 2, em diante). A CONEP também autorizou, em caráter excepcional, os comitês de ética em pesquisa local realizar as reuniões colegiadas para deliberações de forma remota, a fim de não atrasarem a liberação de pareceres de projetos de pesquisa, sejam eles relacionados à Covid-19 ou não.

FIGURA 2

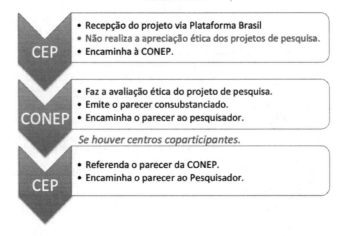

Figura 2: Tramitação excepcional de projetos de pesquisa relativas à Covid-19 no Sistema CEP-CONEP

Com o aumento do número de projetos relacionados à Covid-19, a CONEP, que nesta época, tem trabalhado sete dias por semana em ambos os turnos, solicitou o apoio dos CEPs em 14 de Abril de 2020 e alterou as recomendações dando autonomia aos comitês locais a apreciação de projetos de pesquisas relacionados à Covid-19, exceto em projetos de Ensaios Clínicos (BRASIL, 2020c)[19].

Em situação de urgência de saúde, a garantia da ética em pesquisa com seres humanos deve ser maximizada, não minimizada, considerando a vulnerabilidade que a própria situação traz. Neste contexto, os cientistas, instituições, sistemas de avaliação de ética em pesquisa (como o sistema CEP-CONEP), governos, dentre outros órgãos que atuam diretamente no combate à pandemia, devem se pautar na ética da responsabilidade, do rigor e, principalmente, da prudência, para garantir a segurança e bem estar dos seres.

Segundo o Boletim da CONEP divulgado em 11 de agosto de 2020, após pouco mais de 5 meses da declaração de pandemia pela OMS (11 de março de 2020), a CONEP já avalia 170 projetos de pesquisas relacionados à Covid-19, destes, 48 são ensaios clínicos tipo de estudo experimental, considerado "padrão de excelência para avaliar o efeito de uma interversão no curso de uma situação clínica"[20].

---

19. BRASIL. Ms. Cns. Conep. *Boletim Ética Em Pesquisa. Relatório Semanal 17*. 04 De Abril De 2020c.
20. NEDEL, Wagner Luis; Silveira. Fernando. *Os diferentes delineamentos de pesquisa e suas particularidades na terapia intensiva*. Rev Bras Ter Intensiva. 2016;28(3):256-260

ÉTICA EM PESQUISA: BREVES CONSIDERAÇÕES RELACIONADAS À COVID-19

Fonte: Boletim Ética em Pesquisa CONEP (11/08/20)

3.2 Cloroquina e hidroxicloroquina: Breves ponderações

Para melhor entendimento do tema, se faz essencial o entendimento dos medicamentos Cloroquina e Hidroxicloroquina. Para tanto, Touret e Lamballerie, explicam que cloroquina, consiste em "um medicamento utilizado para tratamento de malária", já a hidroxicloroquina "é derivado da cloroquina e além de ser antimalárico também é usado para tratamento de doenças auto-imunes, como lúpus e artrite reumatoide". Ainda acrescentam que "a linha entre a dose terapêutica e a tóxica é tênue, e o envenenamento por cloroquina e hidroxicloroquina tem sido associado a distúrbios cardiovasculares que podem ser fatais" [21]. Para tanto a European Medicines Agency (EMA) disserta que, "[..] seu uso deve ser indicado por um profissional capacitado e o auto tratamento não é recomendado".[22]

Ainda segundo a EMA, "com o avanço da Covid-19 em todo o planeta, muitos estudos estão sendo realizados com a utilização destes medicamentos para o tratamento do SARS-COV-2".[23] Tanto *"in vitro"*,[24] como em seres humanos[25].

Ainda neste sentido, o médico Francês Philippe Gautret e colaboradores defensores do uso da hidroxicloroquina para tratamento da Covid-19, realizaram um estudo em Março de 2020 com o medicamento experimental em pacientes infectados e concluiu que, "apesar do número pequeno de participantes, que o tratamento com hidroxicloroquina está associado com a redução/desaparecimento da carga viral em pacientes com Covid-19, principalmente quando é associado à azitromicina" [26]. No entanto, diversos pesquisadores criticam o posicionamento de Gautret, a se citar Monteiro:

> "O grande número de estudos realizados com este medicamento mostra que a comunidade científica está fazendo um grande esforço para esclarecer o papel desses medicamentos na redução da mortalidade associada ao Covid-19, mas esse esforço provavelmente ainda não está sendo suficientemente bem coordenado".[27]

É necessário, portanto, que os estudos clínicos sejam realizados com celeridade, e rigor científico para terem validade e serem seguras para a aprovação ou não destes medicamentos para uso em larga escala. Segundo a World Health Organization (WHO):

---

21. TOURET F, de Lamballerie X. *Of chloroquine and Covid-19*. Antiviral Res. 2020. Published online March 5, 2020. DOI:10.1016/j.an!viral.2020.104762.
22. EMA (EUROPEAN MEDICINES AGENCY). *Covid-19*: chloroquine and hydroxychloroquine only to be used in clinical trials or emergency use programmers. 01 DE ABRIL. 2020. https://www.ema.europa.eu/en/news/covid-19-chloroquinehydroxychloroquine-only-be-used-clinical-trials-emergency-use-programmes
23. EMA. Op.cit
24. WANG, M., Cao, R., Zhang, L. et al. *Remdesivir and chloroquine effectively inhibit the recently emerged novel coronavirus* (2019-nCoV) in vitro. Cell Res 30, 269–271 (2020). https://doi.org/10.1038/s41422-020-0282-0
25. MONTEIRO, Wuelton Marcelo et al . *Driving forces for Covid-19 clinical trials using chloroquine: the need to choose the right research questions and outcomes*. Rev. Soc. Bras. Med. Trop., Uberaba , v. 53, e20200155, 2020 . Available from <http://www.scielo.br/scielo.php?script=sci_arttext&pid=S0037-
26. GAUTRET, et al. *Hydroxychloroquine and azithromycin as a treatment of Covid-19*: results of anopen-label non-randomized clinical trial,International Journal of Antimicrobial Agents(2020), doi:https://doi.org/10.1016/j.ijantimicag.2020.
27. MONTEIRO, Wuelton Marcelo et al . *Driving forces for Covid-19 clinical trials using chloroquine*: the need to choose the right research questions and outcomes. Rev. Soc. Bras. Med. Trop., Uberaba , v. 53, e20200155, 2020 . Available from <http://www.scielo.br/scielo.php?script=sci_arttext&pid=S0037

Não podemos esquecer a obrigação moral dos pesquisadores compartilharem os resultados das pesquisas, principalmente quando relacionadas à pandemia, sejam positivos ou negativos. Também cabe aos periódicos "facilitar esse processo, permitindo que os pesquisadores disseminem rapidamente informações com implicações imediatas para a saúde pública"[28].

Mas, defensores do uso cloroquina e hidroxicloroquina, tais como o Presidente do Brasil, Jair Bolsonaro e Donald Trump (o até então presidente dos Estados Unidos da América) anunciaram publicamente em março de 2020 que os medicamentos podem ser uma estratégia no tratamento da doença, e autorizaram a sua produção em larga escala, o que incentivou ainda mais os estudos com estes medicamentos.

Inicialmente, em 27/03/2020, o Ministério da Saúde (MS) do Brasil divulgou uma nota, que libera o uso da cloroquina e hidroxicloroquina como tratamento para as formas graves da Covid-19 baseados em:

– Situação de pandemia;

– Inexistência de terapias farmacológicas e imunológicas eficazes comprovadas atualmente;

– Estudos recentes e promissores;

– Baixo custo, fácil acesso e administrada facilmente;

– Capacidade do Brasil de produzi-la em larga escala.

Além de autorizar o medicamento, a nota informativa, o Ministério da Saúde (MS) também orientava o protocolo de tratamento, e se compromete a disponibilizar a cloroquina para as Secretarias Estaduais de Saúde, que seriam responsáveis pela distribuição dos medicamentos aos hospitais de referência de sua região (Brasil, 2020-e[29]). Contudo, posteriormente, com a publicação da Nota Informativa (NI) nº 6/2020[30] alterou-se tais premissas, deixando evidente que "O uso (da cloroquina) deve, portanto, estar sujeito a regras estritas, e automedicação (dela) é contraindicada".

Nesta situação, Kalil[31] afirma que o uso da cloroquina é chamado de "uso compassivo", quando há o uso do medicamento não aprovado para o fim fora de um ensaio clínico. Já a OMS afirma no seu guia "Guidance For Managing Ethical Issues In Infectious Disease Outbreaks" (Diretrizes para o gerenciamento de questões éticas em surtos de doenças infecciosas), que em "situações relacionadas a epidemias caracterizado por alta mortalidade, pode ser eticamente apropriado oferecer a pacientes individuais intervenções experimentais por questão de emergência fora dos ensaios clínicos".[32]

---

28. WORLD HEALTH ORGANIZATION. *Director-General's opening remarks at the mediabriefing on Covid-19*-11. March 2020. Disponível em: <hYps://www.who.int/dg/speeches/detail/who- director-general-s-opening-remarksat-the-media-briefing-on-covid-19 11-march-2020> Acesso em 16/04/20.

29. BRASIL. Ms. *Nota Informativa* no 5/2020-daf/sctie/ms . 27/03/20.2020ed.

30. 23 BRASIL, *Nota Informativa* nº 6/2020.

31. KALIL, Andre C.. *Treating Covid-19—Off-Label Drug Use, Compassionate Use, and Randomized Clinical Trials During Pandemics*. 2020. Disponível em: https://jamanetwork.com/. Acesso em: 14 abr. 2020.

32. WHO. Organización Mundial de la Salud. *Guidance for Managing Ethical Issues in Infectious Disease Outbreaks*. 2016. Disponible en: https://apps.who.int/iris/bitstream/handle/10665/250580/9789241549837-eng.pdf?sequence=1. Acesso em 10/04/2020.

4. EM SITUAÇÕES DE PANDEMIAS, DEVE HAVER A FLEXIBILIZAÇÃO DO SISTEMA DE AVALIAÇÃO ÉTICA DOS PROJETOS DE PESQUISAS?

Seguindo o contexto da Organización Panamericana de la Salud (OPAS)[33], a pressa em encontrar vacina e tratamento para a doença em uma pandemia é compartilhada por todos nós. Torna-se um dever ético realizar pesquisas durante um surto epidemiológico, com o objetivo de aperfeiçoar os cuidados com a saúde das pessoas para este e como preparação para futuros surtos semelhantes. Entretanto é necessário encontrar um caminho para as condições de obtermos dados científicos confiáveis e sem violar os princípios éticos em defesa da integridade, dignidade e direitos dos seres humanos.

A OMS em 2016 apontou alguns itens relevantes no gerenciamento de questões éticas relacionados às pesquisas em situações de emergências de saúde:

a) Os participantes da pesquisa devem ser selecionados de forma justa e participem voluntariamente (na maioria das situações após o processo do consentimento informado);

b) Os direitos e bem-estar dos participantes deve ser suficientemente protegido;

c) Os estudos devem ser avaliados por processo adequado e rigoroso de revisão independente de ética em pesquisa.

Essas normas e padrões internacionalmente aceitos derivam dos princípios básicos da ética: beneficência, respeito pelas pessoas e justiça. E devem ser garantidos por todos os atores da pesquisa, sejam eles pesquisadores, instituições de pesquisa, comitês de ética em pesquisa, órgãos reguladores, organizações internacionais, patrocinadores, dentre outros.

Neste cenário, a OPAS afirma que:

> Deve ser lançada mão de padrões éticos e metodológicos mais rigorosos para obter-se resultados válidos, considerando a vulnerabilidade da população, com o objetivo de minimizar os efeitos da pandemia e não causar danos evitáveis. Entretanto torna-se necessário buscar estratégias para reduzir as barreiras para a realização de estudos clínicos.[34]

Além disso, a OPAS sugeriu a formação de comissões especiais para a apreciação de projetos de pesquisa relacionadas à Covid-19 como estratégias para diminuir a morosidade do processo de avaliação ética dos estudos científicos sem mitigar a segurança e bem-estar dos envolvidos na pesquisa. Também recomenda aos países das américas que todos os projetos relacionados à pandemia sejam avaliados por apenas 01 comitê de ética ou que tenham uma comunicação direta entre eles, a fim de evitar desperdício de esforços e tempo, que é valioso nesta situação.

---

33. OPAS. Organización Panamericana de la Salud. *Orientación ética sobre cuestiones planteadas por la pandemia del Nuevo coronavirus (Covid-19)* – 2020. Disponible en: http://iris.paho.org/xmlui/bitstream/handle/123456789/28485/OPSKBR16002_spa.pdf?sequence=10&ua=1. Acesso em 10/04/2020.

34. OPAS. Organización Panamericana de la Salud. *Orientación ética sobre cuestiones planteadas por la pandemia del Nuevo coronavirus* (Covid-19) – 2020. Disponible en: http://iris.paho.org/xmlui/bitstream/handle/123456789/28485/OPSKBR16002_spa.pdf?sequence=10&ua=1. Acesso em 10 de abr.de 2020.

Para haver revisão rápida dos projetos de pesquisa sem perder o rigor ético e técnico, a OPAS sugeriu que os comitês sejam compostos por pessoas de ambos os sexos, eticistas, especialistas em metodologia da pesquisa, representantes da comunidade e contar com profissionais da saúde com conhecimento sobre a Covid-19. Pode também contar com consultores nacionais e internacionais. Dos selecionados, faz-se extremamente necessário que os membros tenham tempo disponível para a revisão rápida dos protocolos de pesquisas e capacitação sobre ética em pesquisa com seres humanos com ênfase nas situações de emergência.

Com o objetivo de otimizar a apreciação ética dos protocolos de pesquisa, a OPAS advoga para a flexibilização das questões "de ordem" dentro dos comitês, como por exemplo, a oportunidade de envio de documentos pelos pesquisadores *a posteriori,* realização de reuniões virtuais e aprovação de projetos com quórum reduzido. Também sugere prazos para revisão dos projetos:

-O projeto deve ser encaminhado ao membro relator em 24 horas do seu recebimento;

-O membro relator deve avaliá-lo em até, 72 horas;

-O parecer consubstanciado deve ser encaminhado ao pesquisador logo após a reunião da comissão de ética.

Seis dias antes destas orientações publicadas pela OPAS, em 07 de abril de 2020, o Brasil já havia adotado medidas que alteraram o fluxograma da apreciação dos projetos de pesquisa como resposta à emergência sanitária em que o mundo está vivendo (FIGURA 2). A OPAS sugeriu que a apreciação ética de um projeto deve ser realizada pelo comitê em, no máximo, 96 horas. A CONEP informou em seu boletim divulgado em 17 de abril de 2020, que a avaliação ética dos projetos tem sido realizada em 48 horas (média), desde a recepção do estudo até a liberação do parecer. As reuniões tem acontecido sete dias por semana em 2 períodos, e que não tem medido esforços para dar a celeridade do processo (BRASIL,2020d).[35]

Em situações de pandemias, os projetos de pesquisa devem ser avaliados de forma a garantir a segurança e bem-estar dos participantes de pesquisa e de todos os envolvidos nos estudos, sem ferir as garantias éticas que teriam em projetos em situações ordinárias. A necessidade de embasamento científica às situações emergências não pode e não deve ser uma desculpa para a flexibilização das garantias éticas. Devem sim ser utilizados mecanismos que aceleram a aprovação de projetos de pesquisa relacionados à Covid-19, mas sempre mantendo o rigor de sua avaliação.

5. CONSIDERAÇÕES FINAIS

A pandemia trouxe a necessidade de descobrir as soluções terapêuticas para o tratamento da Covid-19. Esta necessidade vai além da vontade técnica, mas é um dever ético dos cientistas. Entretanto, é necessário aos pesquisadores e as instituições de saúde respeitarem os princípios inerentes à pesquisa científica em tempos de crise da saúde, levando sempre em consideração: respeito às regras da ética em pesquisa com os seres

---

35. BRASIL, Op, Cit "d"

humanos e o rigor metodológico na condução de pesquisas que garantam a natureza confiável e honesta da pesquisa.

Em uma situação de urgência de saúde, a garantia da ética em pesquisa com seres humanos deve ser maximizada, não minimizada, considerando a vulnerabilidade que a própria situação traz. Neste contexto, os cientistas, instituições, sistemas de avaliação de ética em pesquisa (como o sistema CEP-CONEP), governos, dentre outros órgãos que atuam diretamente no combate à pandemia, devem se pautar na ética da responsabilidade, do rigor e, principalmente, da prudência, para garantir a segurança e bem estar dos seres humanos.

6. REFERÊNCIAS

BRASIL. Ms. Cns. Conep. *Informe Aos Comitês De Ética Em Pesquisa*. 01 De Abril De 2020a.

BRASIL, 2020. *Orientações Para Condução De Pesquisas E Atividade Dos Ceps Durante A Pandemia Provocada Pelo Coronavírus Sars-Cov-2*. Brasília, 01 De Abril De 2020. 2020b.

BRASIL. Ms. Cns. Conep. *Boletim Ética Em Pesquisa*. Relatorio Semanal 11. De Agosto De 2020c.

BRASIL. Ms. Cns. Conep. *Boletim Ética Em Pesquisa*. Relatorio Semanal 08. 17 De Abril De 2020d.

BRASIL. Ms. Nota Informativa No 5/2020-Daf/Sctie/Ms . 27/03/20. 2020e.

BRASIL. Ministério da Saúde. Atualiza informações sobre o Uso da Cloroquina como terapia adjuvante no tratamento de formas graves da Covid-19, ficando revogada a Nota Informativa nº 5/2020-DAF/SCTIE/MS, datada de 27 de março de 2020. Nota Informativa, nº6.

BRASIL. Ministério da Saúde. Conselho Nacional de Saúde. Resolução nº 466, de 12 de dezembro de 2012. *Aprova normas regulamentadoras de pesquisas envolvendo seres humanos*. Brasília: Diário Oficial da União, 2013

BRASIL. *Manual operacional para comitês de ética em pesquisa*. Conselho Nacional de Saúde. Brasília: Ministério da Saúde, 2002. p. 84

BRASIL. *Normas e Diretrizes Regulamentadoras da Pesquisa envolvendo seres humanos – Res. CNS 196/96, II.4).*disponível em: https://doi.org/10.1590/S1517-74912003000500006. Acesso em 13 de abr. de 2020.

EMA (European Medicines Agency).. . *Chloroquine and hydroxychloroquine only to be used in clinical trials or emergency use programmers*. 2020. Disponível em: . https://www.ema.europa.eu/en/news/covid-19-chloroquine-hydroxychloroquine-only-be-used-clinical-trials-emergency-use-programmes. Acesso em: 01 abr. 2020.

EPISTEME. Universidade do Sul de Santa Catarina. Tubarão: UNISUL, v. 1, n. 1, 1993. Quadrimestral.

FREITAS, Corina Bontempo Duca de. *Ética na Pesquisa com Seres Humanos: a experiência brasileira*. In: GARRAFA, Volnei; PESSINI, Leo. Bioética: Poder e Injustiça. São Paulo: Loyola, 2003, p.307 a 314.

FERRARI, Rosane de Fátima; ROCHA, Janimara. DA ÉTICA A ÉTICA EM PESQUISA ENVOLVENDO SERES HUMANO. Capa > v. 11, n. 16 (2010) >. Disponível em: http://revistas.fw.uri.br/index.php/revistadech/article/view/330. Acesso em: 10 mar. 2020.

GRECO, Dirceu. B. *Emancipação na luta pela equidade em pesquisas com seres humanos*. Rev. bioética (Impr.) 2013; pág. 22

GAUTRET, Philippe et al. *Hydroxychloroquine and azithromycin as a treatment of Covid-19*: results of anopen-label non-randomized clinical trial. 2020. International Journal of Antimicrobial Agents(2020),. Disponível em: https://doi.org/10.1016/j.ijantimicag.2020.. Acesso em: 15 abr. 2020.

GUILHEM, D.; GRECO, D.B. *Ética em pesquisa no Brasil: marco regulamentar e legal e o sistema brasileiro de revisão ética das pesquisas*. Brasília Méd, Brasília, n. 46, supl. 1, p. 6-18, 2009.

HOSSNE, Willian Saad. *Poder e Injustiça na Pesquisa com Seres Humanos*. In: GARRAFA, Volnei; PESSINI, Leo. Bioética: Poder e Injustiça. São Paulo: Loyola, 2003, p. 271 a 286

KALIL, Andre C.. *Treating Covid-19—Off-Label Drug Use, Compassionate Use, and Randomized Clinical Trials During Pandemics*. 2020. Disponível em: https://jamanetwork.com/. Acesso em: 14 abr. 2020.

MONTEIRO, Wuelton Marcelo et al . *Driving forces for Covid-19 clinical trials using chloroquine: the need to choose the right research questions and outcomes*. Rev. Soc. Bras. Med. Trop., Uberaba, v. 53, e20200155, 2020 . Available from <http://www.scielo.br/scielo.php?script=sci_arttext&pid=S0037868220200000100904&lng=en&nrm=iso>. access on 16 Apr. 2020. Epub Apr 06, 2020. https://doi.org/10.1590/0037-8682-0155-2020.

NEDEL, Wagner Luis; Silveira. Fernando. *Os diferentes delineamentos de pesquisa e suas particularidades na terapia intensiva*. Revista Brasileira de Terapia Intensiva, 2016.. 2016;28(3):256-260

OPAS. Organización Panamericana de la Salud. *Orientación ética sobre cuestiones planteadas por la pandemia del Nuevo coronavirus (Covid-19)* – 2020. Disponible en: http://iris.paho.org/xmlui/bitstream/handle/123456789/28485/OPSKBR16002_spa.pdf?sequence=10&ua=1. Acesso em 10/04/2020.

OPAS. Organización Panamericana de la Salud. *Pautas de la OMS sobre la ética en la vigilancia de la salud pública*. 2017. Disponible en: https://iris.paho.org/bitstream/handle/10665.2/34499/9789275319840s-pa.pdf?sequence=6&isAllowed=y. Acesso em 08/04/2020.

OLIVEIRA, P. H. de, & Anjos Filho, R. N. dos. (2006). *Bioética e pesquisas em seres humanos*. Revista Da Faculdade De Direito, Universidade De São Paulo, 101, 1187-1227. Recuperado de https://www.revistas.usp.br/rfdusp/article/view/67739

PESSINI, Léo; BARCHIFONTAINE, Christian de Paul de. *Problemas atuais de bioética*. São Paulo: Loyola, 1996, p. 16

SHAH, Sonia. *The body hunters – testing news drugs on the world´s poorest patients*. (tradução livre) New York: The New Press, 2006, p. 145.

SEGRE, Marco. *Definição de Bioética e sua relação com a ética, deontologia e diceologia*. In: SEGRE, Marco, COHEN, Cláudio (Orgs.). Bioética. São Paulo: Editora da Universidade de São Paulo, 1999. p. 27-33.

TOURET F, de Lamballerie X. *Of chloroquine and Covid-19*. Antiviral Res. 2020. Published online March 5, 2020. DOI:10.1016/j.an!viral.2020.104762

U.S. Presidential Commission for the Study of Bioethical Issues. *"Ethically impossible"* STD research in Guatemala from 1946 to 1948. [internet]. Washington; 2011 [acesso mai. 2020]

WANG, M., Cao, R., Zhang, L. *et al. Remdesivir and chloroquine effectively inhibit the recently emerged novel coronavirus (2019-nCoV) in vitro. Cell Res* **30**, 269–271 (2020). Disponível em:https://doi.org/10.1038/s41422-020-0282-0. Acesso em 15/04/2020

WIKILEAKS .*Revela manobras da Pfizer para evitar indenização*. Revista Exame, São Paulo, dez. 2010. Disponível em: <http://exame.abril.com.br/negocios/empresas/noticias/wikileaks-revela-mano-bras-da-pfizerpara-evitar-indenizacao>. Acesso em: 10 abr. 2020

WHO. Organización Mundial de la Salud. *Guidance for Managing Ethical Issues in Infectious Disease Outbreaks*. 2016. Disponível em https://apps.who.int/iris/bitstream/handle/10665/250580/9789241549837-eng.pdf?sequence=1. Acesso em 10/04/2020.

WHO. World Health Organization. *Director-General's opening remarks at the media briefing on Covid-19-11*. March 2020. Disponível em: <hYps://www.who.int/dg/speeches/detail/who- director-general-s-opening-remarksat-the-media-briefing-on-covid-19 11-march-2020> Acesso em 16/04/20.

DIREITOS DOS PACIENTES E COVID-19

Aline Albuquerque

Pós-Doutora em Direitos Humanos pela Universidade de Essex. Professora do Programa de Pós-Graduação em Bioética da UnB. Advogada da União.

Kalline Carvalho

Professora de Direito da Universidade Federal de Juiz de Fora. Doutora em Bioética pela Universidade de Brasília.

Cintia Tanure

Enfermeira. Mestre em Enfermagem pela Universidade de Brasília.

Sumário: 1. Introdução. 2. A pandemia da Covid-19 sob a ótica do referencial dos direitos humanos dos pacientes. 3. Direitos dos pacientes e a pandemia da Covid-19. 3.1 Direito à Vida. 3.2 Direito à Privacidade. 3.3 Direito à Liberdade. 3.4 Direito a cuidados em saúde com qualidade e segurança. 3.5 Direito de não ser discriminado. 3.6 Direito à Informação. 3.7 Direito a não ser submetido à tortura nem penas ou tratamentos cruéis, desumanos ou degradantes. 4. Considerações finais. 5. Referências.

1. INTRODUÇÃO

O surto da doença causada pelo SARS-CoV-2 coronavírus, a Covid-19, foi considerado pela Organização Mundial da Saúde (OMS)[1], uma emergência em saúde pública de importância internacional, sendo categorizada como evento extraordinário, segundo o Regulamento Sanitário Internacional[2]. Assim, a enfermidade Covid-19 é reconhecida como um risco para a saúde pública e passível de propagação internacional, demandando uma resposta internacional coordenada[3]. Em 11 de março de 2020, a Covid-19 foi caracterizada pela OMS como uma pandemia,[4] cujo conceito se refere à propagação mundial de uma nova enfermidade[5]. No Brasil, a Lei nº 13.979, de 6 de fevereiro de 2020,

---

1. ORGANIZAÇÃO PAN AMERICANA DE SAUDE. *Folha informativa – Covid-19 (doença causada pelo novo coronavírus)*. Disponível em: https://www.paho.org/bra/index.php?option=com_content&view=article&id=6101:covid19&Itemid=875. Acesso em: 10 abril 2020.
2. ORGANIZÁCION MUNDIAL DE LA SALUD. *Reglamento Sanitario Internacional*. Disponível em: https://apps.who.int/iris/bitstream/handle/10665/246186/9789243580494-spa.pdf;jsessionid=ADAF51112BFD435CEDA-6B53FB45774A9?sequence=1. Acesso em 10 abril 2020.
3. ORGANIZÁCION MUNDIAL DE LA SALUD. *Reglamento Sanitario Internacional*. Disponível em: https://apps.who.int/iris/bitstream/handle/10665/246186/9789243580494-spa.pdf;jsessionid=ADAF51112BFD435CEDA-6B53FB45774A9?sequence=1. Acesso em 10 abril 2020.
4. ORGANIZAÇÃO PAN AMERICANA DE SAUDE. *Folha informativa – Covid-19 (doença causada pelo novo coronavírus)*. Disponível em: https://www.paho.org/bra/index.php?option=com_content&view=article&id=6101:covid19&Itemid=875. Acesso em: 10 abril 2020.
5. ORGANIZACION MUNDIAL DE LA SALUD. *¿Qué es una pandemia?* Disponível em: https://www.who.int/csr/disease/swineflu/frequently_asked_questions/pandemic/es/. Acesso em: 10 abril 2020.

dispõe sobre as medidas que poderão ser adotadas para enfrentamento da emergência em saúde pública de importância internacional decorrente do coronavírus responsável pelo surto de 2019.[6]

O enfrentamento da pandemia da Covid-19 impõe aos profissionais de saúde, aos agentes governamentais e à sociedade civil a imperiosidade de se refletir do ponto de vista ético sobre os cuidados em saúde dos pacientes que se encontram infectados com o vírus, bem como acerca do tratamento dos pacientes suspeitos de infecção. Conforme pontuado pelo Comitê Internacional de Bioética e pela Comissão Mundial sobre Ética do Conhecimento e da Tecnologia, ambos da UNESCO, a bioética e a ética da ciência e da tecnologia, alicerçadas nos direitos humanos, desempenham um papel central no contexto da pandemia da Covid-19[7].

A pandemia da Covid-19 e a declaração de emergência em saúde pública de importância internacional ensejam um estado de excepcionalidade em termos de direitos humanos, notadamente dos direitos humanos dos pacientes. Em consequência, consta-ta-se a relevância de se construir aportes teórico-normativos com vistas a salvaguardar tais direitos em contexto singular. Com efeito, o enfrentamento da Covid-19 mobiliza recursos humanos e materiais dos sistemas de saúde, impõe a adoção de medidas restritivas de direitos e, diante da escassez dos bens em saúde, acarreta o seu racionamento e a deliberação alocativa sobre tais bens[8]. Ademais, pessoas em condições de vulnerabilidade acrescida, como pacientes idosos, tornam-se mais vulneráveis no contexto de pandemia da COVID[9]. Desse modo, nota-se que os profissionais de saúde, que estão na linha de frente do enfrentamento da pandemia[10], são impelidos a dirimir dilemas éticos concernentes aos cuidados em saúde de pacientes com Covid-19 em contexto de escassez de recursos, bem como os Estados são levados a adotar medidas que restringem direitos humanos da população e, particularmente dos pacientes, com o objetivo de conter a contaminação pelo coronavírus.

No que concerne aos direitos humanos, conforme pontuou Bachelet, em seu pronunciamento sobre o tema da Covid-19, enquanto ocupante do cargo de Alto Comissário das Nações Unidas para os Direitos Humanos, "a pandemia da Covid-19 acarreta ameaças de longo alcance para os direitos humanos"[11], assim como assinalou

---

6. BRASIL. Lei nº 13.979 de 6 de fevereiro de 2020. Disponível em http://www.planalto.gov.br/ccivil_03/_ato2019-2022/2020/lei/L13979.htm . Acesso em 7 Abr.2020.

7. UNESCO. *Statement on Covid-19: Ethical Considerations from a Global Perspective.* Disponível em: https://unesdoc.unesco.org/ark:/48223/pf0000373115. Acesso em 16 ab. 2020.

8. UNESCO. *Statement on Covid-19: Ethical Considerations from a Global Perspective.* Disponível em: https://unesdoc.unesco.org/ark:/48223/pf0000373115. Acesso em 16 ab. 2020.

9. UNESCO. *Statement on Covid-19: Ethical Considerations from a Global Perspective.* Disponível em: https://unesdoc.unesco.org/ark:/48223/pf0000373115. Acesso em 16 ab. 2020.

10. WORLD HEALTH ORGANIZATION 2020. *Coronavirus disease (Covid-19) outbreak: rights, roles and responsibilities of health workers, including key considerations for occupational safety and health.* Interim guidance. 19 March 2020. Disponível em: https://www.who.int/publications-detail/coronavirus-disease-(covid-19)-outbreak-rights-roles--and-responsibilities-of-health-workers-including-key-considerations-for-occupational-safety-and-health. Acesso em 06 Abr. 2020.

11. BACHELET, Michele. *COVID is "a colossal test of leadership" requiring coordinated action, High Commissioner tells Human Rights Council.* Disponível em: https://www.ohchr.org/EN/NewsEvents/Pages/DisplayNews.aspx?NewsID=25785&LangID=E. Acesso em: 10 Abr. 2020.

que a dignidade e os direitos humanos devem guiar os esforços de enfrentamento da pandemia[12]. Diante de tal quadro, constata-se que a reflexão e a prescrição bioética de orientações e de recomendações baseadas nos direitos humanos são fundamentais para apoiar profissionais de saúde e gestores governamentais de modo que o enfrentamento da pandemia seja consentâneo com o consenso ético-jurídico internacional em torno de determinados valores sociais, condensados nas normativas de direitos humanos.

Desse modo, constata-se que o enfrentamento da pandemia da Covid-19 produz um amplo leque de questões bioéticas, contudo, neste estudo tem-se como enfoque aquelas que emergem dos cuidados em saúde dos pacientes que se encontram infectados com o vírus e sob cuidados em saúde, e do tratamento dispensado aos pacientes suspeitos de infecção. Especificamente, objetiva-se analisar essas questões sob a ótica dos Direitos Humanos dos Pacientes (doravante DHP), arcabouço teórico-normativo, composto por princípios e direitos, da Bioética Clínica[13]. Os DHP constituem uma ferramenta de análise de conflitos éticos que surgem no encontro clínico[14]. Os DHP são fruto de investigações levadas a cabo por pesquisadores do Observatório Direitos do Paciente do Programa de Pós-Graduação em Bioética da Universidade de Brasília, com base nos estudos de Albuquerque[15], Cohen e Ezer[16]. A vertente dos DHP se alicerça nos instrumentos de direitos humanos aplicados ao contexto dos cuidados em saúde, partindo do entendimento de que os direitos humanos consistem em normas ético-jurídicas aptas a balizar a reflexão e a resolução de conflitos bioéticos, notadamente no campo da Bioética Clínica. Desse modo, os DHP são um referencial teórico-normativo norteador ético da conduta de profissionais, pacientes, familiares, provedores de serviços de saúde no contexto dos cuidados em saúde.

Considerando que o enfrentamento da pandemia da Covid-19 desencadeia desafios sem precedentes para os profissionais de saúde, pacientes e familiares no contexto dos cuidados em saúde, este artigo tem o objetivo de analisar questões bioéticas suscitadas pelos cuidados de pacientes com Covid-19 e pelo tratamento conferido aos pacientes com coronavírus sob a ótica do arcabouço teórico-normativo dos DHP. Desse modo, trata-se de pesquisa teórica, fundamentada no referencial dos DHP, desenvolvido por Albuquerque[17], Cohen e Ezer[18]. Sob o prisma documental, este estudo tem como base

---

12. BACHELET, Michele. *COVID is "a colossal test of leadership" requiring coordinated action, High Commissioner tells Human Rights Council.* 9 abril 2020. Disponível em: https://www.ohchr.org/EN/NewsEvents/Pages/DisplayNews.aspx?NewsID=22533%26LangID=E. Acesso em: 10 abril 2020.

13. ALBUQUERQUE, Aline; QUEIROZ, Gustavo; G.A.M., Denise; SANTOS, Marcos. Os direitos humanos dos pacientes como novo referencial da bioética clínica. *Red Latinoamericana y del Caribe de Bioética / UNESCO.* Año 8, Vol. 2, No. 16, julio – diciembre de 2017.

14. FOUNIER, Véronique. Ética clínica: otra formación de la UNESCO para hacer frente a los dilemas bioéticos. In: SOLINIS, Germán. *¿Por qué una Bioética Global?* Paris: UNESCO, 2015, p.39-43.

15. ALBUQUERQUE, Aline. *Direitos Humanos dos Pacientes.* Curitiba: Juruá, 2016.

16. COHEN, J.; EZER, T. Human rights in patient care: a theoretical and practical framework. *Health Hum Rights.* 2013 Dec 12;15(2):7-19.

17. ALBUQUERQUE, Aline. *Direitos Humanos dos Pacientes.* Curitiba: Juruá, 2016.

18. COHEN, J.; EZER, T. Human rights in patient care: a theoretical and practical framework. *Health Hum Rights.* 2013 Dec 12;15(2):7-19.

os documentos produzidos no âmbito da UNESCO[19], do Conselho da Europa[20], da UNAIDS[21] e da *Human Rights Watch*[22] que tratam da temática relativa aos direitos humanos e a pandemia da Covid-19. Cabe registrar que este artigo não tem como intuito tratar do impacto social das medidas adotadas pelos governos para enfrentar a pandemia da Covid-19 sob o prisma dos direitos humanos, tais como as referentes à discriminação de migrantes e ao suporte social de pessoas em condições de pobreza agravada em razão das medidas de isolamento social[23]. Sendo assim, tem-se como escopo abordar aspectos bioéticos relacionados aos cuidados em saúde de pacientes com Covid-19 ou suspeita de estar infectado, sob o prisma do arcabouço teórico-normativo dos DHP. Para tanto, este artigo estrutura-se em duas partes: a primeira versa sobre a pandemia da Covid-19 sob a ótica dos DHP e a segunda trata da análise da aplicação de cada um dos direitos constituintes dos DHP no contexto dos cuidados de pacientes com Covid-19 e do tratamento conferido aos pacientes com coronavírus. Em seguida, passa-se ao tema da abordagem baseada nos DHP da pandemia da Covid-19.

2. A PANDEMIA DA COVID-19 SOB A ÓTICA DO REFERENCIAL DOS DIREITOS HUMANOS DOS PACIENTES

A pandemia da Covid-19 impacta negativamente nos direitos dos pacientes infectados e daqueles suspeitos de infecção, bem como gera medo e incertezas nos profissionais de saúde, em pacientes e nos seus familiares[24]. Ainda, sublinha-se que o aumento do número de casos severos de Covid-19 acarreta desafios éticos nos cuidados em saúde dos pacientes[25]. Quanto aos pacientes infectados, quando se encontram hospitalizados, o tratamento da Covid-19 desafia as unidades e as equipes de saúde em razão da escassez de leitos, de respiradores pulmonares e de profissionais especializados, o que repercute na qualidade e na segurança dos cuidados em saúde dos pacientes. Igualmente, diante do fato de que não se tem certeza de como os pacientes ficarão enfermos e como a infecção por Covid-19 se desenvolverá[26], o tratamento da doença e os procedimentos nele envolvidos dificultam a adoção da tomada de decisão compartilhada com o paciente. No mesmo sentido, o alto risco de contaminação pelo coronavírus tem compelido hospitais

---

19. UNESCO. *Statement on Covid-19: Ethical Considerations from a Global Perspective*. Disponível em: https://unesdoc.unesco.org/ark:/48223/pf0000373115. Acesso em 16 ab. 2020.
20. COUNCIL OF EUROPE. Committee on Bioethics (DH-BIO). *DH-BIO Statement on human rights considerations relevant to the COVID 19 pandemic*. Disponível em: https://rm.coe.int/inf-2020-2-statement-covid19-e/16809e2785. Acesso em: 10 Abr. 2020.
21. UNAIDS. *Rights in the time of Covid-19*. Disponível em: https://www.unaids.org/sites/default/files/media_asset/human-rights-and-covid-19_en.pdf. Acesso em 10 Abr. 2020.
22. HUMAN RIGHTS WATCH. *Human Rights Dimensions of Covid-19 Response*. Disponível em: https://www.hrw.org/news/2020/03/19/human-rights-dimensions-covid-19-response. Acesso em: 10 Abr. 2020.
23. HUMAN RIGHTS WATCH. *Human Rights Dimensions of Covid-19 Response*. Disponível em: https://www.hrw.org/news/2020/03/19/human-rights-dimensions-covid-19-response. Acesso em: 10 Abr. 2020.
24. RESPECTING CHOICES. *Covid-19 Resources*. Disponível em: https://respectingchoices.org/covid-19-resources/. Acesso em: 10 Abr. 2020.
25. COUNCIL OF EUROPE. Committee on Bioethics (DH-BIO). *DH-BIO Statement on human rights considerations relevant to the COVID 19 pandemic*. Disponível em: https://rm.coe.int/inf-2020-2-statement-covid19-e/16809e2785. Acesso em: 10 Abr. 2020.
26. RESPECTING CHOICES. *Covid-19 Resources*. Disponível em: https://respectingchoices.org/covid-19-resources/. Acesso em: 10 Abr. 2020.

a não permitir que pacientes em final de vida se despeçam de seus familiares ou tenham acesso a cuidados paliativos. Quanto aos pacientes suspeitos de infecção por coronavírus, a quarentena é uma medida passível de ser adotada pelos governos dos Estados[27], podendo causar-lhes restrições de direitos humanos. Ademais, quanto ao direito à privacidade, todos os pacientes infectados ou suspeitos de infecção estão sujeitos a terem seus dados em saúde acessados com base no interesse geral de salvaguarda da saúde pública. Com efeito, verifica-se que a pandemia da Covid-19 apresenta repercussões gravosas para os pacientes acometidos pela doença ou suspeitos de infecção e questões de natureza bioética que devem ser objeto de análise.

O enfrentamento da pandemia da Covid-19, de modo geral, no espaço hospitalar e na sociedade, permite a restrição de direitos humanos, impelindo que se redobre a atenção em relação à observância de tais direitos. Particularmente, quanto aos pacientes, possibilita a adoção de medidas excepcionais que ameaçam seus direitos humanos. Por esse motivo, sustenta-se neste artigo que o referencial dos DHP é o mais adequado para se realizar a análise bioética das questões que emergem dos cuidados em saúde dos pacientes com Covid-19 ou suspeita de infecção por coronavírus. Com efeito, o referencial dos DHP é constituído pelos seguintes princípios: princípio do cuidado centrado no paciente; princípio da dignidade humana; princípio da responsabilidade do paciente; princípio da autonomia relacional; princípio da tomada de decisão compartilhada e o princípio da tomada de decisão apoiada; e pelo o elenco dos direitos a seguir: direito à privacidade; direito de não ser torturado nem submetido a outro tratamento cruel, desumano ou degradante; direito à informação; direito à liberdade; direito à vida; direito de não ser discriminado e direito à saúde[28]. Portanto, o referencial bioético dos DHP, enquanto ferramenta formada por prescrições ético-jurídicas, tem o condão de fundamentar as decisões relativas aos pacientes com Covid-19 ou suspeita de infecção com base nos princípios e nos direitos assinalados.

A despeito de existirem variadas vertentes bioéticas aptas a ser empregadas no contexto clínico, tal como a Teoria Principialista[29], os DHP são a única corrente que se estrutura com base nos direitos humanos previstos em tratados e decisões internacionais. Sendo assim, os DHP conjugam a linguagem bioética com a dos direitos humanos objetivando fornecer argumentos racionais que possam ser empregados no processo de análise e na deliberação de questões de Bioética Clínica. Tratando-se da pandemia da Covid-19 que tenciona os recursos dos sistemas de saúde, estressa os profissionais de saúde e extenua os pacientes, revela-se essencial lançar mão da lente dos DHP para se lidar com questões bioéticas. Isso porque os DHP impõem obrigações ético-jurídicas de respeito à dignidade, à autonomia e à vida do paciente, bem como de cuidado centrado no paciente e não na doença. A dimensão sem precedentes da pandemia da Covid-19 e as incertezas científicas acerca do seu tratamento reconfiguram o encontro clínico na medida em que têm o potencial de reificar o paciente, transformando-o em objeto do cuidado. Assim, reconhecer o protagonismo do

---

27. ORGANIZÁCION MUNDIAL DE LA SALUD. *Reglamento Sanitario Internacional*. Disponível em: https://apps.who.int/iris/bitstream/handle/10665/246186/9789243580494-spa.pdf;jsessionid=ADAF51112BFD435CEDA-6B53FB45774A9?sequence=1. Acesso em 10 abril 2020.
28. ALBUQUERQUE, Aline. *Direitos Humanos dos Pacientes*. Curitiba: Juruá, 2016.
29. BEAUCHAMP, TL; CHILDRESS, JF. *Principles of Biomedical Ethics*. New York: Oxford, 2001

paciente pode contribuir para se facear essas incertezas científicas, por meio da indagação proativa acerca de qual tratamento o paciente deseja, assim como apoiar os familiares que acompanham o paciente. A partir da participação ativa do paciente, a equipe de saúde pode criar de forma mais segura um plano terapêutico ajustado àquele paciente para o enfrentamento da Covid-19.[30]O referencial dos DHP aponta para o comando ético de conferir voz e centralidade ao paciente, o qual deve ser incorporado aos sistemas de saúde. Desse modo, o princípio da dignidade humana se mostra essencial nesta temática, porquanto tem como vetor ético a pessoa como valor em si mesma e a vedação da sua reificação. Nesse sentido, conforme o Programa de Humanização para Pacientes Hospitalizados com Covid-19, produzido pelo Conselho de Saúde e Famílias do Governo de Andaluzia, Espanha, há que se redobrar as boas práticas dos profissionais de saúde que assegurem o trato digno e humano dos pacientes que se encontram nessa situação excepcional[31]. Igualmente, a situação crítica gerada pela pandemia nos hospitais, notadamente nas unidades de tratamento intensivo, incrementa a vulnerabilidade dos pacientes que se encontram em alto risco de complicações e morte em decorrência da infecção pela Covid-19[32], situação essa que demanda ferramentas bioéticas protetivas, tais como as fornecidas pelo referencial dos DHP.

Sabe-se que o contexto de pandemia permite que a saúde pública seja uma justificativa legítima de interesse coletivo para se restringir direitos humanos, contudo, esse permissivo deve ser submetido a critérios para que seja ético. Com efeito, a restrição de direitos humanos em prol da salvaguarda da saúde pública pressupõe a observância de três critérios: legalidade; legitimidade e proporcionalidade[33]. A legalidade implica que a restrição esteja prevista em lei; a legitimidade impõe a existência de um interesse coletivo, como a saúde pública; e a proporcionalidade consiste na presença da correlação entre a restrição e o fim que se almeja, a proteção da saúde pública, e que a medida adotada seja a menos restritiva para se atingi-la. Esses critérios são essenciais para que, no caso da pandemia da Covid-19, as restrições de direitos dos pacientes sejam consentâneas com o marco internacional ético-jurídico de direitos humanos[34]. Por exemplo, o direito do paciente de receber visitas e de contar com um acompanhante encontra-se limitado no contexto da Covid-19. Embora seja legal e legítima, essa restrição deve ser modulada para ser proporcional, ou seja, os governos devem facilitar a comunicação audiovisual a distância entre pacientes hospitalizados e seus familiares diretos, por meio de dispositivos eletrônicos[35]. Desse modo, a avaliação de medidas restritivas adotadas pelos serviços de

---

30. RESPECTING CHOICES. *Covid-19 Resources*. Disponível em: https://respectingchoices.org/covid-19-resources/. Acesso em: 10 Abr. 2020.
31. JUNTA DE ANDALUCÍA. *Salud propone un Programa de Humanización para Pacientes Hospitalizados por Covid-19*. Disponível em: https://www.juntadeandalucia.es/organismos/saludyfamilias/actualidad/noticias/detalle/234591.html. Acesso em: 16 Abr. 2020.
32. RESPECTING CHOICES. *Covid-19 Resources*. Disponível em: https://respectingchoices.org/covid-19-resources/. Acesso em: 10 Abr. 2020.
33. ALBUQUERQUE, Aline; BARROSO, Aléssia. *Curso de Direitos Humanos*. Rio de Janeiro: Lumen Juris, 2018.
34. HOLCROFT-EMMESS, Natasha. *Coronavirus: States Derogating to Suspend Human Rights Obligations*. Disponível em: https://ohrh.law.ox.ac.uk/coronavirus-states-derogating-to-suspend-human-rights-obligations/. Acesso em: 16 Abr. 2020.
35. JUNTA DE ANDALUCÍA. *Salud propone un Programa de Humanización para Pacientes Hospitalizados por Covid-19*. Disponível em: https://www.juntadeandalucia.es/organismos/saludyfamilias/actualidad/noticias/detalle/234591.html. Acesso em: 16 Abr. 2020.

saúde e governos em prol do enfrentamento da pandemia da Covid-19 deve ser feita sob a ótica dos DHP, particularmente dos seguintes critérios, além dos assinalados: a) fundamentação em evidências científicas; b) medida menos intrusiva e restritiva possível; c) a aplicação não deve ser arbitrária, nem discriminatória; d) a medida deve ser limitada no tempo; e) a medida deve ser sujeita à revisão. [36]

Os DHP consistem em uma matriz bioética para a análise e a tomada de decisão na prática clínica[37] no contexto da Covid-19. Com o escopo de demonstrar a sua incidência concreta, no próximo item serão abordados os direitos humanos dos pacientes no contexto da Covid-19.

3. DIREITOS DOS PACIENTES E A PANDEMIA DA COVID-19

3.1 Direito à Vida

Quanto ao direito à vida, o Estado tem, não somente a obrigação de respeitar, ou seja, de abster-se de suprimir a vida de alguém; e de proteger, o que demanda a prevenção de violações por parte de terceiros; mas, principalmente, a obrigação de adotar medidas que prevejam condições de vida digna. Inserem-se nessas medidas a provisão de bens essenciais como alimentação, água potável, moradia, assistência médica, eletricidade e saneamento[38]. Observa-se que o direito à vida não pode ser interpretado de maneira restritiva, pois sua realização exige o cumprimento obrigações positivas pelo Estado. A este respeito, o Comitê de Direitos Humanos da ONU[39] sublinha o dever de o Estado tomar as medidas necessárias para diminuir a mortalidade infantil e para aumentar a expectativa de vida, adotando, em especial, medidas para eliminar a desnutrição e as epidemias.

O direito à vida é um direito inderrogável[40], logo, nenhuma emergência em saúde pública, tal como a ocasionada pela Covid-19, pode servir de justificativa para suspender as obrigações estatais positivas ou negativas derivadas desse direito. No âmbito dos cuidados em saúde, o direito à vida relaciona-se à responsabilidade do Estado de prover e melhorar continuamente os serviços de saúde, garantindo aos pacientes tratamentos que assegurem sua vida, e de empreender todos os esforços para impedir que a vida dessas pessoas seja colocada em risco. De modo específico, o CDH da ONU[41] sublinha que se incluem nas medidas para proteger os pacientes de doenças que ameaçam a vida a pres-

---

36. ADVOCATES FOR JUSTICE AND HUMAN RIGHTS. *Human Rights in the time of Covid-19: Front and Centre.* Disponível em: https://www.icj.org/human-rights-in-the-time-of-covid-19-front-and-centre/. Acesso em: 10 abril 2020.
37. FOUNIER, Véronique. Ética clínica: otra formación de la UNESCO para hacer frente a los dilemas bioéticos. In: SOLINIS, Germán. *¿Por qué una Bioética Global?* Paris: UNESCO, 2015, p.39-43.
38. COMITÊ DE DIREITOS HUMANOS DA ONU. *General Comment No. 36 on Article 6 of the International Covenant on Civil and Political Rights, on the Right to Life.* 2018. Disponível em: https://tbinternet.ohchr.org/Treaties/CCPR/Shared%20Documents/1_Global/CCPR_C_GC_36_8785_E.pdf. Acesso em 13 de abril 2020.
39. COMITÊ DE DIREITOS HUMANOS DA ONU. Observación General N. 6 Derecho a la vida (artículo 6). 1982. Disponível em: http://www.acnur.org/fileadmin/Documentos/BDL/2008/6221.pdf. Acesso em 13 de abril 2020.
40. Ressalvada a hipótese de pena de morte para países que não a aboliram.
41. COMITÊ DE DIREITOS HUMANOS DA ONU. *General Comment No. 36 on Article 6 of the International Covenant on Civil and Political Rights, on the Right to Life.* 2018. Disponível em: https://tbinternet.ohchr.org/Treaties/CCPR/SharedDocuments/1_Global/CCPR_C_GC_36_8785_E.pdf . Acesso em 13 de abril 2020.

tação de serviços eficazes de saúde de emergência, o envolvimento estatal nas operações de resposta às emergências e a organização de planos de gerenciamento de contingencias e de emergências. Os cuidados em saúde de emergência exigem intervenção imediata, pois a sua ausência pode resultar na morte evitável do paciente, por isso, as pessoas que se encontram nessa situação têm direito a atendimento rápido e integral. Ainda, o CDH enfatiza que a realização do direito à vida implica a adoção de uma estrutura regulatória para hospitais e para outras instituições relacionadas à saúde capaz de garantir a proteção da vida dos pacientes. Nesse sentido, o Reino Unido editou a Lei Coronavírus[42], concedendo ao governo poderes de emergência para lidar com a pandemia, e o Regulamento de Proteção à Saúde (Coronavírus, Restrições)[43], instrumento que impõe restrições e exigências como uma resposta de saúde pública à pandemia.

Em relação aos pacientes com Covid-19 ou com suspeita da doença, a obrigação positiva de proteger a vida humana implica a provisão de cuidados seguros e de qualidade e a adoção de medidas apropriadas para evitar que determinado paciente seja privado do tratamento ou de cuidados de emergência. Assim, nesse contexto, o Estado tem, por exemplo, o dever de providenciar ventiladores e unidades de terapia intensiva em quantidade suficiente para os pacientes que venham a necessitar desse tipo de cuidado.

Considerando o crescimento exponencial nas taxas de infecção por coronavírus, o Estado tem a obrigação de adotar ações específicas para impedir a disfunção estrutural nos serviços hospitalares e a privação do tratamento de emergência. Diante da escassez de recursos, alguns hospitais passaram a adotar a "escala de fragilidade" para avaliar se determinado paciente com Covid-19 seria elegível para cuidados intensivos. Esse tema será abordado no tópico referente ao direito de não ser discriminado, todavia, sinaliza-se que a adoção de critérios de alocação de recursos sanitários limitados deve se ajustar aos comandos ético-jurídicos decorrentes do direito à vida e, igualmente, o direito de não ser discriminado. Em relação a este ponto, a Corte Interamericana de Direitos Humanos[44] reforçou que, neste momento, adquire ênfase especial a garantia, de forma oportuna e apropriada, do direito à vida das pessoas idosas, sem qualquer discriminação.

A proteção da vida dos pacientes no contexto da pandemia da Covid-19 é uma obrigação dos governantes, da qual emerge o dever de adoção de respostas proativas com tal desiderato.

3.2 Direito à Privacidade

Sob a ótica do direito humano à privacidade, o paciente tem o direito de conduzir sua própria vida, concretizar sua vontade e preferencias. De modo mais específico, do direito à privacidade extrai-se o direito de consentir ou de recusar cuidados, o que engloba

---

42. REINO UNIDO. *Coronavírus Act 2020*. Disponível: http://www.legislation.gov.uk/ukpga/2020/7/contents/e nacted. Acesso 18 de abril 2020.
43. REINO UNIDO. The Health Protection (Coronavírus) Regulations 202. Disponível em: http://www.legislation. gov.uk/uksi/2020/129/contents/made. Acesso 18 de abril 2020.
44. CORTE INTERAMERICANA DE DIREITOS HUMANOS. *Covid-19 e Direitos Humanos: os problemas e desafios devem ser abordados a partir de uma perspectiva de direitos humanos e com respeito às obrigações internacionais.* Disponível em: http://www.corteidh.or.cr/tablas/alerta/comunicado/cp-27-2020.html. Acesso em 18 abril 2020.

sinteticamente o direito de participar do processo de tomada de decisão e da construção do plano terapêutico; direito de não realizar exames, testes ou procedimentos terapêuticos; o direito de buscar outras opiniões médicas; e o direito de ter tempo suficiente para tomar decisões, salvo em situações de emergência[45].

Essa compreensão relativa ao direito à privacidade não pode ser afastada no enfrentamento de pandemias, assim, o paciente com Covid-19 ou com suspeita da doença precisa ser envolvido ativamente nas deliberações sobre seus cuidados e, ainda, deve ter assegurado seu direito de recusa. Para a realização desse direito no contexto da pandemia, o *Respecting Choices*[46], sistema internacionalmente reconhecido e baseado em evidências para a tomada de decisão centrada no paciente, desenvolveu uma série de instrumentos para apoiar os pacientes infectados por coronavírus na construção do seu plano terapêutico. A maior parte das interações é feita por telefone e incluem-se nos recursos para estimular o paciente a expor suas preferências os seguintes: a) planejamento proativo de conversas com o paciente; b) discussão acerca das prioridades médicas e das opções de tratamento; c) ferramenta de apoio para tomada de decisão sobre reanimação cardiorrespiratória; d) ferramenta de apoio para tomada de decisão na hipótese de problemas respiratórios (uso do ventilador, procedimentos não invasivos na via aérea, tratamento focado no conforto). Semelhantemente, a Coalizão para Cuidados Compassivos da Califórnia[47] está oferecendo para os pacientes com Covid-19 e para os profissionais de saúde instrumentos para engajar o paciente nos seus cuidados, como, por exemplo, o Guia de Conversação sobre Planejamento de Cuidados Avançados e o Guia de Dicas para Pacientes com Covid-19 Planejarem seu Tratamento.

O direito à privacidade também abrange, enquanto conteúdo derivado, o direito à confidencialidade dos dados pessoais[48]. Nesse sentido, a Corte Europeia de Direitos Humanos salientou que o respeito à confidencialidade dos dados de saúde é um princípio vital não apenas por respeitar o direito à privacidade do paciente, mas também por preservar sua confiança na profissão médica e nos serviços de saúde em geral[49]. A experiência no enfrentamento da epidemia de HIV demonstrou que a garantia do direito à confidencialidade reduz o medo de estigma e de discriminação, constrói confiança com o profissional de saúde e abre canais de comunicação entre esses e o paciente[50]. Isso, por sua vez, impulsiona os pacientes a buscarem cuidados, orientações médicas e testes para sanar dúvidas quanto à contaminação do vírus.

O direito à confidencialidade não é absoluto, estando justificada sua flexibilização em razão da proteção da saúde pública, por exemplo, nos casos de doenças altamente

---

45. ALBUQUERQUE, Aline. *Direitos Humanos dos Pacientes*. Curitiba: Juruá, 2016.
46. RESPECTING CHOICES. *Covid-19 Resources*. 2020. Disponível em: https://respectingchoices.org/covid-19-resources/#planning-conversations. Acesso em 18 abril 2020.
47. COALITION FOR COMPASSIONATE CARE OF CALIFORNIA. *COVID Conversation Tools*, 2020. Disponível em: https://coalitionccc.org/covid-19-conversation-tools/ . Acesso em 18 abril 2020.
48. ALBUQUERQUE, Aline. *Direitos Humanos dos Pacientes*. Curitiba: Juruá, 2016.
49. BRAZIER, Margaret; CAVE, Emma. *Medicine, Patients and The Law*. Manchester: Manchester University Press, 2016.
50. UNAIDS. *Rights in the time of Covid-19: lessons from HIV for an effective, community-led response*. 2020. Disponível em: https://www.unaids.org/sites/default/files/media_asset/human-rights-and-covid-19_en.pdf Acesso em 10 de abril 2020.

infecciosas e de notificação compulsória; de direitos e liberdades de terceiros ou da prevenção da ocorrência de crime[51]. Assim, no contexto da pandemia da Covid-19, a aplicação de medidas restritivas ao direito à confidencialidade deve ser estritamente necessária para o combate da doença, a título provisório e por um período explicitamente limitado ao estado de emergência. Além disso, deve ser evitada a publicação de dados sobre a condição de saúde de pacientes específicos e, ainda, como vem enfatizando a Corte Europeia de Direitos Humanos, a restrição à privacidade precisa ser sopesada com o interesse que se busca proteger, de modo que não seja divulgado conteúdo mais amplo ao indispensável para a sua realização[52].

No âmbito do Conselho da Europa, o Comitê sobre a Convenção 108 e o Comissário de Proteção de Dados[53] recomendam que o processamento de dados de pacientes com Covid-19 seja feito somente quando houver a implementação de medidas técnicas e organizacionais adicionais àquelas aplicadas a dados não sensíveis. Os órgãos citados também orientam os Estados a adotarem medidas para evitar que, no processamento de dados de pacientes contaminados pelo vírus em larga escala por tecnologias, como Big Data e Inteligência Artificial, surjam formas acentuadas de invasão da privacidade.

Por fim, é crucial que o Estado implemente salvaguardas específicas para garantir que a proteção efetiva dos dados de saúde dos pacientes acometidos pelo vírus será reestabelecida quando o estado de emergência for desconstituído[54].

3.3 Direito à Liberdade

O direito à liberdade, em termos gerais, refere-se a não restrição física de mobilidade dentro de determinado espaço. Esse direito já foi aplicado no contexto dos cuidados em saúde pelos Comitês responsáveis pela interpretação de cada um dos tratados citados que estipularam proteções contra hospitalização involuntária, detenções infundadas, medidas de isolamento, quarentena e outras restrições, e recomendaram a criação de garantias processuais para a revisão das detenções realizadas em função da saúde do paciente ou da saúde pública[55].

Diante da pandemia da Covid-19, para prevenir a introdução da doença em novas áreas e reduzir a transmissão nos locais onde o vírus já está circulando, muitos Estados adotaram como medida de saúde pública a quarentena de pessoas saudáveis e assintomáticas suspeitas de terem sido expostas ao vírus. A quarentena desses indivíduos envolve a restrição de atividades e de circulação, bem como a separação do resto da população com o objetivo de monitorar seus sintomas e de garantir a detecção precoce de casos.

---

51. ALBUQUERQUE, Aline. *Direitos Humanos dos Pacientes*. Curitiba: Juruá, 2016.
52. ALBUQUERQUE, Aline. *Direitos Humanos dos Pacientes*. Curitiba: Juruá, 2016.
53. COUNCIL OF EUROPE. *Joint Statement on the right to data protection in the context of the Covid-19 pandemic.* . 2020. Disponível em: https://www.coe.int/en/web/data-protection/statement-by-alessandra-pierucci-and-jean--philippe-walter . Acesso em 15 abril 2020.
54. COUNCIL OF EUROPE. *Joint Statement on the right to data protection in the context of the Covid-19 pandemic.* 2020. Disponível em: https://www.coe.int/en/web/data-protection/statement-by-alessandra-pierucci-and-jean-philippe--walter . Acesso em 15 abril 2020.
55. BELETSKY, Leo *et al. Advancing Human Rights in Patient Care: The Law in Seven Transitional Countries*. Open Society Foundation, 2013.

Essa medida, por ser aplicada às pessoas que apenas têm a suspeita da doença, assim, difere-se do isolamento no qual há a separação do paciente infectado por coronavírus[56].

A quarentena está prevista no Regulamento Sanitário Internacional, da OMS[57] que estabelece disposições específicas sobre viajantes em observação de saúde pública (artigo 30), medidas sanitárias relacionadas à entrada de viajantes (artigo 31) e tratamento dispensado aos viajantes (artigo 32). Semelhantemente, os Princípios de Siracusa sobre as Disposições de Limitação e Revogação do Pacto Internacional de Direitos Civis e Políticos, adotados pelo Conselho Econômico e Social da ONU[58], e os comentários gerais do CDH da ONU sobre estado de emergência e liberdade de movimento fornecem diretrizes para a adoção de medidas estatais que restringem direitos humanos por razões de saúde pública ou de emergência nacional.

Em relação às medidas restritivas de liberdade dos pacientes infectados ou suspeitos com Covid-19, os Estados têm a responsabilidade de demonstrar que são necessárias para proteger a segurança do paciente, para prevenir a disseminação da Covid-19 e, assim, proteger a vida de outras pessoas. Além disso, o Estado deve dispor que as restrições de liberdade: constituem exceção, em virtude de configurarem tratamento não consentido; têm prazo; estão sujeitas a revisões regulares e serão aplicadas conforme critérios científicos, razoáveis; são estritamente necessárias e proporcionais de modo a respeitar a dignidade e os direitos humanos dos envolvidos, em consonância com o Regulamento.

De acordo com as recomendações da OMS[59], para as pessoas que tiveram contato com pacientes com Covid-19 confirmada por testes laboratoriais, o período de quarentena deve ser por 14 dias, contados a partir do último contato com o paciente infectado. Neste caso, durante a quarentena ou o isolamento dos pacientes contaminados pelo coronavírus, as autoridades estatais devem fornecer informações claras, atualizadas, diretrizes transparentes e consistentes sobre a medida; providenciar monitoramento e cuidados de saúde, o que abrange, não apenas a checagem da temperatura e dos sintomas típicos da Covid-19, mas, igualmente, a assistência médica para tratar problemas de saúde já existentes. Ressalta-se que pessoas integrantes dos grupos mais suscetíveis a desenvolver complicações em razão da infecção do vírus podem demandar cuidado adicional e tratamentos médicos específicos.

Durante a quarentena, segundo diretrizes da OMS[60], o Estado também deve oferecer apoio financeiro, social e psicossocial; atendimento das necessidades básicas, incluindo alimentos, água e outros itens essenciais, devendo ser priorizadas as necessidades das populações vulneráveis, e, se possível, prover o acesso à internet, notícias

---

56. WHO. *Quarantine considerations in the context of coronavirus disease (Covid-19)*: Interim guidance, 2020. Disponível em: https://www.cdc.gov/mmwr/volumes/69/wr/mm691 1e1.htm . Acesso em 14 abril 2020.
57. WHO. *International Health Regulations*. v. 3, 2005. Disponível em: https://www.who.int/ihr/publications/9 789241596664/en/. Acesso em 14 abril 2020.
58. UNITED NATIONS. Siracusa *Principles on the Limitation and Derogation of Provisions in the International Covenant on Civil and Political Rights*, 1984. Disponível em: https://www.uio.no/ studier/emner/jus/humanrights/HUMR5503/ h09/undervisningsmateriale/SiracusaPrinciples.pdf . Acesso em 10 abril 2020.
59. WHO. *Quarantine considerations in the context of coronavirus disease (Covid-19)*: Interim guidance, 2020. Disponível em: https://www.cdc.gov/mmwr/volumes/69/wr/mm691 1e1.htm . Acesso em 14 abril 2020
60. WHO. *Quarantine considerations in the context of coronavirus disease (Covid-19)*: Interim guidance, 2020. Disponível em: https://www.cdc.gov/mmwr/volumes/69/wr/mm691 1e1.htm . Acesso em 14 abril 2020.

e entretenimento. Em conformidade com a Declaração de Princípios do Comitê Europeu para Prevenção da Tortura e das Penas ou Tratamentos Cruéis, Desumanos ou Degradantes[61], o paciente isolado ou em quarentena deve ter um contato com outra pessoa significativo todos os dias. Outras providências para o período de quarentena englobam a colocação do paciente em quartos individuais espaçosos, com ventilação adequada e com instalações sanitárias e de higiene. Não havendo quartos individuais disponíveis, as camas devem ser separadas pelo menos um metro de distância. Recomenda-se, ainda, o uso de controles de infecção ambiental e o distanciamento social de pelo menos um metro.

A quarentena pode ser aplicada na própria casa do indivíduo ou em hotéis, dormitórios, casas de apoio e outras instalações. Independentemente do local, as condições acima descritas devem ser atendidas. Se uma pessoa em quarentena apresentar febre ou sintomas respiratórios, deverá ser tratada como paciente com suspeita de Covid-19 e, neste caso, os cuidados de tratamento e as medidas para evitar a disseminação do vírus devem ser reforçados.

Em síntese, conforme enfatizado pela CIDH[62], pela Corte Europeia de Direitos Humanos[63], pela Comissão de Direitos Humanos de Ontario[64], pelo Programa Conjunto das Nações Unidas sobre HIV/AIDS[65] e pela organização internacional de direitos humanos, não governamental, *Human Rights Watch*[66] todas as medidas voltadas para a proteção da população que limitem direitos e liberdades dos pacientes com Covid-19 e dos pacientes com suspeita da doença devem ter fundamento jurídico, serem necessárias, eficazes e proporcionais e por tempo limitado ao alcance do fim pretendido. Nesse sentido, no contexto da pandemia, as ações estatais destinadas a impor quarentena ou isolamento devem ser específicas e estar amparadas por pesquisas científicas que comprovem a necessidade da medida e, ainda, mecanismos de apoio deverão ser assegurados para que os pacientes isolado ou em quarentena possam continuar vivendo com dignidade.

---

61. EUROPEAN COMMITTEE FOR THE PREVENTION OF TORTURE AND INHUMAN OR DEGRADING TREATMENT OR PUNISHMENT. *Declaración de principios relativos al trato de las personas privadas de libertad en el contexto de la pandemia de la enfermedad por coronavirus (Covid-19)*. 2020. Disponível em: https://rm.coe.int/16809e0a89 Acesso 18 abril 2020.

62. CORTE INTERAMERICANA DE DIREITOS HUMANOS. *Covid-19 e Direitos Humanos: os problemas e desafios devem ser abordados a partir de uma perspectiva de direitos humanos e com respeito às obrigações internacionais.* Disponível em: http://www.corteidh.or.cr/tablas/alerta/comunicado/cp-27-2020.html. Acesso em 18 abril 2020.

63. EUROPEAN COURT OF HUMAN RIGHTS. *Derogation in Times of Emergency.* v. 15, n. 3, p. 1–15, 2020. Disponível em: https://www.echr.coe.int/Documents/FS_Derogation_ ENG.pdf. Acesso em 18 abril 2020.

64. ONTARIO HUMAN RIGHT COMMISSION *Actions consistent with a human rights-based approach to managing the Covid-19.* Disponível em: http://www.ohrc.on.ca/en/actions-consistent-human-rights-based-approach-managing-covid-19-pandemic . *Policy statement on a human rights-based approach to managing the Covid-19* pandemic. 2020. Disponível em: http://www.ohrc.on.ca/en/policy-statement-human-rights-based-approach-managing-covid-19-pandemic-0 .Acesso em 18 abril 2020.

65. UNAIDS. *Rights in the time of Covid-19: lessons from HIV for an effective, community-led response.* 2020. Disponível em: https://www.unaids.org/sites/default/files/media_asset/human-rights-and-covid-19_en.pdf Acesso em 10 de abril 2020.

66. HUMAN RIGHTS WATCH. *Human Rights Dimensions of Covid-19 Response.* Disponível em: https://www.hrw.org/news/2020/03/19/human-rights-dimensions-covid-19-response. Acesso 10 abril 2020

3.4 Direito a cuidados em saúde com qualidade e segurança

O saturamento nos sistemas de saúde e o estresse dos profissionais de saúde causados pelo grande número de pacientes necessitando de atendimento clinico durante a pandemia coloca em risco a qualidade e a segurança dos serviços de saúde, evidenciando, desta forma, a necessidade de um planejamento da resposta à crise que mantenha a confiança dos pacientes.

São vários os cenários nos serviços de saúde que apresentam o aumento exponencial de pacientes necessitando de atendimento hospitalar, a falta de equipamentos de proteção individual (EPI) para os profissionais alocados no atendimento direto aos pacientes e a escassez de equipamentos e suprimentos cruciais, como oxigênio médico e ventiladores mecânicos. Para responder aos desafios postos pela pandemia da Covid-19, a Comissão de Direitos Humanos de Ontario recomendou que todos os níveis de governo adotem uma abordagem baseada nos Direitos Humanos para gerenciar questões em saúde pública.

A OMS[67] descreve que o estabelecimento de um fluxo efetivo de pacientes (por meio de triagem e encaminhamento direcionado de casos Covid-19 e não Covid-19) é essencial em todos os níveis, pois, isso possibilita controlar o risco de infecção nas unidades de saúde. Assim, com o objetivo de garantir alto nível de segurança do paciente, as intervenções para diagnóstico e tratamento devem ser realizadas com base em padrões científicos com comprovada eficácia. Protocolos mínimos devem ser aplicados no atendimento e no tratamento de pacientes afetados pelo surto, abarcando instituições de saúde, cuidados domiciliares, medidas de descontaminação ambiental e gerenciamento de cadáveres. Mesmo quando não for possível fornecer recursos que salvem a vida de todos os pacientes, devem ser envidados todos os esforços para garantir que nenhum paciente seja abandonado. Uma maneira de fazer isso é garantir que os recursos adequados sejam direcionados para a prestação de cuidados de suporte e paliativos[68].

Instituições públicas e privadas devem garantir os equipamentos de proteção individual aos profissionais de saúde, além das capacitações e das orientações adequadas, de modo a assegurar o cuidado com segurança dos pacientes acometidos pela Covid-19[69]. A falta desses insumos indispensáveis tem potencialmente impacto devastador na capacidade de força de trabalho, acarretando a redução de profissionais na linha de frente de combate à pandemia, e a efetividade da atuação dos profissionais de saúde no atendimento aos pacientes.

Para se assegurar qualidade e segurança no cuidado do paciente, é essencial que haja a ampliação dos testes, pois os países que testam apenas casos hospitalizados têm uma taxa de mortalidade bruta relatada mais alta que os países com testes mais difundi-

---

67. WHO. *Covid 19 Strategy Update*. Genebra, 2020 Disponível em: https://www.who.int/emergencies/diseases/novel-coronavirus-2019/strategies-plans-and-operations Acesso em 18 abril. 2020.
68. WHO. *Guidance for managing ethical issues in infectious outbreaks*. Spain, 2016. Disponível em: https://apps.who.int/iris/bitstream/10665/250580/1/9789241549837-eng.pdf . Acesso em 18 abril 2020.
69. ABRASTT- Associação Brasileira de Saúde do Trabalhador e da Trabalhadora. Nota Técnica 1. Curitiba, 2020.

dos[70]. Essa é uma resposta que prioriza uma abordagem de direitos humanos, centrada em evidências[71].

Garantir os equipamentos de proteção individual aos profissionais de saúde, além das capacitações e das orientações adequadas, garante o cuidado com segurança e qualidade aos pacientes acometidos pela Covid-19[72].

3.5 Direito de não ser discriminado

O paciente não pode ser discriminado por sua deficiência, idade, cor, raça, etnia, doença ou condição de saúde, orientação sexual, convicções religiosas, renda, opinião política ou por qualquer outro fator pessoal. Tendo em vista ameaças sérias à saúde pública, restrições a alguns direitos humanos tornam-se justificáveis. No entanto, consoante os Princípios de Siracusa[73], um dos critérios para que a restrição possa ser aceitável é que ela, ao ser aplicada, não seja discriminatória. Por essa razão, desde o início da pandemia da Covid-19, especialistas da ONU têm ressaltado que declarações de emergência baseadas no surto da Covid-19 não devem ser usadas para discriminar grupos específicos, minorias ou indivíduos.

No contexto de epidemias de saúde pública, o direito de não ser discriminado representa um componente fundamental para o cuidado do paciente. A *Human Rights Watch*[74] notificou que pacientes com Ebola foram impedidos de acessar cuidados de saúde em razão da sua condição, tendo outros direitos violados. Diante disso, para que pacientes com suspeita de Covid-19, integrantes de grupos minoritários e vulneráveis, sintam-se seguros para procurar os cuidados em saúde, é imprescindível que o Estado desenvolva mecanismos especiais de proteção, removendo barreiras existentes. Nesse sentido, o Estado precisa tomar as medidas necessárias para garantir que pacientes vulneráveis não sofrerão represálias, especialmente testes ou tratamento para a doença causada pelo coronavírus.

O CDH da ONU[75] enfatiza que a observância do direito de não ser discriminado não significa sempre tratamento idêntico, pois situações distintas podem impor discriminação positiva a fim de proteger aquele que se encontra em situação de vulnerabilidade acrescida. Observa-se que a discriminação aceitável é aquela que protege os grupos vulneráveis, não a que exclui pessoas pertencentes a esses grupos, o que se estende para os

---

70. WHO. *Covid 19 Strategy Update*. Genebra, 2020 Disponível em: https://www.who.int/emergencies/diseases/novel-coronavirus-2019/strategies-plans-and-operations Acesso em 18 abril. 2020,

71. UNAIDS. *Rights in the time of Covid-19: lessons from HIV for an effective, community-led response*. 2020. Disponível em: https://www.unaids.org/sites/default/files/media_asset/human-rights-and-covid-19_en.pdf Acesso em 10 de abril 2020.

72. ABRASTT- Associação Brasileira de Saúde do Trabalhador e da Trabalhadora. *Nota Técnica 1*. Curitiba, 2020.

73. UNITED NATIONS. Siracusa *Principles on the Limitation and Derogation of Provisions in the International Covenant on Civil and Political Rights*, 1984. Disponível em: https://www.uio.no/ studier/emner/jus/humanrights/HUMR5503/h09/undervisningsmateriale/SiracusaPrinciples.pdf . Acesso em 10 abril 2020.

74. HUMAN RIGHTS WATCH. *Human Rights Dimensions of Covid-19 Response*. Disponível em: https://www.hrw.org/news/2020/03/19/human-rights-dimensions-covid-19-response. Acesso 10 abril 2020

75. COMITÊ DE DIREITOS HUMANOS. *Comentário Geral No. 18: Não discriminação*. 1989. Disponível em: http://acnudh.org/wp-content/uploads/2011/06/Compilation-of-HR-instruments-and-general-comments-2009-P-DHJTimor-Leste-portugues.pdf. Acesso 18 abril. 2020

dos cuidados em saúde. Portanto, orientações hospitalares para triagem de pacientes nas situações em que o número de pessoas necessitadas de terapia intensiva é maior que o número de vagas disponíveis a partir de critérios de alocação como a idade e a existência de alguma deficiência prévia devem ser reputadas violadoras do direito humano de não ser discriminado. Esses critérios também não podem ser empregados para impedir que pacientes idosos e com deficiência com suspeita de contaminação pelo vírus tenham acesso aos testes da doença.

De modo diverso entende o Observatório de Bioética e Direito da Cátedra Unesco de Bioética da Universidade de Barcelona[76] que apresenta as seguintes justificativas para o uso da idade como critério para o racionamento de internação na UTI durante a crise do coronavírus. Semelhantemente, a Sociedade Italiana de Anestesia, Analgesia, Reanimação e Terapia Intensiva (SIAARTI)[77] destaca que é possível recorrer a um limite de idade para o ingresso às unidades de terapia intensiva. O guia de orientações rápidas do Instituto Nacional para Saúde e Cuidados de Excelência do Reino Unido (NICE)[78], apesar de não ter adotado critério etário, recomendou a tomada de decisão sobre admissão em cuidados intensivos com base no benefício médico e na probabilidade do paciente se recuperar em um resultado aceitável para ele e dentro de um lapso temporal consistente com o diagnóstico.

Segundo o Comitê Europeu para Prevenção da Tortura e das Penas ou Tratamentos Cruéis, Desumanos ou Degradantes[79], o não fornecimento de cuidados intensivos e de testes para detectar a Covid-19 em pacientes idosos e com patologias prévias contradiz o direito a não ser submetido a tratamentos cruéis, desumanos ou degradantes. Assim, a falta de provisão de cuidados para esses pacientes representa uma violação não apenas ao direito de não ser discriminado, mas também ao direito a não ser submetido a tratamentos cruéis, desumanos ou degradantes que tem natureza absoluta, não sendo passível de derrogação em hipótese alguma.

Em síntese, em relação à Covid-19, toda resposta estatal deve ser proporcional, necessária e inclusiva, sem discriminar grupos específicos, em especial pessoas idosas e com deficiência. O Comissário para os Direitos Humanos do Conselho da Europa[80] declarou que, no atual momento, os idosos precisam de mais apoio do que nunca, entre-

---

76. CÁTEDRA UNESCO DE BIOÉTICA DA UNIVERSIDADE DE BARCELONA. *Recomendaciones para la toma de decisiones éticas sobre el acceso de pacientes a unidades de cuidados especiales en situaciones de pandemia*, 2020. Disponível em: http://www.bioeticayderecho.ub.edu/es/recomendaciones-toma-decisiones-eticas-sobre-acceso-pacientes-unidades-cuidado . Acesso em 18 Abr. 2020.

77. SIAARTI. *Raccomandazioni di etica clínica per l'ammissione a trattamenti intensivi E per la loro sospensione, In condizioni eccezionali di squilibrio tra necessità e risorse disponibili*, 2020. Disponível em: http://www.siaarti.it/SiteAssets/News/COVID19%20.pdf . Acesso em 18 abril 2020.

78. NICE. *Covid-19 rapid guideline: critical care in adults*, 2020. Disponível em: https://www.nice.org.uk/guidance/ng159/resources/covid19-rapid-guideline-critical-care-pdf-66141848681413 Acesso 18 de abril 2020.

79. EUROPEAN COMMITTEE FOR THE PREVENTION OF TORTURE AND INHUMAN OR DEGRADING TREATMENT OR PUNISHMENT. *Declaración de principios relativos al trato de las personas privadas de libertad en el contexto de la pandemia de la enfermedad por coronavirus (Covid-19)*. 2020. Disponível em: https://rm.coe.int/16809e0a89 Acesso 18 abril 2020.

80. COUNCIL OF EUROPE. *The impact of the Covid-19 pandemic on human rights and the rule of law.* Disponível em: https://www.coe.int/en/web/human-rights-rule-of-law/covid19. Acesso em 18 abril 2020.

tanto, o que se observa é a adoção de critérios excludentes de cuidado e a proliferação de comentários depreciativos e de discursos de ódio dirigidos aos idosos nas mídias sociais.

Dessa forma, a exemplo das recomendações no enfrentamento de epidemias como a AIDS[81], o Estado precisa inserir na formação dos profissionais de saúde que lidam com a Covid-19, mediante a provisão de treinamento baseado no respeito do direito do paciente de não ser discriminado. A conscientização desse direito deve ser expandida para a população para que pacientes acometidos pela Covid-19 não venham a ser discriminados ou responsabilizados pela chegada ou pela disseminação do vírus na comunidade.

3.6 Direito à Informação

No âmbito dos cuidados de pacientes que tenham contraído a Covid-19, o direito à informação é fundamental, pois somente munido de informações adequadas sobre tratamentos, alternativas e efeitos adversos, o paciente estará apto a tomar uma decisão autônoma. Além disso, o recebimento de informações fundamentadas em evidências científicas de forma clara, precisa e confiável é crucial, pois a desinformação pode gerar pânico, ansiedade e sofrimento no paciente[82].

Em relação às possibilidades de tratamento da Covid-19, esclarecimentos sobre a inexistência de terapêutica específica, sobre as medidas existentes para tratamento sintomatológico e sobre a referida eficácia de cada opção devem ser apresentados ao paciente durante todo o período de acompanhamento do quadro clinico[83].

Nas Diretrizes relativas à Covid-19 no item relacionado à Informação e Participação, a ONU[84] ressaltou a importância de informações relevantes sobre a crise alcançar todos os indivíduos, sem exceção, através da disponibilização do conteúdo sobre a doença em vários formatos e idiomas, de maneira compreensível e adaptada às necessidades específicas da população alvo. O Programa Conjunto das Nações Unidas sobre HIV/AIDS[85] igualmente destacou que uma das intervenções mais importantes e eficazes em qualquer resposta de saúde pública é a comunicação proativa sobre o que é conhecido, o que é desconhecido e o que está sendo feito para obter mais conhecimento. Nos cuidados em saúde, a comunicação personalizada é ainda mais necessária.

O direito à informação tem como parâmetro o paciente e, a partir de uma abordagem centrada no paciente, a informação deve ser adaptada às suas necessidades, desejos e

---

81. UNAIDS. *Rights in the time of Covid-19: lessons from HIV for an effective, community-led response*. 2020. Disponível em: https://www.unaids.org/sites/default/files/media_asset/human-rights-and-covid-19_en.pdf Acesso em 10 de abril 2020.

82. XIAO, Yonghong; TOROK Mili Estee. *Talking the right measures to control Covid-19*. Lancet Infect Dis. March 05, (3)2020. Disponível em: https://www.thelancet.com/journals/laninf/article/PIIS1473-3099(20)30152-3/fulltext . Acesso em 14 abril 2020.

83. XIAO, Yonghong; TOROK Mili Estee. *Talking the right measures to control Covid-19*. Lancet Infect Dis. March 05, (3)2020. Disponível em: https://www.thelancet.com/journals/laninf/article/PIIS1473-3099(20)30152-3/fulltext . Acesso em 14 abril 2020.

84. UNITED NATION. Office of the High Commissioner for Human Rights International. *Covid-19 Guidelines*. Disponivel em: https://www.ohchr.org/SP/NewsEvents/Pages/COVID19Guidance.aspx. Acesso em 17 abril.2020.

85. UNAIDS. *Rights in the time of Covid-19: lessons from HIV for an effective, community-led response*. 2020. Disponível em: https://www.unaids.org/sites/default/files/media_asset/human-rights-and-covid-19_en.pdf Acesso em 10 de abril 2020.

prioridades, considerando sua situação e o sentido dos riscos de forma individualizada, pois somente assim o paciente poderá determinar o curso das ações referentes aos seus cuidados[86]. Portanto, o profissional de saúde encontra-se obrigado a empenhar esforços contínuos para transmitir, de maneira individualizada, ao paciente todos os aspectos envolvidos nos cuidados ainda que se trate de um contexto de poucas certezas científicas como o gerado pela Covid-19. Nessa perspectiva, a faculdade de medicina do Reino Unido[87], tem recomendado enfaticamente que os profissionais de saúde conversem com os pacientes com Covid-19, realizando previamente um plano terapêutico de cuidados apropriado com os desejos do paciente caso sua condição de saúde se deteriore em função do adoecimento.

Em relação aos pacientes que se encontram em situação de risco, devido à presença de comorbidades ou de vulnerabilidades, o direito à informação assegura o recebimento de conteúdo específico e direcionados. A título de exemplo, cita-se o instrumento desenvolvido pelo Ottawa Hospital[88], em associação com o *National Institute on Aging*, sobre "Ajuda Decisional" para determinar se uma pessoa deve permanecer em lar de idosos ou em outra instituição de cuidados prolongados ou ser colocada junto com a família durante a pandemia de Covid-19. Semelhantemente, o Programa de Decisões Centradas no Paciente da Universidade do Colorado[89] desenvolveu uma "Ajuda Decisional" sobre aceitar ou não o uso de suporte de vida (ventiladores mecânicos) durante o tratamento da infecção pela Covid-19.

Por fim, ressalta-se que, para além das principais informações ligadas à Covid-19 notadamente, transmissibilidade e mortalidade, informações de cunho epidemiológico devem ser difundidas de modo transparente e objetivo, incluindo número de casos confirmados e óbitos. Esta divulgação tem a finalidade de uma conscientização crítica dos riscos reais à saúde individual e o contexto regional e nacional no qual o paciente encontra-se inserido[90].

3.7 Direito a não ser submetido à tortura nem penas ou tratamentos cruéis, desumanos ou degradantes

No contexto da Covid-19, as violações referentes ao direito a não ser submetido à tortura nem penas ou tratamentos cruéis, desumanos ou degradantes estão ocorrendo de forma mais acentuada em relação aos pacientes idosos, principalmente aqueles que habitam em instituições, que, antes mesmo da ameaça do novo coronavírus, já vivencia-

---

86. HERRING, Jonathan. *Medical law*. New York: Oxford: University Press; 2011. 307 p.
87. ROYAL COLLEGE OF PHYSICIANS. *Ethical dimensions of Covid-19 for frontline staff*. Abril 2020 Disponível em: https://www.rcplondon.ac.uk/news/ethical-guidance-published-frontline-staff-dealing-pandemic Acesso 18 abril 2020.
88. THE OTTAWA HOSPITAL. *Patient Decision. During the Covid-19 pandemic, should I go live elsewhere or stay in my retirement/ assisted living home?* 2020. Disponível em: https://decisionaid.ohri.ca/docs/das/Covid-MoveFromRetirementHome.pdf. Acesso 18 abril 2020.
89. COLORADO PROGRAM FOR PATIENT CENTERED DECISIONS. *Life Support During the Covid-19 Pandemic*. Disponível em: https://patientdecisionaid.org/wp-content/uploads/2020/04/Life-Support-Flyer-English-1.pdf Acesso 18 abril 2020.
90. UNESCO. *Statement on Covid-19: Ethical Considerations from a global perspective*. Paris, 2020. 5p. Disponível em: https://unesdoc.unesco.org/ark:/48223/pf0000373115. Acesso 18 abril 2020.

vam abusos, violências, maus tratos e tratamento degradante nos seus cuidados. Cita-se, por exemplo, o lar de idosos da cidade de Andover, em New Jersey, nos Estados Unidos, onde dezessete corpos de idosos, vítimas da Covid-19, foram encontrados amontoados em um quarto[91].

Em relação aos pacientes que se encontram privados de liberdade que se encontram em centros de detenção policial, instituições correcionais, centros de imigração, hospitais psiquiátricos, centros de assistência social, e instalações estabelecidas para pacientes em quarentena ou isolados, o Comitê Europeu para Prevenção da Tortura e das Penas ou Tratamentos Cruéis, Desumanos ou Degradantes[92] emitiu uma declaração de princípios a ser aplicada por todas as autoridades responsáveis por essas pessoas no âmbito do Conselho da Europa. A despeito da existência de desafios específicos, o tratamento dos pacientes com Covid-19 ou com suspeita da doença que se encontram nos mais diversos locais de privação de liberdade deve ser realizado em consonância com as diretrizes clínicas e de saúde nacionais e com as normas internacionais.

O Comitê tem apontado para a necessidade de revisão da política criminal com o objetivo de reduzir a superlotação carcerária. Em situações de pandemias como a Covid-19, reformas mais amplas podem não ser possíveis em um curto espaço de tempo. No entanto, onde não é possível garantir a saúde dos pacientes presos dentro das penitenciárias, o Comitê recomenda a substituição da pena privativa de liberdade e a libertação provisória e, ainda aconselha a reavaliação da necessidade de manutenção da hospitalização não voluntária de pacientes psiquiátricos.

Por fim, insere-se também no direito a não ser submetido a tratamentos cruéis, desumanos ou degradantes, o direito aos cuidados paliativos conforme destacado pelo Relatório Especial da Comissão de Direitos Humanos da ONU[93]. Assim, pacientes contaminados pelo vírus da Covid-19 ou com suspeita têm o direito de receber cuidados adequados contra a dor, o que, inclui não apenas a medicação, mas também o direito de integrar aspectos psicológicos, culturais e espirituais aos cuidados em saúde[94]. Destaca-se, nesse sentido, o Programa de Humanização para pacientes hospitalizados e idosos isolados em residências com Covid-19, em desenvolvimento pela Secretaria da Saúde e Famílias da cidade de Andaluzia[95], Espanha; que inclui um protocolo para atendimento psicossocial e espiritual de acordo com crenças do paciente e o "direito o último adeus" aos pacientes terminais. O Programa representa um esforço adicional para aliviar, tanto

---

91. TULLY, Trace. *After Anonymous Tip, 17 Bodies Found at Nursing Home Hit by Virus.* Disponível em: https://www.nytimes.com/2020/04/15/nyregion/coronavirus-nj-andover-nursing-home-deaths.html. Acesso em 18 abril 2020.
92. EUROPEAN COMMITTEE FOR THE PREVENTION OF TORTURE AND INHUMAN OR DEGRADING TREATMENT OR PUNISHMENT. *Declaración de principios relativos al trato de las personas privadas de libertad en el contexto de la pandemia de la enfermedad por coronavirus (Covid-19).* 2020. Disponível em: https://rm.coe.int/16809e0a89 Acesso 18 abril 2020.
93. HUMAN RIGHTS COUNCIL. *Report of the Special Rapporteur on Torture and other cruel, inhuman or degrading treatment or punishment.* Disponível em: http://www.ohchr.org/Documents/HRBodies/HRCouncil/RegularSession/Session22/A.HRC.22.53_English.pdf. Acesso em 18 abril 2020.
94. ALBUQUERQUE, Aline. *Direitos Humanos dos Pacientes.* Curitiba: Juruá, 2016.
95. ANDALUCIA. *Salud propone un Programa de Humanización para Pacientes Hospitalizados por Covid-19.* Disponível em: https://www.juntadeandalucia.es/organismos/saludyfamilias/actualidad/noticias/detalle/234591.html Acesso em 18 abril 2020.

quanto possível, a dor e a angústia dos pacientes com Covid-19 hospitalizados e isolados de suas famílias.

4. CONSIDERAÇÕES FINAIS

O enfrentamento da pandemia da Covid-19 demanda a adoção de robustas políticas estatais e o fortalecimento dos serviços de saúde. Embora esse enfrentamento possa implicar o estabelecimento de medidas restritivas de direitos no contexto dos cuidados em saúde, o seu balizador ético-jurídico há que ser o arcabouço dos direitos humanos, a dignidade e o cuidado centrado no paciente, pois, em última instância, ao se enfrentar a pandemia da Covid-19 objetiva-se salvaguardar a saúde pública, de modo a assegurar a sobrevivência, a qualidade de vida e o bem-estar dos indivíduos. Desse modo, a perspectiva dos direitos humanos de cada paciente, sob a ótica individual, e a proteção da saúde pública, enquanto dimensão coletiva da pandemia, se entrelaçam e constituem balizadores ético-jurídicos essenciais para que se proteja vidas de modo digno.

5. REFERÊNCIAS

ABRASTT- Associação Brasileira de Saúde do Trabalhador e da Trabalhadora. *Nota Técnica 1*. Curitiba, 2020.

ALBUQUERQUE, Aline; BARROSO, Aléssia. *Curso de Direitos Humanos*. Rio de Janeiro: Lumen Juris, 2018.

ALBUQUERQUE, Aline. *Direitos Humanos dos Pacientes*. Curitiba: Juruá, 2016.

ADVOCATES FOR JUSTICE AND HUMAN RIGHTS. *Human Rights in the time of Covid-19: Front and Centre*. Disponível em: https://www.icj.org/human-rights-in-the-time-of-covid-19-front-and-centre/. Acesso em: 10 abril 2020.

BACHELET, Michele. *COVID is "a colossal test of leadership" requiring coordinated action, High Commissioner tells Human Rights Council*. Disponível em: https://www.ohchr.org/EN/NewsEvents/Pages/DisplayNews.aspx?NewsID=25785&LangID=E. Acesso em: 10 Abr. 2020.

BEAUCHAMP, TL; CHILDRESS, JF. *Principles of Biomedical Ethics*. New York: Oxford, 2001.

BRASIL. Lei nº 13.979 de 6 de fevereiro de 2020. Disponível em http://www.planalto.gov.br/ccivil_03/_ato2019-2022/2020/lei/L13979.htm . Acesso em 7 Abr.2020.

BRAZIER, Margaret; CAVE, Emma. *Medicine, Patients and The Law*. Manchester: Manchester University Press, 2016.

COHEN, J.; EZER, T. Human rights in patient care: a theoretical and practical framework. *Health Hum Rights*. 2013 Dec 12;15(2):7-19.

CÁTEDRA UNESCO DE BIOÉTICA DA UNIVERSIDADE DE BARCELONA – OBSERVATÓRIO DE BIOÉTICA E DIREITO. *Recomendaciones para la toma de decisiones éticas sobre el acceso de pacientes a unidades de cuidados especiales en situaciones de pandemia*, 2020. Disponível em: <http://www.bioeticayderecho.ub.edu /es/recomendaciones-toma-decisiones-eticas-sobre-acceso-pacientes-u-nidades-cuidado>. Acesso em 18 abirl 2020.

COALIZAÇÃO PARA CUIDADOS COMPASSIVOS DA CALIFORNIA. *COVID Conversation Tools*, 2020. Disponível em: <https://coalitionccc.org/covid-19-conversation-tools/>. Acesso em 18 abril 2020.

COLORADO PROGRAM FOR PATIENT CENTERED DECISIONS. Life Support During the Covid-19 Pandemic. Disponível em: https://patientdecisionaid.org/wp-content/uploads/2020/04/Life-Support-Flyer-English-1.pdf. Acesso em 18 abril 2020.

COMISSÃO DE DIREITOS HUMANOS DE ONTARIO. *Actions consistent with a human rights-based approach to managing the Covid-19 pandemic Covid-19 pandemic*. p. 1–5, 2020a. Disponível em: <http://www.ohrc.on.ca/en/actions-consistent-human-rights-based-approach-managing-covid-19-pandemic>.

COMISSÃO DE DIREITOS HUMANOS DE ONTARIO. *Policy statement on a human rights-based approach to managing the Covid-19 pandemic*. p. 1-4, 2020b.

COMITÉ DE DIREITOS HUMANOS DA ONU. *Comentário Geral No. 18: Não discriminação*. 1989. Disponível em: <http://acnudh.org/wp-content/uploads/2011/06/Compilation-of-HR-instruments-and-general-comments-2009-PDHJTimor-Leste-portugues.pdf>.

COMITÉ DE DIREITOS HUMANOS DA ONU. *General Comment No. 36 on Article 6 of the International Covenant on Civil and Political Rights, on the Right to Life*. 2018. Disponível em: <https://tbinternet.ohch r.org/Treaties/CCPR/SharedDocuments/1_Global/CCPR_C_GC_36_8785_E.pdf>. Acesso em 13 de abril 2020.

COMITÉ DE DIREITOS HUMANOS DA ONU. *Observación General N. 6 Derecho a la vida (artículo 6)*. 1982. Disponível em: <https://conf-dts1.unog.ch/1 SPA/Tradutek/Derechos_hum_Base/CCPR/00_2_obs_grales_CteDerHum%5BCCPR%5D.html#GEN6>. Acesso em 13 de abril 2020.

COMITÊ EUROPEU PARA PREVENÇÃO DA TORTURA E DAS PENAS OU TRATAMENTOS CRUÉIS, DESUMANOS OU DEGRADANTES. *Declaración de principios relativos al trato de las personas privadas de libertad en el contexto de la pandemia de la enfermedad por coronavirus (Covid-19)*. 2020. Disponível em: <https://rm.coe.int/16809e0a89>. Acesso 18 abril 2020.

CONSELHO DA EUROPA. *Convenção para a Proteção das Pessoas relativamente ao Tratamento Automatizado de Dados de Caráter Pessoal (Convenção 108)*, 1981. Disponível em: < https://www.coe.int/en/web/conventions/full-list/-/conventions/treaty/108>. Acesso em 18 abril 2020.

CONSELHO DA EUROPA. *European Convention on Human Rights*, 1950. Disponível em: <https://www.echr.coe.int/Documents/Convention_POR.pdf>. Acesso em: 7 abril 2020.

CONSELHO DA EUROPA. *Joint Statement on the right to data protection in the context of the Covid-19 pandemic*. . 2020. Disponível em: <https://www.coe.int/en/web/data-protection/statement-by-alessandra-pierucci-and-jean-philippe-walter>. Acesso em 15 abril 2020.

CORTE EUROPEIA DE DIREITOS HUMANOS. Derogation in Times of Emergency. v. 15, n. 3, p. 1–15, 2020. Disponível em: <https://www.echr.coe.int/Documents/FS_Derogation_ENG.pdf>.

CORTE INTERAMERICANA DE DIREITOS HUMANOS. *Declaração da Corte Interamericana de Direitos Humanos 1/20: Covid-19 e Direitos Humanos: os problemas e desafios devem ser abordados a partir de uma perspectiva de direitos humanos e com respeito às obrigações internacionais*. [S.l: s.n.], 2020. Disponível em: <http://www.corteidh.or.cr/tablas/alerta/comunicado/cp-27-2020.html>.

COUNCIL OF EUROPE. Committee on Bioethics (DH-BIO). *DH-BIO Statement on human rights considerations relevant to the COVID 19 pandemic*. Disponível em: https://rm.coe.int/inf-2020-2-statement-covid19-e/16809e2785. Acesso em: 10 Abr. 2020.

EDOZIEN, Leroy C. *Self-determination in health care: a property approach to the protection of patients's right*. New York: Routledge, 2016.

FOUNIER, Véronique. Ética clínica: otra formación de la UNESCO para hacer frente a los dilemas bioéticos. In: SOLINIS, Germán. *¿Por qué una Bioética Global?* Paris: UNESCO, 2015, p.39-43.

JUNTA DE ANDALUCÍA. *Salud propone un Programa de Humanización para Pacientes Hospitalizados por Covid-19*. Disponível em: https://www.juntadeandalucia.es/organismos/saludyfamilias/actualidad/noticias/detalle/234591.html. Acesso em: 16 Abr. 2020.

HOLCROFT-EMMESS, Natasha. *Coronavirus: States Derogating to Suspend Human Rights Obligations*. Disponível em: https://ohrh.law.ox.ac.uk/coronavirus-states-derogating-to-suspend-human-rights-obligations/. Acesso em: 16 Abr. 2020.

HUMAN RIGHTS WATCH. *Human Rights Dimensions of Covid-19 Response*. Disponível em: https://www.hrw.org/news/2020/03/19/human-rights-dimensions-covid-19-response. Acesso em: 10 Abr. 2020.

HERRING, Jonathan. *Medical law*. New York: Oxford: University Press; 2011. 307 p.

ORGANIZAÇÃO DAS NAÇÕES UNIDAS. *Comentário Geral N. 16: Artigo 17.º – Direito À Privacidade*. 1988. Disponível em: <http://acnudh.org/wp-content/uploads/2011/06/Compilation-of-HR-instruments-and-general-comments-2009-PDHJTimor-Leste-portugues.pdf>. Acesso em 10 abril 2020.

ORGANIZAÇÃO DAS NAÇÕES UNIDAS. *Human Rights Council. Report of the Special Rapporteur on Torture and other cruel, inhuman or degrading treatment or punishment, Juan E. Méndez. n. 01.02.13, p. 1–23, 2013*. Disponível em: <http://www.ohchr.org/Documents/HRBodies/HRCouncil/RegularSession/Session22/A.HRC.22.53_English.pdf>. Acesso em 18 abril 2020.

ORGANIZAÇÃO DAS NAÇÕES UNIDAS. *Siracusa Principles on the Limitation and Derogation of Provisions in the International Covenant on Civil and Political Rights*, 1984. Disponível em: <https://www.uio.no/studier/emner/jus/humanrights/HUMR5503/h09/undervisningsmateriale/SiracusaPrinciples.pdf.> Acesso em 10 abril 2020.

ORGANIZAÇÃO DAS NAÇÕES UNIDAS. *Office of the High Commissioner for Human Rights International. Covid-19 Guidelines*. Disponível em: https://www.ohchr.org/SP/NewsEvents/Pages/COVID19Guidance.aspx. Acesso em 17 abril.2020.

ORGANIZACION MUNDIAL DE LA SALUD. *¿Qué es una pandemia?* Disponível em: https://www.who.int/csr/disease/swineflu/frequently_asked_questions/pandemic/es/. Acesso em: 10 abril 2020.

ORGANIZACION MUNDIAL DE LA SALUD. *Reglamento Sanitario Internacional*. Disponível em: https://apps.who.int/iris/bitstream/handle/10665/246186/9789243580494-spa.pdf;jsessionid=ADAF51112BFD435CEDA6B53FB45774A9?sequence=1. Acesso em 10 abril 2020.

ORGANIZAÇÃO PAN AMERICANA DE SAUDE. *Folha informativa – Covid-19 (doença causada pelo novo coronavírus)*. Disponível em: https://www.paho.org/bra/index.php?option=com_content&view=article&id=6101:covid19&Itemid=875. Acesso em: 10 abril 2020.

ORGANIZAÇÃO MUNDIAL DA SAÚDE. *Covid 19 Strategy Update*. Genebra, 2020 Disponível em: https://www.who.int/emergencies/diseases/novel-coronavirus-2019/strategies-plans-and-operations. Acesso em 18 abril 2020.

ORGANIZAÇÃO MUNDIAL DA SAÚDE. *Guidance for managing ethical issues in infectious outbreaks*. Espanha, 2016. Disponível em: <https://apps.who.int/iris/bitstream/106 65/250580/1/9789241 549837-eng.pdf>.Acesso em 18 abril 2020.

ORGANIZAÇÃO MUNDIAL DA SAÚDE. *Quarantine considerations in the context of coronavirus disease (Covid-19): Interim guidance*, 2020. Disponível em: <https://www.cdc.gov/mmwr/volumes/69/wr/mm691 1e1.htm>. Acesso em 14 abril 2020.

RCP -ROYAL COLLEGE OF PHYSICIANS. *Ethical dimensions of Covid-19 for frontline staff*. April 2020 Disponivel em: https://www.rcplondon.ac.uk/news/ethical-guidance-published-frontline-staff-dealing-pandemic. Acesso 18 de abril 2020.

REINO UNIDO. *Coronavirus Act 2020*. Disponível: <http://www.legislation.gov.uk/ukpga/2020/7/contents/enacted>. Acesso 18 de abril 2020.

REINO UNIDO. *Instituto Nacional para Saúde e Cuidados de Excelência do Reino Unido (NICE). Covid-19 rapid guideline: critical care in adults*, 2020. Disponível em: <https://www.nice.org.uk/guidance/ng159/resources/covid19-rapid-guideline-critical-care-pdf-66141848681413>. Acesso 18 de abril 2020.

REINO UNIDO. *The Health Protection (Coronavirus) Regulations 202*. Disponível em: <http://www.legislation.gov.uk/uksi/2020/129/contents/made>. Acesso 18 de abril 2020.

RESPECTING CHOICES. *Covid-19 Resources*. Disponível em: https://respectingchoices.org/covid-19-resources/. Acesso em: 10 Abr. 2020.

SOCIEDADE ITALIANA DE ANESTESIA, ANALGESIA, REANIMAÇÃO E TERAPIA INTENSIVA. *Raccomandazioni di etica clinica per l'ammissione a trattamenti intensivi E per la loro sospensione, In condizioni eccezionali di squilibrio tra necessità e risorse disponibili*, 2020. Disponível em: Acesso em 18 abril 2020.

TAMAR-MATTIS, Anne. *Torture in Healthcare Settings: Reflections on the Special Rapporteur on Torture's 2013 Thematic Report*. Center For Human Rights & Humanitarian Law – Anti-Torture Initiative, p. 91–104, 2014. Disponível em: http://antitorture.org/wp-content/uploads/2014/03/PDF_Torture_in_Healthcare_Publication.pdf. Acesso 18 de abril 2020.

THE OTTAWA HOSPITAL. *Patient Decision. During the Covid-19 pandemic, should I go live elsewhere or stay in my retirement/ assisted living home?* April, 2020. Disponivel em: https://decisionaid.ohri.ca/docs/das/Covid-MoveFromRetirementHome.pdf. Acesso 18 de abril 2020.

UNAIDS. *Rights in the time of Covid-19*. Disponível em: https://www.unaids.org/sites/default/files/media_asset/human-rights-and-covid-19_en.pdf. Acesso em 10 Abr. 2020.

UNESCO. *Statement on Covid-19: Ethical Considerations from a Global Perspective*. Disponível em: https://unesdoc.unesco.org/ark:/48223/pf0000373115. Acesso em 16 ab. 2020.

WORLD HEALTH ORGANIZATION 2020. *Coronavirus disease (Covid-19) outbreak: rights, roles and responsibilities of health workers, including key considerations for occupational safety and health*. Interim guidance. 19 March 2020. Disponível em: https://www.who.int/publications-detail/coronavirus-disease-(covid-19)-outbreak-rights-roles-and-responsibilities-of-health-workers-including-key-considerations-for-occupational-safety-and-health. Acesso em 06 Abr. 2020.

XIAO, Yonghong; TOROK Mili Estee. *Talking the right measures to control Covid-19. Lancet Infect Dis.* 2020 Mar 5. pii: S1473-3099(20)30152-3.

TODA VIDA CONTA: OS PRINCÍPIOS BIOÉTICOS E A RELAÇÃO MÉDICO-PACIENTE EM TEMPOS DE PANDEMIA

Carla Carvalho

Professora Adjunta da Faculdade de Direito da UFMG. Doutora, Mestre e Bacharel em Direito pela UFMG. Pesquisadora visitante na *Université libre de Bruxelles* (2013-2014). Membro titular do Comitê de Ética na Pesquisa da UFMG. Membro do Instituto Brasileiro de Responsabilidade Civil. Advogada.

Clara Gustin

Graduanda em Direito. Membro Pesquisadora do Grupo de Estudos e Pesquisa em Bioética (GEPBio) do Centro Universitário Newton Paiva.

Sumário: 1. Introdução. 2. A bioética e a relação médico-paciente. 3. Caracterização da relação médico-paciente. 4. Desafios contemporâneos à relação médico-paciente. 5. A confiança e os elementos fundamentais da relação médico-paciente. 6. Impactos potenciais da pandemia nas relações médico-paciente. 7. Os efeitos da pandemia sobre pacientes que não apresentam Covid-19. 8. Considerações finais. 9. Referências.

1. INTRODUÇÃO

No âmbito das ações de enfrentamento da pandemia por Covid-19, o mundo se depara diuturnamente com importantes questões éticas e bioéticas, relacionadas aos cuidados de saúde, tanto de pacientes infectados por coronavírus, quanto de pacientes que apresentem outros diagnósticos.

A vulnerabilidade toma conta da relação médico-paciente. Os médicos, além de enfrentarem uma especial vulnerabilidade pela exposição ao contágio da Covid-19 e pelas incertezas acerca dos cenários futuros, tiveram que alterar, de forma emergencial, padrões de atendimentos tradicionais, adotando, sem tempo para uma preparação adequada, a telemedicina em seus atendimentos. A vulnerabilidade do paciente também se acentua, ante o excesso de informações contraditórias, o medo da contaminação, da evolução da doença e da falta de equipamentos e recursos para o seu tratamento, entre outros fatores.

A análise do contexto sugere impactos consideráveis sobre a relação médico-paciente, e os vínculos de confiança construídos entre os sujeitos. Este artigo tem por objetivo elucidar tais impactos, à luz dos princípios da bioética, com base na técnica de revisão bibliográfica.

Para tanto, parte de uma caracterização da relação médico-paciente, com abordagem de seu desenvolvimento histórico e seus desafios contemporâneos. Identifica, em seguida, a confiança como princípio norteador da relação, do qual decorrem os seus elementos fundamentais: escolha, competência, comunicação, compaixão, continuidade, e ausência de conflito de interesses. A partir destes elementos, o estudo passa a avaliar os diferentes impactos da pandemia nas relações médico-paciente, diferenciando as situações de contágio por Covid-19 daquelas decorrentes de outros diagnósticos.

2. A BIOÉTICA E A RELAÇÃO MÉDICO-PACIENTE

A bioética é considera como uma das ciências responsáveis pela discussão de questões morais, sociais, jurídicas e antropológicas essenciais à sociedade atual. Nesse sentido, objetiva estabelecer limites comportamentais, embasados em valores e princípios comuns à sociedade, em decorrência dos avanços biológicos e biomédicos mundiais. É uma ciência em constante transformação, como pode ser vislumbrado na diferenciação conceitual entre a primeira e quarta versão da obra Encyclopedia of Bioethics. Inicialmente, no ano de 1978, a bioética era definida como *"estudo sistemático da conduta humana na área de ciências da vida e dos cuidados da saúde, na medida em que esta conduta é examinada à luz dos valores e princípios morais"*. Já em sua última versão, 2014, amplia-se para abranger novos dilemas morais, conseguintes do contexto globalizado, tais como: saúde pública, doenças infecciosas e crônicas, saúde ambiental, desenvolvimentos biotecnológicos, aborto, cuidados paliativos, ecologia, nanotecnologia, dentre outros[1].

O surgimento da bioética como disciplina autônoma de estudos e campo de intensa pesquisa está atrelado a um passado histórico, ainda bem recente, marcado pelo cometimento de abusos na relação médico-paciente, por vezes encampados por falsos argumentos em prol do desenvolvimento científico e do bem-estar da sociedade, e em geral valendo-se da vulnerabilidade especial de certos grupos na população. Foi neste contexto que, a título de exemplo, se executou por 40 anos (1932-1972), sob a chancela do Serviço Público de Saúde dos Estados Unidos, o estudo da sífilis não tratada de Tuskegee, uma cidade do estado do Alabama, em que a população local, composta de pessoas negras, foi ludibriada pela equipe de saúde de que estava recebendo o tratamento adequado para o combate da infecção venérea, quando na verdade recebia apenas placebos e cuidados básicos, e era monitorada de perto para o acompanhamento da evolução da doença, até o óbito[2]. O estudo, que continuou sendo realizado após a descoberta de eficácia e a ampla utilização da penicilina na cura da sífilis, só foi possível, em última análise, porque os pacientes, participantes involuntários da pesquisa, confiavam amplamente nos profissionais que os acompanhavam, mantendo-se fiéis ao "tratamento".

Com a necessidade da delimitação e aplicação de princípios morais, o governo norte-americano, em 1979, após o trágico incidente de Tuskegee, encomendou a elaboração de um estudo, que culminou na publicação do chamado Relatório Belmont, em

---

1. PESSINI, Leo; HOSSNE, William Saad. A nova edição (4ª) da Enciclopédia de Bioética. *Revista Bioethikos*. São Camilo: v.8, nº4, p.359-364, 2014.
2. BROOKS K, et. al. Sociocultural issues in clinical research. *Arthritis Rheum (Arthritis Care Res)* 2001; 45: 203–7.

que se estabeleceram os princípios elementares para a realização de pesquisa com seres humanos: respeito pela pessoa, beneficência e justiça. Evoluindo tal proposta, Tom Beauchamp and James F. Childress instituíram a Bioética Principialista, com objetivo nortear, de forma específica, a relação médico-paciente. Portanto, adaptaram e ampliaram os princípios originais do Relatório Belmont para quatro: autonomia, beneficência, não maleficência e justiça[3-4.]

Dessa forma, toda e qualquer atitude relativa à vida, saúde e prática médica em relação a outro indivíduo deveria ser (i) pautada na autonomia, vez que o profissional da saúde deve respeitar a individualidade e liberdade de decisão de cada paciente, para recusar ou consentir o que lhe fora proposto; (ii) benéfica, reconhecendo o valor moral de cada indivíduo e não se admitindo a realização de procedimentos que de antemão se sabe não trazerem benefícios; (iii) não prejudicial, na medida em que se impede que os profissionais da saúde não avaliem os possíveis danos e pratiquem atos com a consciência de causarem o mau; e (iv) justa, numa perspectiva de justiça distributiva, devendo-se promover a adequada repartição dos encargos e benefícios entre os indivíduos na sociedade e assim, garantir a igualdade nos serviços de saúde[5].

Porém, tal principiologia foi elaborada diante de experiências e visões internacionais, de modo que, para a efetividade da bioética na América Latina, tornou-se necessária a adaptação conforme os padrões culturais, sociais e econômicos locais. Considerada a prevalência da bioética principialista, o princípio da autonomia sobressaiu sobre os demais, nos países em que a bioética primeiro se desenvolveu – EUA e países da Europa –, fato incompatível com a situação dos países latinos, tendo em vista a relevante desigualdade social. A bioética, nesses países, orientou-se para o humanismo, voltando seus olhos especialmente para as necessidades decorrentes da justiça nas relações.

No contexto latino em que o Brasil se insere, a corrente denominada *Bioética de Intervenção* merece destaque, pois considera a desigualdade socioeconômica como fator determinante para a busca de soluções práticas aplicáveis. Visa, assim, políticas que priorizem a coletividade, opostas à exacerbação do individualismo decorrente do princípio da autonomia, defendendo que os processos decisórios devem se orientar ao favorecimento do maior número de pessoas possível.[6]

Decorrente do desenvolvimento bioético, tanto a bioética principialista, quanto a bioética de intervenção, priorizaram a moralidade, integridade e equidade para a saúde dos indivíduos e, consequentemente, interferiram diretamente na transformação da relação médico-paciente[7].

---

3. GUILHEM, Dirce; DINIZ, Debora. *O que é bioética*. São Paulo: Brasiliense, 2002, p. 25-33.
4. BARCHIFONTAINE, Christian de Paul; TRINDADE, Marcos Aurélio. *Bioética, saúde e realidade brasileira*. Revista Bioética, Brasília/DF: vol.27, nº 3, p. 439-445, 2019.
5. CAMPOS, Adriana; OLIVEIRA, Daniela. *A relação entre o princípio da autonomia e o princípio da beneficência (e não maleficência) na bioética médica*. Revista Brasileira de Estudos Políticos, Belo Horizonte: n. 115, p. 13-45, 2017.
6. GARRAFA, Volnei; MARTORELL, Leandro; NASCIMENTO, Wanderson. *Críticas ao principialismo em bioética: perspectivas desde o norte e desde o sul*. Revista Saúde e Sociedade, São Paulo: v.25, n. 2, p.448-450, 2016.
7. SOARES, Francisco José Passos; SHIMIZU, Helena Eri; GARRAFA, Volnei. *Código de Ética Médica brasileiro: limites deontológicos e bioéticos*. Rev. Bioét., Brasília, v. 25, n. 2, p. 244-254, 2017. Disponível em: <www.scielo.br/scielo.php?script=sci_arttext&pid=S1983-80422017000200244&lng=en&nrm=iso>. Acesso em: 13.04.2020.

3. CARACTERIZAÇÃO DA RELAÇÃO MÉDICO-PACIENTE

Muito além de propiciar determinado diagnóstico, a relação médico-paciente respalda-se na consideração de cada sujeito, no tratamento humanizado e solidário. É evidente a importância da aplicação de preceitos éticos, visto que os conhecimentos científicos são apenas a base para o sucesso das relações médico-paciente[8]. Nesse sentido, a evolução bioética propiciou norte para a moralidade nas condutas médicas, fundamentadas pelos princípios da autonomia, beneficência, não maleficência e justiça, garantindo a integridade e dignidade, tanto do paciente quanto do médico.

A relação médico-paciente pode caracterizar-se a partir de três modelos, conforme Szasz e Hollender. Inicialmente, tem-se o modelo de atividade-passividade, em que o médico identifica e realiza, conforme o seu arbítrio, o que é o melhor para a situação, sem qualquer participação do paciente. Já o modelo da direção-cooperação permite a participação inicial do paciente, uma vez que sua opinião deixa de ser irrelevante; todavia, é o médico quem define qual será o melhor procedimento ou tratamento a ser seguido. Por fim, tem-se o modelo da mútua participação, no qual o médico explana ao paciente os caminhos e procedimentos possíveis e, juntos, ambos decidem pela melhor opção.

Saliente-se não haver hierarquia entre os modelos, pois esses são aplicados em conformidade com cada situação. A título de exemplo, o modelo de atividade-passividade mantém aplicabilidade ampla em situações de urgência e emergência, em que os pacientes encontram-se inconscientes. No que tange as situações de infecções pós-operatórias, o modelo adequado é o da direção-cooperação. Nos casos de acompanhamento de doenças crônicas, como o controle de diabetes e doenças cardíacas, o modelo característico é o da mútua participação, visto que o tratamento será conduzido pelo próprio paciente, em harmonia com o médico[9]. A presença dos diferentes modelos pode, ainda, ser evidenciada na trajetória histórica da relação médico-paciente.

Desde os primórdios, a medicina era considerada como "mágica" e assim, as condutas médicas eram inquestionáveis. Na Grécia antiga, o médico era considerado como verdadeiro "taumaturgo"[10]; já no Egito, o "poder de cura" era realizado pelos sacerdotes[11]. Observa-se que o médico mantinha posição de superioridade em relação ao seu paciente, vez que esse, além da ausência de conhecimentos específicos, encontrava-se debilitado, não sendo capaz de expressar suas vontades[12]. Historicamente, a relação médico-paciente demonstra a forte presença do paternalismo, em que o médico, como

---

8. MIRANDA-SÁ, Luiz Salvador. *Uma introdução à medicina – volume 1: O médico*. Brasília/DF: Conselho Federal de Medicina, 2013, p.81.
9. SZASZ, Thomas; HOLLENDER, Marc. *A contribution to the philosophy of medicine – the basic models of the doctor-patient relationship*. JAMA Intern Med.: v. 97, n°5, p. 585-592, 1956. Disponível em: <https://jamanetwork.com/journals/jamainternalmedicine/article-abstract/560914?resultClick=1>. Acesso em: 13.04.2020.
10. Antigo conceito grego referente àqueles que tinham a capacidade paranormal de realizar milagres.
11. CORRÊA, F.A (org.). *Diálogos entre o direito e medicina: estudos em homenagem ao CRM/TO*. Curitiba: Instituto Memória – Centro de Estudos da Contemporaneidade., 2019, p.53.
12. NILO, Alessandro; SILVA, Mônica. *A relação paciente médico: por uma nomeoclatura bioética*. Revista Direito e Justiça: Reflexões Sociojurídicas, Santo Ângelo: v.19, n° 35, p.79-107, 2019.

detentor do conhecimento, profere decisões incontestáveis, cabendo ao paciente apenas confiar, respeitar e submeter-se ao tratamento proposto, sem opinar[13].

Tal visão perdurou durante séculos, e, independentemente do avanço social, as conquistas advindas Revolução Francesa, por exemplo, não foram suficientes para modificar a relação impositiva entre médico e paciente. Assim, o art. 4º do Código de Moral Ética[14], primeiro Código de Ética reconhecido pela classe médica brasileira, em 1929, apresentava marcado paternalismo: "O médico, em suas relações com o enfermo, procurara tolerar seus caprichos e fraquezas enquanto não se oponham as exigências do tratamento, nem exerçam uma influência nociva ao curso da afecção."

Apenas após meados do século XX, diante as mudanças políticas, avanços científicos e o desenvolvimento da bioética, a relação médico-paciente sofreu mudanças, que resultaram na consideração dos valores e autonomia do enfermo, considerado o principal beneficiário das condutas médicas. Aquele que até então é visto apenas como "paciente", em virtude de sua passividade em relação aos cuidados, passa a ser reconhecido como sujeito ativo, dotado de autonomia e poder decisório sobre as intervenções em seu próprio corpo[15-16].

O diálogo entre o médico e seu paciente se tornou ferramenta fundamental para a eficácia da relação, atenuando-se a verticalização do vínculo e a consequente passividade dos pacientes. Fala-se em substituição por um modelo cooperativista da relação, em que as partes supostamente interagiriam em posição de liberdade e igualdade, o que merece reparos.

A interação médico-paciente jamais será igualitária, já que a autonomia do paciente não logra ser absoluta, em razão da assimetria de conhecimento técnico. Mesmo se a relação for pautada pelo modelo de mútua participação, o paciente sempre será parte vulnerável, em vários aspectos:

> os doentes são vulneráveis emocionalmente, fisicamente, espiritualmente e, com frequência, financeiramente. O paciente confidente é colocado, às vezes de forma involuntária, em uma posição de vulnerabilidade e concede, às vezes com relutância, poder discricionário a médicos, outros clínicos, e numerosas organizações, a fim de alcançar algo que deseja, geralmente uma melhor saúde ou até a preservação de sua vida. O desequilíbrio de conhecimento e poder caracteriza, de uma forma única, as relações de cuidados de saúde, enquanto a importância da saúde para o alcance dos objetivos de vida de uma pessoa torna a vulnerabilidade maior e a opção de confiar retórica.[17]

---

13. SÁ, Maria de Fátima; NAVES, Bruno; SOUZA, Iara; (org.). *Direito e medicina: autonomia e vulnerabilidade em ambiente hospitalar.* Indaiatuba: Editora Foco, 2018, p. 93-101.

14. Primeiro Código de Ética reconhecido pela classe médica. Este, foi tradução do Código de Moral Médica aprovado pelo VI Congresso Médico Latino-Americano feita pelo Dr. Cruz Campista, in Boletim do Syndicato Medico Brasileiro, nº 8, agosto de 1929, p.114-123. Disponível em: <https://portal.cfm.org.br/images/stories/documentos/EticaMedica/codigomoralmedica1929.pdf>. Acesso em: 06.04.2020.

15. SOARES, Francisco José Passos; SHIMIZU, Helena Eri; GARRAFA, Volnei. *Código de Ética Médica brasileiro: limites deontológicos e bioéticos.* Rev. Bioét., Brasília, v. 25, n. 2, p. 244-254, 2017. Disponível em: www.scielo.br/scielo.php?script=sci_arttext&pid=S1983-80422017000200244&lng=en&nrm=iso . Acesso em: 13.04.2020.

16. NILO, Alessandro; SILVA, Mônica. *A relação paciente médico: por uma nomeoclatura bioética.* Revista Direito e Justiça: Reflexões Sociojurídicas, Santo Ângelo: v.19, nº 35, p.84, 2019.

17. GOOLD, Susan Dorr. Trust, distrust and trustworthiness. *Journal of general internal medicine.* vol. 17, 1 (2002): 79-81. Disponível em: <https://www.ncbi.nlm.nih.gov/pmc/articles/PMC1495000/pdf/jgi_11132.pdf>. Acesso em 08.04.2020, p.79.

O dever de informação, respaldado na boa-fé objetiva, é reforçado no ato médico, a fim de resguardar a maior equilíbrio na relação com o paciente. Cabe ao médico informar todos os riscos e benefícios dos procedimentos e tratamentos, considerando o grau de discernimento e competência de cada paciente, para que este tenha capacidade, autonomia e liberdade de exprimir suas vontades[18].

Dessa forma, é dever do médico informar adequadamente o paciente, visto que esse não possui conhecimentos técnicos suficientes para a correta tomada de decisão. As decisões não constituem uma mera escolha entre possíveis medicamentos ou procedimentos, com objetivo curativo. Os pacientes, como sujeitos ativos, podem optar, por exemplo, por cuidados paliativos[19]. Em todos os casos, o médico deve informar, respeitar e auxiliar toda e qualquer decisão do paciente, em conformidade com o princípio XXII do Código de Ética Médica:

> No processo de tomada de decisões profissionais, de acordo com seus ditames de consciência e as previsões legais, o médico aceitará as escolhas de seus pacientes relativas aos procedimentos diagnósticos e terapêuticos por eles expressos, desde que adequadas ao caso e cientificamente reconhecidas.[20]

4. DESAFIOS CONTEMPORÂNEOS À RELAÇÃO MÉDICO-PACIENTE

O séc. XXI é marcado por expressiva troca de informações e a sociedade se torna cada vez mais integrada, o que inclui a incessante comparação e busca por resultados médicos[21]. Um dos atuais desafios encarados pelos médicos encontra-se no fato de o paciente, após pesquisar sobre seus sintomas na internet, chegar frequentemente à consulta com seu suposto diagnóstico identificado, buscando tão somente obter a prescrição apropriada. Ocorre uma inversão de papéis, que se reflete em questionamentos à decisão médica, outrora aclamada e incontestável. "A relação entre médico e paciente está se tornando mais difícil e muitos confrontos e incidências injustificadas vem acontecendo na medida em que o conhecimento médico se converte em uma commodity entre o médico e o paciente"[22].

Além da responsabilidade e atenção para com os pacientes, os médicos ainda trabalham em um sistema falho de saúde, em que, além da insuficiente alocação de recursos, a demanda de pacientes é superior à quantidade de profissionais disponíveis, o que enseja pressões pela redução do tempo no atendimento, a fim de assistir um maior número de

---

18. CARVALHO, Carla Vasconcelos. *Direito à saúde e Direito das patentes de medicamentos no núcleo de proteção dos direitos da personalidade*. 2016. Dissertação (Doutorado) – Programa de Pós-Graduação em Direito, Universidade Federal de Minas Gerais, Belo Horizonte, 2016.
19. SÁ, Maria de Fátima; NAVES, Bruno; SOUZA, Iara; (org.). *Direito e medicina: autonomia e vulnerabilidade em ambiente hospitalar*. Indaiatuba: Editora Foco, 2018, p.37-38.
20. CONSELHO FEDERAL DE MEDICINA. *Código de Ética Médica*: Resolução CFM no 2.217, de 27 de setembro de 2018, modificada pelas Resoluções CFM no 2.222/2018 e 2.226/2019. Brasília: Conselho Federal de Medicina, 2019.
21. CORRÊA, F.A (org.). *Diálogos entre o direito e medicina: estudos em homenagem ao CRM/TO*. Curitiba: Instituto Memória – Centro de Estudos da Contemporaneidade, 2019, p.192.
22. KOIRALA N. Trust and communication in a doctor patient relationship. *Birat Journal of Health Sciences*. Vol. 4, No.3, Issue 10, p. 770, Sep-Dec. 2019.

pacientes e amenizar a espera[23]. Também suportam condições precárias de trabalho, com destaque para a ausência de instrumentos básicos, como medicamentos e equipamentos de proteção individual, cumulada com a infraestrutura hospitalar de má qualidade[24].

Outro desafio enfrentado pelos médicos reside na comunicação com pacientes, principalmente com aqueles de culturas e idiomas diferenciados, e aqueles com baixos níveis de educação. Para que o diálogo seja efetivo, o médico deve considerar a visão cultural sobre os tratamentos e percepção de doenças do paciente, para não criar expectativas ou impor seus valores culturais sobre os demais. A existência de diferenças linguísticas faz surgir mal-entendidos, frustrações e incompreensão mútua, o que reduz drasticamente a qualidade do atendimento[25].

O foco da relação médico-paciente contemporânea se afasta do antigo paternalismo médico, pois a compreensão e o sentimento de bem-estar do paciente tornam-se a prioridade. Nesse sentido, o enaltecimento e superioridade médica não mais prevalecem e o paciente passa a questionar os atos e resultados dos tratamentos que recebeu, o que se reflete no aumento da litigiosidade na relação[26].

Paralelamente, reduz-se a importância da figura do médico da família, e os pacientes passam a buscar atendimento por diversos médicos especialistas, os quais priorizam o aparato tecnológico e resultados de exames específicos, ao invés de se voltarem para a escuta e a própria relação com o próprio paciente, sem coordenarem suas atuações. Assim, os médicos tornam-se experts em determinadas partes do corpo, mas perdem a capacidade de tratar o paciente como um todo, enfraquecendo o diálogo e a confiança na relação médico-paciente[27].

5. A CONFIANÇA E OS ELEMENTOS FUNDAMENTAIS DA RELAÇÃO MÉDICO-PACIENTE

Tendo em vista os avanços bioéticos, as modificações sociais e o fácil acesso a informações – verdadeiras ou não –, a confiança surge como fator essencial para a harmonia da relação médico-paciente e efetividade dos cuidados.

O Código de Ética Médica[28] afirma em vários dispositivos a confiança como um pilar da relação médico-paciente, com destaque para dois princípios fundamentais:

---

23. SÁ, Maria de Fátima; NAVES, Bruno; SOUZA, Iara; (org.). *Direito e medicina: autonomia e vulnerabilidade em ambiente hospitalar.* Indaiatuba: Editora Foco, 2018, p.40-42.
24. BARCHIFONTAINE, Christian de Paul; TRINDADE, Marcos Aurélio. *Bioética, saúde e realidade brasileira.* Revista Bioética, Brasília/DF: vol.27, nº 3, p. 443-444, 2019.
25. PATERNOTTE E, van, et. Al. Factors influencing intercultural doctor-patient communication: a realist review. *Patient Education and Counseling*, v. 98, nº 4, p.420-445, 2015. Disponível em: <https://www.sciencedirect.com/science/article/abs/pii/S0738399114004911?via%3Dihub>. Acesso em: 13.04.2020.
26. CONSELHO NACIONAL DE JUSTIÇA (CNJ). *Demandas judiciais relativas à saúde crescem 130% em dez anos.* 18 de março de 2019. Disponível em: www.cnj.jus.br/demandas-judiciais-relativas-a-saude-crescem-130-em-dez-anos. Acesso em: 13.04.2020.
27. ALMEIDA, Márcio. Tecnologia e medicina: uma visão da academia. *Revista Bioética*, Brasília/DF: vol.8, nº 1, p. 169-78, 2000.
28. CONSELHO FEDERAL DE MEDICINA. *Código de Ética Médica*: Resolução CFM no 2.217, de 27 de setembro de 2018, modificada pelas Resoluções CFM no 2.222/2018 e 2.226/2019. Brasília: Conselho Federal de Medicina, 2019.

XIX – O médico se responsabilizará, em caráter pessoal e nunca presumido, pelos seus atos profissionais, resultantes de relação particular de confiança e executados com diligência, competência e prudência.

XX – A natureza personalíssima da atuação profissional do médico não caracteriza relação de consumo.

O princípio XIX afirma expressamente o caráter fiduciário da relação particular estabelecida entre o médico e seu paciente.

O princípio XX, por sua vez, traça a natureza personalíssima da atuação profissional, decorrência direta da confiança pessoal que se estabelece entre médico e paciente. Com efeito, a relação estabelecida com um determinado profissional é daquelas em que não se permite que este se faça substituir livremente por outrem, caracterizando-se como *intuitu personae debitor*. Na lição de Arnaldo Rizzardo, este tipo de contrato caracteriza-se por fatores tais *"como o grau de confiança depositado por um dos contratantes na outra pessoa e a habilidade particular ou capacidade profissional que revela o prestador de serviços"*[29].

Por vezes, a escolha do profissional já é fruto de um processo de pesquisa acerca de suas habilidades e capacidades profissionais, fazendo-o insubstituível no mercado. Em outras, mormente as caracterizadas por urgência, em que pese o paciente não ter tido escolha sobre o profissional, confia-lhe seu corpo enfermo. Mas em geral, a partir do desempenho ético das funções, o médico evoca no paciente um natural vínculo de confiança, na medida em que passa a ter acesso a dados de sua intimidade e a participar de decisões importantes sobre sua vida, frequentemente tendo contato com seu círculo de convivência mais próximo. Conforme Susan Dorr Goold: "Para buscar o bem do paciente, o paciente deve confiar ao médico (ou clínico, ou organização) informações pessoais e seu corpo. A confiança no curador é essencial para a própria cura. A confiança, pelo menos em certa medida mínima, é sem dúvida um pré-requisito para o alcance de cuidado de uma maneira geral"[30].

O paciente confia, assim, ao médico, seus dados, seu corpo, sua mente e até sua vida.

Todavia, não é o paciente o único a depositar sua confiança no profissional. Também confia o médico que o paciente lhe forneça seu histórico médico relevante, e que vá agir conforme suas recomendações em relação a exames e tratamentos[31].

A confiança na relação médico-paciente é resultante de interações de qualidade, em que o médico considera seus pacientes como indivíduos autônomos, detentores de vontades e valores próprios que, naquele momento, se encontram vulneráveis. A partir da intuição comum encontrada na sociedade, análises éticas e padrões legais, Emanuel e Dubler chegam a uma lista de 6 elementos fundamentais à construção de uma relação médico-paciente ideal, baseada na confiança: escolha, competência, comunicação, com-

---

29. RIZZARDO, Arnaldo. *Contratos*. 18. ed. Rio de Janeiro: Forense, 2019, p. 79.
30. GOOLD, Susan Dorr. Trust, distrust and trustworthiness. *Journal of general internal medicine*. vol. 17, 1 (2002): 79-81. Disponível em: <https://www.ncbi.nlm.nih.gov/pmc/articles/PMC1495000/pdf/jgi_11132.pdf>. Acesso em 08.04.2020, p. 79.
31. GOOLD, Susan Dorr. Trust, distrust and trustworthiness. *Journal of general internal medicine*. vol. 17, 1 (2002): 79-81. Disponível em: <https://www.ncbi.nlm.nih.gov/pmc/articles/PMC1495000/pdf/jgi_11132.pdf>. Acesso em 08.04.2020.

TODA VIDA CONTA: OS PRINCÍPIOS BIOÉTICOS E A RELAÇÃO MÉDICO-PACIENTE EM TEMPOS DE PANDEMIA

paixão, continuidade, e ausência de conflito de interesses. Para os autores, a confiança é o resultado da realização dos 6 elementos, e não um elemento à parte[32].

A *escolha* envolve desde aspectos relacionados ao tipo de abordagem médica até a definição entre diferentes alternativas de tratamento possíveis para as condições, passando pela escolha do médico que prestará os cuidados primários, especialistas e instituições de saúde. Trata-se de um componente da autodeterminação da pessoa, manifestado tradicionalmente na manifestação do consentimento informado[33].

A *competência é* vista como capacidade do médico, que deve ter um conhecimento sólido, atualizado constantemente com as práticas correntes; habilidades técnicas para realizar diagnósticos e procedimentos terapêuticos; bom julgamento clínico para identificar e diferenciar sintomas e selecionar terapias adequadas; e consciência de suas próprias limitações, com disposição a consultar especialistas e outros prestadores de cuidado[34].

A *comunicação* é um elemento chave para a confiança[35], e parte de um processo efetivo de informação e escuta, além da escolha adequada da forma como transmitir informações, especialmente em contextos de gravidade e temor pelo futuro dos cuidados:

> A disposição do médico em ouvir e o conteúdo e a entrega de informações ao paciente foram mais importantes para as avaliações do paciente do que o envolvimento nas decisões, uma descoberta que se expande em outros trabalhos e tem implicações importantes para a ênfase atual na autonomia e na decisão compartilhada. Ouvir demonstra preocupação e um certo grau de humildade. Comunicar bem demonstra abertamente respeito, permite que o paciente julgue motivações e identifique quaisquer valores compartilhados, e fornece meios de julgar a competência do médico.[36]

Trata-se de um processo essencial para que o paciente compreenda seu a natureza de sua doença e seu diagnóstico, e compartilhe seus valores com o profissional, sentindo-se acolhido em seus desejos, de modo a confiar que recebe os cuidados adequados não só do ponto de vista técnico, como do respeito de sua autonomia[37]. A construção de relações médico-paciente sólidas, marcadas pela confiança mútua, é responsável pela redução do conflito entre as partes:

> Ao fortalecer o vínculo entre pacientes e médicos, uma boa comunicação previne questionamentos, mal-entendidos e disputas. Quando a comunicação é boa, é menos provável que os pacientes interpretem mal as informações que recebem, tornando-se mais dispostos a pedir esclarecimentos

---

32. Emanuel EJ, Dubler NN. Preserving the Physician-Patient Relationship in the Era of Managed Care. *JAMA*. 1995; 273(4): 323–329. Doi:10.1001/jama.1995.03520280069043.

33. EMANUEL EJ, DUBLER NN. Preserving the Physician-Patient Relationship in the Era of Managed Care. *JAMA*. 1995; 273(4): 323–329. Disponível em: <https://www.ncbi.nlm.nih.gov/pubmed/7815662>. Acesso em 08.04.2020.

34. EMANUEL EJ, DUBLER NN. Preserving the Physician-Patient Relationship in the Era of Managed Care. *JAMA*. 1995; 273(4): 323–329. Disponível em: <https://www.ncbi.nlm.nih.gov/pubmed/7815662>. Acesso em 08.04.2020.

35. KOIRALA N. Trust and communication in a doctor patient relationship. *Birat Journal of Health Sciences*. Vol. 4, No.3, Issue 10, p. 770, Sep-Dec. 2019.

36. GOOLD, Susan Dorr. Trust, distrust and trustworthiness. *Journal of general internal medicine*. vol. 17, 1 (2002): 79-81. Disponível em: <https://www.ncbi.nlm.nih.gov/pmc/articles/PMC1495000/pdf/jgi_11132.pdf>. Acesso em 08.04.2020, p.79.

37. EMANUEL EJ, DUBLER NN. Preserving the Physician-Patient Relationship in the Era of Managed Care. *JAMA*. 1995; 273(4): 323–329. Disponível em: <https://www.ncbi.nlm.nih.gov/pubmed/7815662>. Acesso em 08.04.2020.

quando as informações não são claras, e ágeis em chamar, se os sintomas não se resolverem. Uma boa comunicação, portanto, pode atenuar a ocorrência de eventos negativos que levam a litígios por má prática.[38]

A *compaixão* traz uma exigência de que o médico manifeste, para além da competência e proficiência, do ponto de vista técnico, empatia em relação a seus pacientes. Isso é especialmente importante em momentos de estresse elevado, quando o profissional deve acolher os valores, sentimentos e experiências de seus pacientes, mas também auxilia-los "a reconsiderar e revisar seus valores, superar seus sentimentos, e colocar suas experiências em uma perspectiva mais ampla"[39].

A *continuidade* implica que a relação médico-paciente deve perdurar no tempo, uma vez estabelecida. A construção de uma relação adequada exige um significativo investimento de tempo: o paciente precisa identificar um médico que considere competente e com quem consiga estabelecer uma comunicação adequada; o médico também precisa de tempo para entender e ter empatia com os valores e sentimentos do paciente, e então auxiliá-lo a identificar e utilizar os serviços de saúde de forma adequada às suas condições[40]. "Relações que perduram no tempo tendem a ser mais eficientes. Conhecer um paciente significa que um médico pode identificar mais facilmente terapias apropriadas para a sua personalidade e capacidade"[41].

Finalmente, numa relação médico-paciente ideal deve haver preocupação e esclarecimento acerca da *ausência de conflito de interesses*. O cuidado e preocupação com o bem estar de um paciente deve ser compatibilizado com os interesses de outros pacientes e de terceiros, bem como ter precedência sobre interesses pessoais do médico, especialmente de caráter financeiro[42-43].

Além de realizar o correto diagnóstico e informar adequadamente, o médico deve propiciar segurança ao paciente, construindo uma relação de confiança que englobe, entre outros aspectos, a certeza de que o médico, escolhido pelo paciente, possui as habilidades e conhecimento necessário para seus cuidados, prestará as informações adequadas à sua compreensão, respeitará seus desejos, acompanhando-o ao longo do tempo, e não agirá em detrimento de seus interesses.

---

38. EMANUEL EJ, DUBLER NN. Preserving the Physician-Patient Relationship in the Era of Managed Care. *JAMA*. 1995; 273(4): 323–329. Disponível em: <https://www.ncbi.nlm.nih.gov/pubmed/7815662>. Acesso em 08.04.2020, p. 324.
39. EMANUEL EJ, DUBLER NN. Preserving the Physician-Patient Relationship in the Era of Managed Care. *JAMA*. 1995; 273(4): 323–329. Disponível em: <https://www.ncbi.nlm.nih.gov/pubmed/7815662>. Acesso em 08.04.2020, p. 324.
40. EMANUEL EJ, DUBLER NN. Preserving the Physician-Patient Relationship in the Era of Managed Care. *JAMA*. 1995; 273(4): 323–329. Disponível em: <https://www.ncbi.nlm.nih.gov/pubmed/7815662>. Acesso em 08.04.2020.
41. EMANUEL EJ, DUBLER NN. Preserving the Physician-Patient Relationship in the Era of Managed Care. *JAMA*. 1995; 273(4): 323–329. Disponível em: <https://www.ncbi.nlm.nih.gov/pubmed/7815662>. Acesso em 08.04.2020, p. 325.
42. EMANUEL EJ, DUBLER NN. Preserving the Physician-Patient Relationship in the Era of Managed Care. *JAMA*. 1995; 273(4): 323–329. Disponível em: <https://www.ncbi.nlm.nih.gov/pubmed/7815662>. Acesso em 08.04.2020.
43. O'Malley AS, Forrest CB. Beyond the examination room: primary care performance and the patient-physician relationship for low-income women. *Journal of General Internal Medicine*, 2002; 17: 66-73. Disponível em: <https://www.ncbi.nlm.nih.gov/pmc/articles/PMC1495002/pdf/jgi_10338.pdf>. Acesso em: 08.04.2020.

Em decorrência da confiança estabelecida, a concordância ou aquiescência às informações e tratamentos propostos são melhor acolhidos pelos pacientes. Quanto maior a confiança, melhor a relação médico-paciente, propiciando tratamentos mais efetivos[44-45-46], tendo sido demonstrado que os pacientes com os comportamentos de saúde mais benéficos e melhor qualidade de vida são aqueles que demonstraram ter alto grau de confiança em seus médicos[47].

6. IMPACTOS POTENCIAIS DA PANDEMIA NAS RELAÇÕES MÉDICO-PACIENTE

A pandemia de Covid-19 impactou sobre diversos setores da vida, com destaque para o setor de saúde, trazendo a necessidade de reestruturação e adaptação de todo o sistema e dos próprios profissionais da área. No que tange a relação médico-paciente, fica evidente que a situação de vulnerabilidade – entendida como a deficiência de uma parte ou grupo, em virtude de uma relação ou condição, atípica, que expresse a desproporcionalidade[48] – atinge ambas partes.

Muito se fala da vulnerabilidade daqueles que compõem os chamados grupos de risco, compostos por pessoas idosas, portadores de doenças crônicas, moradores de rua e aqueles que vivem em condições sanitárias precárias. Não se pode ignorar, contudo, a especial vulnerabilidade presente entre os médicos e profissionais de saúde que atuam na linha de frente do combate ao vírus.

O risco de contaminação dos profissionais é alto, razão pela qual o uso do Equipamento de Proteção Individual (EPI) se torna essencial e indispensável, tanto para a autoproteção, quanto para evitar a contaminação de pacientes. Há quem defenda, inclusive, que os profissionais que moram com familiares pertencentes às populações de maior risco possam se afastar dos cuidados diretos e presenciais, como forma de responsabilidade para com seu núcleo familiar [49-50].

Contudo, com a insuficiente disponibilidade de recursos, incipiente esgotamento da capacidade de atendimento de hospitais e dificuldade de aquisição de insumos no mercado, a disponibilização dos EPI's em quantidade adequada não tem sido respeitada,

---

44. MIRANDA-SÁ, Luiz Salvador. *Uma introdução à medicina – volume 1: O médico.* Brasília/DF: Conselho Federal de Medicina, 2013, p.91.
45. THORPE, Alistair, et. al. *Always take your doctor's advice: Does trust moderate the effect of information on inappropriate antibiotic prescribing expectations?* British Journal of Health Psychology, Reino Unido: 2020.
46. GOOLD, Susan Dorr. Trust, distrust and trustworthiness. *Journal of general internal medicine.* vol. 17, 1 (2002): 79-81. Disponível em: <https://www.ncbi.nlm.nih.gov/pmc/articles/PMC1495000/pdf/jgi_11132.pdf>. Acesso em 08.04.2020.
47. PETROCCHI, S. et. al. *Interpersonal trust in doctor-patient relation: Evidence from dyadic analysis and association with quality of dyadic communication.* Social Science & Medicine, Holanda: v.235, 2019.
48. SÁ, Maria de Fátima; NAVES, Bruno; SOUZA, Iara; (org.). *Direito e medicina: autonomia e vulnerabilidade em ambiente hospitalar.* Indaiatuba: Editora Foco, 2018, p.36 – 37.
49. THE LANCET. *Editorial:* Redefining Vulnerability in the era of Covid-19. Reino Unido: v. 395, april 4, p. 1089, 2020. Disponível em: <https://www.thelancet.com/pdfs/journals/lancet/PIIS0140-6736(20)30757-1.pdf>. Acesso em 08.04.2020.
50. THE ROYAL COLLEGE OF PHYSICIANS. *Ethical guidance published for frontline staff dealing with pandemic.* Londres: 2020. Disponível em: <https://www.rcplondon.ac.uk/news/ethical-guidance-published-frontline-staff--dealing-pandemic>. Acesso em: 08.04.2020.

o que se reflete no aumento de denúncias, conforme alertado pela Associação Médica Brasileira[51].

As denúncias são fundadas nos dispositivos do Código de Ética Médica, que estabelece como princípio fundamental que o médico necessita, para exercer a medicina com honra e dignidade, de "boas condições de trabalho e ser remunerado de forma justa". Dispõe também, como direito dos médicos:

> IV – Recusar-se a exercer sua profissão em instituição pública ou privada onde as condições de trabalho não sejam dignas ou possam prejudicar a própria saúde ou a do paciente, bem como a dos demais profissionais. Nesse caso, comunicará com justificativa e maior brevidade sua decisão ao diretor técnico, ao Conselho Regional de Medicina de sua jurisdição e à Comissão de Ética da instituição, quando houver.[52]

O dever do médico de trabalhar não é, pois, ilimitado, devendo ser garantidas as condições mínimas de segurança para o atendimento.

Há vulnerabilidade dos médicos e profissionais de saúde em geral, também, em face das incertezas sobre (i) o padrão de adequação dos cuidados de saúde a serem prestados aos pacientes que desenvolvam síndromes respiratórias por infecção de Covid-19, (ii) a evolução da curva de contaminação nos locais em que desenvolvem suas atividades, com consequência imediata para a capacidade de atendimento do sistema, e (iii) os riscos de responsabilização jurídica em decorrência de condutas praticadas no atendimento, ou pela falta dele.

Assim como a vulnerabilidade do paciente é tradicionalmente vista como decorrência da carência de informações suficientes e adequadas, o médico se confronta, de forma única na pandemia, com um contexto de desinformação, incerteza e insegurança, que, somado à exposição ao vírus no contato com os pacientes, amplia sua vulnerabilidade.

Tendo em vista o cenário da saúde pública em tempos de pandemia, a considerável letalidade que o vírus vem apresentando e a incerteza acerca de tratamentos e procedimentos adequados e eficazes, a população resgata a visão tradicional do médico como "salvador", depositando em suas mãos esperanças, em decorrência do estresse e fragilidade emocional.[53] O médico deve, então, lidar com a incerteza de um diagnóstico muitas vezes provável, sem tratamento específico indicado com base em evidências científicas sólidas, recursos escassos, alta demanda e ainda, com a elevada expectativa do paciente[54].

Ainda, as constantes notícias – nem sempre verdadeiras – sobre a pandemia ampliam o sentimento de insegurança dos pacientes, que sobrecarregam ainda mais as equipes com suas preocupações sobre a gravidade de seus estados de saúde, o que produz reflexos sobre o tratamento e a relação com os profissionais de saúde.

---

51. ASSOCIAÇÃO MÉDICA BRASILEIRA. *Falta EPIs no Brasil Inteiro!* 2020. Disponível em: <https://amb.org.br/noticias/falta-epis-no-brasil-inteiro/>. Acesso em: 08.04.2020.

52. CONSELHO FEDERAL DE MEDICINA. *Código de Ética Médica*: Resolução CFM no 2.217, de 27 de setembro de 2018, modificada pelas Resoluções CFM no 2.222/2018 e 2.226/2019. Brasília: Conselho Federal de Medicina, 2019.

53. SÁ, Maria de Fátima; NAVES, Bruno; SOUZA, Iara; (org.). *Direito e medicina: autonomia e vulnerabilidade em ambiente hospitalar.* Indaiatuba: Editora Foco, 2018, p. 37.

54. EYAL, Gil. et al. *The Physician-Patient Relationship in the Age of Precision Medicine.* Genetics in Medicine, Estados Unidos: v. 21, nº 4, p. 813-815, 2019.

TODA VIDA CONTA: OS PRINCÍPIOS BIOÉTICOS E A RELAÇÃO MÉDICO-PACIENTE EM TEMPOS DE PANDEMIA

"Para médicos, bem como para pacientes, o coronavírus obscureceu todos os aspectos de nossas vidas com incerteza, e as consequências de nosso pânico reprimido e pavor antecipatório são impossíveis de prever"[55]. Entre os doentes, incluem-se não apenas aqueles infectados por um patógeno viral em seu trato respiratório, mas também aqueles acometidos pelo medo desse patógeno. Neste sentido, a comunicação, como elemento fundamental da relação médico-paciente, deve ir além da exposição de sintomas pelo paciente e de informações sobre os cuidados pelo médico, para uma abordagem das emoções, medos e incertezas. A empatia, como corolário da compaixão na relação médico-paciente, deve pautar o cuidado e o processo comunicativo.

A busca deve ser, pois, de encontrar na comunicação empática o antídoto para a crise de confiança que pode emergir da pandemia:

> Nossa esperança é que a atenção que nós conferimos à comunicação, que se posiciona no centro dos cuidados clínicos, possa permitir que nós e nossos colegas emerjamos dessa pandemia com mais sabedoria e bondade. Para pacientes e famílias, esperamos que os cuidados de um clínico com a comunicação em torno dos cuidados possam atenuar a suspeita e desconfiança, as que provavelmente constituirão outro legado da Covid-19[56].

A pandemia coloca em foco a insuficiência dos serviços de saúde, especialmente no âmbito público e em estados mais pobres, e diversas questões médicas e morais, exigindo o resgate dos preceitos bioéticos, como forma plausível de solução. O princípio da beneficência, não maleficência e da justiça devem dialogar com a autonomia, vez que a relação médico-paciente, mais do que nunca, deve pautar-se no diálogo e na confiança.

As decisões médicas devem ser realizadas de forma transparente, na presença dos pacientes (ou responsáveis), com o mais amplo respeito de suas preferências e reconhecimento de seu papel como sujeitos ativos. Inclusive, a adesão dos pacientes aos tratamentos prescritos está intimamente relacionada com o sentimento de pertencimento aos processos de tomada de decisão, quando se estabelece a relação de confiança com o médico. Dessa forma, as orientações médicas devem ser inclusivas, claras e didáticas, para que o paciente se sinta acolhido, independentemente do período de duração da consulta. Também é necessário que esses sejam compreensivos, diante da delicada situação que os profissionais de saúde estão vivenciando.

Mesmo em situações trágicas, em que as escolhas do paciente não possam ser plenamente honradas em face da insuficiência de recursos e equipamentos, um processo cuidadoso de comunicação deve ser priorizado, a fim de se minimizar os danos à confiança e estabelecer a certeza de que os profissionais estão atuando no melhor interesse do paciente, afastando-se sensações de abandono. Em tais contextos, "ao invés de extrair os valores que direcionam os cuidados, os médicos precisarão explicar os cuidados possíveis, abster-se de oferecer tratamentos ou intervenções que não estão disponíveis para

---

55. KITTLESON Michelle. The Invisible Hand — Medical Care during the Pandemic. *New England Journal of Medicine*. April 2, 2020. Disponível em: <https://www.nejm.org/doi/full/10.1056/NEJMp2006607>. Acesso em 08.04.2020.
56. BACK, A, et.al. Communication Skills in the Age of Covid-19. *Annals of Internal Medicine*. 2020; [Epub ahead of print 2 April 2020]. Disponível em: <https://doi.org/10.7326/M20-1376>. Acesso em: 08.04.2020.

esse paciente, e, como alternativa, compartilhar o que os padrões de crise significam para eles"[57].

7. OS EFEITOS DA PANDEMIA SOBRE PACIENTES QUE NÃO APRESENTAM COVID-19

Quando todas as atenções estão voltadas para pacientes infectados pela nova cepa viral, pacientes estes que são frequentemente tratados como números – casos suspeitos, confirmados, curados e óbitos – no contexto de uma pandemia, é importante lembrar que as outras doenças não deixam de existir, e frequentemente demandam cuidados imediatos, não se podendo aguardar o controle das curvas de infecção para a respectiva abordagem terapêutica.

A imprensa dá notícia diariamente de pessoas conhecidas que faleceram, algumas tendo por *causa mortis* a Covid, mas muitas tendo partido por outras causas: "Morre o escritor Rubem Fonseca, aos 94 anos, após infarto"[58]. "Moraes Moreira morre aos 72 após infarto em casa"[59].

É que, a toda evidência, os corações não pararam de colapsar, nem os tumores de crescer, as diabetes de se agravar ou as depressões, e outros diagnósticos, psiquiátricos ou não, de se aprofundar, com a pandemia.

Estes e muitos outros pacientes, já doentes antes da declaração de Emergência em Saúde Pública de Importância Nacional (ESPIN), em 4 de fevereiro de 2020[60], ou adoentados de forma inesperada após a mesma, demandam cuidado especial e continuado, e exigem proteção especial contra a infecção pelo vírus, em face de sua especial vulnerabilidade e inserção nos chamados grupos de risco.

Em outra ponta, novas vidas não deixaram de surgir em contexto de pandemia. Sem pensar nas vidas concebidas durante a pandemia, não se pode falar em impacto da mesma sobre o número atual de partos, sendo certo que tal número reflete uma realidade distante – momento da concepção –, quando o mundo não podia imaginar que viveria em alguns meses um fato histórico inédito para quase todas as gerações vivas. Os partos continuam acontecendo, a cada minuto, por várias técnicas, com demandas e características distintas e com variados resultados, envolvendo inclusive pacientes gravemente enfermos em razão da Covid.

A questão surgida é, pois: como se desenvolvem as relações de cuidado dos médicos em relação a pacientes com diagnóstico distinto de ? Para a resposta, retoma-se os

---

57. BACK, A, et.al. Communication Skills in the Age of Covid-19. *Annals of Internal Medicine*. 2020; [Epub ahead of print 2 April 2020]. Disponível em: <https://doi.org/10.7326/M20-1376>. Acesso em: 08.04.2020.

58. UOL. *Morre o escritor Rubem Fonseca, aos 94 anos, após infarto*. Disponível em <https://entretenimento.uol.com.br/noticias/redacao/2020/04/15/morre-rubem-fonseca-escritor-mineiro-vencedor-do-premio-camoes-aos-94.htm>. Acesso em 17.04.2020.

59. JORNAL NACIONAL. *Moraes Moreira morre aos 72 após infarto em casa*. Disponível em: <https://g1.globo.com/jornal-nacional/noticia/2020/04/13/moraes-moreira-morre-aos-72-apos-infarto-em-casa.ghtml>. Acesso em 17.04.2020.

60. Portaria no 188/GM/MS, de 4 de fevereiro de 2020.

TODA VIDA CONTA: OS PRINCÍPIOS BIOÉTICOS E A RELAÇÃO MÉDICO-PACIENTE EM TEMPOS DE PANDEMIA

elementos da relação médico-paciente ideal, preceituados por Emanuel e Dubler, a fim de avaliar o impacto da pandemia a partir de cada um deles.

(i) escolha – os impactos sobre a escolha, que envolve o tipo de cuidado a ser prestado, o profissional responsável pelos mesmos e a seleção entre as diversas alternativas de tratamento, são evidentes. Diante da suspensão de atendimento por muitas clínicas e profissionais, o paciente não tem ampla escolha acerca dos profissionais que assumirão os seus cuidados, o que pode impactar na construção de confiança na relação.

Além disso, a escolha sobre o tipo de cuidados e alternativa disponível passa a ser orientada, não apenas para a compatibilização entre orientação técnica do médico e valores e desejos do pacientes, devendo considerar fatores como (i) a possibilidade de ampliar prazo entre diagnóstico e o tratamento, ou revisar os protocolos inicialmente estabelecidos, para reduzir o risco de exposição potencial do paciente à Covid-19; (ii) a redução significativa da disponibilidade de tratamentos, em virtude dos comportamentos de distanciamento; (iii) a necessidade de alocação adequada de recursos limitados para os cuidados de saúde[61-62-63].

(ii) competência – este talvez seja o aspecto menos impactado da relação, na medida em que não se verifica um impacto imediato da pandemia no conhecimento técnico anteriormente acumulado em relação a outras doenças e diagnósticos. Porém, na medida em que a competência envolve aspectos relacionados a habilidades para avaliação de sintomas e estabelecimento de diagnósticos, a adoção de práticas de telemedicina no atendimento de pacientes, em caráter emergencial, por profissionais não familiarizados com as técnicas de atendimento à distância, pode trazer impactos na percepção sobre a sua qualidade.

A declaração da pandemia, ao levar diversas pessoas para condições de isolamento social e distanciamento voluntário, interrompeu relações de cuidado anteriormente desenvolvidas, tornando difícil que o encontro médico-paciente ocorra dentro de seus parâmetros e limites tradicionais: consulta presencial, com contato e anamnese físicos do paciente, prescrição de exames e terapias.

A telemedicina, que não constituía prática amplamente disseminada pelo país, inclusive ante a limitação da resolução do CFM em vigor, foi aprovada em caráter emergencial, e muitos profissionais encontram dificuldades em explorá-la de forma adequada. Após o envio do ofício n. 1756/2020 do CFM ao Ministério da Saúde – com a sugestão inicial de autorização restrita a teleorientações, telemonitoramentos e teleinterconsulta –, e a publicação da Portaria n. 467/GM/MS, de 20 de março de 2020 – que trazia previsão ampla da possibilidade de ações como consulta, monitoramento e diagnóstico –, a Lei 13.989, de 16 de abril de 2020, finalmente estabeleceu um qua-

---

61. ROSENBAUM, Lisa. The Untold Toll — The Pandemic's Effects on Patients without Covid-19. *The New England Journal of Medicine*, published on April 17, 2020. Disponível em: <https://www.nejm.org/doi/full/10.1056/NEJMms2009984>. Acesso em 17.04.2020.
62. KUTIKOV A, et al. A War on Two Fronts: Cancer Care in the Time of Covid-19. *Annals of Internal Medicine*. 2020; [Epub ahead of print 27 March 2020]. Disponível em: <https://doi.org/10.7326/M20-1133>. Acesso em 08.04.2020.
63. STENSLAND, Kristian D., et al. Considerations in the triage of urologic surgeries during the covid-19 pandemic. *European Urology*. Disponível em: <-https://els-jbs-prod-cdn.literatumonline.com/pb/assets/raw/Health%20Advance/journals/eururo/EURUROL-D-20-00380-1584548684213.pdf>. Acesso em 15.04.2020.

dro normativo mais seguro para a prática, com reconhecimento do caráter transitório da regulamentação, cuja necessidade urgente se apresentou diante do contexto de enfrentamento de pandemia.

Nem todo paciente ou quadro clínico é elegível para o atendimento à distância. O médico deve, à luz de seus conhecimentos e da ética profissional, avaliar a viabilidade de proporcionar um atendimento adequado ao caso apresentado, sem o contato físico da consulta tradicional. Em face dos riscos de contagio da pandemia, pode, se entender possível, adequado e seguro para o paciente, utilizar das técnicas de telemedicina no atendimento. Para tanto, o profissional deve adotar cautelas especiais para a proteção dos dados do paciente e registro do atendimento, e, nos casos em que a avaliação não presencial possa impedir o aferimento adequado dos sintomas e a segurança no diagnóstico e recomendação de condutas, deve sim atender pessoalmente o paciente ou encaminha-lo para atendimento em serviço adequado.

(iii) comunicação – a comunicação é elemento potencialmente afetado na relação de cuidados com os pacientes que apresentem diagnósticos não Covid-19. Em primeiro lugar, pacientes podem enfrentar dificuldades em estabelecer contato com médicos, tendo em vista que muitos profissionais suspenderam os atendimentos, por recomendação dos órgãos de saúde e vigilância sanitária, por fazerem parte de grupo de risco ou mesmo por estarem doentes.

Em tempos de pandemia, a comunicação se torna a grande chave da manutenção da relação médico paciente, e o profissional deve se cercar de especial cuidado para que o paciente não se sinta rejeitado, como pessoa de menor importância, nem que as formas excepcionais de comunicação, pela telemedicina, interrompam o canal de comunicação e do cuidado adequado.

A adoção de práticas de telemedicina, sem o devido preparo, tanto da parte dos médicos quanto dos pacientes, para lidar com as novas ferramentas de atendimento, tem o potencial de gerar ruídos na comunicação. Há mesmo uma enormidade de pacientes sem a mínima afinidade com o uso de dispositivos eletrônicos, donde se espera um estranhamento com a ideia de ser atendido pelo médico da sua confiança, "através" de uma tela de computador ou smartphone. Ainda, sem a presença, que permite uma melhor aferição de elementos da fala, expressões e aflições, há uma potencialidade latente de má compreensão e interpretação, que pode ensejar quebra de segurança e conflito.

Vislumbrando o potencial de conflito, o art. 4º da Lei 13.989/2020 estabelece para o profissional dever de esclarecer o paciente acerca das limitações de um atendimento feito à distância, enaltecendo a necessidade do seu consentimento, livre e esclarecido, com o cumprimento de um dever amplo de informar.

(iv) compaixão – em período de pandemia, quando podem se tornar limitadas as possibilidades do profissional agir conforme as expectativas, desejos e valores do paciente, além de uma comunicação adequada para que este compreenda quais cuidados lhe estão sendo prestados e não se sinta abandonado, é preciso uma dose extraordinária de compaixão, para lidar com o sofrimento, angústia e até desespero do outro. Nos noticiários e conversas, o problema parece se resumir a números: de contaminados, mortos, recuperados; de pessoas que aderiram ao distanciamento, pessoas que precisam se deslocar para o trabalho; de leitos e profissionais disponíveis, entre outros. No tête-à-tête com o doente, no entanto, é a compaixão que re-humaniza o paciente, que volta a se sentir uma pessoa, uma vida que conta como qualquer outra.

"Curar às vezes, aliviar muito frequentemente e consolar sempre". A frase, de autoria controvertida, deve nortear a prestação dos cuidados ao paciente, sendo certo que há sempre algum cuidado a ser prestado, ainda que não tenha por objetivo a cura e remissão da doença.

(v) continuidade – Os médicos devem manter a continuidade da relação com os pacientes que já acompanhavam antes, especialmente pacientes crônicos, tornando-se acessíveis ao contato e realização de consultas, salvo impossibilidade ou circunstâncias especiais. Fazer, neste contexto especial, que o paciente tenha que procurar um novo profissional, com quem não tem ainda estabelecidos os demais elementos da relação médico-paciente ideal, é trazer conflito para a classe, com risco de litígios tanto em relação ao médico anterior quanto o novo.

Defende-se mesmo uma postura ativa dos profissionais – ex.: contato telefônico – na abordagem de pacientes crônicos, cuja interrupção dos cuidados e monitoramento possa gerar graves consequências[64].

(vi) ausência de conflito de interesses – o médico deve deixar claro que suas recomendações, na abordagem terapêutica do paciente com diagnóstico não Covid, correspondem ao padrão de cuidados adequados, diante das circunstâncias e o melhor interesse do paciente.

Entre os diversos protocolos de alocação de recursos escassos que estão sendo discutidos pelo mundo, uma máxima comum é a de que não deve haver diferenciação entre pacientes pelo só fato de seu diagnóstico, se Covid-19 ou não Covid[65]. Isso tem especial implicação sobre a alimentação de expectativas de um falso conflito de interesse entre os pacientes. É preciso esforço para que o paciente de outros diagnósticos não se sinta preterido em relação àqueles que recebem tratamento por Covid-19, assim como que entre os diversos pacientes infectados por Covid-19, especialmente num ambiente de limitação de recursos, não se fomente uma visão de que o atendimento das necessidades de um significa a negação das do outro.

Nesses momentos, é preciso incrementar a comunicação, transparência e compaixão para que os pacientes se sintam cuidados, na maior medida possível, quaisquer que sejam seus prognósticos e comorbidades, evitando-se possíveis distorções na forma de sensação de conflito de interesses ou de abandono.

---

64. MEDSCAPE. *Patients*: retournez chez le médecin! Publicado em 17.04.2020. Disponível em: <https://francais.medscape.com/voirarticle/3605868?src=soc_fb_200417_mscpfr_news_mdscp_consultation&faf=1#vp_1>. Acesso em 18.04.2020.

65. EMANUEL, Ezekiel J. et al. Fair Allocation of Scarce Medical Resources in the Time of Covid-19. *The New England Journal of Medicine*: 2020. Disponível em: https://www.nejm.org/doi/full/10.1056/NEJMsb2005114 . Acesso em: 14.04.2020.

8. CONSIDERAÇÕES FINAIS

A situação de emergência em saúde pública, decorrente da infecção por coronavírus, vem produzindo impactos profundos sobre a harmonia e desenvolvimento da relação de cuidados entre médicos e pacientes.

Anteriormente à crise, apesar da predominância de um modelo de mútua participação dos sujeitos, destacava-se a existência de uma especial vulnerabilidade do paciente, especialmente em aspectos técnico-informacionais, o que tornava exigível do médico um esforço para sua superação, por meio de um cumprimento de um dever qualificado de informação. Na pandemia, tal vulnerabilidade se acentua, diante dos medos e incertezas, da potencial letalidade da doença, e das limitações da capacidade de atendimento do sistema de saúde às elevadas demandas de cuidado.

Paralelamente, assiste-se à vulneração daquele que sempre foi considerado o polo forte da relação: o médico. O médico – e demais profissionais de saúde – se depara, de forma inédita e flagrante, com sua humanidade e limitação, diante do especial risco de contágio, agravado pela escassez de equipamentos de produção individual no mercado. Também questiona sua tradicional posição de "salvador", ao enfrentar uma doença para a qual não há tratamento com eficácia comprovada, sabendo que o aumento do número de infectados – esperado, com base na análise do cenário vivenciado em países onde a epidemia se deflagrou antecipadamente – tem a propensão de superar a capacidade de atendimento das estruturas existentes. Ainda, ao médico passa a ser exigida a adaptação imediata e adoção de técnicas de atendimento à distância do paciente, antes vistas com resistência e cautela pela classe e órgãos dirigentes.

Este cenário de vulnerabilidade e incerteza afeta de forma sensível cada um dos elementos que devem estar harmonizados na relação médico-paciente, para que se garanta a confiança entre as partes.

A escolha do profissional que prestará os cuidados, e dos próprios cuidados e tratamentos, se torna limitada. A competência do médico é colocada em xeque pela dificuldade de prestar um atendimento adequado, em face das medidas de distanciamento social e das limitações do atendimento por vias eletrônicas. A continuidade dos cuidados também é impactada pelas medidas de distanciamento social e a recomendação de que todos os pacientes – Covid e não Covid – abstenham-se do contato próximo com outras pessoas e evitem o deslocamento a serviços de saúde. Há um risco de que os pacientes se sintam desassistidos e preteridos em face de outros interesses: (i) tanto os pacientes Covid, diante da falta de disponibilidade de testes da doença e do risco de esgotamento dos recursos para o atendimento da enorme demanda, na iniciativa pública e na privada; (ii) quanto os pacientes não Covid que, vendo todas as atenções voltadas ao enfrentamento da pandemia, podem se sentir desestimulados a buscar o acompanhamento de enfermidades crônicas ou o tratamento de novas afecções. Os elementos da comunicação e compaixão, também impactados, revelam maior importância para a garantia do equilíbrio e confiança na relação.

É preciso um especial cuidado com a comunicação, necessária para reduzir a vulnerabilidade do paciente, pelo fornecimento de informação adequada e transparente sobre sua saúde, e transmissão da confiança de que não será desassistido e recebe os cuidados adequados e possíveis, com respeito de sua pessoalidade. A compaixão é o elemento capaz de unir os dois sujeitos, médico e pacientes, em torno de sua humanidade, buscando, por meio do diálogo, a elucidação dos valores e desejos, a superação dos medos, e o acolhimento das angústias, diante do cenário de incerteza.

A reflexão em torno dos impactos do cenário de pandemia sobre cada elemento da relação médico-paciente é essencial para que se estabeleçam estratégias para a minimização dos prejuízos à confiança e o afastamento da consequente litigiosidade, além de contribuir para a manutenção do bem estar e redução da vulnerabilidade dos sujeitos.

Apesar de emergenciais, as mudanças vivenciadas na atualidade deixarão marcas permanentes para a prática da medicina e o padrão das relações de cuidado. O primado da bioética e a humanização do cuidado são as chaves para que tais mudanças se convertam em legado positivo.

9. REFERÊNCIAS

ALMEIDA, Márcio. Tecnologia e medicina: uma visão da academia. *Revista Bioética*, Brasília/DF: vol. 8, nº 1, p. 169-78, 2000.

ASSOCIAÇÃO MÉDICA BRASILEIRA. *Falta EPIs no Brasil Inteiro!* 2020. Disponível em: <https://amb. org.br/noticias/falta-epis-no-brasil-inteiro/>. Acesso em: 08.04.2020.

BACK, A, et.al. Communication Skills in the Age of Covid-19. *Annals of Internal Medicine*. 2020; [Epub ahead of print 2 April 2020]. Disponível em: <https://doi.org/10.7326/M20-1376>. Acesso em: 08.04.2020.

BARCHIFONTAINE, Christian de Paul; TRINDADE, Marcos Aurélio. Bioética, saúde e realidade brasileira. *Revista Bioética*, Brasília/DF: vol.27, nº 3, p. 439-445, 2019.

BROOKS K, et. al. Sociocultural issues in clinical research. *Arthritis Rheum (Arthritis Care Res)* 2001; 45: 203–7.

CAMPOS, Adriana; OLIVEIRA, Daniela. A relação entre o princípio da autonomia e o princípio da beneficência (e não maleficência) na bioética médica. *Revista Brasileira de Estudos Políticos*, Belo Horizonte: nº 115, p. 13-45, 2017.

CARVALHO, Carla Vasconcelos. *Direito à saúde e Direito das patentes de medicamentos no núcleo de proteção dos direitos da personalidade.* 2016. Dissertação (Doutorado) – Programa de Pós-Graduação em Direito, Universidade Federal de Minas Gerais, Belo Horizonte, 2016.

CONSELHO NACIONAL DE JUSTIÇA (CNJ). *Demandas judiciais relativas à saúde crescem 130% em dez anos.* 18 de março de 2019. Disponível em: www.cnj.jus.br/demandas-judiciais-relativas-a-saude--crescem-130-em-dez-anos. Acesso em: 13.04.2020.

CORRÊA, F.A (org.). *Diálogos entre o direito e medicina: estudos em homenagem ao CRM/TO.* Curitiba: Instituto Memória – Centro de Estudos da Contemporaneidade., 2019.

CUNHA, Tiago; LORENZO, Cláudio. Bioética Global na perspectiva da bioética crítica. *Revista Bioética*, Brasília/DF: vol.22, n. 1, p. 116-125, 2014.

EMANUEL EJ, DUBLER NN. Preserving the Physician-Patient Relationship in the Era of Managed Care. *JAMA*. 1995; 273(4): 323–329. Disponível em: <https://www.ncbi.nlm.nih.gov/pubmed/7815662>. Acesso em 08.04.2020.

EMANUEL, Ezekiel J. et al. *Fair Allocation of Scarce Medical Resources in the Time of Covid-19. The New England Journal of Medicine*: 2020. Disponível em: <https://www.nejm.org/doi/full/10.1056/NE-JMsb2005114>. Acesso em: 14.04.2020.

EYAL, Gil. et al. The Physician-Patient Relationship in the Age of Precision Medicine. *Genetics in Medicine*, Estados Unidos: v. 21, nº 4, p. 813-815, 2019.

FONSECA, Pedro H.C; FONSECA, Maria Paula. *Direito Médico de acordo com o novo CPC*, 1ª reimp., Belo Horizonte: Editora D'Plácido, 2018, p. 77.

GARRAFA, Volnei; MARTORELL, Leandro; NASCIMENTO, Wanderson. Críticas ao principialismo em bioética: perspectivas desde o norte e desde o sul. *Revista Saúde e Sociedade*, São Paulo: v.25, nº2, p.442-451, 2016.

GOMES, Annatalia; CAPRARA, Andrea; LANDIM, Lucyla; VASCONCELOS, Mardênia. Relação médico-paciente: entre o desejável e o possível na Atenção Primária à Saúde. *Revista de Saúde Coletiva*, Rio de Janeiro: v. 22, nº 3, 1101-1119, 2012.

GOOLD, Susan Dorr. Trust, distrust and trustworthiness. *Journal of general internal medicine*. vol. 17, 1 (2002): 79-81. Disponível em: <https://www.ncbi.nlm.nih.gov/pmc/articles/PMC1495000/pdf/jgi_11132.pdf>. Acesso em 08.04.2020.

GUILHEM, Dirce; DINIZ, Debora. *O que é bioética*. São Paulo: Brasiliense, 2002, p. 25-33.

HARBISHETTAR V, KRISHNA KR, SRINIVASA P, GOWDA M. The enigma of doctor-patient relationship. *Indian J Psychiatry*: v.61, nº4, 2019.

HELLIN, T. The physician–patient relationship: recent developments and changes. *Haemophilia*. v.8, p. 450-454, 2002.

JORNAL NACIONAL. *Moraes Moreira morre aos 72 após infarto em casa*. Disponível em: <https://g1.glo-bo.com/jornal-nacional/noticia/2020/04/13/moraes-moreira-morre-aos-72-apos-infarto-em-casa.ghtml>. Acesso em 17.04.2020.

KITTLESON Michelle. The Invisible Hand — Medical Care during the Pandemic. *The New England Journal of Medicine*. April 2, 2020. Disponível em: <https://www.nejm.org/doi/full/10.1056/NE-JMp2006607>. Acesso em 08.04.2020.

KOIRALA N. Trust and communication in a doctor patient relationship. *Birat Journal of Health Sciences*. Vol. 4, No.3, Issue 10, p. 770, Sep-Dec. 2019.

KUTIKOV A, et al. A War on Two Fronts: Cancer Care in the Time of Covid-19. *Annals of Internal Medicine*. 2020; [Epub ahead of print 27 March 2020]. Disponível em: <https://doi.org/10.7326/M20-1133>. Acesso em 08.04.2020.

MEDSCAPE. *Patients: retournez chez le médecin!* Publicado em 17.04.2020. Disponível em: <https://francais.medscape.com/voirarticle/3605868?src=soc_fb_200417_mscpfr_news_mdscp_consul-tation&faf=1#vp_1>. Acesso em 18.04.2020.

MIRANDA-SÁ, Luiz Salvador. *Uma introdução à medicina – volume 1: O médico*. Brasília/DF: Conselho Federal de Medicina, 2013, p.81.

NILO, Alessandro; SILVA, Mônica. A relação paciente médico: por uma nomeoclatura bioética. *Revista Direito e Justiça*: Reflexões Sociojurídicas, Santo Ângelo: v.19, nº 35, p.79-107, 2019.

O'Malley AS, Forrest CB. Beyond the examination room: primary care performance and the patient-physician relationship for low- income women. *Journal of General Internal Medicine*, 2002; 17: 66-73. Disponível em: <https://www.ncbi.nlm.nih.gov/pmc/articles/PMC1495002/pdf/jgi_10338.pdf>. Acesso em: 08.04.2020.

PATERNOTTE E, van, et. Al. Factors influencing intercultural doctor-patient communication: a realist review. *Patient Education and Counseling*, v. 98, nº 4, p.420-445, 2015. Disponível em: <https://

www.sciencedirect.com/science/article/abs/pii/S0738399114004911?via%3Dihub>. Acesso em: 13.04.2020

PESSINI, Leo; HOSSNE, William Saad. A nova edição (4ª) da Enciclopédia de Bioética. *Revista Bioethikos*. São Camilo: v.8, nº4, p.359-364, 2014.

PETROCCHI, S. et. al. Interpersonal trust in doctor-patient relation: Evidence from dyadic analysis and association with quality of dyadic communication. *Social Science & Medicine,* Holanda: v.235, 2019.

RIZZARDO, Arnaldo. Contratos. 18. ed. Rio de Janeiro: Forense, 2019.

ROSENBAUM, Lisa. The Untold Toll — The Pandemic's Effects on Patients without Covid-19. *The New England Journal of Medicine*, published on April 17, 2020. Disponível em: <https://www.nejm.org/doi/full/10.1056/NEJMms2009984>. Acesso em 17.04.2020.

SÁ, Maria de Fátima; NAVES, Bruno; SOUZA, Iara; (org.). *Direito e medicina: autonomia e vulnerabilidade em ambiente hospitalar.* Indaiatuba: Foco, 2018.

SHANAFELT, Tait; RIPP, Jonathan; TROCKEL, Mickey. *Understanding and Addressing Sources of Anxiety Among Health Care Professionals During the Covid-19 Pandemic. JAMA,* 2020. Disponível em: <https://jamanetwork.com/journals/jama/fullarticle/2764380>. Acesso em: 14.04.2020.

SOARES, Francisco José Passos; SHIMIZU, Helena Eri; GARRAFA, Volnei. Código de Ética Médica brasileiro: limites deontológicos e bioéticos. *Revista Bioética*, Brasília: v. 25, n. 2, p. 244-254, 2017. Disponível em: <www.scielo.br/scielo.php?script=sci_arttext&pid=S1983=80422017000200244-&lng=en&nrm-iso>. Acesso em: 13.04.2020.

STENSLAND, Kristian D., et al. Considerations in the triage of urologic surgeries during the covid-19 pandemic. *European Urology*. Disponível em: <-https://els-jbs-prod-cdn.literatumonline.com/pb/assets/raw/Health%20Advance/journals/eururo/EURUROL-D-20-00380-1584548684213.pdf>. Acesso em 15.04.2020.

SZASZ, Thomas; HOLLENDER, Marc. *A contribution to the philosophy of medicine – the basic models of the doctor-patient relationship.* JAMA Intern Med.: v.97, nº5, p. 585-592, 1956. Disponível em: <https://jamanetwork.com/journals/jamainternalmedicine/article-abstract/560914?resultClick=1>. Acesso em: 13.04.2020.

THE LANCET. *Editorial. Redefining Vulnerability in the era of Covid-19*. Reino Unido: v. 395, april 4, p. 1089, 2020. Disponível em: <https://www.thelancet.com/pdfs/journals/lancet/PIIS0140-6736(20)30757-1.pdf>. Acesso em 08.04.2020.

THE ROYAL COLLEGE OF PHYSICIANS. *Ethical guidance published for frontline staff dealing with pandemic.* Londres: 2020. Disponível em: <https://www.rcplondon.ac.uk/news/ethical-guidance--published-frontline-staff-dealing-pandemic>. Acesso em: 08.04.2020.

THORPE, Alistair, et. al. *Always take your doctor's advice: Does trust moderate the effect of information on inappropriate antibiotic prescribing expectations?* British Journal of Health Psychology, Reino Unido: 2020.

UOL. *Morre o escritor Rubem Fonseca, aos 94 anos, após infarto.* Disponível em <https://entretenimento.uol.com.br/noticias/redacao/2020/04/15/morre-rubem-fonseca-escritor-mineiro-vencedor-do-premio-camoes-aos-94.htm>. Acesso em 17.04.2020.

WHO – Epidemic and Pandemic Alert and Response. *Ethical considerations in developing a public health response to pandemic influenza*. Geneva: World Health Organization, 2007. Disponível em: <https://www.who.int/csr/resources/publications/WHO_CDS_EPR_GIP_2007_2c.pdf>. Acesso em: 08.04.2020.

ZHIXIA, Chen; MENGCHU, Zhao. *Structure and Measurement of Doctor-Patient Trust and Its Integrated Model.* Journal of Psychological Science: 2018. Disponível em: <http://en.cnki.com.cn/Article_en/CJFDTotal-XLKX201801025.htm>. Acesso em: 14.04.2020.

IDOSOS E COVID-19: O DESCORTINAMENTO DE UMA SOCIEDADE (IN)CIVILIZADA

Lívia Abigail Callegari

Especialista em Direito da Medicina pela Faculdade de Direito da Universidade de Coimbra e em Bioética pela Faculdade de Medicina da USP. Membro do Comitê de Ética em Pesquisa da Escola de Enfermagem da USP. Pesquisadora do Grupo de Pesquisa em Bioética. Direito e Medicina da Faculdade de Medicina da USP (GBDM/FMUSP). Advogada Inscrita nas Ordens dos Advogados do Brasil e de Portugal

Sarah Stephanie Silva e Santos

Graduanda em Psicologia. Membro Pesquisadora do Grupo de Estudos e Pesquisa em Bioética (GEPBio) do Centro Universitário Newton Paiva.

"Nenhum homem é uma ilha isolada; cada homem é uma partícula do continente, uma parte da terra; se um torrão é arrastado para o mar, a Europa fica diminuída, como se fosse um promontório, como se fosse a casa dos teus amigos ou a tua própria; a morte de qualquer homem diminui-me, porque sou parte do gênero humano. E por isso não perguntes por quem os sinos dobram; eles dobram por ti."

(John Donne)

Sumário: 1. Introdução. 2. Aspectos conceituais do envelhecimento. 3. Desafios sociais. 4. Ageísmo e alocação de recursos escassos na pandemia. 5. Impactos psico-sócio-econômicos no isolamento e na morte de idosos por Covid-19. 6. Idosos em instituições de longa permanência. 7. Considerações finais. 8. Referências.

1. INTRODUÇÃO

Marcado pela pandemia Covid-19 (Coronavirus Disease 2019), o ano de 2020 entrará para a história da humanidade como período que trouxe, em toda parte do planeta, implacável revelação das lacunas estruturais de cada país, justamente por se tratarem de assuntos negligenciados, ou mesmo postergados dentro de cada política de Estado, o que acabou por causar, de imediato, em desastrosas repercussões. Desvelaram-se as fragilidades e insustentabilidades contidas nos sistemas de saúde, além de outros problemas sanitários latentes, tanto de infraestrutura, como da ausência de informação básica aos cidadãos oriunda de processo educativo que propicie letramento em saúde, por meio de aprendizagem sobre conceitos básicos a resultar, inclusive, em adequadas medidas de autocuidado.

De toda essa rápida profusão de acontecimentos e, não menos provável, em virtude das necessárias medidas de isolamento para a contenção da propagação do vírus, estabeleceu-se um frontal abalo na economia mundial, de cujas consequências adversas permanecerão durante um longo período de recuperação.

Outrossim, a sensação ilusória de invencibilidade trazida pela evolução da tecnologia causa ansiedade exacerbada e certa frustração em boa parte das pessoas, pela ausência de solução imediata para os obstáculos que se apresentam. Fato é que o tempo da ciência nem sempre corresponde ao tempo da resposta almejada e das soluções requisitadas pelo senso comum. Para o momento, devido à necessidade de se introduzir proteção em favor dos indivíduos mais susceptíveis a abalos de toda ordem, resta apenas amenizar os potenciais riscos. Para tanto, é indispensável a revisitação do conceito de autonomia, com o objetivo de reavaliar os seus limites e ratificar possibilidade de responsabilização decorrente de injustificadas atitudes que possam causar perigo desnecessário à comunidade.

Isso porque, para alguns, o vírus com alto índice de transmissão pode ser mera inconveniência que os obriga a trabalhar e estudar em casa, a não aglomerar em determinados espaços de lazer ou a usar máscara de proteção nos ambientes públicos. Contudo, o mundo já registra milhões de casos e centenas de milhares de mortos pela doença. Além de colocar em evidência os mais variados problemas na estruturação social, a magnitude dos números é incapaz de negar a presença massiva dos que pagam o maior preço pela propagação desenfreada, aqueles cuja faixa etária é o principal foco dos óbitos precoces: os idosos.

Por tantas vulnerabilidades inerentes e impostas aos idosos, o novo coronavírus encontra facilidade em capturá-los. A lista que remete à fragilidade dessa vertente da população brasileira é extensa e abrange desde a discriminação por idade, às comorbidades associadas até os governos que destinam recursos propositalmente desatentos à dignidade da pessoa idosa. Notoriamente, segue sem ignorar o congestionamento do Sistema Único de Saúde na tentativa de amparar a grande maioria dos idosos brasileiros e sem, tampouco, omitir os efeitos indiretos da pandemia, como sintomatologias depressivas e descompensação de doenças crônicas.

O presente estudo intenciona reunir e discutir os materiais já produzidos acerca dos agentes e dos desdobramentos porventura envolvidos na relação entre idosos brasileiros e Covid-19, revisitar alguns conceitos, bem como assinalar as dificuldades e os acertos evidentes até então. Pelo exposto a seguir, é possível verificar como a sociedade carece de repercutir produções acerca da relevante existência da pessoa idosa.

2. ASPECTOS CONCEITUAIS DO ENVELHECIMENTO

O envelhecimento populacional é uma das maiores conquistas da sociedade. Há bem pouco tempo, travava-se uma batalha contra a perda da natalidade. Atualmente, há o aumento da qualidade e da expectativa de vida, fato este que enseja formação de novos valores e adaptação aos costumes dessa ordem que se instala. No entanto, cabe pontuar que cada país, de acordo com a sua perspectiva sociocultural e econômica, delimita os modelos e soluções estruturais para lidar com essa camada da população. Por isso que o envelhecimento em cada país incorpora diferentes nuances.

Define-se envelhecimento como o conjunto de alterações estruturais e funcionais do organismo que se acumulam progressiva e especificamente em função da idade[1]. Resulta, portanto, de uma eficiência cada vez menor dos mecanismos de adaptação, que leva à uma diminuição progressiva da reserva funcional e, consequente, menor capacidade de manter a homeostase em face das alterações do meio externo[2].

De acordo com a literatura médica, o conceito de envelhecimento não é limitado em si. Distingue-se didaticamente entre senescência e senilidade. O primeiro termo, sumariamente, designa o período de transição entre o adulto maduro e o velho, e no segundo termo, por definição, são consideradas as perdas das funções, ligadas à passagem do tempo, que comprometem a qualidade de vida, autonomia e, principalmente, as funções mentais[3]-[4].

O processo de envelhecimento, portanto, deve ser objeto de estudo de ciências como bioquímica, economia, direito, medicina, psicologia, sociologia e política[5]. Por isso, estudar isoladamente o fenômeno do envelhecimento, ou apenas genericamente pautado nos aspectos físicos, não é a mais adequada forma, pois cada grupo de idosos será moldado de acordo com a sua visão de mundo compartilhada em práticas, crenças e valores[6]. Assim, não deve ser visto apenas como um fenômeno biológico, mas algo também atrelado às diferentes culturas, segundo as quais, a representação do idoso terá uma forma distinta na sociedade[7].

A palavra idoso, que deriva na língua portuguesa do vernáculo idadoso, semanticamente aproximado à palavra ancião, velho, por substituição e forma de amenizar o contexto pejorativo – leitura muito comum nas sociedades ocidentais – tem-se apresentado com o termo terceira idade ou melhor idade[8]. Produtos, outrora chamados de antienvelhecimento, hoje tem a indicação de "anti-idade". Tudo para fugir se dessa realidade implacável.

O envelhecimento é um fator emocional, um processo que acontece com o passar do tempo. Todavia, as percepções individuais são muito mais abrangentes, pois a temporariedade está inserida na vivência pessoal, nos aspectos naturais e na contextualização social. Nesse sentido, ao trazer o estudo das diferentes percepções, elucida Azevedo (2014, p. 203) sobre as dimensões natural, sociocultural e pessoal. A dimensão natural envolve

---

1. Conceito firmado por César Timo-Iaria, chefe do laboratório de Neurocirurgia Funcional da Faculdade de Medicina da Universidade de São Paulo, citado por KAUFMAN, Fani. *Novo velho envelhecimento:* Olhares e perspectivas. São Paulo: Casa do Psicólogo, 2012.
2. NORONHA, Priscila. *Aspectos biológicos do envelhecimento suas repercussões na prática médica*, op. cit. 69.
3. VARGAS, Nairo. *Conjugalidade e Envelhecimento* op. cit. 138.
4. PAÚL, Constança. *Envelhecimento Activo e redes de suporte social*. Porto: ICBAS-UP. Disponível em: http://ler.letras. up.pt/uploads/ficheiros/3732.pdf. Acesso em: 05.08.2020.
5. PAÚL, Constança. A construção de um modelo de envelhecimento humano. 2003, p. 25. In PAÚL, C; FONSECA, AM. *Envelhecer em Portugal*. Lisboa: Climepsi Editores; 2003.
6. HECK, RM; LAUGLON, EJ. Envelhecimento, relações de gênero e o papel das mulheres na organização da vida em comunidade rural. In: MINAYVO MCS, Coimbra Jr CEA. *Antropologia, Saúde e Envelhecimento*. Rio de Janeiro: FIOCRUZ; 2002. Disponível em: http://books.scielo.org/id/d2frp/pdf/minayo-9788575413043-08.pdf Acesso em: 10.08.2020.
7. DALLEPIANE, LB. *Envelhecimento humano*: campo de saberes e prática em saúde. Ijaí: Editora Unijaí; 2009.
8. BELATO, D. História da velhice. In: DALLEPIANE, LB. *Envelhecimento humano*: campo de saberes e prática em saúde. Ijaí: Editora Unijaí; 2009, p. 23.

ritmos físicos e biológicos, é um processo ligado ao corpo. Já a dimensão sociocultural diz respeito aos significados e interpretações do envelhecer, concretizados por meio de narrativas que determinam em que momento os indivíduos passam a ser idosos, se devem ser respeitados ou não, bem como as dificuldades que poderão enfrentar. Enquanto a dimensão pessoal faz referência à forma idiossincrática, o estilo de vida, a educação e alguns contextos sociais, regidos pela herança genética, de modo que o tempo é organizado de forma diferente e individual[9]. Segundo Beauvoir (1990, p. 99):

> como todas as situações humanas, a velhice tem uma dimensão existencial; modifica a relação do indivíduo com o tempo e, portanto, sua relação com o mundo e com a própria história. Por outro lado, o homem não vive em estado natural. Na sua velhice, como em qualquer idade, seu estatuto é imposto pela sociedade à qual pertence[10].

Por esse motivo, é tão difícil e complexo existir a possibilidade de um conceito universal e hermético sobre envelhecimento, pois cada país e cada comunidade, de acordo com os seus parâmetros populacionais, têm a sua concepção, com base em seus próprios valores.

No entanto, paradoxalmente ao exposto, e por uma necessidade prática, há um nivelamento a partir de um marco para o indivíduo ser socialmente considerado idoso, que é fixado de acordo com um critério etário. Apesar de adotado em grande parte dos países, alguns autores ratificam um entendimento contrário que, não muito futuramente, poderá justificar algumas mudanças de critério. Para Lessa (1998, p. 205):

> o envelhecimento não começa repentinamente aos sessenta anos, mas consiste no acúmulo de interações de processos sociais, biológicos e do comportamento durante toda a vida, de modo que um indivíduo com menos de sessenta anos pode ser considerado um idoso do ponto de vista orgânico, mental e intelectual, ao passo que um septuagenário ou octogenário pode até ter todas essas funções preservadas, mesmo uma mentalidade coesa com as demais gerações, cabendo-lhe a designação de idoso apenas por sua idade cronológica[11]

Por esse motivo, questiona-se a validade do marco etário legalmente estabelecido. Em tênue entendimento, passam a se diferenciar alguns estudos, que consideram as possibilidades diferentes de idade, segundo o critério cronológico, biológico, funcional, psicológico e social. A idade cronológica auxilia no critério relativo à previdência social, mas nem sempre está intimamente ligada com a idade biológica. Com relação à idade biológica, há dificuldade de determinar o seu marco, eis que não existem marcadores biofisiológicos eficazes para marcar o processo de envelhecimento. A idade funcional possui

---

9. AZEVEDO, MJ et AL. Perspectiva de tempo em pessoas idosas. In: LOPES, MJ; MENDES, FRP; SILVA, AO. *Envelhecimento estudos e perspectivas*. São Paulo: Martinari; 2014, p. 203.
10. "A sociedade destina ao velho seu lugar e papel, levando em conta sua idiossincrasia individual, sua impotência, sua experiência. Reciprocamente, o indivíduo é condicionado pela atitude prática e ideológica da sociedade em relação a ele. Não basta, portanto, descrever, de maneira analítica, os diversos aspectos da velhice. Cada um desses aspectos vai reagir sobre todos os outros e ser afetado por todos esses outros. É nesse movimento indefinido dessa circularidade que é preciso apreender a velhice". In: BEAUVOIR, S. *A velhice*. Rio de Janeiro: Ed. Nova Fronteira, 1990, p. 99.
11. LESSA, I. Epidemiologia das doenças crônicas não transmissíveis versus terceira idade. *O adulto brasileiro e as doenças da modernidade*: epidemiologia das doenças crônicas não –transmissíveis. São Paulo-Rio de Janeiro: Hucitec: Abrasco. 1998, p. 205.

estreita ligação com a idade biológica e utiliza como parâmetro o grau de conservação e capacidade adaptativa em comparação com a idade cronológica. Já a idade psicológica tem íntima relação com a idade cronológica, aliada a capacidades como percepção, aprendizagem e memória. Por fim, a idade social inclui a capacidade de adequação de um indivíduo ao desempenho de atividades e comportamentos esperados às pessoas da mesma faixa etária, em um determinado momento da história de cada sociedade[12].

Todavia, apesar de não ser o mais adequado e sofrer muitas críticas pelas mais aprofundadas razões que permeiam o tema, o critério etário atende a uma adequada funcionalidade[13].

3.   DESAFIOS SOCIAIS

Para Greenspan (2007)[14], o envelhecimento da população norte-americana seria o maior desafio econômico para os Estados Unidos atualmente, já que cerca de 30 milhões de *baby boomers* (aqueles nascidos entre 1946 e 1964) estão se aposentando e sobrecarregando os gastos com a Previdência Social e com o Medicare, seguro de saúde federal destinado às pessoas com idade igual ou superior a 65 anos. Essa preocupação com o envelhecimento populacional também atinge urgentemente Europa, Japão e China, esta última devido à redução da natalidade por meio da política do filho único – encerrada em 2015[15]). Contudo, sem dúvidas, o envelhecimento populacional no Brasil também representa uma preocupação pois, segundo Kalache (2008, p. 1110), "ao contrário dos países desenvolvidos que se tornaram ricos antes de envelhecer, os países em desenvolvimento estão envelhecendo antes de enriquecerem"[16].

Importante salientar que, antes de haver temor na seguridade social devido à longevidade, esta foi uma ambição das sociedades durante muitos anos, alcançada mediante diversas tecnologias. Segundo, Mendes et al (2005, p. 423):

> O envelhecimento da população é um fenômeno mundial iniciado, a princípio, nos países desenvolvidos em decorrência da queda de mortalidade, a grandes conquistas do conhecimento médico, urbanização adequada das cidades, melhoria nutricional, elevação dos níveis de higiene pessoal e ambiental tanto em residências como no trabalho assim como, em decorrência dos avanços tecnológicos. Todos esses fatores começaram a ocorrer no final da década de 40 e início dos anos 50[17].

---

12. BELATO, D. História da velhice. In: DALLEPIANE, LB. *Envelhecimento humano*: campo de saberes e prática em saúde. Ijaí: Editora Unijaí; 2009, p. 37.

13. TEIXEIRA, MB. *Empoderamento de idosos em grupos direcionados à promoção da saúde*. Rio de Janeiro: Fiocruz; 2002. Disponível em: http://portalteses.icict.fiocruz.br/transf.php?id=000034&lng=pt&nrm=iso&script=thes_cover. Acesso em: 05.08.2020.

14. GREENSPAN,Alan. *The Age of Turbulence*. The Penguin Press. New York, 2007.

15. *China acaba com a política do filho único*, 2015. G1, São Paulo, 29 out. 2015 Disponível em: http://g1.globo.com/mundo/noticia/2015/10/china-acaba-com-politica-do-filho-unico-e-permitira-dois-filhos-por-casal.html#:~:text=O%20Partido%20Comunista%20da%20China,casal%20tenha%20at%C3%A9%20dois%20filhos.&text=No%20in%C3%ADcio%20de%202015%2C%20o,a%20pol%C3%ADtica%20do%20filho%20%C3%BAnico. Acesso em: 06.08.2020.

16. KALACHE, Alexandre. O mundo envelhece: é imperativo criar um pacto de solidariedade social. *Ciênc. saúde coletiva*, Rio de Janeiro, v. 13, n. 4, p. 1107-1111, Ago. 2008. Disponível em: http://www.scielo.br/scielo.php?script=sci_arttext&pid=S1413-81232008000400002&lng=en&nrm=iso . Acesso em: 02.08.2020.

17. MENDES, Márcia R.S.S. Barbosa et al. *A situação social do idoso no Brasil*: uma breve consideração. Acta paul. enferm., São Paulo, v.18, n. 4, p. 422-426, Dez. 2005. Disponível em: http://www.scielo.br/scielo.php?script=sci_arttext&pid=S0103-21002005000400011&lng=en&nrm=iso. Acesso em: 02.08.2020.

Assim, em virtude do envelhecimento da população, torna-se imprescindível a existência de políticas públicas que garantam a dignidade da pessoa idosa, como sujeito de direitos[18]. No Brasil, um marco das políticas públicas voltadas à população idosa é o Estatuto do Idoso, Lei Nº 10.741 de 2003, segundo o qual, assim é considerado todo aquele igual ou acima de 60 anos de idade[19]. De acordo com dados do Instituto Brasileiro de Geografia e Estatística (IBGE) de 2019, 16,2% da população brasileira – estimada em 210.147.125 pessoas – são idosos acima de 60 anos[20].

Recentemente, por inegavelmente terem sofrido os maiores riscos e danos, as populações idosas tornaram-se preocupação mundial devido à crise sanitária causada pelo novo coronavírus (SARS-CoV-2), o que reforçou a atenção para necessária e urgente reformulação de estratégias e protocolos de enfrentamento, que previssem manejo e cuidado adequado para esse núcleo de pessoas que merece especial atenção. A denominada Síndrome respiratória aguda grave 2, foi inicialmente identificada na cidade de Wuhan, na China e os sintomas podem envolver febre, tosse seca, entre outros[21]. Com o aprofundar dos estudos e desdobramentos de sintomas, descobriu-se que a Covid- 19, não é uma doença que apenas afeta o trato respiratório, mas a depender das complicações, que tem desdobramento variado em cada indivíduo – razões essas que a ciência ainda não desvendou- comporta-se como uma doença sistêmica. Em virtude dos alarmantes acontecimentos e o avassalador descontrole no número de mortos, a Organização Mundial da Saúde (OMS) declarou que, apesar de qualquer indivíduo ser susceptível à contaminação pela *coronavirus disease* 2019 (Covid-19), os idosos e aqueles que apresentem condições médicas preexistentes formam o grupo de risco[22].

De acordo com o Ministério da Saúde, até 07 de agosto de 2020, são 2.912.212 contaminados e 98.493 mortos brasileiros pela doença[23]. A plataforma da instituição não apresenta os óbitos divididos por faixa etária, contudo, os Cartórios de Registro Civil do Brasil apontam que, entre 16 de março de 2020 e 07 de agosto do mesmo ano, já foram registrados 65.745 óbitos de pessoas com idade igual ou acima de 60 anos, mortos com suspeita ou confirmação de Covid-19. O número representa 74,5% do total de óbitos pelo novo coronavírus que, até então, segundo os cartórios, é de 88.298 pessoas[24]. A diferença entre os números de óbitos apresentados pelo Ministério da Saúde e pelos cartórios provavelmente se dá devido aos prazos legais de registros de óbitos, que podem

---

18. SILVA, Maria do Rosário de Fátima e. Envelhecimento e proteção social: aproximações entre Brasil, América Latina e Portugal. *Serv. Soc. Soc.*, São Paulo, n. 126, p. 215-234, jun. 2016. Disponível em: http://www.scielo.br/scielo. php?script=sci_arttext&pid=S0101-66282016000200215&lng=pt&nrm=iso. Acesso em: 02.08.2020.

19. BRASIL. *Lei 10.741 de 2003*, de 1º de outubro de 2003. Estatuto do Idoso. Disponível em: http://www.planalto. gov.br/ccivil_03/leis/2003/l10.741.htm#:~:text=LEI%20No%2010.741%2C%20DE%201%C2%BA%20DE%20 OUTUBRO%20DE%202003.&text=Disp%C3%B5e%20sobre%20o%20Estatuto%20do%20Idoso%20e%20d%- C3%A1%20outras%20provid%C3%AAncias.&text=Art.,a%2060%20(sessenta)%20anos. Acesso em: 02.08.2020.

20. *O IBGE apoiando o combate à Covid-19*. Disponível em: https://covid19.ibge.gov.br/pnad-covid/. Acesso em: 07.08.2020.

21. ZHU, N et al. *A novel Coronavirus from patients with pneumonia in China*, 2019. N Eng J Med 2020, p. 1-7. Disponível em: https://www.nejm.org/doi/full/10.1056/nejmoa2001017. Acesso em: 07.08.2020.

22. *World Health Organization. Q&A on coronaviruses*. Disponível em: https://www.who.int/news-room/q-a-detail/q- -a-coronaviruses. Acesso em: 12.08.2020.

23. *Painel Coronavírus*. Disponível em: https://covid.saude.gov.br. Acesso em: 07.08.2020.

24. *Portal da Transparência do Registro Civil*. Disponível em: https://transparencia.registrocivil.org.br/especial-covid. Acesso em: 07.08.2020.

estender-se por até 14 dias. Ainda assim, é inegável a fragilidade dos idosos brasileiros frente à Covid-19.

Por esse motivo, dada a importância social dessa camada da população em clara condição de fragilidade natural pela diminuição de reserva fisiológica, além de outras dificuldades trazidas pelo novo vírus ainda em estudo e de cuja fisiopatologia ainda não foi totalmente desvendada, não se pode afastar a responsabilidade e o compromisso social contínuo das autoridades em guarnecer uma rede de cuidados para os idosos, ainda mais em condições excepcionais, como a apresentada pela pandemia. Isso apenas é possível quando há destinação adequada de recursos para que as políticas públicas já existentes abranjam o maior número de pessoas possível e, quando do enfrentamento de condições fora do normal, haja o respectivo reforço. Igualmente fundamental é sedimentar uma base de profissionais bem preparados para lidar com essa população em qualquer circunstância, seja em condições normais ou de excepcionalidade, propiciando cursos que possibilitem a uma preparação robusta, para que, ao final, se constitua um adequado sistema de apoio.

4. AGEÍSMO E ALOCAÇÃO DE RECURSOS ESCASSOS NA PANDEMIA

No atual contexto, ainda sem medicamentos para prevenir ou curar a Covid-19, as medidas de higiene, a quarentena, o isolamento e o distanciamento social continuam sendo as principais formas de prevenção[25].

Apesar das recomendações estenderem-se a todos, segundo Oliveira et al (2020, p. 6) "a proteção aos idosos é estratégia prioritária, tendo em vista que eles constituem grupo com maior risco de complicações e de morte pela Covid-19"[26]. Seguramente, medidas de proteção específicas para os idosos são imprescindíveis para evitar um geronticídio e deveriam ser conduzidas com maior responsabilidade nas políticas públicas. Já que, ao especificar um grupo de risco sem instruir adequadamente a população, cria-se uma discriminação ainda maior contra as pessoas idosas. De acordo com Leão et al (2020), durante a pandemia, a mídia favorece o imaginário social do idoso incapaz, de forma que este é forçado a um isolamento social desamparado[27].

De certa maneira, mesmo antes do coronavírus, a população idosa já experimentava algum isolamento. Para Elias (2001, p. 85)[28], os idosos vivem um isolamento tácito por parte da sociedade, do círculo da família e conhecidos. Isso acontece, principalmente, devido ao ageísmo – prática marginalizante, atribuída à lógica capitalista de validação

---

25. *World Health Organization. Q&A on coronaviruses*. Disponível em: https://www.who.int/news-room/q-a-detail/q--a-coronaviruses. Acesso em 12.08.2020.

26. OLIVEIRA, Wanderson Kleber de et al. Como o Brasil pode deter a Covid-19. *Epidemiol. Serv. Saúde*, Brasília, v. 29, n. 2, e2020044, 2020. Disponível em: http://www.scielo.br/scielo.php?script=sci_arttext&pid=S2237-96222020000200200&lng=en&nrm=iso . Acesso em: 12.08.2020. Epub Apr 27, 2020.

27. LEÃO, Luiza. R. B. et al. O idoso e a pandemia do Covid- 19: uma análise de artigos publicados em jornais. *Brazilian Journal of Development*. v. 6, n. 7, p. 45123-45142, 2020. Disponível em: https://www.brazilianjournals.com/index.php/BRJD/article/view/12947/10878. Acesso em: 12.08.2020.

28. ELIAS, N. *A solidão dos moribundos, seguido de envelhecer e morrer*. Rio de Janeiro: Jorge Zahar Editor; 2001.

social das pessoas de acordo com sua produtividade[29] e, definida segundo Butler (1980), como sendo atitudes discriminatórias contra os idosos e contra os processos do envelhecimento[30].

A Covid-19 descortinou o extenso ageísmo presente nas sociedades. Tal isolamento desamparado é alimentado pelas perspectivas ageísta e utilitarista que, também influenciam os protocolos de alocação de recursos escassos durante a pandemia, em especial os leitos de UTI e os respiradores artificiais. Em casos graves, que precisam de ventilação mecânica, sabe-se que iniciá-la ou não é uma decisão de vida ou morte[31].

Certamente, elaborar protocolos de alocação de recursos escassos requer severas ponderações a respeito de quais perdas serão necessárias para maximizar os resultados. Inclusive, para evitar o estresse moral da equipe de saúde, recomenda-se que a triagem não seja realizada pelos profissionais em contato direto com o paciente[32]. Porém, lamentavelmente, apesar da variedade de protocolos, não é incomum perceber que o critério da idade recebe grande peso em determinadas propostas. Na Itália, por exemplo, já houve críticas aos membros de comitês de ética que usaram critérios ageístas para alocar recursos[33].

Há, por exemplo, propostas interessadas em salvar a maior quantidade de anos de vida, escoradas em vertente utilitarista[34]-[35] e que confluem para a orientação de Persad et al (2009, p.423) que "prioriza as pessoas jovens que ainda não viveram uma vida completa". Segundo o estudo, todos têm interesse em passar pelos estágios da vida, de forma que, há uma curva de prioridade para indivíduos entre 15 e 40 anos. Por consequência, exclui os mais velhos por já terem vivido bastante e as crianças pequenas por ainda não terem recebido muitos investimentos[36].

Já segundo Nates et al (2016, p. 1571), a sobrevivência na UTI é determinada pelo diagnóstico de admissão e pela gravidade da doença, de forma que os processos de triagem não podem ser baseados apenas na idade do paciente[37]. Nesse sentido, interessante destacar a proposta não ageísta do protocolo da Associação de Medicina Intensiva Bra-

---

29. FERREIRA, V. H. S.; LEÃO, L. R. B.; FAUSTINO, A. M. Ageísmo, políticas públicas voltadas para população idosa e participação social. *Revista Eletrônica Acervo Saúde*, n. 42, p. e2816, 2020. Disponível em: https://acervomais. com.br/index.php/saude/article/view/2816. Acesso em: 12.08.2020.

30. BUTLER, R. Ageism: a foreword. *Journal of Social Issues*, n. 365, p. 8-11, 1980. v. 36, n. 2. Disponível em: https:// spssi.onlinelibrary.wiley.com/doi/abs/10.1111/j.1540-4560.1980.tb02018.x . Acesso em: 12.08.2020.

31. TRUOG, RD; MITCHELL, C; DALEY, GQ. *The Toughest Triage* – Allocating Ventilators in a Pandemic. N Engl J Med. 2020. Disponível em: https://www.nejm.org/doi/full/10.1056/NEJMp2005689. Acesso em: 14.08.2020.

32. SATOMI, Erika et al. *Alocação justa de recursos de saúde escassos diante da pandemia de Covid-19: considerações éticas*. Einstein (São Paulo), São Paulo, v. 18, eAE5775, 2020. Disponível em: http://www.scielo.br/scielo.php?script=sci_art-text&pid=S1679-45082020000100903&lng=en&nrm=iso . Acesso em: 14.08.2020. Epub Apr 30, 2020.

33. ROSENBAUM, L. *Facing Covid-19 in Italy* – Ethics, Logistics, and Therapeutics on the Epidemic's Front Line. N Engl J Med. 2020 Mar 18. p. 1874 e 1875. Disponível em: https://www.nejm.org/doi/full/10.1056/nejmp2005492. Acesso em: 14.08.2020.

34. EMANUEL, EJ; PERSAD, G; UPSHUR, R; THOME, B; PARKER, M. GLICKMAN, A; ZHANG, C; BOYLE, C; SMITH, M; PHILLIPS, JP (2020). *Fair allocation of scarce medical resources in the time of Covid-19*. N Engl J Med, p. 2052 e 2053. Disponível em: https://www.nejm.org/doi/10.1056/NEJMsb2005114. Acesso em: 14.08.2020.

35. WHITE, DB; LO, B. A Framework for Rationing Ventilators and Critical Care Beds During the Covid-19 Pandemic. *JAMA*. 2020 Mar 27. Disponível em: https://jamanetwork.com/journals/jama/fullarticle/2763953. Acesso em 14 ago. 2020.

36. PERSAD, G. et al. *Principles for allocation of scarce medical interventions*. The lancet, Londres, v. 373, n. 9661, p. 423-431, jan. 2009. Disponível em: https://philarchive.org/archive/PERPFA-2v1.Acesso em: 14.08.2020.

37. NATES, Joseph L et al. *ICU Admission, Discharge, and Triage Guidelines*: A Framework to Enhance Clinical Operations, Development of Institutional Policies, and Further Research. *Critical Care Medicine*: Ago. 2016, v. 44, n. 8,

sileira (AMIB), segundo o qual "um paciente idoso com maior chance de benefício que um paciente mais jovem, por exemplo, será priorizado na alocação de recursos" (2020, p. 18)[38]. Da mesma forma, o Conselho Regional de Medicina de Pernambuco (CREMEPE) proíbe o uso da faixa etária como critério isolado na hierarquização de prioridades (2020, p. 5)[39]. Apesar dos dilemas que se impõem, os referidos documentos trazem profundo estreitamento com os princípios e referenciais bioéticos, o que por si só servem como norte para momentos de tomadas de decisões difíceis, por analisar aspectos clínicos, que por si mesmos, se distanciam da eventual discriminação por classe, cor, condição social, sexo ou idade. Esse critério, inclusive permite humanização e individualização no tratamento para um direcionamento racional, justo, sóbrio e respeitoso que, em casos pontuais, pode-se propor instituição de cuidados paliativos, que pode beneficiar o paciente com olhar holístico e, quiçá, possibilidade de maior sobrevida[40].

Em virtude que, diante das limitações no atual estado da ciência para se obter a cura da doença por meio de tratamentos farmacologicamente estabelecidos, prioriza-se o controle de sintomas e o cuidado clínico, cabendo ao médico ou à equipe, com zelo, dispor dos meios mais adequados para melhor servir ao paciente, mensurando as condições e possíveis desfechos individuais.

Por fim, ao passo que nem todos os protocolos de alocação de leitos de UTI e de respiradores artificiais são favoráveis aos idosos, a depender do direcionamento, estes poderão ser melhor beneficiados na distribuição de vacinas. Isso se deve à impossibilidade de imunizar a todos simultaneamente, o que produz certo consenso em providenciar tais recursos àqueles que estão mais vulneráveis, seja pelo trabalho que desenvolvem ou por sua condição de saúde.

Para Emanuel et al (2020, p. 2053), "pacientes jovens não devem ser priorizados para as vacinas da Covid-19", assim, após profissionais de saúde, policiais, bombeiros e paramédicos, os idosos recebem prioridade[34]. Para Liu et al (2020, p. 500), de acordo com o princípio da justiça distributiva para países em desenvolvimento, não apenas os idosos, mas também os pacientes imunocomprometidos, as pessoas com comorbidades e as classes mais baixas devem ter preferência na vacinação[41].

Por isso que o repensar nesses valores e adoção de critérios que levem a uma priorização da população mais vulnerável, pode repercutir em melhor sustentabilidade do próprio sistema de saúde, pela tratativa almejar a contenção do maior número de desfechos desfavoráveis.

---

p 1553-1602. Disponível em: https://journals.lww.com/ccmjournal/FullText/2016/08000/ICU_Admission,_Discharge,_and_Triage_Guidelines__.15.aspx. Acesso em: 15.08.2020.

38. Associação Brasileira de Medicina Intensiva (AMIB). *Protocolo AMIB de alocação de recursos em esgotamento durante a pandemia por Covid-19, 2020*. Disponível em: https://www.amib.org.br/fileadmin/user_upload/amib/2020/abril/24/Protocolo_AMIB_de_alocacao_de_recursos_em_esgotamento_durante_a_pandemia_por_Covid-19.pdf. Acesso em: 14.08.2020.

39. *Conselho Regional de Medicina de Pernambuco (2020). Recomendação CREMEPE 05 /2020*. Disponível em: http://www.cremepe.org.br/2020/05/12/cremepe-publica-recomendacao-no-05-2020/ Acesso em: 14.08.2020.

40. CORADAZZI, AL; CALLEGARI, LA. *Cuidados paliativos, Covid-19 e as escolhas de todos nós*. Disponível em: https://www.slowmedicine.com.br/cuidados-paliativos-covid-19-e-as-escolhas-de-todos-nos/. Acesso em: 20.08.2020.

41. LIU, Y; SALWI, S; DROLET, BC. Multivalue ethical framework for fair global allocation of a Covid-19 vaccine. *Journal of Medical Ethics*. 2020 ago; v. 46, n. 8, p. 499-501. Disponível em: https://jme.bmj.com/content/46/8/499. Acesso em: 16.08.2020.

5. IMPACTOS PSICO-SÓCIO-ECONÔMICOS NO ISOLAMENTO E NA MORTE DE IDOSOS POR COVID-19

Apesar da chegada do novo coronavírus ao Brasil ter sido tardia quando comparada aos países europeus, não se pode dizer que houve uma melhor preparação. Conforme Lima et al (2020, p. 3)[42], a pandemia atinge o cenário latino americano em um momento de instabilidade política, com saúde, ciência e educação enfraquecidas. No contexto brasileiro, o governo federal prejudica o isolamento social com os pronunciamentos negacionistas, com o desmonte do ministério da saúde[43] e com o estrangulamento das "verbas para estados e municípios, para pequenas e médias empresas, para os trabalhadores formais, informais e desempregados"[44]. De acordo com Santos (2020, p. 26), o Brasil é um dos exemplos mais marcantes de países que "ocultaram informação, desprestigiaram a comunidade científica, minimizaram os efeitos potenciais da pandemia, utilizaram a crise humanitária para chicana política"[45]. Seguramente, tais posicionamentos afetam diretamente a capacidade brasileira de enfrentamento à crise sanitária, bem como a forma que a população assimila a necessidade das medidas de controle do vírus. Segundo Ramos et al (2020), a orientação política dos cidadãos pode ser fundamental para apoiar ou não o isolamento e, infelizmente, apesar da gravidade da conjuntura, verifica-se que parte considerável da população tem resistido a praticá-lo[46].

É certo que esses movimentos políticos vulnerabilizam ainda mais os grupos de risco. Lima et al (2020) conduziu um estudo a respeito das crenças relacionadas ao coronavírus no estado do Ceará. A coleta de dados aconteceu em 19 de março de 2020, com uma amostra final de 2.259 participantes com 18 anos ou mais. O trabalho demonstra que as crenças dos idosos cearenses os tornam mais propensos à contaminação pelo vírus. Alguns dados relevantes: apenas 36,3% dos participantes entre 60 e 79 e 12,5% com 80 anos ou mais estavam totalmente reclusos na quarentena; 62,1% entre 60 e 79 anos e 37,5% com 80 anos ou mais segue as informações que recebe do governo e, por fim, 46,2% entre 60 e 79 anos e 75% com 80 anos ou mais acreditavam que a contaminação no Brasil seria menor[47].

Portanto, não é surpreendente que tenham sido escassas e tardias as ações governamentais orientadas especificamente para o combate do vírus nas populações idosas.

---

42. LIMA, Nísia Trindade; BUSS, Paulo Marchiori; PAES-SOUSA, Rômulo. *A pandemia de Covid-19*: uma crise sanitária e humanitária. Cad. Saúde Pública, Rio de Janeiro, v. 36, n. 7, e00177020, 2020. Disponível em: http://www.scielo.br/scielo.php?script=sci_arttext&pid=S0102-311X2020000700503&lng=en&nrm=iso. Acesso em: 14.08.2020. Epub July 24, 2020.

43. PRADO, B. (2020). *Covid-19 in Brazil*: "So what?". The Lancet, 395, 10235, 1461. Disponível em: https://www.thelancet.com/journals/lancet/article/PIIS0140-6736(20)31095-3/fulltext. Acesso em: 18.08.2020.

44. CONSELHO NACIONAL DE SAÚDE. *Carta aberta*: CNS em defesa da vida, da democracia e do SUS. 29.04.2020. Disponível em: https://conselho.saude.gov.br/ultimas-noticias-cns/1140-cartaaberta-do-conselho-nacional--de-saude-em-defesa-da-vida-da-democracia-e-do-sus . Acesso em: 18.08.2020.

45. SANTOS, Boaventura de Sousa. *A cruel pedagogia do vírus*. São Paulo: Boitempo, 2020.

46. RAMOS, Guilherme et al. Orientação política e apoio ao isolamento social durante a pandemia da Covid-19: evidências do Brasil. *Revista de Administração Pública*, Rio de Janeiro, v. 54, n. 4, p. 697-713, jul. 2020. ISSN 1982-3134. Disponível em: http://bibliotecadigital.fgv.br/ojs/index.php/rap/article/view/81881 . Acesso em: 18.08.2020.

47. LIMA, Danilo Lopes Ferreira et al. Covid-19 no estado do Ceará, Brasil: comportamentos e crenças na chegada da pandemia. *Ciênc. saúde coletiva*, Rio de Janeiro, v. 25, n. 5, p. 1575-1586, maio 2020. Disponível em: http://www.scielo.br/scielo.php?script=sci_arttext&pid=S1413-81232020000501575&lng=en&nrm=iso . Acesso em: 02.08.2020. Epub May 08, 2020.

Tem-se que, em 23 de Março de 2020, o senado aprovou a Lei 13.981[48] que modifica a Lei 8.742/1993(Lei Orgânica da Assistência Social – LOAS)[49] acerca do Benefício de Prestação Continuada (BPC). O BPC é uma "transferência não contributiva de renda, no valor de um salário mínimo, destinado a idosos não protegidos pelas aposentadorias" (Paulo et al, 2013, p. 26)[50]. Antes da alteração, idosos e pessoas com deficiência poderiam recebê-lo caso a renda per capita familiar fosse até ¼ de salário mínimo, ou seja, R$ 261,25. A partir da mudança, mais idosos serão beneficiados, já que o limite subiu para ½ de salário mínimo per capita, ou R$522,50. Já para Instituições de Longa Permanência para Idosos (ILPI) combater a Covid-19, o governo federal, por meio da Lei 14.018 de 29 de Junho de 2020, destinou um auxílio financeiro emergencial de até R$ 160.000.000,00 (cento e sessenta milhões de reais)[51]. Por fim, alguns estados e prefeituras, como Distrito Federal[52], Rio de Janeiro[53-54] e São Paulo[55] têm empreendido a tarefa de acolher gratuitamente idosos mais vulneráveis nos hotéis das cidades, de forma a evitar que se contaminem com o novo coronavírus.

Importante frisar que, ainda que o isolamento aconteça de forma apropriada e o idoso não seja contaminado pelo vírus, não se pode dizer que deixou de ser impactado pela Covid-19, uma vez que esta pode influenciar indiretamente a saúde mental e mesmo a física. Segundo Pinto e Neri (2017, p. 262) "à medida que as pessoas envelhecem, diversos aspectos de suas vidas são modificados, incluindo a quantidade e a composição das redes sociais"[56]. Assim, as mudanças provocadas pela própria aposentadoria, pelo casamento dos filhos e pela viuvez podem limitar as relações, mas por outro lado, também podem encorajar os idosos a se engajarem em outras atividades para encontrar suporte

---

48. BRASIL. *Lei 13.981, de 23 de Março de 2020*. Disponível em: http://www.planalto.gov.br/ccivil_03/_Ato2019-2022/2020/Lei/L13981.htm. Acesso em: 19.08.2020.

49. BRASIL. *Lei 8.742, de 7 de Dezembro de 1993*. Disponível em: http://www.planalto.gov.br/ccivil_03/leis/l8742.htm. Acesso em: 19.08.2020

50. PAULO, M.; WAJNMAN, S.; HERMETO, A. M. A relação entre renda e composição domiciliar dos idosos no Brasil: um estudo sobre o impacto do recebimento do benefício de prestação continuada. *Revista Brasileira de Estudos de População*, v. 30, p. S25-S43, 2013. Disponível em: https://www.scielo.br/pdf/rbepop/v30s0/03.pdf . Acesso em: 19.08.2020.

51. BRASIL. *Lei 14.018, de 29 de Junho de 2020*. Disponível em: https://pesquisa.in.gov.br/imprensa/jsp/visualiza/index.jsp?jornal=515&pagina=3&data=30/06/2020. Acesso em: 19.08.2020.

52. RIOS, Alan. GDF realiza chamamento de hotéis para programa social que abriga idosos. *Correio Braziliense*, 27.04.2020. Disponível em: https://www.correiobraziliense.com.br/app/noticia/cidades/2020/04/27/interna_cidadesdf,848671/gdf-realiza-chamamento-de-hoteis-para-programa-social-que-abriga-idoso.shtml . Acesso em: 19.08.2020.

53. *Três hotéis já estão prontos para abrigar e proteger idosos de comunidades*. Prefeitura da cidade do Rio de Janeiro, 26.03.2020. Disponível em: https://prefeitura.rio/assistencia-social-direitos-humanos/coronavirus-tres-hoteis--ja-estao-prontos-para-abrigar-e-proteger-idosos-de-comunidades/ . Acesso em: 19.08.2020.

54. Idosos podem ficar de graça em hotéis do RJ durante pandemia de coronavírus. *Jornal Nacional*, 04.04.2020. Disponível em: https://g1.globo.com/jornal-nacional/noticia/2020/04/04/idosos-podem-ficar-de-graca-em-hoteis-do-rj-durante-pandemia-de-coronavirus.ghtml . Acesso em: 19.08.2020.

55. VENAGLIA, Guilherme. Prefeitura de SP abrigará idosos em situação de rua em hotéis. *CNN*, São Paulo, 08.07.2020. Disponível em: https://www.cnnbrasil.com.br/nacional/2020/07/08/contra-a-covid-19-prefeitura-de-sp-abriga-ra-idosos-em-situacao-de-rua-em-hoteis . Acesso em: 19.08.2020.

56. PINTO, Juliana Martins; NERI, Anita Liberalesso. Trajetórias da participação social na velhice: uma revisão sistemática da literatura. *Rev. bras. geriatr. gerontol*. Rio de Janeiro, v. 20, n. 2, p. 259-272, Abr. 2017. Disponível em: http://www.scielo.br/scielo.php?script=sci_arttext&pid=S1809-98232017000200259&lng=en&nrm=iso. Acesso em: 02.08.2020.

social[57]. Dessa maneira, não é incomum encontrá-los em templos religiosos, academias, grupos de convivência, oficinas, entre outras redes de apoio social que propiciem relações intergeracionais[58]. Tais atividades têm extrema importância, já que a interação social é indispensável para a saúde mental, podendo prevenir sintomatologias depressivas[59]-[60] e melhorar o desempenho funcional, elemento este importante no resgate da autoconfiança por levar a uma maior independência, autonomia e qualidade de vida[61].

Com o distanciamento social devido à Covid-19, a população não pode participar presencialmente de várias atividades. De modo que, devido a tal impossibilidade, muitos indivíduos se reorganizaram através dos recursos digitais. Certamente que o uso da tecnologia também pode ser uma forma de combater a solidão, contudo, de acordo com dados do IBGE, embora 64,1% dos idosos tenham celular[62], apenas 31,1% acessam a internet[63]. E, ainda que a porcentagem de idosos que usam tecnologias de informação e comunicação esteja em crescimento, estes não acessam tais ferramentas com a mesma familiaridade dos jovens, nascidos numa época digital[64]-[65]. Por consequência, apesar dos estudos envolvendo coronavírus e saúde mental ainda serem escassos, pode-se dizer que a população idosa está mais vulnerável às consequências negativas do isolamento social. No atual contexto, os efeitos psicológicos mais comuns, segundo Pereira et al (2020, p. 22) são, principalmente, "estresse, medo, pânico, ansiedade, culpa e tristeza que geram sofrimento psíquico e podem ocasionar o surgimento de transtornos de pânico, transtornos de ansiedade, TEPT e depressão"[66].

---

57. MIRANDA, LC; BANHATO, EFC. Qualidade de vida na terceira idade: a influência da participação em grupos. *Psicol pesq.* 2008; v. 2, n., p. 69-80. Disponível em: https://periodicos.ufjf.br/index.php/psicologiaempesquisa/article/view/23682. Acesso em: 02.08.2020.

58. SCHWANKE, CHA et al. Contextualizando a geriatria e a gerontologia no século 21. In: DALLEPIANE, LB. *Envelhecimento humano*: campo de saberes e prática em saúde. Ijaí: Editora Unijaí; 2009.

59. BAPTISTA, Makilim Nunes et al. Correlação entre sintomatologia depressiva e prática de atividades sociais em idosos. *Aval. psicol.*, Porto Alegre, v. 5, n. 1, p. 77-85, jun. 2006. Disponível em: http://pepsic.bvsalud.org/scielo.php?script=sci_arttext&pid=S1677-04712006000100009&lng=pt&nrm=iso. Acesso em: 02.08.2020.

60. WICHMANN, Francisca Maria Assmann et al. Grupos de convivência como suporte ao idoso na melhoria da saúde. *Rev. bras. geriatr. gerontol.*, Rio de Janeiro, v. 16, n. 4, p. 821-832, Dez. 2013. Disponível em: http://www.scielo.br/scielo.php?script=sci_arttext&pid=S1809-98232013000400821&lng=en&nrm=iso. Acesso em: 02.08.2020.

61. TAVARES, RO. *A contribuição da educação física para a prevenção de quedas no idoso*. Rio de Janeiro: Universidade do Estado do Rio de Janeiro; 2008.

62. *PNAD Contínua TIC 2018*. Disponível em: https://agenciadenoticias.ibge.gov.br/agencia-sala-de-imprensa/2013-agencia-de-noticias/releases/27515-pnad-continua-tic-2018-internet-chega-a-79-1-dos-domicilios-do-pais. Acesso em: 15.08.2020.

63. *PNAD Contínua TIC 2017*. Disponível em: https://agenciadenoticias.ibge.gov.br/agencia-sala-de-imprensa/2013-agencia-de-noticias/releases/23445-pnad-continua-tic-2017-internet-chega-a-tres-em-cada-quatro-domicilios-do--pais. Acesso em: 15.08.2020.

64. PEREIRA, C., NEVES, R. *Os idosos na aquisição de competências TIC*. Educação, Formação & Tecnologias – ISSN 1646-933X, América do Norte, 4, jan. 2012. Disponível em: http://eft.educom.pt/index.php/eft/article/view/251. Acesso em: 17.08.2020.

65. SCHMIDT, Beatriz et al. Saúde mental e intervenções psicológicas diante da pandemia do novo coronavírus (Covid-19). *Estud. psicol.* (Campinas), Campinas, v. 37, e200063, 2020. Disponível em: http://www.scielo.br/scielo.php?script=sci_arttext&pid=S0103-166X2020000100501&lng=en&nrm=iso . Acesso em: 17.08.2020. Epub May 18, 2020.

66. PEREIRA, M.D. et AL. (2020a). *A pandemia de Covid-19, o isolamento social, consequências na saúde mental e estratégias de enfrentamento*: uma revisão integrativa. SciELO Preprints. Disponível em: https://preprints.scielo.org/index.php/scielo/preprint/download/493/version/503/625/640. Acesso em: 17.08.2020.

Além de enfrentar os sintomas psíquicos desencadeados pela pandemia da Covid-19, os idosos que já possuíam doenças crônicas encaram o desafio de dar continuidade aos tratamentos aos quais precisam se submeter. Podendo estar relacionadas a diversas causas, sabe-se que "as cardiovasculares constituem a grande maioria delas" e que, no Brasil, diabetes *melittus* e hipertensão arterial "representam a primeira causa de mortalidade e de hospitalizações" [67] (Brasil, 2013, p. 7-8).

Em virtude da pandemia, tornou-se imperativo evitar a exposição desnecessária dos doentes crônicos a ambientes que possam contaminá-los com a Covid-19. Contudo, a necessidade de tratá-los permanece e, preferencialmente, deve ser atendida em domicílio. Para isso, algumas soluções vêm sendo consideradas. Por exemplo, vinculada à Universidade Federal Fluminense (UFF), uma clínica especializada em atendimento a pacientes com insuficiência cardíaca substituiu o atendimento ambulatorial presencial pelo remoto via contato telefônico. Por cerca de 30 minutos, busca-se identificar sinais de descompensação, particularmente fadiga, edema e dispneia. Importante ressaltar algumas dificuldades encontradas, como: dos 82 pacientes frequentes, 21 (ou 25,6%) estão sem atendimento pois o telefone informado apresenta impossibilidade de completar a ligação. Além disso, a eficácia do atendimento remoto requer uma rede de apoio familiar consistente, que possa auxiliar na verificação da pressão arterial do paciente etc.[68]

No contexto das Unidades de Atenção Primária à Saúde (UAPS) ou Unidades Básicas de Saúde (UBS), um centro no interior do Ceará estabeleceu um fluxo para atender os pacientes com doenças crônicas. Os Agentes Comunitários de Saúde (ACS) determinam um cuidador referência para cada família. Este é responsável por colher as demandas e repassá-las via grupo de *WhatsApp* formado por cuidadores e ACS. A demanda é administrada e discutida pela equipe que poderá optar por uma consulta presencial na APS, consulta virtual ou visita domiciliar, sendo garantido o sigilo das informações em qualquer modalidade adotada. Além do monitoramento remoto, o programa resulta em benefícios como redução dos custos do paciente com deslocamentos e diminuição da demanda na APS, contudo, destaca alguns obstáculos, como dificuldade no entendimento das orientações de saúde devida ao baixo nível de escolaridade da população[69].

Cabe também discutir as diferenças entre os atendimentos dispensados pela rede pública e pela rede privada. De acordo com Kalache et al (2020, p. 1) "no Brasil, mais de 80% dos idosos dependem exclusivamente, para seus cuidados de saúde, do Sistema

---

67. Brasil. Ministério da Saúde. Secretaria de Atenção à Saúde. Departamento de Atenção Básica. *Diretrizes para o cuidado das pessoas com doenças crônicas nas redes de atenção à saúde e nas linhas de cuidado prioritárias.* Brasília: Ministério da Saúde, 2013. Disponível em: http://bvsms.saude.gov.br/bvs/publicacoes/diretrizes%20_cuidado_pessoas%20_doencas_cronicas.pdf. Acesso em: 20.08l2020.

68. FIGUEIREDO, L. da S. et al. *Remote monitoring of patients with chronic heart failure in times of social distance –* Covid-19 in the light of the "Primary Nursing" model. Research, Society and Development, [S. l.], v. 9, n. 7, p. e141973909, 2020. Disponível em: https://rsdjournal.org/index.php/rsd/article/view/3909. Acesso em: 20 ago. 2020.

69. RIOS RODRIGUES, I.; SILVANO DA SILVA FILHO, M. Inovações e desafios no acompanhamento de pacientes crônicos em tempos de covid-19 na Atenção Primária à Saúde. JMPHC | *Journal of Management & Primary Health Care* | ISSN 2179-6750, v. 12, p. 1-7, 25 jul. 2020. Disponível em: https://www.jmphc.com.br/jmphc/article/view/991. Acesso em: 20.08.2020.

Único de Saúde (SUS)"[70]. Ao notar o subfinanciamento dado ao SUS, as filas, a falta de profissionais e a problemática que envolve suas remunerações ou ainda o acesso aos medicamentos[71], compreende-se o quão alarmante é a presença massiva dos idosos na rede pública.

Os relatos de lentidão no acesso às consultas de saúde no SUS não são recentes[72] e, o desempenho diante do enfrentamento à Covid-19 não apresentou melhora. De acordo com a Associação de Medicina Intensiva Brasileira (AMIB), dos 45.848 leitos de UTI no Brasil, 22.844 pertencem ao SUS enquanto 23.004 competem ao sistema de saúde privado[73]. Apesar da proximidade entre os números, o SUS atende um contingente muito maior de pessoas, de forma que, enquanto 10 mil usuários da rede pública contam com uma média de 1,4 leitos, o mesmo contingente na rede privada tem 4,9 leitos à disposição. Assim, o indivíduo com plano de saúde teria, ao menos, 3,5 vezes mais chances de receber atendimento que um usuário exclusivo do SUS[73]. Portanto, não é de forma surpreendente que, entre 01 de março de 2020 e 18 de agosto de 2020, a mortalidade hospitalar por Covid-19 tenha sido 50,7% no setor público contra 29% na rede privada, representando 74,8% mais óbitos pelo vírus no SUS[74].

Ainda, além da retratada desvantagem em ser atendido em um equipamento público de saúde, a mera presença nesse espaço pode não ser uma possibilidade para todos. Cerca de 228 mil pessoas de baixa renda acima de 50 anos, residentes nas vinte maiores cidades do Brasil, precisam caminhar mais de trinta minutos para acessar uma unidade pública de saúde habilitada para fazer triagem e encaminhar casos suspeitos de Covid-19[75]. Já para serem acolhidas em unidades que dispõem dos recursos para internação pelo vírus, 1,6 milhões de pessoas de baixa renda e acima dos 50 anos precisam se deslocar no mínimo 5 km de casa[75]. Considerando a vulnerabilidade dessas pessoas, a faixa etária compreendida e os evidentes sintomas respiratórios da Covid-19, tais caminhadas são improváveis. É urgente a valorização do SUS, com dotação orçamentária adequada, com capacitação dos seus profissionais, com atendimentos capilares ainda mais abrangentes. Nesta pandemia, ficou patente que os idosos de baixa renda são os mais desamparados.

---

70. KALACHE, Alexandre et al. Envelhecimento e desigualdades: políticas de proteção social aos idosos em função da Pandemia Covid-19 no Brasil. *Rev. bras. geriatr. gerontol.*, Rio de Janeiro, v. 23, n. 6, e200122, 2020. Disponível em: http://www.scielo.br/scielo.php?script=sci_arttext&pid=S1809-98232020000600101&lng=pt&nrm=iso . Acesso em: 02.08.2020. Epub 01-Jun-2020.

71. PAIM, Jairnilson Silva. Thirty years of the Unified Health System (SUS). *Ciênc. saúde coletiva*, Rio de Janeiro, v. 23, n. 6, p. 1723-1728, Jun 2018. Disponível em http://www.scielo.br/scielo.php?script=sci_arttext&pid=S1413-81232018000601723&lng=en&nrm=iso. Acesso em: 20.08.2020.

72. HERNANDES, Elizabeth S. C. et al. Idosos com e sem plano de saúde e características socioepidemiológicas associadas. *Rev. Saúde Pública*, São Paulo, v. 46, n. 6, p. 1030-1038, Dez. 2012. Disponível em: http://www.scielo.br/scielo.php?script=sci_arttext&pid=S0034-89102012000600013&lng=en&nrm=iso . Acesso em: 21.08.2020.

73. Associação de Medicina Intensiva Brasileira (AMIB). *Amib apresenta dados atualizados sobre leitos de UTI no Brasil. Março de 2020*. São Paulo. Disponível em: https://www.amib.org.br/fileadmin/user_upload/amib/2020/abril/28/dados_uti_amib.pdf. Acesso em: 21.08.2020.

74. *Projeto UTIs brasileiras*. Benchmarking. Disponível em: http://www.utisbrasileiras.com.br/sari-covid-19/benchmarking-covid-19. Acesso em: 21.08.2020.

75. PEREIRA, R. H. M. et al (2020). *Mobilidade urbana e o acesso ao Sistema Único de Saúde para casos suspeitos e graves de Covid-19 nas 20 maiores cidades do Brasil*. Nota Técnica N. 14. Instituto de Pesquisa Econômica Aplicada (Ipea). Disponível em: https://www.ipea.gov.br/portal/index.php?option=com_content&view=article&id=35442&Itemid=7. Acesso em: 20.08.2020.

Por fim, idosos que não sobreviveram à pandemia, talvez pela contaminação com o vírus, pela inaptidão dos governos no isolamento social, pelas doenças crônicas descompensadas, pela presença de comorbidades, pela falta de acesso aos equipamentos de saúde ou ainda, por terem sido preteridos na alocação de recursos escassos, visibilizam outra desigualdade no país. Segundo uma nota técnica do Instituto de Pesquisa Econômica Aplicada (2020, p. 9)[76], a renda do idoso representa mais de 50% da renda de 20,6% dos domicílios brasileiros e, pior, é a única fonte de renda em 12,9 milhões de domicílios ou 18,1% do total brasileiro. Assim, a morte precoce de um idoso por Covid-19 não é lamentável apenas em si mesma, já que, como consequência pode levar muitas famílias à pobreza[76].

6.   IDOSOS EM INSTITUIÇÕES DE LONGA PERMANÊNCIA

É inegável que o envelhecimento da população trouxe, como reflexo, a mudança do perfil da sociedade, o que reafirmou a necessidade de aprofundar e aprimorar estratégias diferenciadas que versem sobre a proteção da população idosa. Notadamente, os aspectos relacionados às políticas de saúde devem ser baseados em modelos que demandem direcionamentos e estruturas para atenção e cuidado apropriados, levando-se em consideração um sistema que, ao final, priorize a individualidade e as peculiaridades do idoso.

Por outro lado, é importante contextualizar que, até décadas anteriores, os idosos habitavam na mesma residência que os filhos. Hoje, esta se constitui em desenho social diferenciado, pois as famílias inteiras não mais moram nos mesmos imóveis. Em determinado momento da vida, os filhos casam-se e buscam as suas próprias moradias, seja em função dos empregos ou por habitarem em outras regiões (Vitor, 2008)[77]. Além disso, o número de filhos está reduzido e a mulher trabalha fora de casa para o complemento da renda familiar, não assumindo o papel de cuidadora que, anteriormente, era-lhe atribuído. O filho mais velho da família também não assume essa tarefa e, por isso, em não raras vezes, o idoso fica à mercê principalmente quando necessita de cuidados especiais. (Freitas, 2010)[78].

Com o avançar da idade, é sabido que a perda da capacidade funcional pode causar dificuldade na realização de tarefas do cotidiano relacionadas, sobretudo, ao autocuidado. A condição se apresenta mais complexa quando o idoso está acometido com a diminuição ou perda da memória, doença crônica ou degenerativa, o que pode trazer reflexos imediatos na qualidade de vida. Os fatores psicológicos também devem ser levados em consideração, como os originados pela solidão, abandono, insegurança pelo valor da insuficiente aposentadoria para o sustento próprio, precária rede de suporte social, familiar e de cuidadores

---

76. NOTA TÉCNICA IPEA. *Os dependentes da renda dos idosos e o coronavírus: órfãos ou novos pobres?* Disponível em: https://www.ipea.gov.br/portal/index.php?option=com_content&view=article&id=36188 . Acesso em: 20.08.2020.
77. VITOR, P.T. O dever familiar de cuidar dos mais velhos. Lex Familiae: *Revista Portuguesa de Direito da Família* n. 10 -2008.
78. FREITAS, D.C.C.V. Vulnerabilidade e resiliência em idosos institucionalizados. *Revista Kairós*, São Paulo, Caderno Temático 7, junho 2010. Disponível em: https://pdfs.semanticscholar.org/5f81/33faecb0f8d2b5a2f30ccd57ca-0bb9117737.pdf. Acesso em: 23.08.2020.

formais e ou informais, negligência e maus tratos advindos, por vezes, da própria família e dos cuidadores. (Creutzberg et al., 2007)[79]. Contudo, em alguns casos, porém, os próprios cuidadores, sobretudo os familiares, encontram-se em situação física e emocional tão degradante, que não conseguem desempenhar a tarefa a que se propuseram, pois o seu autocuidado também está comprometido e não existe acolhimento para ele.

O aumento da probabilidade de ocorrência de incapacidade física, dependência, isolamento social e perdas cognitivas, são fatores que podem contribuir para a institucionalização do idoso, ainda mais pelo modelo familiar que se instituiu. (Chaimowicz e Greco, 2004)[80]. Por esse motivo, são demandas emergentes as Instituições de Longa Permanência para Idosos (ILPIs), sejam elas de cunho filantrópico ou não, como uma forma alternativa de suporte social e de saúde para o idoso que necessita de cuidados e requer um atendimento especializado com planejamento estratégico, terapêutico e didático das organizações de atendimento. Tal planejamento não dispensa uma equipe multiprofissional, que contemple atividades a contribuir para o aumento da resiliência e consequente diminuição da vulnerabilidade do idoso para que se atinja o alinhamento com a dignidade da pessoa humana. Portanto, em muitos casos, as ILPIs representam o local de moradia das pessoas idosas.

Segundo a Agência Nacional de Vigilância Sanitária (2005, p. 3), as Instituições de Longa Permanência para Idosos (ILPI) são "instituições governamentais ou não governamentais, de caráter residencial, destinada a domicilio coletivo de pessoas com idade igual ou superior a 60 anos, com ou sem suporte familiar, em condição de liberdade, dignidade e cidadania"[81]. A terminologia Instituição de Longa Permanência para Idosos foi adotada pela Sociedade Brasileira de Geriatria e Gerontologia (SBGG), sobrepondo o termo asilo[82], já que este carrega uma densa conotação.

De acordo com a Lei 10.741 de 2003 – Estatuto do Idoso e também com a Lei 8.842 de 1994 – Política Nacional do Idoso[83], o cuidado familiar deve ser priorizado em detrimento do atendimento asilar, a menos que não possuam condições de manter a própria sobrevivência. Conforme a pesquisa do Ipea (2011), no período avaliado entre 2007 e

---

79. CREUTZBERG, Marion et al. A Instituição de Longa Permanência para idosos e o sistema de saúde. *Rev. Latino- -Am. Enfermagem*, Ribeirão Preto, v. 15, n. 6, p. 1144-1149, dez. 2007. Disponível em: http://www.scielo.br/scielo. php?script=sci_arttext&pid=S0104-11692007000600014&lng=pt&nrm=iso. Acesso em: 29.08.2020.

80. CHAIMOWICZ, Flávio; GRECO, Dirceu B. Dinâmica da institucionalização de idosos em Belo Horizonte, Brasil. *Rev. Saúde Pública*, São Paulo, v. 33, n. 5, p. 454-460, out. 1999. Disponível em? http://www.scielo.br/scielo. php?script=sci_arttext&pid=S0034-89101999000500004&lng=pt&nrm=iso. Acesso em: 29.08.2020.

81. Agência Nacional de Vigilância Sanitária. *Resolução da Diretoria Colegiada RDC nº 283, de 26 de setembro de 2005*. Aprova o Regulamento Técnico que define normas de funcionamento para as Instituições de Longa Permenência para Idosos Brasília: Diário Oficial da União; 2005. Disponível em: http://bvsms.saude.gov.br/bvs/saudelegis/ anvisa/2005/res0283_26_09_2005.html . Acesso em: 25.08.2020.

82. CREUTZBERG, Marion; GONCALVES, Lucia Hisako Takase; SOBOTTKA, Emil Albert. *Instituição de longa permanência para idosos*: a imagem que permanece. Texto contexto – enferm., Florianópolis, v. 17, n. 2, p. 273-279, Jun 2008. Disponível em: http://www.scielo.br/scielo.php?script=sci_arttext&pid=S0104-07072008000200008-&lng=en&nrm-iso . Acesso em: 25.08.2020.

83. *LEI 8.842, DE 4 DE JANEIRO DE 1994*. Dispõe sobre a política nacional do idoso. Disponível em: http://www. planalto.gov.br/ccivil_03/leis/L8842.htm#:~:text=LEI%20N%C2%BA%208.842%2C%20DE%204%20DE%20 JANEIRO%20DE%201994.&text=Disp%C3%B5e%20sobre%20a%20pol%C3%ADtica%20nacional,Idoso%20 e%20d%C3%A1%20outras%20provid%C3%AAncias..&text=Art.&text=2%C2%BA%20Considera%2Dse%20 idoso%2C%20para,de%20sessenta%20anos%20de%20idade . Acesso em: 25.08.2020.

2010, eram 3.548 ILPIs brasileiras e 83.870 idosos que nelas residem, representando 0,5% da população idosa[84].

Assim, na modalidade asilar preconiza-se o atendimento, em regime de internato, do idoso sem vínculo familiar ou sem condições de prover a própria subsistência, de modo a satisfazer as suas necessidades de moradia, alimentação, saúde e convivência social, regendo a vida do mesmo por meio de normas específicas o amparando civil e socialmente (Louzã et al.,1986)[85]. São, portanto, equipamentos da Assistência Social que não dispõem de estrutura ou recursos humanos para oferecer cuidados específicos de saúde a seus residentes que, em caso de necessidade, deverão ser encaminhados para instituições específicas. Apenas determinam as normas que, para o funcionamento desses estabelecimentos, haja em seus quadros, obrigatoriamente, dois profissionais com nível superior, o responsável técnico e um profissional da área de lazer além de cuidadores de idosos, esses sem qualquer formação específica, mas não preveem profissionais de saúde, o que seria o mais adequado.

Por esse motivo, a vulnerabilidade do idoso deve ser analisada, nos seus amplos aspectos que perpassam pelo âmbito da saúde, inclusive comportamental, do bem estar psicológico, da autonomia e da competência, dos acontecimentos de vida que incluem transições e crises. (Fonseca, 2008)[86]. No entanto, não se resume a apenas isso, pois a vulnerabilidade dos idosos institucionalizados abrange o aspecto econômico. Em algumas instituições podem-se encontrar idosos em situação de rua, em condições financeiras precárias para seu sustento, com a ausência de aposentadoria por idade ou de benefício de prestação continuada, casa própria ou impossibilitados de alugar, além do abandono familiar (Goldim, 2002)[87], o que acaba colocando-os na condição de hipervulnerável e, portanto, em maior necessidade de acolhimento.

Quando em condições excepcionais, ainda mais agrava esse cenário, pois, de acordo com as Vigilâncias Sanitárias de alguns estados e a própria ANVISA, que elaborou materiais sobre a prevenção e o controle da Covid-19, a medida mais bem sucedida é o isolamento de idosos com suspeita ou confirmação de Covid-19. Todavia, a maioria das instituições não têm estrutura física, nem quadro de pessoal capacitado para o cuidado a pessoas nessas condições, inclusive grande maioria das ILPIs sofrem costumeiramente com a escassez de recursos, com o desfalque de equipamentos de proteção individual, como máscaras, luvas, óculos de proteção, gorros, aventais e botas impermeáveis para a proteção de seus colaboradores[88].

---

84. *Condições de funcionamento e infraestrutura das instituições de longa permanência para idosos no Brasil*, p. 131 a 150, *in* Infraestrutura Social e Urbana no Brasil: subsídios para uma agenda de pesquisa e formulação de políticas públicas Livro 6 | v. 2. Disponível em: https://www.ipea.gov.br/portal/images/stories/PDFs/livros/livros/42543_Livro_InfraestruturaSocial_vol2.pdf . Acesso em: 24.08.2020.

85. LOUZÃ NETO, M. R. et al. (1986). O idoso, as instituições totais e a institucionalização. *Rev. Paul. de Hospitais*, julho/agosto/setembro; 34 (7/8/9): 135- 43.

86. FONSECA, A.M. A psicologia do envelhecimento e vulnerabilidade. In: CARVALHO, A.S. *Bioética e vulnerabilidade*. Coimbra: Almedina, p. 191-217.

87. GOLDIM, J.R. (2002). Bioética e envelhecimento. In: FREITAS, E. V. et al. (Org.). *Tratado de Geriatria e Gerontologia*. Rio de Janeiro: Guanabara, p. 85-90.

88. WATANABE, H.A.W; DOMINGUES, M. A. R; DUARTE, Y. A. O. *Urgente* – Covid 19 e a s Instituições de Longa Permanência para Idosos – Cuidado ou morte anunciada? Disponível em: https://www.slowmedicine.com.br/urgente-covid-19-e-as-instituicoes-de-longa-permanencia-para-idosos-cuidado-ou-morte-anunciada/. Acesso em: 27.08.2020.

A escassez de equipamentos de proteção individual (EPIs) nas ILPIs é preocupante, já que muitos funcionários exercem funções em outros locais de risco, como hospitais, o que eleva a chance de contaminação. A situação é ainda mais alarmante para o cuidado com os idosos dependentes, considerando que, nesses casos, o distanciamento social é impossível, pois o idoso requer um cuidador que faça a sua higiene, que o alimente, que realize suas mudanças de decúbito. Dessa forma, os recursos ideais para combater a Covid-19 nas ILPIs devem somar, além dos EPIs, ampla testagem rápida para idosos e funcionários, bem como espaços apropriados para isolamento dos residentes que testarem positivo.

Indubitavelmente, atender tais necessidades das ILPIs no combate ao vírus demanda planejamento e recursos financeiros. Contudo, as circunstâncias continuam frágeis e, mesmo em países desenvolvidos, como Canadá, Irlanda, Bélgica, França e Eslovênia, os óbitos de idosos institucionalizados "representaram mais de 50% do total nacional dos óbitos observados até o final do mês de junho de 2020" [89]. Em algumas situações os idosos morreram por outros motivos não causados pela Covid-19, como abandono e falta de cuidados primordiais para a sobrevivência[90]. Sabe-se que há inúmeras razões para os idosos estarem em uma ILPI, contudo, Santos (2020, p. 21), oportunamente questiona: "estariam mais seguros se pudessem voltar às casas onde viveram toda a vida, no caso improvável de elas ainda existirem?"[45].

Apesar de não reunir todas as ILPIs brasileiras, um estudo conduzido entre abril e junho de 2020[91], evidencia que houve 2.595 casos confirmados de Covid-19, com 458 óbitos, entre os 42.216 idosos residentes nas 1.802 ILPIs brasileiras analisadas. As taxas de incidência e de letalidade, respectivamente 6,14% e 17,65%, foram menores do que as relatadas em outros países e "possivelmente devem-se a subnotificação de casos, incluindo o registro inapropriado da causa de óbito" (Wachholz et al, 2020 p. 6). Ainda segundo o estudo, a maioria das ILPIs brasileiras adotaram precocemente estratégias de *lockdown* e, ao suspenderem as visitas, podem ter contribuído para diminuição dos casos, o que levanta a importância de considerar os riscos que advêm da futura flexibilização dessas visitas.

Contudo, a interrupção das visitas familiares levanta questões paradoxais, já que, ao mesmo tempo em que propicia maior segurança aos idosos contra o coronavírus, os expõem a demais riscos, como solidão e negligência. Conforme Gardner, States e Bagley (2020, p. 313)[92], a "visita familiar é uma técnica crucial para o monitoramento da qualidade do cuidado", assim, a sua interrupção pode colocar em risco o bem estar do

---

89. COMAS-HERRERA, A; ZALAKAIN, J et al. *Mortality associated with Covid-19 outbreaks in care homes:* early international evidence. Resources to support community and institutional Long-Term Care responses to Covid-19. 2020. Citado por WACHHOLZ, Patrick et al (2020). Ocorrência de infecção e mortalidade por Covid-19 em residenciais para idosos no Brasil p.1. SciELO Preprints. Disponível em: https://preprints.scielo.org/index.php/scielo/preprint/view/1032 . Acesso em: 26.08.2020.

90. Disponível em: https://www.bbc.com/portuguese/internacional-52025727. Acesso em: 27.08.2020.

91. WACHHOLZ, Patrick et al (2020). *Ocorrência de infecção e mortalidade por Covid-19 em residenciais para idosos no Brasil.* SciELO Preprints. Disponível em: https://preprints.scielo.org/index.php/scielo/preprint/view/1032. Acesso em: 26.08.2020.

92. GARDNER, William; STATES, David; BAGLEY, Nicholas (2020) The Coronavirus and the Risks to the Elderly in Long-Term Care, *Journal of Aging & Social Policy*, 32:4-5, 310-315, Disponível em: https://www.tandfonline.com/doi/full/10.1080/08959420.2020.1750543 . Acesso em: 26.08.2020.

idoso. Dessa forma, os idosos em ILPIs demandam mais do Estado que apenas a vigilância epidemiológica. No atual contexto, com a ausência dos familiares, é dever do Estado intensificar as fiscalizações. Do contrário, não haverá nenhuma visibilidade acerca do que ocorre dentro dos limites da instituição.

Segundo Freitas (2020, p. 7)[93], a "interrupção das atividades de visitas, de lazer e até mesmo as religiosas são fatores de estresse, com forte implicações emocionais para os idosos" e "para reduzir o sentimento de perda de controle e ansiedade proveniente da situação vivenciada, é preciso (...) manter a comunicação com seus familiares por cartas, telefones, vídeos e outras maneiras disponibilizadas pela instituição". Além do contato intergeracional, outras ocupações como atividades físicas, exercícios respiratórios, alongamento em grupos pequenos, ludoterapia, leituras de livros, histórias e poemas, estímulos musicais e olfativos, podem reduzir o impacto negativo do distanciamento social[94]. Para isso, apesar do necessário cuidado sanitário, foram utilizados meios digitais para diminuir as distâncias e diminuir o isolamento, o que talvez, com auxílio de iniciativas governamentais e privada, agindo em conjunto, possa trazer uma opção a ser implantada em definitivo para o futuro.

Apesar da pandemia, que apenas veio trazer uma lente de aumento e descortinar uma realidade já existente, é preciso frisar que tanto a Declaração de Adelaide[95] como a Carta de Ottawa[96] colocam como ponto central os direcionamentos específicos aos idosos, sendo que, localmente, de acordo com a própria organização e gestão de necessidades, articular-se-á o direcionamento esperado. Nesse último documento, é anunciada a abrangência da qualidade de vida, não apenas limitada a área da saúde. Dessa feita, dispõe literalmente:

Para atingir um estado de completo bem-estar físico, mental e social os indivíduos e grupos devem saber identificar aspirações, satisfazer necessidades e modificar favoravelmente o meio ambiente. A saúde deve ser vista como um recurso para a vida, e não como objetivo de viver. Nesse sentido, a saúde é um conceito positivo, que enfatiza os recursos sociais e pessoais, bem como as capacidades físicas. Assim, a promoção da saúde não é responsabilidade exclusiva do setor saúde, e vai para além de um estilo de vida saudável, na direção de um bem-estar global[96].

Não distante desse matiz, a Declaração de Sundsvall[97] e a Declaração de Bogotá[98] reforçam a criação de ambientes saudáveis através de ações comunitárias para fortalecer a capacidade da população e para participar das decisões que afetam a sua vida.

---

93. FREITAS, A. V. da S. Long stay institutions for the elderly and covid-19: Emergency in the debate. *Research, Society and Development*, [S. l.], v. 9, n. 7, p. e490974398, 2020. Disponível em: https://rsdjournal.org/index.php/rsd/article/view/4398 . Acesso em: 26.08.2020.

94. Instituições de longa permanência para idosos e o enfrentamento da pandemia de Covid-19: subsídios para a Comissão de Defesa dos Direitos do Idoso da Câmara Federal – *Relatório técnico*. Disponível em: https://sbgg.org.br/wp-content/uploads/2020/06/Relato%CC%81rio-final-FN_fichaC.pdf . Acesso em: 26.08.2020.

95. Declaração de Adelaide em todas as políticas. Disponível em: http://www.who.int/social_determinants/publications/isa/portuguese_adelaide_statement_for_web.pdf Acesso em: 27.08.2020.

96. Declaração de Ottawa. Disponível em: http://bvsms.saude.gov.br/bvs/publicacoes/carta_ottawa.pdf. Acesso em: 27.08.2020.

97. Declaração de Sundsvall. Disponível em: http://bvsms.saude.gov.br/bvs/publicacoes/declaracao_sundsvall.pdf. Acesso em: 27.08.2020.

98. Declaração de Bogotá. Disponível em: http://dai-mre.serpro.gov.br/atos-internacionais/bilaterais/1958/b_44/. Acesso em 27.08.2020.

Com essa visão e a possibilidade de reflexão de novos modelos de institucionalização que priorizem o cuidado, a atenção e a dignidade, estará o Brasil alinhado com as diretivas internacionais e comungando para a construção de uma sociedade justa, livre e solidária. Cuidar do idoso é cuidar da própria sociedade.

7. CONSIDERAÇÕES FINAIS

A atual pandemia causada pela Covid-19 atinge distintamente cada grupo social. Contudo, parece travar uma guerra, em especial, contra os idosos. Além das condições de saúde, as sociodemográficas também agravam o problema, de forma que mais de 70% dos óbitos por Covid-19 no Brasil foram pessoas com idade igual ou acima de 60 anos. Certamente que não pode ser desconsiderada a acentuada parcela dos idosos que dependem exclusivamente do Sistema Único de Saúde. Esse dado reforça a necessidade de ampliar os recursos financeiros que lhe são destinados bem como os atendimentos capilares, de forma a alcançar as populações que, por localização geográfica, encontram-se em desvantagem.

No tocante à atual instabilidade do cenário político e econômico brasileiro, é preciso entender o papel que esta pode desempenhar na construção das crenças de idosos a respeito da pandemia. Apesar de carecer de mais estudos, é assustadora a porcentagem de idosos que subestimam a potência destruidora do vírus. Talvez, há que se pensar em atribuir responsabilidades pelos desfechos desfavoráveis. Especialmente, considerando o provável desconhecimento da população idosa a respeito dos critérios ageístas que podem operar na alocação de leitos de UTI e respiradores artificiais nas instituições hospitalares. Ademais, nesse quesito, imprescindível a construção de protocolos não ageístas de alocação de recursos escassos, a exemplo da Associação de Medicina Intensiva Brasileira e do Conselho Regional de Medicina de Pernambuco.

No que concerne às circunstâncias relacionadas à renda do idoso, é pertinente estudar os efeitos em meio à pandemia do aumento do limite de renda per capita para conceder o Benefício de Prestação Continuada. Não menos importante, a Assistência Social precisa orientar estratégias de contenção da pobreza das famílias cuja renda do idoso falecido era fundamental ao sustento da casa.

Com relação às Instituições de Longa Permanência para Idosos, algumas questões precisam ser examinadas. De imediato, é imprescindível que as autoridades competentes implementem fiscalizações periódicas e sistematizadas, eficazes na proteção dos idosos hipervulneráveis que residem nesses locais. Em médio e longo prazo, é urgente realizar um censo capaz de catalogar e acompanhar todas as instituições brasileiras, de forma a registrar o número de idosos e os funcionários em exercício em cada uma, bem como os gastos per capita, entre outros. Certamente que as políticas públicas orientadas a esses espaços carecem desses dados. Por fim, seria interessante conhecer a repercussão que o auxílio financeiro emergencial destinado a essas instituições teve na proteção dos idosos residentes.

Devido à recentidade da Covid-19, ainda há muito o que ser produzido a respeito da relação entre idosos e pandemia. Consequentemente, o presente estudo esbarra na

IDOSOS E COVID-19: O DESCORTINAMENTO DE UMA SOCIEDADE (IN)CIVILIZADA 257

escassez de materiais científicos brasileiros divulgados até então. Porém, considerando a permanência do vírus, ainda há tempo da sociedade se organizar para decrescer o impacto da contaminação sobre as populações idosas.

Não se pode olvidar que uma sociedade que condena os idosos à morte, não o faz sem condenar a si mesma. Urge, portanto, o reconhecimento da importância e da relevância das vidas idosas, pelo simples fato de existirem, a despeito de qualquer noção limitada de produtividade ou qualquer outra capaz de discriminação.

8. REFERÊNCIAS

AGÊNCIA NACIONAL DE VIGILÂNCIA SANITÁRIA. *Resolução da Diretoria Colegiada RDC 283, de 26 de setembro de 2005*. Aprova o Regulamento Técnico que define normas de funcionamento para as Instituições de Longa Permanência para Idosos Brasília: Diário Oficial da União; 2005. Disponível em: http://bvsms.saude.gov.br/bvs/saudelegis/anvisa/2005/res0283_26_09_2005.html . Acesso em: 25.08.2020.

ASSOCIAÇÃO BRASILEIRA DE MEDICINA INTENSIVA (AMIB). *Protocolo AMIB de alocação de recursos em esgotamento durante a pandemia por Covid-19, 2020*. Disponível em: https://www.amib.org.br/fileadmin/user_upload/amib/2020/abril/24/Protocolo_AMIB_de_alocacao_de_recursos_em_esgotamento_durante_a_pandemia_por_Covid-19.pdf. Acesso em: 14 ago. 2020.

ASSOCIAÇÃO DE MEDICINA INTENSIVA BRASILEIRA (AMIB). *Amib apresenta dados atualizados sobre leitos de UTI no Brasil. Março de 2020*. São Paulo. Disponível em: https://www.amib.org.br/fileadmin/user_upload/amib/2020/abril/28/dados_uti_amib.pdf. Acesso em: 21.08.2020.

AZEVEDO, MJ et AL. Perspectiva de tempo em pessoas idosas. In: LOPES, MJ; MENDES, FRP; SILVA, AO. *Envelhecimento estudos e perspectivas*. São Paulo: Martinari, 2014.

BAPTISTA, Makilim Nunes et al. Correlação entre sintomatologia depressiva e prática de atividades sociais em idosos. *Aval. psicol*. Porto Alegre, v. 5, n. 1, p. 77-85, jun. 2006. Disponível em: http://pepsic.bvsalud.org/scielo.php?script=sci_arttext&pid=S1677-04712006000100009&lng=pt&nrm=iso . Acesso em: 02.08.2020.

BEAUVOIR, Simone de. *A velhice*. Rio de Janeiro: Ed. Nova Fronteira, 1990.

BELATO, D. História da velhice. In: DALLEPIANE, LB. *Envelhecimento humano*: campo de saberes e prática em saúde. Ijaí: Editora Unijaí; 2009.

BRASIL. *Lei 10.741 de 2003, de 1º de outubro de 2003*. Estatuto do Idoso. Disponível em: http://www.planalto.gov.br/ccivil_03/leis/2003/l10.741.htm#:~:text=LEI%20No%2010.741%2C%20DE%201%C2%BA%20DE%20OUTUBRO%20DE%202003.&text=Disp%C3%B5e%20sobre%20o%20Estatuto%20do%20Idoso%20e%20d%C3%A1%20outras%20provid%C3%AAncias.&text=Art.,a%2060%20(sessenta)%20anos. Acesso em: 02.08.2020.

BRASIL. *Lei 13.981, de 23 de Março de 2020*. Disponível em http://www.planalto.gov.br/ccivil_03/_Ato2019-2022/2020/Lei/L13981.htm. Acesso em: 19.08.2020.

BRASIL. *Lei 8.742, de 7 de Dezembro de 1993*. Disponível em: http://www.planalto.gov.br/ccivil_03/leis/l8742.htm. Acesso em 19.08.2020.

BRASIL. *Lei 8.842, de 4 de Janeiro de 1994*. Dispõe sobre a política nacional do idoso. Disponível em: http://www.planalto.gov.br/ccivil_03/leis/L8842.htm#:~:text=LEI%20N%C2%BA%208.842%2C%20DE%204%20DE%20JANEIRO%20DE%201994.&text=Disp%C3%B5e%20sobre%20a%20pol%-C3%ADtica%20nacional,Idoso%20e%20d%C3%A1%20outras%20provid%C3%AAncias..&tex-

t=Art.&text=2%C2%BA%20Considera%2Dse%20idoso%2C%20para,de%20sessenta%20anos%20 de%20idade . Acesso em 25.08.2020.

BRASIL. *Lei 14.018 de 29 de Junho de 2020*. Disponível em: https://pesquisa.in.gov.br/imprensa/jsp/visualiza/index.jsp?jornal=515&pagina=3&data=30/06/2020 Acesso em 19.08.2020 .

BRASIL. Ministério da Saúde. Secretaria de Atenção à Saúde. Departamento de Atenção Básica. *Diretrizes para o cuidado das pessoas com doenças crônicas nas redes de atenção à saúde e nas linhas de cuidado prioritárias*. Brasília: Ministério da Saúde, 2013. Disponível em: http://bvsms.saude.gov.br/bvs/publicacoes/diretrizes%20_cuidado_pessoas%20_doencas_cronicas.pdf. Acesso em: 20.08.2020.

BUTLER, R. *Ageism: a foreword*. Journal of Social Issues, n. 365, p. 8-11, 1980. v. 36, n. 2. Disponível em: https://spssi.onlinelibrary.wiley.com/doi/abs/10.1111/j.1540-4560.1980.tb02018.x . Acesso em: 12.08.2020.

CHAIMOWICZ, Flávio; GRECO, Dirceu B. Dinâmica da institucionalização de idosos em Belo Horizonte, Brasil. *Rev. Saúde Pública*, São Paulo, v. 33, n. 5, p. 454-460, out. 1999. Disponível em: http://www.scielo.br/scielo.php?script=sci_arttext&pid=S0034-89101999000500004&lng=pt&nrm=iso . Acesso em: 29.08,2020.

China acaba com a política do filho único, 2015. G1, São Paulo, 29 out. 2015 Disponível em: http://g1.globo.com/mundo/noticia/2015/10/china-acaba-com-politica-do-filho-unico-e-permitira-dois--filhos-por-casal.html#:~:text=O%20Partido%20Comunista%20da%20China,casal%20tenha%20 at%C3%A9%20dois%20filhos.&text=No%20in%C3%ADcio%20de%202015%2C%20o,a%20 pol%C3%ADtica%20do%20filho%20%C3%BAnico. Acesso em: 06.08.2020.

COMAS-HERRERA, A; ZALAKAIN, J et al. *Mortality associated with Covid-19 outbreaks in care homes*: early international evidence. Resources to support community and institutional Long-Term Care responses to Covid-19. 2020. Citado por WACHHOLZ, Patrick et al (2020). Ocorrência de infecção e mortalidade por Covid-19 em residenciais para idosos no Brasil. SciELO Preprints. Disponível em: https://preprints.scielo.org/index.php/scielo/preprint/view/1032. Acesso em: 26.08.2020.

Condições de Funcionamento e Infraestrutura das Instituições de Longa Permanência para Idosos no Brasil, p. 131 a 150, *in* Infraestrutura Social e Urbana no Brasil: subsídios para uma agenda de pesquisa e formulação de políticas públicas Livro 6 | v. 2. Disponível em: https://www.ipea.gov.br/portal/images/stories/PDFs/livros/livros/42543_Livro_InfraestruturaSocial_vol2.pdf . Acesso em: 24.08,2020.

CONSELHO NACIONAL DE SAÚDE. *Carta aberta: CNS em defesa da vida, da democracia e do SUS*. 29 abr. 2020. Disponível em: https://conselho.saude.gov.br/ultimas-noticias-cns/1140-cartaaberta-do--conselho-nacional-de-saude-em-defesa-da-vida-da-democracia-e-do-sus . Acesso em: 18.08.2020.

CONSELHO REGIONAL DE MEDICINA DE PERNAMBUCO (2020). *Recomendação CREMEPE 05 /2020*. Disponível em: http://www.cremepe.org.br/2020/05/12/cremepe-publica-recomendacao--no-05-2020/ Acesso em: 14.08.2020.

CORADAZZI, AL; CALLEGARI, LA. *Cuidados paliativos, Covid-19 e as escolhas de todos nós*. Disponível em: https://www.slowmedicine.com.br/cuidados-paliativos-covid-19-e-as-escolhas-de-todos-nos/. Acesso em: 20.08.2020.

CREUTZBERG, Marion et al. A Instituição de Longa Permanência para idosos e o sistema de saúde. *Rev. Latino-Am. Enfermagem*, Ribeirão Preto, v. 15, n. 6, p. 1144-1149, dez. 2007. Disponível em: http://www.scielo.br/scielo.php?script=sci_arttext&pid=S0104-11692007000600014&lng=pt&nrm=iso. Acesso em: 29.08,2020.

CREUTZBERG, Marion; GONCALVES, Lucia Hisako Takase; SOBOTTKA, Emil Albert. *Instituição de longa permanência para idosos*: a imagem que permanece. Texto contexto - enferm., Florianópolis, v. 17, n. 2, p. 273-279, Jun 2008. Disponível em: http://www.scielo.br/scielo.php?script=sci_arttext&pid=S0104-07072008000200008&lng=en&nrm=iso. Acesso em: 25.08.2020.

DALLEPIANE, LB. *Envelhecimento humano: campo de saberes e prática em saúde*. Ijaí: Editora Unijaí; 2009.

Declaração de Adelaide em todas as políticas. Disponível em: http://www.who.int/social_determinants/publications/isa/portuguese_adelaide_statement_for_web.pdf. Acesso em: 27.08,2020.

Declaração de Bogotá. Disponível em: http://dai-mre.serpro.gov.br/atos-internacionais/bilaterais/1958/b_44/. Acesso em: 27.08.2020.

Declaração de Ottawa. Disponível em: http://bvsms.saude.gov.br/bvs/publicacoes/carta_ottawa.pdf. Acesso em: 27.08.2020.

Declaração de Sundsvall. Disponível em: http://bvsms.saude.gov.br/bvs/publicacoes/declaracao_sundsvall.pdf. Acesso em: 27.08.2020.

ELIAS, N. *A solidão dos moribundos, seguido de envelhecer e morrer*. Rio de Janeiro: Jorge Zahar Editor; 2001.

EMANUEL, EJ; PERSAD, G; UPSHUR, R; THOME, B; PARKER, M. GLICKMAN, A; ZHANG, C; BOYLE, C; SMITH, M; PHILLIPS, JP (2020). *Fair allocation of scarce medical resources in the time of Covid-19*. N Engl J Med, p. 2052 e 2053. Disponível em: https://www.nejm.org/doi/10.1056/NEJMsb2005114. Acesso em: 14.08.2020.

FERREIRA, V. H. S.; LEÃO, L. R. B.; FAUSTINO, A. M. Ageísmo, políticas públicas voltadas para população idosa e participação social. *Revista Eletrônica Acervo Saúde*, n. 42, p. e2816, 2020. Disponível em: https://acervomais.com.br/index.php/saude/article/view/2816. Acesso em: 12.08.2020.

FIGUEIREDO, L. da S. et al. *Remote monitoring of patients with chronic heart failure in times of social distance – Covid-19 in the light of the "Primary Nursing" model*. Research, Society and Development, [S. l.], v. 9, n. 7, p. e141973909, 2020. Disponível em: https://rsdjournal.org/index.php/rsd/article/view/3909. Acesso em: 20.08.2020.

FONSECA, A.M. A psicologia do envelhecimento e vulnerabilidade. In: CARVALHO, A. S. *Bioética e vulnerabilidade*. Coimbra: Almedina.

FREITAS, A. V. da S. *Long stay institutions for the elderly and Covid-19*: Emergency in the debate. Research, Society and Development, [S. l.], v. 9, n. 7, p. e490974398, 2020. Disponível em: https://rsdjournal.org/index.php/rsd/article/view/4398 . Acesso em: 26.08.2020.

FREITAS, D.C.C.V. Vulnerabilidade e resiliência em idosos institucionalizados. *Revista Kairós*, São Paulo, Caderno Temático 7, junho 2010. Disponível em: https://pdfs.semanticscholar.org/5f81/33faecb0f-8d2b5a2f30ccd57ca0bb9117737.pdf. Acesso em: 23.08.2020.

GARDNER, William; STATES, David; BAGLEY, Nicholas (2020) The Coronavirus and the Risks to the Elderly in Long-Term Care, *Journal of Aging & Social Policy*, 32:4-5, 310-315. Disponível em: https://www.tandfonline.com/doi/full/10.1080/08959420.2020.1750543 . Acesso em: 26.08.2020.

GOLDIM, J.R. (2002). Bioética e envelhecimento. In: FREITAS, E. V. et al. (Org.). *Tratado de Geriatria e Gerontologia*. Rio de Janeiro: Guanabara.

GREENSPAN, Alan. *The Age of Turbulence*. The Penguin Press. New York, 2007.

HECK, RM; LAUGLON, EJ. Envelhecimento, relações de gênero e o papel das mulheres na organização da vida em comunidade. In: Minayvo MCS, Coimbra Jr CEA. Antropologia, Saúde e Envelhecimento. Rio de Janeiro: FIOCRUZ; 2002. Disponível em: http://books.scielo.org/id/d2frp/pdf/minayo-9788575413043-08.pdf . Acesso em 10.08.2020.

HERNANDES, Elizabeth S. C. et al. Idosos com e sem plano de saúde e características socioepidemiológicas associadas. *Rev. Saúde Pública*, São Paulo, v. 46, n. 6, p. 1030-1038, Dez. 2012. Disponível em: http://www.scielo.br/scielo.php?script=sci_arttext&pid=S0034-89102012000600013&lng=en&nrm=iso. Acesso em: 21.08.2020.

Idosos podem ficar de graça em hotéis do RJ durante pandemia de coronavírus. Jornal Nacional, 04 de abril de 2020. Disponível em: https://g1.globo.com/jornal-nacional/noticia/2020/04/04/idosos-podem--ficar-de-graca-em-hoteis-do-rj-durante-pandemia-de-coronavirus.ghtml. Acesso em: 19.08.2020.

INSTITUIÇÕES DE LONGA PERMANÊNCIA PARA IDOSOS E O ENFRENTAMENTO DA PANDEMIA DE Covid-19: subsídios para a Comissão de Defesa dos Direitos do Idoso da Câmara Federal – Relatório técnico. Disponível em: https://sbgg.org.br/wp-content/uploads/2020/06/Relato%CC%81rio--final-FN_fichaC.pdf. Acesso em: 26.08.2020.

KALACHE, Alexandre et al. Envelhecimento e desigualdades: políticas de proteção social aos idosos em função da Pandemia Covid-19 no Brasil. *Rev. bras. geriatr. gerontol.*, Rio de Janeiro, v. 23, n. 6, e200122, 2020. Disponível em http://www.scielo.br/scielo.php?script=sci_arttext&pid=S1809-98232020000600101&lng=pt&nrm=iso . Acesso em 02 ago. 2020. Epub 01.06.2020.

KALACHE, Alexandre. O mundo envelhece: é imperativo criar um pacto de solidariedade social. *Ciênc. saúde coletiva*, Rio de Janeiro, v. 13, n. 4, p. 1107-1111, Ago. 2008. Disponível em: http://www.scielo.br/scielo.php?script=sci_arttext&pid=S1413-81232008000400002&lng=en&nrm=iso. Acesso em: 02.08.2020.

KAUFMAN, Fani. *Novo velho envelhecimento:* Olhares e perspectivas. São Paulo: Casa do Psicólogo, 2012.

LEÃO, Luiza. R. B. et al. O idoso e a pandemia do Covid- 19: uma análise de artigos publicados em jornais. *Brazilian Journal of Development.* v. 6, n. 7, p. 45123-45142, 2020. Disponível em: https://www.brazilianjournals.com/index.php/BRJD/article/view/12947/10878. Acesso em 12.08.2020.

LESSA, I. Epidemiologia das doenças crônicas não transmissíveis versus terceira idade. O *adulto brasileiro e as doenças da modernidade*: epidemiologia das doenças crônicas não –transmissíveis. São Paulo-Rio de Janeiro: Hucitec: Abrasco. 1998.

LIMA, Danilo Lopes Ferreira et al. Covid-19 no estado do Ceará, Brasil: comportamentos e crenças na chegada da pandemia. *Ciênc. saúde coletiva*, Rio de Janeiro , v. 25, n. 5, p. 1575-1586, maio 2020 Disponível em: http://www.scielo.br/scielo.php?script=sci_arttext&pid=S1413-81232020000501575&lng=en&nrm=iso . Acesso em: 02.08.2020. Epub May 08, 2020.

LIMA, Nísia Trindade; BUSS, Paulo Marchiori; PAES-SOUSA, Rômulo. A pandemia de Covid-19: uma crise sanitária e humanitária. *Cad. Saúde Pública*, Rio de Janeiro, v. 36, n. 7, e00177020, 2020. Disponível em: http://www.scielo.br/scielo.php?script=sci_arttext&pid=S0102-311X2020000700503&lng=en&nrm=iso . Acesso em: 14.08.2020. Epub July 24, 2020.

LIU, Y; SALWI, S; DROLET, BC. Multivalue ethical framework for fair global allocation of a Covid-19 vaccine. *Journal of Medical Ethics.* 2020 ago; vol 46, n. 8, p. 499-501. Disponível em: https://jme.bmj.com/content/46/8/499. Acesso em 16 ago 2020.

LOUZÃ NETO, M. R. et al. (1986) O idoso, as instituições totais e a institucionalização. *Rev. Paul. de Hospitais*, julho/agosto/setembro; 34 (7/8/9): 135- 43.

MENDES, Márcia R.S.S. Barbosa et al. A situação social do idoso no Brasil: uma breve consideração. *Acta paul. enferm.*, São Paulo, v. 18, n. 4, p. 422-426, Dec. 2005. Disponível em: http://www.scielo.br/scielo.php?script=sci_arttext&pid=S0103-21002005000400011&lng=en&nrm=iso . Acesso em: 02.08.2020.

MIRANDA, LC; BANHATO, EFC. Qualidade de vida na terceira idade: a influência da participação em grupos. *Psicol pesq.* 2008; v. 2, n., p. 69-80. Disponível em: https://periodicos.ufjf.br/index.php/psicologiaempesquisa/article/view/23682. Acesso em 02 ago. 2020.

NATES, Joseph L et al. ICU Admission, Discharge, and Triage Guidelines: A Framework to Enhance Clinical Operations, Development of Institutional Policies, and Further Research. *Critical Care Medicine*: Ago. 2016, v. 44, n. 8, p 1553-1602. Disponível em: https://journals.lww.com/ccmjournal/FullText/2016/08000/ICU_Admission,_Discharge,_and_Triage_Guidelines__.15.aspx. Acesso em: 15.08.2020.

IDOSOS E COVID-19: O DESCORTINAMENTO DE UMA SOCIEDADE (IN)CIVILIZADA **261**

NORONHA, Priscila. Aspectos biológicos do envelhecimento suas repercussões na prática médica. In: KAUFMAN, Fani (Org.). *Novo velho envelhecimento*: Olhares e perspectivas. São Paulo: Casa do Psicólogo, 2012, cap. 3.

NOTA TÉCNICA IPEA. *Os dependentes da renda dos idosos e o coronavírus*: órfãos ou novos pobres? Disponível em: https://www.ipea.gov.br/portal/index.php?option=com_content&view=article&id=36188 . Acesso em: 20.08.2020.

O IBGE apoiando o combate à Covid-19. Disponível em: https://covid19.ibge.gov.br/pnad-covid/. Acesso em: 07.08.2020.

OLIVEIRA, Wanderson Kleber de et al. Como o Brasil pode deter a Covid-19. *Epidemiol. Serv. Saúde*, Brasília, v. 29, n. 2, e2020044, 2020. Disponível em: http://www.scielo.br/scielo.php?script=sci_arttext&pid=S2237-96222020000200200&lng=en&nrm=iso . Acesso em: 12.08.2020. Epub Apr 27, 2020.

PAIM, Jairnilson Silva. Thirty years of the Unified Health System (SUS). *Ciênc. saúde coletiva*, Rio de Janeiro, v. 23, n. 6, p. 1723-1728, Jun 2018. Disponível em: http://www.scielo.br/scielo.php?script=sci_arttext&pid=S1413-81232018000601723&lng=en&nrm=iso. Acesso em: 20.08.2020.

Painel Coronavírus. Disponível em: https://covid.saude.gov.br. Acesso em: 07.08.2020.

PAÚL, Constança. A construção de um modelo de envelhecimento humano. 2003, p. 25. In: PAÚL, C; FONSECA, AM. *Envelhecer em Portugal*. Lisboa: Climepsi Editores; 2003.

PAÚL, Constança. *Envelhecimento activo e redes de suporte social*. Porto: ICBAS-UP. Disponível em: http://ler.letras.up.pt/uploads/ficheiros/3732.pdf. Acesso em: 05.08.2020.

PAULO, M.; WAJNMAN, S.; HERMETO, A. M. A relação entre renda e composição domiciliar dos idosos no Brasil: um estudo sobre o impacto do recebimento do benefício de prestação continuada. *Revista Brasileira de Estudos de População*, v. 30, p. S25-S43, 2013. Disponível em: https://www.scielo.br/pdf/rbepop/v30s0/03.pdf. Acesso em: 19.08.2020.

PEREIRA, C., NEVES, R. *Os idosos na aquisição de competências TIC*. Educação, Formação & Tecnologias – ISSN 1646-933X, América do Norte, 4, jan. 2012. Disponível em: http://eft.educom.pt/index.php/eft/article/view/251. Acesso em: 17.08.2020.

PEREIRA, M.D. et AL. (2020a). *A pandemia de Covid-19, o isolamento social, consequências na saúde mental e estratégias de enfrentamento*: uma revisão integrativa. SciELO Preprints. Disponível em: https://preprints.scielo.org/index.php/scielo/preprint/download/493/version/503/625/640. Acesso em: 17.08.2020.

PEREIRA, R. H. M. et al (2020). *Mobilidade urbana e o acesso ao Sistema Único de Saúde para casos suspeitos e graves de Covid-19 nas 20 maiores cidades do Brasil*. Nota Técnica N.14. Instituto de Pesquisa Econômica Aplicada (Ipea). Disponível em: https://www.ipea.gov.br/portal/index.php?option=com_content&view=article&id=35442&Itemid=7 Acesso em: 20.08.2020.

PERSAD, G. et al. *Principles for allocation of scarce medical interventions*. The lancet, Londres, v. 373, n. 9661, p. 423-431, jan. 2009. Disponível em: https://philarchive.org/archive/PERPFA-2v1.Acesso em: 14.08.2020.

PINTO, Juliana Martins; NERI, Anita Liberalesso. Trajetórias da participação social na velhice: uma revisão sistemática da literatura. *Rev. bras. geriatr. gerontol*. Rio de Janeiro, v. 20, n. 2, p. 259-272, Abr. 2017. Disponível em: http://www.scielo.br/scielo.php?script=sci_arttext&pid=S1809-98232017000200259&lng=en&nrm=iso. Acesso em: 02.08.2020.

PNAD Contínua TIC 2017. Disponível em: https://agenciadenoticias.ibge.gov.br/agencia-sala-de-imprensa/2013-agencia-de-noticias/releases/23445-pnad-continua-tic-2017-internet-chega-a-tres-em-cada-quatro-domicilios-do-pais. Acesso em: 15.08.2020.

PNAD Contínua TIC 2018. Disponível em: https://agenciadenoticias.ibge.gov.br/agencia-sala-de-imprensa/2013-agencia-de-noticias/releases/27515-pnad-continua-tic-2018-internet-chega-a-79-1-dos-domicilios-do-pais. Acesso em: 15.08.2020.

Portal da Transparência do Registro Civil. Disponível em: https://transparencia.registrocivil.org.br/especial-covid. Acesso em: 07.08.2020.

PRADO, B. (2020). *Covid-19 in Brazil: "So what?"*. TheLancet, 395, 10235, 1461. Disponível em: https://www.thelancet.com/journals/lancet/article/PIIS0140-6736(20)31095-3/fulltext. Acesso em: 18.08.2020.

Projeto UTIs brasileiras. Benchmarking. Disponível em: http://www.utisbrasileiras.com.br/sari-covid-19/benchmarking-covid-19. Acesso em: 21.08.2020.

RAMOS, Guilherme et al. Orientação política e apoio ao isolamento social durante a pandemia da Covid-19: evidências do Brasil. *Revista de Administração Pública*, Rio de Janeiro, v. 54, n. 4, p. 697-713, jul. 2020. ISSN 1982-3134. Disponível em: http://bibliotecadigital.fgv.br/ojs/index.php/rap/article/view/81881 . Acesso em: 18.08.2020.

RIOS RODRIGUES, I.; SILVANO DA SILVA FILHO, M. Inovações e desafios no acompanhamento de pacientes crônicos em tempos de Covid-19 na Atenção Primária à Saúde. JMPHC | *Journal of Management & Primary Health Care* | ISSN 2179-6750, v. 12, p. 1-7, 25 jul. 2020. Disponível em: https://www.jmphc.com.br/jmphc/article/view/991. Acesso em: 20.08.2020.

RIOS, Alan. *GDF realiza chamamento de hotéis para programa social que abriga idosos*. Correio Braziliense, 27.04.2020. Disponível em: https://www.correiobraziliense.com.br/app/noticia/cidades/2020/04/27/interna_cidadesdf,848671/gdf-realiza-chamamento-de-hoteis-para-programa-social-que-abriga-idoso.shtml . Acesso em 19.08.2020.

ROSENBAUM, L. *Facing Covid-19 in Italy - Ethics, Logistics, and Therapeutics on the Epidemic's Front Line*. N Engl J Med. 2020 Mar 18. p. 1874 e 1875. Disponível em: https://www.nejm.org/doi/full/10.1056/nejmp2005492. Acesso em: 14.08.2020.

SANTOS, Boaventura de Sousa. *A cruel pedagogia do vírus*. São Paulo: Boitempo, 2020.

SATOMI, Erika et al. *Alocação justa de recursos de saúde escassos diante da pandemia de Covid-19: considerações éticas*. Einstein (São Paulo), São Paulo, v. 18, eAE5775, 2020. Disponível em: http://www.scielo.br/scielo.php?script=sci_arttext&pid=S1679-45082020000100903&lng=en&nrm=iso. Acesso em: 14.08.2020. Epub Apr 30, 2020.

SCHMIDT, Beatriz et al. Saúde mental e intervenções psicológicas diante da pandemia do novo coronavírus (Covid-19). *Estud. psicol.* (Campinas), Campinas, v. 37, e200063, 2020. Disponível em: http://www.scielo.br/scielo.php?script=sci_arttext&pid=S0103-166X2020000100501&lng=en&nrm=iso. Acesso em: 17.08.2020. Epub May 18, 2020.

SCHWANKE, CHA et al. Contextualizando a geriatria e a gerontologia no século 21. In: DALLEPIANE, LB. *Envelhecimento humano*: campo de saberes e prática em saúde. Ijaí: Editora Unijaí; 2009.

SILVA, Maria do Rosário de Fátima e. Envelhecimento e proteção social: aproximações entre Brasil, América Latina e Portugal. *Serv. Soc. Soc.*, São Paulo, n. 126, p. 215-234, jun. 2016. Disponível em: http://www.scielo.br/scielo.php?script=sci_arttext&pid=S0101-66282016000200215&lng=pt&nrm=iso. Acesso em: 02.08.2020.

TAVARES, RO. *A contribuição da educação física para a prevenção de quedas no idoso*. Rio de Janeiro: Universidade do Estado do Rio de Janeiro; 2008.

TEIXEIRA, MB. *Empoderamento de idosos em grupos direcionados à promoção da saúde*. Rio de Janeiro: Fiocruz; 2002. Disponível em: http://portalteses.icict.fiocruz.br/transf.php?id=000034&lng=pt&nrm=iso&script=thes_cover. Acesso em: 05.08.2020.

Três hotéis já estão prontos para abrigar e proteger idosos de comunidades. Prefeitura da cidade do Rio de Janeiro, 26 de março de 2020. Disponível em: https://prefeitura.rio/assistencia-social-direitos-humanos/coronavirus-tres-hoteis-ja-estao-prontos-para-abrigar-e-proteger-idosos-de-comunidades/ . Acesso em: 19.08.2020.

TRUOG, RD; MITCHELL, C; DALEY, GQ. *The Toughest Triage – Allocating Ventilators in a Pandemic.* N Engl J Med. 2020. Disponível em: https://www.nejm.org/doi/full/10.1056/NEJMp2005689. Acesso em: 14.08.2020.

VARGAS, Nairo. Conjugalidade e Envelhecimento. In: KAUFMAN, Fani (Org.). *Novo velho envelhecimento:* Olhares e perspectivas. São Paulo: Casa do Psicólogo, 2012.

VENAGLIA, Guilherme. *Prefeitura de SP abrigará idosos em situação de rua em hotéis.* CNN, São Paulo, 08 de julho de 2020. Disponível em: https://www.cnnbrasil.com.br/nacional/2020/07/08/contra-a--covid-19-prefeitura-de-sp-abrigara-idosos-em-situacao-de-rua-em-hoteis. Acesso em: 19.08.2020.

VITOR, P.T. O dever familiar de cuidar dos mais velhos. Lex Familiae: *Revista Portuguesa de Direito da Família* n. 10 -2008.

WACHHOLZ, Patrick et al (2020). *Ocorrência de infecção e mortalidade por Covid-19 em residenciais para idosos no Brasil.* SciELO Preprints. Disponível em: https://preprints.scielo.org/index.php/scielo/preprint/view/1032. Acesso em: 26.08.2020.

WATANABE, H.A.W; DOMINGUES, M. A. R; DUARTE, Y. A. O. *Urgente* – Covid 19 e a s Instituições de Longa Permanência para Idosos – Cuidado ou morte anunciada? Disponível em: https://www.slowmedicine.com.br/urgente-covid-19-e-as-instituicoes-de-longa-permanencia-para-idosos-cuidado-ou-morte-anunciada/. Acesso em: 27.08.2020.

WHITE, DB; LO, B. *A* Framework for Rationing Ventilators and Critical Care Beds During the Covid-19 Pandemic. *JAMA.* 2020 Mar 27. Disponível em: https://jamanetwork.com/journals/jama/fullarticle/2763953. Acesso em 14 ago. 2020.

WICHMANN, Francisca Maria Assmann et al. Grupos de convivência como suporte ao idoso na melhoria da saúde. *Rev. bras. geriatr. gerontol.* Rio de Janeiro, v. 16, n. 4, p. 821-832, Dez. 2013. Disponível em: http://www.scielo.br/scielo.php?script=sci_arttext&pid=S1809-98232013000400821&lng=en&nrm=iso . Acesso em: 02.08.2020.

World Health Organization. Q&A on coronaviruses. Disponível em: https://www.who.int/news-room/q--a-detail/q-a-coronaviruses. Acesso em: 12.08.2020.

ZHU, N et al. *A novel Coronavirus from patients with pneumonia in China,* 2019. N Eng J Med 2020, p. 1-7. Disponível em: https://www.nejm.org/doi/full/10.1056/nejmoa2001017. Acesso em: 07.08.2020.

ALOCAÇÃO DE RECURSOS ESCASSOS EM SITUAÇÕES DE CATÁSTROFE

Sabrina Corrêa da Costa Ribeiro

Médica Doutora em Pneumologia (HCFMUSP). Especialista em Medicina Intensiva (AMIB), Emergência (ABRAMEDE) com área de atuação em Cuidado Paliativo (ANCP). Coordenadora da Unidade de Cuidados Intermediários do HCFMUSP. Supervisora da Disciplina de Emergências Clínicas do HCFMUSP. Coordenadora do Comitê de Emergência Da ANCP.

Érica Regina Ribeiro Sady

Fisioterapeuta Especialista em Cardiovascular (ASSOBRAFIR / COFFITO). Residência Multiprofissional em Saúde Cardiovascular (HCUFMG). Aprimoramento em Fisiotera-pia Respiratória e Cardíaca (H. SOCOR). Aperfeiçoamento em Prescrição do Exercício para Cardiopatas (EEP-HCFMUSP). Mestranda (CPGEO-EEFFTO/UFMG).

Sumário: 1. Introdução. 2. Recursos materiais: triagem de pacientes frente à escassez de recursos. 2.1 Alocação de recursos escassos: aspectos práticos. 2.1.1 Times de alocação de recursos e de triagem. 2.1.2 Critérios de triagem. 3. Recursos humanos: o "dever de cuidar" frente à escassez de recursos. 4. Cuidados paliativos no contexto de recursos escassos. 5. Considerações finais. 6. Referências.

---

1. INTRODUÇÃO

Em situações de catástrofe (ou em emergência de saúde pública, como durante uma pandemia, por exemplo), um grande número de pessoas adoece seriamente, em um curto período de tempo, de modo que a capacidade de organização dos sistemas de saúde – locais ou ao redor do mundo – para atender a esta súbita demanda é reduzida[1].

O surto do vírus SARS-CoV-2, nesta pandemia, considerado uma emergência de saúde pública pela OMS, evidenciou este fenômeno dada a rápida transmissibilidade viral em escala global, inclusive em países com melhores indicadores sociais e de saúde do que o Brasil.

Deste modo, a escassez de recursos mostra-se um problema central nestas situações. Envolve o baixo suprimento de materiais, desde itens básicos, como máscaras – essenciais como medida para reduzir a transmissibilidade de doenças respiratórias, por exemplo

---

1. THE PANDEMIC INFLUENZA ETHICS INITIATIVE WORK GROUP OF THE VETERANS HEALTH ADMINISTRATION'S NATIONAL CENTER FOR ETHICS IN HEALTH CARE. Meeting the Challenge of Pandemic Influenza: Ethical Guidance for Leaders and Health Care Professionals in the Veterans Health Administration (2010). Disponível em: https://www.ethics.va.gov/docs/pandemicflu/meeting_the_challenge_of_pan_flu-ethical_guidance_vha_20100701.pdf (Acesso em: 08 de Abril de 2020).

-, até recursos de suporte básico e avançado de vida, como leitos de terapia intensiva, aparelhos de ventilação artificial (mecânica) e equipamentos de proteção individual (EPI) para as equipes[2-3-4]. Além destes, a escassez de recursos humanos, especialmente de profissionais diretamente envolvidos com a assistência aos pacientes adoecidos, também é um desafio.

Países europeus como a Itália, por exemplo, o segundo epicentro da pandemia pelo novo coronavírus SARS-CoV-2 após Wuhan (China), dá exemplos da crise de saúde pública atual, seguida por países como Estados Unidos da América, Espanha, França, entre outros. Alguns dos quais assumiram o colapso dos seus sistemas de saúde, e contam com um número de expressivo de profissionais da saúde contaminados durante a assistência, como é o caso da Itália e Espanha[5-6].

Estas situações, portanto, revelam que, em situações de catástrofe, o problema não se limita apenas à condição clínica dos doentes. Os desfechos dependerão, principalmente, da capacidade de organização dos países, em especial dos sistemas de saúde.

Nos casos de doenças infectocontagiosas, na ausência de tratamentos curativos cientificamente comprovados (medicamentos, vacinas, entre outros), medidas para a contenção da disseminação da doença através do distanciamento social, e para a gestão e alocação racional, justa e ética dos recursos disponíveis são de indiscutível relevância[7].

Estas medidas requerem atitudes na dimensão microssocial, dos indivíduos e das famílias, e macrossocial, em nível de políticas públicas, inclusive através de cooperação internacional, expondo a complexidade do assunto.

---

2. DEPARTMENT OF CRITICAL CARE MEDICINE HERE AT THE UNIVERSITY OF PITTSBURGH AND THE UPMC HEALTH SYSTEM. Allocation of Scarce Critical Care Resources During a Public Health Emergency (2009). Disponível em: https://www.ccm.pitt.edu/sites/default/files/UnivPittsburgh_ModelHospitalResourcePolicy.pdf (Acesso em: 03 de Abril de 2020).
3. PELLEGRINO CENTER FOR CLINICAL BIOETHICS – GEORGETOWN UNIVERSITY MEDICAL CENTER. Ethical Principles of Resource Allocation In the Event of an Overwhelming Surge of Covid-19 Patients (2020). Disponível em: https://clinicalbioethics.georgetown.edu/covid-19-resources/ (Acesso em: 07 de Abril de 2020).
4. COMMITTEE ON ETHICAL ISSUES IN MEDICINE OF THE ROYAL COLLEGE OF PHYSICIANS (RCP). Ethical dimensions of Covid-19 for frontline staff (2020). Disponível em: https://www.rcpsych.ac.uk/about-us/responding-to-covid-19/responding-to-covid-19-guidance-for-clinicians/covid-19-ethical-considerations (Acesso em 10 de Abril de 2020).
5. VERGANO, Marco, BERTOLINI, Guido, GIANNINI, Alberto, et al. Clinical Ethics Recommendations for the Allocation of Intensive Care Treatments, in Exceptional, Resource-Limited Circumstances. Italian Society of Anesthesia, Analgesia, Resuscitation, and Intensive Care (SIAARTI) (2020). Disponível em: http://www.siaarti.it/SiteAssets/News/Covid19%20-%20documenti%20SIAARTI/SIAARTI%20-%20Covid-19%20-%20Clinical%20Ethics%20Reccomendations.pdf. (Acesso em: 13 de Abril de 2020).
6. NUGENT, Ciara. 'It's Like Being a War Medic.' A Madrid Doctor Speaks Out About Grave Shortages in Protective Gear. Time – World – Covid-19, 02 April 2020 [Internet]. Disponível em: https://time.com/5813848/spain-coronavirus-outbreak-doctor/ (Acesso em: 13 de Abril de 2020).
7. THE PANDEMIC INFLUENZA ETHICS INITIATIVE WORK GROUP OF THE VETERANS HEALTH ADMINISTRATION'S NATIONAL CENTER FOR ETHICS IN HEALTH CARE. Meeting the Challenge of Pandemic Influenza: Ethical Guidance for Leaders and Health Care Professionals in the Veterans Health Administration (2010). Disponível em: https://www.ethics.va.gov/docs/pandemicflu/meeting_the_challenge_of_pan_flu-ethical_guidance_vha_20100701.pdf (Acesso em: 08 de Abril de 2020).

2. RECURSOS MATERIAIS: TRIAGEM DE PACIENTES FRENTE À ESCASSEZ DE RECURSOS

Em situações de catástrofe e de emergências de saúde pública, a escassez de recursos torna-se um problema coletivo, com implicações para grande parte (se não todo) o sistema de saúde, em vários países, como no caso de uma pandemia.

A resposta a isto, portanto, também deve ser coletiva, transparente e ética, sob a pena da perda da confiança pública, dano moral e confusão entre papéis e responsabilidades.

A nível político e administrativo, a macro alocação de fundos e recursos devem ser feitas entre hospitais e programas a partir da intensidade da demanda, uma vez que esta pode ser distinta em diferentes regiões geográficas e a depender do caráter do sistema de saúde (público versus privado), por exemplo.

A nível individual, critérios clínicos devem ser utilizados para determinar a alocação apropriada de recursos como drogas, equipamentos de suporte de vida como ventiladores artificiais e máquinas de diálise, e leitos de unidade de terapia intensiva (UTI).

Além disso, uma abordagem exclusivamente utilitarista que considera isoladamente as consequências imediatas (sobrevida, por exemplo) do acesso (ou não) a determinados recursos, além de moralmente indesejável, pode ser insuficiente para lidar com a escassez de recursos materiais[8-9-10].

Ao contrário, o processo de tomada de decisão das lideranças acerca de quais respostas podem ser mais adequadas à situação deve ser informada e participativa; transparente; racional e capaz de ser explicado para todos; basear-se no maior número de dados possíveis, incluindo as perspectivas daqueles envolvidos e que podem por estas decisões possam ser afetados; em valores organizacionais e sociais, a fim de que os benefícios a curto e longo prazo superem riscos potenciais[11].

---

8. THE PANDEMIC INFLUENZA ETHICS INITIATIVE WORK GROUP OF THE VETERANS HEALTH ADMINISTRATION'S NATIONAL CENTER FOR ETHICS IN HEALTH CARE. Meeting the Challenge of Pandemic Influenza: Ethical Guidance for Leaders and Health Care Professionals in the Veterans Health Administration (2010). Disponível em: https://www.ethics.va.gov/docs/pandemicflu/meeting_the_challenge_of_pan_flu-ethical_guidance_vha_20100701.pdf (Acesso em: 08 de Abril de 2020).
9. PELLEGRINO CENTER FOR CLINICAL BIOETHICS – GEORGETOWN UNIVERSITY MEDICAL CENTER. Ethical Principles of Resource Allocation In the Event of an Overwhelming Surge of Covid-19 Patients (2020). Disponível em: https://clinicalbioethics.georgetown.edu/covid-19-resources/ (Acesso em: 07 de Abril de 2020).
10. COMMITTEE ON ETHICAL ISSUES IN MEDICINE OF THE ROYAL COLLEGE OF PHYSICIANS (RCP). Ethical dimensions of Covid-19 for frontline staff (2020). Disponível em: https://www.rcpsych.ac.uk/about-us/responding-to-covid-19/responding-to-covid-19-guidance-for-clinicians/covid-19-ethical-considerations (Acesso em 10 de Abril de 2020).
11. THE PANDEMIC INFLUENZA ETHICS INITIATIVE WORK GROUP OF THE VETERANS HEALTH ADMINISTRATION'S NATIONAL CENTER FOR ETHICS IN HEALTH CARE. Meeting the Challenge of Pandemic Influenza: Ethical Guidance for Leaders and Health Care Professionals in the Veterans Health Administration (2010). Disponível em: https://www.ethics.va.gov/docs/pandemicflu/meeting_the_challenge_of_pan_flu-ethical_guidance_vha_20100701.pdf (Acesso em: 08 de Abril de 2020).

Assim, as medidas adotadas para a alocação destes recursos devem equacionar os princípios éticos da eficiência (ou utilidade), não maleficência, justiça, equidade[12], assim como o respeito à dignidade humana[13].

2.1 Alocação de recursos escassos: aspectos práticos

2.1.1 Times de alocação de recursos e de triagem

Times de alocação de recursos e de triagem são importantes no contexto de recursos escassos, cuja responsabilidade é supervisionar processos de tomada de decisão durante crises a fim de reduzir conflitos entre equipes assistenciais de saúde e pacientes (e famílias). Ao mesmo tempo, objetivam maximizar a eficiência de recursos através de intervenções que garantam a sobrevida do maior número de pessoas[14-15].

Todavia, há que se recordar que estas tarefas contribuem para a predisposição para doenças psicológicas como *burnout*, depressão e transtorno de estresse pós-traumático, entre outras doenças mentais, entre estes profissionais.

Isto se deve não apenas pelo próprio contexto clínico, mas pelo impacto e as consequências sobre o sistema de saúde, que exigem medidas extremas como a triagem de pacientes para acessar recursos escassos de suporte de vida – situações para as quais a maior parte destes profissionais não foi treinada.

Logo, treinamento e padronização de condutas através do uso de protocolos mostra-se uma estratégia útil não apenas para garantir a neutralidade destas decisões, mas sobretudo, para minimizar o impacto sobretudo moral sobre os profissionais de saúde.

Sugere-se, então, que durante o processo, as equipes devam guiar-se por critérios objetivos através da avaliação de potenciais consequências, positivas e negativas, a curto e longo prazo, com maior peso para aquelas com maior chance de benefício, apesar dos riscos[16-17].

---

12. VILLAS BOAS, Maria Elisa. Justiça, igualdade e equidade na alocação de recursos em saúde. In: Revista Brasileira de Bioética 2010;6 (1-4):29-52.
13. ASSOCIAÇÃO DE MEDICINA INTENSIVA BRASILEIRA (AMIB). Aumento da Capacidade de Atendimento aos Doentes Críticos em Situações de Desastres (2020). Disponível em: https://www.amib.org.br/fileadmin/user_uplo-ad/Aumento.Capacidade.Covid19.Versao10.03.pdf (Acesso em: 10 de Abril de 2020).
14. THE PANDEMIC INFLUENZA ETHICS INITIATIVE WORK GROUP OF THE VETERANS HEALTH ADMI-NISTRATION'S NATIONAL CENTER FOR ETHICS IN HEALTH CARE. Meeting the Challenge of Pandemic Influenza: Ethical Guidance for Leaders and Health Care Professionals in the Veterans Health Administration (2010). Disponível em: https://www.ethics.va.gov/docs/pandemicflu/meeting_the_challenge_of_pan_flu-ethical_guidance_vha_20100701.pdf (Acesso em: 08 de Abril de 2020).
15. ASSOCIAÇÃO DE MEDICINA INTENSIVA BRASILEIRA (AMIB). Princípios de Triagem em Situações de Catástrofes e as Particularidades da Pandemia Covid-19 (2020). Disponível em: https://www.amib.org.br/fileadmin/user_upload/amib/2020/marco/26/2603_PRINCIPIOS_DE_TRIAGEM_EM_SITUACOES_DE_CATASTRO-FES_E_AS_PARTICULARIDADES_DA_PANDEMIA_Covid-19__10___1_.pdf (Acesso em: 10 de Abril de 2020).
16. THE PANDEMIC INFLUENZA ETHICS INITIATIVE WORK GROUP OF THE VETERANS HEALTH ADMI-NISTRATION'S NATIONAL CENTER FOR ETHICS IN HEALTH CARE. Meeting the Challenge of Pandemic Influenza: Ethical Guidance for Leaders and Health Care Professionals in the Veterans Health Administration (2010). Disponível em: https://www.ethics.va.gov/docs/pandemicflu/meeting_the_challenge_of_pan_flu-ethical_guidance_vha_20100701.pdf (Acesso em: 08 de Abril de 2020).
17. COMMITTEE ON ETHICAL ISSUES IN MEDICINE OF THE ROYAL COLLEGE OF PHYSICIANS (RCP). Ethical dimensions of Covid-19 for frontline staff (2020). Disponível em: https://www.rcpsych.ac.uk/about-us/responding-to-covid-19/responding-to-covid-19-guidance-for-clinicians/covid-19-ethical-considerations (Acesso em 10 de Abril de 2020).

Todavia, as consequências não intencionais e imprevisíveis também devem ser valorizadas. Considerar o pior e o melhor cenário também é uma forma de pensar sobre o impacto das decisões sobre as diferentes partes. Desta forma, fica claro que, mesmo em circunstâncias extremas, deve-se ter como base a promoção do bem e a redução de danos.

Idealmente, a composição destes times (e uma visão geral da responsabilidade dos membros) pode se dar conforme a Tabela 1[18-19-20-21].

Tabela 1. Time de Alocação de Recursos e Triagem

Função	Responsabilidades
Médico – Líder	Deve ser capacitado em gestão organizacional e de recursos, e com habilidades de liderança e comunicação. Este deve ser experiente e respeitado pelos pares, respeitar princípios éticos e a missão institucional, e manter-se continuamente atualizado, monitorando dados em tempo real. Deve, também, ter responsabilidade e autoridade para decidir sobre a triagem de pacientes e a alocação de recursos.
Médico – Medicina Intensiva	Deve contribuir com sua experiência sobre o manejo de condições críticas e na proposição de intervenções.
Médico – Infectologia (ou Membro da Comissão de Controle de Infecção Intrahospitalar)	Deve atualizar sobre o *status* e o impacto da emergência de saúde pública, e contribuir para o manejo de condições infecciosas.
Médico ou Enfermeiro – Departamento de Emergência	Deve informar sobre a ocupação e capacidade do setor, provendo informações em tempo real para o manejo dos casos da unidade.
Médico ou Enfermeiro – Medicina Paliativa	Deve contribuir para a avaliação de demandas de cuidados paliativos e estratégias de manejo destes casos.
Enfermeira	Deve informar sobre o corpo de enfermagem, e sobre a condição clínica dos pacientes.
Assistente Social	Deve atualizar sobre as demandas sociais do serviço secundárias a situação de crise.
Membro – Gerenciamento de Recursos e Logística Operacional	Deve conhecer a capacidade de recursos (materiais e humanos) disponíveis, e sobre a logística do serviço. Deve conhecer sobre a aquisição e distribuição de suprimentos críticos, segurança, questões fiscais, comunicação interna e externa, controle de informações de pacientes e capacidade de cooperar com outros serviços, em rede.
Membro – Comissão de Ética	Deve contribuir para a resolução de dilemas, conflitos e disputas. Este membro deve sempre ponderar sobre os valores envolvidos nas decisões.

---

18. THE PANDEMIC INFLUENZA ETHICS INITIATIVE WORK GROUP OF THE VETERANS HEALTH ADMINISTRATION'S NATIONAL CENTER FOR ETHICS IN HEALTH CARE. Meeting the Challenge of Pandemic Influenza: Ethical Guidance for Leaders and Health Care Professionals in the Veterans Health Administration (2010). Disponível em: https://www.ethics.va.gov/docs/pandemicflu/meeting_the_challenge_of_pan_flu-ethical_guidance_vha_20100701.pdf (Acesso em: 08 de Abril de 2020).
19. DEPARTMENT OF CRITICAL CARE MEDICINE HERE AT THE UNIVERSITY OF PITTSBURGH AND THE UPMC HEALTH SYSTEM. Allocation of Scarce Critical Care Resources During a Public Health Emergency (2009). Disponível em: https://www.ccm.pitt.edu/sites/default/files/UnivPittsburgh_ModelHospitalResourcePolicy.pdf (Acesso em: 03 de Abril de 2020).
20. COMMITTEE ON ETHICAL ISSUES IN MEDICINE OF THE ROYAL COLLEGE OF PHYSICIANS (RCP). Ethical dimensions of Covid-19 for frontline staff (2020). Disponível em: https://www.rcpsych.ac.uk/about-us/responding-to-covid-19/responding-to-covid-19-guidance-for-clinicians/covid-19-ethical-considerations (Acesso em 10 de Abril de 2020).
21. ASSOCIAÇÃO DE MEDICINA INTENSIVA BRASILEIRA (AMIB). Princípios de Triagem em Situações de Catástrofes e as Particularidades da Pandemia Covid-19 (2020). Disponível em: https://www.amib.org.br/fileadmin/user_upload/amib/2020/marco/26/2603_PRINCIPIOS_DE_TRIAGEM_EM_SITUACOES_DE_CATASTROFES_E_AS_PARTICULARIDADES_DA_PANDEMIA_Covid-19__10___1_.pdf (Acesso em: 10 de Abril de 2020).

Função	Responsabilidades
Capelão	Deve informar sobre a capacidade da instituição em prover assistência espiritual aos pacientes e famílias, especialmente aqueles inelegíveis para acessar recursos de suporte avançado de vida.
Gerenciamento de Dados / Administrativo	Deve ser responsável por documentar todas as informações do processo de avaliação de prioridade e decisão.
Representantes Ad hoc de outros departamentos	Devem contribuir na sua respectiva área de experiência.

No Brasil, a Associação de Medicina Intensiva Brasileira (AMIB), através de seu documento *"Princípios de triagem em situações de catástrofes e as particularidades da pandemia Covid-19"*, recomenda que as equipes de triagem devam ser compostas por, no mínimo, três pessoas: dois médicos e um outro profissional de saúde, com conhecimento e experiência no manejo de pacientes críticos. Salientam, ainda que, no caso de não estarem disponíveis profissionais capacitados, consultorias remotas, mas em tempo real, poderão ser utilizadas para o processo de triagem.

Independente da composição adotada, os times de triagem devem estar suficientemente informados sobre a situação geral, além dos casos individuais, a fim de ser capaz de realizar uma triagem ética e decidir sobre a alocação de recursos escassos.

Estas informações incluem, mas não estão limitadas ao número de leitos e profissionais disponíveis, projeções sobre demandas de cuidado, equipamentos e outros suprimentos disponíveis, e da capacidade de ofertar suporte avançado de vida e de cuidados paliativos, bem como sobre o manejo das condições de saúde (tratamentos disponíveis e prognóstico).

Para o aumento da capacidade de atendimento aos doentes críticos, a AMIB sugere que se use a abordagem dos 3E's, na qual se avalia: (a) espaço (local, número de pacientes e unidades de apoio, fora da UTI); (b) equipamentos (quais e quantos); e (c) equipe (quantitativo multiprofissional, disponibilidade de EPI e escalas de trabalho)[22].

Por isto, estas equipes devem reunir-se diariamente, de forma presencial, idealmente. Opções alternativas são reuniões virtuais, quando apropriadas. Devem estar prontos para assistir e auxiliar na resolução de demandas e conflitos, disponíveis durante 24 horas, durante toda a semana. Portanto, a composição de mais de um time a fim de trabalhar em rodízio de equipes pode ser uma possibilidade interessante[23-24].

As decisões de triagem dos cuidados indicados para cada caso devem ser comunicadas à equipe assistencial, a fim de que implementem esta decisão. Reavaliações dos casos

---

22. ASSOCIAÇÃO DE MEDICINA INTENSIVA BRASILEIRA (AMIB). Aumento da Capacidade de Atendimento aos Doentes Críticos em Situações de Desastres (2020). Disponível em: https://www.amib.org.br/fileadmin/user_upload/Aumento.Capacidade.Covid19.Versao10.03.pdf (Acesso em: 10 de Abril de 2020).
23. THE PANDEMIC INFLUENZA ETHICS INITIATIVE WORK GROUP OF THE VETERANS HEALTH ADMINISTRATION'S NATIONAL CENTER FOR ETHICS IN HEALTH CARE. Meeting the Challenge of Pandemic Influenza: Ethical Guidance for Leaders and Health Care Professionals in the Veterans Health Administration (2010). Disponível em: https://www.ethics.va.gov/docs/pandemicflu/meeting_the_challenge_of_pan_flu_ethical_guidance_vha_20100701.pdf (Acesso em: 08 de Abril de 2020).
24. ASSOCIAÇÃO DE MEDICINA INTENSIVA BRASILEIRA (AMIB). Princípios de Triagem em Situações de Catástrofes e as Particularidades da Pandemia Covid-19 (2020). Disponível em: https://www.amib.org.br/fileadmin/user_upload/amib/2020/marco/26/2603_PRINCIPIOS_DE_TRIAGEM_EM_SITUACOES_DE_CATASTROFES_E_AS_PARTICULARIDADES_DA_PANDEMIA_Covid-19__10___1_.pdf (Acesso em: 10 de Abril de 2020).

devem ser feitas em intervalos regulares, sendo que a primeira reavaliação dos indivíduos triados para cuidados de suporte avançado de vida deve ocorrer, no mínimo, após 36 horas das intervenções instituídas[25]. Todavia, este intervalo de tempo deve ser definido sob a perspectiva da organização dos serviços, do número de equipes e da demanda de trabalho.

Ao final das atividades, como parte do processo de qualidade, o time deve revisar os casos avaliados, gerar e compartilhar com os gestores institucionais e chefes de equipes um relatório sobre o *status* da situação de crise, e a resposta organizacional implementada. Todos os dados devem ser registrados e arquivados[26].

Assim, líderes devem ser capazes de estabelecer boa comunicação com outros profissionais de saúde, pacientes e suas famílias, e de forma transparente explicar o processo de tomada de decisão que os envolve, e as razões porque decidiu-se por determinada conduta, em detrimento de outras. Além disso, avaliação prospectiva, após a implementação de condutas, é fundamental para mitigar quaisquer efeitos negativos[27].

2.1.2 Critérios de triagem

A alocação responsável e justa de recursos escassos não somente pretende otimizá-los para atender ao princípio da eficiência (beneficiar o maior número de pessoas), mas principalmente respeitar a dignidade humana, a autodeterminação e integridade dos pacientes[28-29-30-31-32].

---

25. THE PANDEMIC INFLUENZA ETHICS INITIATIVE WORK GROUP OF THE VETERANS HEALTH ADMINISTRATION'S NATIONAL CENTER FOR ETHICS IN HEALTH CARE. Meeting the Challenge of Pandemic Influenza: Ethical Guidance for Leaders and Health Care Professionals in the Veterans Health Administration (2010). Disponível em: https://www.ethics.va.gov/docs/pandemicflu/meeting_the_challenge_of_pan_flu-ethical_guidance_vha_20100701.pdf (Acesso em: 08 de Abril de 2020).
26. Op. Cit.
27. Op. Cit.
28. THE PANDEMIC INFLUENZA ETHICS INITIATIVE WORK GROUP OF THE VETERANS HEALTH ADMINISTRATION'S NATIONAL CENTER FOR ETHICS IN HEALTH CARE. Meeting the Challenge of Pandemic Influenza: Ethical Guidance for Leaders and Health Care Professionals in the Veterans Health Administration (2010). Disponível em: https://www.ethics.va.gov/docs/pandemicflu/meeting_the_challenge_of_pan_flu-ethical_guidance_vha_20100701.pdf (Acesso em: 08 de Abril de 2020).
29. DEPARTMENT OF CRITICAL CARE MEDICINE HERE AT THE UNIVERSITY OF PITTSBURGH AND THE UPMC HEALTH SYSTEM. Allocation of Scarce Critical Care Resources During a Public Health Emergency (2009). Disponível em: https://www.ccm.pitt.edu/sites/default/files/UnivPittsburgh_ModelHospitalResourcePolicy.pdf (Acesso em: 03 de Abril de 2020).
30. COMMITTEE ON ETHICAL ISSUES IN MEDICINE OF THE ROYAL COLLEGE OF PHYSICIANS (RCP). Ethical dimensions of Covid-19 for frontline staff (2020). Disponível em: https://www.rcpsych.ac.uk/about-us/responding-to-covid-19/responding-to-covid-19-guidance-for-clinicians/covid-19-ethical-considerations (Acesso em 10 de Abril de 2020).
31. VERGANO, Marco, BERTOLINI, Guido, GIANNINI, Alberto, et al. Clinical Ethics Recommendations for the Allocation of Intensive Care Treatments, in Exceptional, Resource-Limited Circumstances. Italian Society of Anesthesia, Analgesia, Resuscitation, and Intensive Care (SIAARTI) (2020). Disponível em: http://www.siaarti.it/SiteAssets/News/Covid19%20-%20documenti%20SIAARTI/SIAARTI%20-%20Covid-19%20-%20Clinical%20Ethics%20Reccomendations.pdf. (Acesso em: 13 de Abril de 2020).
    DEPARTMENT OF CRITICAL CARE MEDICINE HERE AT THE UNIVERSITY OF PITTSBURGH AND THE UPMC HEALTH SYSTEM. Allocation of Scarce Critical Care Resources During a Public Health Emergency (2009). Disponível em: https://www.ccm.pitt.edu/sites/default/files/UnivPittsburgh_ModelHospitalResourcePolicy.pdf (Acesso em: 03 de Abril de 2020).
32. ASSOCIAÇÃO DE MEDICINA INTENSIVA BRASILEIRA (AMIB). Princípios de Triagem em Situações de Catástrofes e as Particularidades da Pandemia Covid-19 (2020). Disponível em: https://www.amib.org.br/fileadmin/user_upload/amib/2020/marco/26/2603_PRINCIPIOS_DE_TRIAGEM_EM_SITUACOES_DE_CATASTROFES_E_AS_PARTICULARIDADES_DA_PANDEMIA_Covid-19__10___1_.pdf (Acesso em: 10 de Abril de 2020).

Para isto, planejamento avançado de estratégias e a definição de objetivos deve ser uma meta de todas as instituições a fim de atender as demandas de uma pandemia, por exemplo. Como ponto de partida, deve-se considerar suspender serviços eletivos[33].

Para os casos agudos e graves que exigem pronta resposta dos serviços de saúde, protocolos de triagem padronizados podem, então, prevenir tomadas de decisão *ad hoc* por parte dos profissionais de saúde, impedindo qualquer forma de discriminação, ao mesmo passo em que resguardam os princípios éticos citados anteriormente. Assim, pretendem equilibrar as necessidades individuais e coletivas[34].

O uso de algoritmos de triagem, inclusive, parece ser superior à intuição do especialista e contribui para reduzir admissões potencialmente inapropriadas em UTI, o que corrobora com sua adoção em um cenário de elevada demanda e complexidade em face da baixa disponibilidade de recursos[35-36].

Todavia, somente poderão ser implementados se: (1) a despeito de todas as medidas possíveis no nível do sistema de saúde, estiverem em nível inferior à demanda ou esgotados os recursos de cuidados críticos, e (2) após ser declarada situação de catástrofe ou emergência de saúde pública pela autoridade sanitária competente[37-38-39].

Os processos de triagem devem utilizar critérios imparciais e neutros, consistentes entre todos os casos para os quais se aplicarem o uso, durante todo o tempo que se fizerem necessários. Eles são válidos para quaisquer pacientes candidatos à admissão em unidade de cuidados críticos e à tratamento intensivo, e não apenas para aqueles com diagnóstico específico[40].

---

9. RAMOS, João Gabriel Rosa, PERONDI, Beatriz, DIAS, Roger Daglius, et al. Development of an algorithm to aid triage decisions for intensive care unit admission: a clinical vignette and retrospective cohort study. Critical Care (2016) 20:81. DOI 10.1186/s13054-016-1262-0.

33. ASSOCIAÇÃO DE MEDICINA INTENSIVA BRASILEIRA (AMIB). Aumento da Capacidade de Atendimento aos Doentes Críticos em Situações de Desastres (2020). Disponível em: https://www.amib.org.br/fileadmin/user_uplo-ad/Aumento.Capacidade.Covid19.Versao10.03.pdf (Acesso em: 10 de Abril de 2020).

34. THE PANDEMIC INFLUENZA ETHICS INITIATIVE WORK GROUP OF THE VETERANS HEALTH ADMI-NISTRATION'S NATIONAL CENTER FOR ETHICS IN HEALTH CARE. Meeting the Challenge of Pandemic Influenza: Ethical Guidance for Leaders and Health Care Professionals in the Veterans Health Administration (2010). Disponível em: https://www.ethics.va.gov/docs/pandemicflu/meeting_the_challenge_of_pan_flu-ethi-cal_guidance_vha_20100701.pdf (Acesso em: 08 de Abril de 2020).

35. RAMOS, João Gabriel Rosa, PERONDI, Beatriz, DIAS, Roger Daglius, et al. Development of an algorithm to aid triage decisions for intensive care unit admission: a clinical vignette and retrospective cohort study. Critical Care (2016) 20:81. DOI 10.1186/s13054-016-1262-0.

36. RAMOS, João Gabriel Rosa, RANZANI, Otávio Tavares, PERONDI, Beatriz, et al. A decision-aid tool for ICU admission triage is associatedwith a reduction in potentially inappropriate intensive care unit admissions. J Critical Care 51 (2019) 77–83. DOI: 10.1016/j.jcrc.2019.02.002.

37. THE PANDEMIC INFLUENZA ETHICS INITIATIVE WORK GROUP OF THE VETERANS HEALTH ADMI-NISTRATION'S NATIONAL CENTER FOR ETHICS IN HEALTH CARE. Meeting the Challenge of Pandemic Influenza: Ethical Guidance for Leaders and Health Care Professionals in the Veterans Health Administration (2010). Disponível em: https://www.ethics.va.gov/docs/pandemicflu/meeting_the_challenge_of_pan_flu-ethi-cal_guidance_vha_20100701.pdf (Acesso em: 08 de Abril de 2020).

38. ASSOCIAÇÃO DE MEDICINA INTENSIVA BRASILEIRA (AMIB). Aumento da Capacidade de Atendimento aos Doentes Críticos em Situações de Desastres (2020). Disponível em: https://www.amib.org.br/fileadmin/user_uplo-ad/Aumento.Capacidade.Covid19.Versao10.03.pdf (Acesso em: 10 de Abril de 2020).

39. ASSOCIAÇÃO DE MEDICINA INTENSIVA BRASILEIRA (AMIB). Princípios de Triagem em Situações de Catás-trofes e as Particularidades da Pandemia Covid-19 (2020). Disponível em: https://www.amib.org.br/fileadmin/user_upload/amib/2020/marco/26/2603_PRINCIPIOS_DE_TRIAGEM_EM_SITUACOES_DE_CATASTRO-FES_E_AS_PARTICULARIDADES_DA_PANDEMIA_Covid-19__10___1_.pdf (Acesso em: 10 de Abril de 2020).

40. THE PANDEMIC INFLUENZA ETHICS INITIATIVE WORK GROUP OF THE VETERANS HEALTH ADMI-NISTRATION'S NATIONAL CENTER FOR ETHICS IN HEALTH CARE. Meeting the Challenge of Pandemic

Idealmente, todo o processo e os critérios adotados devem ser uniformes entre as instituições de saúde de uma mesma região, cuja articulação deve ser responsabilidade de autoridades sanitárias locais, regionais ou nacionais, em colaboração com os diretores técnicos dos respectivos serviços[41].

De modo geral, o processo de triagem inicia-se pela avaliação clínica dos casos. Deve-se estabelecer critérios de inclusão e exclusão para o processo de triagem[42-43].

Sugere-se que sejam desconsiderados do processo de triagem para cuidados intensivos indivíduos com reduzida expectativa de vida independente da condição aguda[44-45-46].

São elas doenças em estágio avançado (e terminal); expectativa de vida igual ou inferior a 6 meses; histórico recente de parada cardiorrespiratória, única ou recorrente, arresponsiva ao manejo padrão desta condição ou com traumas relacionados; e déficits cognitivos severos e/ou irreversíveis, como estado vegetativo persistente e demência avançada. Condições relacionadas à condição aguda que também devem ser considerados são lesão neurológica extensa, e choque refratário[47-48-49].

Influenza: Ethical Guidance for Leaders and Health Care Professionals in the Veterans Health Administration (2010). Disponível em: https://www.ethics.va.gov/docs/pandemicflu/meeting_the_challenge_of_pan_flu-ethical_guidance_vha_20100701.pdf (Acesso em: 08 de Abril de 2020).

41. ASSOCIAÇÃO DE MEDICINA INTENSIVA BRASILEIRA (AMIB). Aumento da Capacidade de Atendimento aos Doentes Críticos em Situações de Desastres (2020). Disponível em: https://www.amib.org.br/fileadmin/user_upload/Aumento.Capacidade.Covid19.Versao10.03.pdf (Acesso em: 10 de Abril de 2020).

42. THE PANDEMIC INFLUENZA ETHICS INITIATIVE WORK GROUP OF THE VETERANS HEALTH ADMINISTRATION'S NATIONAL CENTER FOR ETHICS IN HEALTH CARE. Meeting the Challenge of Pandemic Influenza: Ethical Guidance for Leaders and Health Care Professionals in the Veterans Health Administration (2010). Disponível em: https://www.ethics.va.gov/docs/pandemicflu/meeting_the_challenge_of_pan_flu-ethical_guidance_vha_20100701.pdf (Acesso em: 08 de Abril de 2020).

43. ASSOCIAÇÃO DE MEDICINA INTENSIVA BRASILEIRA (AMIB). Princípios de Triagem em Situações de Catástrofes e as Particularidades da Pandemia Covid-19 (2020). Disponível em: https://www.amib.org.br/fileadmin/user_upload/amib/2020/marco/26/2603_PRINCIPIOS_DE_TRIAGEM_EM_SITUACOES_DE_CATASTROFES_E_AS_PARTICULARIDADES_DA_PANDEMIA_Covid-19__10___1_.pdf (Acesso em: 10 de Abril de 2020).

44. THE PANDEMIC INFLUENZA ETHICS INITIATIVE WORK GROUP OF THE VETERANS HEALTH ADMINISTRATION'S NATIONAL CENTER FOR ETHICS IN HEALTH CARE. Meeting the Challenge of Pandemic Influenza: Ethical Guidance for Leaders and Health Care Professionals in the Veterans Health Administration (2010). Disponível em: https://www.ethics.va.gov/docs/pandemicflu/meeting_the_challenge_of_pan_flu-ethical_guidance_vha_20100701.pdf (Acesso em: 08 de Abril de 2020).

45. COMMITTEE ON ETHICAL ISSUES IN MEDICINE OF THE ROYAL COLLEGE OF PHYSICIANS (RCP). Ethical dimensions of Covid-19 for frontline staff (2020). Disponível em: https://www.rcpsych.ac.uk/about-us/responding-to-covid-19/responding-to-covid-19-guidance-for-clinicians/covid-19-ethical-considerations (Acesso em 10 de Abril de 2020).

46. ASSOCIAÇÃO DE MEDICINA INTENSIVA BRASILEIRA (AMIB). Princípios de Triagem em Situações de Catástrofes e as Particularidades da Pandemia Covid-19 (2020). Disponível em: https://www.amib.org.br/fileadmin/user_upload/amib/2020/marco/26/2603_PRINCIPIOS_DE_TRIAGEM_EM_SITUACOES_DE_CATASTROFES_E_AS_PARTICULARIDADES_DA_PANDEMIA_Covid-19__10___1_.pdf (Acesso em: 10 de Abril de 2020).

47. THE PANDEMIC INFLUENZA ETHICS INITIATIVE WORK GROUP OF THE VETERANS HEALTH ADMINISTRATION'S NATIONAL CENTER FOR ETHICS IN HEALTH CARE. Meeting the Challenge of Pandemic Influenza: Ethical Guidance for Leaders and Health Care Professionals in the Veterans Health Administration (2010). Disponível em: https://www.ethics.va.gov/docs/pandemicflu/meeting_the_challenge_of_pan_flu-ethical_guidance_vha_20100701.pdf (Acesso em: 08 de Abril de 2020).

48. DEPARTMENT OF CRITICAL CARE MEDICINE HERE AT THE UNIVERSITY OF PITTSBURGH AND THE UPMC HEALTH SYSTEM. Allocation of Scarce Critical Care Resources During a Public Health Emergency (2009). Disponível em: https://www.ccm.pitt.edu/sites/default/files/UnivPittsburgh_ModelHospitalResourcePolicy.pdf (Acesso em: 03 de Abril de 2020).

49. ASSOCIAÇÃO DE MEDICINA INTENSIVA BRASILEIRA (AMIB). Princípios de Triagem em Situações de Catástrofes e as Particularidades da Pandemia Covid-19 (2020). Disponível em: https://www.amib.org.br/fileadmin/user_upload/amib/2020/marco/26/2603_PRINCIPIOS_DE_TRIAGEM_EM_SITUACOES_DE_CATASTROFES_E_AS_PARTICULARIDADES_DA_PANDEMIA_Covid-19__10___1_.pdf (Acesso em: 10 de Abril de 2020).

Nestas situações, deve-se discutir sobre não iniciar e/ou limitar tratamentos potencialmente inapropriados. Contudo, em respeito ao princípio do não abandono (terapêutico), deve-se ofertar cuidados paliativos como uma abordagem pertinente mesmo para os casos cujos tratamentos curativos não sejam aplicáveis[50-51].

Para os casos potencialmente elegíveis para cuidados intensivos, uma avaliação clínica inicial deve ser realizada, ainda no departamento de entrada do serviço.

No Brasil, a AMIB recomenda que a avaliação inicial destes pacientes obedeça aos critérios estabelecidos na Resolução do Conselho Federal de Medicina (CFM) 2156/2016, que estabelecem cinco níveis de prioridade para admissão em unidade de terapia intensiva[52-53].

Recomenda, também, que os critérios de alta desta unidade se mantém conforme esta Resolução[54]. Contudo, deve-se ter em mente que, em situações excepcionais, como durante catástrofes, estes critérios já estabelecidos na resolução podem ser insuficientes frente à elevada demanda por leitos de UTI. Deste modo, os casos devem ser avaliados sob a ótica da justiça distributiva e da alocação adequada de recursos limitados[55].

A AMIB propõe, ainda, que o processo de triagem ocorra em acordo com a *Declaração de Ética Médica em Eventos de Desastres* da Associação Mundial de Medicina (2017), que recomenda apenas o uso de critérios médicos e assistenciais, dentre os quais o quadro clínico atual e a presença de comorbidades, em consonância com práticas internacionais. A AMIB recomenda, ainda, que o uso de escores objetivos como o SOFA, além de escore de fragilidade ou outros, devem ser preferidos ao julgamento clínico exclusivo[56].

Todavia, na atual situação de pandemia antecipa-se que os recursos serão insuficientes até para o grupo definido pela AMIB em sua resolução como prioridade 1, trazendo a necessidade de ter outros critérios de priorização dentro deste grupo.

De um modo geral, documentos internacionais sugerem que se deva avaliar a presença de disfunções orgânicas, por exemplo, através do escore *Sequential Organ Failure*

---

50. THE PANDEMIC INFLUENZA ETHICS INITIATIVE WORK GROUP OF THE VETERANS HEALTH ADMINISTRATION'S NATIONAL CENTER FOR ETHICS IN HEALTH CARE. Meeting the Challenge of Pandemic Influenza: Ethical Guidance for Leaders and Health Care Professionals in the Veterans Health Administration (2010). Disponível em: https://www.ethics.va.gov/docs/pandemicflu/meeting_the_challenge_of_pan_flu-ethical_guidance_vha_20100701.pdf (Acesso em: 08 de Abril de 2020).
51. ASSOCIAÇÃO DE MEDICINA INTENSIVA BRASILEIRA (AMIB). Princípios de Triagem em Situações de Catástrofes e as Particularidades da Pandemia Covid-19 (2020). Disponível em: https://www.amib.org.br/fileadmin/user_upload/amib/2020/marco/26/2603_PRINCIPIOS_DE_TRIAGEM_EM_SITUACOES_DE_CATASTROFES_E_AS_PARTICULARIDADES_DA_PANDEMIA_Covid-19__10___1_.pdf (Acesso em: 10 de Abril de 2020).
52. Op. Cit.
53. CONSELHO FEDERAL DE MEDICINA (CFM). Resolução CFM Nº 2.156/2016. Disponível em: https://sistemas.cfm.org.br/normas/visualizar/resolucoes/BR/2016/2156 (Acesso em 01 de Abril de 2020).
54. Op. Cit.
55. VERGANO, Marco, BERTOLINI, Guido, GIANNINI, Alberto, et al. Clinical Ethics Recommendations for the Allocation of Intensive Care Treatments, in Exceptional, Resource-Limited Circumstances. Italian Society of Anesthesia, Analgesia, Resuscitation, and Intensive Care (SIAARTI) (2020). Disponível em: http://www.siaarti.it/SiteAssets/News/Covid19%20-%20documenti%20SIAARTI/SIAARTI%20-%20Covid-19%20-%20Clinical%20Ethics%20Reccomendations.pdf. (Acesso em: 13 de Abril de 2020).
56. VERGANO, Marco, BERTOLINI, Guido, GIANNINI, Alberto, et al. Clinical Ethics Recommendations for the Allocation of Intensive Care Treatments, in Exceptional, Resource-Limited Circumstances. Italian Society of Anesthesia, Analgesia, Resuscitation, and Intensive Care (SIAARTI) (2020). Disponível em: http://www.siaarti.it/SiteAssets/News/Covid19%20-%20documenti%20SIAARTI/SIAARTI%20-%20Covid-19%20-%20Clinical%20Ethics%20Reccomendations.pdf. (Acesso em: 13 de Abril de 2020).

ALOCAÇÃO DE RECURSOS ESCASSOS EM SITUAÇÕES DE CATÁSTROFE | 275

Assessment (SOFA)[57-58-59-60-61-62].Quanto maior a pontuação, mais disfunções orgânicas acumuladas se fazem presentes, e maior é a complexidade do caso, sendo menor a chance de sobrevida.

Outros critérios podem ser associados, inclusive como "desempatadores" em escores. São eles, entre outros: a presença de morbidades prévias, idade, e, em alguns casos, o papel social (que implique em benefício para a sociedade)[63].

É importante salientar que a AMIB destaca que, de acordo com a Resolução CFM 2156/2016, as decisões de triagem não devem considerar questões de *"idade, religião, etnia, sexo, nacionalidade, cor da pele, orientação sexual, condição social, opinião política ou deficiência"* como critérios.[64]

A despeito destas variações, na avaliação de triagem a estratificação de coortes a partir da pontuação do escore SOFA associada a outros critérios fornecem um resultado final (ou quantitativo ou qualitativo) acerca no nível de prioridade para o recebimento de suporte avançado de vida. Em algumas referências, três níveis de prioridade são estabelecidos: alta, intermediária ou baixa prioridade[65-66-67-68].

---

57. THE PANDEMIC INFLUENZA ETHICS INITIATIVE WORK GROUP OF THE VETERANS HEALTH ADMINISTRATION'S NATIONAL CENTER FOR ETHICS IN HEALTH CARE. Meeting the Challenge of Pandemic Influenza: Ethical Guidance for Leaders and Health Care Professionals in the Veterans Health Administration (2010). Disponível em: https://www.ethics.va.gov/docs/pandemicflu/meeting_the_challenge_of_pan_flu-ethical_guidance_vha_20100701.pdf (Acesso em: 08 de Abril de 2020).
58. DEPARTMENT OF CRITICAL CARE MEDICINE HERE AT THE UNIVERSITY OF PITTSBURGH AND THE UPMC HEALTH SYSTEM. Allocation of Scarce Critical Care Resources During a Public Health Emergency (2009). Disponível em: https://www.ccm.pitt.edu/sites/default/files/UnivPittsburgh_ModelHospitalResourcePolicy.pdf (Acesso em: 03 de Abril de 2020).
59. ASSOCIAÇÃO DE MEDICINA INTENSIVA BRASILEIRA (AMIB). Princípios de Triagem em Situações de Catástrofes e as Particularidades da Pandemia Covid-19 (2020). Disponível em: https://www.amib.org.br/fileadmin/user_upload/amib/2020/marco/26/2603_PRINCIPIOS_DE_TRIAGEM_EM_SITUACOES_DE_CATASTROFES_E_AS_PARTICULARIDADES_DA_PANDEMIA_Covid-19___10___1_.pdf (Acesso em: 10 de Abril de 2020).
60. ROSENBAUM, Lisa. Facing Covid-19 in Italy — Ethics, Logistics, and Therapeutics on the Epidemic's Front Line. N Eng J Med (2020). DOI: 10.1056/NEJMp2005492
61. TRUOUG, Robert D., MITCHELL, Christine, DALEY, George Q. The Toughest Triage — Allocating Ventilators in a Pandemic. N Eng J Med (2020). DOI:10.1056/NEJMp2005689.
62. NEW YORK STATE TASK FORCE ON LIFE AND THE LAW NEW YORK STATE DEPARTMENT OF HEALTH. Ventilator Allocation Guidelines (2015). Disponível em: https://www.health.ny.gov/regulations/task_force/reports_publications/docs/ventilator_guidelines.pdf (Acesso em 04 de Abril de 2020).
63. Op. Cit.
64. CONSELHO FEDERAL DE MEDICINA (CFM). Resolução CFM Nº 2.156/2016. Disponível em: https://sistemas.cfm.org.br/normas/visualizar/resolucoes/BR/2016/2156 (Acesso em 01 de Abril de 2020).
65. THE PANDEMIC INFLUENZA ETHICS INITIATIVE WORK GROUP OF THE VETERANS HEALTH ADMINISTRATION'S NATIONAL CENTER FOR ETHICS IN HEALTH CARE. Meeting the Challenge of Pandemic Influenza: Ethical Guidance for Leaders and Health Care Professionals in the Veterans Health Administration (2010). Disponível em: https://www.ethics.va.gov/docs/pandemicflu/meeting_the_challenge_of_pan_flu-ethical_guidance_vha_20100701.pdf (Acesso em: 08 de Abril de 2020).
66. DEPARTMENT OF CRITICAL CARE MEDICINE HERE AT THE UNIVERSITY OF PITTSBURGH AND THE UPMC HEALTH SYSTEM. Allocation of Scarce Critical Care Resources During a Public Health Emergency (2009). Disponível em: https://www.ccm.pitt.edu/sites/default/files/UnivPittsburgh_ModelHospitalResourcePolicy.pdf (Acesso em: 03 de Abril de 2020).
67. TRUOUG, Robert D., MITCHELL, Christine, DALEY, George Q. The Toughest Triage — Allocating Ventilators in a Pandemic. N Eng J Med (2020). DOI:10.1056/NEJMp2005689.
68. NEW YORK STATE TASK FORCE ON LIFE AND THE LAW NEW YORK STATE DEPARTMENT OF HEALTH. Ventilator Allocation Guidelines (2015). Disponível em: https://www.health.ny.gov/regulations/task_force/reports_publications/docs/ventilator_guidelines.pdf (Acesso em 04 de Abril de 2020).

Para aqueles indivíduos não elegíveis para cuidados intensivos, há consenso em recomendar-se que, como boa prática, seja ofertada a assistência de cuidados paliativos, cuja prática é regulamentada no país sob o termo "ortotanásia", de acordo com a Resolução CFM 1805/2006[69]. A AMIB também reafirma que a despeito da situação de catástrofe, permanecem inalteradas as restrições éticas e legais acerca da prática da eutanásia e do suicídio assistido, no Brasil[70].

De forma paralela, todos os esforços devem ser empreendidos para aumentar a capacidade do sistema de saúde, para que o maior número de pacientes possível seja contemplado com os recursos de que necessita.

A decisão do time de triagem deve ser comunicada à família. A dinâmica pode variar caso a caso, dependendo de regras institucionais, mas, principalmente, da relação médico-paciente. Portanto, é possível que isto seja feito pelo (a) líder do time de triagem, (b) médico assistente, ou (c) ambos, em colaboração[71-72].

Se por um lado a abordagem individual pelo médico assistente reduz a chance de exposição (e contaminação) de pessoas externas às UTIs, por outro lado a atuação colaborativa ou idealmente exclusiva do líder do time de triagem no processo decisório e de comunicação parece reduzir o estresse moral que a situação impõe às equipes assistenciais pelo potencial conflito de valores éticos que a situação impõe. Assim, estas equipes devem concentrar-se exclusivamente na tarefa de cuidar no nível de investimento terapêutico (prioridades) decidido pelas equipes de triagem[73].

De outro aspecto, observados os limites de competência, deve-se considerar permitir que as partes envolvidas tenham voz no processo, e possam recorrer das decisões que entenderem inapropriadas, especialmente porque as circunstâncias de alta pressão psicológica, moral e de tempo nas quais estes pareceres são emitidos, de fato, podem comprometer o processo, além do que os parâmetros que norteiam estas decisões podem modificar-se frente a novos dados, ao longo do tempo[74].

Portanto, estabelecidos os critérios de triagem para alocação de recursos, deve-se ter em mente que as avaliações que embasam estas decisões são dinâmicas, dada a própria

---

69. CONSELHO FEDERAL DE MEDICINA (CFM). Resolução CFM Nº 1.805/2006. Disponível em: https://sistemas.cfm.org.br/normas/visualizar/resolucoes/BR/2006/1805 (Acesso em 01 de Abril de 2020).

70. ASSOCIAÇÃO DE MEDICINA INTENSIVA BRASILEIRA (AMIB). Princípios de Triagem em Situações de Catástrofes e as Particularidades da Pandemia Covid-19 (2020). Disponível em: https://www.amib.org.br/fileadmin/user_upload/amib/2020/marco/26/2603_PRINCIPIOS_DE_TRIAGEM_EM_SITUACOES_DE_CATASTRO-FES_E_AS_PARTICULARIDADES_DA_PANDEMIA_Covid-19__10___1_.pdf (Acesso em: 10 de Abril de 2020).

71. THE PANDEMIC INFLUENZA ETHICS INITIATIVE WORK GROUP OF THE VETERANS HEALTH ADMINISTRATION'S NATIONAL CENTER FOR ETHICS IN HEALTH CARE. Meeting the Challenge of Pandemic Influenza: Ethical Guidance for Leaders and Health Care Professionals in the Veterans Health Administration (2010). Disponível em: https://www.ethics.va.gov/docs/pandemicflu/meeting_the_challenge_of_pan_flu-ethical_guidance_vha_20100701.pdf (Acesso em: 08 de Abril de 2020).

72. DEPARTMENT OF CRITICAL CARE MEDICINE HERE AT THE UNIVERSITY OF PITTSBURGH AND THE UPMC HEALTH SYSTEM. Allocation of Scarce Critical Care Resources During a Public Health Emergency (2009). Disponível em: https://www.ccm.pitt.edu/sites/default/files/UnivPittsburgh_ModelHospitalResourcePolicy.pdf (Acesso em: 03 de Abril de 2020).

73. Op. Cit.

74. Op. Cit.

disponibilidade de recursos, a evolução das doenças, a resposta (ou ausência desta) aos tratamentos instituídos, e a admissão de novos casos nos serviços[75].

Por estes motivos, as decisões devem ser revisitadas em intervalos regulares (a cada 24 horas), ou sob o contexto de apelo justificado. Nestas, as equipes de triagem podem decidir pela manutenção da decisão inicial nos casos de resposta terapêutica (melhora do quadro clínico) às intervenções instituídas; ou pela suspensão de intervenções de suporte avançado de vida naqueles casos refratários nos casos de declínio (piora) do quadro clínico ou que se mantém estagnados a despeito de medidas intensivas de resgate[76].

No Brasil, nas situações que for decidido pela suspensão de intervenções invasivas, deve-se proceder de acordo com recomendações práticas disponíveis, o médico deve proceder de acordo com a legislação nacional sobre o tema e com as normas profissionais do CFM[77].

Observação especial deve ser dada à intervenção de ressuscitação cardiopulmonar (RCP) – um procedimento de emergência máxima, passível de ocorrer em situações críticas. Por isto, nos casos de decisões de "não ressuscitação cardiopulmonar" (NRCP), deve-se documentar adequadamente o parecer, e comunica-lo a todos os membros da equipe[78].

3. RECURSOS HUMANOS: O "DEVER DE CUIDAR" FRENTE À ESCASSEZ DE RECURSOS

Profissionais da saúde possuem, entre outras, a responsabilidade do "dever de cuidar". Em situações de catástrofes e emergência de saúde pública, estes lidam com desafios éticos extraordinários, e suas responsabilidades frente à escassez de recursos é um deles[79].

Na Espanha, estima-se que, aproximadamente, 15% dos casos de contaminados pelo novo coronavírus sejam profissionais da saúde. Na Itália, 9%, aproximadamente. Em ambos, a escassez de equipamentos de proteção individual foi um fator importante para o contágio[80-81]. A Medscape – comunidade online que reúne informações de saúde relevantes para profissionais da área – desenvolveu, inclusive, um memorial virtual em

---

75. Op. Cit.
76. Op. Cit.
77. ASSOCIAÇÃO DE MEDICINA INTENSIVA BRASILEIRA (AMIB). Princípios de Triagem em Situações de Catástrofes e as Particularidades da Pandemia Covid-19 (2020). Disponível em: https://www.amib.org.br/fileadmin/user_upload/amib/2020/marco/26/2603_PRINCIPIOS_DE_TRIAGEM_EM_SITUACOES_DE_CATASTRO-FES_E_AS_PARTICULARIDADES_DA_PANDEMIA_Covid-19__10___1_.pdf (Acesso em: 10 de Abril de 2020).
78. ASSOCIAÇÃO DE MEDICINA INTENSIVA BRASILEIRA (AMIB). Recomendações para Ressuscitação Cardiopulmonar (RCP) de pacientes com diagnóstico ou suspeita de Covid-19 (2020). Disponível em: https://www.amib.org.br/fileadmin/user_upload/amib/2020/marco/22/RCP_ABRAMEDE_SBC_AMIB-4__210320_21h.pdf (Acesso em: 10 de Abril de 2020).
79. ROSENBAUM, Lisa. Facing Covid-19 in Italy — Ethics, Logistics, and Therapeutics on the Epidemic's Front Line. N Eng J Med (2020). DOI: 10.1056/NEJMp2005492
80. NUGENT, Ciara. 'It's Like Being a War Medic.' A Madrid Doctor Speaks Out About Grave Shortages in Protective Gear. Time – World – Covid-19, 02 April 2020 [Internet]. Disponível em: https://time.com/5813848/spain-coronavirus-outbreak-doctor/ (Acesso em: 13 de Abril de 2020).
81. INTERNATIONAL COUNCIL OF NURSES (ICN), ITALIAN NURSES ASSOCIATION (CNAI). High proportion of healthcare workers with Covid-19 in Italy is a stark warning to the world: protecting nurses and their colleagues must be the number one priority (2020). Disponível em: https://www.icn.ch/sites/default/files/inline-files/PR_09_Covid-19%20-%20Italy.pdf (Acesso em: 13 de Abril de 2020).

homenagem às vítimas de Covid-19 em decorrência da exposição conferida pela assistência profissional[82].

Portanto, em situações de crise, como em emergências de saúde pública, dada a maior exposição e o maior risco de contágio dos profissionais de saúde ante o volume de casos concomitantes, obrigações recíprocas por parte das instituições devem ser consideradas[83-84].

Estas deveriam, idealmente, ter em perspectiva questões relacionadas ao bem-estar destas equipes, que inclui condições para descanso (sono) e alimentação, e a promoção de um ambiente de trabalho seguro.[85]

Igualmente, deve-se considerar oferecer suporte para e o suporte para aqueles que adoecerem em decorrência da exposição laboral, e para questões pessoais que possam indiretamente impactar na prontidão destes profissionais para a assistência, como a flexibilização de escalas aos arranjos familiares diversos, especialmente quando estes profissionais são responsáveis pelos cuidados com crianças e/ou pessoas vulneráveis. Suporte psicológico também deve ser considerado[86].

Também, de suma importância, os serviços devem estar comprometidos a disponibilizar EPI para assistência segura não apenas para profissionais diretamente envolvidos com a assistência de pacientes, mas inclusive para trabalhadores de saúde não assistenciais, por exemplo, envolvidos nos serviços de alimentação; laboratório; gerenciamento de dados, entre outros[87].

Todos os profissionais devem receber, também, capacitação para uso de EPI, através de simulações práticas de colocada e retirada dos equipamentos, e do atendimento aos doentes em situações que ofereçam maior risco de contaminação[88].

Além disso, profissionais de grupos de maior risco para o adoecimento dada a maior vulnerabilidade proporcionada por fatores intrínsecos como a idade, por exemplo, devem ser alertados sobre isto. Nesta situação, os gestores dos serviços, além de permitirem que o próprio trabalhador decida de forma independente sobre esta questão, podem optar

---

82. MEDSCAPE. In Memoriam: Healthcare Workers Who Have Died of Covid-19. Medscape – Medscape Medical News, 01 April 2020 [Internet]. Disponível em: https://www.medscape.com/viewarticle/927976 (Acesso em: 13 de Abril de 2020)

83. THE PANDEMIC INFLUENZA ETHICS INITIATIVE WORK GROUP OF THE VETERANS HEALTH ADMINISTRATION'S NATIONAL CENTER FOR ETHICS IN HEALTH CARE. Meeting the Challenge of Pandemic Influenza: Ethical Guidance for Leaders and Health Care Professionals in the Veterans Health Administration (2010). Disponível em: https://www.ethics.va.gov/docs/pandemicflu/meeting_the_challenge_of_pan_flu-ethical_guidance_vha_20100701.pdf (Acesso em: 08 de Abril de 2020).

84. COMMITTEE ON ETHICAL ISSUES IN MEDICINE OF THE ROYAL COLLEGE OF PHYSICIANS (RCP). Ethical dimensions of Covid-19 for frontline staff (2020). Disponível em: https://www.rcpsych.ac.uk/about-us/responding-to-covid-19/responding-to-covid-19-guidance-for-clinicians/covid-19-ethical-considerations (Acesso em 10 de Abril de 2020).

85. Op. Cit.

86. Op. Cit.

87. ASSOCIAÇÃO DE MEDICINA INTENSIVA BRASILEIRA (AMIB). Equipamentos de Proteção Individual – EPI | Na UTI, a segurança da equipe é fundamental! (2020). Disponível em: https://www.amib.org.br/fileadmin/user_upload/amib/2020/marco/07/Covid-19_seguranca_equipev14032020_18h16.pdf (Acesso em: 10 de Abril de 2020).

88. Op. Cit.

pelo afastamento compulsório de atividades de risco, ou pela realocação em outros postos de trabalho[89].

Na ausência destas condições, o *burnout* e o absenteísmo de profissionais assistenciais soma-se ao problema primário, limita a capacidade de resposta à crise e aumenta o impacto, por exemplo, de uma pandemia sobre os sistemas de saúde, especialmente porque a capacidade de prover cuidados requer força de trabalho disponível.

Portanto, os limites – éticos e legais – do dever de cuidar, ainda que não sejam tão claros, devem ser discutidos, assim como as implicações para as relações profissionais-pacientes.

Do aspecto legal, como exemplo prático do atual cenário mundial, países tem discutido as possibilidades de recusa a realizar procedimentos que aumentam o risco de contaminação dos profissionais de saúde ante a escassez de EPI, como ressuscitação cardiopulmonar e intubação orotraqueal, por exemplo, dado o elevado potencial de transmissão via aerossóis de determinadas doenças respiratórias (como a Covid-19) durante estes procedimentos[90].

No Brasil, há interpretação jurídica que a recusa à assistência não configura crime de omissão de socorro quando desta recusa advir risco pessoal para aquele que presta o cuidado, conforme o artigo 135 do Código Penal. Em contexto, isto se aplica aos casos de falta de equipamentos de proteção individual para os profissionais de saúde, em acordo com o que preconiza os órgãos reguladores competentes[91].

O princípio de reciprocidade, então, implica que as instituições devem garantir suporte aos seus empregados, uma vez que estes encontram-se sob risco (de morbidade e mortalidade) proporcionado por suas ocupações, que devem ser minimizados na maior extensão possível pelos empregadores em uma cultura de transparência e respeito a estes servidores[92].

Portanto, assumir antecipadamente os riscos, implementar medidas de segurança para mitiga-los, e ofertar apoio e incentivo em detrimento de condutas coercitivas, são estratégias que devem ser adotadas como forma de preservar os recursos humanos[93].

---

89. THE PANDEMIC INFLUENZA ETHICS INITIATIVE WORK GROUP OF THE VETERANS HEALTH ADMINISTRATION'S NATIONAL CENTER FOR ETHICS IN HEALTH CARE. Meeting the Challenge of Pandemic Influenza: Ethical Guidance for Leaders and Health Care Professionals in the Veterans Health Administration (2010). Disponível em: https://www.ethics.va.gov/docs/pandemicflu/meeting_the_challenge_of_pan_flu-ethical_guidance_vha_20100701.pdf (Acesso em: 08 de Abril de 2020).

90. CHA, Ariana Eunjung. Hospitals consider universal do-not-resuscitate orders for coronavirus patients. The Washington Post [Internet]. 2020 March 25; Health. Disponível em: https://www.washingtonpost.com/health/2020/03/25/coronavirus-patients-do-not-resuscitate/?utm_campaign=wp_main&utm_medium=social&utm_source=instagram (Acesso em: 26 de Março de 2020).

91. BARROSO, Henrique Gabriel. Quando ocorre o crime de omissão de socorro? Jusbrasil [Internet] 2018. Disponível em: https://henriquebarroso.jusbrasil.com.br/artigos/604570273/quando-ocorre-o-crime-de-omissao-de-socorro (Acesso em: 11 de Abril de 2020).

92. THE PANDEMIC INFLUENZA ETHICS INITIATIVE WORK GROUP OF THE VETERANS HEALTH ADMINISTRATION'S NATIONAL CENTER FOR ETHICS IN HEALTH CARE. Meeting the Challenge of Pandemic Influenza: Ethical Guidance for Leaders and Health Care Professionals in the Veterans Health Administration (2010). Disponível em: https://www.ethics.va.gov/docs/pandemicflu/meeting_the_challenge_of_pan_flu-ethical_guidance_vha_20100701.pdf (Acesso em: 08 de Abril de 2020).

93. Op. Cit.

4. CUIDADOS PALIATIVOS NO CONTEXTO DE RECURSOS ESCASSOS

Pacientes e famílias que se encontram frente a situação de escassez de recursos e a necessidade de uso de critérios de triagem para mais justa alocação dos mesmos, lidam com múltiplas questões que são potenciais fontes de sofrimento (diagnóstico em si, incerteza medo acerca da evolução da doença, a "morte social" secundária ao isolamento, sensação de abandono ante a escassez de recursos, luto, dentre outras).

Portanto, os cuidados paliativos colocam-se como uma abordagem possível e desejável, mesmo em um cenário de escassez de recursos, e ganha relevância, especialmente para aqueles pacientes em maior gravidade, e cuja decisão dos times de triagem foi pela restrição de intervenções de suporte avançado de vida.

Já se conhece que esta abordagem beneficia todos os pacientes que lidam com doenças graves, incuráveis e/ou que ameaçam a continuidade da vida, associada ou não a tratamento padrão. Portanto, não está reservada apenas para aqueles em condições terminais[94-95-96-97].

De acordo com a OMS, os cuidados paliativos são uma abordagem que objetiva melhorar a qualidade de vida dos pacientes e de suas famílias que enfrentam doenças potencialmente fatais, através da prevenção e alívio do sofrimento por meio da identificação precoce, e da avaliação e tratamento impecáveis da dor e de outros problemas físicos, psicossociais e espiritual[98].

Por esta razão, no Brasil, a Academia Nacional de Cuidadas Paliativos desenvolveu recomendações estratégicas para a implementação desta abordagem[99].

Como princípios, tem a proteção contra danos (físico, social e emocional); a proporcionalidade (oferta de cuidados conforme a demanda dos pacientes, evitando-se o uso racional de recursos); dever de cuidar (não necessariamente curar); reciprocidade (concentrar esforços com maior ênfase no paciente – e família – que não será candidato a terapia de suporte de vida); equidade (garantir que os cuidados paliativos estejam disponíveis a todos que dele necessitarem); e confiança (comunicação eficiente e decisões transparentes, compartilhadas entre equipes assistenciais, pacientes e famílias)[100].

---

94. PAPADIMOS, Thomas J., MARCOLINI, Evadne G., HADIAN, Mehrnaz, et al. Ethics of Outbreaks Position Statement. Part 1: Therapies, Treatment Limitations, and Duty to Treat. Crit Care Med
2018; 46:1842–1855. DOI: 10.1097/CCM.0000000000003416

95. ACADEMIA NACIONAL DE CUIDADOS PALIATIVOS (ANCP). Posicionamento da Academia Nacional de Cuidados Paliativos sobre Covid-19. Disponível em: https://paliativo.org.br/an-cuidados-paliativos-especial-covid19/ (Acesso em: 26 de Março de 2020).

96. KINLAW, Katy, LEVINE, Roberty (Ethics Subcommittee of the Advisory Committee to the Director, Centers for Disease Control and Prevention. Ethical Guidelines In Pandemic Influenza (2007). Disponível em: https://www.cdc.gov/od/science/integrity/phethics/docs/panflu_ethic_guidelines.pdf (Acesso em 09 de Abril de 2020).

97. WORLD HEALTH ORGANIZATION (WHO). WHO Definition of Palliative Care. Disponível em: https://www.who.int/cancer/palliative/definition/en/ (Acesso em: 26 de Março de 2020).18.

98. 22. WORLD HEALTH ORGANIZATION (WHO). WHO Definition of Palliative Care. Disponível em: https://www.who.int/cancer/palliative/definition/en/ (Acesso em: 26 de Março de 2020).

99. ACADEMIA NACIONAL DE CUIDADOS PALIATIVOS (ANCP). Posicionamento da Academia Nacional de Cuidados Paliativos sobre Covid-19. Disponível em: https://paliativo.org.br/an-cuidados-paliativos-especial-covid19/ (Acesso em: 26 de Março de 2020).

100. Op. Cit.

Tão importante quanto a alocação racional de recursos a partir de critérios clínicos, está a autodeterminação da pessoa, que deve ser respeitada mesmo em situações críticas. Assim, o consentimento destes pacientes (ou de seus responsáveis legais, nos casos que se apliquem) deve ser solicitado em todas as situações[101].

Idealmente, um planejamento avançado de cuidados deve ser discutido antes que o paciente entre em situação de emergência. Modelos utilizados nos Estados Unidos contemplam decisões sobre hospitalização e indicação de terapias de suporte avançado, além da indicação de um responsável pela tomada de decisões caso o paciente esteja incapacitado de fazê-lo[102-103].

No Brasil, a AMIB deixa claro que aqueles indivíduos que decidam recusar serem admitidos em UTI, inclusive através de Diretivas Antecipadas de Vontade, devem ser respeitados, de acordo com a Resolução CFM 1995/2012[104-105]. Nestes casos, deverão ser encaminhados para receber os cuidados apropriados em outras unidades de internação, com ênfase em conforto e a preservação de sua dignidade[106].

5. CONSIDERAÇÕES FINAIS

A alocação de recursos escassos no contexto de situações dramáticas, como catástrofes e emergências de saúde pública é um desafio complexo, que exige ações multidimensionais para minimizar o impacto sobre as vidas mais do que aqueles provocados pela própria crise.

Por isto, deve ser discutida de forma extensiva, pelos vários sujeitos envolvidos direta ou indiretamente nas decisões decorrentes destes processos, como os profissionais de saúde, pacientes, famílias, juristas, bioeticistas, gestores de serviços de saúde, gestores políticos, entre outros pares da sociedade.

---

101. ASSOCIAÇÃO DE MEDICINA INTENSIVA BRASILEIRA (AMIB). Princípios de Triagem em Situações de Catástrofes e as Particularidades da Pandemia Covid-19 (2020). Disponível em: https://www.amib.org.br/fileadmin/user_upload/amib/2020/marco/26/2603_PRINCIPIOS_DE_TRIAGEM_EM_SITUACOES_DE_CATASTROFES_E_AS_PARTICULARIDADES_DA_PANDEMIA_Covid-19__10___1_.pdf (Acesso em: 10 de Abril de 2020).
102. NHS ENGLAND AND NHS IMPROVEMENT. Advance care planning guidance and template – Guidance and template in the context of coronavirus (Covid-19). Disponível em: https://www.england.nhs.uk/coronavirus/publication/advance-care-planning-guidance-and-template/ (acesso em: 15 de Abril de 2020).
103. INSTITUTE FOR HEALTHCARE IMPROVEMENT. Being Prepared in the Time of Covid-19. The Conversation Project. Disponível em: https://theconversationproject.org/wp-content/uploads/2020/04/tcpcovid19guide.pdf (Acesso em: 15 de Abril de 2020).
104. ASSOCIAÇÃO DE MEDICINA INTENSIVA BRASILEIRA (AMIB). Princípios de Triagem em Situações de Catástrofes e as Particularidades da Pandemia Covid-19 (2020). Disponível em: https://www.amib.org.br/fileadmin/user_upload/amib/2020/marco/26/2603_PRINCIPIOS_DE_TRIAGEM_EM_SITUACOES_DE_CATASTROFES_E_AS_PARTICULARIDADES_DA_PANDEMIA_Covid-19__10___1_.pdf (Acesso em: 10 de Abril de 2020).
105. CONSELHO FEDERAL DE MEDICINA (CFM). Resolução CFM Nº 1.995/2012. Disponível em: https://sistemas.cfm.org.br/normas/visualizar/resolucoes/BR/2012/1995 (Acesso em: 07 de Abril de 2020).
106. ASSOCIAÇÃO DE MEDICINA INTENSIVA BRASILEIRA (AMIB). Princípios de Triagem em Situações de Catástrofes e as Particularidades da Pandemia Covid-19 (2020). Disponível em: https://www.amib.org.br/fileadmin/user_upload/amib/2020/marco/26/2603_PRINCIPIOS_DE_TRIAGEM_EM_SITUACOES_DE_CATASTROFES_E_AS_PARTICULARIDADES_DA_PANDEMIA_Covid-19__10___1_.pdf (Acesso em: 10 de Abril de 2020).

Esta alocação deve ser feita de forma a privilegiar os princípios bioéticos de beneficência, não maleficência, autonomia e justiça e de forma transparente, de acordo com critérios objetivos e predeterminados.

Finalmente, não se pode perder de vista que o respeito à dignidade humana, à autodeterminação e à biografia dos pacientes deve prevalecer em toda e qualquer circunstância, inclusive em situações extremas e sem precedentes, como a atual emergência de saúde pública.

6. REFERÊNCIAS

ACADEMIA NACIONAL DE CUIDADOS PALIATIVOS (ANCP). Posicionamento da Academia Nacional de Cuidados Paliativos sobre Covid-19. Disponível em: https://paliativo.org.br/an-cuidados-paliativos-especial-covid19/ (Acesso em: 26 de Março de 2020).

ASSOCIAÇÃO DE MEDICINA INTENSIVA BRASILEIRA (AMIB). Equipamentos de Proteção Individual – EPI | Na UTI, a segurança da equipe é fundamental! (2020). Disponível em: https://www.amib.org.br/fileadmin/user_upload/amib/2020/marco/07/Covid-19_seguranca_equipev14032020_18h16.pdf (Acesso em: 10 de Abril de 2020).

ASSOCIAÇÃO DE MEDICINA INTENSIVA BRASILEIRA (AMIB). Aumento da Capacidade de Atendimento aos Doentes Críticos em Situações de Desastres (2020). Disponível em: https://www.amib.org.br/fileadmin/user_upload/Aumento.Capacidade.Covid19.Versao10.03.pdf (Acesso em: 10 de Abril de 2020).

ASSOCIAÇÃO DE MEDICINA INTENSIVA BRASILEIRA (AMIB). Princípios de Triagem em Situações de Catástrofes e as Particularidades da Pandemia Covid-19 (2020). Disponível em: https://www.amib.org.br/fileadmin/user_upload/amib/2020/marco/26/2603_PRINCIPIOS_DE_TRIAGEM_EM_SITUACOES_DE_CATASTROFES_E_AS_PARTICULARIDADES_DA_PANDEMIA_Covid-19__10___1_.pdf (Acesso em: 10 de Abril de 2020).

ASSOCIAÇÃO DE MEDICINA INTENSIVA BRASILEIRA (AMIB). Recomendações para Ressuscitação Cardiopulmonar (RCP) de pacientes com diagnóstico ou suspeita de Covid-19 (2020). Disponível em: https://www.amib.org.br/fileadmin/user_upload/amib/2020/marco/22/RCP_ABRAMEDE_SBC_AMIB-4__210320_21h.pdf (Acesso em: 10 de Abril de 2020).

BARROSO, Henrique Gabriel. Quando ocorre o crime de omissão de socorro? Jusbrasil [Internet] 2018. Disponível em: https://henriquebarroso.jusbrasil.com.br/artigos/604570273/quando-ocorre-o-crime-de-omissao-de-socorro (Acesso em: 11 de Abril de 2020).

CHA, Ariana Eunjung. Hospitals consider universal do-not-resuscitate orders for coronavirus patients. The Washington Post [Internet]. 2020 March 25; Health. Disponível em: https://www.washingtonpost.com/health/2020/03/25/coronavirus-patients-do-not-resucitate/?utm_campaign=wp_main&utm_medium=social&utm_source=instagram (Acesso em: 26 de Março de 2020).

COMMITTEE ON ETHICAL ISSUES IN MEDICINE OF THE ROYAL COLLEGE OF PHYSICIANS (RCP). Ethical dimensions of Covid-19 for frontline staff (2020). Disponível em: https://www.rcpsych.ac.uk/about-us/responding-to-covid-19/responding-to-covid-19-guidance-for-clinicians/covid-19-ethical-considerations (Acesso em: 11 de Abril de 2020).

CONSELHO FEDERAL DE MEDICINA (CFM). Resolução CFM Nº 1.995/2012. Disponível em: https://sistemas.cfm.org.br/normas/visualizar/resolucoes/BR/2012/1995 (Acesso em: 07 de Abril de 2020).

CONSELHO FEDERAL DE MEDICINA (CFM). Resolução CFM Nº 2.156/2016. Disponível em: https://sistemas.cfm.org.br/normas/visualizar/resolucoes/BR/2016/2156 (Acesso em 01 de Abril de 2020).

CONSELHO FEDERAL DE MEDICINA (CFM). Resolução CFM Nº 1.805/2006. Disponível em: https://sistemas.cfm.org.br/normas/visualizar/resolucoes/BR/2006/1805 (Acesso em 01 de Abril de 2020).

DEPARTMENT OF CRITICAL CARE MEDICINE HERE AT THE UNIVERSITY OF PITTSBURGH AND THE UPMC HEALTH SYSTEM. Allocation of Scarce Critical Care Resources During a Public Health Emergency (2009). Disponível em: https://www.ccm.pitt.edu/sites/default/files/UnivPittsburgh_ModelHospitalResourcePolicy.pdf (Acesso em: 03 de Abril de 2020).

INTERNATIONAL COUNCIL OF NURSES (ICN), ITALIAN NURSES ASSOCIATION (CNAI). High proportion of healthcare workers with Covid-19 in Italy is a stark warning to the world: protecting nurses and their colleagues must be the number one priority (2020). Disponível em: https://www.icn.ch/sites/default/files/inline-files/PR_09_Covid-19%20-%20Italy.pdf (Acesso em: 13 de Abril de 2020).

INSTITUTE FOR HEALTHCARE IMPROVEMENT. Being Prepared in the Time of Covid-19. The Conversation Project. Disponível em: https://theconversationproject.org/wp-content/uploads/2020/04/tcpcovid19guide.pdf (Acesso em: 15 de Abril de 2020).

KINLAW, Katy, LEVINE, Roberty (Ethics Subcommittee of the Advisory Committee to the Director, Centers for Disease Control and Prevention. Ethical Guidelines In Pandemic Influenza (2007). Disponível em: https://www.cdc.gov/od/science/integrity/phethics/docs/panflu_ethic_guidelines.pdf (Acesso em 09 de Abril de 2020).

MEDSCAPE. In Memoriam: Healthcare Workers Who Have Died of Covid-19. Medscape – Medscape Medical News, 01 April 2020 [Internet]. Disponível em: https://www.medscape.com/viewarticle/927976 (Acesso em: 13 de Abril de 2020).

NHS ENGLAND AND NHS IMPROVEMENT. Advance care planning guidance and template – Guidance and template in the context of coronavirus (Covid-19). Disponível em: https://www.england.nhs.uk/coronavirus/publication/advance-care-planning-guidance-and-template/ (acesso em: 15 de Abril de 2020).

NUGENT, Ciara. 'It's Like Being a War Medic.' A Madrid Doctor Speaks Out About Grave Shortages in Protective Gear. Time – World – Covid-19, 02 April 2020 [Internet]. Disponível em: https://time.com/5813848/spain-coronavirus-outbreak-doctor/ (Acesso em: 13 de Abril de 2020)

NEW YORK STATE TASK FORCE ON LIFE AND THE LAW NEW YORK STATE DEPARTMENT OF HEALTH. Ventilator Allocation Guidelines (2015). Disponível em: https://www.health.ny.gov/regulations/task_force/reports_publications/docs/ventilator_guidelines.pdf (Acesso em 04 de Abril de 2020).

PAPADIMOS, Thomas J., MARCOLINI, Evadne G., HADIAN, Mehrnaz, et al. Ethics of Outbreaks Position Statement. Part 1: Therapies, Treatment Limitations, and Duty to Treat. Crit Care Med, 2018; 46:1842–1855. DOI: 10.1097/CCM.0000000000003416.

PELLEGRINO CENTER FOR CLINICAL BIOETHICS – GEORGETOWN UNIVERSITY MEDICAL CENTER. Ethical Principles of Resource Allocation In the Event of an Overwhelming Surge of Covid-19 Patients (2020). Disponível em: https://clinicalbioethics.georgetown.edu/covid-19-resources/ (Acesso em: 07 de Abril de 2020).

RAMOS, João Gabriel Rosa, PERONDI, Beatriz, DIAS, Roger Daglius, et al. Development of an algorithm to aid triage decisions for intensive care unit admission: a clinical vignette and retrospective cohort study. Critical Care (2016) 20:81. DOI 10.1186/s13054-016-1262-0.

RAMOS, João Gabriel Rosa, RANZANI, Otávio Tavares, PERONDI, Beatriz, et al. A decision-aid tool for ICU admission triage is associatedwith a reduction in potentially inappropriate intensive care unit admissions. J Critical Care 51 (2019) 77–83. DOI: 10.1016/j.jcrc.2019.02.002.

ROSENBAUM, Lisa. Facing Covid-19 in Italy — Ethics, Logistics, and Therapeutics on the Epidemic's Front Line. N Eng J Med (2020). DOI: 10.1056/NEJMp2005492.

THE PANDEMIC INFLUENZA ETHICS INITIATIVE WORK GROUP OF THE VETERANS HEALTH ADMINISTRATION'S NATIONAL CENTER FOR ETHICS IN HEALTH CARE. Meeting the Challenge of Pandemic Influenza: Ethical Guidance for Leaders and Health Care Professionals in the Veterans Health Administration (2010). Disponível em: https://www.ethics.va.gov/docs/pandemi-cflu/meeting_the_challenge_of_pan_flu-ethical_guidance_vha_20100701.pdf (Acesso em: 08 de Abril de 2020).

TRUOUG, Robert D., MITCHELL, Christine, DALEY, George Q. The Toughest Triage — Allocating Ventilators in a Pandemic. N Eng J Med (2020). DOI:10.1056/NEJMp2005689.

VILLAS BOAS, Maria Elisa. Justiça, igualdade e equidade na alocação de recursos em saúde. In: Revista Brasileira de Bioética 2010;6 (1-4):29-52.

VERGANO, Marco, BERTOLINI, Guido, GIANNINI, Alberto, et al. Clinical Ethics Recommendations for the Allocation of Intensive Care Treatments, in Exceptional, Resource-Limited Circumstances. Italian Society of Anesthesia, Analgesia, Resuscitation, and Intensive Care (SIAARTI) (2020). Disponível em: http://www.siaarti.it/SiteAssets/News/Covid19%20-%20documenti%20SIAARTI/SIAARTI%20-%20Covid-19%20-%20Clinical%20Ethics%20Reccomendations.pdf. (Acesso em: 13 de Abril de 2020).

WORLD HEALTH ORGANIZATION (WHO). WHO Definition of Palliative Care. Disponível em: https://www.who.int/cancer/palliative/definition/en/ (Acesso em: 26 de Março de 2020).

DUPLA PERSPECTIVA DO CONSENTIMENTO DO PACIENTE NA TELEMEDICINA EM TEMPOS DE COVID-19

Rafaella Nogaroli

Assessora de Desembargador no Tribunal de Justiça do Estado do Paraná. Pós-graduanda em Direito Médico pelo Centro Universitário Curitiba (UNICURITIBA). Especialista em Direito Processual Civil pelo Instituto de Direito Romeu Felipe Bacellar e em Direito Aplicado pela Escola da Magistratura do Paraná (EMAP). Bacharel em Direito pelo UNICURITIBA. Coordenadora do grupo de pesquisas em "Direito da Saúde e Empresas Médicas" (UNICURITIBA), ao lado do prof. Miguel Kfouri Neto. Membro do Instituto Brasileiro de Estudos em Responsabilidade Civil (IBERC). Autora de artigos na área de direito médico e da saúde, com foco em medicina robótica, inteligência artificial e telemedicina. E-mail: nogaroli@gmail.com

Willian Pimentel

Pós-Graduando em Direito Digital pelo Instituto de Sociedade e Tecnologia/Universidade Estadual do Rio de Janeiro. Advogado. Graduado em Educação Física.. Membro Pesquisador do Grupo de Estudos e Pesquisa em Bioética (GEPBio) do Centro Universitário Newton Paiva.

Sumário: 1. Notas introdutórias: a utilização da Telemedicina na pandemia da Covid-19. 2. Consentimento informado do paciente na Telemedicina em tempos de pandemia. 2.1 O consentimento para os riscos associados aos tratamentos médicos à distância. 2.2 Os dados sensíveis do paciente como "combustível" da Telemedicina. 3. Regulamentação da Telemedicina e responsabilidade civil na pandemia da Covid-19. 3.1 O consentimento informado previsto em leis e resoluções excepcionais sobre Telemedicina durante a pandemia. 3.2 Responsabilidade civil pela violação do dever de informação na Telemedicina. 4. Considerações finais sobre o duplo consentimento na telemedicina em tempos de Covid-19: riscos da tecnologia e tratamento de dados. 5. Referências.

1. NOTAS INTRODUTÓRIAS: A UTILIZAÇÃO DA TELEMEDICINA NA PANDEMIA DA COVID-19

A Telemedicina consiste na prestação de serviços de saúde por meio de tecnologias da informação e da comunicação, em que o profissional da saúde e o paciente não estão presentes fisicamente no mesmo local. Conforme expõe o professor português Alexandre Libório Dias Pereira, a Telemedicina "envolve a transmissão de dados e informação de saúde através de textos, sons, imagens ou outros que sejam necessários para a prevenção, diagnóstico, tratamento e acompanhamento de pacientes",[1] e está presente em

---

1. PEREIRA, Alexandre Libório Dias. *Telemedicina e Farmácia Online: Aspetos Jurídicos da Ehealth*. Disponível em: <https://portal.oa.pt/upl/%7B79eff4f2-f05c-497e-9737-ca05830cc360%7D.pdf.>. Acesso em 18 abr. 2020.

diversas especialidades da medicina, "desde a telerradiologia à telecirurgia, passando pela teleconsulta".[2]

Segundo a "Declaração de *Tel Aviv*", há cinco modalidades de Telemedicina: a) teleassistência; b) televigilância; c) teleconsulta; c) interação entre dois médicos; e d) teleintervenção. A Teleassistência possibilita a avaliação remota da situação clínica do paciente e a determinação de providências emergenciais adequadas, sem o deslocamento até uma unidade de saúde. A Televigilância (ou telemonitoramento) destina-se ao monitoramento da condição de saúde do paciente de forma remota e ocorre transmissão constante de dados do paciente (pressão arterial, índice glicêmico etc.), em tempo real, possibilita o acompanhamento mais eficaz do médico sobre o seu quadro clínico e necessidade de adaptação medicamentosa. Já a Teleconsulta é uma consulta não presencial, isto é, o atendimento por intermédio de quaisquer mecanismos de telecomunicação, sem o contato direto entre médico e paciente. A interação entre dois médicos (teleinterconsulta), por outro lado, caracteriza-se pelo atendimento ao paciente por um médico presencialmente, mas sendo este auxiliado remotamente por outro médico detentor de conhecimento específico na área. Por fim, a Teleintervenção, modalidade que não está expressamente prevista na Declaração de Tel Aviv, porém é extraída das suas disposições gerais, consiste na ingerência à distância em exames médicos ou procedimentos cirúrgicos, em que o médico, por exemplo, com auxílio de robô ou médico assistente, realiza a intervenção cirúrgica (Telecirurgia) ou o Telediagnóstico.

Durante a pandemia da Covid-19, com o aumento rápido e exponencial de infectados e o receio de disseminação descontrolada, observa-se a ampliação na utilização na Telemedicina em diversos países. No Brasil, decretou-se o Estado de Calamidade Pública que estabelece medidas de enfrentamento de emergência de saúde pública, além de terem sido impostas algumas medidas de distanciamento social e quarentena domiciliar. Diante desse cenário crítico, tornou-se legítimo o atendimento de saúde à distância no país, sobretudo com a exitosa experiencia internacional da Telemedicina neste período.

Contudo, deve-se atentar para a existência de uma série de impactos éticos e legais que devem ser ponderados ao realizar atendimentos médicos à distância, dentre eles: capacitação do profissional, privacidade e proteção de dados da saúde do paciente, limitações da tecnologia e, especialmente, o consentimento informado do paciente.[3]

No contexto da Telemedicina, sobretudo neste período de pandemia, o consentimento informado do paciente adquire certas peculiaridades, tendo em vista os diversos fatores aleatórios e riscos inerentes à própria tecnologia. Além disso, os pacientes não estão habituados a serem atendidos de forma remota por seus médicos, o que justifica ainda mais a necessidade de serem repassadas adequadamente algumas informações, a fim de garantir que o doente terá condições de tomar uma decisão livre e esclarecida sobre sua vontade de ser submetido ao tratamento médico por Telemedicina. No presente artigo, pretendemos demonstrar a importância e os contornos do consentimento para o

---

2. Idem.
3. Leia-se "consentimento livre e esclarecido do paciente".

tratamento médico à distância, e que caso violado o direito à informação, configurar-se-á uma lesão autônoma, por si só danosa e passível de indenização.

2. CONSENTIMENTO INFORMADO DO PACIENTE NA TELEMEDICINA EM TEMPOS DE PANDEMIA

Consentimento é o comportamento mediante o qual "se autoriza a alguém determinada atuação. No caso do consentimento para o ato médico, uma atuação na esfera físico-psíquica do paciente com o propósito de melhoria da saúde do próprio enfermo ou de terceiro".[4] Para Heloisa Helena Barboza, o "consentimento é a expressão máxima do princípio da autonomia, constituindo um direito do paciente e um dever do médico".[5]

No mesmo sentido, Jessica Minor explica que a autonomia é o princípio basilar do consentimento informado, porém vigorou por muito tempo a ideia de paternalismo ligada a Hipócrates, ou seja, uma visão acentuadamente paternalista da relação médico-paciente, na qual o enfermo é verdadeiramente tutelado pelo profissional e ocupa, então, posição de mero objeto da atuação médica.[6]

Até o início do século XX, a ideia de consentir significava apenas "permissão dada pelo paciente ao médico para prosseguir com a intervenção recomendada". A profissão de médico, considerada um saber arte, sempre foi conhecida por ser uma espécie de sacerdócio. A relação entre o médico e o enfermo era pautada de forma assimétrica, onde observávamos a carência de autonomia do paciente, principalmente por sua falta de condições plenas de escolha. Não raro que esta posição de "incapaz" permitia ao médico que efetuasse escolhas, impondo tratamentos nem sempre desejados.[7] Em detrimento da maioria de seus pacientes, os médicos eram detentores de saberes e gozavam de "status", o que possivelmente levava a um distanciamento e a dificuldades de comunicação, tornando o enfermo submisso aos seus conhecimentos e poder.[8]

Desse modo, a postura tradicionalmente adotada pelos médicos era de que detinham o "poder" de escolha do procedimento que consideravam ser o melhor para o seu paciente, mesmo que para isso fosse necessário adotar a opção de, por exemplo, realizarem uma sedação forçada, impondo a realização de cirurgias por ventura consideradas por este profissional como essenciais.[9]

A relação médico-paciente só sofreu expressivas mudanças após a Segunda Guerra Mundial, que se revelou como um período de grandes atrocidades cometidas ao ser hu-

---

4. KFOURI NETO, Miguel. *Responsabilidade Civil do Médico*.10. ed. São Paulo: Revista dos Tribunais, 2019, p. 53.
5. BARBOZA, Heloisa Helena. A Autonomia da Vontade e A Relação Médico-Paciente no Brasil. *Lex Medicinae - Revista Portuguesa de Direito da Saúde*, Coimbra, n. 2, 2004, p.10.
6. MINOR, Jessica. *Informed Consent in Predictive Genetic Testing - A Revised Model*. Suíça: Springer, 2015. Ebook.
7. CHEHAIBAR, Graziela Zlotnik – *Bioética e crença religiosa: estudo da relação médico-paciente Testemunha de Jeová com potencial risco de transfusão de sangue*. Tese de Doutorado. Faculdade de Medicina da Universidade de São Paulo. São Paulo. 2010. Disponível em: < https://teses.usp.br/teses/disponiveis/5/5131/tde-27082010-142544/publico/GRAZIELAZLOTNIKCHEHAIBAR.pdf> Acesso em 10 abr. 2020.
8. VOLU, Luiz Henrique Magacho; GONÇALVES, Clarisvan do Couto; VOLU, Mariana Fabiano Moura; CAMILO, Stlea Marcia da Silva Carlos e. *Direito médico e o consentimento informado*. Disponível em: <http://ambito-juridico.com.br/site/?n_link=revista_artigos_leitura&artigo_id=15817>. Acesso em: 10 mar. 2020.
9. DADALTO, Luciana. Testamento Vital. 5. ed.. Indaiatuba: Foco, 2020.

mano, culminando na criação do Código de Nuremberg, que, já em seu artigo primeiro, afirma: "o consentimento voluntário do ser humano é absolutamente essencial."[10]

Embora anteriormente a Segunda Guerra já tivéssemos decisões judiciais[11] que tratavam sobre o dever do médico informar sobre o procedimento que adotaria para o tratamento do seu paciente, foram documentos como o Código de Nuremberg, o Pacto das Nações Unidas e Direitos Civis e a Carta de Direitos Fundamentais da União Europeia, que realmente firmaram a necessidade do consentimento do paciente como indispensáveis para a prática médica.

Além disso, destaque-se que a evolução tecnológica facilitara o acesso à informação fazendo com que fosse necessária a realização de mudanças de conduta do profissional médico, para que este fizesse um atendimento mais ético. O paciente saiu de seu estado de letargia, tornando-se um sujeito menos passivo, mais questionador. Cabe ressaltar que essa mudança veio de um embate histórico e que ainda tem o reflexo de um passado onde ocorriam atitudes de desrespeito aos direitos dos pacientes, mas é possível afirmar que hoje a relação ganhou maior equilíbrio. Como resultado, tivemos a conquista da maior autonomia do paciente sobre ele mesmo, resultando em uma necessidade de que este seja devidamente informado, de forma clara e precisa, sobre o procedimento a ser adotado no seu tratamento.

Atualmente, o consentimento informado do paciente, com seu pilar no princípio da autonomia da vontade (ou autodeterminação), tem previsão em diversos documentos internacionais. Segundo disposições da Declaração Universal sobre Bioética e Direitos Humanos, de 2005, da UNESCO, as "questões éticas suscitadas pelos rápidos avanços na ciência e suas aplicações tecnológicas devem ser examinadas com o devido respeito à dignidade da pessoa humana e no cumprimento e respeito universais pelos direitos humanos e liberdades fundamentais".[12] No artigo 5.º do referido documento é previsto que "deve ser respeitada a autonomia dos indivíduos para tomar decisões, quando possam ser responsáveis por essas decisões e respeitem a autonomia dos demais". Já o artigo 6.º prescreve que "qualquer intervenção médica preventiva, diagnóstica e terapêutica só deve ser realizada com o consentimento prévio, livre e esclarecido do indivíduo envolvido, baseado em informação adequada (...)".

Vale também mencionar a Declaração de Lisboa (1991), emendada pela 47.ª Assembleia Geral da Associação Médica Mundial (1995) em Bali, Indonésia. Quanto ao direito à autodeterminação do paciente dispõe-se que

> a) o paciente tem o direito à autodeterminação e tomar livremente suas decisões. O médico informará o paciente das consequências de suas decisões; b) Um paciente adulto mentalmente capaz tem o direito de dar ou retirar consentimento a qualquer procedimento diagnóstico ou terapêutico. O paciente

---

10. Código de Nuremberg. Disponível em:< https://www.ufrgs.br/bioetica/nuremcod.htm> Acesso em: 11 abr. 2020
11. Para detalhamento sobre estas decisões recomendamos a leitura da obra A Quantificação Do Dano Na Ausência De Consentimento Livre E Esclarecido Do Paciente do professor dr. Miguel Kfouri Neto. Disponível em: <https://a27db6d7-2ae5-4e80-955f-30529ac8481f.filesusr.com/ugd/5d72ed_fe313b59aed048ecacf5c3c18a6f129d.pdf>. Acesso em 11 abr. 2020
12. UNESCO et al. Declaração Universal sobre Bioética e Direitos Humanos. *Bases conceituais da bioética: enfoque latino-americano,* 2006. Disponível em: <http://bvsms.saude.gov.br/bvs/publicacoes/declaracao_univ_bioetica_dir_hum.pdf.> Acesso em: 18 abr. 2020.

tem o direito à informação necessária e tomar suas próprias decisões. O paciente deve entender qual o propósito de qualquer teste ou tratamento, quais as implicações dos resultados e quais seriam as implicações do pedido de suspensão do tratamento.[13]

André Gonçalo Dias Pereira esclarece que o consentimento informado do paciente revela-se como "um instituto que visa permitir a autodeterminação dos riscos assumidos e assim uma delimitação do risco que impendem sobre o médico ou sobre o paciente".[14] Desse modo, os médicos são "obrigados a informar o paciente de forma clara e, se solicitado, por escrito, sobre o exame proposto e tratamento e sobre os desenvolvimentos relativos ao exame, o tratamento e a condição de saúde do paciente.".[15]

A moderna dogmática da responsabilidade médica vê no consentimento um instrumento que permite, para além dos interesses e objetivos médico-terapêuticos, incrementar o respeito pela pessoa doente, na sua dimensão holística. Ao paciente, em exercício do seu direito de liberdade, caberá determinar qual tratamento, dentre os que lhe forem apresentados, escolher, ou mesmo não optar por nenhum deles. A proteção dessa esfera físico-psíquica, conforme leciona João Vaz Rodrigues, encontra-se sob a tutela do direito geral de personalidade, pois o consentimento informado implica "mais do que a mera faculdade de o paciente escolher um médico, ou de recusar (dissentir sobre) um tratamento médico indesejado (da manifestação da liberdade como proteção contra invasões na esfera de qualquer pessoa humana". [16]

Doutrinadores do calibre de Eduardo Dantas e Maria Helena Diniz reconhecem o direito à autonomia e a importância do processo de consentimento informado. Dantas explica que "o processo de consentimento se constitui, concomitantemente, em um direito do paciente e um dever do médico".[17] Isso, porque

> o paciente deve ser informado, de maneira compreensível à sua capacidade cognitiva, a respeito de seu diagnóstico, riscos, prognósticos e alternativas existentes para seu tratamento. Importante destacar que o simples ato de ler e assinar um papel, um documento, não é suficiente para a desoneração do ônus de informar adequadamente (ainda que a assinatura de um documento seja importante para a comprovação da conduta diligente).[18]

No Brasil, o princípio da autonomia da vontade (ou autodeterminação), com base constitucional,[19] representa-se como fonte do dever de informação e do correlato direito ao consentimento livre e informado do paciente. O dever de informar também encontra

---

13. DECLARAÇÃO DE LISBOA. Sobre os Direitos do Paciente. Disponível em: <http://www.dhnet.org.br/direitos/codetica/medica/14lisboa.html.>. Acesso em 17 abr. 2020.
14. PEREIRA, André Gonçalo Dias. O Consentimento Informado em Portugal: Breves Notas. *Revista Eletrônica da Faculdade de Direito de Franca,* Franca (SP), v. 12, n. 2, 2017.
15. Idem.
16. RODRIGUES, João Vaz. *O Consentimento Informado para o Acto Médico.* Elementos para o Estudo da Manifestação de Vontade do Paciente. Coimbra: Coimbra Editora, 2001, p. 25.
17. DANTAS, Eduardo. *Direito Médico.* 4. ed. Salvador: JusPodivm, 2019, p. 112
18. Idem.
19. Luís Roberto Barroso e Letícia Martel identificam a autonomia individual com a dignidade da pessoa humana, entendimento este subjacente às principais declarações de direitos humanos do séc. XX, especialmente das diversas constituições promulgadas no período Pós-guerra. (BARROSO, Luis Roberto; MARTEL, Letícia de Campos Velho. A morte como ela é: dignidade e autonomia individual no final da vida. In: GOZZO, Débora; LIGIERA, Wilson Ricardo. (Orgs.). *Bioética e Direitos Fundamentais.* São Paulo: Saraiva, 2012.)

balizas no Código de Ética Médica (Resolução do CFM n. 2.217, de 27.9.2018), especialmente nos artigos 22 e 24 que prescrevem, respectivamente, ser vedado ao médico "deixar de obter consentimento do paciente ou de seu representante legal após esclarecê-lo sobre o procedimento a ser realizado, salvo em caso de risco iminente de morte" ou "deixar de garantir ao paciente o exercício do direito de decidir livremente sobre sua pessoa ou seu bem-estar, bem como exercer sua autoridade para limitá-lo".

Ainda, no contexto brasileiro, há recente decisão paradigmática do Superior Tribunal de Justiça,[20] no sentido de que há efetivo cumprimento do dever de informação quando os esclarecimentos se relacionarem especificamente ao caso concreto do paciente, não se mostrando suficiente a informação genérica. Por isso, não será considerado válido o consentimento genérico (*blanket consent*), necessitando ser claramente individualizado. Ainda, enfatiza a ementa do referido julgamento algumas questões relevantes sobre a doutrina do consentimento informado:

> (...) 2. É uma prestação de serviços especial a relação existente entre médico e paciente, cujo objeto engloba deveres anexos, de suma relevância, para além da intervenção técnica dirigida ao tratamento da enfermidade, entre os quais está o dever de informação. 3. O dever de informação é a obrigação que possui o médico de esclarecer o paciente sobre os riscos do tratamento, suas vantagens e desvantagens, as possíveis técnicas a serem empregadas, bem como a revelação quanto aos prognósticos e aos quadros clínico e cirúrgico, salvo quando tal informação possa afetá-lo psicologicamente, ocasião em que a comunicação será feita a seu representante legal. 4. O princípio da autonomia da vontade, ou autodeterminação, com base constitucional e previsão em diversos documentos internacionais, é fonte do dever de informação e do correlato direito ao consentimento livre e informado do paciente e preconiza a valorização do sujeito de direito por trás do paciente, enfatizando a sua capacidade de se autogovernar, de fazer opções e de agir segundo suas próprias deliberações. 5. Haverá efetivo cumprimento do dever de informação quando os esclarecimentos se relacionarem especificamente ao caso do paciente, não se mostrando suficiente a informação genérica. Da mesma forma, para validar a informação prestada, não pode o consentimento do paciente ser genérico (*blanket consent*), necessitando ser claramente individualizado. 6. O dever de informar é dever de conduta decorrente da boa-fé objetiva e sua simples inobservância caracteriza inadimplemento contratual, fonte de responsabilidade civil per se. A indenização, nesses casos, é devida pela privação sofrida pelo paciente em sua autodeterminação, por lhe ter sido retirada a oportunidade de ponderar os riscos e vantagens de determinado tratamento, que, ao final, lhe causou danos, que poderiam não ter sido causados, caso não fosse realizado o procedimento, por opção do paciente. 7. O ônus da prova quanto ao cumprimento do dever de informar e obter o consentimento informado do paciente é do médico ou do hospital, orientado pelo princípio da colaboração processual, em que cada parte deve contribuir com os elementos probatórios que mais facilmente lhe possam ser exigidos.[21]

No mesmo sentido, Cristiano Chaves de Farias, Felipe Braga Netto e Nelson Rosenvald expõem o atual posicionamento doutrinário no Brasil, do qual seguimos de pleno acordo, de que a autodeterminação do paciente somente é verdadeiramente exercida quando as informações prestadas são específicas, para o caso concreto daquele paciente específico, e não genéricas.[22] Portanto, o dever de informação assumido pelo médico

---

20. STJ, REsp 1540580/DF, Rel. Ministro Lázaro Guimarães (Desembargador Convocado do TRF 5ª Região), Rel. p/ Acórdão Ministro Luis Felipe Salomão, Quarta Turma, julgado em 02/08/2018, DJe 04/09/2018
21. Idem.
22. FARIAS, Cristiano Chaves de, NETTO, Felipe Braga e ROSENVALD, Nelson. *Novo Tratado de Responsabilidade Civil*. 4.ed. São Paulo: Saraiva, 2019, p. 1318.

restará cumprido a partir da análise do "critério do paciente concreto",[23] ou seja, a explicação do profissional deve ser extensa e adaptada ao nível intelectual e cultural do doente.

A utilização cada vez mais acentuada das tecnologias na área da saúde, especialmente da Telemedicina, implica maiores ponderações acerca do termo de consentimento livre e esclarecido do paciente. A moderna doutrina do consentimento informado compreende um papel consultivo do médico, o que envolve um processo de diálogo, cujo objetivo é assegurar que o doente compreenda todas as circunstâncias do tratamento proposto e da tecnologia utilizada para esse fim, bem como as razoáveis alternativas terapêuticas, possibilitando a tomada de decisão bem informada.[24]

2.1 O consentimento para os riscos associados aos tratamentos médicos à distância

Os desenvolvimentos científicos têm revolucionado a prestação dos cuidados à saúde por Telemedicina. Contudo, os avanços tecnológicos não eliminam o fator de imprevisibilidade no tratamento médico; pelo contrário, algumas vezes, os progressos da medicina podem tornar ainda mais aleatórios o diagnóstico e a terapia. Filipa Moreira Azevedo, no artigo "O Consentimento Informado Silenciado na Esfera da Telemedicina",[25] publicado na Revista portuguesa *Lex Medicinae*, explica que não basta o médico repassar informações ao paciente, a fim de cumprir com a sua obrigação de informar. Isso, porque o direito à informação e ao esclarecimento não findam no momento em que é manifestado o consentimento do paciente. É indispensável que

> o paciente entenda e assimile o alcance dessa informação, caso contrário a obrigação de esclarecimento não se encontra satisfeita. Só depois de cabalmente executadas essas duas obrigações é que estão criadas as condições para o paciente manifestar a sua vontade, de forma livre, consentindo, ou não a intervenção, ou tratamento (..) o CI [consentimento informado] encerra a decisão a uma invocação recebida no campo da prestação de cuidados de saúde, através da qual o paciente expressa a sua autonomia, autodeterminação, exerce a sua liberdade de vontade e dispõe sobre atos que lhe são imanentes, identitários, fortificando à visto disso a sua dignidade.[26]

No mesmo sentido, destacam-se as lições de Eduardo Dantas:

> Confundem-no, entretanto, com a escolha esclarecida – esta sim – elemento necessário para se atingir em sua completitude o dever de informação. O paciente precisa efetivamente compreender a informação que lhe foi transmitida, e não simplesmente recebê-la sem qualquer tipo de absorção, uma vez que, em assim procedendo, poderia até consentir com o tratamento proposto, mas não exerceria o seu direito de escolha livre e esclarecida. Teria, portanto, prejudicado o seu direito à autonomia. Desta forma, o ato de consentir não significa uma liberação automática das responsabilidades profissionais

---

23. PEREIRA, André Gonçalo Dias. *O Consentimento Informado na Relação Médico-Paciente*. Estudo de Direito Civil. Coimbra: Coimbra Editora, 2004, p. 556.
24. KFOURI NETO, Miguel. A Quantificação do Dano na Ausência de Consentimento Livre e Esclarecido do Paciente. *Revista IBERC*, Minas Gerais, v. 2, n. 1, p. 01-22, jan.-abr./2019.
25. AZEVEDO, Filipa Moreira. O Consentimento Informado Silenciado na Esfera da Telemedicina. *Cadernos da Lex Medicinae,* Coimbra, vol. II, n. 4, 2019. Saúde, Novas Tecnologias e Responsabilidades Nos 30 Anos do Centro de Direito Biomédico Vol. II, p. 253-262.
26. Idem.

quanto ao dever de informação, como se poderia pressupor, uma vez que ainda responderia o médico pela incompleta informação.[27]

Portanto, no termo de consentimento livre e esclarecido para a prática da Telemedicina deverão constar informações sobre os benefícios esperados e os possíveis riscos associados à utilização da tecnologia. Acima de tudo, o médico precisa expor claramente ao paciente quais as diferenças na prestação do serviço médico à distância em relação ao atendimento presencial, para aquele paciente e caso específicos.[28] Após repassadas todas as informações necessárias, ainda é imprescindível um diálogo entre o médico e o paciente, no intuito de que aquele se cientifique que este compreendeu tudo que lhe foi transmitido.

Conforme expõe Miguel Kfouri Neto, há quatro principais riscos envolvidos na telemedicina:

> 1) mau funcionamento temporário ou irregularidade dos programas de computador, acarretando alguma espécie de dano para o paciente (falhas em registros no prontuário, por exemplo, podem fazer com que o médico atendente prescreva medicação à qual o paciente é alérgico, causando-lhe danos); 2) limitações do *software* – a telemedicina depende de um bom software, que armazene os dados dos pacientes e, ao mesmo tempo, gerencie todo o sistema. Falhas nesse programa podem gerar mais prejuízos que benefícios; 3) imperícia médica pela falta de aptidão para utilizar a tecnologia; 4) ataque de *hackers* aos dados dos pacientes.[29]

Nesse sentido, podemos pensar nos possíveis cenários de riscos na Telecirurgia, modalidade de Teleintervenção. Em 2002, um cirurgião, localizado em Nova Iorque, realizou a primeira cirurgia robótica remota, de colecistectomia laparoscópica, em uma paciente de 68 anos, que estava a aproximadamente 7.000 quilômetros de distância, em Strasbourg (França).[30] Dois médicos locais permaneceram ao lado da paciente, acompanhando o ato e prontos para intervirem, caso necessário. A cirurgia à distância foi finalizada também satisfatoriamente, sem intercorrências.

Contudo, imagine-se o seguinte cenário: um cirurgião, localizado num hospital em Londres, está realizando uma telecirurgia em um paciente em Lisboa, no exato momento em que o sistema do hospital inglês sofre algum problema e interrupção no sistema de Telemedicina. Diante disso, o monitor – que passava imagens do sítio cirúrgico do paciente português – de repente, fica preto, não sendo mais possível saber quais movimentos serão reproduzidos pelo robô em Portugal. Necessariamente, a equipe do hospital local de Lisboa estará em prontidão, ao lado do paciente e, verificando qualquer falha no sistema ou movimento imprevisível do robô cirurgião, deverá afastar este do paciente e, imediatamente, adotar as condutas emergenciais cabíveis, incluindo a transformação do procedimento cirúrgico em uma cirurgia convencional (aberta) sem a assistência do robô.

---

27. DANTASM Eduardo. Op. Cit., p. 112.
28. SIMONELLI, Osvaldo. Telemedicina em Tempos de Pandemia. In: KIFOURI NETO, Miguel; NOGAROLI, Rafaella. Debates Contemporâneos em direito médico e da saúde. São Paulo. Revistas dos Tribunais. 2020, P. 619-635.
29. KFOURI NETO, Miguel. *Responsabilidade Civil dos Hospitais*. 4. ed. São Paulo: Revista dos Tribunais, 2019, p. 280.
30. OPERATION LINDBERGH – A World First in TeleSurgery: The Surgical Act Crosses the Atlantic!. Disponível em: <https://www.ircad.fr/wp-content/uploads/2014/06/lindbergh_presse_en.pdf.>. Acesso em 18 abr. 2020.

Esse é um exemplo, dentre tantos outros, de que podem ocorrer situações em que a cirurgia robótica à distância precisará ser interrompida e substituída por uma cirurgia convencional, realizada pelas próprias mãos do médico, sem interferência do aparato tecnológico. E, muitas vezes, surgirão cicatrizes maiores no corpo do paciente, pois aquela cirurgia robótica minimamente invasiva precisará ser transformada em uma cirurgia aberta, além de que ele ficará por maior tempo sob anestesia, o que também eleva alguns riscos. Todas essas nuances deverão ser repassadas de forma precisa ao paciente.

Da mesma forma, se pensarmos nas teleconsultas, há alguns riscos e problemas inerentes à tecnologia. Pode ocorrer de, por exemplo, durante uma teleconsulta, o médico perceber que as informações transmitidas pelo paciente, por meio da videoconferência, não são suficientes para um diagnóstico preciso. Isso pode ser devido à limitação da plataforma utilizada no atendimento, baixa resolução das imagens ou, ainda, por aquele caso específico demandar uma anamnese com exame físico presencial do paciente. Situações similares à narrada, demonstram a necessidade de o profissional informar previamente o paciente, antes mesmo de ser submetido à teleconsulta, sobre os riscos do tratamento médico à distância e que, durante a teleconsulta, pode ser verificada a inviabilidade de formular um quadro diagnóstico preciso. Há também necessidade, na teleconsulta, de consentimento quanto aos riscos associados ao tratamento irregular dos dados sensíveis, ou acesso ilícito de terceiros.

2.2. Os dados sensíveis do paciente como "combustível" da Telemedicina

Deve-se levar em consideração que, na Telemedicina, o profissional da saúde utiliza as informações eletrônicas do paciente em rede, especialmente os seus dados sensíveis – tais como exames médicos e outros dados de saúde – e, enquanto realiza o atendimento remotamente, analisa-as constantemente. Nesse sentido, destacam-se as lições André Gonçalo Dias Pereira, no que se refere à abrangência da informação prestada pelo médico na Telemedicina, ao afirmar que é imprescindível:

> uma descrição do tipo de telemedicina que se vai realizar (telemonitoração, telemanipulação, ou cirurgia robótica), a experiência e a especialização do telecirurgião (ou consultor), os fins para os quais a informação médica pode ser usada (por exemplo, para diagnóstico ou fins educacionais), e quais os objetivos e meios de controlo de armazenamento da informação médica computadorizada numa base de dados. O paciente deve ter a garantia de que sua privacidade será respeitada tal como na medicina tradicional, mas que, enquanto estiverem a trabalhar *on line* sempre há o risco de um terceiro ter acesso (ilícito) às informações.[31]

Os dados pessoais sensíveis são aqueles ligados às características que individualizam o ser humano, de forma a identificar ou possibilitar sua identificação, sendo que a utilização deles pode gerar situações de discriminação e desigualdade. São dados ligados à saúde, liberdade de escolha - seja religiosa, associativa, política ou qualquer outra - que permitem àqueles que o detenham consigam, inclusive, utilizá-los de maneira discrimi-

---

31. PEREIRA, André Gonçalo Dias. *O Consentimento Informado na Relação Médico-Paciente*. Op. cit, p. 557.

natória, violando direitos fundamentais e muitas vezes causando danos ao indivíduo. Por isso, justifica-se a necessidade de proteção destas informações.[32]

Sergio Negri e Maria Regina Korkmaz ao lembrarem os ensinamentos de Sefano Rodotà, enfatizam que vivemos, atualmente, em sociedades com trocas intensas de informação, o que torna necessário pensar em uma proteção através de uma dupla perspectiva, que estão intimamente ligadas a todo tempo: "o corpo é físico, mas também é eletrônico a partir dos dados pessoais, que se referem a informações relativas a uma pessoa, incluindo-se os dados sensíveis".[33] Destaque-se que as ferramentas tecnológicas, utilizadas para viabilizar o atendimento médico por Telemedicina, podem permitir a identificação completa do indivíduo e de todos os seus dados sensíveis. Gustavo Tepedino recorda-nos que a "constitucionalização do indivíduo", o encurtamento da divisão do Direito Público e do Privado, a força trazida para a necessidade de resguardar a dignidade da pessoa humana e os avanços da tecnologia e da comunicação, modificam constantemente o que denominamos "autonomia privada". [34]

Nesse sentido, Laura Schertel Mendes e Danilo Doneda explicam que a disciplina da "proteção de dados pessoais" refere-se a uma matéria em constante evolução e que "o ordenamento jurídico brasileiro deve se atentar para os desenvolvimentos tecnológicos que cotidianamente alteram a vida dos cidadãos, as formas de trabalho, as nossas cidades e a economia na sociedade contemporânea".[35] E são justamente esses avanços que ganham relevo na discussão dos impactos ético-jurídicos da Telemedicina.

No que se refere à forma de "abastecimento" das tecnologias que envolvem a área da saúde, salientamos que os dados são por natureza sensíveis, afinal são os dados pessoais que revelam o estado de saúde do indivíduo e servirão, por exemplo, para o médico realizar diagnostico numa teleconsulta. Os dados sensíveis, são considerados "combustível" para o funcionamento das novas tecnologias na saúde. Há uma questão fundamental de privacidade envolvida na Telemedicina, levantando-se à preocupação "de que os pacientes possam não saber até que ponto suas informações médicas podem ser divulgadas a outras pessoas. Praticamente, qualquer consulta por Telemedicina, por exemplo, envolve a transferência eletrônica de registros médicos e informações do paciente".[36] Desse modo, a forma de compartilhamento dos dados de saúde – tanto a descrição da sua finalidade como dos sujeitos que terão acesso a essas informações – é um ponto de relevante importância, que deverá constar no termo de consentimento.

---

32. MULHOLLAND, Caitlin. Dados pessoais sensíveis e a tutela de direitos fundamentais: uma análise à luz da lei geral de proteção de dados (Lei 13.709/18). R. Dir. Gar. Fund., Vitória, v. 19, n. 3, p. 159-180, set./dez. 2018. Disponível em: <http://sisbib.emnuvens.com.br/direitosegarantias/article/view/1603/pdf> Acesso em: 11 mar 2020.

33. NEGRI, S. C. M. A; KORKMAZ, M. R. D.C. R. A Normatividade Dos Dados Sensíveis Na Lei Geral De Proteção De Dados: ampliação conceitual e proteção da pessoa humana. *Rev. de Direito, Governança e Novas Tecnologias*. Goiânia. v. 5. n. 1. p. 63-8. Jan/Jun. 2019.

34. TEPEDINO, Gustavo. O papel atual da doutrina do direito civil entre o sujeito e a pessoa. In: TEPEDINO, Gustavo; TEIXEIRA, Ana Carolina Brochado; ALMEIDA, Vitor (Coords.). *O direito civil entre o sujeito e a pessoa: estudos em homenagem ao professor Stefano Rodotá*. Belo Horizonte: Fórum, 2016, pp. 17-35.

35. MENDES, Laura Schertel e DONEDA, Danilo. Reflexões iniciais sobre a nova Lei Geral de Proteção de Dados *Revista do Direito do Consumidor*, n. 120, São Paulo: Ed. RT, p. 369-483, nov.-dez. 2018. p. 481.

36. BHATIA, Neera, op. cit.

DUPLA PERSPECTIVA DO CONSENTIMENTO DO PACIENTE NA TELEMEDICINA EM TEMPOS DE COVID-19 **295**

Um ponto importante a ser ponderado, no que se refere aos riscos associados à Telemedicina, é como garantir que os dados sensíveis de saúde dos pacientes, em atendimento remoto, sejam preservados, garantindo transmissão segura de informações, sem que ocorra tratamento incorreto desses dados ou acesso ilícito de terceiros. Ocorrendo tal infortúnio, há normas específicas para determinar a responsabilização pela violação dos dados sensíveis de saúde.[37]

A Lei Geral de Proteção de Dados (LGPD) ainda não está em vigor no Brasil, contudo são necessárias reflexões quanto aos dispositivos da lei que tratam de conceitos e princípios gerais no tratamento de dados – incluído aí o consentimento informado –, que encontram amparo também noutras fontes normativas e podem ser utilizados em interpretação extensiva. O direito fundamental à proteção de dados pessoais é "um princípio atualmente implícito no ordenamento brasileiro, mas a proteção que se pode dele deduzir irradia seus efeitos sobre todo o arcabouço normativo complementar, garantindo racionalidade ao sistema jurídico e propiciando proteção mesmo antes do fim do prazo de *vacatio legis* da LGPD".[38]

A LGPD segue, como regra, a necessidade de consentimento do titular para que ocorra o tratamento de dados sensíveis (art. 11, I). O tratamento de dados pessoais, segundo dispõe o art. 5º, XIII, deve estar sempre atrelado a uma finalidade determinada. Inclusive, na hipótese de mudanças da finalidade para o tratamento de dados pessoais não compatíveis com o consentimento original, "o controlador deverá informar previamente o titular sobre as mudanças de finalidade, podendo o titular revogar o consentimento, caso discorde das alterações" (art. 9º, § 2º). Sobre o tema, Teffé e Viola assinalam a ideia de consentimento "específico" e "destacado" para o tratamento de dados, ao indicarem que a especificidade diz respeito a uma manifestação que tenha ligação direta com o propósito da coleta e o destaque, por sua vez, como a importância das cláusulas de consentimento estarem em evidência para que a manifestação de vontade seja devidamente assentida.[39]

Contudo, a LGPD dispõe que o consentimento é dispensado para a tutela da saúde do próprio paciente (art. 11, II, "f"). Além disso, desde que anonimizados,[40] dispensa-se o consentimento na utilização dos dados para fins de estudos (art. 16, II). Nesse sentido, segundo os ditames expressos na LGPD, o profissional da saúde que atende o paciente em atendimento médico à distância, em tese, não precisaria obter o consentimento para o tratamento dos seus dados de saúde na tecnologia para atendimento por telemedicina.[41]

---

37. Sobre o tema, cf.: DRESCH, Rafael de Freitas Valle; FALEIROS JÚNIOR, José Luiz de Moura. Reflexões sobre a Responsabilidade Civil na Lei Geral de Proteção de Dados (Lei Nº 13.709/2018). In: ROSENVALD, Nelson; DRESCH, Rafael de Freitas Valle; WESENDONCK, Tula. (Coords.). *Responsabilidade Civil*: Novos Riscos. Indaiatuba: Foco, 2019, p. 65-89.

38. FALEIROS JUNIOR, José Luiz. NOGAROLI, Rafaella; CAVET; Caroline Amadori. Telemedicina e proteção de dados: reflexões sobre a pandemia da Covid-19 e os impactos jurídicos da tecnologia aplicada à saúde. *Revista dos Tribunais*, São Paulo, vol. 1015, maio 2020.

39. TEFFÉ, Chiara Spadaccini de; VIOLA, Mário. Tratamento de dados pessoais na LGPD: estudo sobre as bases legais. Civilistica.com. Rio de Janeiro, a. 9, n. 1, 2020. Disponível em: <http://civilistica.com/tratamento-de-dados-pessoais-na-lgpd/>. Acesso em: 14 ago. 2020.

40. Na hipótese específica de dados relacionados à saúde, a técnica descrita pela lei é a pseudonimização, entendida no Brasil como espécie de anonimização (art. 13, *caput* e § 4º, da LGPD).

41. Imperiosa, ao propósito do estudo sobre limites do consentimento no tratamento de dados na telemedicina, a remissão ao artigo CAVET, Caroline Amador; SCHULMAN, Gabriel. As Violações De Dados Pessoais Na Teleme-

Contudo, entendemos que as referidas exceções ao consentimento precisam ser interpretadas restritivamente e com certa cautela.[42] Primeiramente, é importante observar que o consentimento livre e esclarecido do paciente, no emprego da Telemedicina, deve incluir "a autorização para o uso, por exemplo, fotografias, filmagens ou de outros registros, inclusive históricos de conversas ou outros dados obtidos e potencialmente transferíveis a terceiros".[43]

Além disso, merece especial destaque o fato de que a LGPD lei é clara quanto à necessidade de as atividades de tratamento de dados pessoais observarem a boa-fé e o princípio da transparência, no art. 6º, inc. VI. Portanto, apesar da LGPD não exigir o consentimento do paciente para o tratamento dos seus dados sensíveis para a tutela da saúde em procedimento realizado por profissionais de saúde, a boa-fé gera seus reflexos a partir do princípio da transparência e, como elemento extranormativo,[44] há no termo de consentimento a incidência da fidúcia, de um dever geral de confiança que é travado entre médico e paciente, para além do que a própria lei impõe.

Isso significa que o médico deve repassar ao paciente informações sobre o tratamento dos seus dados, tanto no que se refere a finalidade e com quem serão compartilhados esses dados, como ao fato de que os dados de saúde permanecerão anonimizados dentro da tecnologia cognitiva, a fim de aprimoramento e pesquisas científicas. Em linhas gerais, à luz da boa-fé objetiva, o dever do médico de informar sobre o tratamento de dados sensíveis de saúde na telemedicina provavelmente restará cumprido ao inserir esta informação no termo de consentimento livre e esclarecido assinado pelo paciente, motivo pelo qual, indiretamente o consentimento adquire dupla perspectiva; isto é, além do consentimento sobre riscos e benefícios na utilização da tecnologia, acaba-se por exigir o dever de informar e obter o consentimento do paciente para o tratamento dos seus dados sensíveis.

Por fim, importante destacar, uma vez mais, que o consentimento livre e esclarecido do paciente, no que se refere ao tratamento de dados na telemedicina precisa ser específico a uma determinada finalidade,[45] incluindo a autorização para o uso, por exemplo, de

---

dicina: Tecnologia, Proteção E Reparação Ao Paciente 4.0. In: KFOURI NETO, Miguel; NOGAROLI, Rafaella. *Debates Contemporâneos em direito médico e da saúde*. São Paulo: Revistas dos Tribunais, 2020, 145-171.

42. SCHAEFER, Fernanda; GONDIM, Glenda Gonçalves. Telemedicina e Lei Geral de Proteção de Dados Pessoais. *In:* ROSENVALD, Nelson; MENEZES, Joyceane Bezerra de; DADALTO, Luciana (Coords.). *Responsabilidade civil e medicina*. Indaiatuba: Foco, 2020, p. 196.

43. FALEIROS JUNIOR, José Luiz de Moura. NOGAROLI, Rafaella. CAVET, Caroline Amadori. Telemedicina e proteção de dados: reflexões sobre a pandemia da Covid-19 e os impactos jurídicos da tecnologia aplicada à saúde. *Revista dos Tribunais*, São Paulo, v. 1016, jun. 2020.

44. EHRHARDT JR., Marcos. *Responsabilidade civil pelo inadimplemento da boa-fé*. Belo Horizonte: Fórum, 2013. E-book.

45. AureliaTamò-Larrieux explica a necessidade do consentimento do titular de dados ser sempre específico a uma determinada finalidade: "The purpose limitation principle essentially states that personal data should be collected for specified, lawful, and legitimate purposes, and not be further processed in ways that are incompatible with those purposes. The underlying goal of this principles is '(…) not to let a one-time legitimization of a single instance of data processing provide a blank check for unlimited further uses of data.' The purpose limitation principle calls for an assessment of whether the originally stated purposes for collection of data are consistent with the actual processing that takes place." (TAMÒ-LARRIEUX, Aurelia. *Designing for Privacy and its Legal Framework*. Data Protection by Design and Default for the Internet of Things. Cham: Springer, 2018, p. 90)

fotografias, filmagens ou de outros registros, inclusive históricos de conversas ou outros dados obtidos e potencialmente transferíveis a terceiros.[46]

Em 2018, 274 episódios de invasões de dados em organizações da saúde foram reportados ao *U.S. Department of Health and Human Services Office for Civil Rights*.[47] Diversas empresas e entidades hospitalares de países da Europa, como Espanha, Inglaterra e Portugal, foram alvos de ataques cibernéticos em 2017.[48] No Reino Unido, 16 hospitais do Serviço Público de Saúde foram afetados e alguns pacientes em situação de emergência precisaram ser transferidos. Além disso, informações sobre pacientes, agenda de consultas, linhas internas de telefone e e-mails ficaram temporariamente inacessíveis.[49] No mesmo ano, computadores do Hospital das Clínicas de Barretos, no Brasil, sofreram ataques cibernéticos, paralisando temporariamente o funcionamento de alguns atendimentos.[50]

A partir da experiência mundial dos diversos ciberataques aos hospitais e estabelecimentos de saúde, infelizmente parece razoável pensarmos na possibilidade de ocorrência durante a prestação de um serviço médico por Telemedicina. Nesse sentido, ressalte-se que o Brasil sofreu por volta de 15 bilhões de ataques cibernéticos apenas nos três primeiros meses de 2020.[51] Isso, devido à falta de segurança na transmissão das informações, inexistência de chaves de acesso ou, ainda, outras permissividades dos sistemas e aplicativos, que fragilizam a guarda e troca de informações. Todo esse problemático cenário tem direto reflexo na Telemedicina.

Diante de todo o exposto nesse capítulo, concluímos que os tratamentos médicos à distância são um importante (e essencial) recurso que auxiliará todo o sistema da saúde, especialmente neste momento de pandemia da Covid-19. Contudo, ressalte-se que o paciente deve entender a complexidade de uma consulta médica por Telemedicina. É muito importante que fique claro ao paciente como serão tratados os seus dados e com quem eles serão compartilhados. O doente deve ter ciência e anuir com o fato dos seus dados sensíveis serem, por exemplo, repassados a outro médico, numa teleinterconsulta. Ainda, destaca-se a necessidade de informação quanto a possibilidade de o atendimento médico remoto precisar ser interrompido, tanto por falhas tecnológicas, ou mesmo pela constatação de que o atendimento presencial é o mais adequado naquele momento.[52]

---

46. ZHOU, Leming; THIERET, Robert; WATZLAF, Valerie *et al.* A telehealth privacy and security self-assessment questionnaire for telehealth providers: development and validation. *International Journal of Telerehabiliation*, Pittsburgh, v. 11, n. 1, p. 3-14, 2019.

47. U.S. DEPARTMENT OF HEALTH AND HUMAN SERVICES. Cases Currently Under Investigation. Disponível em: <https://ocrportal.hhs.gov/ocr/breach/breach_report.jsf/>. Acesso em 18 abr. 2020.

48. Disponível em: https://link.estadao.com.br/noticias/empresas,empresas-e-hospitais-sofrem-ataque-cibernetico--em-massa-na-europa,70001776946. Acesso em 18 abr. 2020.

49. EL PAÍS. Ciberataque paralisa 16 hospitais do Reino Unido. Disponível em: <https://brasil.elpais.com/brasil/2017/05/12/internacional/1494602389_458942.html>. Acesso em 18 abr. 2020.

50. GUIMARÃES, Keila. BBC BRASIL. Os crimes dos hackers que interrompem até quimioterapia em sequestros virtuais de hospitais. Disponível em: <https://www.bbc.com/portuguese/brasil-40870377> Acesso em 18 abr. 2020.

51. ALVES, Aluísio. Brasil sofreu 15 bilhões de ataques cibernéticos em 3 meses, diz estudo. Disponível em: < https://exame.abril.com.br/tecnologia/brasil-sofreu-15-bilhoes-de-ataques-ciberneticos-em-3-meses-diz-estudo/>. Acesso em: 17 abr. 2020.

52. KFOURI NETO, Miguel. *Responsabilidade Civil dos Hospitais*. Op. cit., p. 280

3. REGULAMENTAÇÃO DA TELEMEDICINA E RESPONSABILIDADE CIVIL NA PANDEMIA DA COVID-19

A Telemedicina tem evidenciado seu enorme potencial, ao trazer importantes benefícios para a situação de pandemia do novo coronavírus. O isolamento social é decisivo para evitar o colapso dos serviços de saúde, devido ao crescimento exponencial de pessoas contaminadas. Com milhões de pessoas em quarentena na China, milhares de pessoas afetadas e grandes cidades bloqueadas, a tecnologia foi amplamente utilizada. Médicos avaliaram os sintomas dos pacientes em consultas à distância (teleconsultas), realizando uma triagem preliminar, a fim de evitar aglomerações em hospitais e clínicas, além de reduzir os riscos de exposição e disseminação do novo coronavírus. Serviços de Telemedicina chineses como Ali Health, JD Health e WeDoctor criaram clínicas online para triagem e tratamento de pacientes em todo o país. A JD Health realizou dez vezes mais teleconsultas – cerca de 2 milhões por mês –, durante o surto do vírus.

Nos Estados Unidos, empresas como Teladoc, AmWell e Buoy rapidamente seguiram a bem-sucedida experiência chinesa, ao oferecerem serviços de Telemedicina semelhantes. Os Centros de Controle e Prevenção de Doenças têm alertado amplamente os cidadãos para que evitem ir até clínicas ou hospitais, sem antes buscarem um canal de Telemedicina para sanar dúvidas e verificar a real necessidade de deslocamento a um pronto-atendimento. Isso, para não sobrecarregar o sistema de saúde.

Em resumo, vislumbra-se que a assistência médica virtual permite que todos tenham acesso a um atendimento médico e, ainda, reduz as chances de uma pessoa infectar outras, inclusive protegendo os próprios profissionais de saúde. Destaque-se, ainda, que a Telemedicina assume papel de importância não apenas na triagem dos pacientes, como também no monitoramento dos infectados.

Além da Teleconsulta e Telediagnóstico, a Telemedicina é uma ferramenta muito eficaz para monitorar e tratar à distância pacientes com sintomas leves de Covid-19, que estão em tratamento na própria residência. A grande maioria das pessoas que são infectadas possui sintomas leves e não se exige hospitalização, sendo que apenas uma porcentagem pequena de pacientes realmente necessita de tratamento intensivo. Por isso, o recurso de monitoramento remoto da temperatura e dos sintomas do infectado é muito útil, possibilitando que ele permaneça em tratamento domiciliar com segurança, sem colocar em perigo terceiros. Em Israel, o hospital Sheba Medical Center possui o primeiro programa no mundo de Telemedicina direcionado ao novo coronavírus, onde pacientes com sintomas menos graves ficam sob supervisão médica remota com auxílio do aplicativo de celular chamado Datos.[53]

Já no Brasil, há um cenário nebuloso para os profissionais da saúde utilizarem a Telemedicina para triagem, diagnóstico e monitoramento de pacientes infectados pela Covid-19 ou com suspeita de contaminação. Antes de abordarmos as normas excepcionais – Resolução do CFM e Lei da Telemedicina – em tempos de pandemia, vale uma breve exposição sobre o contexto anterior de regulamentação dos tratamentos médicos à distância no país.

---

53. SHEBA MEDICAL CENTER SELECTS DATOS AUTOMATED REMOTE CARE PLATFORM FOR CORONAVIRUS TELEMEDICINE PROGRAM. Disponível em: <https://www.datos-health.com/wp-content/uploads/2020/02/ARCDATOSSheba-coronavirus-telemedicine-program-release.pdf.>. Acesso em 18.abr. 2020.

Em 2019, o Conselho Federal de Medicina (CFM) publicou uma nova resolução, atualizando as normas de funcionamento da Telemedicina no país, definindo e disciplinando tal recurso como forma de prestação de serviços médicos mediados por tecnologias. A ideia era ampliar a prática de Telemedicina no Brasil, pela realização de consultas, diagnósticos e cirurgias à distância. Abordavam-se outras questões como teletriagem, telemonitoramento, teleconferência de ato cirúrgico e telecirurgia com auxílio de robôs. Contudo, cerca de três semanas após a resolução ser publicada, o CFM decidiu revogá-la, devido a ampla controvérsia na aceitação e forma de implementação da Telemedicina entre os médicos e conselhos regionais de medicina.

Uma das críticas ao texto da Resolução n. 2.227/2018 (LGL\2018\13088) é que não há previsão expressa de que a medicina presencial é a forma preferível e a Telemedicina é prática reservada a casos específicos. Um dos dispositivos mais criticados foi o § 3º do art. 4º ("... relação médico-paciente de modo virtual é permitido para cobertura assistencial em áreas geograficamente remotas"), por não estabelecer o que seriam "áreas geograficamente remotas", o que poderia desencadear a utilização desenfreada da Telemedicina, aumentando ainda mais a distância entre médicos e pacientes. Suscitou-se também o receio de mercantilização da medicina, pois a tecnologia ofertaria acesso rápido e fácil, sucateando a profissão, como se esta fosse um serviço qualquer.

Atualmente, encontra-se em vigor a Resolução nº 1.643/2002 do CFM, que disciplina a Telemedicina de forma muito incompleta e ultrapassada. Admite-se a utilização da tecnologia, considerando o teor da "Declaração de Tel Aviv sobre responsabilidades e normas éticas na utilização da Telemedicina", e levando-se em conta a necessidade de consentimento livre e esclarecido pelo paciente. Contudo, as normas da resolução são demasiadamente genéricas e não definem os contornos e limites da atuação médica apoiada na Telemedicina.

Há parcela da comunidade que defende a utilização da Telemedicina apenas quando realizada por videoconferência durante um procedimento, a fim de que o médico tenha opinião de outros colegas, ou seja, numa ação executada sempre na presença de um médico junto ao paciente. Há claro descompasso entre esse posicionamento e todas as possibilidades tecnológicas que nossa sociedade possui hoje, após 18 anos da sua edição.

Em que pese existir ainda resistência de alguns médicos com a Telemedicina, o fato é que vivemos um momento extremamente crítico e, se não utilizarmos de toda a potencialidade da Telemedicina, os serviços de saúde entrarão em colapso, tendo em vista a facilidade de contágio do coronavírus e seu crescimento exponencial. Inclusive, por esse motivo, foi publicada a nova lei que permite, em caráter excepcional, a prestação de serviços médicos de maneira não presencial.

3.1 O consentimento informado previsto em leis e resoluções excepcionais sobre Telemedicina durante a pandemia

A Declaração de Telaviv (1999) estabelece responsabilidades e normas éticas na utilização da Telemedicina, sublinhando a relevância do consentimento informado, no seu ponto 17:

as regras correntes do consentimento e confidencialidade do paciente também se aplicam às situações da telemedicina. A informação sobre o paciente só pode ser transmitida ao médico ou a outro profissional de saúde se isso for permitido pelo paciente com seu consentimento esclarecido. A informação transmitida deve ser pertinente ao problema em questão. Devido aos riscos de filtração de informações inerentes a certos tipos de comunicação eletrônica, o médico tem a obrigação de assegurar que sejam aplicadas todas as normas de medidas de segurança estabelecidas para proteger a confidencialidade do paciente.[54]

No dia 19.03.2020, o CFM publicou o Ofício n.º 1756/2020,[55] reconhecendo – em caráter de excepcionalidade e enquanto durar a batalha de combate ao novo coronavírus – a possibilidade e eticidade da utilização da Telemedicina. São indicadas três seguintes modalidades de Telemedicina, que devem ser utilizadas nos estritos e seguintes termos: 1) teleorientação, "para que os profissionais da medicina realizem à distância a orientação e o encaminhamento de pacientes em isolamento"; 2) telemonitoramento, "ato realizado sob orientação e supervisão médica para monitoramento ou vigência à distância de parâmetros de saúde e/ou doença"; 3) teleinterconsulta, "exclusivamente para troca de informações e opiniões entre médicos, para auxílio diagnóstico e terapêutico". Não há menção ao tema consentimento informado do paciente no referido ofício.

O Ministério da Saúde, por sua vez, publicou a Portaria n. 467/2020,[56] no dia 23.03.2020, reconhecendo – também em caráter excepcional e temporário – a licitude da Telemedicina, contudo, de forma mais ampla que o ofício do CFM. Isso, porque a norma governamental legitima todas as modalidades, incluindo neste rol, por exemplo, a teleconsulta. Além disso, extraem-se deste documento importantes informações sobre a operacionalização dos atendimentos médicos à distância.

Observa-se a preocupação, trazida na Portaria, de que todas as informações do serviço médico remoto sejam registras em prontuário médico, tais como os dados clínicos do paciente, além da data e hora do atendimento e a tecnologia empregadas, a fim de manter fidedigna a evolução do doente. Ainda, há previsão de que, no atendimento por meio da Telemedicina, deve ser resguarda a integridade, a segurança e o sigilo da informação do paciente, conforme preceitua o Código de Ética Médica.

Caso o profissional da saúde determine uma medida de isolamento, é obrigatória a obtenção por escrito do Temo de Consentimento Livre e Esclarecido (TCLE) do paciente, com a notificação de familiares sobre a condição médica do paciente.[57] Apesar da Portaria apenas indicar a obrigatoriedade do termo escrito nesta hipótese, por cautela jurídica, recomenda-se o seu uso em todas as abordagens médicas. Vale mencionar que, conforme explica Luciana Dadalto e outros estudiosos, na "Cartilha Direitos e Deveres

---

54. DECLARAÇÃO DE TEL AVIV. Sobre Responsabilidades e Normas Éticas na Utilização da Telemedicina. Disponível em: <http://www.dhnet.org.br/direitos/codetica/medica/27telaviv.html>. Acesso em 18 abr. 2020.

55. CONCELHO FEDERAL DE MEDICINA. Ofício 1756/2020 COJUR. Disponível em <http://portal.cfm.org.br/images/PDF/2020_oficio_telemedicina.pdf>. Acesso em: 18 abr. 2020.

56. BRASIL. Ministério da Saúde. Portaria nº 437 de 20 de março de 2020. Disponível em: <http://www.in.gov.br/en/web/dou/-/portaria-n-467-de-20-de-marco-de-2020-249312996>. Acesso em 18 abr. 2020

57. Art. 6º, § 3º, da Portaria n. 467/2020: "No caso de medida de isolamento determinada por médico, caberá ao paciente enviar ou comunicar ao médico: I - termo de consentimento livre e esclarecido de que trata o § 4º do art. 3º da Portaria nº 356/GM/MS, 11 março de 2020; ou II - termo de declaração, contendo a relação das pessoas que residam no mesmo endereço, de que trata o § 4º do art. 3º da Portaria nº 454/GM/MS, 20 de março de 2020."

do Médico (a) – Covid-19", "a tomada do consentimento livre e esclarecido do paciente poderá ser realizada e registrada por documento virtual ou registro audiovisual logo no início dos teleatendimentos".[58]

O paciente, antes de ser submetido ao tratamento médico por Telemedicina, deve compreender a excepcionalidade do momento, bem como todos os contornos de riscos e benefícios da tecnologia. Há igualmente diversas questões sobre sigilo médico e proteção dos dados sensíveis que precisam ser devidamente considerados. Tudo isso deverá "ser registrado e/ou arquivado no prontuário do paciente, tais como gravação de áudio ou vídeo, TCLE, fotos e documentos transmitidos virtualmente e todos os demais atos realizados no atendimento à distância".[59]

Destaque-se, por fim, a Lei n.º 13.989, de 15.04.2020, que autoriza o uso da Telemedicina, em caráter emergencial, enquanto durar a situação de crise causada pela pandemia da Covid-19. Importante pontuar que o art. 4.º prevê a necessidade de o médico informar ao paciente "sobre todas as limitações inerentes ao uso da Telemedicina, tendo em vista a impossibilidade de realização de exame físico durante a consulta". A lei é clara: o consentimento é um pré-requisito essencial de todo tratamento ou intervenção médica por Telemedicina. A ausência desse consentimento, conforme veremos adiante, pode constituir inclusive uma lesão autônoma, por si só danosa e passível de indenização.

3.2 Responsabilidade civil pela violação do dever de informação na Telemedicina

É fora de qualquer dúvida que o médico incorre em responsabilidade, no caso de a prestação do serviço médico por Telemedicina ser realizada sem o consentimento livre e esclarecido do paciente. Pode-se afirmar que o consentimento é um pré-requisito essencial de todo tratamento ou intervenção médica. A ausência do consentimento pode constituir lesão autônoma, por si só danosa e passível de indenização.

Na Telemedicina, assim como nos cuidados médicos de forma presencial, o dever de informar é um dever de conduta decorrente da boa-fé objetiva e sua simples inobservância caracteriza inadimplemento contratual. A indenização é devida pela privação sofrida pelo paciente em sua autodeterminação, por lhe ter sido retirada a oportunidade de "ponderar os riscos e vantagens de determinado tratamento, que, ao final, lhe causou danos, que poderiam não ter sido causados, caso não fosse realizado o procedimento, por opção do paciente."[60]

A fim de se estabelecer o dever de indenizar, deve-se verificar o nexo causal entre a omissão de informação e o dano. Quando a intervenção médica é correta – mas não se informou adequadamente –, a culpa surge pela falta de informação – ou pela informação incorreta. Não é necessário negligência no tratamento. A vítima deve demonstrar que o dano provém de um risco acerca do qual deveria ter sido avisada, a fim de deliberar sobre a aceitação ou não do tratamento.

---

58. DADALTO, Luciana. Et. Al. *Cartilha Direitos e Deveres do Médico (a) - Covid 19.* Disponível em: http://www. saudedafamilia.org/coronavirus/guias_instrucoes/cartilha_direitos_e_deveres_do_medico-covid-19-versao_ 01-27-03_13h.pdf. Acesso em 18.04.2020

59. Idem.

60. STJ, REsp 1540580/DF, rel. Min. Luis Felipe Salomão, 4. T., j. 02.08.2018. Op. cit.

Pode-se restar provado que o médico, durante a prestação de serviços médicos por Telemedicina atuou com a diligência que legitimamente se esperava dele, ou seja, não agiu com culpa, sendo o evento danoso decorrente de um risco associado à própria tecnologia. Nesse caso, caberá ao profissional ou entidade hospitalar provar que obteve o consentimento livre e esclarecido do paciente sobre aquele possível risco específico na utilização da referida tecnologia. O fato gerador da indenização, nessas situações de violação do dever de informação, "não será o dano em si, mas a falha (ou ausência) de informação, isoladamente considerada. Noutras palavras, o médico responderá não como causador do dano, mas por não ter obtido o consentimento do paciente".[61]

Discussão que paira na doutrina é sobre quem deve ser o responsável por obter o consentimento do paciente na realização de quaisquer intervenções médicas realizadas com o recurso da Telemedicina. Na lei da Califórnia (*California Telemedicine Development Act, 1996*), por exemplo, apenas o médico assistente, que se encontra na mesma localidade do doente, tem o dever de obter o consentimento informado, pois ele tem maior proximidade e confiança com o paciente. Contudo, o professor português André Gonçalo Dias Pereira, entende que há responsabilidade solidária do dever de informar:

> (...) isto vale para a telecirurgia, bem como para a telemonitoração – que os princípios enunciados relativos à medicina de equipa e da colaboração entre os médicos devem prevalecer aqui, pelo que ambos são solidariamente responsáveis pelo cumprimento de dever de informar, sem embargo de, no plano das relações internas, se poder onerar o médico que está fisicamente presente junto do paciente e que, naturalmente, tem mais facilidade de estabelecer o diálogo propício ao consentimento informado.[62]

Partilhamos do parecer do ilustre autor, e defendemos que há responsabilidade solidária na ausência do consentimento livre e esclarecido do paciente, recaindo maior oneração da obrigação de informar ao médico que está mais próximo ao paciente.

Para melhor compreensão da forma de quantificação de danos pela violação do dever de informação na Telemedicina, valemo-nos, *passim et passim*, de raciocínio análogo ao exposto por um dos autores do presente trabalho, no artigo "Responsabilidade civil pelo inadimplemento do dever de informação na cirurgia robótica e telecirurgia".[63] Na quantificação da indenização, há quatro principais fatores a serem ponderados. Inicialmente, deve-se verificar o estado de saúde do paciente, prognóstico e gravidade do processo patológico. Em segundo momento, analisar as alternativas terapêuticas existentes, ou seja, se a Telemedicina era necessária – se não existia possibilidade e necessidade do atendimento presencial – e quais os riscos e benefícios de o procedimento ser realizado com a referida tecnologia, comparando-a com a forma convencional. Deve-se verificar a existência (ou não) de tecnologias menos arriscadas ou até isentas de risco. Ponha-se em destaque, ainda uma vez: quanto mais grave o risco, mais agudo o dever de informar e obter o consentimento plenamente esclarecido do paciente.

---

61. Idem.
62. PEREIRA, André Gonçalo Dias. *O Consentimento Informado na Relação Médico-Paciente*. Op. cit., p. 559.
63. KFOURI NETO, Miguel; NOGAROLI, Rafaella. Responsabilidade civil pelo inadimplemento do dever de informação na cirurgia robótica e telecirurgia: uma abordagem de direito comparado (estados unidos, união europeia e brasil). IN: Rosenvald, Nelson; MENEZES, Joyceane Berreza de.; DADALTO, Luciana. *Responsabilidade Civil e Medicina*. Indaiatuba: Ed. Foco, 2020

Ainda, é importante analisar se, à luz do que comumente ocorre, outro paciente, em idênticas condições, teria consentido, após inteirar-se dos perigos inerentes à Telemedicina. Por fim, averígua-se se tais riscos, não informados, eram comuns ou excepcionais. Após análise desses quatro fatores, incumbirá ao magistrado mensurar as consequências concretas da falta de consentimento, arbitrando reparação consentânea.

4. CONSIDERAÇÕES FINAIS SOBRE O DUPLO CONSENTIMENTO NA TELEMEDICINA EM TEMPOS DE COVID-19: RISCOS DA TECNOLOGIA E TRATAMENTO DE DADOS

A complexidade do organismo humano e a inevitável influência de fatores externos fazem da álea terapêutica, ou seja, da incerteza um atributo indissociável da prática médica. Os avanços tecnológicos na área da saúde não eliminam o fator de imprevisibilidade no tratamento médico; pelo contrário, algumas vezes, os progressos da medicina podem tornar ainda mais aleatórios o diagnóstico e a terapia, conforme expusemos ao longo deste trabalho. Por isso, não se justifica transferir para o profissional todos esses riscos e áleas. Todavia, o médico deve fornecer ao paciente uma informação leal, completa e acessível, especialmente sobre os riscos específicos e/ou excepcionais da Telemedicina.

Neste trabalho, expusemos a vitoriosa evolução da nossa sociedade, nas últimas décadas, no sentido de conceder maior autonomia ao paciente, especialmente quanto ao dever de informá-lo – de forma livre e esclarecida – sobre todas as nuances do tratamento médico. Atualmente, entende-se que, na relação médico-paciente, a decisão médica deve ser democrática e a boa-fé deve presidir a conduta do profissional. O consentimento informado (leia-se, livre e esclarecido) não é apenas um ato, mas um processo de diálogo, um modelo interativo, em que se busca adequado intercâmbio: o médico conhece a enfermidade; o paciente, suas necessidades. O papel consultivo do médico tem o objetivo de assegurar que o paciente compreenda a sua condição clínica, além dos benefícios e quaisquer riscos previstos do tratamento proposto, bem como razoáveis alternativas de tratamento, para que, diante disso, o paciente esteja em posição de tomar uma decisão bem informada.

Diante dessa nova configuração da relação médico-paciente, algumas especificidades devem ser consideradas no consentimento informado para a prática da Telemedicina. Antes do médico fazer o atendimento médico à distância, ele precisa obter um especial consentimento do paciente, levando-o a compreender a excepcionalidade do momento de pandemia que vivemos, bem como todos os contornos dos riscos e benefícios da tecnologia. É essencial o consentimento específico em cada modalidade de Telemedicina. Destaque-se, uma vez mais, o que amplamente trabalhamos neste artigo: há necessidade de duplo consentimento do paciente na Telemedicina; isto é, além do consentimento sobre riscos e benefícios na utilização da tecnologia, é também fundamental o consentimento do paciente para o tratamento dos seus dados sensíveis. Na eventualidade de violação desse dever informacional do médico, quando a intervenção médica é correta – mas não se informou adequadamente –, a culpa surge pela falta de informação – ou pela informação incorreta.

5. REFERÊNCIAS

ALVES, Aluísio. Brasil sofreu 15 bilhões de ataques cibernéticos em 3 meses, diz estudo. Disponível em: < https://exame.abril.com.br/tecnologia/brasil-sofreu-15-bilhoes-de-ataques-ciberneticos-em-3-meses-diz-estudo/>. Acesso em: 17 abr. 2020.

AZEVEDO, Filipa Moreira. O Consentimento Informado Silenciado na Esfera da Telemedicina. *Cadernos da Lex Medicinae*, Coimbra, vol. II, n. 4, 2019. Saúde, Novas Tecnologias e Responsabilidades Nos 30 Anos do Centro de Direito Biomédico Vol. II, p. 253-262.

BARBOZA, Heloisa Helena. A Autonomia da Vontade e A Relação Médico-Paciente no Brasil. *Lex Medicinae - Revista Portuguesa de Direito da Saúde*, Coimbra, n. 2, 2004, p.10.

BARROSO, Luis Roberto; MARTEL, Letícia de Campos Velho. A morte como ela é: dignidade e autonomia individual no final da vida. In: GOZZO, Débora; LIGIERA, Wilson Ricardo. (Orgs.). *Bioética e Direitos Fundamentais*. São Paulo: Saraiva, 2012

BRASIL. Ministério da Saúde. Portaria nº 437 de 20 de março de 2020. Disponível em: <http://www.in.gov.br/en/web/dou/-/portaria-n-467-de-20-de-marco-de-2020-249312996>. Acesso em 18 abr. 2020

CAVET, Caroline Amador; SCHULMAN, Gabriel. As Violações De Dados Pessoais Na Telemedicina: Tecnologia, Proteção E Reparação Ao Paciente 4.0. *In*: KFOURI NETO, Miguel; NOGAROLI, Rafaella. *Debates Contemporâneos em direito médico e da saúde*. São Paulo: Revistas dos Tribunais, 2020, 145-171.

CÓDIGO DE NUREMBERG. Tribunal Internacional de Nuremberg – 1947. Disponível em:< https://www.ufrgs.br/bioetica/nuremcod.htm> Acesso em: 11 abr. 2020

CONSELHO FEDERAL DE MEDICINA. Ofício 1756/2020 COJUR. Disponível em <http://portal.cfm.org.br/images/PDF/2020_oficio_telemedicina.pdf>. Acesso em: 18 abr. 2020.

DADALTO, Luciana. Et. Al. *Cartilha Direitos e Deveres do Médico (a) - Covid 19*. Disponível em: <http://www.saudedafamilia.org/coronavirus/guias_instrucoes/cartilha_direitos_e_deveres_do_medico--covid-19-versao_01-27-03_13h.pdf.>. Acesso em 18 abr. 2020

DADALTO, Luciana. *Testamento Vital*. 5. ed.. Indaiatuba: Foco, 2020.

DANTAS, Eduardo. *Direito Médico*. 4. ed. Salvador: JusPodivm, 2019.

DECLARAÇÃO DE TEL AVIV. Sobre Responsabilidades e Normas Éticas na Utilização da Telemedicina. Disponível em: <http://www.dhnet.org.br/direitos/codetica/medica/27telaviv.html>. Acesso em 18 abr. 2020.

DECLARAÇÃO DE LISBOA. Sobre os Direitos do Paciente. Disponível em: <http://www.dhnet.org.br/direitos/codetica/medica/14lisboa.html.>. Acesso em 17 abr. 2020.

DRESCH, Rafael de Freitas Valle; FALEIROS JÚNIOR, José Luiz de Moura. Reflexões sobre a Responsabilidade Civil na Lei Geral de Proteção de Dados (Lei Nº 13.709/2018). In: ROSENVALD, Nelson; DRESCH, Rafael de Freitas Valle; WESENDONCK, Tula. (Coords.). *Responsabilidade Civil: Novos Riscos*. Indaiatuba: Foco, 2019, 65-89.

EHRHARDT JR., Marcos. *Responsabilidade civil pelo inadimplemento da boa-fé*. Belo Horizonte: Fórum, 2013. E-book.

EL PAÍS. Ciberataque paralisa 16 hospitais do Reino Unido. Disponível em: <https://brasil.elpais.com/brasil/2017/05/12/internacional/1494602389_458942.html>. Acesso em 18 abr. 2020.

EMPRESAS E HOSPITAIS SOFREM ATAQUE CIBERNÉTICO EM MASSA NA EUROPA Disponível em: <https://link.estadao.com.br/noticias/empresas,empresas-e-hospitais-sofrem-ataque-cibernetico--em-massa-na-europa,70001776946.> Acesso em 04.03.20019

FALEIROS JUNIOR, José Luiz. NOGAROLI, Rafaella; CAVET; Caroline Amadori. Telemedicina e proteção de dados: reflexões sobre a pandemia da Covid-19 e os impactos jurídicos da tecnologia aplicada à saúde. *Revista dos Tribunais*, São Paulo, vol. 1015, maio 2020.

FARIAS, Cristiano Chaves de, NETTO, Felipe Braga e ROSENVALD, Nelson. **Novo** *Tratado de Responsabilidade Civil*. 4.ed. São Paulo: Saraiva, 2019, p. 1318.

GUIMARÃES, Keila. BBC BRASIL. Os crimes dos hackers que interrompem até quimioterapia em sequestros virtuais de hospitais. Disponível em: <https://www.bbc.com/portuguese/brasil-40870377> Acesso em 18 abr. 2020.

KFOURI NETO, Miguel. A Quantificação do Dano na Ausência de Consentimento Livre e Esclarecido do Paciente. *Revista IBERC*, Minas Gerais, v. 2, n. 1, p. 01-22, jan.-abr./2019.

KFOURI NETO, Miguel. *Responsabilidade Civil do Médico*.10. ed. São Paulo: Revista dos Tribunais, 2019, p. 53.

KFOURI NETO, Miguel. *Responsabilidade Civil dos Hospitais*. 4. ed. São Paulo: Revista dos Tribunais, 2019, p. 280.

KFOURI NETO, Miguel; NOGAROLI, Rafaella. Responsabilidade civil pelo inadimplemento do dever de informação na cirurgia robótica e telecirurgia: uma abordagem de direito comparado (estados unidos, união europeia e brasil). IN: Rosenvald, Nelson; MENEZES, Joyceane Berreza de.; DADALTO, Luciana. *Responsabilidade Civil e Medicina*. Indaiatuba: Ed. Foco, 2020

MENDES, Laura Schertel e DONEDA, Danilo. Reflexões iniciais sobre a nova Lei Geral de Proteção de Dados. *Revista do Direito do Consumidor*, n. 120, São Paulo: Ed. RT, p. 369-483, nov.-dez. 2018. p. 481.

MULHOLLAND, Caitlin. Dados pessoais sensíveis e a tutela de direitos fundamentais: uma análise à luz da lei geral de proteção de dados (Lei 13.709/18). *R. Dir. Gar. Fund.*, Vitória, v. 19, n. 3, p. 159-180, set./dez. 2018. Disponível em: <http://sisbib.emnuvens.com.br/direitosegarantias/article/view/1603/pdf> Acesso em: 11 mar 2020.

NEGRI, S. C. M. A; KORKMAZ, M. R. D. C. R. A Normatividade Dos Dados Sensíveis Na Lei Geral De Proteção De Dados: ampliação conceitual e proteção da pessoa humana. *Rev. de Direito, Governança e Novas Tecnologias*. e-ISSN: 2526-0049. Goiânia. v. 5. n. 1. p. 63-85. Jan/Jun. 2019.

OPERATION LINDBERGH – A World First in TeleSurgery: The Surgical Act Crosses the Atlantic!. Disponível em: <https://www.ircad.fr/wp-content/uploads/2014/06/lindbergh_presse_en.pdf.>. Acesso em 18 abr. 2020.

PEREIRA, Alexandre Libório Dias. *Telemedicina e Farmácia Online: Aspectos Jurídicos da Ehealth*. Disponível em: <https://portal.oa.pt/upl/%7B79eff4f2-f05c-497e-9737-ca05830cc360%7D.pdf.>. Acesso em 18 abr. 2020.

PEREIRA, André Gonçalo Dias. O Consentimento Informado em Portugal: Breves Notas. *Revista Eletrônica da Faculdade de Direito de Franca*, Franca (SP), v. 12, n. 2, 2017.

PEREIRA, André Gonçalo Dias. *O Consentimento Informado na Relação Médico-Paciente*. Estudo de Direito Civil. Coimbra: Coimbra Editora, 2004, p. 556.

RODRIGUES, João Vaz. *O Consentimento Informado para o Acto Médico*. Elementos para o Estudo da Manifestação de Vontade do Paciente. Coimbra: Coimbra Editora, 2001, p. 25.

SCHAEFER, Fernanda; GONDIM, Glenda Gonçalves. Telemedicina e Lei Geral de Proteção de Dados Pessoais. *In:* ROSENVALD, Nelson; MENEZES, Joyceane Bezerra de; DADALTO, Luciana (Coords.). *Responsabilidade civil e medicina*. Indaiatuba: Foco, 2020.

SHEBA MEDICAL CENTER SELECTS DATOS AUTOMATED REMOTE CARE PLATFORM FOR CORONAVIRUS TELEMEDICINE PROGRAM. Disponível em: <https://www.datos-health.com/

wp-content/uploads/2020/02/ARCDATOSSheba-coronavirus-telemedicine-program-release.pdf.>. Acesso em 18.abr. 2020.

SIMONELLI, Osvaldo. Telemedicina em Tempos de Pandemia. *In*: KFOURI NETO, Miguel; NOGAROLI, Rafaella. *Debates Contemporâneos em direito médico e da saúde*. São Paulo. Revistas dos Tribunais. 2020, p. 619-635.

STJ, REsp 1540580/DF, Rel. Ministro Lázaro Guimarães (Desembargador Convocado do TRF 5ª Região), Rel. p/ Acórdão Ministro Luis Felipe Salomão, Quarta Turma, julgado em 02/08/2018, DJe 04/09/2018.

TAMÒ-LARRIEUX, Aurelia. *Designing for Privacy and its Legal Framework*. Data Protection by Design and Default for the Internet of Things. Cham: Springer, 2018.

TEFFÉ, Chiara Spadaccini de; VIOLA, Mario. Tratamento de dados pessoais na LGPD: estudo sobre as bases legais. *Civilistica*.com. Rio de Janeiro, a. 9, n. 1, 2020. Disponível em: <http://civilistica.com/tratamento-de-dados-pessoais-na-lgpd/> . Acesso em: 14 ago. 2020.

TEPEDINO, Gustavo. O papel atual da doutrina do direito civil entre o sujeito e a pessoa. In: TEPEDINO, Gustavo; TEIXEIRA, Ana Carolina Brochado; ALMEIDA, Vitor (Coords.). *O direito civil entre o sujeito e a pessoa: estudos em homenagem ao professor Stefano Rodotá*. Belo Horizonte: Fórum, 2016, pp. 17-35.

U.S. DEPARTMENT OF HEALTH AND HUMAN SERVICES. Cases Currently Under Investigation. Disponível em: <https://ocrportal.hhs.gov/ocr/breach/breach_report.jsf/>. Acesso em 18 abr. 2020.

UNESCO et al. Declaração Universal sobre Bioética e Direitos Humanos. *Bases conceituais da bioética: enfoque latino-americano*, 2006. Disponível em: <http://bvsms.saude.gov.br/bvs/publicacoes/declaracao_univ_bioetica_dir_hum.pdf.> Acesso em: 18 abr. 2020.

VOLU, Luiz Henrique Magacho; GONÇALVES, Clarisvan do Couto; VOLU, Mariana Fabiano Moura; CAMILO, Stlea Marcia da Silva Carlos. *Direito médico e o consentimento informado*. Disponível em: <http://ambito-juridico.com.br/site/?n_link=revista_artigos_leitura&artigo_id=15817>. Acesso em: 10 mar. 2020.

ZHOU, Leming; THIERET, Robert; WATZLAF, Valerie *et al*. A telehealth privacy and security self-assessment questionnaire for telehealth providers: development and validation. *International Journal of Telerehabiliation*, Pittsburgh, v. 11, n. 1, p. 3-14, 2019.

JUDICIALIZAÇÃO DA SAÚDE E COVID-19: O QUE PODEMOS APRENDER PARA OS OUTROS TEMPOS

Cynthia Pereira de Araújo

Mestre e doutora em Direito pela PUC-Minas. Advogada da União. Membro do Comitê Executivo Estadual da Saúde de Minas Gerais de 2014 a 2018.

Camila Mota Cavalcante

Graduanda em Direito. Membro Pesquisadora do Grupo de Estudos e Pesquisa em Bioética (GEPBio) do Centro Universitário Newton Paiva.

Sumário: 1. Introdução. 2. Panorama geral da judicialização da saúde no Brasil. 3. Judicialização em tempos de Covid-19. 4. Princípios do Sistema Único de Saúde. 5. A universalidade invisível dos tempos normais. 6. A visibilização da escassez. 6.1 Ações coletivas e constitucionais em tempos de Covid-19. 6.2 Quando vale a escassez? 7. Considerações finais. 8. Referências.

1. INTRODUÇÃO

Em 11 de março de 2020, a Covid-19, doença causada pelo novo coronavírus, foi caracterizada pela Organização Mundial da Saúde como uma pandemia. Todos os países do mundo estão sendo afetados, em maior ou menor medida, e o Brasil não é exceção.

Em razão da grande preocupação com as possibilidades do Sistema Único de Saúde de absorver os impactos das novas demandas decorrentes de uma epidemia de tão grandes proporções, diversas ações judiciais vêm sendo ajuizadas diariamente, especialmente contra a União. Diferente do que acontece em tempos normais, a judicialização da saúde, há muito consolidada no país, está se caracterizando, em relação à Covid-19, por uma prevalência de ações coletivas e uma postura comedida dos magistrados.

A forma como princípios regentes do SUS é desconsiderada normalmente e as possíveis razões que levam a essa postura diferenciada dos magistrados no momento presente auxiliam na reflexão sobre a forma como o Judiciário tem atuado na judicialização da saúde no Brasil, uma judicialização sem paralelo nos outros países.

2. PANORAMA GERAL DA JUDICIALIZAÇÃO DA SAÚDE NO BRASIL

A partir da década de 1980, o Brasil passou por um processo de redemocratização, que acarretou grandes avanços no sistema de proteção dos direitos fundamentais no país, em especial no que tange à proteção do direito à saúde. Com a promulgação da Constituição da República Federativa do Brasil (CF), em 5 de outubro de 1988, o Brasil retomou os princípios de um Estado Democrático de Direito[1].

Constitucionalizou-se, na órbita dos direitos sociais, a proteção do direito à saúde (artigo 6º). A partir do artigo 196, a Constituição de 1988 introduziu uma seção específica sobre o tema, dispondo que "a saúde é direito de todos e dever do Estado", garantido mediante políticas sociais e econômicas. E, nos termos do artigo 198, inaugurou o Sistema Único de Saúde – SUS, ao prever que "as ações e serviços públicos de saúde serão estruturados em uma rede regionalizada e hierarquizada, formando um sistema único de saúde".

Este novo modelo constitucional representa um marco quanto à questão da saúde no Brasil. Anteriormente à Constituição de 1988, os serviços de saúde eram administrados de forma centralizada, sendo obrigação apenas da União, e ainda assim, destinados apenas a trabalhadores segurados. Os demais precisavam pagar pelos serviços ou buscar, quando houvesse, instituições filantrópicas ou instituições dos estados ou municípios[2].

Do ponto de vista normativo em matéria de saúde, o Brasil é considerado um dos países mais avançados no mundo, além de ser um dos poucos a estabelecer universalidade e integralidade como princípios norteadores de seu sistema[3].

O SUS é, sem dúvidas, uma das maiores realizações da população brasileira. Ao contrário dos britânicos, no entanto, que consideram seu sistema de saúde – o NHS, National Health Service, no qual se inspirou o SUS – como uma das "joias da Coroa"[4] ou sua "única religião nacional"[5], a despeito de todos os seus problemas[6], é comum que o brasileiro desconheça a importância de seu sistema de saúde e despreze seu sucesso em termos populacionais.

Os resultados do SUS demonstram o tamanho da conquista que representa. Exemplo disso são as impressionantes marcas, como a realização, por ano, de mais de 1,5

---

1. AITH, Fernando. A Saúde como Direito de Todos e Dever do Estado: O Papel dos Poderes Executivo, Legislativo e Judiciário na Efetivação do Direito à Saúde no Brasil. *In: Direito Sanitário: Saúde e Direito, um Diálogo Possível.* Belo Horizonte: ESP-MG, 2010, p. 73. Disponível em: <http://www.esp.mg.gov.br/wp-content/uploads/2012/06/Direito-sanitario_Final.pdf>. Acesso em 05 de abril de 2020.
2. PAIM, Jairnilson Silva. *O Que é o SUS*: e-book interativo. Rio de Janeiro: Editora FIOCRUZ, 2015. (Temas em saúde Collection).
3. ARAÚJO, Cynthia Pereira de; LÓPEZ, Éder Maurício Pezze; JUNQUEIRA, Silvana Regina Santos. *Judicialização da Saúde: Saúde pública e outras questões.* Porto Alegre, Verbo Jurídico, 2016, p. 25.
4. SAHUQUILLO, María R. *Saúde pública, a grande briga ideológica do Reino Unido.* El País, 06/05/2015. Disponível em: <https://brasil.elpais.com/brasil/2015/05/05/internacional/1430850229_139505.html>. Acesso em 27 de agosto de 2016.
5. TAYLOR, Roger. *God bless the NHS.* London: Faber and Faber, 2013.
6. Sobre as dificuldades enfrentadas pelo NHS – um dos mais completos e provavelmente o melhor sistema de saúde pública do mundo, tão gratuito e universal quanto o sistema de saúde pública brasileiro, matéria de 2016 informava que, desde 2010, haviam sido fechados um de cada quatro centros de atendimento contínuo, com aumento em 11% das listas de espera e cortes de até 10% nos salários dos trabalhadores da saúde. Além disso, cerca de cinquenta distritos sanitários tinham, alguns com déficits de mais de 20 milhões de libras (SAHUQUILLO, María R. *Saúde pública, a grande briga ideológica do Reino Unido.* El País, 06/05/2015. Disponível em: <https://brasil.elpais.com/brasil/2015/05/05/internacional/1430850229_139505.html>. Acesso em 27 de agosto de 2016.)

milhão de cirurgias eletivas; 12 bilhões de internações; e 4,2 bilhões de procedimentos ambulatoriais[7].

Apesar dos avanços, o SUS ainda enfrenta diversos obstáculos que comprometem seus resultados. Conforme dados apurados pela organização Contas Abertas, a pedido do Conselho Federal de Medicina (CFM), cerca de R$ 174 bilhões deixaram de ser aplicados pelo Ministério da Saúde entre os anos de 2003 e 2017. Tal montante corresponde a 11% do total autorizado para o Ministério da Saúde no Orçamento Geral da União (OGU) durante aquele período (cerca de R$ 1,6 trilhão). Segundo esse estudo, quase metade dos recursos não utilizados deveria ter sido investidos na realização de obras, bem como em compras de equipamentos médico-hospitalares para atender o SUS[8].

Uma possível consequência disso é o sucateamento da infraestrutura. A título de exemplo, quase 24 mil leitos de internação de pacientes que necessitam manter-se num hospital por mais de 24 horas foram desativados na rede pública de saúde desde dezembro de 2010. Isso equivale uma diminuição de 13 leitos por dia[9].

Embora a consideração desses dados como reflexos do subfinanciamento da saúde ou má gestão dos recursos disponíveis exija maior investigação, já que os motivos podem incluir questões de pactuação, restrições de recebimento de recursos por entes federados, ausência de atingimento de metas, dentre outros, sabe-se que o SUS é regularmente confrontado por demandas de novas prestações.

Não é esse cenário, no entanto, que causa a judicialização da saúde mais significativa, notadamente aquela que gera os maiores impactos orçamentários e de recursos em geral. Essa afirmação decorre da análise do conteúdo judicializado.

Diversas questões podem ser submetidas ao Judiciário: dificuldades na marcação de consultas; realização de cirurgias; submissão a tratamentos; realização de exames; internações; obtenção de diversos insumos de saúde, inclusive medicamentos[10]. Se o subfinanciamento e a má gestão de recursos fossem os principais impulsores da judicialização da saúde, todas essas questões apareceriam em grande porcentagem.

No entanto, os estudos realizados sobre o assunto demonstram que a maioria dos pedidos judiciais em demandas de saúde refere-se a medicamentos[11]. Solicitam-se medicamentos: 1) que o sistema fornece regularmente e, por alguma razão, não estão disponíveis em determinada localidade no momento ou que o sistema fornece de marca diversa da

---

7. LIMA, Carlos Vital Tavares Corrêa. *As dificuldades do SUS*. Conselho Federal de Medicina (CFM), 16/04/2018. Disponível em: <https://portal.cfm.org.br/index.php?option=com_content&view=article&id=27574:as-dificuldades-do-sus&catid=46:artigos&Itemid=18>. Acesso em 05 de abril de 2020.

8. LIMA, Carlos Vital Tavares Corrêa. *As dificuldades do SUS*. Conselho Federal de Medicina (CFM), 16/04/2018. Disponível em: <https://portal.cfm.org.br/index.php?option=com_content&view=article&id=27574:as-dificuldades-do-sus&catid=46:artigos&Itemid=18>. Acesso em 10 de janeiro de 2020.

9. LIMA, Carlos Vital Tavares Corrêa. *As dificuldades do SUS*. Conselho Federal de Medicina (CFM), 16/04/2018. Disponível em: <https://portal.cfm.org.br/index.php?option=com_content&view=article&id=27574:as-dificuldades-do-sus&catid=46:artigos&Itemid=18>. Acesso em 04 de abril de 2020.

10. ARAÚJO, Cynthia Pereira de. A judicialização da saúde e a necessidade de assessoramento técnico do Juiz para decidir. In: RIBEIRO, Rodrigo Araújo et al (Org.). *A Seguridade Social em Questão: da normatividade à jurisprudência*. Belo Horizonte: D'Plácido, 2016. p. 31-52.

11. EMPÓRIO DO DIREITO. *Números de 2019 da Judicialização Da Saúde no Brasil – Por Clenio Jair Schulze*, 02/09/2019. Disponível em: <https://emporiododireito.com.br/leitura/numeros-de-2019-da-judicializacao-da-saude-no-brasil>. Acesso em 07 de abril de 2020.

solicitada; 2) que o sistema não fornece, pois disponibiliza alternativas; 3) recentemente lançados no mercado, muitas vezes experimentais, sem evidência científica analisada ou controversa, e com baixíssima efetividade, a despeito das políticas públicas existentes[12].

Dados do Ministério da Saúde[13] e da Comissão Nacional de Incorporação de Tecnologias no SUS (Conitec)[14] demonstram que o maior impacto financeiro decorre da judicialização deste terceiro grupo. E, embora não se conheça estudo quantitativo amplo a este respeito, os dados disponíveis no Sistema Integrado de Controle das Ações da União – SICAU – até o ano de 2015 demonstravam a absoluta preponderância de ações individuais ou coletivas com efeitos individuais.

Em outras palavras, as medidas que mais impactam o sistema de saúde decorrem de ordens judiciais dirigidas a interesses exclusivamente individuais, sem evidência de ganho nem mesmo para as poucas pessoas envolvidas, e não apenas sem qualquer capacidade de promover melhoras no sistema de saúde, como desviando a destinação de verbas das medidas que efetivamente funcionam e atendem a população de modo geral.

Conforme indica a pesquisa "Judicialização da Saúde no Brasil: Perfil das demandas, causas e propostas de solução", entre o ano de 2008 e 2017, registrou-se o aumento de 130% do número de demandas judiciais relativas à saúde. Tal estudo – realizado pelo Instituto de Ensino e Pesquisa (Insper) para o Conselho Nacional de Justiça (CNJ) – aponta que no mesmo período, o número total de processos judiciais cresceu apenas 50%[15].

No que diz respeito aos impactos orçamentários, apenas em relação ao Ministério da Saúde, registrou-se, no período de sete anos, o crescimento de aproximadamente 13 vezes nos gastos com demandas judiciais, alcançando R$ 1,6 bilhão no ano de 2016[16]. No ano de 2019, o Ministério da Saúde gastou R$ 1,37 bilhão apenas com a aquisição de medicamentos e depósitos judiciais para ressarcimento de pacientes[17].

Em relação aos demais entes federados, algumas determinações judiciais dessa natureza podem comprometer a totalidade dos orçamentos para a saúde, notadamente em relação a Municípios pequenos, que, em geral, fazem pactuações com Municípios maiores ou o próprio Estado, para que possam atender todas as necessidades de suas populações.

---

12. ARAÚJO, Cynthia Pereira de. A judicialização da saúde e a necessidade de assessoramento técnico do Juiz para decidir. In: RIBEIRO, Rodrigo Araújo et al (Org.). *A Seguridade Social em Questão: da normatividade à jurisprudência*. Belo Horizonte: D'Plácido, 2016. p. 31-52.

13. *Judicialização no Brasil*. Assessoria de Comunicação Social do Ministério da Saúde. Brasília: Ministério da Saúde, 21.07.2016.

14. *Esclarecimento à Interfarma*. Comissão Nacional de Incorporação de Tecnologias no Sistema Único de Saúde – CONITEC. Brasília: CONITEC, 01/08/2016. Disponível em: <http://conitec.gov.br/esclarecimento-a-interfarma>. Acesso em 10 de abril de 2020.

15. CONSELHO NACIONAL DE JUSTIÇA (CNJ). *Demandas judiciais relativas à saúde crescem 130% em dez anos*. 18 de março de 2019. Disponível em: <https://www.cnj.jus.br/demandas-judiciais-relativas-a-saude-crescem-130-em--dez-anos/>. Acesso em 02 de abril de 2020.

16. CONSELHO NACIONAL DE JUSTIÇA (CNJ). *Demandas judiciais relativas à saúde crescem 130% em dez anos*. 18 de março de 2019. Disponível em: <https://www.cnj.jus.br/demandas-judiciais-relativas-a-saude-crescem-130-em--dez-anos/>. Acesso em 02 de abril de 2020.

17. OLIVEIRA, Mariana; VIVAS, Fernanda. *Governo não pode ser obrigado a fornecer remédio de alto custo fora da lista do SUS, decide STF*. G1, 11/03/2020, TV Globo Brasília. Disponível em: <https://g1.globo.com/politica/noticia/2020/03/11/governo-nao-pode-ser-obrigado-a-fornecer-remedio-de-alto-custo-fora-da-lista-do-sus-decide-stf.ghtml>. Acesso em 13 de março de 2020.

JUDICIALIZAÇÃO DA SAÚDE E COVID-19: O QUE PODEMOS APRENDER PARA OS OUTROS TEMPOS

Esses dados são importantes para lembrar que a alegada dicotomia entre direitos individuais e coletivos, sempre presente em relação à judicialização de direitos sociais para supostamente justificar a aplicação de princípios e garantir a efetivação de interesses concretos, ofusca a realidade de que coletividades são conjuntos de indivíduos. E muitos indivíduos são prejudicados pela intervenção judicial em políticas públicas, especialmente quando se desconsidera o conhecimento técnico que leva ao investimento em determinadas medidas, e não em outras.

Realmente, a esperada falta de conhecimento técnico por parte dos juízes quanto à formação dos componentes farmacológicos e dos produtos e serviços de saúde, somada a uma deficiência de informações acerca da organização e regulação do sistema, tem levado o Judiciário a praticar muitos desacertos, determinando o fornecimento de produtos e serviços distintos daqueles já oferecidos no âmbito do SUS ou da saúde suplementar, sem evidência científica que o justifiquem[18].

Isso é especialmente grave quando se nota que, em diversas decisões judiciais que deferem pedidos autorais de concessão de medicamentos pelos entes federados, verifica-se que os Juízes desrespeitam ou desconsideram, imotivadamente, as regras que efetivam o direito à saúde a partir das políticas públicas que o regem. Fundamentando-se em princípios constitucionais, principalmente o direito à saúde, à vida e à dignidade da pessoa humana, tais decisões determinam a entrega de medicamento requeridos pelos entes estatais, contrariando a normatização de regência, especialmente a infralegal[19].

Não deve o Juiz, no entanto, fundamentar suas decisões em princípios abstratos, recusando normatividade às regras que instituem as políticas públicas, para supostamente garantir, no âmbito da ação concreta, o direito individual à saúde. Ao atribuir aos princípios normatividade distinta da que é estabelecida pelo ordenamento jurídico, a partir das normas que os executam, o Poder Judiciário transforma o modelo brasileiro de direitos fundamentais em um modelo apenas de princípios.

Se, em tempos de normalidade e com prevalência de ações individuais, a interferência judicial nesses moldes já desorganiza o sistema e desloca recursos que seriam dirigidos a medidas úteis e efetivas para diversos indivíduos direta ou indiretamente beneficiados por políticas públicas de âmbito populacional, em momentos de crise, isso pode significar o total colapso da organização do SUS, notadamente se desprezados os normativos e protocolos estabelecidos para a gestão eficiente, com a suposta observância direta de princípios constitucionais.

3. JUDICIALIZAÇÃO EM TEMPOS DE COVID-19

No dia 30 de janeiro de 2020, a Organização Mundial da Saúde declarou o surto do novo coronavírus uma emergência de saúde pública de importância internacional. Em

---

18. DRESCH, Renato Luís. Judicialização da Saúde: Medidas de Aprimoramento Técnico das demandas Judiciais. In: GEBRAN NETO, João Pedro; AVANZA, Clenir Sani; SCHULMAN, Gabriel (org.) *Direto da Saúde em perspectiva: Judicialização, gestão e acesso*. Vitória, Editora ABRAGES, Vol. 2, 2017, p. 92.
19. ARAÚJO, Cynthia Pereira de. A Concessão Judicial de medicamentos para o tratamento oncológico? Uma questão de normatividade. *Revista da AGU*, n. 141, nov. 2013. Disponível em: <www.agu.gov.br/page/download/index/id/19791305>. Acesso em 12 de abril de 2020.

11 de março de 2020, a Covid-19, doença causada pelo referido vírus, foi caracterizada como uma pandemia[20].

O primeiro caso de coronavírus no Brasil foi confirmado no dia 26 de fevereiro de 2020. O paciente houvera retornado da Itália[21] e tratava-se, portanto, de transmissão importada. Em 20 de março de 2020, por meio da Portaria do Ministério da Saúde GM n. 454, declarou-se, em todo o território nacional, o estado de transmissão comunitária do vírus.

Diversos atos normativos para enfrentamento da epidemia em território brasileiro vêm sendo editados desde o início do mês de fevereiro. Em 7 de fevereiro de 2020, publicou-se a Lei n. 13.979, que prevê as medidas que poderão ser adotadas para esse enfrentamento (artigo 3º), sempre com base em evidências científicas, bem como a competência para a sua determinação (§ 7º). Dispõe, ainda, sobre a obrigatoriedade do compartilhamento de dados essenciais para a identificação das pessoas infectadas ou com suspeitas de infecção entre os órgãos e entidades de todos os entes da federação. O Decreto n. 10.282, de 20 de março de 2020, regulamentou a referida Lei, para definir os serviços públicos e atividades essenciais.

Conforme painel da Advocacia-Geral da União sobre ações judiciais relacionadas ao Coronavírus, em pouco mais de vinte dias (16/03 a 09/04), foram ajuizadas mais de seiscentas ações relacionadas ao assunto[22]. Chama a atenção o número de ações coletivas com efeitos verdadeiramente coletivos intentadas, situação que difere, como visto, do panorama da judicialização da saúde em tempos normais. As ações individuais sobre o coronavírus cingem-se, principalmente, a requerimentos relacionados ao programa Mais Médicos para o Brasil e antecipação de colação de grau do curso de Medicina.

No universo das ações coletivas, destacam-se, principalmente, ações civis públicas, além de algumas ações populares. Seus objetos incluem questionamentos sobre ações publicitárias, especialmente em relação à chamada "Brasil não pode parar", pedidos de repatriação e exigência de quarentena, requisições administrativas diversas, pedidos referentes à restrição de circulação de pessoas e de passageiros, questões diversas sobre trabalho remoto de servidores, direitos dos presos, direitos de povos indígenas, direitos trabalhistas, discussão sobre os incisos XXXIX e XL do Decreto n. 10.282/20 (atividades religiosas e unidades lotéricas como atividades essenciais), suspensão da possibilidade de corte de energia elétrica, dentre outros.

Um número significativo de ações refere-se a pedidos de disponibilização de EPI – equipamento de proteção individual e de testes diagnósticos. Além disso, foram ajuizadas algumas ações constitucionais, como se verá a seguir.

---

20. *OMS afirma que Covid-19 é agora caracterizada como pandemia*. OPAS/OMS Brasil, 11/03/2020. Disponível em: <https://www.paho.org/bra/index.php?option=com_content&view=article&id=6120:oms-afirma-que-covid--19-e-agora-caracterizada-como-pandemia&Itemid=812>. Acesso em 11 de abril de 2020.

21. *Brasil confirma primeiro caso da doença*. Ministério da Saúde, Brasil, 26/02/2020. Disponível em: <https://www.saude.gov.br/noticias/agencia-saude/46435-brasil-confirma-primeiro-caso-de-novo-coronavirus>. Acesso em 10/04/2020.

22. *Covid-19: Processos Judiciais*. Advocacia Geral da União (AGU). Disponível em: <https://app.powerbi.com/view?r=eyJrIjoiZGM4OTk4ZmYtZjAzYi00MjdhLTlhYjMtZGE1MmFiMWJlZDM3IiwidCI6IjRkNzlkMzdhLTFl-NGUtNGEzOS05ZmRlLWYxNjMxY2I2MDdkNCJ9>. Acesso em 10 de abril de 2020.

O índice de sucesso da Advocacia-Geral da União na judicialização referente ao coronavírus é inversamente proporcional ao seu índice na judicialização da saúde em geral. Consoante dados extraídos do referido painel da AGU, mais de 70% dos pedidos liminares contra a União e autarquias e agências foram indeferidos. Por outro lado, conforme dados apresentados pelo INSPER em 2017, 80% dos pedidos liminares nas ações de saúde contra os entes públicos e prestadores de saúde são deferidos.

Sem uma investigação mais aprofundada, típica das análises sobre fatos que estão em curso e se iniciaram há muito pouco tempo, poder-se-ia dizer que a omissão estatal em geral presumida nas ações individuais de tempos normais, mesmo quando carentes dos elementos mais básicos de avaliação, não está sendo reconhecida nas ações referentes à Covid-19. Isso pode tanto decorrer da natureza coletiva preponderante da judicialização em questão, quanto do momento de crise.

Essa maior prudência judicial merece uma apreciação com contornos bioéticos, que podem ajudar a compreender os equívocos judiciais cometidos nas ações de saúde cotidianas.

4. PRINCÍPIOS DO SISTEMA ÚNICO DE SAÚDE

A Constituição Federal brasileira de 1988 consagrou o acesso à saúde como um direito humano fundamental, reconhecendo-o como um direito de todos e dever do Estado, "garantido mediante políticas sociais e econômicas que visem à redução do risco de doença e de outros agravos e ao acesso universal e igualitário às ações e serviços para sua promoção, proteção e recuperação" (artigo 196).

Neste contexto, a partir de 1988, as políticas públicas de saúde no Brasil passaram a ser norteadas pelos princípios que a Constituição estabelece, a partir da criação do Sistema Único de Saúde (SUS), estruturado nos termos da Lei 8.080/90, conhecida como Lei Orgânica da Saúde, a qual "dispõe sobre as condições para a promoção, proteção e recuperação da saúde e a organização e funcionamento dos serviços correspondentes" e tem sofrido importantes alterações e melhoramentos ao longo do tempo.

Conforme dispõe o art. 4º da Lei 8.080, o SUS é constituído por um conjunto de ações e serviços de saúde, prestados por órgãos e instituições públicas federais, estaduais e municipais, da Administração direta e indireta e das fundações mantidas pelo Poder Público. A referida lei estabelece, ainda, que a iniciativa privada pode participar do SUS em caráter complementar, previsão já contida na Constituição (CF, art. 199, § 1º; Lei 8.080, art. 4º § 2º), que estipula preferência às entidades filantrópicas e sem fins lucrativos e destaca que o sistema suplementar de saúde deve observar as diretrizes do SUS (CF, art. 199, § 1º, Lei 8080, art. 25).

Este novo modelo de atenção à saúde instituído no Brasil é regido pelos princípios constitucionais da universalidade, igualdade e integralidade (CF, art. 198, II) da assistência. Tais princípios apontam a construção de um sistema de saúde que reverte a lógica de mera provisão de ações e serviços, bem como substitui o modelo reativo anterior (assistência médico-hospitalar) por um modelo que prioriza a vigilância à saúde[23].

Destaca-se que os princípios do SUS, discutidos pelo Movimento pela Reforma Sanitária e aprovados na VIII Conferência Nacional da Saúde, foram instituídos na CF/88, nos artigos 196 a 200, e constam também no art. 7º da Lei nº 8.080/90[24].

A universalidade é um dos princípios fundamentais do SUS, consagrado no art. 196 da CF/88, que, como visto, prevê o "acesso universal e igualitário" às ações e serviços de saúde. Isso quer dizer que todos os cidadãos em território nacional têm direito a essas ações e serviços, ou seja, o direito à saúde depende apenas da condição de cidadania[25]. Ao assim estabelecer, a CF/88 substitui o modelo de saúde anterior ao SUS, estendendo a assistência a quem dela necessitar[26].

Para que o princípio da universalidade seja observado diante da realidade de que os recursos para a saúde sempre serão finitos – no Brasil e no mundo, sempre haverá muito mais ações e serviços de saúde possíveis do que recursos financeiros e humanos disponíveis –, ele precisa caminhar junto ao princípio da igualdade.

A ideia de igualdade está associada ao entendimento de que o Estado deve garantir a todos, igualmente, o acesso às ações e serviços de saúde. Naturalmente, isso significa não uma distribuição materialmente igual de recursos a cada indivíduo, mas o desenvolvimento de políticas que considerem as necessidades específicas de cada grupo, sem discriminação ou preconceito. Trata-se de "assegurar a distribuição equitativa de serviços e instalações de saúde"[27], observando-se, assim, as desigualdades que atingem as diferentes populações[28].

Conjugados, os princípios da universalidade e da igualdade devem impedir tanto que pessoas com as mesmas necessidades de saúde sejam tratadas de forma desigual, quanto que reconhecidas necessidades universalizáveis sejam preteridas perante meras possibilidades de serviços e tratamentos para alguns.

É também nesse contexto que deve ser compreendido, igualmente, o princípio constitucional da integralidade no SUS que, conforme dispõe o inciso II, do art. 7º da Lei nº 8.080/90, refere-se ao "conjunto articulado e contínuo das ações e serviços preventivos e curativos, individuais e coletivos, exigidos para cada caso em todos os níveis de complexidade do sistema".

---

23. MERCADANTE, Otávio Azevedo. Evolução das Políticas e do Sistema de Saúde no Brasil. In: *FINKELMAN, Jacobo (org.).* Caminhos da Saúde Pública no Brasil. Rio de Janeiro: Editora FIOCRUZ, 2002, p-250. Disponível em: <https://www.arca.fiocruz.br/bitstream/icict/2705/1/Finkelman_Jacobo(Org.).pdf#page=232>. Acesso em 05 de março de 2020.
24. ARAÚJO, Cynthia Pereira de; LÓPEZ, Éder Maurício Pezze; JUNQUEIRA, Silvana Regina Santos. *Judicialização da Saúde: Saúde pública e outras questões.* Porto Alegre, Verbo Jurídico, 2016, p 40.
25. PAIM, Jairnilson Silva. *O Que é o SUS:* e-book interativo. Rio de Janeiro: Editora FIOCRUZ, 2015, p. 28. (Temas em saúde Collection).
26. ARAÚJO, Cynthia Pereira de; LÓPEZ, Éder Maurício Pezze; JUNQUEIRA, Silvana Regina Santos. *Judicialização da Saúde: Saúde pública e outras questões.* Porto Alegre, Verbo Jurídico, 2016, p 42.
27. HUNT, Paul; BACKMAN, Gunilla. Health Systems and the Right to the Highest Attainable Standard of Health. *Health and Human Rights Journal,* v. 10, n. 1, 2008, p. 46.
28. PAIM, Jairnilson Silva. *O Que é o SUS:* e-book interativo. Rio de Janeiro: Editora FIOCRUZ, 2015, p. 30. (Temas em saúde Collection).

Como afirma Gebran Neto:

(...) a integralidade prevista na Carta Política acha-se associada à noção de prevenção, proteção e recuperação, devendo o direito à saúde ser considerado em todos os aspectos, e não apenas em um deles.

Isto não se confunde com a noção de direito a todo o tipo de tratamento ou dever estatal prestacional amplo e irrestrito no tocante à saúde. Aliás, não há país no mundo que garanta direito nesta proporção. O que se deve garantir é a realização de políticas públicas preventivas, protetivas e de recuperação, num programa que seja o mais abrangente possível[29].

Embora o Judiciário frequentemente aplique a integralidade como dimensionamento do direito à saúde a qualquer prestação ou serviço, desprezando referida definição contida na Lei n. 8.080/90, trata-se de interpretação que não considera que os demais princípios constitucionais têm a mesma estatura jurídica. Isso porque existe uma impossibilidade fática para a universalização igualitária de acesso a todo e qualquer conteúdo[30].

Realmente, no âmbito da judicialização da saúde, a despeito da mencionada aplicação direta de princípios constitucionais em suposta priorização da saúde e da dignidade, preceitos como a universalidade e a igualdade são geralmente desprezados. Ao argumento da finitude de recursos para o atendimento de todas as demandas em iguais condições que aquela levada ao Judiciário, responde o magistrado, invariavelmente, que a gestão do orçamento não é de sua responsabilidade, desconsiderando, no entanto, os efeitos que sua decisão provoca nele.

5. A UNIVERSALIDADE INVISÍVEL DOS TEMPOS NORMAIS

O conteúdo de parte significativa das decisões judiciais proferidas no Brasil indica que o conteúdo das normas jurídicas, em geral desprezadas, perde espaço para a convicção do julgador de que i) existe uma omissão estatal toda vez que se demanda uma tecnologia em saúde perante o Judiciário; e ii) a tecnologia demandada é necessária para o paciente. Ao assim proceder, o Judiciário desconsidera que a definição legal de direito à saúde e das políticas públicas a concretizá-lo é, mais do que desejada, necessária, de modo a se institucionalizar o patamar de expectativas legítimas dos indivíduos e, portanto, das obrigações reivindicáveis[31].

Em outras palavras, no que diz respeito ao SUS, o conteúdo de uma prescrição médica automaticamente se transforma em direito à saúde, sem que se verifique i) se a prestação demandada observa a Medicina Baseada em Evidências (Lei n. 8.080/90, artigo 19-O), ii) se foram observados os requisitos do artigo 28 do Decreto nº 7.508/2011 (assistência farmacêutica no âmbito do SUS), iii) se o seu conteúdo pode ser disponibilizado a todos os pacientes que dele necessitarem, sem que haja promoção de desigualdades dentre pessoas submetidas aos mesmos critérios e condições de saúde.

---

29. SCHULZE, Clenio Jair; GEBRAN NETO, João Pedro. *Direito à Saúde: Análise à luz da judicialização.* Porto Alegre: Verbo Jurídico, 2015. p. 128.
30. ARAÚJO, Cynthia Pereira de. *Memorial em Audiência Pública.* Conselho Nacional de Justiça – Prestação da jurisdição em processos relativos à saúde. 11 de dezembro de 2017.
31. ARAÚJO, Cynthia Pereira de. *Existe direito à esperança? Saúde no contexto do câncer e fim de vida.* Belo Horizonte, PUC-MG (Tese de Doutorado), 2019.

Para ilustração do que é desconsiderado pelo Judiciário ao decidir demandas individuais, alguns dados merecem atenção.

Em 2014 e 2015, foram ajuizadas algumas ações contra a União com pedido de custeio de transplante multivisceral nos Estados Unidos. A despeito da baixa evidência de que esse tratamento poderia salvar a vida das crianças que judicialmente o pleiteavam, alguns pedidos liminares foram deferidos. Para instrução de uma dessas ações, a Consultoria Jurídica junto ao Ministério da Saúde, por meio da Nota n. 18867/2015/CONJUR-MS/CGU/AGU, demonstrou que, se apenas um por cento da população brasileira demandasse o tratamento pleiteado ou de tratamento com custo equivalente, seria necessário o valor de mais de três vezes o PIB brasileiro de 2014.

Também naqueles anos, as ações judiciais que pretendiam o fornecimento de medicamentos para o tratamento paliativo do câncer responderam por parte significativa do orçamento do Ministério da Saúde no contexto da judicialização[32]. Mais uma vez, trata-se de medicamentos que, quando promovem algum benefício, fazem-no de forma apenas marginal[33]. O valor anual estimado para o tratamento de apenas 49 pacientes que ajuizaram ações no Estado de Minas Gerais requerendo três dos medicamentos mais solicitados (Abiraterona, Avastin e Ipilimumabe) era de mais de oito milhões e meio de reais[34]. O número estimado de novos casos de cânceres para os quais em geral são solicitados esses tratamentos, por sua vez, passava de cem mil para o ano de 2016[35].

Outro objeto cada vez mais presente nas ações judiciais são os medicamentos para tratamento de doenças raras. No ano de 2015, menos de mil pacientes receberam medicamentos que custaram ao Ministério da Saúde o valor de R$573.000.000,00 (quinhentos e setenta e três milhões de reais)[36]. Dos seis medicamentos judicializados por essas pessoas (Soliris, Elaprase, Naglazyme, Replagal, Juxtapid e Vimizim), apenas um tinha sido avaliado pela Conitec (Elaprase) e dois ainda não tinham sequer registro na Anvisa (Soliris e Juxtapid)[37].

Por outro lado, conforme dados do Ministério da Saúde, cerca de quinze milhões de brasileiros podem ter algum tipo de doença rara[38].

O que se pretende demonstrar com esses dados é que toda ação individual ou coletiva de efeitos individualizados tem impacto social. E impacto social significa não apenas impacto em termos populacionais, muitas vezes de repercussão apenas a longo prazo

---

32. *Dados sobre as ações: extrato do Sistema Integrado de Controle das Ações da União* – SICAU, em julho de 2014.

33. ARAÚJO, Cynthia Pereira de. *Existe direito à esperança? Saúde no contexto do câncer e fim de vida.* Belo Horizonte, PUC-MG (Tese de Doutorado), 2019.

34. *Dados sobre as ações: extrato do Sistema Integrado de Controle das Ações da União* – SICAU, em julho de 2014.

35. *Estimativa 2016: incidência de câncer no Brasil.* Brasília: Ministério da Saúde/Instituto Nacional do Câncer, 2016.

36. *Judicialização no Brasil.* Assessoria de Comunicação Social do Ministério da Saúde. Brasília: Ministério da Saúde, 21.07.2016.

37. *Esclarecimento à Interfarma.* Comissão Nacional de Incorporação de Tecnologias no Sistema Único de Saúde – CONITEC. Brasília: CONITEC, 01/08/2016. Disponível em: <http://conitec.gov.br/esclarecimento-a-interfarma>. Acesso em 10 de abril de 2020.

38. *Ministério da Saúde lança diretriz voltada à pessoa com doença rara.* Blog da Saúde, Ministério da Saúde, Brasil, 30/01/2014. Disponível em: <www.blog.saude.gov.br/servicos/33571-ministerio-da-saude-lanca-diretriz-voltada-a-pessoa-com-doenca-rara>. Acesso em 05 de dezembro de 2017.

(como recursos que seriam utilizados com campanhas de vacinação), como efeito direto na saúde de pessoas tão individualizáveis quanto aquelas que recorrem ao Judiciário.

No âmbito da judicialização da saúde em geral, as individualidades prejudicadas pelo redirecionamento de recursos voltados para medidas realmente necessárias – e não apenas existentes – que atenderiam milhares de pessoas, são apenas números sem forma dentro de um fluxo social abrangente. O juiz não pergunta ao ente ou provedor o que vai deixar de ser feito; quem vai deixar de ser atendido; qual demanda será desprovida. Essas pessoas, para quem são feitas as políticas públicas, tornam-se inexistentes e são invisibilizadas perante o Judiciário.

6.   A VISIBILIZAÇÃO DA ESCASSEZ

Como demonstram os dados ilustrativos anteriores, nos momentos de normalidade, ou seja, quando não há uma epidemia das proporções da Covid-19 em curso, o ambiente de escassez também existe, porque sempre haverá menos recursos do que possibilidades de investimento em saúde.

Conforme dados apresentados pelo boletim epidemiológico n. 28 divulgado pelo Ministério da Saúde, o Brasil registrou, de 26 de fevereiro 2020, quando o Ministério da Saúde recebeu a primeira notificação de um caso confirmado de Covid-19, a 22 de agosto de 2020, 3.582.362 casos confirmados e 114.250 óbitos em decorrência do novo coronavírus[39].

Assim como acontece no mundo inteiro, o número de casos em território nacional é provavelmente muito maior. Estudo realizado pela Universidade de São Paulo, divulgado em abril de 2020, mostrava que, "no Brasil e no mundo existe um cenário de incerteza sobre a taxa de mortalidade da Covid-19. As taxas têm variado especialmente pela incerteza sobre a quantidade total de pessoas infectadas, o que se dá especialmente pela falta de disponibilidade de testes de confirmação". Suspeita-se, assim, que o número real de infecções no Brasil seria quinze vezes maior que o confirmado[40].

Sobre os processos relacionados ao tema, que têm chegado ao Judiciário de forma progressiva, alguns objetos merecem especial atenção.

O Brasil registra, até o dia 11 de abril de 2020, 1.124 mortes em decorrência do novo coronavírus e 20.727 casos confirmados de Covid-19, segundo boletim epidemiológico divulgado pelo Ministério da Saúde[41]. Assim como acontece no mundo inteiro, o número de casos em território nacional é provavelmente muito maior.

---

39   SECRETARIA DE VIGILÂNCIA EM SAÚDE | Ministério da Saúde. Boletim Epidemiológico Especial. Doença pelo Coronavírus Covid-19. BOLETIM EPIDEMIOLÓGICO n. 28 (Semana Epidemiológica 34 - 16 a 22/08). Disponível em: <https://www.saude.gov.br/images/pdf/2020/August/27/Boletim-epidemiologico-Covid-28-FINAL-COE. pdf>. Acesso em 28 de agosto de 2020.

40   ANÁLISE SUBNOTIFICAÇÃO. PORTAL Covid-19 BRASIL. Disponível em: <https://ciis.fmrp.usp.br/covid19/ analise-subnotificacao/>. Acesso em 15 de abril de 2020.

41.   SECRETARIA DE VIGILÂNCIA EM SAÚDE | Ministério da Saúde. *Situação Epidemiológica da Covid-19 doença pelo Coronavírus 2019*. BOLETIM EPIDEMIOLÓGICO 9 – COE Coronavírus – 11 de abril de 2020. Disponível em: <https://portalarquivos.saude.gov.br/images/pdf/2020/April/12/2020-04-11-BE9-Boletim-do-COE.pdf>. Acesso em 15 de abril de 2020.

Conforme análise divulgada pela Universidade de São Paulo, "no Brasil e no mundo existe um cenário de incerteza sobre a taxa de mortalidade da Covid-19. As taxas têm variado especialmente pela incerteza sobre a quantidade total de pessoas infectadas, o que se dá especialmente pela falta de disponibilidade de testes de confirmação". Suspeita-se, assim, que o número real de infecções no Brasil seria quinze vezes maior que o confirmado[42].

Sobre os processos relacionados ao tema, que têm chegado ao Judiciário de forma progressiva, alguns objetos merecem especial atenção.

6.1   Ações coletivas e constitucionais em tempos de Covid-19

Dentre as ações ajuizadas em face da União, nota-se um número significativo de pedidos relacionados à testagem em massa. A título de exemplo, no âmbito da Ação Popular nº 5002074-46.2020.4.03.6102, distribuída perante a 6ª Vara Federal da Subseção Judiciária de Ribeirão Preto, requereu-se a condenação do ente público federal a providenciar testes para identificação de Covid-19 para todas as pessoas que apresentarem os sintomas da doença, e não só para aquelas que estejam internadas em estado grave.

Da mesma forma, na Ação Popular nº 5000748-33.2020.4.03.6108, em trâmite perante a 8ª Vara Federal da Seção Judiciária de São Paulo, requereu-se a contratação, aquisição e/ou importação de testes para diagnósticos da Covid-19 para todos os suspeitos de estarem infectados.

A União manifestou-se no sentido de que:

> Covid-19 é uma enfermidade nova, de escala global, decorrente da infecção pelo novo Coronavírus, com alta taxa de contágio e rápido agravamento do quadro clínico, podendo levar a óbito em poucos dias nos casos mais graves. Em razão da pouca informação existente, dada a novidade do vírus, bem como da existência de inúmeras pesquisas concomitantes ao redor do mundo, tudo muda com muita velocidade, e toda informação deve ser cientificamente checada, a fim de que não se adote impulsivamente decisões que afetem drasticamente o orçamento público, e que não atinja eficácia esperada.

Vários sindicatos, como o dos enfermeiros do Rio de Janeiro, também ajuizaram ações requerendo o fornecimento de testes para detectar a Covid-19. Por meio da Ação Civil Pública nº 5019364-97.2020.4.02.5101, distribuída perante a 32ª Vara Federal da Seção Judiciária do Rio de Janeiro, o referido Sindicato solicitou o deferimento do pedido de antecipação da tutela para determinar que a União disponibilize, bem como realize os testes para detecção do coronavírus em todos os enfermeiros substituídos processuais do sindicato autor, lotados nas unidades de saúde federais do Rio de Janeiro.

Intimada a se manifestar sobre o pedido liminar, a União informou que "vem adotando todas as providências que estão ao seu alcance para cumprir os protocolos de atendimento da OMS no que diz respeito aos testes para detecção da Covid-19." Argumentou, ainda, que o "deferimento da liminar requerida tem o potencial de interferir em toda a

---

42.   ANÁLISE SUBNOTIFICAÇÃO. PORTAL Covid-19 BRASIL. Disponível em: <https://ciis.fmrp.usp.br/covid19/analise-subnotificacao/>. Acesso em 15 de abril de 2020.

programação do Ministério da Saúde no que toca a distribuição de testes, retirando de casos com maior indicação a possibilidade de realizá-los."

Acatando as razões da União, o Juiz indeferiu o pedido de tutela de urgência requerido. Algumas das considerações expostas na decisão merecem destaque:

Diante de notícias que vêm chegando ao conhecimento público, a respeito de decisões judiciais, em sede de tutela coletiva, determinando o pronunciamento de entidades governamentais sobre os planos de combate ao Coronavírus (Covid-19), tais como a enunciada no seguinte 1, há indicativos consistentes de conexão ou mesmo continência entre demandas distintas. Nesse contexto, é de todo prudente que não sejam os entes públicos, no presente momento, assoberbados com ordens judiciais, mesmo que no aparentemente singelo sentido de apresentar informações em prazo curto, pois isso certamente constituiria um fator de desvio de foco e drenagem de energia por parte de tais órgãos, os quais devem estar, tanto quanto possíveis, empenhados no combate à sobredita pandemia.

Além disso, a dinâmica do combate a tal pandemia é altamente intensa, exigindo ajustes em periodicidade diária, ou mesmo horária, para que se possa conferir resposta, a mais precisa possível, às necessidades de momento.

O magistrado acrescentou que:

Das informações que guarnecem os autos, entrementes, entendo que há certeza suficiente quanto à postura ativa da UNIÃO, no sentido de que o Poder Público federal vem agindo de modo sistemático e rápido para responder aos desdobramentos da pandemia de Coronavírus.

Nesse contexto, há a considerar, ainda, um outro aspecto: soaria temerário engessar as autoridades em medidas tomadas no âmbito de processo judicial, que segue ritmo outro, sem que este Juízo tenha ideia, ou mesmo possa acompanhar em condições ideais, o contexto da evolução da doença. Mal se pode aferir, com mínimo de segurança, sobre a pertinência de se testar os profissionais de saúde em larga escala e independentemente da presença de sintomas, o que gera a possibilidade de desperdício de recursos já escassos, sem consideração aos critérios médicos e de estratégia de saúde pública aplicáveis.

É importante lembrar que não existem dúvidas sobre a importância da testagem, consoante recomendações da Organização Mundial de Saúde[43]. Por outro lado, a escassez de testes também é uma realidade[44]. Conforme o Ministério da Saúde, "não há consenso global sobre a melhor estratégia para aplicação de testes de rastreamento populacional para a Covid-19, bem como medidas de testagem", razão pela qual se torna essencial definir as populações específicas que os receberão prioritariamente[45].

Conforme dados apresentados pelo Ministério da Saúde verifica-se que, atualmente, o Brasil faz 13,7 testes a cada mil habitantes. Além disso, desde o início da pandemia, o Ministério da Saúde ampliou em 869% a capacidade de realização de exames RT-PCR na Rede Nacional de Laboratórios de Saúde Pública[46].

---

43. VALENTE, Jonas. *OMS quer testes e isolamento de casos suspeitos para conter Covid-19*. AGÊNCIA BRASIL, 16/03/2020, Brasília. Disponível em: <https://agenciabrasil.ebc.com.br/saude/noticia/2020-03/oms-recomenda--testes-e-isolamento-de-casos-suspeitos-para-conter-covid-19>. Acesso em 05 de abril de 2020.

44. *Exclusivo: 'brasileiro não sabe se escuta o ministro ou o presidente', diz Mandetta*. G1, 12/04/2020. Disponível em: <https://g1.globo.com/fantastico/noticia/2020/04/12/maio-e-junho-serao-os-meses-mais-duros-afirma-mandetta-em-entrevista-exclusiva-ao-fantastico.ghtml>. Acesso em 13 de abril de 2020.

45. SECRETARIA DE VIGILÂNCIA EM SAÚDE | Ministério da Saúde. *Doença pelo Coronavírus 2019*. Boletim Epidemiológico 8 – COE Coronavírus – 09 de abril de 2020, p. 14. Disponível em: <https://www.saude.gov.br/images/pdf/2020/April/09/be-covid-08-final-2.pdf>. Acesso em 14 de abril de 2020.

46. Laboratórios públicos ampliam em 869% capacidade de testagem para Covid-19 no Brasil. Ministério da Saúde, 01/07/2020. Disponível em: <https://www.saude.gov.br/noticias/agencia-saude/47151-laboratorios-publicos-ampliam-em-869-capacidade-de-testagem-para-covid-19-no-brasil>. Acesso em 20 de agosto de 2020..

Ainda assim, merece reflexão que, em um contexto de ampla condescendência judicial com pedidos sem qualquer demonstração de evidência, um pedido com embasamento técnico seja indeferido em razão precisamente da impossibilidade do juiz de gerir os recursos e estratégias de saúde pública, algo que não é privilégio dos tempos de pandemia.

A alegada necessidade de Equipamentos de Proteção Individual (EPI's) também se tornou impulsora de muitas ações judicias. No Rio de Janeiro, diversos sindicatos intentaram ações semelhantes. A exemplo, na Ação Civil Pública 5017073-27.2020.4.02.5101, ajuizada pelo Sindicado dos Médicos do Rio de Janeiro, perante a 4ª Vara Federal da Seção Judiciária do Rio de Janeiro, em face da União, foi requerido, em sede de tutela de urgência, o fornecimento de EPI's pela ré a todos os profissionais da área de saúde. A autora também requereu que a Ré se abstenha de exigir que estes profissionais trabalhem sem o fornecimento dos equipamentos de proteção individual.

Instada a se manifestar, a União alegou, em suma, que:

> (...) uma decisão que defira o pedido liminar trará, no mínimo, duas consequências absolutamente indesejáveis: (i) alteração na programação de compra e dispensação dos insumos necessários à proteção da saúde previsto no planejamento do Ministério da Saúde e (ii) a mais grave, importará a redução de acesso a tais insumos em outros estados da federação, privilegiando arbitrariamente o estado do Rio de Janeiro em prejuízo dos outros entes federativos.

O juiz indeferiu o pedido liminar, em razão da ausência de qualquer comprovação de que as unidades federais de saúde estejam, hodiernamente, desabastecidas de material de proteção individual para seus profissionais de saúde. O magistrado considerou, ainda, que já faz parte das ações em adoção pelo Ministério da Saúde a compra e abastecimento de EPIs e a checagem dos estoques para eventuais aquisições emergenciais.

De fato, consoante informações veiculadas no dia 7 de abril de 2020, o Ministério da Saúde já distribuiu mais de 53,1 milhões de Equipamentos de Proteção Individual (EPI) usados por profissionais de saúde que realizam atendimento dos pacientes infectados pelo coronavírus[47].

Mais uma vez, priorizou-se a gestão centralizada da crise de saúde pública, sem pressuposição de omissão estatal na sua condução.

Além das citadas ações coletivas, merecem destaque as ações de descumprimento de preceito fundamental (ADPF) nº 671 e nº 672.

A ADPF nº 671 foi ajuizada pelo Partido Socialismo e Liberdade – PSOL, sob alegação de que, diante da pandemia decorrente do novo coronavírus, as providências adotadas pelo Poder Público revelam-se absolutamente insuficientes para resguardar os preceitos fundamentais relativos ao direito à saúde, à vida, à igualdade e à dignidade humana. O referido partido invocou a falha no acesso universal e igualitário às ações e serviços de saúde como sendo:

---

47. *Ministério da Saúde distribui 53 milhões de equipamentos de proteção para profissionais de saúde.* Ministério da Saúde, Brasil, 07/04/2020. Disponível em: <https://www.saude.gov.br/noticias/agencia-saude/46668-ministerio-da-saude-distribui-53-milhoes-de-equipamentos-de-protecao-para-profissionais-de-saude>. Acesso em 14 de abril de 2020.

(...) notoriamente histórica no Brasil e ganhou ainda mais evidência e contornos ainda mais fatais com a pandemia decorrente do "Covid-19", que acidulou o cenário de grave e massiva violação de direitos fundamentais e sociais, decorrentes de falhas estruturais em políticas públicas de saúde.

Requereu, assim, a concessão de liminar para determinar:

(...) à União, aos Estados, ao Distrito Federal e aos Municípios que, nas respectivas esferas administrativas e ante eventual escassez de bens e serviços necessários ao atendimento do interesse público, em especial leitos em unidades de tratamento intensivo (UTI), executem a requisição administrativa da totalidade dos bens e serviços de pessoas jurídicas e físicas relativos à assistência à saúde prestados em regime privado, de forma a que o Poder Público passe a regular imediatamente a utilização dos leitos de UTI, mesmo nas redes privadas, para todo doente que dele necessite, enquanto perdurar a necessidade por conta da pandemia.

O Ministro Relator, Ricardo Lewandowski, negou seguimento à ADPF, sob argumento de que:

Como se sabe, trata-se de instrumento de controle abstrato de constitucionalidade de normas, mencionado no art. 102, § 1°, da Carta Magna, que não pode ser utilizado para a resolução de casos concretos, nem tampouco para desbordar as vias recursais ordinárias ou outras medidas processuais existentes para impugnar ações ou omissões tidas por ilegais ou abusivas.

Quanto à requisição administrativa, o Juiz argumentou:

É importante ressaltar que o poder de acionar esse instrumento apresenta um caráter eminentemente discricionário, que exige, antes de mais nada, a inequívoca configuração de perigo público iminente, cuja avaliação cabe exclusivamente às distintas autoridades administrativas, consideradas as respectivas esferas de competência, depois de sopesadas as diferentes situações emergentes na realidade fática.

Concluiu, assim, que:

Por essa razão, vulneraria frontalmente o princípio da separação dos poderes a incursão do Judiciário numa seara de atuação, por todos os títulos, privativa do Executivo, substituindo-o na tomada de decisões de cunho político-administrativo, submetidas a critérios de conveniência e oportunidade, sobretudo tendo em conta a magnitude das providências pretendidas nesta ADPF, cujo escopo é nada mais nada menos do que a requisição compulsória e indiscriminada de todos os bens e serviços privados voltados à saúde, antes mesmo de esgotadas outras alternativas cogitáveis pelas autoridades federais, estaduais e municipais para enfrentar a pandemia.

Destaca-se trecho da decisão que assevera não dispor o Supremo Tribunal Federal de "instrumentos hábeis para sopesar os distintos desafios que cada um deles enfrenta no combate à Covid-19".

A afirmação, sem dúvidas, é correta, especialmente em um momento de incertezas sobre o melhor dimensionamento dos investimentos – testes, EPI, medidas de controle e conscientização sobre a importância do isolamento, hospitais de campanha, aumento do número de leitos, aquisição de respiradores. Vale mencionar que mesmo medidas que parecem óbvias podem ter sua adequação questionada diante do cenário de dúvidas e inseguranças que circundam o início de uma nova doença. Como exemplo disso, as altíssimas taxas de mortalidade de pacientes em estado crítico, mesmo diante da disponibilidade de leito e respirador[48].

Ainda assim, a ausência de instrumentos hábeis para sopesar distintos desafios de saúde não é, repita-se, privilégio de momentos de pandemias, muito menos de ações coletivas – ou constitucionais como sucedâneo daquelas. Portanto, deve-se questionar os motivos pelos quais a postura judicial, sempre impositiva na judicialização da saúde, torna-se tão mais comedida agora.

A referida ADPF 672, que foi ajuizada pelo Conselho Federal da Ordem dos Advogados do Brasil – CFOAB, pode auxiliar nessa reflexão. O CFOAB alegou, em síntese, na petição inicial, que o "governo nem sempre tem feito uso adequado das prerrogativas que detém para enfrentar a emergência de saúde pública, atuando constantemente de forma insuficiente e precária", mas, ao contrário, praticado "ações irresponsáveis e contrárias aos protocolos de saúde aprovados pela comunidade científica e aplicados pelos Chefes de Estado em todo mundo". Afirmou-se, ainda, que o Presidente da República, em especial, tornou-se um "agente agravador da crise", contradizendo, com seus atos pessoais, recomendações das autoridades sanitárias do mundo todo.

O CFOAB sustenta que, diante do contexto em que estamos vivendo "a atuação de Estados e Municípios torna-se ainda mais crucial porque são as autoridades locais e regionais que têm condições de fazer um diagnóstico em torno do avanço da doença e da capacidade de operação do sistema de saúde em cada localidade".

O Relator, Ministro Alexandre de Moraes, em sua decisão, asseverou que:

> No presente momento, existe uma ameaça séria, iminente e incontestável ao funcionamento de todas as políticas públicas que visam a proteger a vida, saúde e bem estar da população. A gravidade da emergência causada pela pandemia do coronavírus (Covid-19) exige das autoridades brasileiras, em todos os níveis de governo, a efetivação concreta da proteção à saúde pública, com a adoção de todas as medidas possíveis e tecnicamente sustentáveis para o apoio e manutenção das atividades do Sistema Único de Saúde.

Em relação à determinação de medidas ativas ao Executivo federal, argumentou que seria, "(...) em juízo de cognição inicial, incabível o pedido da requerente de medida cautelar para que o Judiciário substitua o juízo discricionário do Executivo e determine ao Presidente da República a realização de medidas administrativas específicas", o que não significa que as medidas realizadas e eventuais omissões não sejam passíveis de controle jurisdicional.

Por outro lado, o Ministro reconheceu que:

> Não compete ao Poder Executivo federal afastar, unilateralmente, as decisões dos governos estaduais, distrital e municipais que, no exercício de suas competências constitucionais, adotaram ou venham a adotar, no âmbito de seus respectivos territórios, importantes medidas restritivas como a imposição de distanciamento/isolamento social, quarentena, suspensão de atividades de ensino, restrições de comércio, atividades culturais e à circulação de pessoas, entre outros mecanismos reconhecidamente

---

48. *Mortality rate of Covid-19 patients on ventilators*. Physician's Weekly. Written by Physician's Weekly Blogger, Skeptical Scalpe, 30/03/2020. Disponível em: <https://www.physiciansweekly.com/mortality-rate-of-covid-19-patients-on-ventilators/?fbclid=IwAR18lJpXu9NzERqyexST-UShVSDpOyHwtj 5G5b6w-DuQcKjSeDfsnESvys0>. Acesso em 15 de abril de 2020.

eficazes para a redução do número de infectados e de óbitos, como demonstram a recomendação da OMS (Organização Mundial de Saúde) e vários estudos técnicos científicos, como por exemplo, os estudos realizados pelo Imperial College of London, a partir de modelos matemáticos (The Global Impact of Covid-19 and Strategies for Mitigation and Suppression, vários autores; Impact of non-pharmaceutical interventions (NPIs) to reduce Covid19 mortality and healthcare demand, vários autores).

Nesse sentido, considerando os riscos sociais e à saúde pública com perigo de lesão irreparável, o Relator concedeu parcialmente a medida cautelar, reconhecendo e assegurando o exercício da competência concorrente dos governos estaduais e distrital e suplementar dos governos municipais, "cada qual no exercício de suas atribuições e no âmbito de seus respectivos territórios, para a adoção ou manutenção de medidas restritivas legalmente permitidas durante a pandemia."[49]

Pode-se afirmar que o mote principal da decisão em questão foi considerar a melhor evidência disponível acerca das medidas de isolamento e distanciamento social. Preocupado com eventual mudança de orientação do Poder Executivo Federal acerca das medidas adequadas à contenção da epidemia no Brasil, o Supremo Tribunal Federal admitiu que os entes locais mantenham suas próprias determinações a esse respeito.

Contudo, mesmo à vista disso, há aqueles que desconsideram completamente, não apenas a autoridade do julgado do STF, como as medidas adotadas contra o avanço do novo coronavírus no Brasil. Exemplo disso trata-se do Habeas Corpus nº 580653, em que a impetrante, deputada estadual, busca a concessão da ordem em benefício de todos os cidadãos residentes ou em trânsito no Estado de Pernambuco, em face de ato normativo do governador, consubstanciado no Decreto n. 49.017, de 11/5/2020, que dispõe sobre a intensificação de medidas restritivas na unidade federativa, de caráter excepcional e temporário, em razão da pandemia da Covid-19.

A impetrante argumenta que "não há sentido racional" no decreto (fl. 6), e que "quarentena ou 'lockdown' é medida somente aceitável em estado de sítio ou em tempo de guerra, de defesa" (fl. 7). Ainda, alega que é patente a inconstitucionalidade do decreto, por invasão de competência legislativa da União. Assinala que o governador não pode privar de liberdade os cidadãos, que precisam de "trabalho imediato" para "providenciar o alimento" de suas famílias (fl. 12).

O ministro do Superior Tribunal de Justiça (STJ) Rogerio Schietti Cruz indeferiu liminarmente o processamento do habeas corpus impetrado e afirmou que:

"Não bastasse a inviabilidade jurídica da pretensão ora refutada, a iniciativa da impetrante parece ignorar o que acontece, atualmente, em nosso país, que, até ontem, segundo dados oficiais (https:// covid.saude.gov.br/), já registrava 271.628 casos de Covid-19 – o que nos situa como o terceiro país, no mundo, em número de enfermos, perdendo apenas para os EUA e a Rússia – e com o total de 17.971 óbitos confirmados."

O ministro ainda aduz:

"A grande e principal diferença em relação a esses países e o nosso é que em nenhum deles – à exceção, talvez, dos EUA, cujo Presidente é tão reverenciado por seu homólogo brasileiro – existe uma clara

---

49. A União opôs embargos de declaração à decisão, pendentes de julgamento até o momento em que este artigo é finalizado.

dissensão entre as políticas nacional e regionais. Talvez em nenhum, além desses dois países, o líder nacional se coloque, ostensiva e irresponsavelmente, em linha de oposição às orientações científicas de seus próprios órgãos sanitários e da Organização Mundial de Saúde. Em nenhum país, pelo que se sabe, ministros responsáveis pela pasta da saúde são demitidos por não se ajustarem à opinião pessoal do governante máximo da nação e por não aceitarem, portanto, ser dirigidos por crenças e palpites que confrontam o que a generalidade dos demais países vem fazendo na tentativa de conter o avanço dessa avassaladora pandemia."

A argumentação do Supremo Tribunal Federal e, mais ainda, do Superior Tribunal de Justiça, pode ser guiada pela visibilização imediata do que poderia acontecer se o Brasil parasse de seguir medidas de distanciamento social, que foram adotadas em todo o mundo, especialmente no momento em que o país acumula número superior a cem mil mortes.

6.2 Quando vale a escassez?

Sem uma delimitação objetiva das medidas de saúde consideradas necessárias por uma sociedade a partir dos recursos existentes – ou desprezada essa delimitação – haverá realocação desses recursos na via judicial, interferindo diretamente na gestão dessa escassez. Como lembra Callahan[50]:

> O progresso da medicina significou o quase-banimento do fatalismo. Com suficientes tempo, dinheiro, pesquisa científica, e ingenuidade clínica – acredita-se amplamente – nenhuma doença, nenhuma deficiência, nenhum estado de estresse psicológico está além da cura ou melhora. Nossas aspirações e esperanças se tornam críveis primeiramente pelo progresso da medicina; assim, conforme elas se aproximam da realização, elas passam a ter o status, e a insistência, ordinariamente reconhecidos como necessidade. Esta é a transformação de desejo ou aspiração à necessidade putativa. Ninguém pensou, há um século, que uma pessoa acometida de uma doença cardíaca "precisava" de um transplante de coração; a morte era simplesmente aceita. Mas o advento de transplantes de coração foi estimulado primeiro pela esperança, e esta esperança tornou-se necessidade concreta conforme o transplante foi bem-sucedido. As pessoas agora "precisam" de transplantes de coração. Uma categoria totalmente nova de necessidade foi criada [...].

A escassez, no entanto, é tão invisibilizada no âmbito judicial, que há decisões até mesmo sobre transplantes de órgãos, situação naturalmente marcada pela majoritária insuficiência. A despeito da magnitude de um sistema de saúde como o SUS e do tamanho das populações atingidas pelas decisões que interferem em seu funcionamento, o julgador enxerga apenas o caso individualizado no processo a sua frente.

Em momentos como o presente, no entanto, a coletividade antes desumanizada não apenas volta a ser um conjunto de indivíduos, como estes ganham rostos e se aproximam das pessoas ao nosso redor. A abstração promovida pelo que chamamos de população ou grupo populacional se esvai com a escassez mais latente, em que o risco bate à nossa própria porta – e também à do julgador.

Se este muitas vezes decide em contrariedade às políticas instituídas, por colocar-se no lugar do demandante em uma consciente ou inconsciente vontade de acesso potencial às tecnologias requeridas, essa postura pode tornar-se oposta com a visualização da

---

50. CALLAHAN, Daniel. *What Kind of Life*. New York: Simon & Schuster, 1990, p. 53 (Tradução livre).

escassez. O colapso de um sistema de saúde em razão de uma epidemia[51] não significa a falta de acesso a quem é atingido pela doença epidêmica, mas a falta de acesso a serviços e ações em geral. Isso se torna especialmente relevante, quando se pensa em escolhas que farão viver ou morrer de forma imediata – a falta de um respirador ou leito, a ausência de equipe de saúde para fazer um atendimento –, situações que raramente aparecem nas ações judiciais, mesmo naquelas em que se alega risco de vida.

Truog, Mitchell e Daley lembram que:

> Apesar de a escassez de outros bens e serviços levar à morte, na maioria dos casos serão os efeitos combinados de uma variedade de carências que resultará nos piores desfechos. Ventilação mecânica é diferente. Quando a respiração dos pacientes se deteriora a ponto de eles precisarem de um ventilador, há normalmente apenas uma janela limitada durante a qual eles podem ser salvos[52].

A finitude, que é inexoravelmente compartilhada por cada um de nós, faz com que se compartilhem também os medos e as aflições que atingem todos aqueles que adoecem. Ver o outro adoecer e morrer faz lembrar da nossa própria mortalidade. Lembrar da própria condição de ser mortal, no entanto, não torna o homem necessariamente solidário. Solidariedade pressupõe o investimento em medidas que atendam o maior número de pessoas da melhor forma possível. Significa reconhecer o outro como merecedor de atenção e cuidado – e não apenas reconhecer-se e a suas necessidades a partir do outro[53].

Nos momentos mais críticos, se um juiz determinar que uma pessoa específica tenha acesso ao respirador ou ventilador mecânico, por exemplo, ainda que haja tempo hábil para cumpri-la, ele estará realmente determinando que outra pessoa fique sem o equipamento e, mais, que todas as diretrizes éticas estabelecidas para casos como este, seguindo protocolos que se constroem em toda a comunidade internacional[54], sejam

---

51. "Os primeiros casos confirmados no Brasil concentraram-se na população de média e alta renda, que costuma acessar serviços privados por meio do pagamento direto ou por plano e seguro de saúde. Ainda assim, uma parte da população detentora de planos e seguros de saúde tem sido encaminhada para hospitais públicos de referência no tratamento da Covid-19. O SUS tem tido papel central para lidar com a epidemia, não apenas pelo trabalho de assistência à saúde, mas também pelo trabalho de gestão e coordenação do sistema de saúde, com instâncias de diversas esferas de governo, e pelo esforço do trabalho de vigilância epidemiológica e sanitária na identificação dos casos suspeitos e confirmados. No final de março, havia cerca de 69 mil casos suspeitos em todas as Unidades da Federação (UFs), em praticamente 490 municípios do Brasil. Há relatos de aumento de casos de internações por Síndrome Respiratória Aguda Grave (SRAG) no SUS para os quais há suspeita de que estejam relacionados à Covid-19 (InfoGripe, 2020). Estudos recentes também apontam que o esperado crescimento no número de pessoas com Covid-19 nas próximas semanas pode levar o SUS a atingir nível crítico de sobrecarga entre abril e maio de 2020 (Castro et al., 2020; Noronha et al., 2020)". (PEREIRA, Rafael H. M; BRAGA, Carlos Kauê Vieira; SERVO, Luciana Mendes; SERRA, Bernardo; AMARAL, Pedro; GOUVEIA, Nelson. *Mobilidade Urbana e o acesso ao SUS para casos suspeitos e graves de covid-19 nas vinte maiores cidades do Brasil*. Instituto de Pesquisa Econômica Aplicada – Ipea. Nota Técnica nº 14, abril, 2020, p.7. Diretoria de Estudos e Políticas Regionais, Urbanas e Ambientais – Dirur. Disponível em: <http://www.ipea.gov.br/portal/index.php?option=com_content&view=article&id=35442&Itemid=7>. Acesso em 15 de abril de 2020).

52. TRUOG, Robert D.; MITCHELL, Christine; DALEY, George Q. The toughest triage: Allocating Ventilators in a Pandemic. *The New England Journal of Medicine*. 2020 Mar 23, p. 1. Disponível em: <https://www.nejm.org/doi/pdf/10.1056/NEJMp2005689?articleTools=true>. Acesso em 15 de abril de 2020. doi: 10.1056/NEJMp2005689

53. ARAÚJO, Cynthia Pereira de. *Existe direito à esperança? Saúde no contexto do câncer e fim de vida*. Belo Horizonte, PUC-MG (Tese de Doutorado), 2019.

54. "Uma estrutura sólida eticamente para os serviços de saúde durante emergências de saúde pública precisa balancear o cuidado centrado no paciente – o foco da ética clínica em condições normais – e os deveres público-centrados de promover igualdade de pessoas e equidade na distribuição de riscos e benefícios na sociedade – o foco da ética em saúde pública. Porque médicos, enfermeiros, e outros profissionais de saúde são treinados para cuidar de in-

ignoradas. É proferir uma decisão sem qualquer embasamento técnico ou jurídico. O que torna uma situação como essa diferente das decisões judiciais proferidas diariamente, no entanto, é apenas a visibilidade imediata dos efeitos que possuem sobre outras pessoas – e quais podem ser elas.

7. CONSIDERAÇÕES FINAIS

Embora a discussão sobre limitação de recursos se mostre cada vez mais importante, com ajustes sociais sobre o que será considerado necessário ou supérfluo, seu papel no âmbito da judicialização da saúde vem sendo escamoteado. A chamada "reserva do possível" tornou-se letra morta, repetida em todas as defesas dos entes públicos e sumariamente desprezada em também quase todas as decisões judiciais. Diante da dificuldade de se reconhecer que inexistem soluções para todas as questões de saúde e que não é possível arcar com os custos de todas as que existem, prefere-se desviar o assunto para a afirmação pouco pragmática de que "toda vida tem valor".

Se essa estrutura – que rejeita a discussão de problemas importantes para sugerir que eles não existem – parece funcionar em tempos de normalidade, o mesmo não pode ser dito do momento atual. Uma epidemia como a da Covid-19 escancara todas as desigualdades e efeitos da escassez para os quais, em outros tempos, conseguimos evitar olhar.

Mas se a finitude de recursos – humanos, financeiros, tecnológicos – é um fato mais facilmente reconhecível agora, ela também não deixa de existir quando sua aparição não é tão imediata e próxima. Seja em caso de racionamento ou de alocação[55], o direcionamento de recursos para determinadas medidas sempre fará com que outras fiquem descobertas.

Se em tempos de pandemia, pode-se tornar mais simples para o julgador confiar que é a centralização de decisões nos gestores dos sistemas de saúde e o respeito às evidências científicas o conjunto que têm maiores condições de projetar um bom resultado coletivo e individual, por que isso não acontece na judicialização da saúde de modo geral? Mais do que isso, por que evidências produzidas para populações são tão facilmente rejeitadas ao se olhar para um indivíduo, mesmo que este não tenha qualquer característica peculiar que o selecione daquelas?[56]

---

divíduos, a mudança da prática centrada no paciente para a assistência ao paciente guiada por questões de saúde pública cria uma grande tensão, especialmente para profissionais não acostumados a trabalhar sob condições emergenciais com recursos escassos". BERLINGER, Nancy; WYNIA, Matthew; POWELL, Tia; HESTER, D. Micah; MILLIKEN, Aimee; FABI, Rachel; COHN, Felicia; GUIDRY-GRIMES, Laura K.; WATSON, Jamie Carlin; BRUCE, Lori; CHUANG, Elizabeth J.; OEI, Grace; ABBOTT, Jean; JENKS, Nancy Piper. *Ethical Framework for Health Care Institutions Responding to Novel Coronavirus SARS-CoV-2 (Covid-19) & Guidelines for Institutional Ethics Services Responding to Covid-19.* Managing Uncertainty, Safeguarding Communities, Guiding Practice. The Hastings Center, Mar 16, 2020, p.1. Disponível: <https://www.thehastingscenter.org/ethicalframeworkcovid19/>. Acesso em 15 de abril de 2020. (tradução livre)

55. Para Gebran Neto, fala-se em racionamento em casos de escassez absoluta e de alocação em casos de escassez relativa. (SCHULZE, Clenio Jair; GEBRAN NETO, João Pedro. *Direito à Saúde: Análise à luz da judicialização.* Porto Alegre: Verbo Jurídico, 2015. P. 146)

56. "Muitos operadores do Direito acreditam que uma suposta soberania do receituário médico decorre exatamente da necessidade de respeito à individualidade do paciente. Ocorre que, ao contrário do que essa ideia indica, Gawande afirma que "sabemos cada vez menos sobre nossos pacientes, e cada vez mais sobre nossa ciência" (GAWANDE, 2015, p. 189). Contraditoriamente, usamos a ideia de individualidade para dizer que ninguém pode saber melhor sobre o que um paciente precisa do que o médico que o assiste, ainda que inexista estudo a respaldar a sua atuação

Se é possível cogitar que os juízes, neste momento, reconhecem que é o respeito e a manutenção das políticas e medidas instituídas que promovem a maior chance de atender, da melhor forma possível, todas aquelas pessoas que venham a precisar do sistema de saúde – inclusive eles e os seus –, é necessário repensar sobre o que vem guiando o juiz de forma tão oposta, nos casos em que se depara com um receituário médico individualizado, mesmo quando hodiernamente despreza a melhor evidência científica disponível e promove realocação de recursos escassos de muitos para tão poucos.

8. REFERÊNCIAS

AITH, Fernando. A Saúde como Direito de Todos e Dever do Estado: O Papel dos Poderes Executivo, Legislativo e Judiciário na Efetivação do Direito à Saúde no Brasil. *In: Direito Sanitário: Saúde e Direito, um Diálogo Possível*. Belo Horizonte: ESP-MG, 2010. Disponível em: <http://www.esp.mg.gov.br/wp-content/uploads/2012/06/Direito-sanitario_Final.pdf>. Acesso em 05 de abril de 2020.

ANÁLISE SUBNOTIFICAÇÃO. PORTAL Covid-19 BRASIL. Disponível em: <https://ciis.fmrp.usp.br/covid19/analise-subnotificacao/>. Acesso em 15 de abril de 2020.

ARAÚJO, Cynthia Pereira de; LÓPEZ, Éder Maurício Pezze; JUNQUEIRA, Silvana Regina Santos. *Judicialização da Saúde: Saúde pública e Outras Questões*. Porto Alegre, Verbo Jurídico, 2016.

ARAÚJO, Cynthia Pereira de. A judicialização da saúde e a necessidade de assessoramento técnico do Juiz para decidir. *In: RIBEIRO, Rodrigo Araújo et al (Org.)*. A Seguridade Social em Questão: da normatividade à jurisprudência. Belo Horizonte: D'Plácido, 2016.

ARAÚJO, Cynthia Pereira de. A Concessão Judicial de medicamentos para o tratamento oncológico? Uma questão de normatividade. *Revista da AGU*, n. 141, nov. 2013. Disponível em: <www.agu.gov.br/page/download/index/id/19791305>. Acesso em 12 de abril de 2020.

ARAÚJO, Cynthia Pereira de. *Memorial em Audiência Pública*. Conselho Nacional de Justiça – Prestação da jurisdição em processos relativos à saúde. 11 de dezembro de 2017.

ARAÚJO, Cynthia Pereira de. *Existe direito à esperança? Saúde no contexto do câncer e fim de vida*. Belo Horizonte, PUC-MG (Tese de Doutorado), 2019.

BERLINGER, Nancy; WYNIA, Matthew; POWELL, Tia; HESTER, D. Micah; MILLIKEN, Aimee; FABI, Rachel; COHN, Felicia; GUIDRY-GRIMES, Laura K.; WATSON, Jamie Carlin; BRUCE, Lori; CHUANG, Elizabeth J.; OEI, Grace; ABBOTT, Jean; JENKS, Nancy Piper. *Ethical Framework for Health Care Institutions Responding to Novel Coronavirus SARS-CoV-2 (Covid-19) & Guidelines for Institutional Ethics Services Responding to Covid-19*. Managing Uncertainty, Safeguarding Communities, Guiding Practice. The Hastings Center, Mar 16, 2020. Disponível: <https://www.thehastingscenter.org/ethicalframeworkcovid19/>. Acesso em 15 de abril de 2020.

BRASIL confirma primeiro caso da doença. Ministério da Saúde, Brasil, 26/02/2020. Disponível em: <https://www.saude.gov.br/noticias/agencia-saude/46435-brasil-confirma-primeiro-caso-de-novo-coronavirus>. Acesso em 10/04/2020.

BRASIL Laboratórios públicos ampliam em 869% capacidade de testagem para Covid-19 no Brasil. Ministério da Saúde, 01/07/2020. Disponível em: <https://www.saude.gov.br/noticias/agencia-saude/

---

e ainda que o médico saiba, na verdade, apenas sobre a doença, e não sobre o paciente. Além disso, não é possível considerar que receituários médicos que apenas indicam de forma superficial que determinado tratamento é indispensável, sem que se conheça qualquer informação ou especificidade do paciente envolvido, seja uma forma de reconhecer a individualidade de cada paciente". (ARAÚJO, Cynthia Pereira de. *Existe direito à esperança? Saúde no contexto do câncer e fim de vida*. Belo Horizonte, PUC-MG (Tese de Doutorado), 2019.

47151-laboratorios-publicos-ampliam-em-869-capacidade-de-testagem-para-covid-19-no-brasil>. Acesso em 20 de agosto de 2020.

CALLAHAN, Daniel. *What Kind of Life*. New York: Simon & Schuster, 1990.

CONSELHO NACIONAL DE JUSTIÇA (CNJ). *Demandas judiciais relativas à saúde crescem 130% em dez anos*. 18 de março de 2019. Disponível em: <https://www.cnj.jus.br/demandas-judiciais-relativas--a-saude-crescem-130-em-dez-anos/>. Acesso em 02 de abril de 2020.

Covid-19: Processos Judiciais. Advocacia Geral da União (AGU). Disponível em: <https://app.powerbi.com/view?r=eyJrIjoiZGM4OTk4ZmYtZjAzYi00MjdhLTlhYjMtZGE1MmFiMWJlZDM3IiwidCI6IjRkN-zlkMzdhLTFlNGUtNGEzOS05ZmRlLWYxNjMxY2I2MDdkNCJ9>. Acesso em 10 de abril de 2020.

DADOS sobre as ações: extrato do Sistema Integrado de Controle das Ações da União – SICAU, em julho de 2014.

DRESCH, Renato Luís. Judicialização da Saúde: Medidas de Aprimoramento Técnico das demandas Judiciais. In: GEBRAN NETO, João Pedro; AVANZA, Clenir Sani; SCHULMAN, Gabriel (org.) Direto da Saúde em perspectiva: Judicialização, gestão e acesso. Vitória, Editora ABRAGES, Vol. 2, 2017.

EMPÓRIO DO DIREITO. *Números de 2019 da Judicialização Da Saúde no Brasil – Por Clenio Jair Schulze*, 02/09/2019. Disponível em: <https://emporiododireito.com.br/leitura/numeros-de-2019-da-judi-cializacao-da-saude-no-brasil>. Acesso em 07 de abril de 2020.

ESCLARECIMENTO À INTERFARMA. Comissão Nacional de Incorporação de Tecnologias no Sistema Único de Saúde – CONITEC. Brasília: CONITEC, 01/08/2016. Disponível em: <http://conitec.gov.br/esclarecimento-a-interfarma>. Acesso em 10 de abril de 2020.

ESTIMATIVA 2016: incidência de câncer no Brasil. Brasília: Ministério da Saúde/Instituto Nacional do Câncer, 2016.

EXCLUSIVO: 'brasileiro não sabe se escuta o ministro ou o presidente', diz Mandetta. G1, 12/04/2020. Disponível em: <https://g1.globo.com/fantastico/noticia/2020/04/12/maio-e-junho-serao-os-meses-mais-du-ros-afirma-mandetta-em-entrevista-exclusiva-ao-fantastico.ghtml>. Acesso em 13 de abril de 2020.

HUNT, Paul; BACKMAN, Gunilla. Health Systems and the Right to the Highest Attainable Standard of Health. *Health and Human Rights Journal*, v. 10, n. 1, 2008.

JUDICIALIZAÇÃO NO BRASIL. Assessoria de Comunicação Social do Ministério da Saúde. Brasília: Ministério da Saúde, 21.07.2016.

LIMA, Carlos Vital Tavares Corrêa. *As dificuldades do SUS*. Conselho Federal de Medicina (CFM), 16/04/2018. Disponível em: <https://portal.cfm.org.br/index.php?option=com_content&view=arti-cle&id=27574:as-dificuldades-do-sus&catid=46:artigos&Itemid=18>. Acesso em 04 de abril de 2020.

MERCADANTE, Otávio Azevedo. Evolução das Políticas e do Sistema de Saúde no Brasil. In: FINKEL-MAN, Jacobo (org.). Caminhos da Saúde Pública no Brasil. Rio de Janeiro: Editora FIOCRUZ, 2002. Disponível em: <https://www.arca.fiocruz.br/bitstream/icict/2705/1/Finkelman_Jacobo(Org.).pd-f#page=232>. Acesso em 05 de março de 2020.

MINISTÉRIO DA SAÚDE lança diretriz voltada à pessoa com doença rara. Blog da Saúde, Ministério da Saúde, Brasil, 30/01/2014. Disponível em: <www.blog.saude.gov.br/servicos/33571-ministerio--da-saude-lanca-diretriz-voltada-a-pessoa-com-doenca-rara>. Acesso em 05 de dezembro de 2017.

MINISTÉRIO DA SAÚDE distribui 53 milhões de equipamentos de proteção para profissionais de saú-de. Ministério da Saúde, Brasil, 07/04/2020. Disponível em: <https://www.saude.gov.br/noticias/agencia-saude/46668-ministerio-da-saude-distribui-53-milhoes-de-equipamentos-de-protecao--para-profissionais-de-saude>. Acesso em 14 de abril de 2020.

MORTALITY RATE OF Covid-19 PATIENTS ON VENTILATORS. Physician's Weekly. Written by Physi-cian's Weekly Blogger, Skeptical Scalpe, 30/03/2020. Disponível em: <https://www.physiciansweekly.

com/mortality-rate-of-covid-19-patients-on-ventilators/?fbclid=IwAR18lJpXu9NzERqyexST-USh-VSDpOyHwtj-5G5b6wDuQcKjSeDfsnESvys0>. Acesso em 15 de abril de 2020.

OLIVEIRA, Kelly. *Brasil poderá realizar até 50 mil testes de covid-19 por dia*. Agência Brasil, Brasília, 11/04/2020. Disponível em: <https://agenciabrasil.ebc.com.br/saude/noticia/2020-04/brasil-pode-ra-realizar-ate-50-mil-testes-de-covid-19-por-dia>. Acesso em 13 de abril de 2020.

OLIVEIRA, Mariana; VIVAS, Fernanda. *Governo não pode ser obrigado a fornecer remédio de alto custo fora da lista do SUS, decide STF*. G1, 11/03/2020, TV Globo Brasília. Disponível em: <https://g1.globo.com/politica/noticia/2020/03/11/governo-nao-pode-ser-obrigado-a-fornecer-remedio-de-alto-cus-to-fora-da-lista-do-sus-decide-stf.ghtml>. Acesso em 13 de março de 2020.

OMS afirma que Covid-19 é agora caracterizada como pandemia. OPAS/OMS Brasil, 11/03/2020. Disponível em: <https://www.paho.org/bra/index.php?option=com_content&view=article&i-d=6120:oms-afirma-que-covid-19-e-agora-caracterizada-como-pandemia&Itemid=812>. Acesso em 11 de abril de 2020.

PAIM, Jairnilson Silva. *O Que é o SUS*: e-book interativo. Rio de Janeiro: Editora FIOCRUZ, 2015. (Temas em saúde Collection).

PEREIRA, Rafael H. M; BRAGA, Carlos Kauê Vieira; SERVO, Luciana Mendes; SERRA, Bernardo; AMA-RAL, Pedro; GOUVEIA, Nelson. *Mobilidade Urbana e o acesso ao SUS para casos suspeitos e graves de covid-19 nas vinte maiores cidades do Brasil*. Instituto de Pesquisa Econômica Aplicada – Ipea. Nota Técnica nº 14, abril, 2020. Diretoria de Estudos e Políticas Regionais, Urbanas e Ambientais – Dirur. Disponível em: <http://www.ipea.gov.br/portal/index.php?option=com_content&view=article&i-d=35442&Itemid=7>. Acesso em 15 de abril de 2020.

SAHUQUILLO, María R. *Saúde pública, a grande briga ideológica do Reino Unido*. El País, 06/05/2015. Disponível em: <https://brasil.elpais.com/brasil/2015/05/05/internacional/1430850229_139505.html>. Acesso em 27 de agosto de 2016.

SECRETARIA DE VIGILÂNCIA EM SAÚDE | Ministério da Saúde. *Situação Epidemiológica da Co-vid-19 doença pelo Coronavírus 2019*. BOLETIM EPIDEMIOLÓGICO 9 – COE Coronavírus – 11 de abril de 2020. Disponível em: <https://portalarquivos.saude.gov.br/images/pdf/2020/April/12/2020-04-11-BE9-Boletim-do-COE.pdf>. Acesso em 15 de abril de 2020.

SECRETARIA DE VIGILÂNCIA EM SAÚDE | Ministério da Saúde. *Doença pelo Coronavírus 2019*. Boletim Epidemiológico 8 – COE Coronavírus – 09 de abril de 2020, p. 14. Disponível em: <https://www.saude.gov.br/images/pdf/2020/April/09/be-covid-08-final-2.pdf>. Acesso em 14 de abril de 2020.

SECRETARIA DE VIGILÂNCIA EM SAÚDE | Ministério da Saúde. Boletim Epidemiológico Especial. Doença pelo Coronavírus COVID-19. BOLETIM EPIDEMIOLÓGICO n. 28 (Semana Epidemiológica 34 - 16 a 22/08). Disponível em: <https://www.saude.gov.br/images/pdf/2020/August/27/Boletim--epidemiologico-COVID-28-FINAL-COE.pdf>. Acesso em 28 de agosto de 2020.

SCHULZE, Clenio Jair; GEBRAN NETO, João Pedro. *Direito à Saúde: Análise à luz da judicialização*. Porto Alegre: Verbo Jurídico, 2015.

TAYLOR, Roger. *God bless the NHS*. London: Faber and Faber, 2013.

TRUOG, Robert D.; MITCHELL, Christine; DALEY, George Q. The toughest triage: Allocating Ventilators in a Pandemic. *The New England Journal of Medicine*. 2020 Mar 23. Disponível em: <https://www.nejm.org/doi/pdf/10.1056/NEJMp2005689?articleTools=true>. Acesso em 15 de abril de 2020. doi: 10.1056/NEJMp2005689.

VALENTE, Jonas. OMS quer testes e isolamento de casos suspeitos para conter Covid-19. AGÊNCIA BRA-SIL, 16/03/2020, Brasília. Disponível em: <https://agenciabrasil.ebc.com.br/saude/noticia/2020-03/oms-recomenda-testes-e-isolamento-de-casos-suspeitos-para-conter-covid-19>. Acesso em 05 de abril de 2020.

"PRECISO ESTUDAR BIOÉTICA!": MUDANÇAS VIVENCIADAS POR MÉDICOS RESIDENTES NO ENFRENTAMENTO DA COVID-19

Inessa Beraldo de Andrade Bonomi

Doutoranda em Bioética pela Universidade do Porto. Mestra em Medicina (Ginecologia e Obstetrícia) pela Universidade Federal de Minas Gerais. Especialista em Auditoria e Mecanismos de Regulação da Saúde pela Fundação Unimed. Residência Médica em Medicina Fetal pela Universidade Federal de Minas Gerais. Residência Médica em Ginecologia e Obstetrícia pelo Hospital Municipal Odilon Behrens. Graduada em Medicina pela Faculdade de Ciências Médicas Dr. Antônio Garcia Coutinho.

Marcos Paulo de Oliveira Corrêa

Mestre em Administração Pública pela Escola de Governo Paulo Neves de Carvalho da Fundação João Pinheiro do Governo de Minas Gerais. Administrador pela Universidade Federal de Minas Gerais. Graduando em Direito pela Pontifícia Universidade Católica de Minas Gerais. Pesquisador do Grupo de Estudos e Pesquisa em Bioética (GEPBio).

Sumário: 1. Introdução. 2. A pandemia foi instaurada: o que mudou para os médicos residentes? 3. A bioética como estratégia de combate no contexto da pandemia. 4. Um estudo sobre a bioética com médicos residentes no combate contra a pandemia da Covid-19. 5. Considerações finais. 6. Referências. 7. Anexo 1. 8. Anexo 2.

1. INTRODUÇÃO

O ano de 2020 começou de forma silenciosa, exceto pelas notícias de um novo surto de vírus que, inicialmente, parecia ser um problema local em Wuhan, na China. Nos Estados Unidos, a economia estava em expansão, e o mundo tinha boas expectativas para o ano que se iniciava[1]. O que se seguiu surpreendeu o planeta com uma situação de calamidade inesperada, qual seja, o da pandemia da *Coronavirus Disease 2019* (Covid-19), com mais de 24.421.364 casos e 831.764 mortes até meados de julho de 2020. No Brasil, tem-se, até o mesmo período, mais de 3.761.391 casos e 114.250 mortes pela doença[2]. O caos criado por essa tragédia global impactou as vidas dos indivíduos de diversas formas. Tornou-se necessário (re)pensar, (re)planejar e (re)significar, em tempo recorde, as vidas das pessoas, seja no âmbito pessoal, no espiritual ou no profissional.

---

1. SHAH, J. P. The impact of Covid-19 on Head and Neck surgery, education, and training. *Head & Neck*, v. 42, n. 6, p. 1344, 2020.
2. BBC News. Coronavírus: o mapa que mostra o alcance mundial da doença. 10 jul. 2020. Disponível em https://www.bbc.com/portuguese/internacional-51718755. Acesso em: 28.08.2020.

A Covid-19 se espalhou aceleradamente por todos os continentes, o que contribuiu para a emergência de um desequilíbrio global sem precedentes. Uma crise na saúde, principalmente no setor público, foi instaurada, o que gerou a necessidade da mobilização de recursos humanos e materiais para o seu embate. A vida cotidiana foi interrompida, trazendo a necessidade de reestruturação e adaptação de todo o sistema da saúde e dos próprios profissionais que atuam na área. Os atendimentos habituais nos hospitais foram readequados para o manejo de pacientes suspeitos ou confirmados com a Covid-19. As cirurgias eletivas foram suspensas. Os atendimentos ambulatoriais cotidianos foram adiados. A grande maioria dos leitos hospitalares foram ocupados por esses pacientes. Hospitais improvisados (de campanha) foram criados para acomodar o avanço da pandemia[3]. Necrotérios temporários, inclusive arranjados em caminhões refrigerados, puderam ser observados, e o que vem a seguir e quando isso termina é desconhecido[4].

O Conselho Federal de Medicina (CFM), em março de 2020, aconselhou os médicos brasileiros a permanecerem em seus postos de trabalho, pois, nessa posição, exerceriam a "sua função mais relevante no papel de guardiães da vida"[5]. O contexto brasileiro, contudo, vem apresentando dificuldades na mobilização dos recursos mais básicos, como os de proteção individual, que são fundamentais para a segurança contra o risco elevado de contágio das equipes que passaram a lidar com os pacientes[6].

A pandemia também trouxe um cenário de vulnerabilidade que pode ser entendida como deficiência de uma parte ou de um grupo, em virtude de uma relação ou condição atípica que expresse a desproporcionalidade[7]. Essa vulnerabilidade vem atingindo não só os pacientes, acometidos por uma doença ainda pouco explorada, mas também os médicos, cada vez mais expostos a um inimigo invisível. O médico não se esquiva e se confronta, em seu cotidiano, com um excesso de informação, com as incertezas e com um cenário de insegurança quanto às condutas a serem seguidas, diante da ausência de evidências científicas sólidas, de recursos escassos e, além disso, de expectativas angustiadas dos pacientes e de seus familiares[8].

Esse panorama caótico, desconhecido e multifacetado, teve impactos diretos no treinamento dos residentes nas áreas clínicas e cirúrgicas, devido à suspensão, transferências e adaptações, em muitos casos, às pressas, de muitas atividades dos programas. Como consequência, firmou-se a necessidade de compatibilizar os objetivos educacionais dos programas de residência médica com a tarefa de contribuir para o enfrentamento da pandemia. A incorporação de novos métodos e tecnologias educacionais, contrapondo-se ao ensino tradicional, a maior preocupação quanto à proteção dos residentes e dos preceptores, as constantes necessidades de mudanças nas escalas, o adiamento de cirurgias

---

3. ROMÃO, G. S.; SÁ, M. F. A Residência Médica em tempos de Covid-19. *Femina*, v. 48, n. 5, p. 287-290. 2020.
4. SHAH, 2020.
5. CFM – Conselho Federal de Medicina. *Manifestação do Conselho Federal de Medicina em relação à pandemia de Covid-19*. 25 mar. 2020. Disponível em: https://bit.ly/30edPRS. Acesso em: 31,07.2020.
6. CALMON, T. V. L. As condições objetivas para o enfrentamento ao Covif-19: abismo social brasileiro, o racismo, e as perspectivas de desenvolvimento social como determinantes. *NAU Social*, v. 11, n. 20, p. 131-136, 2020.
7. SÁ, M. F. J.; NAVES, B.; SOUZA, I. *Direito e medicina*: autonomia e vulnerabilidade em ambiente hospitalar. Indaiatuba: Editora Foco, 2018. p. 36-37.
8. EYAL, G. et al. The Physician-Patient Relationship in the Age of Precision Medicine. *Genetics in Medicine*, v. 21, n. 4, p. 813-815, 2019.

eletivas e de consultas ambulatoriais não urgentes representam alguns dos exemplos das mudanças na dinâmica dos programas de residência médica não só no Brasil, mas em todo o mundo. No conteúdo teórico, além das temáticas já previstas nas matrizes de competências para cada especialidade médica, houve a necessidade da introdução de conteúdos atrelados à Covid-19, incluindo as orientações para a proteção individual e coletiva[9].

Ainda de forma "tímida", nesse período, já se pode perceber algumas iniciativas que abarcam discussões sobre questões éticas e bioéticas relacionadas aos cuidados de saúde. É notória, na sociedade contemporânea, uma expressiva preocupação e exigência de que a formação acadêmica médica resulte em profissionais moralmente competentes. Contudo, os estudantes, seja no nível de graduação ou de pós-graduação, são treinados, em sua grande maioria, para lidar com os aspectos técnicos da profissão e, de forma insignificante, com os aspectos éticos e morais[10]. O ensino da bioética pode facilitar o processo de encontrar soluções que incluam várias habilidades, o que se pode denominar como "capacidade de juízo moral", ou seja, a habilidade de tomar decisões e fazer julgamentos com base em princípios[11].

As condutas que envolvem a vida e a saúde de um indivíduo, sob a luz da bioética, deveriam antever: a autonomia e a liberdade de decisão dos pacientes; a busca por benefícios e o reconhecimento indistinto do seu valor moral; a prática de atos não prejudiciais e danosos; e a adequada distribuição de encargos e benefícios, em um cenário escasso, possibilitando o acesso de todos aos serviços de saúde[12]. A incorporação desse assunto, nas discussões com médicos residentes, ainda no seu processo de formação acadêmica, amplia a sua capacidade de tratar os pacientes, fortalecendo o diálogo, a confiança e a razão dos serviços prestados. O período da pandemia tem evidenciado a capacidade insuficiente dos serviços de saúde, sobretudo no âmbito público[13], o que exige o resgate de respaldos bioéticos, dentre as questões médicas e morais, como alternativa razoável para o direcionamento desses dilemas e conflitos[14].

As mudanças vivenciadas, incluindo-se a possibilidade de disseminação da bioética, no âmbito teórico e prático, nos programas de residência médica, podem deixar marcas para a melhoria da prática da medicina e para a construção de um novo padrão de cuidado[15]. Nessa perspectiva, este estudo pretende realizar uma análise crítica quanto: i) às mudanças enfrentadas pelos médicos residentes no panorama de confronto à Covid-19; ii) à aprendizagem da bioética pode agregar na formação acadêmica desses indivíduos;

---

9. ROMÃO; SÁ, 2020.
10. LIND, G. Moral regression in medical students and their learning environment. *Rev Bras Educ Med*, v. 24, n. 3, p. 24-33, out.-dez. 2002.
11. NEVES JÚNIOR, W. A.; ARAÚJO, L. Z. S.; REGO, S. Ensino de bioética nas faculdades de medicina no Brasil. *Revista Bioética*, v. 24, n. 1, p. 98-107, 2016.
12. CAMPOS, A.; OLIVEIRA, D. A relação entre o princípio da autonomia e o princípio da beneficiência (e não maleficência) na bioética médica. *Revista Brasileira de Estudos Políticos*, Belo Horizonte, n. 115, p. 13-45, 2017.
13. CFM, 2020.
14. BACK, A.; TULSKY, J. A.; ARNOLD, R. M. Communication Skills in the Age of Covid-19. *Annals of Internal Medicine*. 2020. [Epub ahead of print 2 April 2020]. Disponível em: https://doi.org/10.7326/M20-1376. Acesso em: 31.07.2020.
15. SÁ, L. S. M. J. Ética do professor de medicina. *Revista Bioética*, v. 10, n. 1, p. 49-84, 2009.

iii) e, por fim, aos principais desafios que impedem a propagação dessa temática nos programas de residência médica.

Para tanto, como método de pesquisa, utilizou-se da revisão bibliográfica, para a elucidação dos assuntos supracitados, além de uma pesquisa qualitativa com médicos residentes da área de ginecologia e obstetrícia de um dos hospitais referência, em Minas Gerais, em atendimento para pacientes com Covid-19, qual seja, o Hospital Júlia Kubits-chek (HJK), vinculado à Fundação Hospitalar do Estado de Minas Gerais (FHEMIG). A adoção da pesquisa qualitativa, como forma complementar à bibliográfica, justifica-se por representar uma associação de práticas interpretativas que não preconizam uma metodologia singular, isto é, não propõe nem se junta a um paradigma único para a sua fundamentação e explicação do ponto de vista heurístico. Nesse sentido, há a noção da multiplicidade de paradigmas que se sustentam em distintas bases ontológicas, episte-mológicas e metodológicas[16].

A escolha por médicos residentes da área de ginecologia e obstetrícia justifica-se pelo fato de que a maternidade do HJK ter sido definida, em Minas Gerais, como pre-ferencial para recebimento das gestantes com Síndrome Gripal (SG) ou com Síndrome Respiratória Aguda Grave (SRAG), determinantes para a suspeita de diagnóstico da Covid-19, em trabalho de parto, para indução do mesmo ou para realização de cesaria-na. Essa definição foi confirmada pelas diretrizes assistenciais para enfrentamento da Covid-19, documento elaborado sob o objetivo de padronizar as ações assistenciais a serem executadas a fim de se promover uma resposta mais rápida e eficaz à pandemia no âmbito da rede de hospitais vinculados à FHEMIG[17]. Dessa forma, pode-se dizer que a equipe de profissionais de saúde do HJK, em especial os médicos residentes do programa de ginecologia e obstetrícia, compôs a linha de frente no combate contra a pandemia.

Por ser uma pesquisa que envolve seres humanos, para a sua consecução, ela foi submetida a um Comitê de Ética (18). Sob o propósito de resguardar os interesses dos participantes e para garantir os padrões éticos, esta pesquisa, registrada sob o protocolo CAAE: 37008520.0.0000.5119, foi aprovada sem ressalvas pelo Parecer 4.314.827, emitido pelo Comitê de Ética em Pesquisa da Fundação Hospitalar do Estado de Minas Gerais (FHEMIG).

No próximo tópico, serão apresentadas algumas das principais mudanças que sur-giram a partir do contexto da pandemia da Covid-19, em especial aquelas vivenciadas por médicos residentes.

---

16. COLBARI, A. A análise de conteúdo e a pesquisa empírica qualitativa. In: SOUZA, E. M. de (Org.). *Metodologias e analíticas qualitativas em pesquisa organizacional*: uma abordagem teórico-conceitual. Dados eletrônicos. Vitória: EDUFES, 2014. p. 241-272.
17. FHEMIG – Fundação Hospitalar do Estado de Minas Gerais. *Diretrizes assistenciais para enfrentamento da Covid-19*. Versão 4. 20 jul. 2020. Disponível em: http://www.fhemig.mg.gov.br/files/1440/Gestao-do-cuidado---Orientacoes--Covid19/14569/Protocolo-FHEMIG-Covid-19--%7C--Versao-4--%7C--20/07/2020.pdf. Acesso em: 13.08.2020.

2. A PANDEMIA FOI INSTAURADA: O QUE MUDOU PARA OS MÉDICOS RESIDENTES?

Antes de discutir as mudanças enfrentadas no panorama de embate à pandemia da Covid-19 por médicos residentes, faz-se necessário resgatar importantes pressupostos que norteiam os programas de residência médica no Brasil. Dentre eles, cabe destacar que constituem programas de pós-graduação, sendo caracterizados por um processo de ensino-aprendizagem em serviço, supervisionados e constantemente avaliados por médicos preceptores, contando com uma bolsa de estudos e com normativas reguladas pelo Ministério da Educação[18]. Instituída pelo Decreto 80.281, de 5 de setembro de 1977, a residência médica é destinada aos médicos, sob a forma de curso de especialização, desenvolvida em instituições de saúde, sob a orientação de profissionais, sendo considerada o padrão ouro da especialização médica. O programa de residência médica, cumprido integralmente dentro de determinada especialidade, confere ao médico residente o título de especialista. A expressão residência médica só pode ser empregada para programas que sejam credenciados pela Comissão Nacional de Residência Médica[19].

Ainda no início da década de 1990, criou-se a Comissão Interinstitucional de Avaliação das Escolas Médicas (CINAEM). Dessa criação, resultou-se a necessidade de que fossem formuladas as Diretrizes Curriculares Nacionais (DCN) para os cursos de graduação em medicina, representando uma mudança na lógica estrutural anteriormente utilizada, de forma que os egressos fossem preparados para atuarem como generalistas. Nesse sentido, percebeu-se uma ênfase na formação geral e humanista desses profissionais, com habilidades para exercer as suas funções nos diferentes níveis de atenção à saúde[20].

Na prática, a incorporação de conteúdos e abordagens originárias da saúde coletiva ainda representa um desafio para a realidade dos acadêmicos de medicina e dos médicos residentes, tendo em vista a valorização de competências especializadas, desde os primeiros períodos da sua formação, ainda nas conhecidas ligas acadêmicas ou nas iniciações científicas em áreas delimitadas[21]. Esse distanciamento, entre o enfoque coletivo e o individual, pode ser um fator limitador para emergências sanitárias, como a que a sociedade está vivenciando neste momento de enfrentamento à pandemia da Covid-19.

O que tem sido observado é uma grande dificuldade de se contratar emergencialmente não apenas médicos, mas trabalhadores de saúde em geral, seja pela precariedade do vínculo proposto, seja pelas condições de trabalho que o sistema da saúde coletiva tem apresentado nos últimos anos. Os profissionais da área de saúde estão sendo desafiados a dispor de suas competências para atuarem em um momento de necessidade extrema.

---

18. AFONSO, D. H. et al. Análise da Associação Brasileira de Educação Médica sobre os desafios da Residência Médica na pandemia da Covid-19. *Health Residencies Journal*, v. 1, n. 3, p. 6-15, 2020.

19. BRASIL. Decreto n. 80.281, de 5 de setembro de 1977. Regulamenta a Residência Médica, cria a Comissão Nacional de Residência Médica e dá outras providências. *Diário Oficial da União*, Brasília, 6 set. 1977.

20. BRASIL. Resolução CNE/CES n. 3, de 20 de junho de 2014. Institui Diretrizes Curriculares Nacionais do Curso de Graduação em Medicina e dá outras providências. *Diário Oficial da União*, Brasília, 6 jun. 2014. Disponível em: http://portal.mec.gov.br/escola-de-gestores-da-educacao-basica/323-secretarias-112877938/orgaos-vinculados--82187207/12991-diretrizes-curriculares-cursos-de-graduacao. Acesso em: 04.08.2020.

21. NARCISO, L. et al. O exercício da medicina no enfrentamento da Covid-19: vulnerabilidades e necessidades protetivas. *Observatório Covid-19 Fiocruz*, Rio de Janeiro, 5 p., 2020.

Somam-se às suas responsabilidades pessoais e familiares, o seu compromisso junto aos pacientes[22]. Esse é um dilema de difícil resolução enfrentado por muitos profissionais, dentre eles, os médicos residentes, que, já inseridos em contextos hospitalares, tiveram de repensar os seus anseios prévios quanto aos programas de residência médica.

A Portaria 639, de 31 de março de 2020, do Ministério da Saúde, que tratou de uma ação estratégica voltada à capacitação e do cadastramento de profissionais da área de saúde para o enfrentamento da Covid-19[23], representou um fator estressante para muitos profissionais. Foi notória a incerteza estabelecida a partir da possibilidade de convocação (opcional ou obrigatória) para a prestação de um serviço sob condições antes não experienciadas. Como se daria essa atuação fora do escopo da sua especialidade? Além disso, têm-se as incertezas geradas pelo crescente número de mortes que também atingem os médicos, e pelas próprias condições de saúde, por vezes vulneráveis. Alguns questionamentos fortalecem essa insegurança: como os "guerreiros e guerreiras" da saúde podem contar com o Brasil? Qual amparo está sendo dado aos que se expõem aos riscos? Como se dará o apoio à saúde mental daqueles que tiveram o seu ritmo de trabalho alterado e replanejado às pressas? E o peso de receber o título de herói e, talvez, sofrer por achar que não pode suprir as expectativas? Em meio a esse caos, esses aspectos não tiveram tempo de ser preparados, assim como medidas protetivas a esses profissionais de saúde ainda estão obscuras[24].

A Nota Técnica 1/2020/CNRM/CGRS/DDES/SESU/SESU[25], expedida pela Comissão Nacional de Residência Médica, vinculada ao Ministério da Educação, em 14 de maio de 2020, trouxe algumas recomendações quanto ao desenvolvimento das atividades dos programas de residência médica durante enfrentamento à pandemia da Covid-19. No documento, a Comissão supracitada posicionou-se no sentido de que, neste momento, na qual são necessárias ações coordenadas, as Comissões de Residência Médica devem promover ações de integração e de colaboração profissional do seu corpo de supervisores, preceptores e médicos residentes, tendo em vista que os projetos pedagógicos de cada programa, anteriormente planejado para acontecer em etapas anuais e executado em rodízios ou estágios, necessitariam de flexibilidade em sua estrutura para se adequarem à realidade sociossanitária do momento.

Ainda de acordo com a nota técnica citada no parágrafo anterior, com relação às atividades práticas, os médicos residentes deveriam ser devidamente supervisionados e alocados com sua experiência clínica e capacidade profissional, de modo a garantir o aproveitamento mais eficaz do treinamento pelo médico e a segurança absoluta ao pa-

---

22. Idem.
23. BRASIL. Ministério da Saúde. Portaria 639, de 31 de março de 2020. Dispõe sobre a Ação Estratégica "O Brasil Conta Comigo - Profissionais da Saúde", voltada à capacitação e ao cadastramento de profissionais da área de saúde, para o enfrentamento à pandemia do coronavírus (Covid-19). *Diário Oficial da União*, Brasília, 2 abr. 2020. Disponível em: https://www.in.gov.br/en/web/dou/-/portaria-n-639-de-31-de-marco-de-2020-250847738. Acesso em: 04.08.2020.
24. AMB – Associação Médica Brasileira. Profissionais da saúde denunciam a falta de EPIs. 23 abr. 2020. Disponível em: https://amb.org.br/noticias/profissionais-da-saude-denunciam-a-falta-de-epis/. Acesso em: 04.08.2020.
25. BRASIL. Ministério da Educação. Nota Técnica 1/2020/CNRM/CGRS/DDES/SESU/SESU. Assunto: Recomendações quanto ao desenvolvimento das atividades dos Programas de Residência Médica (PRMs) durante enfrentamento à pandemia por Covid-19. Disponível em: https://bit.ly/2EH4xW7. Acesso em: 28.08.2020.

"PRECISO ESTUDAR BIOÉTICA!" **337**

ciente atendido. Dada a excepcionalidade do momento, os supervisores dos programas deveriam considerar a reorganização de rodízios cumpridos pelos médicos residentes, levando em consideração: i) as oportunidades de aprendizado com ênfase na participação em setores de internação e emergência; ii) a disponibilidade, ou não, durante esse panorama, de cenários de prática antes existentes na própria instituição ofertante ou em instituições conveniadas[26].

O desafio instaurado, obviamente, não foi pequeno. Alguns programas tiveram de interromper atividades, o que poderá comprometer o processo de educação prática dos médicos residentes, seja por inadequação dos serviços ou pela ausência de segurança de atuação. Às Comissões de Residência Médica restaram algumas difíceis missões: registrar os motivos da interrupção de determinadas atividades; alocar e realocar, de forma constante, os médicos residentes, cujos cenários de práticas foram suspensos no atendimento intra-hospitalar, deslocando-os para os processos de assistência de pacientes internados com a nova doença; incluir os médicos residentes em outros cenários, com serviços que pudessem, em certa medida, desenvolver as suas atividades regulares; elaborar novas escalas para o período individual de férias, dentre outras medidas[27].

Essas diversas adaptações, em um período recorde, inevitavelmente, impactaram diretamente o treinamento dos residentes, devido à transferência de grande parte das atividades dos programas para o atendimento a esses pacientes[28]. Em procedimentos cirúrgicos realizados em pacientes suspeitos ou confirmados pela Covid-19, tornou-se necessário fazer um equilíbrio entre as necessidades dos pacientes com o risco de contágio. Nem sempre tendo sido detectadas no sangue e na urina de pacientes infectados, as partículas virais podem permanecer nos aerossóis, nas expectorações e nas fezes por até 14 dias, elevando o risco de contágio em procedimentos como videolaparoscopia, cirurgias abdominais abertas e cirurgias vaginais[29].

Como exemplo de uma associação que publicizou ao mundo uma lista de recomendações aos coordenadores e supervisores de programas de residência, tem se a American College of Obstetricians and Gynecologists (ACOG), que enalteceu, para esse período, os seguintes direcionamentos: adiar ou cancelar todas as cirurgias eletivas e consultas ambulatoriais não urgentes; ajustar a escala de atendimentos realizados pelos médicos residentes para minimizar a exposição e preservar a força de trabalho; utilizar preferencialmente consultas telefônicas e que possam ser realizadas em ambientes não presenciais; para aqueles atendimentos que requerem encontros presenciais, realizar com equipes reduzidas, com o número mínimo necessário de residentes e preceptores para prover atendimento adequado e seguro às pacientes; proteger os residentes e preceptores que façam parte dos grupos de risco para complicações relacionadas à Covid-19; disponi-

---

26. Idem.
27. Idem.
28. FONG, Z. V. et al. Practical implications of Novel Coronavirus Covid-19 on hospital operations, board certification, and medical education in surgery in the USA. *J Gastrointest Surg*, 24, p. 1232-1236, 2020.
29. VAN DOREMALEN, N. et al. Aerosol and surface stability of SARS-CoV-2 as compared with SARS-CoV-1. *N Engl J Med*, v. 382, n. 16, p. 1564-1567, 2020.

bilizar equipamento de proteção individual a todos os residentes e preceptores; dentre outros direcionamentos[30].

De forma similar, a Joint Statement by American Society of Regional Anesthesia and Pain Medicine (ASRA), a European Society of Regional Anesthesia and Pain Therapy (ESRA) e a Comissão de Treinamento e Terapêutica da Dor da Sociedade Brasileira de Anestesiologia (CTT-Dor/SBA) também incentivaram o uso da telemedicina, de forma a facilitar o acompanhamento clínico dos pacientes em terapia de dor crônica. Além disso, também foi orientado que os procedimentos invasivos eletivos devessem ser avaliados quanto à necessidade de realização imediata. O uso adequado de equipamentos de proteção individual, de acordo com o nível de exposição do anestesiologista, foi recomendado para quaisquer procedimentos[31]. A American College of Surgeons, nos Estados Unidos, sugeriu que os hospitais interrompessem cirurgias eletivas durante o período da pandemia[32]. O Institute for Health and Care Excellence (NICE), do Reino Unido, disseminou diretrizes para que se priorizassem pacientes para determinados tratamentos como transplantes de medula óssea, tratamentos de câncer sistêmico e radioterapia neste contexto[33].

O despreparo da gestão do sistema também é demonstrado pela escassez de insumos básicos nos serviços, como equipamentos de proteção individual. Vale destacar que a Associação Médica Brasileira (AMB) disponibilizou, desde 19 de março de 2020, uma plataforma para registros de reclamações e denúncias de profissionais da saúde que estão atuando "na linha de frente" à Covid-19. Até o final de abril, existiam mais de 3.000 queixas pela falta de equipamentos de proteção individual, incluindo-se máscaras, capotes impermeáveis, óculos de proteção e *face shield* adequados[34]. Embora a residência médica ainda não seja obrigatória em nosso país para o exercício da medicina, poucos docentes e preceptores afirmariam que esses estudantes já estariam em condições de exercer a medicina em uma situação de tamanha insegurança como a do enfrentamento da Covid-19[35].

Devido à magnitude da pandemia e da grave situação mundial globalizada, não há referência no passado tardio que possa orientar de que forma proceder no (re)planejamento desses programas. Diante do contexto da pandemia, é oportuno identificar que os programas de residência médica tiveram o seu processo de aprendizado transformado, o que não significa, necessariamente, e de forma linear, um prejuízo à formação do

---

30. ACOG – American College of Obstetricians and Gynecologists. How program directors can support obstetrics and gynecology residents during the Covid-19 pandemic. May 4, 2020. Disponível em: https://www.acog.org/news/news-articles/2020/05/how-program-directors-can-support-ob-gyn-residents-during-covid-19. Acesso em: 28.08.2020.
31. SBA – Sociedade Brasileira de Anestesiologia. *O coronavírus e o anestesiologista*. 4. ed. Atualização em 7 de maio de 2020. Disponível em: https://www.sbahq.org/conhecimento/redireciona.php?file=o%20coronavirus%20e%20o%20anestesiologista%20-%204%20edicao%20-%2007maio20%20v5.pdf&tipo=ebook&id=201. Acesso em:07.08.2020.
32. AMERICAN College of Surgeons. Covid-19 guidelines for triage of cancer surgery patients. 2020. Disponível em: https://www.facs.org/covid-19/clinical-guidance/elective-case/cancer-surgery. Acesso em: 08.08.2020.
33. NICE – National Institute for Health and Care Excellence. Covid-19 rapid guideline: haematopoietic stem cell transplantation. 2020. Disponível em: https://www.nice.org.uk/guidance/ng164. Acesso em: 08.08.2020.
34. AMB, 2020.
35. NARCISO et al., 2020.

médico. Alicerça-se, de modo progressivo, o entendimento de uma oportunidade única de aprendizado em áreas particulares das habilidades desenvolvidas nesses programas, passíveis de serem aplicadas em um futuro inesperado[36].

Com um futuro ainda incerto, as formas de se conduzirem as atividades diárias e de planejamento dos programas de residência médica foram alteradas. O novo cenário trouxe consigo a certeza de que as comunicações remotas são possíveis e precisam ser incorporadas em nossos sistemas atuais[37]. A internet e o desenvolvimento das mídias sociais contribuíram para uma transformação das formas de comunicação humana. Na contemporaneidade, já pode-se comunicar não com um, mas com vários indivíduos por meio de múltiplas plataformas e aplicativos.

As atividades teóricas, que correspondem a até 20% da carga horária semanal, ainda de acordo com a Nota Técnica 1/2020/CNRM/CGRS/DDES/SESU/SESU[38], foram suspensas da realização do modo presencial e em reuniões, porém mantidas por formas de educação por uso de tecnologias de informação. O desenvolvimento dessas tecnologias, na comunicação remota, pode ser facilmente aplicado ao aprendizado remoto. As atividades acadêmicas habituais que ocupavam parte do tempo dos médicos residentes, envolvendo palestras e discussões de casos, antes, exigiam a presença física. A realidade que se impôs parece ir ao encontro de um novo panorama no qual essas atividades passaram a ser conduzidas remotamente pela internet. As aulas no formato de videoconferência podem ser realizadas de maneira ágil e eficaz, por meio das quais diversos indivíduos podem ver e ouvir com a capacidade de interagir em conversas bidirecionais. Estudos já apontam que, após a passagem dessa pandemia, essas atividades poderão continuar sendo realizadas em plataformas virtuais, o que seria conveniente e poderia atingir um público ainda maior[39].

Vale destacar, nesse panorama, a necessidade de se repensarem os compromissos já inerentes ao cotidiano dos médicos residentes, considerando as vulnerabilidades no âmbito individual e coletivo: não é possível, neste momento, seguir um cenário provavelmente favorável e cientificamente já provado. O período da pandemia amplifica a capacidade insuficiente dos serviços de saúde, sobretudo no âmbito público[40], o que exige dos profissionais de saúde, incluindo-se os médicos residentes, o resgate de respaldos bioéticos, como alternativa razoável de respaldo para se posicionar diante de conflitos. Os princípios da autonomia, da beneficência, não maleficência, e da justiça contribuem, nessas decisões, para o estabelecimento de uma relação de confiança e da boa relação médico-paciente.

O cenário incerto, escuro, com poucos respaldos científicos, configura vulnerabilidades para todos os lados, sensibilizando os indivíduos. Nesse panorama, a decisão médica, de curto prazo, deve, se possível, ser harmonizada com protocolos, ainda escassos, e com as expectativas dos pacientes e da sociedade, para que se construa um cenário de

---

36. AFONSO et al., 2020.
37. SHAH, 2020.
38. BRASIL, 2020.
39. SHAH, 2020.
40. CALMON, 2020.

confiança[41]. Nesse sentido, a possibilidade da difusão dos preceitos da bioética, teóricos e práticos, nos programas de residência médica, é um caminho para as mudanças atuais e futuras, como já dito, com potencial de melhorar a prática da medicina e construir um novo padrão de cuidado[42]. Ressalta-se que o estudo da bioética e a incorporação dos seus princípios pode contribuir para a tomada de decisões éticas e justas, levando-se em consideração a dignidade da pessoa humana, a igualdade e a não discriminação dos indivíduos.

3. BIOÉTICA COMO ESTRATÉGIA DE COMBATE NO CONTEXTO DA PANDEMIA

A emergência da bioética associou o trabalho de humanistas e cientistas, contribuindo para a forma como era feita a busca pela sabedoria e pelo conhecimento. Os valores éticos são atrelados aos fatos biológicos, servindo a bioética como meio de encontro entre a ciência médica e biológica e a ética. A bioética reconhece as diversas nuances da medicina e suas origens complexas, que envolvem problemáticas éticas, uma vez que o médico, no exercício de sua atividade, se respalda em protocolos científicos e, por vezes, se vê posicionado diante de aspectos psicológicos e socio-organizativos da assistência. Os princípios bioéticos podem servir de balizadores da atividade médica, influenciando na relação entre os envolvidos. Quem procura o profissional é o paciente, um ser humano, normalmente fragilizado no aspecto físico e psíquico, e não a enfermidade propriamente dita, o que evidencia a necessidade da boa conduta, além do respeito à dignidade, saúde, vontade e liberdade, que representam bases transformadoras da ciência e do bem-estar da sociedade[43].

As preocupações com o avanço da pandemia da Covid-19 impactaram rapidamente os ambientes hospitalares em todo o mundo. Cirurgias eletivas e atendimentos clínicos não urgentes foram interrompidos, estabelecendo-se o foco na conservação de recursos e na proteção dos profissionais de saúde, além das medidas para conter o crescimento dos casos da doença. Essas mudanças trouxeram vários desafios para os médicos, ao mesmo tempo que os pacientes continuaram a sofrer os seus problemas cotidianos[44]. A alocação de recursos limitados de saúde, de uma forma racional, ética e integrada, para apoiar o maior número de pessoas, requer o adiamento dos cuidados não emergenciais e a implementação de métodos alternativos de entrega (por exemplo, por meio da telemedicina). No entanto, não se pode esquecer que o atraso ou a omissão de serviços de saúde, observados como de rotina, pode levar ao aumento da morbidade ou da mortalidade por outras patologias[45].

---

41. BACK; TULSKY; ARNOLD, 2020.
42. SÁ, 2009.
43. CHAVES FILHO, J. I. G. Bioética e medicina: a bioética na relação médico-paciente e sociedade. *Revista Ciência e Estudos Acadêmicos de Medicina*, v. 1, n. 1, p. 10-17, 2014.
44. RUHL, D. S.; HOHMAN, M. H. An Example of Employing the Principles of Bioethics to Medical Decision Making in the Covid-19 Era. *The Laryngoscope*, 2020.
45. MCGUIRE, A. L. et al. Ethical challenges arising in the Covid-19 pandemic: An overview from the Association of Bioethics Program Directors (ABPD) task force. *The American Journal of Bioethics*, p. 1-13, 2020.

Em um contexto de uma grave crise, deve-se observar, com mais rigor, a ética. Na pandemia, os indivíduos apresentam medos e inseguranças, demonstrando a sua maior vulnerabilidade. A bioética se preocupa com os aspectos normativos das pesquisas científicas, de forma a protegê-las. Nesse sentido, em situações que possam produzir grandes calamidades, a bioética é mais necessária do que nunca, pois as decisões se amplificam e atingem milhares de indivíduos. Alguns desafios éticos surgem quando os sistemas de saúde atingem o limite de sua capacidade de lidar com o aumento da demanda de pacientes durante uma pandemia. Como a Covid-19 se espalhou rapidamente, os bioeticistas começaram a trabalhar com médicos e com os demais profissionais de saúde para criar ou revisar políticas, contribuindo para o estabelecimento de respaldos para as consultas clínicas e para o auxílio no desenvolvimento de critérios apropriados para decisões de alocação[46].

Determinar o que é um procedimento eletivo *versus* o que é urgente e como equilibrar adequadamente os potenciais riscos e benefícios nos diversos procedimentos hospitalares exemplificam alguns dos desafios vivenciados nesse panorama caótico. As decisões passaram a ser tomadas dentro de uma pequena janela terapêutica. O entendimento dos princípios da bioética, nesse sentido, pode facilitar esse processo. A sua compreensão, em especial, no cenário da pandemia, tornou-se mais necessária, considerando-se os recursos limitados e o aumento dos riscos para todas as partes. Em um cenário de crise, algumas áreas "cinzentas", no campo da medicina, podem vir à tona, potencializando os dilemas enfrentados pelos profissionais[47].

A criação ou a atualização de métodos de triagem pode ajudar a harmonizar os esforços nas diversas especialidades, aumentando-se a justiça. No entanto, essa triagem, em nível individual, continua sendo um desafio, uma vez que esses serviços dificilmente são totalmente eletivos. Nesse sentido, os médicos devem considerar quem será menos prejudicado pela assistência, o que pode ser impossível de se prever. Os critérios sobre quais decisões de alocação devem ser aplicados de forma consistente e informados de forma clara aos pacientes e familiares[48].

O uso de medicamentos em caráter experimental para tratar a Covid-19 foi percebida no mundo e no Brasil sem a devida aprovação dos órgãos governamentais competentes. Como exemplo de um medicamento, utilizado na forma *off label*, tem-se a polêmica da cloroquina. No mesmo dia em que o presidente brasileiro defendeu publicamente o seu uso, no início de abril de 2020, a revista científica *The British Medical Journal* apontou para os seus efeitos adversos e alertou que o seu uso como tratamento para essa doença ainda seria prematuro. A revista também apontou para a possibilidade de danos fatais, reações adversas cutâneas, insuficiência hepática e arritmias ventriculares, sobretudo quando é prescrita em conjunto com a azitromicina[49].

---

46. MCGUIRE et al., 2020.
47. RUHL; HOHMAN, 2020.
48. MCGUIRE et al., 2020.
49. ERNER, R.; ARONSOR, J. Chloroquine and hydroxychloroquine in Covid-19. Use of these drugs is premature and potentially harm-ful Editorials. *BMJ*, 2020; 369:m1432. Disponível em: https://www.bmj.com/content/bmj/369/bmj.m1432.full.pdf. Acesso em: 08.08.2020.

Incorporando-se os princípios preconizados pela bioética, tem-se a necessidade de os médicos adotarem posturas cada vez mais informativas e transparentes com os seus pacientes, percebendo-os como partes que determinam, de fato, o que será feito para a melhora da sua saúde (autonomia)[50]. A autonomia atrela-se à capacidade de autodeterminação do indivíduo e, nesse sentido, é imprescindível reconhecer a capacidade de escolha inerente à pessoa humana, a qual deve ser respeitada como parâmetro ou como critério nas decisões médicas. Nos procedimentos realizados, deve-se atentar, também, para o aumento dos riscos e das ameaças nos ambientes em que ocorrem (não maleficência). Deve-se preconizar pelo conhecimento científico com o que se tem disponível, visando dar ao paciente o melhor resultado possível (beneficência). As decisões tomadas pelos profissionais devem observar o benefício do paciente e o seu não malefício. Faz-se necessário, nesse sentido, vislumbrar

> A priorização do benefício máximo de todos os pacientes e do maior número possível de pessoas, reconhecendo que nem todos os pacientes se beneficiam ou necessitarão da utilização de todos os recursos, e, logo, cada recurso deve ser direcionado àqueles que realmente podem se beneficiar de seu uso, segundo as evidências clínicas disponíveis[51].

Por fim, deve-se considerar a máxima utilização dos recursos para gerar um maior número dos pacientes beneficiados, sem se esquecer, ao mesmo tempo, dos potenciais riscos para os profissionais de saúde (justiça). Esse princípio sintoniza-se com a noção da equidade na distribuição de bens e benefícios no que se refere ao exercício profissional na área da saúde. Ou seja, reconhece cada indivíduo de acordo com as suas necessidades, levando em consideração que cada um se diferencia quanto às suas necessidades. No contexto da pandemia, deve-se observar

> O dever do cuidado, isto é, de prestar cuidados adequados, considerando o grupo para o qual o paciente foi designado e aliviar sofrimento em qualquer situação. O dever de gerenciar os recursos e de equilibrar igualdade e equidade na distribuição dos recursos, por meio de protocolos com critérios bem definidos e apoiados nos demais valores expressos neste documento[52].

A incorporação desses princípios, na prática, evidentemente, não é uma tarefa fácil. É razoável, nesse panorama, tanto científica quanto eticamente, utilizar dos princípios bioéticos, da ética médica e até mesmo o princípio da precaução para se evitar danos maiores em um cenário já deteriorado[53]. Não parece ser moralmente adequado o tratamento de indivíduos sem que haja, previamente, pesquisas científicas desenvolvidas de modo eticamente aceitáveis, o que afasta a possibilidade do uso de medicamentos *off label*, mesmo que em caráter experimental[54]. Cabe lembrar que uma pesquisa com seres humanos, que procura determinar se remédios ou vacinas podem ser efetivamente usados em larga escala, precisa estar embasada em sólidos princípios bioéticos.

---

50. MCGUIRE et al., 2020.
51. ERNER; ARONSOR, 2020.
52. SATOMI, E et al. Fair allocation of scarce medical resources during Covid-19 pandemic: ethical considerations. *Einstein*, São Paulo, v. 18, eAE5775, p. 2, 2020. Disponível em: https://doi.org/10.31744/einstein_journal/2020ae5775. Acesso em: 09.08.2020.
53. TORRES, A.; FÉLIX, A. A. A.; DE OLIVEIRA, P. I. S. Escolhas de Sofia e a pandemia de Covid-19 no Brasil: reflexões bioéticas. *Revista de Bioética y Derecho*, n. 50, p. 333-352, 2020.
54. ERNER; ARONSOR, 2020.

A Resolução 466/2012, do Conselho Nacional de Saúde, e em consonância com os princípios basilares que norteiam os estudos da bioética, estabelece quatro princípios que devem ser respeitados para garantir a eticidade da pesquisa científica envolvendo seres humanos: a) respeito ao participante do estudo em sua dignidade e autonomia, reconhecendo sua vulnerabilidade, assegurando sua vontade de contribuir e permanecer, ou não, na pesquisa, por intermédio de manifestação expressa, livre e esclarecida; b) ponderação entre riscos e benefícios, tanto conhecidos como potenciais, individuais ou coletivos, comprometendo-se com o máximo de benefícios e o mínimo de danos e riscos; c) garantia de que danos previsíveis serão evitados; e d) relevância social da pesquisa, o que garante a igual consideração dos interesses envolvidos, não perdendo o sentido de sua destinação sócio-humanitária[55].

O médico, no exercício de sua atividade, respalda-se em protocolos científicos, e, em diversas situações, no seu cotidiano profissional, se vê posicionado diante de aspectos psicológicos e sócio-organizativos da assistência, os quais poderiam ser respaldados pelos princípios que norteiam a bioética. Nesse sentido, a fim de perceber se a aprendizagem da bioética está, de fato, sendo difundida, no momento da pandemia, nos programas de residência médica e, para além disso, quais são os principais desafios que impedem a propagação dessa temática nesse meio, fez-se uma pesquisa com 16 médicos residentes, que será apresentada no próximo tópico.

4. UM ESTUDO SOBRE A BIOÉTICA COM MÉDICOS RESIDENTES NO COMBATE CONTRA A PANDEMIA DA COVID-19

Um questionário no formato *on-line*, com 60 perguntas (Anexo 1), foi formulado a partir da adaptação de três estudos[56-57-58] que tinham como objetivo avaliar o conhecimento da bioética no ensino da medicina (incluindo-se o período da graduação e o da residência médica). O questionário foi composto por perguntas abertas e fechadas, sendo que nem todas precisavam obrigatoriamente ser respondidas. A participação foi voluntária e foi garantido anonimato. Todos os participantes, antes de iniciarem o preenchimento da pesquisa, assinalaram a sua concordância após a leitura de um Termo de Consentimento Livre e Esclarecido (TCLE) (Anexo 2).

O HJK, localizado em Belo Horizonte, Minas Gerais, foi inaugurado no final da década de 1950, sendo que, no início, era destinado ao tratamento da tuberculose. A localização e o tamanho do hospital foram, à época, considerados fatores imprescindíveis para o processo de cura dessa doença, pois era preconizado que o paciente deveria ser tratado em locais com ar puro. Já no final da década de 1960, com a unificação dos Institutos de

---

55. BRASIL Conselho Nacional de Saúde. Resolução 466, de 12 de dezembro de 2012. *Diário Oficial da União*, Brasília, n. 12, 13 jun. 2013. Disponível em: https://conselho.saude.gov.br/resolucoes/2012/Reso466.pdf. Acesso em: 08.08. 2020.
56. OLIVEIRA, G. B.; GUAIUMI, T. J.; CIPULLO, J. P. Avaliação do ensino de Bioética nas Faculdades de Medicina do Estado de São Paulo. *Arq Ciênc Saúde*, v. 15, n. 3, p. 125-31, jul.-set. 2008.
57. ALMEIDA, A. de M. et al. Conhecimento e interesse em ética médica e bioética na graduação médica. *Revista Brasileira de Educação Médica*, v. 32, n. 4, p. 437-444, 2008.
58. RODRIGUES, C. F. A.; FILLUS, I. C. Conhecimento sobre ética e bioética dos estudantes de medicina. *Revista Bioética*, v. 27, n. 3, p. 482-489, 2019.

Previdência, o HJK passa a ser vinculado ao Instituto Nacional de Assistência Médica da Previdência Social (INAMPS) e, posteriormente, à FHEMIG[59]. No final da década de 1980, o HJK foi reestruturado e reconfigurou-se como um hospital geral de abrangência regional. Ele atua em diversas áreas, como a de pneumologia, cirurgia torácica, clínica médica, cirurgia geral, ginecologia e obstetrícia. Além disso, presta atenção integral aos pacientes com doenças raras. É considerado referência em gravidez de alto risco, com serviços de assistência integral à saúde da mulher[60].

Em 2020, com a rápida progressão exponencial do número de casos da Covid-19, no Brasil e em Minas Gerais, os quais decretaram Estado de Calamidade Pública, o HJK foi definido como preferencial, dentre os hospitais vinculados à FHEMIG, para o recebimento das gestantes suspeitas ou confirmadas da Covid-19, em trabalho de parto, para indução do mesmo ou para realização de cesariana[61]. Nesse sentido, os médicos que atuam na área de ginecologia e obstetrícia do HJK tiveram as suas rotinas transformadas, tornando-se atores fundamentais no processo de combate contra a pandemia.

O formulário eletrônico foi encaminhado a 24 médicos que fazem parte da área de ginecologia e obstetrícia, sendo 22 médicos pertencentes ao programa de residência médica e dois coordenadores desse programa. A pesquisa ficou disponível durante um período de sete dias no mês de agosto de 2020. Não houve prorrogação. O questionário foi estruturado em seis partes, a saber: na primeira parte foi apresentado o TCLE, pelo qual o respondente poderia concordar ou discordar de participar da pesquisa; na segunda parte, tendo o indivíduo concordado em participar, foram coletados dados para a sua caracterização (faixa de idade, sexo, religião, ano do programa de residência médica); na terceira parte, dados sobre a formação acadêmica foram coletados (em qual estado fez a graduação; se a disciplina Bioética foi ofertada na grade curricular, quando foi e qual a modalidade); na quarta parte, foram questionadas as principais mudanças vividas pelos entrevistados no período de enfrentamento da Covid-19 (considerando-se impactos, adoção de novos métodos e tecnologias educacionais, a inclusão da temática bioética nas discussões); na quinta parte, o aprendizado da bioética foi o enfoque (explorando-se questões como o conceito, a importância e as possibilidades de contribuição da bioética no exercício da profissão); por fim, na sexta parte foram coletadas informações sobre conhecimentos práticos sobre a bioética e sobre o Código de Ética Médica (abrangendo casos clínicos de divulgação de imagens de pacientes, consultas de menores de idade, solicitações de prontuários médicos, manipulações genéticas, transfusão sanguínea no caso de paciente testemunha de Jeová etc.).

Neste trabalho, serão apresentadas e discutidas, com maior ênfase, as respostas da terceira e da quarta parte do questionário, as quais fornecem elementos para a discussão da importância da bioética, para os médicos residentes, no panorama de pandemia da Covid-19.

---

59. FHEMIG – Fundação Hospitalar do Estado de Minas Gerais. Complexo de especialidades - Hospital Júlia Kubitschek. Disponível em: http://www.fhemig.mg.gov.br/atendimento/complexo-de-especialidades/hospital-julia-kubitschek. Acesso em: 09.09.2020.
60. Idem.
61. FHEMIG, 2020.

"PRECISO ESTUDAR BIOÉTICA!" **345**

A adesão foi de 67%, o que representou a participação de 14 médicos residentes e de dois coordenadores. Com relação ao sexo, 14 eram mulheres (88%) e dois eram homens (12%). As religiões predominantes foram a católica, com sete respondentes (44%), e a espírita, com cinco respondentes (31%). A faixa de idade predominante foi de 23 a 27 anos, com sete respondentes (44%), sendo seguida pela faixa de 28 a 32 anos (31%).

A maior parte dos médicos estavam no primeiro ano da residência médica, com sete respondentes (44%), seguido de quatro médicos residentes (25%) no terceiro ano e de três médicos residentes no segundo ano (19%). Todos os 16 médicos concluíram a sua graduação em Minas Gerais. A disciplina Bioética, para nove médicos (56%), foi ofertada como obrigatória no período da graduação, e, para dois respondentes (13%), ela foi ofertada como optativa. Já para cinco respondentes (31%), essa disciplina não foi ofertada, nem como optativa nem como obrigatória. Nesse sentido, depreende-se que a maior parte dos médicos residentes que participaram da pesquisa tiveram contato com a temática da bioética no período da graduação. Os participantes informaram, também, que o tema foi trabalhado em outras disciplinas, como Deontologia, Ética Médica e Medicina Legal.

Quando indagados a respeito do conceito de bioética, os respondentes dividiram-se em dois grupos de definições. O primeiro grupo associou o conceito a aspectos relacionados à importância no cuidado com a vida, com o paciente e com os aspectos morais: "Agir com princípios diante da vida"; "Lidar respeitosamente com a vida"; "O cuidado do paciente como um todo."

Já o segundo grupo, atrelou o conceito da disciplina a questões essencialmente éticas e normativas, demonstrando um caráter mais objetivo da temática: "Ética aplicada à saúde"; "Ética profissional envolvida nos processos de saúde e doença"; "Conjunto de normas e regras para lidar com o outro, no processo de saúde."

Apenas um participante associou o conceito disciplina à concepção e aos princípios clássicos preconizados pelo pesquisador Van Rensselaer Potter[62]: "A bioética (bio: vida + ética) envolve a análise dos direitos dos seres, embasados nos princípios da autonomia, não maleficência e justiça."

Aos participantes da pesquisa, foram questionados quais princípios norteiam e são relevantes para a bioética. A intenção dessa pergunta era perceber se os médicos conseguiriam assinalar os princípios clássicos da bioética principialista, explorados por Tom Beauchamp e James Childress, quais sejam, a autonomia, a beneficência, a não maleficência e a justiça[63-64]. Para tanto, além dos princípios citados, foram inseridos vocábulos que possuem significados relevantes para a disciplina, contudo, que não correspondem àqueles preconizados pela literatura clássica, como dignidade, equidade, humanidade, solidariedade e democracia. Apenas um participante assinalou os quatro princípios exaltados nos estudos clássicos da bioética. Um apontamento interessante é que 12 médicos assinalaram a opção "não maleficência", 11 a opção "autonomia" e 10 a opção "beneficência". Contudo, apenas quatro assinalaram a opção "justiça". Nesse

---

62. POTTER, V. R. *Bioethics*: bridge to the future. Englewood Cliffs: Prentice-Hall, 1971.
63. BARCHIFONTAINE, C. de P.; TRINDADE, M. A. Bioética, saúde e realidade brasileira. *Revista Bioética*, Brasília, v. 27, n 3, p. 439-445, 2019.
64. GUILHEM, D.; DINIZ, D. *O que é bioética*. São Paulo: Brasiliense, 2002. p. 25-33.

sentido, o resultado aponta para necessidade de disseminação da noção de que a prática médica também deve ser justa e distributiva, almejando-se uma repartição apropriada dos encargos e dos benefícios em uma mesma população, possibilitando a maior igualdade nos serviços de saúde[65].

A importância da disciplina bioética, no exercício da medicina, também foi questionada aos médicos participantes. Como resultado, 10 respondentes (63%) afirmaram a importância da disciplina e que a aplicam no seu cotidiano. Contudo, seis respondentes (37%), apesar de reconhecerem a importância da disciplina, declararam que nunca a aplicaram na prática. É um resultado curioso, uma vez que a relação médico-paciente deve considerar as particularidades dos indivíduos, sendo inequívoca a fundamental importância da aplicação de conceitos éticos nessa relação. Os conhecimentos científicos e as condutas médicas constituem-se apenas como bases para uma maior eficácia das relações médico-paciente[66].

No que se refere às formas de contribuição da bioética, no período de formação do médico residente, mais uma vez, os respondentes dividiram-se em dois grupos de abordagens. A abordagem mais citada, 10 médicos (63%), foi a possibilidade de a disciplina oferecer suporte e maior segurança no processo de tomada de decisão: "Auxiliar na tomada de decisão"; "Melhora nas decisões referentes ao processo de tratamento do paciente"; "Ajudaria a lidar com as questões cotidianas relacionados ao assunto com mais segurança."

Outra abordagem citada, porém, com menor índice, cinco participantes (31%), foi a possibilidade de se melhorar a relação médico-paciente: "Melhorando relação médico paciente"; "No cuidado do paciente como um todo"; "Enfrentamento de problemas no atendimento aos pacientes."

O fato de que alguns médicos residentes já percebem a melhoria da relação médico-paciente como atrelada à bioética reflete um resultado que chama a atenção. Vale esclarecer que essa relação, no atual panorama, se afasta do antigo paternalismo médico, uma vez que a compreensão e o sentimento de bem-estar do paciente tornaram-se prioridades. A supervalorização e a percepção da superioridade médica não mais predominam na sociedade contemporânea, passando o paciente a questionar sobre os atos e sobre os resultados das condutas médicas, o que se reflete no aumento da judicialização de casos a partir dessa relação quando conflituosa[67].

Os médicos residentes foram questionados se as mudanças vivenciadas durante o período de enfrentamento à pandemia da Covid-19 foram favoráveis ou desfavoráveis para a sua formação. A maior parte dos participantes, 14 médicos (88%), alegaram que essas mudanças foram desfavoráveis. Dentre as razões apontadas, tem-se a diminuição das cirurgias eletivas, a suspensão dos atendimentos ambulatoriais e a redução do número de partos: "Redução da gama de atividades"; "Redução dos partos e suspensão

---

65. CAMPOS; OLIVEIRA, 2017.
66. MIRANDA-SÁ, L. S. *Uma introdução à medicina*. Brasília: Conselho Federal de Medicina, 2013. v. 1: O médico. p. 81.
67. CNJ – Conselho Nacional de Justiça. Demandas judiciais relativas à saúde crescem 130% em dez anos. 18 mar. 2019. Disponível em: www.cnj.jus.br/demandas-judiciais-relativas-a-saude-crescem-130-em-dez-anos. Acesso em: 19.08.2020.

procedimentos cirúrgicos"; "Redução do número de procedimentos médicos da área em que escolhi fazer residência"; "Ansiedade da equipe"; "Ausência de ambulatórios"; "Sentimento de impotência"; "Diminuição de casos cirúrgicos".

Vale ressaltar que, além dos relatos sobre a diminuição dos procedimentos habituais da área de ginecologia e obstetrícia, foram relatadas outras mudanças, como o aumento da ansiedade da equipe e o sentimento de impotência. Por outro lado, dois respondentes apontaram como favoráveis às alterações vivenciadas no período da pandemia, enaltecendo a possibilidade de se adquirir conhecimentos e capacidade de adaptação frente às adversidades do momento: "Aumento da carga horária teórica"; "Capacidade de adaptação às adversidades, aprender que a residência não é somente um campo cirúrgico, mas envolve teoria e prática centrada no paciente."

As mudanças vivenciadas no programa de residência médica, durante o período da pandemia da Covid-19, incluíram novos métodos e tecnologias educacionais, fato que foi valorizado e enaltecido por 11 respondentes. No que tange ao âmbito acadêmico, a rotina e a dinâmica das atividades de ensino foram alteradas. Os encontros e as aulas virtuais tornaram-se comuns, fato observado como de grande valia para profissionais que têm que estar continuamente atualizados: "A parte teórica se tornou mais completa e efetiva através de aulas e reuniões *on-line*"; "As aulas *on-line* vieram para ficar"; "Parte boa disso tudo! Aula *on-line* facilita a vida!"; "Maior envolvimento dos preceptores com a aprendizagem e o ensino."

As discussões promovidas por meio de novos métodos e tecnologias educacionais, no período da pandemia, para sete participantes (44%), incluíram a temática da bioética. Contudo, a maior parte, nove participantes (56%), alegou que a disciplina não foi incluída nos encontros acadêmicos virtuais desde que a pandemia foi instaurada. O resultado demonstra uma oportunidade para difusão dos conceitos da disciplina que, como mencionado, para os participantes da pesquisa, ainda não aparentam como solidificados.

Uma parte significante dos médicos participantes desta pesquisa não se atualiza em assuntos atinentes à disciplina bioética. De acordo com os resultados, somente três médicos (19%) referiram-se a acompanhar notícias relacionadas à temática. Para eles, as principais fontes de atualização são perfis do Instagram, grupos de WhatsApp, *lives* e reuniões acadêmicas. Os demais, 13 médicos (81%), informaram não acompanhar informações atreladas à disciplina. Percebe-se, aqui, uma necessidade de que os médicos residentes busquem conhecimentos e atualizações no seu cotidiano sobre questões ligadas à bioética, podendo-se utilizar os meios de mídias sociais e de comunicação.

Conforme comentado no terceiro tópico desta pesquisa, em um panorama de grave crise, como o que se tem observado no período de combate contra a disseminação da Covid-19, deve-se observar, com maior rigor, a ética. Na pandemia, os profissionais podem apresentar medos e inseguranças, demonstrando a sua maior vulnerabilidade. Essa insegurança foi relatada por um participante, quando questionado se as mudanças vivenciadas foram favoráveis ou desfavoráveis. A maioria dos entrevistados, nove médicos (56%), afirmaram ter lido o Código de Ética Médica (CEM), contudo, em partes. Por outro lado, seis médicos (38%) alegaram ter lido o CEM na íntegra. Por fim, um importante apontamento, um médico alegou nunca ter lido. Como decorrência desse resultado, tem-se a importância de que se fomente a leitura integral e periódica do CEM pelos médicos entrevistados. O CEM assegura, em vários dispositivos, a confiança como basilar na relação médico-paciente[68]. Por meio da conduta ética, no exercício da medicina, o médico transmite ao paciente um natural vínculo de confiança, adentrando em dados sobre a sua intimidade e fazendo parte de decisões importantes sobre sua vida[69]. Um apontamento interessante da pesquisa foi o de que quatro médicos disseram não saber ou afirmaram que o CEM é punitivo, o que é um erro.

Quando questionados sobre como a bioética poderia contribuir para o enfrentamento à pandemia da Covid-19, sete médicos (44%) preferiram não opinar. Contudo, a pesquisa apontou que seis participantes expressaram, nas suas palavras, os princípios clássicos da bioética como aspectos facilitadores no processo de combate contra a pandemia: "Respeito a vontade do paciente frente a procedimentos invasivos. Ao cuidado consigo e com os outros no atendimento e risco de contaminação"; "Maior partilha de decisão dos limites dos tratamentos invasivos na Covid 19"; "Respeito ao paciente"; "Como agir em relação a pacientes, familiares, isolamento;" "Alocação recursos."

Os exemplos expressam, a partir do dizeres dos participantes, mesmo que de forma indireta, alguns dos preceitos consagrados pela bioética. O respeito ao paciente e a partilha de decisões junto ao mesmo, por exemplo, evidenciam o princípio da autonomia, que preconiza o respeito pela individualidade e pela liberdade de decisão de cada paciente. A preocupação quanto à forma de agir também manifesta um cuidado especial com a relação médico-paciente, demonstrando que é dever do profissional perceber as particularidades de cada indivíduo, adotando um tratamento mais humanizado. O princípio da justiça também se desponta, pois o último relato, quanto à alocação de recursos, parece atrelar--se à perspectiva de que deva ser promovida uma adequada distribuição dos encargos e benefícios entre os indivíduos, almejando-se a maior igualdade nos serviços de saúde.

Outros relatos exteriorizaram uma apreensão quanto à ausência de pesquisas e evidências científicas que possam respaldar o exercício da profissão: "Evitando-se falsas curas e condutas não baseadas em evidências científicas"; "Ajudar no desenvolvimento de estudos sobre uma doença ainda tão desconhecida"; "Decisão do uso de medicamentos que possam apresentar benefícios ao tratamento, que ainda não possuem comprovação científica."

Conforme explorado no terceiro item desta pesquisa, não é confortável nem seguro o tratamento de indivíduos sem que haja, previamente, pesquisas e estudos científicos desenvolvidos de modo eticamente aceitáveis[70]. A ausência de comprovações científicas parece provocar apreensão e ansiedade nos médicos entrevistados, sobretudo naqueles que ainda estão no processo de aprendizado. A utilização de protocolos cientificamente aprovados e a constante atualização dos critérios podem contribuir para a tomada de decisões éticas e justas, garantindo a proteção à dignidade do paciente em seu tratamento[71].

---

68. CFM – Conselho Federal de Medicina. Código de Ética Médica: Resolução CFM n. 2.217, de 27 de setembro de 2018, modificada pelas Resoluções CFM no 2.222/2018 e 2.226/2019. Brasília: CFM, 2019.
69. GOOLD, S. D. Trust, distrust and trustworthiness. *Journal of General Internal Medicine*, v. 17, n. 1, p. 79-81, 2002.
70. ERNER; ARONSOR, 2020.
71. TORRES; FÉLIX; DE OLIVEIRA, 2020.

Apesar de apenas um participante ter assinalado os quatro princípios exaltados nos estudos clássicos da bioética, os relatos supracitados demonstram que, no exercício da profissão, e mesmo que de forma obscura, os médicos participantes parecem perceber o valor moral, as singularidades e a autonomia dos seus pacientes, não se sentindo confortáveis, em um cenário caótico, como o que se tem vivenciado, em seguirem procedimentos ainda não comprovados cientificamente.

Ao final da pesquisa, havia um campo aberto para que os médicos fizessem comentários gerais, sem quaisquer assuntos predefinidos. Uma resposta chamou a atenção e cabe, neste momento, ser explorada: "Preciso estudar bioética!"

O breve relato talvez expresse a necessidade comum entre os médicos que enfrentam, no seu cotidiano, dilemas éticos e dificuldades no processo de tomada de decisão. A aquisição de conhecimentos científicos é fundamental e serve de alicerce para as condutas adotadas no exercício da profissão. Contudo, esses conhecimentos, sem o amparo de preceitos éticos, não são suficientes[72]. O estudo e a compreensão da bioética, na prática da profissão, respalda e dá significado moral nas condutas médicas, e, se associados aos princípios da autonomia, beneficência, não maleficência e justiça, possibilitam a integralidade e a dignidade, seja para o paciente, seja para o médico.

Após apresentar os resultados da pesquisa, o próximo tópico traz as considerações finais, que reúne e esclarece alguns dos principais resultados, além de exaltar a importância da bioética para os médicos que vivenciam diretamente o enfrentamento à pandemia da Covid-19.

5. CONSIDERAÇÕES FINAIS

Esta pesquisa se propôs, em linhas gerais, realizar uma análise crítica quanto às mudanças enfrentadas pelos médicos residentes no panorama de enfrentamento à Covid-19, abordando temas como a aprendizagem da bioética e os principais desafios que impedem a propagação dessa temática nos programas de residência médica.

A magnitude da pandemia e da grave situação mundial globalizada, sem uma referência no passado que possa orientar de que forma proceder no (re)planejamento desses programas, fez com que os programas de residência médica tivessem o seu processo de aprendizado transformado. Tem-se observado os reflexos das condições precárias de trabalho que o sistema da saúde coletiva tem apresentado nos últimos anos. Os profissionais da área de saúde estão sendo desafiados a dispor de suas competências para atuarem em um momento de necessidade extrema. Soma-se às suas responsabilidades pessoais e familiares, o seu compromisso junto aos pacientes. Esse é um dilema de difícil resolução para os médicos residentes que, já inseridos em contextos hospitalares, tiveram de repensar os seus anseios prévios quanto aos programas de residência médica.

Se é complicado enfrentar um vírus com alto potencial de propagação, torna-se mais cruel combatê-lo sem os devidos equipamentos de segurança individual e, pior, não poder contar com a equipe completa de profissionais de saúde. A pandemia tem

---

72. MIRANDA-SÁ, 2013.

gerado evidências de adversidades sem precedentes. Além da população diretamente atingida, sofrem também os profissionais de saúde, pois, em muitos casos, sem contar com condições adequadas de trabalho, combatem um inimigo invisível e na luta contra o tempo. O sono, o cansaço, o sentimento de solidão, a saudade da família, de amigos e do lar e a preocupação com a própria saúde são apenas alguns dos impactos com os quais esses profissionais passaram a lidar.

Os princípios bioéticos podem servir de balizadores da atividade médica, influenciando na relação entre os envolvidos. As condutas que envolvem a vida e a saúde de um indivíduo, sob a luz da bioética, deveriam antever: a autonomia e a liberdade de decisão dos pacientes; a busca por benefícios e o reconhecimento indistinto do seu valor moral; a prática de atos não prejudiciais e danosos; e a adequada distribuição de encargos e benefícios, em um cenário precário, possibilitando o acesso de todos aos serviços de saúde. A incorporação desse assunto, nas discussões com médicos residentes, ainda no seu processo de formação acadêmica, pode possibilitar a ampliação da sua capacidade de tratar os pacientes, fortalecendo o diálogo, a confiança e a própria razão dos serviços prestados.

Foi estabelecida a necessidade de se (re)pensar os compromissos inerentes ao cotidiano dos médicos residentes, considerando as vulnerabilidades no âmbito individual e coletivo. Não é possível, neste momento, seguir um cenário provavelmente favorável e cientificamente já provado. Uma parte significante dos médicos participantes desta pesquisa demonstrou não se atualizar em assuntos atinentes à disciplina bioética, o que pode contribuir para que esses profissionais apresentem medos e inseguranças, demonstrando a sua maior vulnerabilidade. Essa insegurança, inclusive, foi relatada por um participante

O breve relato de um participante, qual seja, o de que "Preciso estudar bioética!", talvez expresse uma necessidade comum entre os médicos que enfrentam, no seu cotidiano, dilemas éticos e dificuldades no processo de tomada de decisão: o estudo de evidências científicas e de protocolos de base para as condutas adotadas no exercício da profissão. Contudo, esses conhecimentos, sem o amparo de preceitos éticos, não são suficientes.

Mesmo com tantas incertezas com relação ao futuro, nada impede uma reflexão sobre os aprendizados que a pandemia irá proporcionar. O rápido, e talvez forçado, amadurecimento dos profissionais de saúde será um importante marco. O cuidado com os riscos de contaminação e a necessidade do uso de equipamentos de proteção individual passaram a ter um significado maior, como uma medida básica e indispensável de proteção diária para os profissionais que estão em contato direto com os seus pacientes, seja qual for a queixa. A necessidade de distanciamento social gerou grandes mudanças para os indivíduos, seja no âmbito pessoal ou no profissional. No ambiente acadêmico, como nos programas de residência médica, a rotina e a dinâmica das atividades de ensino foram alteradas. Encontros virtuais passaram a ocorrer com mais frequência, o que se percebeu, neste estudo, como uma experiência enriquecedora.

Desse cenário caótico, pode-se torcer para que a população brasileira perceba um saldo positivo. Como exemplos, o reconhecimento da importância da educação e da saúde, dos princípios que norteiam o SUS (integralidade, universalidade, equidade) e a valorização quanto à hierarquização do nosso modelo nacional de saúde, internacionalmente reconhecido, poderão ser observados. Entre os resultados desta pesquisa, contribui-se, também, com insumos para a maior reflexão sobre a importância da disseminação dos estudos sobre a bioética, em especial para os médicos residentes, que ainda se encontram em um processo de formação acadêmica.

Sugere-se que se aprofundem estudos sobre a bioética sob o olhar do médico no exercício da sua profissão, utilizando distintas abordagens teóricas e em distintos contextos, com o objetivo de complementar a compreensão das peculiaridades dessa disciplina. Para além de satisfeitos os objetivos propostos, academicamente, o trabalho também contribui para o aprimoramento do programa de residência médica analisado. Por fim, esta pesquisa também colabora para o desenvolvimento profissional e acadêmico dos autores, uma vez que possibilitou o aprofundamento dos estudos em torno da bioética, no cenário da pandemia da Covid-19, envolvendo complexo percurso metodológico, levantamento de dados primários e secundários e utilização de técnicas de análise.

6. REFERÊNCIAS

ACOG – American College of Obstetricians and Gynecologists. How program directors can support obstetrics and gynecology residents during the Covid-19 pandemic. May 4, 2020. Disponível em: https://www.acog.org/news/news-articles/2020/05/how-program-directors-can-support-ob-gyn--residents-during-covid-19. Acesso em: 28.08.2020.

AFONSO, D. H. et al. Análise da Associação Brasileira de Educação Médica sobre os desafios da Residência Médica na pandemia da Covid-19. *Health Residencies Journal*, v. 1, n. 3, p. 6-15, 2020.

ALMEIDA, A. de M et al. Conhecimento e interesse em ética médica e bioética na graduação médica. *Revista Brasileira de Educação Médica*, v. 32, n. 4, p. 437-444, 2008.

AMB – Associação Médica Brasileira. Profissionais da saúde denunciam a falta de EPIs. 23 abr. 2020. Disponível em: https://amb.org.br/noticias/profissionais-da-saude-denunciam-a-falta-de-epis/. Acesso em: 04.08.2020.

AMERICAN College of Surgeons. Covid-19 guidelines for triage of cancer surgery patients. 2020. Disponível em: https://www.facs.org/covid-19/clinical-guidance/elective-case/cancer-surgery. Acesso em: 08.08.2020.

BACK, A.; TULSKY, J. A.; ARNOLD, R. M. Communication Skills in the Age of Covid-19. *Annals of Internal Medicine*. 2020. [Epub ahead of print 2 April 2020]. Disponível em: https://doi.org/10.7326/M20-1376. Acesso em: 31.09.2020.

BARCHIFONTAINE, C. de P.; TRINDADE, M. A. Bioética, saúde e realidade brasileira. *Revista Bioética*, Brasília, v. 27, n 3, p. 439-445, 2019.

BBC News. Coronavírus: o mapa que mostra o alcance mundial da doença. 10 jul. 2020. Disponível em: https://www.bbc.com/portuguese/internacional-51718755. Acesso em: 28.08.2020.

BRASIL Conselho Nacional de Saúde. Resolução nº 466, de 12 de dezembro de 2012. *Diário Oficial da União*, Brasília, n. 12, 13.06.2013. Disponível em: https://conselho.saude.gov.br/resolucoes/2012/Reso466.pdf. Acesso em: 08.08.2020.

BRASIL. Decreto n. 80.281, de 5 de setembro de 1977. Regulamenta a Residência Médica, cria a Comissão Nacional de Residência Médica e dá outras providências. *Diário Oficial da União*, Brasília, 6 set. 1977.

BRASIL. Ministério da Educação. Nota Técnica 1/2020/CNRM/CGRS/DDES/SESU/SESU. Assunto: Recomendações quanto ao desenvolvimento das atividades dos Programas de Residência Médica (PRMs) durante enfrentamento à pandemia por Covid-19. Disponível em: https://bit.ly/2EH4xW7. Acesso em: 28.08.2020.

BRASIL. Ministério da Saúde. Portaria 639, de 31 de março de 2020. Dispõe sobre a Ação Estratégica "O Brasil Conta Comigo – Profissionais da Saúde", voltada à capacitação e ao cadastramento de profissionais da área de saúde, para o enfrentamento à pandemia do coronavírus (Covid-19). *Diário Oficial da União*, Brasília, 2 abr. 2020. Disponível em: https://www.in.gov.br/en/web/dou/-/portaria--n-639-de-31-de-marco-de-2020-250847738. Acesso em: 4 ago. 2020.

BRASIL. Resolução CNE/CES 3, de 20 de junho de 2014. Institui Diretrizes Curriculares Nacionais do Curso de Graduação em Medicina e dá outras providências. *Diário Oficial da União*, Brasília, 6 jun. 2014. Disponível em: http://portal.mec.gov.br/escola-de-gestores-da-educacao-basica/323-secretarias-112877938/orgaos-vinculados-82187207/12991-diretrizes-curriculares-cursos-de-graduacao. Acesso em: 04.08.2020.

BRASIL. Resolução 510, de 7 de abril de 2016. Dispõe sobre as normas aplicáveis a pesquisas em Ciências Humanas e Sociais. *Diário Oficial da União*, Brasília, n. 98, 24 maio 2016. Seção 1, p. 44, 45, 46. Disponível em: https://bit.ly/3fiFoxs. Acesso em: 31.07.2020.

CALMON, T. V. L. As condições objetivas para o enfrentamento ao Covid-19: abismo social brasileiro, o racismo, e as perspectivas de desenvolvimento social como determinantes. *NAU Social*, v. 11, n. 20, p. 131-136, 2020.

CAMPOS, A.; OLIVEIRA, D. A relação entre o princípio da autonomia e o princípio da beneficiência (e não maleficência) na bioética médica. *Revista Brasileira de Estudos Políticos*, Belo Horizonte, n. 115, p. 13-45, 2017.

CFM – Conselho Federal de Medicina. Código de Ética Médica: Resolução CFM n. 2.217, de 27 de setembro de 2018, modificada pelas Resoluções CFM 2.222/2018 e 2.226/2019. Brasília: CFM, 2019.

CFM – Conselho Federal de Medicina. *Manifestação do Conselho Federal de Medicina em relação à pandemia de Covid-19*. Disponível em: https://bit.ly/30edPRS. Acesso em: 31.07.2020.

CHAVES FILHO, J. I. G. Bioética e medicina: a bioética na relação médico-paciente e sociedade. *Revista Ciência e Estudos Acadêmicos de Medicina*, v. 1, n. 1, p. 10-17, 2014.

CNJ – Conselho Nacional de Justiça. Demandas judiciais relativas à saúde crescem 130% em dez anos. 18 mar. 2019. Disponível em: www.cnj.jus.br/demandas-judiciais-relativas-a-saude-crescem-130-em--dez-anos. Acesso em: 19.08.2020.

COLBARI, A. A análise de conteúdo e a pesquisa empírica qualitativa. In: SOUZA, E. M. de (Org.). *Metodologias e analíticas qualitativas em pesquisa organizacional*: uma abordagem teórico-conceitual. Dados eletrônicos. Vitória: EDUFES, 2014. p. 241-272.

ERNER, R.; ARONSOR, J. Chloroquine and hydroxychloroquine in Covid-19. Use of these drugs is premature and potentially harm-ful Editorials. *BMJ*, 2020; 369:m1432. Disponível em: https://www.bmj.com/content/bmj/369/bmj.m1432.full.pdf. Acesso em: 08.08.2020.

EYAL, G. et al. The Physician-Patient Relationship in the Age of Precision Medicine. *Genetics in Medicine*, v. 21, n. 4, p. 813-815, 2019.

FHEMIG – Fundação Hospitalar do Estado de Minas Gerais. Complexo de especialidades – Hospital Júlia Kubitschek. Disponível em: http://www.fhemig.mg.gov.br/atendimento/complexo-de-especialidades/hospital-julia-kubitschek. Acesso em: 09.08.2020.

FHEMIG – Fundação Hospitalar do Estado de Minas Gerais. *Diretrizes assistenciais para enfrentamento da Covid-19*. Versão 4. 20 jul. 2020. Disponível em: http://www.fhemig.mg.gov.br/files/1440/

Gestao-do-cuidado---Orientacoes-Covid19/14569/Protocolo-FHEMIG-Covid-19--%7C--Versao--4--%7C--20/07/2020.pdf. Acesso em: 13.08.2020.

FONG, Z. V. et al. Practical implications of Novel Coronavirus Covid-19 on hospital operations, board certification, and medical education in surgery in the USA. *J Gastrointest Surg*, 24, p. 1232-1236, 2020.

GOOLD, S. D. Trust, distrust and trustworthiness. *Journal of General Internal Medicine*, v. 17, n. 1, p. 79-81, 2002.

GUILHEM, D.; DINIZ, D. *O que é bioética*. São Paulo: Brasiliense, 2002. p. 25-33.

LIND, G. Moral regression in medical students and their learning environment. *Rev Bras Educ Med*, v. 24, n. 3, p. 24-33, out.-dez. 2002.

MCGUIRE, A. L. et al. Ethical challenges arising in the Covid-19 pandemic: An overview from the Association of Bioethics Program Directors (ABPD) task force. *The American Journal of Bioethics*, p. 1-13, 2020.

MIRANDA-SÁ, L. S. *Uma introdução à medicina*. Brasília: Conselho Federal de Medicina, 2013. v. 1: O médico. p. 81.

NARCISO, L. et al. O exercício da medicina no enfrentamento da Covid-19: vulnerabilidades e necessidades protetivas. *Observatório Covid-19 Fiocruz*, Rio de Janeiro, 5 p., 2020.

NEVES JÚNIOR, W. A.; ARAÚJO, L. Z. S.; REGO, S. Ensino de bioética nas faculdades de medicina no Brasil. *Revista Bioética*, v. 24, n. 1, p. 98-107, 2016.

NICE – National Institute for Health and Care Excellence. Covid-19 rapid guideline: haematopoietic stem cell transplantation. 2020. Disponível em: https://www.nice.org.uk/guidance/ng164. Acesso em: 08.08.2020.

OLIVEIRA, G. B.; GUAIUMI, T. J.; CIPULLO, J. P. Avaliação do ensino de Bioética nas Faculdades de Medicina do Estado de São Paulo. *Arq Ciênc Saúde*, v. 15, n. 3, p. 125-31, jul.-set. 2008.

POTTER, V. R. *Bioethics*: bridge to the future. Englewood Cliffs: Prentice-Hall, 1971.

RODRIGUES, C. F. A.; FILLUS, I. C. Conhecimento sobre ética e bioética dos estudantes de medicina. *Revista Bioética*, v. 27, n. 3, p. 482-489, 2019.

ROMÃO, G. S.; SÁ, M. F. A Residência Médica em tempos de Covid-19. *Femina*, v. 48, n. 5, p. 287-290. 2020.

RUHL, D. S.; HOHMAN, M. H. An Example of Employing the Principles of Bioethics to Medical Decision Making in the Covid-19 Era. *The Laryngoscope*, 2020.

SÁ, L. S. M. J. Ética do professor de medicina. *Revista Bioética*, v. 10, n. 1, p. 49-84, 2009.

SÁ, M. F. J.; NAVES, B.; SOUZA, I. *Direito e medicina*: autonomia e vulnerabilidade em ambiente hospitalar. Indaiatuba: Editora Foco, 2018. p. 36-37.

SATOMI, E et al. Fair allocation of scarce medical resources during Covid-19 pandemic: ethical considerations. *Einstein*, São Paulo, v. 18, eAE5775, p. 2, 2020. Disponível em: https://doi.org/10.31744/einstein_journal/2020ae5775. Acesso em: 09.08.2020.

SBA – Sociedade Brasileira de Anestesiologia. *O coronavírus e o anestesiologista*. 4. ed. Atualização em 7 de maio de 2020. Disponível em: https://www.sbahq.org/conhecimento/redireciona.php?file=o%20coronavirus%20e%20o%20anestesiologista%20-%204%20edicao%20-%2007maio20%20v5.pdf&tipo=ebook&id=201. Acesso em: 07.08.2020.

SHAH, J. P. The impact of Covid 19 on Head and Neck surgery, education, and training. *Head & Neck*, v. 42, n. 6, p. 1344, 2020.

TORRES, A.; FÉLIX, A. A. A.; DE OLIVEIRA, P. I. S. Escolhas de Sofia e a pandemia de Covid-19 no Brasil: reflexões bioéticas. *Revista de Bioética y Derecho*, n. 50, p. 333-352, 2020.

VAN DOREMALEN, N. et al. Aerosol and surface stability of SARS-CoV-2 as compared with SARS-CoV-1. *N Engl J Med*, v. 382, n. 16, p. 1564-1567, 2020.

7. ANEXO 1 – ROTEIRO DA PESQUISA

– PRIMEIRA PARTE

– Caracterização do entrevistado

Faixa de idade

23-27 anos / 28-32 anos / 33-37 anos / 38-42 anos / 43-46 anos / 47-49 anos / 50-53 anos / Acima de 53 anos

Sexo

Feminino / Masculino / Desejo não declarar

– Pertence a alguma religião?

Católica / Evangélica / Espírita / Testemunha de Jeová / Umbanda / Nenhuma, sou ateu / Outro:

– Programa de residência médica

Anestesiologia / Cirurgia Geral / Clínica Médica / Cirurgia Torácica / Endoscopia Respiratória / Ginecologia e Obstetrícia / Pré-requisito em Área Cirúrgica Básica / Coordenador de algum dos Programas de Residência Médica / Outro:

–Ano do programa de residência médica

R1 / R2 / R3 / > R3 / Coordenador de algum dos Programas de Residência Médica / Outro:

– SEGUNDA PARTE

– Estado em que fez a graduação de medicina

MG / SP / RJ / ES / AC / AL / AP / AM / BA / CE / DF / GO / MA / MT / MS / PA / PB / PR / PE / PI / RN / RS / RO / RR / SC / SE / TO / Outro:

– A disciplina Bioética foi ofertada na grade curricular da sua graduação em medicina?

Sim, como obrigatória / Sim, como optativa / Não

– Se a disciplina Bioética *não* foi ofertada na sua grade curricular (seja como obrigatória ou optativa), você teve contato com a temática em alguma outra disciplina durante a graduação em medicina?

Sim / Não

– Se *sim*, na pergunta anterior, em qual disciplina (história da medicina, medicina legal, ética médica etc.)?

(Campo aberto)

– Algum professor/preceptor, durante a sua graduação, comentou sobre a aprendizagem da bioética na sua formação acadêmica (incluindo-se graduação e residência médica) e profissional?

Sim / Não

– TERCEIRA PARTE

– As mudanças vivenciadas no programa de residência médica, durante o período da pandemia da Covid-19, têm sido favoráveis ou desfavoráveis para o aprendizado dos médicos residentes?

Favoráveis / Desfavoráveis

"PRECISO ESTUDAR BIOÉTICA!" 355

– Quais foram os principais impactos da Covid-19, até agora, no programa de residência médica? (tente justificar a resposta da questão anterior – favoráveis / desfavoráveis)

(Campo aberto)

–As mudanças vivenciadas no programa de residência médica, durante o período da pandemia da Covid-19, incluíram novos métodos e tecnologias educacionais?

– Sim / Não

– Se novos métodos e tecnologias educacionais foram incorporados nesse período, você tem algum comentário?

(Campo aberto)

– A temática da bioética foi incorporada no aprendizado durante esse período?

Sim / Não

– **QUARTA PARTE**

– Para você, o que seria a bioética?

(Campo aberto)

– Você considera o conteúdo da bioética importante ou dispensável na sua formação?

Importante, e tenho aplicado na prática / Importante, mas nunca apliquei na prática / Dispensável

– Se a disciplina fosse ofertada no período da aprendizagem do médico, qual modalidade seria ideal?

Optativa, durante o período da graduação ou do programa de residência médica / Obrigatória, durante o período da graduação ou do programa de residência médica / Não acho que deveria ser ofertada

– Em qual *período*, na sua formação acadêmica, ela deveria ser ensinada? (você pode escolher mais de uma alternativa)

Ciclo básico na graduação (dois primeiros anos) / Ciclo prático na graduação (quatro últimos anos) / Durante toda a graduação / Primeiro ou segundo ano do programa de residência médica / Último ano do programa de residência médica / Não acho que deveria ser ofertada

– Como a bioética poderia contribuir para a formação do médico residente?

(Campo aberto)

– Como a bioética poderia contribuir para o enfrentamento da pandemia da Covid-19?

(Campo aberto)

– Você acompanha as notícias e atualizações sobre bioética?

Sim / Não

– Em qual meio você acompanha as notícias e atualizações sobre bioética? (você pode escolher mais de uma alternativa)

Revistas e periódicos digitais / Perfis do Instagram / Páginas do Facebook / Grupos de WhatsApp / Grupo de estudos / *Lives* e reuniões acadêmicas / Não acompanho / Outro:

– **QUINTA PARTE**

– Assinale os princípios da bioética que você considera mais relevantes (você pode escolher mais de uma alternativa)

Beneficência / Dignidade / Equidade / Não maleficência / Humanidade / Autonomia / Justiça / Solidariedade / Democracia / Outro:

– Bioética é sinônimo de deontologia.

Correto / Errado / Não sei

– Você teve contato com o Código de Ética do Estudante de Medicina (CEEM)?

Sim / Não

– Você já leu o Código de Ética do Estudante de Medicina (CEEM)?

Sim, na íntegra / Sim, algumas partes / Não, nunca li

– Você já leu o código de ética médica? (em qualquer uma de suas versões)

Sim, na íntegra / Sim, algumas partes / Não, nunca li

– Quando (ano) foi a última vez que você teve contato com o Código de Ética Médica (CEM)?

Antes de 2010 / 2010 / 2011 / 2012 / 2013 / 2014 / 2015 / 2016 / 2017 / 2018 / 2019 / 2020

– O Código de Ética Médica (CEM) é punitivo.

Sim / Não / Não sei

– O Código de Ética Médica (CEM) normatiza relações entre médicos, médicos e enfermeiros, médicos e outros profissionais de saúde.

Sim / Não / Não sei

– Médicos, enfermeiros e outros profissionais da área de saúde estão submetidos ao Código de Ética Médica (CEM).

Sim / Não / Não sei

– O Código de Ética Médica (CEM) trata diretamente sobre o sigilo profissional.

Sim / Não / Não sei

– Você concorda com o uso de animais na faculdade e em pesquisas científicas (por exemplo – animais utilizados na disciplina de técnica cirúrgica)?

Concordo / Não concordo / Prefiro não opinar

– O médico pode divulgar a imagem do paciente em um trabalho ou evento científico, quando for imprescindível?

Sim, não necessitando da autorização do paciente por se tratar de um evento/trabalho científico / Sim, desde que com a autorização prévia do paciente ou de seu representante legal / Não, mesmo que tenha a autorização do paciente, não pode divulgar sua imagem em um evento/ trabalho científico / Não sei

– O médico pode divulgar a imagem do paciente para divulgar técnica, método ou resultado de tratamento?

Sim, mesmo sem autorização do paciente / Sim, desde que tenha a autorização prévia do paciente / Não, nem mesmo com a autorização do paciente / Não sei

– Um paciente adolescente, menor de idade, pode, desacompanhado, consultar-se com o médico?

Sim / Não / Não sei

– Um paciente adolescente, menor de idade, desacompanhado, procura o médico para se consultar e você:

Precisa contar o diagnóstico aos pais/representantes legais independentemente do que seja / Só precisa comunicar os pais-representantes legais se o adolescente tiver contado algo que coloque sua vida em risco / Não pode contar aos pais/representantes legais o que o adolescente tem ou disse, mesmo que isso coloque em risco sua vida, pois é quebra de sigilo médico / Não sei

– Um paciente adulto, diagnosticado com uma doença terminal, em estado grave consciente, está sob seus cuidados profissionais e lhe solicita que não seja internado num centro de terapia intensiva. Você deve:

Respeitar a decisão do doente e comunicar esse fato aos familiares / Pedir autorização de um familiar próximo ou representante legal para o cumprimento desta solicitação / Não sei

– As manipulações genéticas são, hoje, uma possibilidade real e palpável e podem aprimorar a medicina e melhorar o diagnóstico e tratamento da população, não havendo limites para a ciência.

Certo / Errado / Não sei

– O médico pode intervir sobre o genoma humano com vista à sua modificação, exceto na terapia gênica, excluindo-se qualquer ação em células germinativas que resulte na modificação genética da descendência.

Certo / Errado / Não sei

– Um paciente hospitalizado, maior de idade, capaz, pede ao residente que o deixe ver seu prontuário. O médico deve:

Solicitar ao paciente que peça autorização à direção do hospital / Disponibilizar imediatamente o prontuário ao paciente / Não sei

– Um paciente de 50 anos, hipertenso, diabético e obeso, está aguardando consulta no ambulatório do SUS da cidade. O médico responsável, ao ver o paciente fumando, solicita que ele procure outro médico, pois alertou para que ele não fumasse. Essa conduta foi:

Certa, pois é seu direito recusar-se a atender o paciente / Errada, pois é seu dever insistir, ainda que o paciente não colabore / Não sei

– Existem dois tratamentos disponíveis para uma patologia. O primeiro é considerado padrão ouro, mas é altamente oneroso. O segundo é satisfatório, com custo sensivelmente mais baixo. Você deve:

Prescrever o tratamento mais satisfatório em serviço público e o mais oneroso em consultório particular / Explicar ao portador de tal patologia sobre os dois tratamentos e decidir em conjunto sobre o tratamento a ser realizado / Não sei

– O Código de Ética Médica (CEM) trata diretamente sobre a "barriga de aluguel"?

Sim / Não / Não sei

– O Código de Ética Médica (CEM) proíbe a clonagem de seres humanos?

Sim / Não / Não sei

– O Código de Ética Médica (CEM) proíbe a propaganda médica em meios sociais?

Sim / Não / Não sei

– Ao prescrever uma receita com a grafia ilegível, o médico infringe um artigo do Código de Ética Médica (CEM).

Correto / Errado / Não sei

– Você acredita ser importante a aplicação do Termo de Consentimento Livre e Esclarecido (TCLE) na sua prática profissional?

Sim, em todas as práticas / Sim, mas não em todas as práticas / Não / Não sei

– Na sua prática clínica diária, é rotina o uso do Termo de Consentimento Livre e Esclarecido (TCLE) em todos procedimentos intervencionistas que pratica?

Sim / Não / Às vezes / Não sei ou desconheço

– Para que tipo de atos médicos você entende ser necessária a aplicação do Termo de Consentimento Livre e Esclarecido (TCLE)? (Você pode escolher mais de uma alternativa)

Todos os atos médicos / Apenas em alguns procedimentos invasivos / Procedimentos cirúrgicos / Procedimentos invasivos não cirúrgicos / Procedimentos anestésicos / Tratamentos clínicos / Radioterapia / Procedimentos experimentais ou não padronizados / Exames de diagnóstico por imagem / Telemedicina / Nenhum ato médico / Não sei responder / Outro:

– É vedado ao médico deixar de obter do paciente ou de seu representante legal o Termo de Consentimento Livre e Esclarecido (TCLE) para a realização de pesquisa envolvendo seres humanos, após as devidas explicações sobre a natureza e as consequências da pesquisa.

Correto / Errado / Não sei

– Um jovem de 18 anos, vítima de acidente é trazido à emergência com sangramento profuso. Após avaliação emergencial, é constatado que necessita de transfusão sanguínea em regime de urgência. A família é testemunha de Jeová e não permite a realização do procedimento. O médico deve:

Aceitar a vontade da família / Solicitar atuação judicial imediatamente / Proceder com a transfusão / Não sei

– O termo "eutanásia" pode se referir ao suicídio assistido, podendo-se dividir em ativa, não voluntária e passiva.

Correto / Errado / Não sei

– Enquanto na "eutanásia passiva" são omitidos alguns procedimentos que objetivam a morte do paciente, a "ortotanásia" consiste na utilização de condutas médicas restritivas, sem a intenção de matar, mas de não prolongar o sofrimento físico.

Correto / Errado / Não sei

– O termo "mistanásia" é utilizado para se referir à morte de pessoas que, excluídas socialmente, acabam morrendo sem qualquer ou apenas uma precária assistência de saúde.

Correto / Errado / Não sei

– Durante a pandemia da Covid-19, casos de "mistanásia" começaram a ser discutidos.

Correto / Errado / Não sei

– Uma paciente liga para o seu médico e diz que está grávida, mas que não tem condições emocionais e financeiras para dar prosseguimento à gravidez. Nesse contexto, a paciente solicita ajuda para realizar o aborto. O médico deve:

Explicar os impedimentos legais e recomendar o agendamento da consulta de pré-natal / Indicar os métodos abortivos disponíveis / Denunciar a paciente à instância competente / Não sei

– **SEXTA PARTE**

– Utilize este espaço para fazer comentários caso julgue pertinente.

(Campo aberto)

8. ANEXO 2 – TERMO DE CONSENTIMENTO LIVRE E ESCLARECIDO (TCLE)

Título da Pesquisa: "Preciso estudar Bioética!": Mudanças vivenciadas por médicos residentes no enfrentamento da Covid-19

Pesquisadores: Inessa Beraldo de Andrade Bonomi; Marcos Paulo de Oliveira Corrêa.

Prezado/a Senhor/a,

O Grupo de Estudos e Pesquisa em Bioética (GEPBio), em parceria com o Hospital Júlia Kubitschek, convida o/a Sr./a para participar da pesquisa sobre bioética, Covid-19 e residência médica.

Os objetivos desta pesquisa são: (i) identificar as mudanças enfrentadas pelos médicos residentes no panorama de enfrentamento à Covid-19; (ii) refletir como a aprendizagem da bioética pode agregar na sua formação acadêmica; (iii) e, por fim, identificar alguns dos principais desafios que impedem a propagação da temática da bioética nos programas de residência médica.

O estudo se justifica pelo fato de que a aprendizagem da bioética, no âmbito da medicina, ainda não prevista formalmente e de forma obrigatória no ensino acadêmico, pode contribuir para discussões e tomada de decisões que considerem questões morais, sociais, jurídicas e antropológicas que permeiam os ambientes hospitalares.

Ao participar deste estudo, o/a Sr./Sra. permitirá que os pesquisadores percebam, apenas, a opinião dos participantes da pesquisa sobre as temáticas supracitadas. Portanto, não incluem, nesta pesquisa, questões de foro íntimo, nem implica o levantamento de questões pessoais, quaisquer constrangimentos psicológicos, bem como qualquer ocorrência de riscos éticos e riscos ao vínculo empregatício do entrevistado.

Toda e qualquer informação será sigilosa e tratada anonimamente, garantindo que não haverá desconforto e riscos decorrentes da sua participação na pesquisa.

As informações prestadas serão utilizadas para fins acadêmicos, como para a publicação de capítulos de livros e artigos científicos.

Por ser uma pesquisa que envolve seres humanos, para a sua consecução, ela foi submetida a um Comitê de Ética. Sob o propósito de resguardar os interesses dos participantes e para garantir os padrões éticos, esta pesquisa, registrada sob o protocolo CAAE: 37008520.0.0000.5119, foi aprovada sem ressalvas pelo Parecer 4.314.827, emitido pelo Comitê de Ética em Pesquisa da Fundação Hospitalar do Estado de Minas Gerais (FHEMIG).

Os benefícios deste estudo servirão de apoio para a incorporação da temática da bioética nas discussões com médicos residentes, ainda no seu processo de formação acadêmica, ampliando a sua capacidade de tratar os pacientes, fortalecendo o diálogo, a confiança e a razão dos serviços prestados.

Não prossiga com a pesquisa caso ainda tenha dúvidas.

Após estes esclarecimentos, solicitamos o seu consentimento, de forma livre, para participar desta pesquisa.

Portanto, solicitamos que marque uma das opções que se seguem.

() Concordo em participar desta pesquisa

() Discordo em participar desta pesquisa

Hospital Júlia Kubitschek – R. Dr. Cristiano Rezende, 2745 – Milionários, Belo Horizonte, Minas Gerais, Brasil – CEP 30610-720 – Contato: (31) 3389-7880.

A TOMADA DE DECISÃO EM FIM DE VIDA E A COVID-19

Luciana Dadalto

Doutora em Ciências da Saúde pela Faculdade de Medicina da UFMG. Mestre em Direito Privado pela PUCMinas. Sócia da Luciana Dadalto Sociedade de Advogados. Professora do curso de Direito do Centro Universitário Newton Paiva. Coordenadora do Grupo de Estudos e Pesquisas em Bioética (GEPBio) do Centro Universitário Newton Paiva. Administradora do portal www.testamentovital.com.br. Email: luciana@lucianadadalto.com.br

Sarah Carvalho Santos

Membro Pesquisadora do Grupo de Estudo e Pesquisa em Bioética (GEPBio) do Centro Universitário Newton Paiva. Advogada.

Sumário: 1. Introdução. 2. A tomada de decisão clínica no ambiente hospitalar. 2.1. Os modelos de tomada de decisão clínica. 2.2. Os desafios para a tomada de decisão clínica na pandemia da Covid-19. 3. Manifestação prévia de vontade e Covid-19. 3.1. Ordens de não reanimação. 3.2 Procuração para cuidados de saúde. 3.3 Testamento vital. 4. Morte digna na pandemia. 4.1. Cuidados Paliativos: resposta humanitária em tempos de pandemia. 4.2 Morte medicamente assistida. 5. Considerações finais. 6. Referências.

1. INTRODUÇÃO

A autonomia do paciente no ambiente hospitalar é um tema que sempre despertou grandes controvérsias. Quando esse paciente está em fim de vida, a discussão se torna ainda mais complexa e, atualmente, no cenário de pandemia instaurado com a Covid-19, a questão adquire contornos sem precedentes. É dentro desse contexto que o presente artigo se apresenta, com a proposta de colocar a tomada de decisão em fim de vida dentre as discussões relevantes na pandemia, especialmente no que diz respeito ao cumprimento das manifestações prévias sobre os cuidados, tratamentos e procedimentos que o paciente deseja ou não ser submetido diante da terminalidade da doença.

Para tanto, em um primeiro momento, discutir-se-á a tomada de decisão clínica no ambiente hospitalar, com vistas a compreender os dilemas que envolvem o processo decisório e os modelos de tomada de decisão existentes. Verticalizando a temática, analisar-se-á as manifestações de vontade do paciente em fim de vida, no ambiente hospitalar, problematizando os entraves para seu cumprimento.

Por último, serão tratadas as discussões acerca do que é morte digna no cenário de pandemia, considerando as discussões que surgiram acerca do direito à despedida, da morte medicamente assistida e da importância dos cuidados paliativos como resposta humanitária no contexto atual.

2. A TOMADA DE DECISÃO CLÍNICA NO AMBIENTE HOSPITALAR

Segundo Gonçalves[1] a etimologia da palavra hospital vem do latim *hospes*, termo usado para as casas de assistência que abrigavam pobres, peregrinos e doentes na Idade Média. Atualmente, o termo hospital é utilizado como sinônimo de *nosocomium*, palavra grega que significa tratar os doentes. Há uma grande divergência entre autores que pesquisam o surgimento dos hospitais, pois uma parte dos autores remonta seu surgimento à época pré-cristã e outra à época pós-cristã.

Amaral e Campos[2] afirmam que a partir do século XVIII os hospitais deixam de ser hospedarias com condições insalubres e passam a adquirir aspecto e estrutura semelhante ao que temos na atualidade. A descoberta da transmissão dos germes em 1860, a incorporação dos procedimentos cirúrgicos aos hospitais e o surgimento da medicina científica no século XIX, somados ao desenvolvimento tecnológico do século XX produziu a setorização no ambiente hospitalar, possibilitando que o surgimento de hospitais gerais, nos quais enfermos com diferentes patologias são tratados em um mesmo espaço físico.

Esse ambiente possibilitou o controle das doenças nos setores hospitalares e também gerou o surgimento da gestão desses espaços, com a finalidade de evitar que as doenças se espalhassem para além dos hospitais. Nesse contexto, Focault[3] afirma que o hospital passa a ser visto como um instrumento de cura e o médico passa a ser o principal responsável pela organização hospitalar. Castelar[4] entende que a finalidade atual dos hospitais se relaciona a uma maior resolução da doença, otimizando os procedimentos de diagnóstico e terapêutica para reduzir a permanência do paciente, uma vez que com o avanço tecnológico as longas internações se tornam muito dispendiosas.

O Ministério da Saúde do Brasil conceitua hospital como a

> (...) parte integrante de uma organização médica e social, cuja função básica consiste em proporcionar à população assistência médica integral, curativa e preventiva, sob quaisquer regimes de atendimento, inclusive o domiciliar, constituindo-se também em centro de educação, capacitação de recursos humanos e de pesquisas em saúde, bem como de encaminhamento de pacientes, cabendo-lhe supervisionar e orientar os estabelecimentos de saúde a ele vinculados tecnicamente[5].

É nesse cenário que se desenvolve a administração hospitalar, que tem o desafio de aliar a tomada de decisão clínica com a tomada de decisão administrativa a fim de que o hospital seja ao mesmo tempo um lugar de cuidados e cura dos enfermos, mas também uma empresa bem administrada, independentemente de ser público ou privado.

---

1. GONÇALVES, Ernesto Lima. *Estrutura organização do hospital moderno.* RAE – Revista de Administração de Empresas, São Paulo, v. 38, n. 1, p. 80-90, Jan./Mar, 1998.
2. AMARAL, Márcia Aparecida do; CAMPOS, Gastão Wagner de Souza. *A clínica ampliada e compartilhada, a gestão democrática e redes de atenção como referenciais teórico-operacionais para a reforma do hospital.* Ciência e Saúde Coletiva, Rio de Janeiro, v.12, n.4, p.849-859, 2007.
3. FOUCALT, Michael. *Microfísica do poder.* São Paulo, Paz e Terra, 2014.
4. CASTELAR, Rosa Maria. O hospital no Brasil. In: CASTELAR, Rosa Maria; GRABOIS, Victor; MORDELET, Patrick. Gestão hospitalar: um desafio para o hospital brasileiro. Brasil/França, Ed. ENSP,1995.
5. MINISTÉRIO DA SAÚDE. *Conceito e definições em saúde.* Disponível em: <bvsms.saude.gov.br/bvs/publicacoes/0117conceitos.pdf>, acesso em 16 de abril de 2020.

2.1 Os modelos de tomada de decisão clínica

Sabe-se que as decisões administrativas são de suma importância para o funcionamento de uma unidade hospitalar, mas o presente artigo focará o estudo na tomada de decisão clínica, uma vez que objetiva discutir os desafios para o cumprimento das DAV nos hospitais brasileiros.

A tomada de decisão clínica é historicamente delegada ao médico em virtude de ser ele o detentor da técnica diagnóstica e tratativa. Silva[6] afirma que o "processo de tomada de decisão na prática clínica é a mecânica aplicada pelo médico de modo a resolver um problema com base no seu conhecimento prático e teórico". Assim, deve o nosocômio partir da anamnese, do exame físico e dos exames complementares para chegar à decisão, todavia, segundo esse autor, a prática conhecida como Medicina Baseada em Evidências tem alterado o procedimento de tomada de decisão, tornando secundário o conhecimento do médico frente às estatísticas e estudos randomizados.

É possível ir além. As decisões clínicas no Brasil têm sido embasadas também em critérios econômicos definidos a partir de uma análise dos processos judiciais que envolvem saúde. Gadelha[7] afirma que a judicialização da saúde no Brasil se intensificou nos últimos dez anos e tem como uma das causas a postura do Poder Judiciário de tratar como direito o acesso a tecnologias que não melhoram nem curam o paciente.

O custo de oportunidade do tratamento tem adquirido especial relevância nesse processo. Trata-se, segundo Laranjeira e Petramale[8], do valor ou do benefício da melhor opção perdida quando o profissional escolhe outra das opções possíveis, de modo que se associa os custos às oportunidades perdidas.

Ocorre que reduzir a tomada de decisão clínica à uma análise econômica do custo de oportunidade significa ignorar por completo as especificidades do caso concreto e o entendimento da história de vida do paciente, de seus valores, do contexto sociocultural no qual ele está inserido deve orientar e embasar o processo de tomada de decisão, pois, conforme afirma Zoboli[9] "os juízos éticos, como os clínicos, não podem desconsiderar as condições reais e circunstâncias concretas de cada contexto."

Os dois métodos bioéticos mais usados na tomada de decisão são o principialista de Beauchamp e Childress e o deliberativo, de Diego Gracia. O primeiro propõe que se parta dos princípios bioéticos da autonomia, não maleficência, beneficência e justiça e, diante do caso concreto, se aplique aquele que melhor se adequar. Já na deliberação, os profissionais não categorizam as questões, não confrontam argumentos na base do *tudo ou nada*, mas realizam um esforço dialógico para compartilharem suas percepções e

---

6. SILVA, Guilherme Almeida Rosa da. *O processo de tomada de decisão na prática clínica: a medicina como estado da arte*. Revista Brasileira de Clínica Médica. São Paulo, v.11, n. 1, p. 75-79, 2013.
7. GADELHA, Maria Inês Pordeus. *O papel dos médicos na judicialização da saúde*. Revista CEJ, Brasília, Ano XVIII, n. 62, p. 65-70, jan./abril 2014.
8. LARANJEIRA, Fernanda de Oliveira; PETRAMALE, Clarice Alegre. *A avaliação econômica em saúde na tomada de decisão: a experiência da CONITEC*. BIS, Bol. Inst. Saúde (Impr.), São Paulo, v. 14, n. 2, maio 2013. Disponível em <http://periodicos.ses.sp.bvs.br/scielo.php?script=sci_arttext&pid=S1518-18122013000200007-&lng=pt&nrmiso>. Acesso em 16 de abril de 2020.
9. ZOBOLI, Elma. *Tomada de decisão em bioética clínica: casuística e deliberação moral*. Revista Bioética, v. 21, n. 3, p. 389-396, 2013.

discutirem os diferentes sentidos morais para o caso, com o objetivo de chegar em uma decisão comum.

Curioso notar o surgimento de um método que utiliza a abordagem computacional. Segundo Siqueira-Batista et. al[10] o desenvolvimento de sistemas computacionais baseados em métodos de inteligência artificial, com redes neurais artificiais, poderá auxiliar as escolhas morais em um processo de decisão bioético.

Percebe-se, assim, que a tomada de decisão clínica é um grande desafio para o médico, desafio este que pode ser enfrentado com altivez, vez que o profissional é profundo conhecedor da técnica, mas sem desconsiderar o paciente.

Não é possível se falar em tomada de decisão clínica sem que o médico tenha conversado com o paciente e entendido as peculiaridades da vida biográfica deste, de seus anseios e de sua família. Dessa forma, uma decisão tomada apenas com a análise da doença será sempre uma decisão técnica, mas nunca a melhor decisão para o paciente, pois desconsidera o principal: o sujeito.

O professor do Instituto de Bioética da Georgetown University, Daniel P. Sulmasy, em publicação recente no JAMA,[11] fez um paralelo entre o planejamento avançado de cuidados e a canção de amor de J. Alfred Prufrock, poema famoso de T. S. Eliot. Segundo ele, há tentativas recorrentes de se melhorar o atendimento ao paciente em fim de vida, sendo que os primeiros esforços vieram do testamento vital, da nomeação de um procurador de saúde e atualmente, fala-se do auxílio da inteligência artificial.

O professor alerta que assim como na Canção de amor de J. Alfred Prufrock, o ser humano continua temendo a morte e os profissionais de saúde se apegam às provas para se resguardarem que tomaram as decisões certas, buscando em dados, algoritmos e técnicas a resolução de seus problemas. Todavia, ainda que o planejamento em fim de vida possa ajudar, fato é que "Não há solução tecnológica para o enigma da morte. Não há aplicativo para ética. Pedaços de papel não reduzirão a ansiedade que sentimos ao enfrentar a morte e ao decidirmos em nome de pessoas que não podem mais falar por si".[12]

Assim, o poema de T. S. Eliot tem muito o que nos ensinar, já que na modernidade o apego a precisão e a certeza faz com que seja comum a prática de "medir a vida com colheres de café". Porém, é preciso entender que não é possível mensurar a morte e, por conseguinte, é preciso aprender a viver vidas mais plenas e lidar com as incertezas, o que para o autor do artigo (Daniel P. Sulmasy), consiste na chave para melhorar os cuidados em fim de vida.

---

10. SIQUEIRA-BATISTA, Rodrigo, et. al. *Modelos de tomada de decisão em bioética clínica: apontamentos para a abordagem computacional*. Revista Bioética, v.22, n. 3, p. 456-61, 2014.

11. SULMASY, Daniel P. *Advance Care Planning and "The Love Song of J. Alfred Prufrock"*. JAMA NETWORK. Disponível em < https://jamanetwork.com/journals/jamainternalmedicine/article-abstract/2763815> Acesso em 14 de abril de 2020.

12. Op. Cit.

2.2 Os desafios para a tomada de decisão clínica na pandemia da Covid-19

Como visto, os métodos mais utilizados na tomada de decisão clínica são o principialista e o deliberativo, contudo, no contexto da pandemia da Covid-19, o modelo utilitarista ganhou força.

O utilitarismo é uma corrente filosófica que defende que os atos humanos serão justos quando proporcionarem o maior bem-estar para o maior número possível de pessoas e tem como seus principais pensadores Bentham e Stuart Mill.

Joachim Hübner, Denis M. Schewe, Alexander Katalinic, Fabian-S. Frielitz[13] defendem que a aversão ao utilitarismo advém da ideia de que toda vida tem valor e, que portanto, as escolhas utilitaristas seriam baseadas na indiferença ao valor da vida, mas no contexto atual, existe arcabouço ético e jurídico internacional que fundamentem a tomada de decisão por esse método.

Em contrapartida, John Rawls[14] defende que justa é a ação que tenha consequências desiguais apenas quando resultarem em maior benefício aos menos afortunados. Assim, a equidade teria uma função reparadora priorizando as necessidades destes.

A bioética da intervenção, corrente da Bioética desenvolvida por bioeticistas da Cátedra UNESCO da Universidade de Brasília (UnB) defende que, em países periféricos, como o Brasil, tenha como orientação a equidade para a diminuição das iniquidades existentes[15] e entende-se que, no contexto atual da pandemia da Covid-19 no Brasil este é o método mais adequado para a tomada de decisão clínica.

3. MANIFESTAÇÃO PRÉVIA DE VONTADE E COVID-19

Os documentos de manifestação prévia de vontade do paciente são chamados de diretivas antecipadas de vontade (*advanced directives*). As diretivas (DAV), tradicionalmente, têm sido entendidas como gênero cujas espécies são o testamento vital (*living will*) e a procuração para cuidados de saúde (*durable power attorney for health care*). Esta foi a construção feita pela *Patient Self-Determination Act* (PSDA), uma lei federal americana publicada em 1990. Contudo, nos últimos vinte anos, a população norte-americana criou outras espécies de DAV não positivadas na lei federal, mas regulamentadas por legislações e atos normativos estaduais.

Atualmente, as DAV são entendidas como um gênero de documentos de manifestação de vontade prévia, que apenas terão efeito quando o paciente não conseguir manifestar livre e autonomamente sua vontade. Assim, esse gênero se divide em diferentes espécies, com aplicações específicas para estados clínicos diferentes.

---

13. HÜBNER, Joachim; SCHEWE, Denis M.; KATALINIC, Alexander; FRIELITZ, Fabian-S. *Rechtsfragen der Ressourcenzuteilung in der Covid-19-Pandemie*. Disponível em: https://www.thieme-connect.com/products/ejournals/pdf/10.1055/a-1146-1160.pdf, acesso em 14 abr. 2020.
14. RAWLS, John. *Uma Teoria da Justiça*. São Paulo: Martins Fontes; 2002.
15. GARRAFA, Volnei; PORTO, Dora. *Bioética, poder e injustiça; por uma ética de intervenção*. Mundo Saúde; v. 26, n. 1, 2002, p. 6-15.

Gonzáles[16] aponta como os princípios que fundamentam as diretivas antecipadas a autonomia, o respeito às pessoas e a lealdade. Este mesmo autor elenca consequências benéficas das diretivas antecipadas, como a redução do medo do paciente de situações inaceitáveis, o aumento da autoestima do paciente, o aumento da comunicação e da confiança entre médico e paciente, a proteção do médico contra reclamações e denúncias, a orientação do médico ante situações difíceis e conflituosas, o alívio moral para os familiares diante de situações duvidosas ou "potencialmente culpabilizadoras" e a economia de recursos da saúde.

Por óbvio, o benefício das diretivas antecipadas quanto ao melhoramento da relação médico-paciente, à autoestima do paciente e à diminuição de sentimento de culpa e indecisão dos parentes é induvidoso. Não se pode ainda fechar os olhos para o caráter econômico da questão, uma vez que a autonomia decisória do paciente impacta diretamente na sustentabilidade do sistema de saúde, seja ele público ou privado.

É verdade que a vida não pode ser quantificada, valorada e/ou economicamente determinada, mas também é verdade que, no âmbito da gestão de saúde, deve-se buscar a conformação do interesse privado ao interesse público.

As diretivas antecipadas, em quaisquer de suas espécies, são imprescindíveis tanto como instrumento de respeito à dignidade humana, como também política pública no âmbito da saúde. Mas, no cenário da Covid-19, três espécies de DAV se apresentam como mais prementes: o testamento vital, a ordem de não reanimação e a procuração para cuidados de saúde.

3.1 Ordens de não reanimação

As Ordens de Não Reanimação (ONR) surgiram nos EUA na década de 1970, época em que se começou a noticiar o surgimento de protocolos de comunicação sobre reanimação nas instituições hospitalares. Em 1974[17] a Associação Médica Americana propôs que a ONR fosse documentada em prontuário, prática que começou a ser seguida por dois hospitais de Boston em 1976[18] e que, rapidamente, se tornou uma prática comum nos hospitais americanos.

Segundo o jornal americano "The Washington Post" os hospitais norte-americanos que estão na linha de frente do atendimento de pacientes com Covid-19 estão discutindo a padronização de modelo de Ordem de Não Reanimação (*Do not ressuscitate – DNR*) com o objetivo de "não ressuscitar para pacientes infectados, independentemente dos desejos do paciente ou de seus familiares"[19]. Essa proposta baseia-se na alta possibilidade de as instituições de saúde terem que lidar com o dilema de escolher entre ressuscitar

---

16. GONZÁLES, Miguel Angel Sánchez. O novo testamento: testamentos vitais e diretivas antecipadas. In: BASTOS, Eliene Ferreira Bastos; SOUSA, Asiel Henrique (coord.). *Família e jurisdição*. Belo Horizonte: Del Rey, 2006. p. 91-137.
17. AMERICAN MEDICAL ASSOCIATION. *Standards for cardiopulmonary resuscitation (CPR) and emergency cardiac care (ECC). V. Medicolegal considerations and recommendations*. JAMA, v. 227, Suppl: 864-8, 1974.
18. RABKIN MT, GILLERMAN G, RICE NR. *Orders not to resuscitate*. N. Engl. J. Med., v. 295, 364-6, 1976.
19. THE WASHINGTON POST. *Hospitals consider universal do-not-resuscitate orders for coronavirus patients*. Disponível em: https://www.washingtonpost.com/health/2020/03/25/coronavirus-patients-do-not-resuscitate/, acesso em 14 abr. 2020.

um paciente que está morrendo contra o real perigo de expor médicos e enfermeiros para o contágio do vírus.

Ocorre que, no Brasil, como inexiste regulamentação sobre a eticidade e a legalidade dessa ordem – mesmo em contextos anteriores à pandemia, – a prática instituída nas instituições hospitalares do Brasil, notadamente nos serviços de emergência, é a de reanimar o paciente, ainda que este esteja em uma condição terminal e irreversível. Aqui, a ideia de que a reanimação cardiopulmonar é um procedimento fútil em pacientes com estados clínicos terminais e irreversíveis, ainda não é naturalizada entre os profissionais devido a insegurança jurídica apesar de amplamente caracterizada pela literatura mundial como futilidade terapêutica e, portanto, a discussão de ONR no contexto da Covid-19 possivelmente não avançará.

3.2 Procuração para cuidados de saúde

A procuração para cuidados de saúde (também conhecida como mandato duradouro) é o documento no qual o paciente nomeia um ou mais procuradores, que deverão ser consultados pelos médicos em caso de incapacidade do paciente. O procurador de saúde decidirá tendo como base a vontade do paciente.

> As decisões do paciente serão sub-rogadas – tomadas em seu nome – pelo mandatário, com base no seu conhecimento do paciente e de suas preferências; quer dizer, o mandatário não deve indicar o que melhor lhe parece e sim o que crê que o paciente elegeria para essa circunstância particular[20].

Segundo os modelos de autonomia apontados por Beauchamp e Childress[21], é possível inferir que a procuração para cuidados de saúde enquadra-se no modelo de julgamento substituto, no qual é necessário que "a intimidade do decisor substituto com o paciente seja suficientemente profunda e relevante para que o julgamento reflita os objetivos e as opiniões do paciente."

André Gonçalo Dias Pereira[22], ao analisar a validade da procuração para cuidados de saúde afirma que é possível "avançar paulatinamente no reconhecimento dessa faceta da personalidade humana", entendida como "a autodeterminação preventiva e a delegação do exercício dos direitos de personalidade."

Na prática, sabe-se que o maior problema deste instituto é a escolha de quem será nomeado procurador do paciente. "Discute-se se a figura mais adequada seria o cônjuge, algum dos pais ou ambos, o juiz, a equipe médica ou um terceiro imparcial."[23]

---

20. Las decisiones del paciente son subrogadas – tomadas en su nombre – por el apoderado, en base a su conocimiento del paciente y de sus preferencias; es decir, el apoderado no debe indicar lo que mejos le parece a él sino lo que cree que el paciente hubiera elegido para esa circunstancia particular. MANZINI, Jorge Luis. Las directivas anticipadas para tratamientos médicos. In: MARINO, Ignazio R. Testamentobiológico: i diretti dei malati e l'operato dei Médici. In: BORASCHI, Andrea; MANCONI, Luigi. *Il dolore e la política*. Milão: Bruno Mondadori, 2007. p.41, tradução nossa.

21. BEAUCHAMP, Tom L; CHILDRESS, James F. *Princípios de ética biomédica*. Trad. Luciana Pudenzi. São Paulo: Loyola, 2002.

22. PEREIRA, André Gonçalo Dias. *O consentimento informado na relação médico-paciente*. Coimbra: Coimbra Editora, 2004, p.241.

23. Op. Cit. 187.

Para a solução deste problema é preciso ter em mente que o procurador deve ter um contato próximo com o paciente, ou seja, deve saber a fundo exatamente qual é a vontade do paciente, sob pena de decidir com base em seus próprios desejos, desrespeitando o desejo do mandatário.

A efetividade deste instituto dependerá de o paciente ter conversado previamente com seu procurador sobre suas opiniões, seus valores e as opções que consideraria numa determinada situação se estivesse capaz.

A procuração para cuidados de saúde se torna premente no contexto da pandemia da Covid-19, pois há restrição de acompanhantes e visitas presenciais, assim, é importante que as pessoas iniciem conversas acerca de seus desejos e escolham familiares ou amigos a quem confiarem a responsabilidade de compartilhar decisões com os profissionais de saúde, caso elas sejam necessárias.

3.3 Testamento vital

O testamento vital é um "documento redigido por uma pessoa no pleno gozo de suas faculdades mentais, com o objetivo de dispor acerca dos cuidados, tratamentos e procedimentos que deseja ou não ser submetida quando estiver com uma doença ameaçadora da vida, fora de possibilidades terapêuticas e impossibilitado de manifestar livremente sua vontade."[24]

Este documento enquadra-se no modelo denominado por Beauchamp e Childress de modelo da pura autonomia, vez que neste há expressa manifestação de vontade do paciente, feita enquanto capaz e produzirá efeitos apenas em situações de irreversibilidade do quadro, quando o paciente não puder exprimir sua vontade.

Deste modo, é imperioso verificar que o paciente em fim da vida deve ser assistido de modo digno, recebendo tratamentos de conforto para amenizar o sofrimento e para assegurar-lhe qualidade de vida, pois "o ser humano tem outras dimensões que não somente a biológica, de forma a aceitar que o critério da qualidade de vida significa estar a serviço não só da vida, mas também da pessoa" . Tais tratamentos, como já visto, são próprios da abordagem paliativa.

Em contrapartida, os tratamentos extraordinários são aqueles que visam prolongar a vida e não possuem qualquer perspectiva de reverter o estado clínico do paciente. A abordagem paliativa tem como um dos objetivos a não iniciação destes tratamentos (*withdraw*) e, quando estes já tiverem sido iniciados, a suspensão (*withholding*) dos mesmos, chamada de suspensão do esforço terapêutico (SET)[25]. A não introdução e suspensão são condutas iguais do ponto de vista ético e bioético, mas estudos comprovam que, na

---

24. DADALTO, Luciana. *Testamento Vital*. 5 ed. Indaiatuba: editora Foco, p. 2020.
25. Com a SET o paciente não morre de uma overdose de cianureto de potássio, de adrenalina ou de heroína; morre da própria doença, da falência da vida que só é eterna na prosa, na poesia e na visão perspectiva de algumas religiões. RIBEIRO, Diaulas Costa. Um novo testamento: testamentos vitais e diretivas antecipadas. In: CONGRESSO BRASILEIRO DE DIREITO DE FAMÍLIA, n. 5, 2006, São Paulo. *Família e dignidade*. São Paulo: IOB Thomson, 2006. p. 281.

A TOMADA DE DECISÃO EM FIM DE VIDA E A COVID-19

prática, os profissionais de saúde sentem-se mais confortáveis, do ponto de vista ético e moral, em não iniciá-las, haja vista a demasiada dificuldade na suspensão dessas[26].

Soma-se a isso, no contexto da Covid-19, a perspectiva de escassez de recursos de saúde e, consequentemente, de necessidade da feitura de escolhas para alocação dos mesmos, o que vulnera sobremaneira o paciente frente ao sistema de saúde.

Inúmeros critérios[27] têm sido propostos por entidades médicas de todo o mundo e há sempre uma difícil decisão a ser tomada na priorização de determinados grupos. Dominic Wilkinson[28], sob uma perspectiva bioética, ressalta que não existe resposta pronta e que o melhor a fazer para que não seja necessário tomar decisões como essa é disseminar entre todas as pessoas a urgência de que, cada um, de forma individual antecipe essa decisão e deixe seu desejo manifestado, poupando assim os profissionais de saúde que carregam "um fardo inviável e uma responsabilidade bastante onerosa nesse momento".

4. MORTE DIGNA NA PANDEMIA

A pandemia da Covid-19 ressignificou o termo "morte digna". Se outrora esse termo era usado para situações em que foi facultado ao paciente a oportunidade de dizer qual é o seu conceito pessoal de dignidade no morrer, agora, é difícil imaginar o que possa ser uma morte digna para os pacientes que morrem intubados, em leitos isolados e afastados de seus familiares, já que não há acompanhantes nem visitas.

Nesse contexto, parece impossível perguntar para o paciente o que seria uma morte digna para ele pois a doença priva-o, inclusive, do último abraço. Mas não é. O planejamento de cuidados feito especificamente para pacientes com Covid-19 tem demonstrado que há espaço para discussão de valores e vontades[29]. E, mesmo quando não é possível realizar o PAC, é possível garantir um direito fundamental: o direito à visita e à despedida.

O mundo ocidental começou a discutir esse tema a partir de março de 2020, com a publicização do projeto italiano chamado "O direito de dizer adeus", liderado pelo médico Lorenzo Musotto, no Hospital San Carlo, em Milão, que permitia vide videochamadas entre os pacientes internados – e isolados – em estado grave e seus familiares.[30]

---

26. MANALO, MFC. *End-of-Life Decisions about Withholding or Withdrawing Therapy: Medical, Ethical, and Religio--Cultural Considerations*. Palliative Care, v. 7, p. 1-5, 2013.

27. WHITE, D.B. *Allocation of Scarce Critical Care Resources During a Public Health Emergency*. (Department of Critical Care Medicine, Pittsburgh University). Disponível em: https://www.ccm.pitt.edu/?q=content/ethics-and-decision-making-critical-illness, acesso em 12 abr. 2020; SOCIETÀ ITALIANA DI ANESTESIA ANALGESIA RIANIMAZIONE E TERAPIA INTENSIVA. *Clinical ethics recommendations for the allocation of intensive care treatments, in exceptional, resource-limited circumstances*. Disponível em: http://www.siaarti.it, acesso em 12 abr. 2020; ASSOCIAÇÃO MÉDICA INTENSIVA BRASILEIRA. *Princípios de triagem em situações de catástrofes e as particularidades da pandemia Covid-19*. Disponível em: https://www.amib.org.br/fileadmin/user_upload/amib/2020/marco/26/2603_PRINCIPIOS_DE_TRIAGEM_EM_SITUACOES_DE_CATASTROFES_E_AS_PARTICULARI-DADES_DA_PANDEMIA_Covid-19__10___1_.pdf, acesso em 14 abr. 2020.

28. WILKINSON, Dominic. *Boris Johnson will be receiving the same special treatment other patients do in NHS intensive care*. Disponível em: https://theconversation.com/boris-johnson-will-be-receiving-the-same-special-treatment--other-patients-do-in-nhs-intensive-care-135897, acesso em 12 abr. 2020.

29. CURTIS, Randall; KROSS, Erin K.; STAPLETON, Renee D. The importance of addressing advance care planning and decisions about do-not-resuscitate orders during novel coronavirus 2019 (Covid-19). JAMA. [Online]. Mar./2020. Disponível em: https://jamanetwork.com/journals/jama/fullarticle/2763952, acesso em 30 ago. 2020.

30. Disponível em: https://www.bbc.com/portuguese/internacional-52005958 Acesso em: 01 jun. 2020

No Brasil, Silvana Andrade, tornou público sua dificuldade em conseguir se despedir de sua mãe, que estava internada em um hospital no Recife, devido à proibição de entrada na UTI de aparelhos celulares. À Silvana, só foi dado o direto à despedida quando sua mãe já estava inconsciente[31].

Visando auxiliar médicos a se comunicarem com pacientes e familiares durante a pandemia da Covid-19,o projeto internacional Vital Talks, fruto do trabalho de uma organização sem fins lucrativos do Reino Unido, elaborou uma cartilha já traduzida para vinte e cinco idiomas[32].

No Brasil, além da tradução da cartilha do Vital Talks, uma equipe multiprofissional de saúde publicou o material Comunicação Difícil e Covid-19, com o objetivo de "fornecer um conjunto de recomendações para organização dos serviços e atendimento dos funcionários de saúde voltado para as melhores práticas de comunicação durante a pandemia do Covid-19, em 2020."[33]

Contudo, ainda chegam também relatos de instituições e de profissionais que negaram esse direito aos pacientes e aos seus familiares usando argumentos burocráticos ou sanitários bastante simplistas e já refutados por inúmeros pesquisadores.

Percebe-se assim, a necessidade de remodelar o conceito de morte digna sem contudo, esquecer das conquistas anteriores e da necessidade de se continuar lutando pelos Cuidados Paliativos e, eventualmente, pela morte medicamente assistida.

4.1 Cuidados Paliativos: resposta humanitária em tempos de pandemia

O contexto atual de pandemia de Covid-19 vivenciado pelo mundo se enquadra na definição de crises humanitárias, termo cunhado pela Organização Mundial de Saúde (OMS), assim definido como eventos de grandes proporções que atingem populações e sociedades ocasionando perdas expressivas de vidas, interrupção dos meios de subsistência, colapso da sociedade e ainda graves impactos econômicos com efeitos sociais, psicológicos e espirituais.[34]

Dessa forma, a fim de lidar com a crise humanitária atual foram tomadas medidas que atingiram todos os setores da sociedade e aos sistemas de saúde cabe o imperativo de estabelecerem critérios de triagem para alocação dos recursos escassos. Tal medida implicará no árduo dilema ético de eleger pacientes para os quais os tratamentos de Covid-19 serão destinados e, por conseguinte, negará tratamento intensivo a alguns pacientes necessitados.

---

31. Disponível em: https://noticias.uol.com.br/saude/ultimas-noticias/redacao/2020/05/08/covid-jornalista-cria-pl--para-autorizar-despedida-via-chamada-de-video.htm Acesso em: 01 jun. 2020
32. VITAL TALKS. Covid-19 Communication Skills. Disponível em: https://www.vitaltalk.org/guides/covid-19-communication-skills/, acesso em 30 ago. 2020.
33. CRISPIM, Douglas; et. al. Comunicação Difícil e Covid-19. Disponível em: https://www.sbmfc.org.br/wp-content/uploads/2020/04/comunicao-Covid-19.pdf, acesso em 30 ago. 2020.
34. WORLD HEALTH ORGANIZATION. WHO, *Integrating palliative care and sympton relief into the response to humanitarian emergencies and crises*. WHO, Genebra, 2018. Disponível em < https://apps.who.int/iris/handle/10665/274565> Acesso em 11 de abril de 2020.

Muito embora os sistemas de triagem devam estabelecer a garantia de cuidados paliativos àqueles que não serão elegidos pelos critérios de triagem,[35] o Brasil ainda não estipulou um sistema de alocação de recursos, tampouco desenvolveu um plano para dar conta do aumento da demanda de cuidados paliativos, que é esperada nesse cenário.

Tradicionalmente, o enfoque dos cuidados de saúde está em salvar vidas, carecendo de um foco conjunto de prevenção e alívio de sofrimento, mesmo que esses imperativos não sejam, em si, contraditórios.[36] Apesar de o acesso aos cuidados paliativos ser um direito dos cidadãos, mesmo em tempos não pandêmicos há dificuldades em fornecer um bom controle dos sintomas aos pacientes, sendo assim, as consequências de não se prestar serviços de assistência de conforto na crise humanitária atual, se tornam ainda mais graves.

Um dos princípios fundamentais do processo de triagem é que todos os pacientes sejam atendidos, dessa forma, atenção especial deve ser dada àqueles que não forem elegíveis pelos critérios de alocação. A negativa de cuidado pelas terapias potencialmente salvadoras de vida, possivelmente gerará um sentimento de abandono e desesperança, que serão agravados se não forem garantidos cuidados de conforto pelo sistema de saúde.[37]

Além disso, fornecer cuidados paliativos aos pacientes sem perspectiva de sobrevivência é um imperativo ético sustentado pelos princípios da beneficência e do não abandono, que explicitam que o profissional de saúde deve garantir a dignidade do paciente, considerando em seu tratamento todas as suas dimensões (física, psicológica, social e espiritual)[38] e deve estar ao lado do paciente mesmo que não haja possibilidades terapêuticas curativas.[39]

O objetivo dos cuidados paliativos, por definição, é ainda mais abrangente, vez que segundo a Organização Mundial de Saúde (OMS) se trata de "uma abordagem de melhora a qualidade de vida dos pacientes (adultos ou crianças) e de seus familiares que enfrentam problemas associados a doenças que ameacem a vida. Previne e alivia sofrimento por meio da investigação precoce, avaliação correta e tratamento da dor e de outros problemas físicos, psicossociais ou espirituais."[40]

---

35. DOWNAR, James; SECCARECCIA, Dori. *Palliating a Pandemic: "All Patients Must Be Cared For"*. Journal of pain and symptom management, v. 39, n. 2, 291-295, 2010. Disponível em < https://www.jpsmjournal.com/article/S0885-3924(09)01143-9/fulltext> Acesso em 11 de abril de 2020.

36. KRAKAUER, Eric L. *Palliative Care Needs of People Affected by Natural Hazards, Political or Ethnic Conflict, Epidemics of Life Threatening Infections, and Other Humanitarian Crises*. In: WALDMAN, Elisha; GLASS, Marcia (edited). A Field Manual for Palliative Care in Humanitarian Crises. Oxford University Press, UK, P. 1-15, 2019. Disponível em:< https://oxfordmedicine.com/view/10.1093/med/9780190066529.001.0001/med-9780190066529--chapter2-?print-pdf> Acesso em 11 de abril de 2020.

37. Op. cit.

38. SEPÚLVEDA, Cecília; MARLIN, Amanda; YOSHIDA, Tokuo; ULLRICH, Andreas. *Palliative care: the World Health Organization´s global perspective*. Journal of Pain and Sympton Management, vol. 24, n. 02, p. 91, ago. 2002. Disponível em:< https://www.jpsmjournal.com/article/S0885-3924(02)00440-2/fulltext> Acesso 11 de abril de 2020.

39. TABOADA, Paulina. *El derecho a morir com dignidade*. Acta Bioethica. Organization Panamericana de la salud: Programa Regional de Bioética, v. 6, n.1, 2000, p. 100.

40. SEPÚLVEDA, Cecília; MARLIN, Amanda; YOSHIDA, Tokuo; ULLRICH, Andreas. *Palliative care: the World Health Organization´s global perspective*. Journal of Pain and Sympton Management, vol. 24, n. 02, p. 91, agosto 2002. Disponível em:< https://www.jpsmjournal.com/article/S0885-3924(02)00440-2/fulltext> Acesso 11 de abril de 2020.

Seu conceito ainda foi ampliado pela *International Association for Hospice & Palliative Care* (IAHCP) em 2019, a fim de incluir o cuidado holístico ativo de indivíduos em todas as idades, com sofrimentos ocasionados por doenças graves, em especial, àqueles em situação de terminalidade de vida, melhorando a qualidade de vida dos pacientes, da família e dos cuidadores[41].

Nessa perspectiva, o momento atual demonstra a importância dos cuidados paliativos para combate à pandemia, proporcionando alívio do sofrimento humano, seja ele do paciente, da família ou dos profissionais de saúde, sendo que, respostas humanitárias que não incluam essa abordagem são clinicamente deficientes.

A comunicação eficaz representa um dos pilares dos cuidados paliativos e uma ferramenta importante no processo de aceitação da nova realidade que se estabelece. Uma explicação compreensível, repetida e gradual com o paciente e os familiares, permite que eles desenvolvam expectativas realistas, se autodeterminem na tomada de decisões e estabeleçam uma relação de confiança com a equipe de assistência.

Destarte, antes de iniciar os cuidados com o paciente, cabe ao profissional de saúde entender qual é o conceito de morte digna que ele possui e como deseja viver seus últimas dias. Para tanto, se tratando de uma pessoa capaz, será necessário utilizar as técnicas apropriadas de comunicação de más notícias, devendo se comunicar com o paciente de forma clara, honesta e empática. Caso seja incapaz, será preciso perquirir se ele possui um testamento vital ou, em sua falta, o profissional deverá, juntamente com a família, buscar qual seria a vontade do paciente nessa situação.[42]

Essa abordagem pressupõe assistência por equipe multiprofissional, exigindo a colaboração conjunta de metas que promovam a qualidade de vida, sendo imprescindível um olhar abrangente para aqueles que estão em um contexto de terminalidade de vida.[43]

Todavia, há que se ressaltar que no contexto da Covid-19, devido à escassez de recursos e toda a sobrecarga que os profissionais de saúde que estão em linha de frente estão submetidos, estabelecer uma comunicação eficaz e uma relação médico-paciente adequada se torna um desafio. Mais do que nunca se exigirá dos profissionais de saúde a capacidade de comunicar notícias difíceis, tidas como aquelas que podem representar risco ao conforto, à vida e à tranquilidade pessoal e familiar.[44]

Em um cenário em que faltam equipamentos de proteção individual àqueles que estão combatendo a doença e que mediante o iminente colapso do sistema de saúde precisam tomar decisões difíceis, muitas delas, sem o tempo hábil para comunicar com

---

41. INTERNATIONAL ASSOCIATION FOR HOSPICE AND PALLIATIVE CARE (IAHPC). *Global consensus based palliative care definition*. The International Association for Hospice and palliative care. Houston, 2018. Disponível em https://hospicecare.com/what-we-do/projects/ consensus-based-definition-of-palliative-care/definition/>Acesso em 11 de abril de 2020.

42. DADALTO, Luciana; SAVOI, Cristiana. Distanásia: entre o Real e o Ideal. In GODINHO, Adriano Marteleto; LEITE, George Salomão; DADALTO, Luciana (coord.). *Tratado brasileiro sobre o direito fundamental à morte digna*. Coimbra: Almedina, p. 151-165, 2017

43. Op. cit.

44. ARAUJO, Monica Martins Trovo de; SILVA, Maria Júlia Paes da. *O conhecimento de estratégias de comunicação no atendimento à dimensão emocional em cuidados paliativos*. Texto e contexto- Enfermagem, Florianópolis, v. 21, n. 1, 2012. Disponível em <http://www.scielo.br/scielo.php?script=sci_arttext&pid=S0104-07072012000100014> Acesso em 10 de abril de 2020.

o paciente e/ou familiares, há que se pensar com urgência na proteção dos médicos em relação às condutas que realizarem durante a pandemia.

Em tese, os médicos, que precisarão racionar e realocar ventiladores para pacientes acometidos pela Covid-19, sem que haja consentimento, ficarão expostos a riscos de responsabilidade civil e criminal.[45] Pensando nisso, sugere-se a publicação de uma lei federal, que retire a responsabilidade civil e penal dos médicos que tiverem que tomar decisões difíceis como essas, com protocolos técnicos estabelecidos acerca da alocação de recursos.

Similarmente a essa proposição, o estado de Nova York aprovou uma lei nesse sentido, retroativa ao dia em que foi declarado o estado de calamidade, a fim de proteger os profissionais que nesse período de pandemia limitarem ou suspenderem suporte artificial de vida e decidirem por não reanimar pacientes.[46]

Todavia, para tanto, o Brasil precisa estabelecer os critérios para alocação de recursos, para que assim, seja possível declarar quais são as premissas para a tomada de decisões médicas e entende-se que o plano pandêmico deve destacar o papel dos cuidados paliativos.

Consoante a isso, Waldman e Glass defendem que é preciso integrar os princípios de cuidados paliativos aos demais cuidados médicos:

> (...) ao integrar princípios de cuidados paliativos na abordagem fundamental de todos os pacientes, a partir do momento da triagem, o atendimento geral melhora em todos os aspectos, independentemente do resultado. Isso inclui melhor gerenciamento geral dos sintomas, melhor comunicação (entre clínicos e pacientes e famílias, bem como entre os próprios clínicos) e maior resiliência da equipe. Simplificando, integrar princípios de cuidados paliativos no atendimento de todos os pacientes significa um melhor atendimento geral ao paciente e um sistema de saúde aprimorado (tradução livre).[47]

Considerando o momento de caos e sobrecarga que a pandemia trouxe aos ambientes de saúde, uma das possibilidades em se fazer a integração dos cuidados paliativos aos demais cuidados nesse momento, seria tornar o sofrimento parte dos critérios de triagem, assim, os pacientes passarão por ela tendo suas necessidades de sintomas atendidas.[48]

Christian et. al.[49] identificaram que em crises humanitárias há três elementos cruciais à prestação de cuidados, a saber, coisas, equipe e espaço. Em se tratando de 'coisas', é

---

45. COHEN, I.G; CRESPO, A.M.; WHITE, D.B. *Potential Legal Liability for Withdrawing or Withholding Ventilators During Covid-19:* Assessing the Risks and Identifying Needed Reform. JAMA Published online April 1, 2020. Disponível em <https://jamanetwork.com/journals/jama/fullarticle/2764239> Acesso em 10 de abril de 2020.

46. KLITZMAN, Robert. *Doctors Need Room to Make the Wrenching Decisions They Face.* The New York Times. Disponível em <https://www.nytimes.com/2020/04/04/opinion/coronavirus-doctors-lawsuits-prosecution.html> Acesso em 10 de abril de 2020.

47. DOWNAR, James; SECCARECCIA, Dori. *Palliating a Pandemic:* "All Patients Must Be Cared For". Journal of pain and symptom management, v. 39, n. 2, 291-295, 2010. Disponível em < https://www.jpsmjournal.com/article/S0885-3924(09)01143-9/fulltext> Acesso em 11 de abril de 2020.

48. WALDMAN, Elisha; GLASS, Marcia. Introduction: Why Palliative Care?. In. WALDMAN, Elisha; GLASS, Marcia (edited). *A Field Manual for Palliative Care in Humanitarian Crises.* Oxford University Press, UK, 2019, p.3, 2019. Disponível em < https://oxfordmedicine.com/view/10.1093/med/9780190066529.001.0001/med--9780190066529-chapter-1> Acesso em 10 de abril de 2020.

49. CHRISTIAN, M., DEVEREAUX, A.V, DICHTER, J.R, GEILING, J.A e RUBINSON, L. *Definitive care for the critically ill during a disaster: current capabilities and limitations: from a Task Force for Mass Critical Care summit meeting.* Chest, 2008. Disponível em <https://www.ncbi.nlm.nih.gov/pmc/articles/PMC7094433/> Acesso em 10 de abril de 2020.

preciso garantir que haja suprimentos e equipamentos à prestação de cuidados paliativos a um número expressivo de pessoas, como medicamentos para sintomas de gripe e os equipamentos necessários para aplica-los.

No que tange à equipe, há que se lidar com o fato de que os especialistas em cuidados paliativos só conseguirão cuidar de uma parcela pequena de pacientes. Destarte, será preciso identificar todos os profissionais com experiência nessa abordagem e capacitar profissionais de saúde que estão na linha de frente para somar forças e ajuda-los nessas questões.

Por fim, os autores ao abordarem sobre o espaço, demonstram que é necessário proatividade aos hospitais e às unidades de saúde para escolher enfermarias dedicadas e acomodar os pacientes que serão preteridos pelo critério de triagem. Assim, esses espaços concentrarão recursos (tais como enfermeiros especializados, assistência espiritual e social) e deverão focar no conforto e na dignidade. O uso das unidades de cuidados paliativos e os leitos já existentes também precisam ser maximizados, a fim de evitar a subutilização desses espaços.

Assim como as coisas, a equipe e o espaço, os sistemas de triagem também são vitais na prestação de cuidados paliativos, pois auxilia na identificação dos pacientes que necessitam de cuidado especializado direto, o que pode incluir pessoas com necessidades complexas no controle de sintomas, aquelas já acompanhadas por um profissional de cuidados paliativos, aquelas que foram preteridas pelo sistema de triagem e aquelas que trazem consigo suas vulnerabilidades sociais. [50]

Sobre isso, Downar e Seccareccia acrescentam que "Nem todos esses pacientes estarão em instalações com recursos de cuidados paliativos; portanto, precisamos de um plano para triar os pacientes que aguardam transferência para as unidades de cuidados paliativos". Alertam ainda sobre a importância de as unidades de saúde garantirem que seus pacientes tenham um plano de atendimento avançado antes mesmo da chegada da pandemia, a fim de se tirar o peso de tomar decisões importantes em momentos de crise.[51]

Certo é que as crises humanitárias evidenciam as vulnerabilidades sociais e políticas já existentes. A prestação de cuidados paliativos necessita de políticas, diretrizes e padrões organizacionais e, por isso, a sua integração no sistema local de saúde é um objetivo a longo prazo.

Atualmente, no Brasil, essa abordagem que é multidisciplinar, é reconhecida apenas nos Códigos de Ética da Medicina e da Enfermagem e sequer possui legislação específica expressa, sendo poucas as políticas públicas que a mencionam no país. Até 2018 inexistia uma política pública instituída no Sistema Único de Saúde e o tema ainda está envolto pelo desconhecimento social, o que torna a dificuldade do auxílio em cuidados paliativos nesse momento atual tão sensível.

---

50. DOWNAR, James; SECCARECCIA, Dori. *Palliating a Pandemic: "All Patients Must Be Cared For"*. Journal of pain and symptom management, v. 39, n. 2, 291-295, 2010. Disponível em < https://www.jpsmjournal.com/article/S0885-3924(09)01143-9/fulltext> Acesso em 11 de abril de 2020.

51. DOWNAR, James; SECCARECCIA, Dori. *Palliating a Pandemic: "All Patients Must Be Cared For"*. Journal of pain and symptom management, v. 39, n. 2, p. 293, 2010. Disponível em < https://www.jpsmjournal.com/article/S0885-3924(09)01143-9/fulltext> Acesso em 11 de abril de 2020

4.2 Morte medicamente assistida

A pandemia de Covid-19 fez com que o mundo refletisse acerca de suas prioridades e ressaltou a necessidade de se discutir sobre a morte, inclusive a morte medicamente assistida.

O ser humano não é imortal, dessa forma, "esconder o sofrimento, o morrer e a morte não é algo saudável para uma sociedade... Dificilmente uma sociedade que ostraciza a ideia de morte aprende a cuidar e respeitar as suas pessoas idosas ou a entender e respeitar o sofrimento provocado pelo luto"[52].

Nessa perspectiva, o escritor francês Jean-Claude Larrat escreveu uma carta pública abordando sobre os dilemas suscitados em um cenário de escassez de recursos na saúde e a difícil decisão de escolher os pacientes com Covid-19 sobre os quais se deve priorizar caso os hospitais fiquem sobrecarregados. Para o escritor, esse debate tem esquecido uma questão crucial: "O que fazemos com os outros?"[53]

A preocupação está em garantir uma morte digna àqueles que foram preteridos pelos critérios de alocação de recursos, pelo que o escritor defende que seja facultado a esses pacientes o direito à realização do suicídio assistido, prática ilícita na França. O paradoxo dessa questão se encontra no fato de que anteriormente à pandemia o paciente em situação de enfermidade incurável era frequentemente submetido à obstinação terapêutica sob a justificativa de proteção ao seu direito à vida.

> A disponibilidade de recursos tecnológicos e os progressos científicos oferecem a ilusão de que a Medicina pode nos tornar imortais. A dificuldade em se determinar o momento de parar tratamentos e encerrar os esforços para vencer a morte é uma das responsáveis pela chamada futilidade terapêutica, na qual muitos profissionais de saúde incorrem, seja pelo hábito de 'fazer tudo', condizente com o preceito hipocrático de salvar vidas, ou por ausência de alternativas satisfatórias.[54]

De certo, a discussão sobre a distanásia era silenciada pela disponibilidade terapêutica, agora, no entanto, questiona-se o conceito de morte digna em um cenário de escassez de recursos. Tal conceito é subjetivo e está intrinsecamente ligado aos valores individuais e coletivos. Sendo assim, indaga-se se é digno deixar morrer um paciente acometido por Covid-19 mediante a escassez de recursos ou se é digno garantir o direito ao suicídio assistido.

Na sociedade contemporânea, aqueles que defendem a eutanásia e o suicídio assistido se valem da expressão morte digna para legitimar sua causa, enquanto aqueles que defendem os cuidados paliativos veem somente nessa abordagem a capacidade de garantir a morte digna aos pacientes em terminalidade de vida.[55]

---

52. SANTOS, Laura Ferreira dos. *Morte Assistida e outras questões de fim-de-vida*. Coimbra: Almedina, p. 31, 2015.
53. JENCQUEL, Jacqueline. *O último tabu. A velhice é uma doença incurável*. Blog de Jacqueline Jencquel. Disponível em <https://blogs.letemps.ch/jacqueline-jencquel/2020/03/29/le-dernier-tabou/> Acesso em 10 de abril de 2020.
54. DADALTO, Luciana; SAVOI, Cristiana. Distanásia: entre o Real e o Ideal. In GODINHO, Adriano Marteleto; LEITE, George Salomão; DADALTO, Luciana (coord). *Tratado brasileiro sobre o direito fundamental à morte digna*. Coimbra: Almedina, p. 151-165, 2017.
55. DADALTO, Luciana. *Morte digna para quem? O direito fundamental de escolha do próprio fim*. Revista Pensar, Fortaleza, v. 4, n.3, p. 2, 2019.

A eutanásia e o suicídio assistido são abordagens que visam abreviar a vida de pacientes que se encontram em uma condição médica irreversível. No primeiro, a pedido do paciente, uma terceira pessoa administra um medicamento letal a fim de por fim ao sofrimento e antecipar-lhe a morte, enquanto no suicídio assistido, o paciente, intencionalmente, põe fim a própria vida com ajuda de terceiros, autoadministrando ou ingerindo substâncias letais.[56]

A eutanásia é entendida como crime de homicídio no Brasil, sendo considerada também como um ilícito ético em relação às normas do Conselho Federal de Medicina. Já o suicídio assistido é enquadrado como auxílio ou instigação ao suicídio, sendo uma prática que viola também o artigo 41 do Código de Ética Médica.

No cenário mundial, nota-se que o suicídio assistido foi legalizado em todos os países que legalizaram a eutanásia (Holanda, Luxemburgo, Canadá e Bélgica, com exceção da Colômbia). O contrário não é observado, vez que há países que legalizaram o suicídio assistido em detrimento da eutanásia, como é o caso da Suíça.[57]

Na Suíça, especificamente, a lei não exige um sofrimento particular específico ou um diagnóstico médico, mas as diretrizes éticas atuais condicionam à realização da prática à existência de uma doença incurável ou terminal. As diretrizes da Academia Suíça de Artes e Ciências esclarecem que não há um direito ao suicídio assistido, sendo a prática justificável se os sintomas da doença e/ou da deficiência funcional causarem ao paciente sofrimento que seja intolerável e num contexto em que todas as demais possibilidades em saúde se mostraram ineficazes. É essencial também, que o paciente tenha autonomia para manifestar sua vontade.[58]

Tais requisitos se tornaram consenso à realização da abordagem nos demais países, apesar de a subjetividade do conceito de morte digna ter ampliado a discussão para o chamado suicídio racional. Essa abordagem defende que a morte é um direito assim como a vida e o desejo de morrer não é inexoravelmente ligado a uma patologia mental, sendo legítimo, portanto, sob a perspectiva da voluntariedade.

Organizações como a LifeCircle tem sustentado que os idosos, mesmo sem diagnóstico de doença ameaçadora de vida têm o direito ao suicídio assistido, já que o envelhecimento é, em si, uma condição incurável. [59]É nesse limiar que a discussão sobre a autonomia se instaura, estabelecendo o questionamento se a vida é um direito ou um dever.

---

56. MISHARA, Brian L., WEISSTUB, David N. *Premises and evidence in the rhetoric of assisted suicide and euthanasia.* International Journal of Law and Psychiatry, v. 36, n. 5-6, 2013, p. 430. Disponível em <https://www.sciencedirect.com/science/article/abs/pii/S0160252713000782?via%3Dihub> Acesso em 10 de abril de 2020.

57. DADALTO, Luciana. *Morte digna para quem? O direito fundamental de escolha do próprio fim.* Revista Pensar, Fortaleza, v. 4, n.3, p. 2, 2019.

58. SWISS ACADEMIE OF MEDICAL SCIENCE. *Management of dying and death. Bern: Swiss Academy of Medical Sciences,* [2019]. Disponível em: https://www.samw.ch/en/Ethics/Ethics-in-end-of-life-care/Guidelines-management-dying-death.html. Acesso em: 10 de abril de 2020.

59. EXIT INTERNATIONAL. *Prof David Goodall Exit International Press Conference Basel CH –* Wed 3pm. [S.l.], 11 may 2018. Disponível em: <https://exitinternational.net/exit-press-conference-basel-ch-wednesday-3pm/>. Acesso em 10 de abril de 2020.

A TOMADA DE DECISÃO EM FIM DE VIDA E A COVID-19

Nesse sentido, morte digna e a autonomia são conceitos que se aproximam, haja vista que é preciso considerar a vida não apenas em seu sentido biológico, mas também no sentido biográfico, que traz em si a definição de qualidade de vida. Tendo em vista a subjetividade que essa definição carrega, tem-se que não há pessoa melhor para estabelecer o que é uma vida digna do que aquela que de fato a vive.[60]

5. CONSIDERAÇÕES FINAIS

Inexistem respostas prontas para os dilemas aqui levantados, mas há premissas estabelecidas: a preservação da autonomia do paciente em fim de vida precisa ser levada em consideração no contexto da pandemia.

A Covid-19 colocou a Humanidade diante da incapacidade humana de controlar a morte e lutar contra ela, evidenciando que a tomada de decisões éticas sobre os cuidados em fim de vida é, de fato, coberta de incertezas e medo. E, principalmente, demonstrou que é necessário repensar o significado de morte digna em um contexto de isolamento e alto risco de contágio. Assim, a morte digna que sempre foi relacionada à compaixão e à não sentir dor, passa a ser vista também sob o prisma do direito à despedida.

Sendo assim, o momento atual é propício para que a sociedade repense a dignidade no morrer e o tabu da morte. A Covid-19 mostrou que a morte está muito perto e que as pessoas devem pensar sobre a própria morte, estendendo a reflexão para conversas com os familiares, amigos e profissionais de saúde sobre os valores e as prioridades que se deseja manter nas situações em que não será mais possível se posicionar sobre eles e, documentando, por fim, as suas decisões. Deve-se entender que não se trata de fortalecer o desejo de morrer, mas compreender que o paciente que está diante da irreversibilidade da doença, deve ter a garantia de que a autonomia que lhe foi dada durante toda a vida, ainda fará parte de seus últimos dias.

Além disso, as dificuldades inerentes à própria terminalidade não podem ser potencializadas pela falta de assistência e pela desconsideração da vontade do paciente, pelo que o acesso aos cuidados paliativos, sobretudo, no cenário atual, deve ser universal a fim de garantir o controle da dor e alívio do sofrimento.

6. REFERÊNCIAS

AMARAL, Márcia Aparecida do; CAMPOS, Gastão Wagner de Souza. *A clínica ampliada e compartilhada, a gestão democrática e redes de atenção como referenciais teórico-operacionais para a reforma do hospital.* Ciência e Saúde Coletiva, Rio de Janeiro, v.12, n.4, p.849-859, 2007.

AMERICAN MEDICAL ASSOCIATION. *Standards for cardiopulmonary resuscitation (CPR) and emergency cardiac care (ECC). V. Medicolegal considerations and recommendations.* JAMA, v. 227, p. 864-868, 1974.

ARAUJO, Monica Martins Trovo de; SILVA, Maria Júlia Paes da. *O conhecimento de estratégias de comunicação no atendimento à dimensão emocional em cuidados paliativos.* Texto e contexto- Enfermagem, Florianópolis, v. 21, n. 1, 2012. Disponível em <http://www.scielo.br/scielo.php?script=sci_arttext&pid=S0104-07072012000100014> Acesso em 10 de abril de 2020.

---

60. SANTOS, Laura Ferreira dos. *Morte Assistida e outras questões de fim-de-vida.* Almedina, Coimbra, 2015.

ASSOCIAÇÃO MÉDICA INTENSIVA BRASILEIRA. *Princípios de triagem em situações de catástrofes e as particularidades da pandemia Covid-19.* Disponível em: <https://www.amib.org.br/fileadmin/user_upload/amib/2020/marco/26/2603_PRINCIPIOS_DE_TRIAGEM_EM_SITUACOES_DE_CATASTROFES_E_AS_PARTICULARIDADES_DA_PANDEMIA_Covid-19__10___1_.pdf>, acesso em 14 abr. 2020.

BASTOS, Eliene Ferreira Bastos; SOUSA, Asiel Henrique. Família e jurisdição. Belo Horizonte: Del Rey, 2006. p. 91-137.

BEAUCHAMP, Tom L; CHILDRESS, James F. *Princípios de ética biomédica.* Trad. Luciana Pudenzi. São Paulo: Loyola, 2002.

CASTELAR, Rosa Maria. O hospital no Brasil. In: CASTELAR, Rosa Maria; GRABOIS, Victor; MORDELET, Patrick. Gestão hospitalar: um desafio para o hospital brasileiro. Brasil/França, Ed. ENSP,1995.

CHRISTIAN, M., DEVEREAUX, A.V, DICHTER, J.R, GEILING, J.A e RUBINSON, L. *Definitive care for the critically ill during a disaster: current capabilities and limitations: from a Task Force for Mass Critical Care summit meeting.* Chest, 2008. Disponível em <https://www.ncbi.nlm.nih.gov/pmc/articles/PMC7094433/> Acesso em 10 de abril de 2020.

COHEN, I.G; CRESPO, A.M.; WHITE, D.B. *Potential Legal Liability for Withdrawing or Withholding Ventilators During Covid-19:* Assessing the Risks and Identifying Needed Reform. JAMA Published online April 1, 2020. Disponível em <https://jamanetwork.com/journals/jama/fullarticle/2764239> Acesso em 10 de abril de 2020.

DADALTO, Luciana; SAVOI, Cristiana. Distanásia: entre o Real e o Ideal. In GODINHO, Adriano Marteleto; LEITE, George Salomão; DADALTO, Luciana (coord.). *Tratado brasileiro sobre o direito fundamental à morte digna.* Coimbra: Almedina, 2017, p. 151-165.

DADALTO, Luciana. *Testamento Vital.* 5 ed. Indaiatuba: editora Foco, p. 2020.

DADALTO, Luciana. *Morte digna para quem? O direito fundamental de escolha do próprio fim.* Revisa Pensar, Fortaleza, v. 4, n.3, p. 2, 2019.

DOWNAR, James; SECCARECCIA, Dori. *Palliating a Pandemic: "All Patients Must Be Cared For".* Journal of pain and symptom management, v. 39, n. 2, 291-295, 2010. Disponível em < https://www.jpsm-journal.com/article/S0885-3924(09)01143-9/fulltext> Acesso em 11 de abril de 2020.

EXIT INTERNATIONAL. *Prof David Goodall Exit International Press Conference Basel CH* – Wed 3pm. [S.l.], 11 may 2018. Disponível em: <https://exitinternational.net/exit-press-conference-basel-ch--wednesday-3pm/>. Acesso em 10 de abril de 2020.

FOUCALT, Michael. *Microfísica do poder.* São Paulo, Paz e Terra, 2014.

GADELHA, Maria Inês Pordeus. *O papel dos médicos na judicialização da saúde.* Revista CEJ, Brasília, Ano XVIII, n. 62, p. 65-70, jan./abril 2014.

GARRAFA, Volnei; PORTO, Dora. *Bioética, poder e injustiça; por uma ética de intervenção.* Mundo Saúde; v. 26, n. 1, 2002, p. 6-15.

GONÇALVES, Ernesto Lima. *Estrutura organização do hospital moderno.* RAE – Revista de Administração de Empresas, São Paulo, v. 38, n. 1, p. 80-90, jan./Mar, 1998.

GONZÁLES, Miguel Angel Sánchez. O novo testamento: testamentos vitais e diretivas antecipadas. In: BASTOS, Eliene Ferreira Bastos; SOUSA, Asiel Henrique (coord.). *Família e jurisdição.* Belo Horizonte: Del Rey, 2006. p. 91-137.

HÜBNER, Joachim; SCHEWE, Denis M.; KATALINIC, Alexander; FRIELITZ, Fabian-S. *Rechtsfragen der Ressourcenzuteilung in der Covid-19-Pandemie.* Disponível em: https://www.thieme-connect.com/products/ejournals/pdf/10.1055/a-1146-1160.pdf, acesso em 14 abr. 2020.

INTERNATIONAL ASSOCIATION FOR HOSPICE AND PALLIATIVE CARE (IAHPC). *Global consensus based palliative care definition*. The International Association for Hospice and palliative care. Houston, 2018. Disponível em https://hospicecare.com/what-we-do/projects/consensus-based-definition-o-f-palliative-care/definition/>Acesso em 11 de abril de 2020.

JENCQUEL, Jacqueline. *O último tabu. A velhice é uma doença incurável*. Blog de Jacqueline Jencquel. Disponível em <https://blogs.letemps.ch/jacqueline-jencquel/2020/03/29/le-dernier-tabou/> Acesso em 10 de abril de 2020.

KLITZMAN, Robert. *Doctors Need Room to Make the Wrenching Decisions They Face*. The New York Times. Disponível em <https://www.nytimes.com/2020/04/04/opinion/coronavirus-doctors-lawsuits-prosecution.html> Acesso em 10 de abril de 2020.

KRAKAUER, Eric L. *Palliative Care Needs of People Affected by Natural Hazards, Political or Ethnic Conflict, Epidemics of Life Threatening Infections, and Other Humanitarian Crises*. In: WALDMAN, Elisha; GLASS, Marcia (edited). A Field Manual for Palliative Care in Humanitarian Crises. Oxford University Press, UK, p. 1-15, 2019. Disponível em:< https://oxfordmedicine.com/view/10.1093/med/9780190066529.001.0001/med-9780190066529-chapter-2?print=pdf> Acesso em 11 de abril de 2020.

MINISTÉRIO DA SAÚDE. *Conceito e definições em saúde*. Disponível em: <bvsms.saude.gov.br/bvs/publicacoes/0117conceitos.pdf>, acesso em 16 de abril de 2020.

MISHARA, Brian L., WEISSTUB, David N. *Premises and evidence in the rhetoric of assisted suicide and euthanasia*. International Journal of Law and Psychiatry, v. 36, n. 5-6, 2013. Disponível em <https://www.sciencedirect.com/science/article/abs/pii/S0160252713000782?via%3Dihub> Acesso em 10 de abril de 2020.

LARANJEIRA, Fernanda de Oliveira; PETRAMALE, Clarice Alegre. *A avaliação econômica em saúde na tomada de decisão: a experiência da CONITEC*. BIS, Bol. Inst. Saúde (Impr.), São Paulo, v. 14, n. 2, maio 2013. Disponível em <http://periodicos.ses.sp.bvs.br/scielo.php?script=sci_arttext&pid=S1518-18122013000200007&lng=pt&nrm=iso>. Acesso em 16 de abril de 2020.

MANALO, MFC. *End-of-Life Decisions about Withholding or Withdrawing Therapy: Medical, Ethical, and Religio-Cultural Considerations*. Palliative Care, v. 7, p. 1-5, 2013.

MANZINI, Jorge Luis. Las directivas anticipadas para tratamientos médicos. In: MARINO, Ignazio R. Testamentobiológico: i diretti dei malati e l'operato dei Médici. In: BORASCHI, Andrea; MANCONI, Luigi. *Il dolore e la política*. Milão: Bruno Mondadori, 2007.

MARINO, Ignazio R. Testamentobiológico: i diretti dei malati e l'operato dei Médici. In: BORASCHI, Andrea; MANCONI, Luigi. *Il dolore e la política*. Milão: Bruno Mondadori, 2007.

PEREIRA, André Gonçalo Dias. *O consentimento informado na relação médico-paciente*. Coimbra: Coimbra Editora, 2004.

RABKIN MT, GILLERMAN G, RICE NR. *Orders not to resuscitate*. N. Engl. J. Med., v. 295, 364-6, 1976.

RAWLS, John. *Uma Teoria da Justiça*. São Paulo: Martins Fontes; 2002.

SANTOS, Laura Ferreira dos. *Morte Assistida e outras questões de fim-de-vida*. Coimbra: Almedina, 2015.

SEPÚLVEDA, Cecília; MARLIN, Amanda; YOSHIDA, Tokuo; ULLRICH, Andreas. *Palliative care: the World Health Organization´s global perspective*. Journal of Pain and Sympton Management, vol. 24, n. 02, p. 91, ago. 2002. Disponível em:< https://www.jpsmjournal.com/article/S0885-3924(02)00440-2/fulltext> Acesso 11 de abril de 2020.

SILVA, Guilherme Almeida Rosa da. *O processo de tomada de decisão na prática clínica: a medicina como estado da arte*. Revista Brasileira de Clínica Médica. São Paulo, v.11, n. 1, p. 75-79, 2013.

SIQUEIRA-BATISTA, Rodrigo, et. al. *Modelos de tomada de decisão em bioética clínica: apontamentos para a abordagem computacional.* Revista Bioética, v.22, n. 3, p. 456-61, 2014.

SOCIETÀ ITALIANA DI ANESTESIA ANALGESIA RIANIMAZIONE E TERAPIA INTENSIVA. *Clinical ethics recommendations for the allocation of intensive care treatments, in exceptional, resource-limited circumstances.* Disponível em: http://www.siaarti.it, acesso em 12 abr. 2020.

SULMASY, Daniel P. Advance Care Planning and "The Love Song of J. Alfred Prufrock". JAMA NETWORK. Disponível em < https://jamanetwork.com/journals/jamainternalmedicine/article-abstract/2763815> Acesso em 14 de abril de 2020.

SWISS ACADEMIE OF MEDICAL SCIENCE. *Management of dying and death. Bern: Swiss Academy of Medical Sciences,* [2019]. Disponível em: https://www.samw.ch/en/Ethics/Ethics-in-end-of-life-care/Guidelines-management-dying-death.html. Acesso em: 10 de abril de 2020.

RIBEIRO, Diaulas Costa. Um novo testamento: testamentos vitais e diretivas antecipadas. In: CONGRESSO BRASILEIRO DE DIREITO DE FAMÍLIA, n. 5, 2006, São Paulo. *Família e dignidade.* São Paulo: IOB Thomson, 2006.

TABOADA, Paulina. *El derecho a morir com dignidade.* Acta Bioethica. Organization Panamericana de la salud: Programa Regional de Bioética, v. 6, n.1, 2000.

THE WASHINGTON POST. *Hospitals consider universal do-not-resuscitate orders for coronavirus patients.* Disponível em: https://www.washingtonpost.com/health/2020/03/25/coronavirus-patients-do-no-t-resucitate/, acesso em 14 abr. 2020.

WALDMAN, Elisha; GLASS, Marcia. Introduction: Why Palliative Care?. In. WALDMAN, Elisha; GLASS, Marcia (edited). *A Field Manual for Palliative Care in Humanitarian Crises.* Oxford University Press, UK, 2019, p.3, 2019. Disponível em < https://oxfordmedicine.com/view/10.1093/med/9780190066529.001.0001/med-9780190066529-chapter-1> Acesso em 10 de abril de 2020.

WHITE, D.B. *Allocation of Scarce Critical Care Resources During a Public Health Emergency.* (Department of Critical Care Medicine, Pittsburgh University). Disponível em: https://www.ccm.pitt.edu/?q=-content/ethics-and-decision-making-critical-illness, acesso em 12 abr. 2020

WILKINSON, Dominic. *Boris Johnson will be receiving the same special treatment other patients do in NHS intensive care.* Disponível em: <https://theconversation.com/boris-johnson-will-be-receiving-the--same-special-treatment-other-patients-do-in-nhs-intensive-care-135897>, acesso em 12 abr. 2020.

WORLD HEALTH ORGANIZATION. WHO, *Integrating palliative care and sympton relief into the response to humanitarian emergencies and crises.* WHO, Genebra, 2018. Disponível em < https://apps.who.int/iris/handle/10665/274565> Acesso em 11 de abril de 2020.

ZOBOLI, Elma. *Tomada de decisão em bioética clínica: casuística e deliberação moral.* Revista Bioética, v. 21, n. 3, p. 389-396, 2013.